Carte et sites touristiques

Les microrégions du guide :
(voir la carte à l'intérieur de la couverture ci-contre)

Pyrénées Toulouse Gers

Le Guide Vert, mode d'emploi : un guide en 3 parties

Organiser son voyage :

- Avant de partir.
- À faire sur place de A à Z.
- Des activités pour tous.
- Un agenda des événements.

Comprendre la destination :

- La destination aujourd'hui.
- Histoire.
- Art et culture.
- Gastronomie.
- Nature...

Découvrir la destination :

- Notre sélection de sites.
- Des circuits conseillés.
- Des cartes.
- Notre sélection d'adresses pour tous les budgets.

En fin de guide : l'explication des symboles et la table des cartes et plans

Le Guide Vert : découvrir la destination

[1]

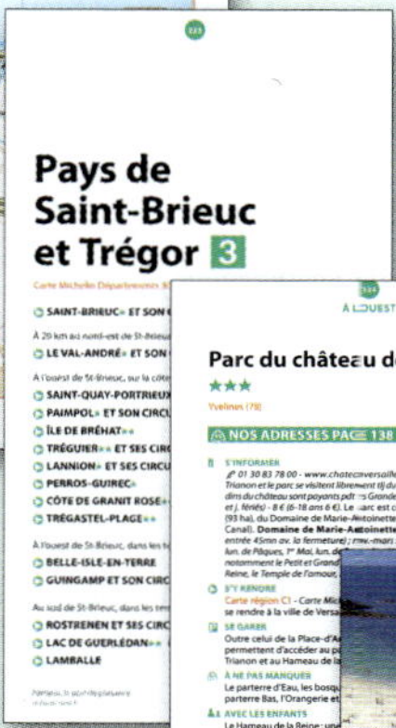

[2]

[3]

[4]

[5]

[6]

Un chapitre = une zone géographique

[1] Une carte de présentation de la région.

[2] Le sommaire de la région traitée.

[3] La description des sites.

Pour chaque chapitre

[4] La description des circuits conseillés.

[5] Nos adresses classées par catégories de prix.

[6] Des pages thématiques pour en savoir plus.

Retrouvez-nous sur : ***Voyage.ViaMichelin.fr***

Sommaire

1/ ORGANISER SON VOYAGE

2/ COMPRENDRE LA RÉGION

3/ DÉCOUVRIR LA RÉGION

1 TOULOUSE ET SES ENVIRONS

2 LA RÉGION DU GERS

3 HAUTES-PYRÉNÉES - LA BIGORRE

4 LE VOLVESTRE ET LE PAYS DE COMMINGES

5 L'ARIÈGE

6 LA PRINCIPAUTÉ D'ANDORRE

1/ ORGANISER SON VOYAGE

Applications recommandées

M. Barraud / Ojo Images / Photononstop

Suggestions d'itinéraires

3 JOURS	LA CAPITALE OCCITANE SUR LE BOUT DES DOIGTS
Toulouse et ses environs (180 km)	**Jour 1** : Visite de Toulouse *(p. 74)*, avec la place du Capitole, la basilique Saint-Sernin et les Jacobins ; flânez dans le vieux Toulouse, et, aux beaux jours, profitez des charmes du quai de la Daurade. **Jour 2** : Direction le pays tolosan : Let's Visit Airbus *(p. 98)* au nord-ouest de Toulouse ; château et labyrinthe de Merville *(p. 126)* près du canal de Garonne ; petite randonnée dans le vignoble de Fronton *(p. 127)* avec éventuellement une visite des caves. **Jour 3** : Longez le canal du Midi *(p. 115)* et gagnez Saint-Félix-Lauragais *(p. 110)*. En remontant à Toulouse, faites un crochet à Magrin *(p. 111)*, dans le Tarn, pour découvrir le pays du pastel.
Transport	À pied dans le vieux Toulouse, et en voiture pour le reste de l'itinéraire ; pourquoi pas à vélo ou en péniche le long du canal du Midi ou du canal de Garonne !
Conseils	Contactez la Maison des vins et du tourisme de Fronton afin de préparer la visite des domaines viticoles. Prolongez éventuellement ce circuit avec l'un des autres itinéraires.
3 JOURS	**À LA DÉCOUVERTE D'ANDORRE**
Un condensé d'Andorre (95 km)	**Jour 1** : À Andorre-la-Vieille *(p. 380)*, visite de la Casa de la Vall, flânerie et déjeuner dans la vieille ville d'Andorre ; l'après-midi, visite du centre d'art à Escaldes-Engordany *(p. 379)*, shopping sur l'avenue Carlemany-Meritxell et détente au centre thermal Caldea-Inúu. **Jour 2** : Randonnée dans la vallée du Madriu *(p. 382)* en journée ; rendez-vous ensuite en voiture au sanctuaire de Canòlich *(p. 381)*, en admirant au passage l'église de Santa Coloma, les vestiges de la Roureda de la Margineda et le village de Bixessarri. Dîner dans le Parador de Canòlich. **Jour 3** : Découverte du centre d'interprétation Andorra Romànica à Pal *(p. 388)*, puis visite d'Ordino *(p. 385)*. Prenez ensuite la route des cols d'Ordino jusqu'à Canillo. Visitez Notre-Dame-de-Meritxell *(p. 388)* avant de rentrer en France via le port d'Envalira et le Pas de la Case *(p. 392)*, où vous pourrez faire d'ultimes achats avant de repasser la frontière.
Transport	En voiture. Attention à la circulation près de la frontière française.
Conseils	Pensez à vérifier par téléphone les conditions de visite des musées.
4 JOURS	**SCIENCES ET ESPACE, LES ÉTOILES PYRÉNÉENNES**
Itinéraire de Toulouse au pic du Midi de Bigorre (260 km)	**Jour 1** : À Toulouse, visite de la Cité de l'Espace *(p. 98)*, et, au nord-ouest de la Ville rose, de Let's Visit Airbus *(p. 98)*. **Jour 2** : Cap sur la Ferme des étoiles *(p. 176)*, près de Fleurance, dans le Gers. **Jour 3** : Traversez le Gers et les Hautes-Pyrénées afin de gagner Bagnères-de-Bigorre *(p. 257)*, comptez 2h30 de route ; visite de la ville et détente dans la station thermale. **Jour 4** : Ascension du pic du Midi de Bigorre *(p. 254)*, à pied ou en télécabine ; une fois en haut, visitez l'espace muséographique et observez les découvertes spatiales qui ont été faites sur place.
Transport	Itinéraire en voiture.
Conseils	Renseignez-vous à l'avance sur les programmes proposés par la Ferme des étoiles.

SUGGESTIONS D'ITINÉRAIRES

4 JOURS	PRÉHISTOIRE EN PYRÉNÉES
Tour de la région sur le thème de la préhistoire (175 km)	**Jour 1** : Journée à Saint-Bertand-de-Comminges *(p. 298)*, avec la visite des grottes de Gargas et une balade dans la vallée de l'Ourse. **Jour 2** : Visite du Musée-Forum à Aurignac *(p. 286)* ; traversez le Volvestre pour passer l'après-midi au Mas d'Azil *(p. 369)*, où vous visiterez la grotte et le musée de la Préhistoire. **Jour 3** : Direction Tarascon-sur-Ariège *(p. 338)* : visite de la grotte de Niaux et du parc de la Préhistoire. **Jour 4** : Visitez la grotte de la Vache *(p. 340)* et celle de Bédeilhac *(p. 340)*.
Transport	La voiture est indispensable, y compris dans les sites visités.
Conseils	Réservez les visites des grottes à l'avance, particulièrement à Niaux.
5 JOURS	**AU FIL DE LA GARONNE**
Au fil de la Garonne, de Toulouse à Saint-Béat (175 km)	**Jour 1** : Visite de Toulouse *(p. 74)*, avec la place du Capitole, la basilique Saint-Sernin et les Jacobins ; flânez dans le vieux Toulouse, et, aux beaux jours, profitez des charmes du quai de la Daurade. **Jour 2** : Découverte du Volvestre, avec balades sur les hauteurs de Rieux-Volvestre *(p. 282)* et à Montesquieu-Volvestre *(p. 284)* ; village gaulois à Saint-Julien-sur-Volvestre *(p. 284)* ; panorama des carrières de Belbèze *(p. 289)*. **Jour 3**: Visite des boutiques des artisans faïenciers de Martres-Tolosane *(p. 288)* ; visite à Aurignac du Musée-Forum de l'aurignacien *(p. 286)* ; panorama depuis la tour d'Aurignac *(p. 286-287)*. **Jour 4** : Remontez la Garonne jusqu'à Saint-Gaudens *(p. 292)*, connu pour sa collégiale et ses belvédères ; pause gourmande à Montréjeau *(p. 303)*, goûtez aux onctueux millassons ; grottes de Gargas-Nestploria *(p. 304)*. **Jour 5** : À Saint-Bertrand-de-Comminges *(p. 298)*, cathédrale Sainte-Marie et basilique Saint-Just de Valcabrère ; balade dans la vallée de l'Ourse *(p. 306)* ; montagne de Rié près de Saint-Béat *(p. 306)*.
Transport	Itinéraire en voiture ; il est aussi possible de suivre la Garonne à pied, à vélo ou en bateau.
Conseils	Vérifiez préalablement les horaires d'accueil des faïenciers de Martres-Tolosane auprès de l'office de tourisme.
6 JOURS	**SUR LES PAS DES PYRÉNÉISTES**
Parc national des Pyrénées (220 km)	**Jour 1** : À Cauterets *(p. 229)*, randonnée dans la vallée de Lutour ; Pont d'Espagne *(p. 230)*. **Jour 2** : À Luz-Saint-Sauveur *(p. 237)*, visite de l'église fortifiée Saint-André et du château ; l'après-midi, cap sur Gavarnie *(p. 246)*, avec une randonnée jusqu'au cirque. **Jour 3** : Prenez la route du Tourmalet *(p. 243)* afin de rejoindre le pic du Midi de Bigorre *(p. 254)* ; randonnée de 4h30 ; en haut, visite de l'espace muséographique ; retour à Luz-Saint-Sauveur : relaxez-vous dans les thermes de Luzéa. **Jour 4** : Balades dans le massif de Néouvielle *(p. 250)* : franchissez le col d'Aspin et gagnez le lac d'Orédon par Saint-Lary-Soulan ; de là, un sentier mène au lac d'Aumar puis au col d'Aubert *(p. 251)*. **Jour 5** : Prenez la route de Lourdes *(p. 205)*, où vous visiterez sur place la grotte et le château fort. **Jour 6** : Randonnée dans la réserve naturelle régionale du massif du Pibeste-Aoulhet *(p. 218)*, près d'Argelès-Gazost ; ensuite, détente méritée dans le Jardin des Bains d'Argelès-Gazost *(p. 216)* !
Transport	En voiture d'une ville à l'autre.
Conseils	Munissez-vous des équipements nécessaires pour la randonnée. Gardez une valise de vêtements dans la voiture afin de coupler randonnée et thermes dans une même journée. Attention à l'affluence à Lourdes.

7 JOURS	LE PIÉMONT PYRÉNÉEN EN FAMILLE
De Foix à Lourdes (240 km)	**Jour 1** : Visite du château de Foix *(p. 320)* et des Forges de Pyrène *(p. 325)*. **Jour 2** : Sillonnez la route des crêtes du Plantaurel *(p. 327)* ; visite de la rivière souterraine de Labouiche *(p. 328)* ; enfin, exploration de la grotte du Mas d'Azil *(p. 369)* et visite du musée de la Préhistoire. **Jour 3** : Découverte du Volvestre *(p. 283)*, de Carla-Bayle à Rieux-Volvestre ; visite du village gaulois à Saint-Julien-sur-Volvestre *(p. 283)*. **Jour 4** : Découverte du pays commingeois, avec passage aux boutiques des artisans faïenciers à Martres-Tolosane *(p. 288)* ; visite de la collégiale et promenade des belvédères à Saint-Gaudens *(p. 292)*. **Jour 5** : À Saint-Bertrand-de-Comminges *(p. 298)*, visite de la cathédrale Sainte-Marie et de la basilique Saint-Just de Valcabrère ; grottes de Gargas-Nestploria *(p. 304)*. **Jour 6** : Balade dans la vallée de l'Ourse *(p. 306)* ; gagnez Lourdes par Bagnères-de-Bigorre ou par Tarbes. **Jour 7** : visite de Lourdes *(p. 205)*, où vous ne manquerez pas de découvrir la grotte et le château fort.
Transport	Itinéraire en voiture. Visitez à pied Foix, Lourdes et la ville haute de Saint-Bertrand-de-Comminges.
Conseils	Forte affluence à Lourdes : pensez à réserver l'hébergement à l'avance. Vérifiez préalablement les horaires d'accueil des faïenciers de Martres-Tolosane auprès de l'office de tourisme.
7 JOURS	**INSPIRATIONS RELIGIEUSES ET RESPIRATIONS AU VERT**
Boucle dans le Gers et en Haute-Garonne, au départ de Toulouse (560 km)	**Jour 1** : Visite de Toulouse *(p. 74)*, avec la place du Capitole, la basilique Saint-Sernin et les Jacobins ; flânez dans le vieux Toulouse, et, aux beaux jours, profitez des charmes du quai de la Daurade. **Jour 2** : Matinée à Auch *(p. 132)*, visite de la vieille ville, de la cathédrale et de son trésor ; l'après-midi, visite d'un domaine viticole aux alentours. **Jour 3** : Le matin, visite de l'abbaye de Flaran *(p. 168)* ; l'après-midi, détente au bord de la Baïse. **Jour 4** : Cap sur Lourdes *(p. 205)*, avec visite du domaine de la grotte, du château fort et du musée de Cire. **Jour 5** : À Saint-Bertrand-de-Comminges *(p. 298)*, visite de la cathédrale Sainte-Marie et de la basllique Saint-Just-de-Valcabrère ; balades dans la vallée de l'Ourse *(p. 306)*. **Jour 6** : Matinée à Saint-Lizier *(p. 357)* ; après-midi au lac de Bethmale *(p. 364)*, dans le Couserans. **Jour 7** : Visite de la cathédrale de Rieux-Volvestre *(p. 282)* ; promenades sur les hauteurs du Volvestre, et retour vers Toulouse.
Transport	En voiture.
Conseils	Attention à la densité de la circulation dans les villes de Toulouse et de Lourdes. Si vous souhaitez visiter un domaine dans le Gers, consultez la brochure « Escapades en Armagnac ».

Types de séjour

NATURE	
Randonnées	Le massif de Néouvielle *(p. 250)* ; le cirque de Gavarnie *(p. 246)* ; le pic du Midi de Bigorre *(p. 254)* ; la vallée du Marcadau *(p. 229)* ; le lac d'Oô *(p. 311)* ; la vallée de Bethmale *(p. 364)* dans le Couserans ; la vallée du Madriu *(p. 382)*, à Andorre.
Les plus beaux points de vue	Le massif de Néouvielle *(p. 250)* ; le pic du Midi de Bigorre *(p. 254)* ; le cirque de Gavarnie *(p. 246)* ; le col d'Aspin *(p. 263)* ; le panorama des carrières de Belbèze *(p. 289)* et de la vallée de l'Ourse *(p. 306)*, près de Saint-Bertrand-de-Comminges, réservent d'époustouflants points de vue sur les montagnes depuis le piémont. À Andorre, ne manquez pas la route des cols d'Ordino *(p. 385)* et le panorama depuis le sanctuaire de Canòlich *(p. 381)*.
Faune et flore	Le Parc national des Pyrénées *(p. 232)* ; le Donjon des Aigles à Beaucens *(p. 218)* ; la réserve naturelle du massif du Pibeste-Aoulhet *(p. 218)* ; la Maison des loups à Orlu *(p. 351)* (Ariège) ; le parc Naturlandia *(p. 381)*, à Andorre.
CULTURE	
Vestiges préhistoriques et antiques	Dans le Gers, les sites archéologiques de la Domus de Cieutat *(p. 154)*, à Eauze, et de la Villa Séviac *(p. 161)*, à Montréal ; la villa gallo-romaine de Montmaurin *(p. 295)* ; les grottes de Gargas-Nestploria *(p. 304)* ; en Ariège, le Mas d'Azil *(p. 369)*, le parc de la Préhistoire *(p. 339)*, les grottes de Lombrives *(p. 341)*, la grotte de la Vache *(p. 340)* et la grotte de Bédeilhac *(p. 340)*, ainsi que l'exceptionnelle grotte de Niaux *(p. 348)* raviront les curieux comme les passionnés.
Principaux musées de la région	Le musée des Jacobins *(p. 135)* à Auch ; à Toulouse, le musée Saint-Raymond *(p. 81)* et le musée des Augustins *(p. 91)*.
Patrimoine et traditions populaires	À Toulouse, le Capitole *(p. 84)*, l'Hôtel d'Assézat *(p. 87)* et les Abattoirs *(p. 94)* ; les bastides gasconnes *(p. 60)* ; les courses taurines dans le Gers *(p. 37)* ; le château de Montségur *(p. 327)* ; le château de Foix *(p. 320)* ; la Casa de la Vall *(p. 378)*, à Andorre-la-Vieille.
Art sacré	À Toulouse, la basilique Saint-Sernin *(p. 78)* et les Jacobins *(p. 82)* ; la cathédrale Sainte-Marie *(p. 133)* à Auch ; la cathédrale Sainte-Marie *(p. 299)* à Saint-Bertrand de Comminges ; l'abbaye de Flaran *(p. 168)* ; le domaine de la grotte de Lourdes *(p. 206)* ; la cathédrale de Saint-Lizier *(p. 358)* et l'église Notre-Dame-de-la-Sède à proximité.
LOISIRS	
Thermalisme	Les thermes d'Argelès-Gazost *(p. 216)* ; les nombreuses installations thermales à Bagnères-de-Bigorre *(p. 257)* et Bagnères-de-Luchon *(p. 309)* ; les bains du Couloubret *(p. 356)* à Ax-les-Thermes ; en Andorre, le centre Caldea-Inúu *(p. 384)* à Escaldes-Engordany.
Gastronomie	La saucisse de Toulouse ; les incontournables déclinaisons du canard : confit, magret, etc. ; le foie gras et l'armagnac dans le Gers ; les fromages de la vallée de Bethmale ; l'hypocras en Ariège ; en Andorre, les champignons andorrans, et les plats montagnards garnis de Necum ; en dessert, les glaces de Philippe Faur à Toulouse *(p. 107)* et les millassons de Montréjeau *(p. 308)* !
Achats et souvenirs	Les produits à base de pastel à Saint-Félix-Lauragais *(p. 110)* et à Lectoure *(p. 173)*, et ceux à base de violette à Toulouse *(p. 108)* ; les peignes de corne d'Azema Bigou *(p. 330)* en Ariège ; les sabots dans le Comminges *(p. 308)* et dans le Couserans *(p. 368)*.

Venir dans la région

Par la route

LES GRANDS AXES

Toulouse est reliée à Paris par les autoroutes A 10, A 71, A 20 et A 62 ; à Bordeaux ou Narbonne par les autoroutes A 62 et A 61 ; à Biarritz ou Pau par l'autoroute A 64 ; à Albi par l'autoroute A 68.

Informations autoroutières : ✆ 0 892 681 077 (0,34 €/mn) - www.autoroutes.fr - Radio Trafic FM 107.7

LES CARTES MICHELIN

Cartes Départements
336 (Gers, Lot-et-Garonne),
337 (Lot, Tarn-et-Garonne),
342 (Hautes-Pyrénées, Pyrénées-Atlantiques) et
343 (Ariège, Haute-Garonne).
Carte Région 525 (Midi-Pyrénées).
Carte de France 721.
En ligne : calcul d'itinéraires sur **www.viamichelin.fr**.

En train

LES GRANDES LIGNES

En liaisons directes, Toulouse est reliée à Marseille en 3h40, Lyon en 4h, Paris en 5h30, Nice en 6h45 et Lille en 7h30.

Informations et réservations : ✆ 36 35 (0,34 €/mn) - www.voyages-sncf.com.

LES TRAINS EXPRESS RÉGIONAUX

Les TER desservent de nombreuses villes de la région depuis Toulouse.

Informations et réservations : TER Midi-Pyrénées - ✆ 36 35 - www.ter-sncf.com.

En avion

LES COMPAGNIES AÉRIENNES

Air France et ses filiales CCM Airlines et Hop! desservent Toulouse au départ de Paris, Rennes, Nantes, Lille, Lyon, Marseille, Nice, et, en saison, Calvi ; la compagnie dessert aussi Lourdes-Tarbes depuis Paris.

Informations et réservations : ✆ 36 54 - www.airfrance.fr.

Easy Jet – Liaisons vers Toulouse au départ de Paris, Lille, Nice, Lyon, Mulhouse et Nantes. www.easyjet.com.

LES AÉROPORTS DE LA RÉGION

Aéroport Toulouse-Blagnac – BP 90103 - 31703 Blagnac - ✆ 0 825 380 000 - www.toulouse.aeroport.fr.

Aéroport international Tarbes-Lourdes-Pyrénées – BP 3 - 65290 Juillan - ✆ 05 62 32 92 22 - www.tlp.aeroport.fr.

DISTANCES EN KM	Toulouse	Foix	Tarbes	Andorre
Bordeaux	245	427	217	427
Lille	896	1 077	1 047	1 077
Lyon	540	612	688	612
Marseille	408	479	555	479
Nice	562	555	709	636
Paris	678	861	830	861
Strasbourg	956	103	1 107	1 103

Avant de partir

Météo

Été : sec et chaud, orages violents et soudains (consultez la météo avant de partir en montagne).
Automne : climat doux, pluies abondantes, parfois vent d'autan.
Hiver : doux, enneigement des Pyrénées variable, souvent tardif.
Printemps : soleil, températures douces et parfois neige en altitude.

Adresses utiles

LES INSTITUTIONS

Comités régionaux du tourisme
Midi-Pyrénées – 15 r. Rivals - 31685 Toulouse Cedex 6 - ☏ 05 61 13 55 55 - www.tourisme-midi-pyrenees.com.
Maison Midi-Pyrénées – 1 r. de Rémusat - 31000 Toulouse - ☏ 05 34 44 18 18.

Comités départementaux du tourisme
Ariège – Maison du Tourisme - 2 bd du Sud - BP 143 - 09004 Foix - ☏ 05 61 02 30 70 - www.ariegepyrenees.com.
Haute-Garonne – 14 r. Bayard - BP 845 - 31015 Toulouse Cedex 6 - ☏ 05 61 99 44 00 - http://tourisme.haute-garonne.fr.
Gers – 3 bd Roquelaure - BP 106 - 32002 Auch Cedex - ☏ 05 62 05 95 95 - www.tourisme-gers.com.
Hautes-Pyrénées – 11 r. Gaston-Manent - BP 9502 - 65950 Tarbes Cedex 9 - ☏ 05 62 56 70 65 - www.tourisme-hautes-pyrenees.com.
Tarn-et-Garonne – 15 bd Midi-Pyrénées - 82000 Montauban - ☏ 05 63 21 79 65 - www.tourisme82.com.

Maison de pays
Maison des Pyrénées – 15 r. St-Augustin - 75002 Paris - ☏ 01 42 86 51 86.

Offices de tourisme
Leurs adresses apparaissent dans la rubrique « S'informer » des sites, dans la partie « Découvrir la région ».
En ligne : **www.franceguide.com**

TOURISME DES PERSONNES HANDICAPÉES

Le symbole ♿ signale les sites accessibles aux personnes à **mobilité réduite**.

Accessibilité des infrastructures touristiques
Association Tourisme et Handicaps – 43 r. Marx-Dormoy - 75018 Paris - ☏ 01 44 11 10 41 - www.tourisme-handicaps.org.

Accessibilité des transports
Train – Le *Guide mobilité réduite* (gratuit) est disponible dans les gares et boutiques SNCF.
SNCF Accès Plus : ☏ 0 890 640 650 (tlj 7h-22h) - **www.accessibilite.sncf.com**
Avion – Air France propose aux personnes handicapées le service d'**assistance Saphir** : ☏ 09 69 36 72 77 - **www.airfrance.fr**.

Se loger

Retrouvez notre sélection dans « Nos adresses à… » situées en fin de description des principaux sites de la partie « Découvrir la région » Les prix que nous indiquons correspondent au tarif minimal et maximal d'une chambre double.

NOTRE SÉLECTION

Nos hébergements vous sont proposés avec différents types de confort. À consulter également : **Le Guide Michelin France** et le **Guide Camping Michelin France**.

LES SERVICES DE RÉSERVATION

Réseau national des Destinations Départementales – http://destination-france.net. Le portail Destination France propose un large choix d'hébergements et d'activités de qualité.

Maison des Gîtes de France et du Tourisme vert – 56 r. St-Lazare - 75009 Paris - ✆ 01 49 70 75 75 - www.gites-de-france.com.

Fédération nationale Clévacances France – 54 bd de l'Embouchure – CS 22361 - 31022 Toulouse Cedex - ✆ 05 32 10 82 30 - www.clevacances.com. Propose près de 29 000 adresses d'hébergement (appartements, chalets, villas, gîtes, chambres d'hôte) en France et outre-mer. Catalogue par département.

L'HÉBERGEMENT RURAL

Fédération des Stations vertes de vacances et villages de neige – BP 71 698 - 21016 Dijon Cedex - ✆ 03 80 54 10 50 - www.stationverte.com. À la campagne et à la montagne, les 600 Stations vertes sont des destinations de vacances familiales reconnues pour leur qualité de vie (produits du terroir, loisirs variés, cadre agréable) et pour la qualité de leurs structures d'accueil et d'hébergement.

Bienvenue à la ferme – 9 av. George V - 75008 Paris - ✆ 01 53 57 11 44 - www.bienvenue-a-la-ferme.com. Le guide *Bienvenue à la ferme* est édité par l'Assemblée permanente des chambres d'agriculture (en ligne et en vente en librairie). Fermes-auberges, campings à la ferme, fermes de séjours et nombreux loisirs sont classés par région et par département.

Hébergement pour randonneurs

Guide « Gîtes d'étape et refuges » – Les randonneurs peuvent consulter www.gites-refuges.com et le guide *Gîtes d'étape et refuges* (téléchargeable à partir du site) de A. et S. Mouraret. Avec 4 000 hébergements, en France et aux frontières, ce site et cet ouvrage s'adressent aussi aux amateurs d'alpinisme, d'escalade, de ski, de cyclotourisme et de canoë-kayak.

AUBERGES DE JEUNESSE

Ligue française pour les auberges de la jeunesse (LFAJ) – 67 r. Vergniaud - bât. K - 75013 Paris - ✆ 01 44 16 78 78 - www.auberges-de-jeunesse.com.

Carte LFAJ : cotisation annuelle de 11 € pour les moins de 26 ans et de 16 € au-delà de cet âge.

Fédération unie des auberges de jeunesse (FUAJ) – Centre national - 27 r. Pajol - 75018 Paris - ✆ 01 44 89 87 27 - www.fuaj.org.

Carte FUAJ : cotisation annuelle de 7 € pour les moins de 26 ans, de 11 € au-delà de cet âge et de 20 € pour les familles.

POUR DÉPANNER

B & B – ✆ 0 892 782 929 - www.hotel-bb.com.

Ibis Budget Hôtel – http://ibisbudgethotel.ibis.com.

Campanile – ✆ 0 892 230 591 - www.campanile.fr.

Kyriad – ✆ 0 892 230 591 - www.kyriad.fr.

Ibis – http://ibishotel.ibis.com.

NOS CATÉGORIES DE PRIX				
	Hébergement		Restauration	
	Province	Grandes villes	Province	Grandes villes
Premier prix	jusqu'à 50 €	jusqu'à 75 €	jusqu'à 16 €	jusqu'à 20 €
Budget moyen	de 51 € à 75 €	de 76 € à 100 €	de 17 € à 28 €	de 21 € à 30 €
Pour se faire plaisir	de 76 € à 100 €	de 101 € à 160 €	de 29 € à 45 €	de 31 € à 50 €
Une folie	plus de 100 €	plus de 160 €	plus de 45 €	plus de 50 €

Se restaurer

Retrouvez notre sélection dans « Nos adresses à… » situées en fin de description des principaux sites de la partie « Découvrir la région ».

NOTRE SÉLECTION

À consulter : **Le Guide Michelin France** ainsi que le guide édité par l'association départementale **Produits de la Ferme**, sur demande auprès de la chambre d'agriculture des Hautes-Pyrénées - 20 pl. du Foirail - 65000 Tarbes - ✆ 05 62 34 66 74.

LABEL

Cuisineries gourmandes des provinces françaises – ✆ 05 63 56 06 58 - www.cuisineries-gourmandes.com. Afin de valoriser le patrimoine gastronomique, les restaurateurs membres de cette association remettent à l'honneur des spécialités régionales. Chaque cuisinier choisit une recette composée de produits du terroir et l'inscrit à sa carte sous l'intitulé « l'assiette de mon village ».

Slowfood – www.slowfood.fr. Slowfood est un art de vivre associant plaisir et responsabilité. 4 produits « sentinelles » sont référencés dans la région : le mouton de Barèges-Gavarnie, le porc noir de Bigorre, la poule gasconne et le bœuf gascon aréolé du Gers.

SAVEURS LOCALES

Route du Cassoulet – ✆ 04 68 71 09 53 - www.academie-du-cassoulet.com. Trois restaurateurs toulousains et un à Pamiers font partie de la sélection de l'Académie Universelle du Cassoulet.

Route du Foie gras du Gers – ✆ 05 62 61 77 40 - www.routedufoiegrasdugers-igp.org. Il s'agit d'un choix de producteurs, d'éleveurs et de boutiques.

Club des saveurs Pays d'Ariège Pyrénées – www.ariegepyrenees.com. Il promeut la variété et la qualité de la gastronomie ariégeoise. Une brochure disponible dans les offices de tourisme donne les adresses des producteurs, des artisans et des saveurs à ne pas manquer !

Escapades en Armagnac – www.armagnac.fr. Le réseau œnotouristique de l'Armagnac recense 120 professionnels proposant des visites de leurs chais, ainsi que les manifestations, expositions et événements de l'Armagnac.

Sur place de A à Z

Pour obtenir de la documentation, adressez-vous aux **comités départementaux** et **comités régionaux** du tourisme *(voir p. 13)*.

BAIGNADE

La région n'a pas d'accès à l'Atlantique ni à la Méditerranée mais elle possède nombre de lacs, rivières, bases de loisirs, cascades…

CAMPING-CAR

Différents parcours, ayant pour but la découverte des sites touristiques, ont été répertoriés sur les cartes des comités départementaux du tourisme. Consultez directement leurs sites Internet *(voir « Adresses utiles » p. 13)*.

CANYONING

Les eaux vives des Pyrénées sont idéales pour le canyoning, le rafting et l'hydrospeed (nage en eau vive). Un moniteur connaissant les cours d'eau et les particularités de la météo locale est absolument indispensable :

Fédération communautaire des accompagnateurs en montagne Pyrénées – Passeurs des Pyrénées - Pl. de la Mairie - 65150 St-Laurent-de-Neste - ✆ 06 07 28 90 71 - www.passeurs-pyrenees.com.

Compagnie des guides des Pyrénées – Bernard Pez - lot de Trébéssot - 64290 Bosdarros - ✆ 05 59 21 79 81 - www.guides-montagne-pyrenees.com.

CYCLOTOURISME

Pour les routes de cols, des panneaux indiquent, au départ, les kilomètres et pourcentages de pente des itinéraires. De nombreux sentiers de grande randonnée ou de randonnée de pays sont accessibles aux amateurs de VTT. Moins exténuants, plusieurs parcours longent les fleuves et les canaux, dont la piste cyclable de la Garonne. Les clubs cyclotouristes organisent des sorties avec guides :

Fédération française de cyclotourisme – 12 r. Louis-Bertrand - CS 80045 - 94207 Ivry-sur-Seine - ✆ 01 56 20 88 88 - www.ffct.org.

Fédération française de cyclisme – Bât. Jean-Monnet - 5 r. de Rome - 93561 Rosny-sous-Bois - ✆ 01 49 35 69 00 - www.ffc.fr. Elle édite un guide annuel gratuit des 46 000 km de voies balisés.

ESCALADE

Le relief des Pyrénées constitue un véritable paradis pour les amateurs d'escalade qui se feront accompagner par un guide de montagne ou un moniteur d'escalade breveté d'État.

Fédération française de la montagne et de l'escalade – 8-10 quai de la Marne - 75019 Paris - ✆ 01 40 18 76 61 - www.ffme.fr. Liste des falaises et des sites naturels d'escalade sur le site internet de la FFME.

Comité départemental de montagne et d'escalade – CDOS - 9 r. André-Fourcade - 65000 Tarbes - www.ffme-65.fr.

GASTRONOMIE

Stage culinaire

Pour découvrir la gastronomie locale et le terroir viticole.

Gers Tourisme en Gascogne – Centrale de réservation Départementale - BP 60178 - 32003 Auch - ✆ 05 62 61 79 00 - www.gers-tourisme.com.

Marchés

Outre les traditionnels marchés au gras abondamment pourvus en canards, oies, foies crus ou cuisinés, les marchés hebdomadaires proposent de nombreux produits du cru. Quant aux « marchés des producteurs de pays », ils regroupent des fermiers et des artisans locaux et sont reconnaissables à leur logo : un panier rouge sur fond vert.

HYDROSPEED (NAGE EN EAU VIVE)

Voir la rubrique « Canyoning », p. 16.

NAVIGATION DE PLAISANCE

On peut parcourir le canal du Midi et de la Garonne en bateau de croisière à louer (sans permis), en bateau-promenade ou en péniche-hôtel. La rivière Baïse offre également de nombreuses possibilités.

Les croisières organisées

Péniche « Baladine » et bateau-mouche « Le Capitole » – Croisières sur la Garonne ou le canal du Midi : *voir « Nos adresses »* dans les chapitres concernés.

Bateau « Lucie » – En barge : *voir « Nos adresses le long du canal du Midi », p. 123.*

Gascogne-Navigation – Promenades sur la Baïse : *voir « Nos adresses à Condom », p. 164.*

Location de bateaux habitables

Bateaux aménagés pour 6 à 8 personnes. Navigation sur le canal du Midi, le canal latéral à la Garonne, et sur la Baïse.

Société Crown Blue Line – Le Grand Bassin - BP 1201 - 11492 Castelnaudary Cedex - ✆ 04 68 94 52 72 - www.crownblueline.fr ou Écluse 44 - 47430 Le Mas-d'Agenais - ✆ 05 53 89 50 80.

Gascogne Navigation – 3 av. d'Aquitaine - quai de la Bouquerie - 32100 Condom - ✆ 05 62 28 46 46 - www.gascogne-navigation.com.

Nicols – Rte du Puy-St-Bonnet - 49300 Cholet - ✆ 02 41 56 46 56 - www.nicols.com.

Cartes

Éditions Grafocarte-Navicarte – 125 r. Jean-Jacques-Rousseau - BP 40 - 92132 Issy-les-Moulineaux Cedex - ✆ 01 41 09 19 00.

Éditions Vagnon – 26 r. Jacob - 75006 Paris - ✆ 01 42 34 96 69 - www.vagnon.fr.

PÊCHE

La région pyrénéenne est le paradis des pêcheurs. Pour tout renseignement :

Conseil supérieur de la pêche – Immeuble Le Péricentre - 16 av. Louison-Bobet - 94132 Fontenay-sous-Bois Cedex - ✆ 01 45 14 36 00 - www.image.eaufrance.fr.

Fédération nationale de la pêche en France et de la protection du milieu aquatique – 17 r. Bergère - 75009 Paris - ✆ 01 48 24 96 00 - www.unpf.fr.

Fédérations de la pêche et de la protection du milieu aquatique :

Ariège – Parc technologique delta sud - 09340 Vernìolle - ✆ 05 61 60 07 00 - www.peche-ariege.com.

Hautes-Pyrénées – 20 bd du 8-Mai-1945 - 65000 Tarbes - ✆ 05 62 34 00 36 - www.federationpeche.fr.

RAFTING

Voir la rubrique « Canyoning », p. 16.

RANDONNÉE PÉDESTRE

Les GR (grande randonnée) et les GRP (grande randonnée de pays) s'adressent aux marcheurs avertis.

Les **GR** : sur la route de Toulouse (GR 623) ; la Transpyrénéenne (GR 10) ; de Castelnaudary à l'Andorre (GR 7) ; le chemin des Bonshommes (GR 107) ; de Toulouse à Luchon (GR 86).

Les **GRP** : tours dans l'Ariège, Pyrénées ariégeoises…

La Haute Route des Pyrénées (HRP) traverse les Pyrénées d'est en ouest.

À propos du **chemin des Bonshommes** : consultez le site www.cheminsdesbonhommes.com (et pour l'aspect historique, *voir p. 50*).

Comité régional de la randonnée pédestre en Midi-Pyrénées – Maison des sports - 190 r. Isatis - BP 81908 - 31319 Labège Cedex - 05 62 24 18 77 - www.randonnees-midi-pyrenees.com.

Fédération française de randonnée pédestre – 64 r. du Dessous-des-Berges - 75013 Paris - 01 44 89 93 93 - www.ffrandonnee.fr - *voir notre bibliographie p. 27.*

Les comités départementaux du tourisme et les offices de tourisme éditent leurs propres parcours.

Ariège – Comité départemental de randonnée pédestre - 2 bd du Sud - 09004 Foix - 05 34 09 02 09 - www.randonnees-ariege.com.

Hautes-Pyrénées – Comité départemental de randonnée pédestre - 9 r. A.-Fourcade - 65000 Tarbes - 05 62 34 44 13 - www.hautes-pyrenees-rando.com.

La Balaguère – Rte du Val-d'Azun BP 3 - 65400 Arrens-Marsous - 05 62 97 43 01 - www.labalaguere.com.

Chamina Voyages – Naussac - BP 5- 48300 Langogne - 04 66 69 00 44 - www.chamina-voyages.com.

Fédération nationale ânes et randonnées – 13 montée Saint-Lazare - 04000 Digne-les-Bains - 04 92 34 23 11 - www.ane-et-rando.com.

Les **voies vertes** se sont multipliées dans la région. Elles suivent le tracé d'anciennes voies de chemin de fer désaffectées, empruntant les tunnels et reliant ainsi sur des kilomètres des sites touristiques : pour exemple, une voie verte relie Foix et différents sites de la région, une autre longe le canal de Garonne, etc. Pour connaître leurs tracés, adressez-vous aux comités départementaux du tourisme.

ROUTES HISTORIQUES

Fédération nationale des routes historiques – 21 r. Victor-Hugo - 18003 Bourges - 02 48 65 31 55 - www.routes-historiques.com.

Route historique du pastel en pays de cocagne – Château de Magrin - 81220 Magrin - 05 63 70 63 82 (*adressez-vous à M. Rufino*).

ROUTES THÉMATIQUES

Route des cadets de Gascogne – www.tourisme-gers.com. Renseignements auprès du comité départemental du tourisme et des loisirs du Gers.

Sur les chemins de Saint-Jacques-de-Compostelle – www.chemins-compostelle.com. De Toulouse à Saint-Bertrand-de-Comminges (137 km).

Route des vins du Frontonnais – www.vins-de-fronton.com. Entre Garonne et Tarn, à travers le vignoble.

Route des grottes – www.ariege.com. Sites souterrains et grottes en Ariège.

Route européenne des abbayes cisterciennes – www.cister.net. Créé en 2010 à l'initiative de l'abbaye cistercienne de l'Escaladieu (Hautes-Pyrénées), ce circuit européen relie 160 sites répartis dans 11 pays.

RUGBY

Rencontres d'octobre à mai.
Pour en savoir plus, voir p. 37.
Fédération française de rugby – 3-5 r. Jean de Montaigu - 91463 Marcoussis Cedex - 01 69 63 64 65 - www.ffr.fr.

SKI

Les **Pyrénées** offrent de vastes champs enneigés bien équipés, pour tous les sports de neige : ski de fond, de randonnée, de piste, mais aussi ski-parapente, motoneige… www.lespyrenees.net.
Pour skier en **Andorre**, consultez : www.ski.andorra.ad.

SOUVENIRS

Produits du terroir – Préparations salées (foies gras et confits), charcuterie (jambon de porc noir, saucisson), fromages (bethmale, orrys, tomme), douceurs (gâteau à la broche, berlingots) et bien sûr vin et liqueur *(voir « Vins et alcools », p. 35)*.
Artisanat – Faïence de Martres-Tolosane, laines, tissus et sabots de Bethmale, peignes de Lavelanet.

SPÉLÉOLOGIE

Les plateaux et les vallées sont riches en grottes et en cavités. Seul un accompagnateur breveté, connaissant parfaitement le réseau hydrographique, assure la garantie d'une découverte au risque minimal.
Comité régional de spéléologie Midi-Pyrénées – 7 r. A.-Citroën - 31130 Balma - 05 34 30 77 45 - www.comite-speleo-midipy.com.
École française de spéléologie – 28 r. Delandine - 69002 Lyon - 04 72 56 35 76 - www.efs.ffspeleo.fr.

SPORTS DE MONTAGNE

Les compagnies de guides de montagne proposent une large gamme d'activités accompagnées.
Montagne Passion – 09110 Mérens-le-Val - 06 87 12 64 01 - www.montagnepassion.com.
Bureau des guides de Luchon – 66 allées d'Étigny - 31110 Luchon - 05 61 89 56 08 - www.bureau-guides-luchon.com.
Bureau des guides de la vallée de Cauterets – 2 r. de la Raillère - BP 43 - 65110 Cauterets - 06 42 06 33 82 - www.guides-cauterets.com.
Bureau des guides de la vallée de Luz – 1 pl. du 8-Mai - 65120 Luz-St-Sauveur - 05 62 92 87 28 ou 06 72 00 98 58 - www.guides-de-luz.fr.
Bureau des guides de Gavarnie-Gèdre – 65120 Gavarnie - 05 62 92 49 10 - www.gavarnie.com.
Bureau des guides de la Haute-Bigorre – 5 pl. Lafayette - 65200 Bagnères-de-Bigorre - 06 32 71 07 96 - www.vertigedeladour.com.
Bureau des guides de St-Lary – 2 rte de Cap de Long - 65170 St-Lary-Soulan - 05 62 40 02 58 - www.guides-pyrenees.fr.
Les **bulletins neige et avalanche** (BNA), affichés dans chaque site de randonnée, doivent être consultés avant toute sortie.
Météo France – 32 50 ou 08 92 68 00 suivi du n° du département ou www.meteorage.fr.

THERMALISME

La région Midi-Pyrénées est la 4e région thermale française. Les eaux pyrénéennes appartiennent à deux catégories, les sources sulfurées et les sources salées. La plupart des stations thermales ont ouvert des centres thermoludiques (balnéo) pour le plaisir et le bien-être. Le département des Hautes-Pyrénées est le premier département thermal en France avec 8 stations thermales et 8 stations balnéo.

Retrouvez les stations du département dans le chapitre « Hautes-Pyrénées - La Bigorre ».

Conseil national des exploitants thermaux (CNETH) – 1 r. Cels - 75014 Paris - 01 53 91 05 77 - www.thalasso-thermale.com.

Chaîne thermale du soleil – 32 av. de l'Opéra - 75002 Paris - 0 800 050 532 (appel gratuit) - www.chainethermale.fr.

VISITES GUIDÉES

Elles sont organisées toute l'année dans les grandes villes ou seulement en saison dans les plus petites. Informez-vous à l'office de tourisme et pensez à réserver.

Voir aussi « Nos adresses » pour les différents sites traités dans la partie « Découvrir la région ».

Villes et Pays d'art et d'histoire

Sous ce label décerné par le ministère de la Culture et de la Communication sont regroupés quelque 153 villes et pays qui œuvrent activement à la mise en valeur et à l'animation de leur architecture et de leur patrimoine. Pour les visites, renseignez-vous auprès des offices de tourisme ou sur le site www.vpah.culture.fr.

Voir « En famille », p. 22.

VUE DU CIEL

Plusieurs clubs et écoles de pilotage proposent des baptêmes de l'air (biplace, planeur, vol à voile, ULM…).

Aéro-club de Luchon – 31110 Bagnères-de-Luchon - 05 61 79 00 48 - http://aeroluchon.fr.

Fédération française de vol libre (deltaplane et parapente) – 4 r. de Suisse - 06000 Nice - 04 97 03 82 82 - www.ffvl.fr.

Pyrénées Montgolfières – Aérodrome Auch-Lamotte - 32000 Auch - 05 62 63 66 11 - www.pyrenees-montgolfieres.com.

En famille

Le tableau récapitulatif présente les sites que nous avons sélectionnés pour vous et vos enfants. Repérez-les dans la partie « Découvrir la région » grâce au pictogramme 👪.

LES LABELS

Villes et Pays d'art et d'histoire

Ce réseau propose des visites-découverte et ateliers du patrimoine aux enfants.
www.vpah.culture.fr

Stations vertes

Destinations touristiques de loisir et de vacances. La Fédération des Stations vertes a décerné les prix de l'accueil des enfants à Masseube et Condom (Gers).
www.stationverte.com

Famille Plus

Ce label récompense les stations les plus performantes dans le domaine de l'accueil des familles.
www.familleplus.fr

Accueil Toboggan

Ce label décerné par les Gîtes de France est propre à la région Midi-Pyrénées. Il signale les gîtes ruraux, chambres d'hôte ou chalets loisir offrant des prestations spécifiques pour les enfants.

SITES OU ACTIVITÉS À FAIRE EN FAMILLE

Chapitre du guide	Page	Nature	Musée	Loisirs
Argelès-Gazost	216	Parc animalier des Pyrénées ; donjon des Aigles (Beaucens) ; aquarium tropical du Haut-Lavedan (Pierrefitte-Nestalas)		Base de loisirs du Lac-Vert (Agos-Vidalos)
Arreau	266	Les Aigles d'Aure	Musée de la Vallée d'Aure ; musée de la Cidrerie d'Ancizan	Lac de Génos-Loudenvielle ; Balnéa
Auch	132	La Ferme en coton ; jardin carnivore (Peyrusse-Massas)		
Ax-les-Thermes	350	Maison des loups (Orlu)	Le circuit de la vieille ville	
Bagnères-de-Bigorre	257	Grottes de Médous ; gouffre d'Esparros ; Espace préhistorique de Labastide		
Beaumont-de-Lomagne	182		Moulin à vent (Brignemont) ; Hôtel Pierre-de-Fermat	
Canal de Garonne	124	Ramier de Bigorre		Labyrinthe des Merveilles

EN FAMILLE

Chapitre du guide	Page	Nature	Musée	Loisirs
Cirque de Gavarnie	246	Balade à cheval vers le cirque de Gavarnie		Tipis indiens
Foix	320	Ferme des reptiles (Brouzenac) ; rivière souterraine de Labouiche	Château de Foix ; Forges de Pyrène (Montgaillard)	
Lectoure	173	Ferme des étoiles (Fleurance)		
Lourdes	205	Pic du Jer	Musée du Petit Lourdes ; château fort ; Crèches du monde	Grottes de Bétharram
Luz-Saint-Sauveur	237	Jardin botanique du Tourmalet à Barèges	Espace Millaris (Gèdre)	
Mas-d'Azil	369	Grotte du Mas-d'Azil	Musée de la Préhistoire	
Nogaro	150		Tour de Termes-d'Armagnac	Palmeraie du Sarthou (Bétous), base de loisirs
Rieux-Volvestre	282			Village gaulois (Saint-Julien-sur-Garonne)
Saint-Bertrand-de-Comminges	298	Grottes de Gargas-Nestploria ;	Maison des sources (Mauléon-Barousse)	Jardins de Sortilège
Saint-Lary-Soulan	274		Maison de l'ours ; musée de la Mine (Vieille-Aure)	
Saint-Lizier	357			Au pays des Traces
Tarascon-sur-Ariège	338	Grotte de Niaux ; grottes de Bédeilhac et de la Vache	Parc de la préhistoire	
Tarbes	198	Haras, Maison du cheval		Promenades en calèche
Toulouse	74	African Safari (Plaisance-du-Touch)	Muséum d'histoire naturelle ; Cité de l'Espace ; Touch and go	

DANS LA PRINCIPAUTÉ D'ANDORRE				
Chapitre du guide	Page	Nature	Musée	Loisirs
Andorre-la-Vieille	378	Vallée du Madriu	Centre d'interprétation de l'eau et du Madriu (Escaldes-Engordany) ; musée de l'Électricité (Encamp)	Naturlandia (Sant Julià de Lòria)
Ordino	385		Musée de la Miniature	

Mémo

Agenda

La brochure *Festivals en Midi-Pyrénées* éditée par le conseil régional complète utilement la liste ci-dessous. Vous la trouverez dans les offices de tourisme et de nombreux lieux publics de la région. Le programme est également disponible sur www.festivals.midipyrenees.fr. Vous trouverez d'autres événements plus locaux dans « Nos adresses » de la partie « Découvrir ».

JANVIER

Principauté d'Andorre – Les rois mages défilent dans les grandes villes de la principauté la nuit du 5 au 6 janvier.

FÉVRIER

Toulouse – Journées de la violette (début du mois). ✆ 05 62 16 31 31.

MARS

Gavarnie – Derby 3000 : épreuve de ski de randonnée. ✆ 05 62 92 49 10 - www.derby3000.fr.

MARS – AVRIL

Toulouse – Printemps du rire. ✆ 05 62 21 23 24 - www.printempsdurire.com.

DIMANCHE ET LUNDI DE PÂQUES

Lourdes – Festival de musique de Lourdes. ✆ 05 62 42 78 01 - www.festivaldelourdes.fr.

Saint-Félix-Lauragais – Fête historique de la cocagne : concerts, spectacles de cirque, jongleurs, défilés historiques. ✆ 05 61 83 01 71 (office de tourisme).

MAI

Condom – Festival européen de bandas y penas (2e w.-end). ✆ 05 62 68 31 38 - www.festival-de-bandas.com.

Rieux-Volvestre – Fête du papogay : tournoi d'archerie du 14e s. (1er w.-end). ✆ 05 61 87 63 33 (office de tourisme).

Vic-Fezensac – Feria du toro : grandes corridas (w.-end de la Pentecôte). ✆ 05 62 64 45 99.

JUIN

De nombreux villages des Pyrénées fêtent la transhumance.

Auch – Éclats de voix : musique classique et contemporaine. ✆ 05 62 05 20 82 - www.eclatsdevoix.com.

Lac d'Estaing – Transhumance (1er sam. du mois). ✆ 05 62 97 45 68.

Martres-Tolosane – Fête de la Saint-Vidian : fête religieuse et reconstitution historique (1er w.-end apr. la Pentecôte). ✆ 05 61 98 66 41.

Saint-Félix-Lauragais – Festival Déodat de Séverac : musique de chambre, opéra, musiques occitanes et catalanes (de juin à nov.). ✆ 05 61 83 01 71 (office de tourisme).

Toulouse – Festival Le Marathon des mots (dernier w.-end du mois). ✆ 05 61 99 64 01 - www.lemarathondesmots.com.

Toulouse – Festival Río Loco : concerts rock, jazz, pop, bal tango, arts visuels (fin du mois). ✆ 05 61 32 77 28 - www.rio-loco.org.

JUILLET

Bagnères-de-Bigorre – Festival Piano Pic (2e quinz.). ✆ 06 87 92 65 72 - www.piano-pic.com.

Condom– Nuits musicales en Armagnac : concerts à Condom, Lectoure et dans l'abbaye de Flaran (de mi-juillet à mi-août). ✆ 05 62 28 00 80.

Eauze – Grand Prix de la ville d'Eauze (le 3) : courses de chevaux. ✆ 05 62 09 85 62.

Eauze – Fêtes d'Eauze : courses landaises et corrida (1er dim. de juil.).

Estaing – Procession de la Saint-Fleuret (1er dim. du mois) : défilé des reliques du saint patron de la ville. ✆ 05 65 44 03 22.

Foix – Résistances : festival de cinéma (10 jours comprenant la 2e sem. du mois). ✆ 05 61 05 13 30 - www.cine-resistances.fr.

Gavarnie – Festival de Gavarnie : tous les soirs, représentation théâtrale dans le cirque de Gavarnie (2e quinz.). ✆ 05 62 92 49 10 - www.festival-gavarnie.com.

Lectoure – Été photographique (juil.-août). ✆ 05 62 68 83 72.

Luz-Saint-Sauveur – Jazz à Luz (2e ou 3e w.-end). ✆ 05 62 92 38 30 - www.jazzaluz.com.

Mirepoix – Fête médiévale (3e w.-end). ✆ 05 61 68 83 76.

Nogaro – Concours de la Corne d'or le 14 Juillet dans les arènes.

Pamiers – Fiesta : festival de musiques latines (w.-end du 14). ✆ 05 61 67 52 52 - http://ot-pamiers.fr.

Saint-Bertrand-de-Comminges, Saint-Just de Valcabrère, Saint-Gaudens, Martres-Tolosane – Festival du Comminges : musique classique, musique sacrée et musique de chambre (de mi-juil. à fin sept.). ✆ 05 61 88 32 00 - www.festival-du-comminges.com.

Tarbes – Equestria (fin du mois) : festival de création équestre. ✆ 05 62 51 30 31 - www.festivalequestria.com.

Toulouse – Festival Les Siestes électroniques (1re quinz.). www.les-siestes-electroniques.com.

Vic-Fezensac – Festival Tempo Latino : musiques latino-américaines (fin du mois). ✆ 05 62 06 56 66 - www.tempo-latino.com.

AOÛT

Bagnères-de-Luchon – Fête des fleurs (avant-dernier dim. du mois) : danses du monde. ✆ 05 61 94 68 86.

Bouan – Journées nationales de la race du cheval de Mérens (mi-août). ✆ 05 61 01 98 58.

Fleurance – Festival d'astronomie (1 sem. déb. août). ✆ 05 62 06 62 76 - www.fermedesetoiles.com.

Foix – « Le trésor des Cathares » : son et lumière (fin juil.-mi-août, mar., jeu. et vend.). ✆ 05 61 02 88 26 - http://foixterredhistoire.free.fr.

Madiran – Fête du vin (les 14 et 15). ✆ 05 62 31 90 67.

Marciac – Jazz in Marciac (1re quinz.). ✆ 0 892 690 277 (0,34 €/mn) - www.jazzinmarciac.com.

Mirepoix – Festival international de la marionnette (1er w.-end du mois). ✆ 05 61 68 83 76.

Mirepoix – Marché des potiers (mar. et merc. de la 1re ou 2e sem. du mois).

Saint-Lizier – Festival de musique. ✆ 05 61 66 67 89 - www.festivalsaintlizier.com.

Tarbes – Festival de tango argentin (3e sem. d'août). ✆ 05 62 51 30 31 - www.tarbes.com.

SEPTEMBRE

Ax-les-Thermes – Festival des saveurs de la gastronomie ariégeoise (mi-sept.). www.festivalsaveurs.com.

Estaing – « Les Médiévales » : plongée dans l'Aveyron du 13e s., avec spectacles, animations et barbecues géants (2e w.-end du mois). ✆ 05 65 44 03 22.

Meritxell (principauté d'Andorre) – Fête nationale de la principauté d'Andorre (le 8).
Nogaro – Grand Prix automobile (1er w.-end fin du mois). ✆ 05 62 09 02 49.
Saint-Félix-Lauragais – Marché des potiers (3e w.-end du mois). ✆ 05 62 18 96 99.
Tarbes – Terro'art : fête des labels (1 sam. mi-sept.). ✆ 05 62 51 30 31.
Toulouse – Festival international de Piano aux Jacobins. ✆ 05 61 22 40 05 - www.pianojacobins.com.
Toulouse – Festival Toulouse Les Orgues (fin sept.-mi-oct.). ✆ 05 61 33 76 80 - www.toulouse-les-orgues.org.
Toulouse – Le Printemps de septembre : photo et arts visuels (3 sem. à partir de l'avant-dernier w.-end de sept.). ✆ 01 43 38 00 11 - www.printempsdeseptembre.com.

OCTOBRE

Gimont – Festival aéronautique. ✆ 05 62 67 70 02.
Toulouse – Jazz sur son 31. ✆ 05 34 45 05 92 - www.jazz31.com.
Val d'Azun – Fête du cheval de trait (2e w.-end du mois à Aucun). ✆ 05 62 97 49 49.

NOVEMBRE

Eauze et Armagnac – Flamme de l'armagnac (de nov. à janv.). ✆ 05 62 08 11 00 - www.armagnac.fr.

DÉCEMBRE

Saint-Lary – Festival international du film de surf (2e w.-end). ✆ 05 62 39 50 81 - www.festival-freeride.com.

Bibliographie

Rien de tel pour préparer un voyage (ou pour se rappeler avec plaisir des vacances réussies), que quelques livres qui vous aideront à élucider des points d'histoire ou qui sauront restituer une atmosphère… et vous donner envie de revenir !

OUVRAGES GÉNÉRAUX-GÉOGRAPHIE-ÉCONOMIE

Le Grand Guide des Pyrénées (France, Espagne, Andorre), éd. Milan, 1997. Une mine d'informations : architecture, paysages, hommes, faune, flore, vie quotidienne…
Le Dictionnaire des Pyrénées (encyclopédie illustrée. France-Espagne), A. Lévy (dir.), éd. Privat, 2000.
Toulouse, G. Castroviejo et V. Lebrun (photographie), éd. Déclics, 2012. Toulouse vue par un Toulousain. Texte accompagné de 120 photos.
Lauragais, pays des cathares et du pastel, J. Odol et G. Jungblut (photographie), éd. Privat, 2004.
Le Canal du Midi, M. Cotte, éd. Belin, 2003. L'histoire du plus vaste chantier de génie civil du 17e s.

HISTOIRE-ART

Histoire de l'Occitanie, A. Armengaud et R. Laffont (dir.), éd. Hachette, 1979.
Histoire de la Guyenne et de la Gascogne, J. Castarède, éd. France-Empire, 1997.
Histoire de Lourdes, de Toulouse, coll. « Univers de la France, histoire des villes », éd. Privat, 1960-1980.
Histoire générale du protestantisme, É.-G. Léonard, coll. « Quadrige », éd. PUF, 1994.
L'Épopée cathare (4 volumes), M. Roquebert, éd. Privat, 1970-1994.
Montaillou, village occitan de 1294 à 1324, E. Le Roy Ladurie, éd. Gallimard, 2008.
Les Comtes de Toulouse, 1050-1250, J.-L. Dejean, éd. Fayard, 1988.
Le Capitole de Toulouse, H. Heynard et D. Molinier, coll. « Pays et villes de France », éd. Privat, 2000.
Lumières sur la brique en Midi toulousain : L'architecture

traditionnelle du rural à l'urbain, H. Fondevilla et D. Pawlowski, éd. Privat, 2000.
Pyrénées romanes, Zodiaque, 1969.
L'Art gothique en pays catalan, J. Raynal et M. Castillo, éd. Privat, 2005.
Toulouse, 2000 ans d'art et d'histoire, C. Cau, éd. Daniel Briand, 2000.
Les Pyrénées, les ascensions et la philosophie de l'exercice, H. Russell, éd. Monhélios, 2005.

RANDONNÉES

Les Sentiers d'Émilie dans les Hautes-Pyrénées, 2 tomes (2006), *Autour de Toulouse* (2005), *dans le Gers* (2009), Rando Éd.
Le Chemin du Puy vers Saint-Jacques-de-Compostelle (2004), *D'Arles vers Saint-Jacques-de-Compostelle* (2011), J.-P. Sirejol et L. Laborde-Balen, Rando Éd., Ibos.
Les Plus Belles Randonnées des Pyrénées ariégeoises, É. Delaperrière, éd. Glénat, 2004.

VIE PRATIQUE

Animaux sauvages des Pyrénées, C. Dendaletche, éd. Milan, 1991.
Foie gras et confits, A. Prébois et E. Zipper, éd. Dormonval, 2004.

CIVILISATION ET LANGUE

Petit Précis de pyrénéisme, J. Ribas, éd. Loubatières, 1998.
L'Aventure des bastides, G. Bernard, G. Jungblut, éd. Privat, 1998.
Les Bastides du Sud-Ouest, Diagram Éd., 1993.
L'Occitan sans peine (1 livre et 3 CD), coll. « Langues régionales », éd. Assimil, 2003. Pour ceux qui ont décidé d'apprendre la langue.

LITTÉRATURE

Chez nous en Gascogne, J. de Pesquidoux, coll. « Terres », éd. C. de Bartillat, 1991.
Les Enfants de la liberté, M. Lévy, éd. Robert Laffont, 2007.
Contes traditionnels de Gascogne et *Contes traditionnels des Pyrénées*, M. Cosem, éd. Milan, 1993.

MÉDIAS

Quotidiens – *L'Éclair des Pyrénées*, *La République des Pyrénées*, *La Semaine des Pyrénées*, *Sud-Ouest*, *Midi Libre* et *La Dépêche du Midi* (Toulouse).
Revues – *Pyrénées Magazine* (Milan Presse), *Respyr* (Éd. Version Originale)
Radios – *Sud Radio* et *Radio País*.

JESUS
1

2/ COMPRENDRE LA RÉGION

L'hospice Saint-Joseph-de-la-Grave, à Toulouse.
T. Deschamps / age fotostock

Bonus

La région aujourd'hui

Espace d'innovation, diversifiant son économie stimulée par une industrie de pointe internationalement reconnue, le Midi toulousain est à la tête du secteur de l'aéronautique. Emmenée par Toulouse, sa bouillante métropole, la région tout entière forme un véritable pays de cocagne : ici, le cassoulet est élevé au rang de porte-étendard, les arts culinaires se déclinent en foie gras, magrets et autres saucisses généreuses et, à table, le maître mot est la convivialité. Ce peuple d'Occitans au doux accent méridional développe un goût immodéré pour le divertissement : fêtes médiévales, courses landaises, concerts en tout genre... Et l'incontournable ballon ovale, sport-roi qui enflamme en particulier les travées du Stade Toulousain.

Une terre et des hommes

Entraînée par la métropole toulousaine en pleine expansion, la région vit une croissance démographique et économique remarquable.

SUPERFICIE ET POPULATION

Ce guide traite d'un territoire recouvrant la partie sud de la région Midi-Pyrénées, à savoir les départements de l'Ariège, de la Haute-Garonne, du Gers et des Hautes-Pyrénées, dont les appellations traduisent le relief, entre fleuves et montagnes.

Cette région compte 1,8 million d'habitants répartis de façon très inégale d'un département à l'autre : la Haute-Garonne concentre à elle seule plus des deux tiers de la population.

Quatrième ville de France, Toulouse compte plus de 440 000 habitants

TERRE D'ACCUEIL

La région s'est depuis toujours voulue terre hospitalière. Italienne, espagnole, portugaise ou africaine, nombreuses ont été les vagues d'immigration. Aujourd'hui, Britanniques, Hollandais ou Asiatiques, attirés par les opportunités qu'offre la technologie de pointe, se sont ajoutés à la population. En France, la région Midi-Pyrénées est l'une des plus attractives ; la croissance de Toulouse et de son aire urbaine (sa zone d'influence) dépasse désormais même celle de Montpellier ! Entraînés par le dynamisme de la capitale régionale, les départements de l'Ariège, du Gers et des Hautes-Pyrénées renouent enfin avec la croissance.

(plus de 871 000 pour l'agglomération). Cela signifie donc que la moitié des habitants du territoire vit dans l'agglomération toulousaine. L'ensemble des pôles urbains, représentant seulement 1/5 de l'espace, rassemble au total les 2/3 de la population. On comprend mieux le saisissant contraste entre la densité de population de la Haute-Garonne (200 habitants au km²) et celle des départements de l'Ariège et du Gers (autour de 30 habitants au km²), parmi les plus faibles de France.

ÉCONOMIE

La région possède une palette d'activités aux facettes différentes, au diapason de sa géographie. D'une façon générale, tournée plutôt vers le secteur tertiaire, elle est faiblement industrialisée. Légèrement en dessous de la moyenne nationale, l'industrie représente (en 2009) environ 17 % du secteur d'activité.

TOULOUSE À LA POINTE

La métropole toulousaine concentre industries de pointe, services, centres de recherche et petites entreprises qui lui permettent de rayonner en Midi-Pyrénées, et bien au-delà. Si le secteur **aéronautique** et **spatial** est le fer de lance économique actuel, il le doit, en partie, à son histoire. Loin des zones de combat de la Première Guerre mondiale, la région fut en effet choisie pour l'implantation d'usines d'armement et d'aviation entre 1914 et 1918. Dans l'Entre-deux-guerres, Latécoère, Breguet et Dewoitine y développèrent l'industrie aéronautique et, à partir des années 1960, depuis les vastes halls de montage toulousains s'envolèrent de fameux avions : Caravelle, Concorde et nombre d'Airbus. Aujourd'hui, c'est toujours à Toulouse que sont assemblés les satellites et le plus gros avion de passagers du monde, l'A380. Pour cela, comme pour les secteurs de l'informatique, de la robotique, ceux des nanotechnologies et des biotechnologies, ou encore celui de la santé (en témoigne le Cancéropôle), Toulouse peut compter sur ses étudiants (99 000 environ) et ses 10 500 chercheurs.

UN RÉSERVOIR DE PENSÉE

L'agglomération toulousaine attire à elle seule 85 % des étudiants de la région Midi-Pyrénées, et le poids de l'enseignement supérieur est particulièrement important. Derrière l'académie de Lyon, le taux d'inscription en études supérieures est le plus élevé des régions françaises (19,5 %). Trois étudiants sur quatre optent pour l'une des cinq universités, tandis que 8 % d'entre eux (près de 9 000) sont étudiants ingénieurs (le double de la moyenne nationale !). Des chiffres qui témoignent du dynamisme du réservoir toulousain.

INDUSTRIE ET ARTISANAT

Même si la région est largement orientée vers le secteur tertiaire, elle est très fière de son industrie (l'exploitation du marbre à Saint-Béat, à Campan et à Sarrancolin et l'extraction du talc de Luzenac, premier producteur mondial, avec 1,5 million de tonnes par an) et de son artisanat ; citons par exemple la pierre à faux à Saurat, les sabots dans la vallée de Bethmale ou encore les peignes en corne de bovin à Lavelanet.

FIDÈLES À LA TERRE

La région Midi-Pyrénées, la plus étendue de France, se veut toujours rurale, avec plus de

L'OCCITAN AUJOURD'HUI

Si la chanson traditionnelle est représentée par La Talvera ou Los Sonaires d'Oc, Jordi Blanc, Léopold Durand, Gui Viala, Arlette Oms ou encore Andrée Labit sont autant d'écrivains qui s'expriment en occitan. Promotion de la culture, enseignement, collecte des traditions orales… Nombreuses sont les associations (parmi lesquelles l'Institut d'Estudis Occitans, fort de plusieurs sections locales), les manifestations et les démarches qui favorisent la pérennité de la culture occitane *(voir p. 67)*.

47 000 exploitations. Cependant, dans les Pyrénées, la vie agricole traditionnelle ne tient plus qu'une faible place : elle se maintient grâce à la pluriactivité (l'hiver certains deviennent moniteurs de ski ou pisteurs) et à l'agrotourisme.
En Gascogne, le vert tendre des blés au printemps contraste avec les sols fauves en attente de maïs. L'été venu, les blés balancent leurs épis d'or, tandis que le maïs s'élève dans sa robe verte. Ce jeu de couleurs alternées est enrichi par la vigne, le sorgho, le tournesol, les melons et le colza au printemps. Dans la région de Lectoure, l'irrigation de la polyculture est assurée par de petites retenues d'eau et de longues chenilles de plastique, sortes de serres rampantes.
Dans le Gers, ovins, bovins et porcs animent les marchés, où la volaille est aussi à l'honneur : poule pour le pot, poularde engraissée, pigeon à farcir et surtout oie et canard dont la graisse et le foie font l'objet de tous les soins (la production de canards gras atteint le nombre impressionnant de 4 millions de têtes !). La vieille technique du gavage consiste à nourrir les palmipèdes de semoule et de maïs jusqu'à ce qu'ils soient trop lourds pour se mouvoir. Leurs foies sont ensuite négociés sur les marchés au gras, avant d'être cuisinés selon une recette de pâté inaugurée par l'aubergiste Taverne en 1769 !
Comme une suite logique, l'industrie **agroalimentaire** est très représentée dans le Gers.

TOURISME

Se déclinant entre vallées, forêts et montagnes, cités historiques, chemins de randonnée, lacs et stations de vacances, déployant mille et un sites majestueux, la région possède nombre d'attraits touristiques dynamisant son économie. La ville de **Lourdes** est la deuxième ville de pèlerinage catholique après Rome : son parc hôtelier se hisse au second rang national, derrière Paris. Les chemins de Saint-Jacques-de-Compostelle, le cirque de Gavarnie, le canal du Midi, le parc national des Pyrénées, la multitude de grottes ou encore la réserve naturelle de Néouvielle et une gastronomie réputée participent amplement au rayonnement de la région. De même, les stations de ski (entre autres Guzet-Neige en Ariège, Luchon-Superbagnères en Haute-Garonne, Saint-Lary-Soulan dans les Hautes-Pyrénées, sans compter les stations andorranes, aux portes de la région), le tourisme thermal (revivifié par le thermoludisme) ou la route des cols chère au Tour de France (Aspin, Tourmalet, Peyresourde, Portillon) sont autant d'invitations au voyage.

Une cuisine généreuse

Ici, foin des régimes, on se pourlèche les babines ! Dans ces foyers d'art culinaire développés en Toulousain, en Gascogne et au pied des montagnes, il s'agit de mettre autant de générosité à manger que les cuisiniers à préparer les repas !

À TOULOUSE

Le roi **cassoulet**, fleuron de la cuisine du Sud-Ouest, mijotait autrefois dans une *cassole* en argile d'Issel, idéale pour l'estouffade. Haricots tarbais (qui doivent représenter, selon la tradition, 70 % du plat), graisse d'oie, ail et couenne sont accompagnés de confit d'oie et de canard.

La saucisse fraîche s'impose par son excellence et on trouve de la charcuterie en abondance dans toute la région. L'oie et le canard se savourent en foie gras et en confit. Une bonne recette de poularde à la toulousaine (farcie de saucisses et d'olives vertes) fait le bonheur des amateurs. On sert aussi à table le pigeon du Lauragais, les asperges du Tarnais et la galette de **millas**, à base de farine de maïs, qui se déguste aussi bien sucrée que salée, le plus souvent poêlée.

CHEZ LES MOUSQUETAIRES

Dans les casseroles de l'hospitalière Gascogne se préparent quelques mets rares à ne pas manquer, souvent rehaussés par l'ail blanc de Lomagne.

Toutes les volailles et le porc peuvent être confits, c'est-à-dire conservés dans la graisse de leur cuisson. La **garbure** est un potage de campagne typique (que l'on retrouve également en montagne avec ses variantes), accommodé de légumes de saison et de confits. En guise d'entrée froide, le melon de Lectoure possède une belle réputation.

Sur du pain chaud, c'est de **foie gras d'oie** et de **canard** que l'on se régale. Le Gers occupe la 2e position pour l'élevage de palmipèdes gras et le 1er rang national pour l'élevage de chapons et de dindes de qualité supérieure.

Les **salmis** sont préparés avec du gibier rôti dont les morceaux sont détachés, et la carcasse, les chairs et les abats hachés menu. Les **magrets** se mangent frais et grillés comme la viande rouge, ou fumés sur un lit de salade.

Après le nadaou, fromage rustique fabriqué dans une feuille de châtaignier, un bon repas se termine par une croustade du Gers (feuilleté aux pruneaux ou aux pommes), un pastis gascon à la pâte parfumée à l'armagnac ou des pruneaux à l'armagnac.

À LA MONTAGNE

Les terres pyrénéennes offrent elles aussi une gastronomie de caractère : l'excellent jambon noir de Bigorre, le mouton Barèges-Gavarnie auréolé d'un label AOC depuis 2003, les belles truites des eaux fraîches des rivières et, plus rarement, les écrevisses.

Pour les fromages, les Pyrénées donnent des pâtes savoureuses (comme la tomme) faites de lait de brebis et de vaches estivant sur les pâturages. En Ariège, par

RAYONNEMENT DE LA RÉGION

Forte de ses personnalités et de sa culture, la région ne manque jamais de faire parler d'elle sur tout le territoire national et bien au-delà.

Claude Nougaro a ainsi porté haut les accents de la Garonne, comme Juliette aujourd'hui ; l'orchestre du Capitole se produit sur les grandes scènes internationales ; la maison des Pyrénées distille en capitale les parfums de la région. Le foie gras de canard régale jusqu'au Japon, côtes-de-saint-mont et madiran se dégustent plaisamment à l'étranger.

exemple, bethmale et orrys sont des produits succulents. En fin de repas, le palais s'adoucit avec les **berlingots** de Cauterets et les saveurs du **gâteau à la broche** (obtenu en versant une sorte de pâte à madeleine sur une broche que l'on tourne devant un bon feu).

LES GRANDS CHEFS

Nous avons sélectionné ici quelques grandes figures régionales.

Toulouse

Michel Sarran, « électron libre » de la cuisine, est né dans le Gers où Pierrette, sa mère, tient une auberge rurale. À 20 ans, il choisit d'abandonner ses études de médecine pour le piano de cuisine. Et trois ans plus tard, grâce à l'audace de sa maman qui parle de lui à Alain Ducasse, le voilà commis chez le grand cuisinier, dans la brigade du *Juana* à Juan-les-Pins. De la Côte d'Azur, il file dans les Alpes (Courchevel), passe chez Michel Guérard à Eugénie-les-Bains, grimpe en Bourgogne chez les Lorain, à Joigny. Il se nourrit du talent des grands chefs pour mieux entreprendre sa propre ascension. En 1995, il ouvre à Toulouse l'établissement qui porte son nom, voit une étoile arriver un an plus tard, une deuxième sept ans après.

Michel Sarran – 21 bd A.-Duportal - ✆ 05 61 12 32 32 - www.michel-sarran.com.

Stéphane Tournié, lourdais d'origine, est monté à Paris chez Taillevent et chez Christian Constant, avant de partir à l'étranger, de Chicago à Singapour, découvrir d'autres saveurs et techniques culinaires. En 2006, il relance avec le chocolatier Yves Thuriès le restaurant Les Jardins de l'Opéra, à deux pas du Capitole, et obtient une étoile six ans plus tard.

Les Jardins de l'Opéra – 1 pl. du Capitole - ✆ 05 61 23 07 76 - http://lesjardinsdelopera.fr.

Colomiers

Issu d'une famille de viticulteurs, **Yannick Delpech** a suivi une formation de pâtissier à Albi, chez le chocolatier Michel Belin. Il a ensuite travaillé à Biarritz et à Cahors. Puis, tout s'enchaîne : à peine nommé chef de cuisine de L'Amphitryon, le chef décroche sa première étoile en 2000, à 24 ans, suivie d'une deuxième en 2008, distinguant sa cuisine créative et néanmoins fidèle à la tradition.

L'Amphitryon – Ch. de Gramont - ✆ 05 61 15 55 55 - www.lamphitryon.com.

Condom

L'amour de la cuisine et la passion des fusions réussies conduisent **Éric Sampietro** depuis qu'il a quitté l'auberge familiale de Manciet (Gers). Le premier l'a poussé, après l'école hôtelière de Toulouse, à toujours revenir aux fourneaux, en ayant été chef de rang dans un grand hôtel de Londres ou aux manettes dans la chocolaterie de ses beaux-parents. La seconde illumine *La Table des Cordeliers*, reprise avec Catherine, son épouse, en 2003. Elles s'apprécient dans le décor de cet ancien couvent où le mobilier contemporain et les formes modernes s'harmonisent élégamment aux vieilles pierres. Ce jeune chef étoilé marie les traditions régionales et ses propres expériences. Subtilité des créations et richesse des saveurs sont au menu.

La Table des Cordeliers – 1 r. des Cordeliers - ✆ 05 62 68 43 82 - www.latabledescordeliers.com.

Pujaudran

« Quand j'étais adolescent, mes parents m'emmenaient dans des restaurants étoilés pour me faire plaisir », confie **Bernard Bach** avec reconnaissance. Aujourd'hui, c'est lui qui collectionne les étoiles :

DÉGUSTATION EN CAVE

Les caves sont généralement ouvertes à la visite et proposent la plupart du temps une dégustation (à pratiquer avec modération !). Vous trouverez leurs coordonnées dans les offices de tourisme et les Maisons des vins. Les syndicats viticoles éditent des brochures de présentation de leurs crus, parfois avec un tracé des Routes des vins.

Maison des vins de Madiran et pacherenc-du-vic-bilh – Le Prieuré - pl. de l'Église - 65700 Madiran - ✆ 05 62 31 90 67.

Bureau national interprofessionnel de l'armagnac AOC – 11 pl. de la Liberté - BP 3 - 32800 Eauze - ✆ 05 62 08 11 00 - www.armagnac.fr.

Maison du floc de Gascogne – R. des Vignerons - BP 49 - 32800 Eauze - ✆ 05 62 09 85 41 - www.floc-de-gascogne.fr.

Producteurs Plaimont – R. d'Orthez - 32400 Saint-Mont - ✆ 05 62 69 62 87 - www.plaimont.com.

Syndicat des côtes de Gascogne – Rte de Cazaubon BP2 - 32800 Eauze - ✆ 05 62 09 82 19 - www.vins-cotes-gascogne.fr.

Maison des vins AOC Fronton – Château de Capdeville - 140 allée du Château - 31620 Fronton - ✆ 05 61 74 80 69 - www.vins-de-fronton.com.

la deuxième lui a été décernée voici quelques années. Il est resté fidèle à sa région et à la tradition familiale, ayant grandi dans l'hôtel-restaurant tenu par ses parents près de Moissac. Installé à Pujaudran, à 25 km de Toulouse, il utilise les meilleurs produits de la région dans une cuisine ouverte aux influences, notamment celle de la Méditerranée, découvertes au fil de ses années de formation aux côtés de Jacques Chibois ou Michel Trama. Chaque année, il invite deux de ses pairs à venir 15 jours pour présenter leurs propres cartes à sa clientèle, toujours dans un esprit de partage et d'ouverture.

Le Puits Saint-Jacques – Av. Victor-Capoul - ✆ 05 62 07 41 11 - www.lepuitssaintjacques.fr.

VINS ET ALCOOLS

Fronton

Au nord-ouest de Toulouse, les viticulteurs de Fronton (AOC) ont fait ces derniers temps des progrès spectaculaires, tirant parti de leur cépage ancestral, la négrette, parfois associée à la syrah, pour réaliser des rouges savoureux et parfumés, qui peuvent se boire jeunes ou se garder plusieurs années.

Les appellations de Gascogne

Le tannat est le cépage local qui donne les meilleurs vins rouges de Madiran et Saint-Mont, intenses et savoureux, dotés d'un bon potentiel de garde. Les qualités aromatiques du gros et du petit manseng s'apprécient dans les blancs moelleux ou secs de pacherenc-du-vic-bilh. On les retrouve aussi, associés à d'autres cépages, dans les blancs fruités et séduisants des côtes de Gascogne. En raison de leur succès, le Gers est devenu le premier département producteur de vin blanc.

L'armagnac

Avant la moindre gorgée, c'est la robe (couleur) de l'armagnac, eau-de-vie de raisin, que l'on déguste, puis ses arômes riches et prenants. La région d'appellation « armagnac » couvre tout l'ouest du département du Gers et empiète sur le Lot-et-Garonne et les Landes. On distingue à l'est le Haut-Armagnac (région d'Auch), au centre la Ténarèze (région de

Condom), à l'ouest le Bas-Armagnac (région d'Eauze). Seuls les vins blancs issus des dix cépages réglementaires peuvent être distillés. Les plus appréciés sont principalement l'ugni blanc, le baco et la folle blanche. Les eaux-de-vie du Bas-Armagnac sont réputées dorées, suaves et fruitées, et celles de la Ténarèze plus foncées et fermes. En milieu de repas, le « trou gascon », constitué d'armagnac, permet de faire une pause durant un repas de fête gersois. En fin de repas, l'armagnac se savoure à température ambiante, après avoir été tourné dans un verre à fond large pour être aéré. Il se déguste aussi à l'apéritif et en cocktails.

Produits dérivés

Les connaisseurs savent que le **floc** (« fleur », en gascon) est un vin de liqueur (16°-18°) qui se boit frais en apéritif, rouge ou blanc. Il résulte du mélange de moût de raisin et d'armagnac supérieur à 52°. Le **pousse-rapière** est également une liqueur, faite d'armagnac, de fruits macérés et de vin effervescent brut (méthode champenoise). Cette création de Blaise de Monluc donne un savoureux cocktail.

Traditions festives et sportives

Riche d'un passé mouvementé, habitée de figures extraordinaires, nourrie de mythes et de contes, la région tient à son âme. Elle se veut un creuset de traditions, le vivier d'un folklore qui perdure, sans jamais perdre sa proverbiale bonne humeur.

LE SENS DE LA FÊTE...

Bienvenue au pays des « festaires ». Profanes ou sacrées, musicales ou historiques, les célébrations et les manifestations sont légion dans la région toulousaine. Le sens de la fête n'est plus à démontrer dans ce grand Sud-Ouest et se décline avec autant de ferveur dans les grandes villes que dans les petits villages des vallées pyrénéennes.

Les traditions sont ici très fortes et témoignent d'une histoire parfois tumultueuse : on ne compte plus les **fêtes médiévales**, à Mirepoix par exemple, tandis qu'à Rieux-Volvestre une compagnie d'archers assure toujours le succès de la Fête du papogay (tir au perroquet). Foix, qui n'a pas oublié les assauts de Simon de Montfort, met en scène la vie des cathares, tandis que Saint-Félix-Lauragais s'attache à faire revivre les grandes heures du pays de cocagne... Dans ces pays, les montagnes ne sont jamais loin, et avec elles leurs cortèges de **traditions pastorales** et musicales. Comment ne pas évoquer les transhumances du val d'Azun qui témoignent de longues pratiques ancestrales ?

Mais que seraient toutes ces fêtes sans les **chants** et les danses ? Comme dans le Pays basque, les chœurs d'hommes sont ici célèbres, avec les Chanteurs montagnards d'Alfred Roland à Bagnères-de-Bigorre, ou les Chanteurs du Comminges à Saint-Gaudens. Dans certaines vallées, comme celle du Couserans, des groupes folkloriques maintiennent depuis des générations les costumes, danses et chants locaux ; c'est ainsi le cas des Bethmalais à Saint-Girons. Omniprésente, la musique rythme la vie des villes et villages grâce à un calendrier aussi riche que varié. Fière de son passé, la région est également ouverte aux innovations et aux autres cultures. De la musique classique à la musique expérimentale (Toulouse) en passant par le jazz (Marciac), les bandas (Condom) ou les musiques latinos (Vic-Fezensac), tous les styles sont ici à l'honneur.

Voir aussi l'agenda, p. 24.

Les supporters du Stade Toulousain, l'emblématique équipe de rugby de Toulouse.
E. Cabanis / Photononstop

… ET CELUI DU JEU

Sans doute le climat est-il un facteur favorable pour cela : la région est un parterre de jeux et de sports. En témoignent les corridas dans les arènes gersoises, pleinement inscrites dans la culture gasconne. Aignan, Eauze, Gimont et Vic-Fezensac drainent ainsi une foule d'aficionados qui encouragent les matadors. Pareille ferveur anime les courses landaises, à Nogaro comme à Gimont – il est vrai que les Landes sont toutes proches. Inaugurées par un défilé des « écarteurs », communément appelé le *paseo*, accompagnées d'une marche musicale, les courses constituent un spectacle haut en couleur, entre les troupeaux et les *cuadrillas*, équipes masculines constituées de sept écarteurs, d'un cordier, d'un sauteur et de deux entraîneurs.

Il y a d'autres jeux plus pacifiques bien que tout aussi passionnés. La pétanque est bien sûr incontournable, mais doit partager son succès avec les nombreuses variantes de jeux de quilles dont les quilles au maillet et le fameux palet gascon (Gers).

UNE PASSION NOMMÉE RUGBY

Vigoureusement installé dans le Midi, le rugby est la marque de distinction des Occitans. Il a aussi modelé un nouveau type de Gascon, successeur étoffé des nobles mousquetaires, à la stature imposante, à la tenue soignée et au verbe haut.

Naissance d'un sport

En 1823, au collège de Rugby, en Angleterre, William Webb Ellis enfreint les règles du football en s'emparant à deux mains du ballon. Le rugby vient de naître, non sans rappeler un jeu pratiqué dès le Moyen Âge en France, la soule. Quelques décennies plus tard, le rugby s'implante avec succès dans le Midi où il devient un véritable sport régional. On dit de lui qu'il est un « sport de voyous pratiqué par des *gentlemen* » !

Les Occitans peuvent y déployer leur spontanéité et leur joie de vivre coutumières. Né dans les villages et les petites villes dont chaque équipe défendait avec ferveur les couleurs, le rugby sollicite le sens de la solidarité. Le plaisir d'être ensemble se manifeste joyeusement durant les plantureux repas qui suivent le match: c'est la célèbre troisième mi-temps. Les qualités propres au Sud, le goût du contact, de l'exagération et de la franche castagne y sont copieusement exaltés.

Règles du jeu

Dans le **rugby à XV** (15 joueurs), l'équipe doit marquer le plus de points possible en portant ou bottant le ballon ovale. Le match se déroule en deux mi-temps de 40 minutes, séparées par une pause de 10 minutes maximum. Un « essai » (5 points) est marqué lorsqu'un joueur porte le ballon au-delà de la ligne de l'« en-but » adverse; un « but » (3 points) quand il le « botte » au-dessus de la barre de l'en-but (à 3 mètres du sol). L'essai transformé en but (« transformation ») donne 2 points de plus. Un joueur qui commet la faute de passer le ballon en avant à la main (« en-avant ») entraîne une « mêlée », figure spectaculaire du rugby: les avants de chaque équipe s'arc-boutent les uns face aux autres pour gagner le ballon au sol. Autre moment clé pour la conquête du ballon: lorsque celui-ci sort des limites du terrain, il est remis en jeu par une « touche », en étant lancé entre les avants des 2 équipes formant 2 lignes parallèles. Au **rugby à XIII** (13 joueurs), la mêlée a lieu lorsque le ballon sort des limites latérales du terrain. Un joueur « tenu » par un adversaire doit botter le ballon à l'endroit où il a été arrêté. Cette variante du rugby s'est développée en France dès 1934, à la suite de l'exclusion de Jean Galia de l'équipe de France. On le surnomme, non sans humour, le « rugby hérétique » ou « sport des cathares ».

Les grandes équipes

Star dans le monde du rugby, le **Stade Toulousain**, aux couleurs rouge et noir, occupe régulièrement le haut du classement de l'élite française du rugby, le célèbre Top 14 : il a obtenu 19 fois le trophée du championnat de France, le célèbre bouclier de Brennus, dont quatre fois d'affilée entre 1994 et 1997. Dernière-née dans la catégorie des grandes compétitions, la Coupe d'Europe a été lancée en 1996, et remportée déjà trois fois par le Stade Toulousain.

Le célèbre *Midi olympique*, l'hebdomadaire de référence, a pieusement relaté les exploits de Robert Barran, Yves Bergougnan, Jean-Pierre Rives ou Christian Califano. Aujourd'hui encore, l'équipe fournit des joueurs internationaux au XV de France.

Des équipes s'entraînent également en **Pro-D2** pour rejoindre les meilleurs; il s'agit du **FC Auch**, du **Tarbes Pyrénées Rugby** et de l'**US Colomiers**.

La Gascogne a par ailleurs été pionnière avec ses équipes féminines jouant à la « barette », telles les « Lionnes » d'Auch.

Ce jeu est aussi appelé « rugby du toucher », car la joueuse en possession du ballon doit faire une passe dès qu'elle a été touchée par une adversaire. À l'origine, le plaquage avait été supprimé, mais aujourd'hui le rugby féminin se développe selon les mêmes règles que le jeu masculin : l'équipe de St-Orens-de-Gameville, dans la banlieue sud-est de Toulouse, fait d'ailleurs partie du **Top 10**, l'élite féminine du rugby.

Paysages et nature

Célèbre dans le monde entier pour ses cols mythiques fréquentés par le Tour de France (Aspin, Tourmalet, etc.), la chaîne des Pyrénées imprime majestueusement l'horizon de la région, avec ses sommets qui tutoient souvent 3 000 m d'altitude et ses vallées profondes qui ont gardé leurs mystères. Au pied des hautes cimes, la Gascogne dessine d'allègres paysages aux mille coteaux, qui s'assagissent progressivement en direction du nord. Trait d'union entre les deux, la Garonne nourricière, née au-delà de la frontière espagnole, dans le val d'Aran, se métamorphose en aval en source d'abondance pour la plaine toulousaine, gorgée de blé, de vergers et de potagers.

Paysages

Sous l'influence croisée de la Méditerranée et de l'Atlantique, le sud de la région Midi-Pyrénées présente une palette complète de paysages de montagne et de plaine, façonnés par les mouvements géologiques et par l'érosion. Au sud, la chaîne des Pyrénées s'étend d'est en ouest; au nord, l'érosion a fait son œuvre, créant des plaines et des coteaux sillonnés de rivières montagnardes.

LES PYRÉNÉES

Frontière naturelle avec l'Espagne, la chaîne pyrénéenne semble une barrière infranchissable tronçonnée de vallées transversales qui l'apparentent, sur les atlas hyperréalistes, à une arête de poisson. Si l'on sait que les sommets pyrénéens ne dépassent jamais 3 500 m – le point culminant étant le pic d'Aneto (3 404 m) du côté espagnol, au sud de Bagnères-de-Luchon –, on sera déconcerté d'apprendre que l'altitude moyenne des Pyrénées est presque égale à celle des Alpes: en effet, les cols pyrénéens ne s'abaissent pas autant que les cols alpins, donnant à la chaîne son aspect massif et finement échancré.

Tout a commencé il y a environ 50 millions d'années, lorsque le bloc ibérique se faufila sous la plaque européenne. Les matériaux très différents soulevés par ce glissement ont réagi diversement aux intempéries et à l'érosion glaciaire, composant des paysages étonnamment variés, d'un bout à l'autre de la chaîne. Le regard est en effet surpris par le visage changeant de la montagne: Andorre et la Haute-Ariège règnent sur un relief rude d'éboulis et de rocailles alors que les petits « pays » (Toy, les Quatre-Vallées) abritent des percées hospitalières au climat presque aquitain. Les Petites Pyrénées et le Plantaurel, dits aussi les Prépyrénées, sont coupés de « cluses » (défilés de Boussens sur la Garonne, de Labarre sur l'Ariège) ouvertes sur la plaine ; les contreforts forment des crêtes disséquées tandis que la zone axiale tend une échine ciselée (massif des Pyrénées luchonnaises, de la Maladetta…) où les glaciers du Quaternaire ont creusé de très nombreux lacs d'altitude.

La Bigorre

Née à l'époque de Charlemagne, elle appartenait jadis au duché de Gascogne. La Bigorre se confond avec les Pyrénées centrales. Elle s'étend de la frontière espagnole, au sud, au gave de Pau et à l'Adour au nord. C'est la zone la plus attirante de la chaîne pyrénéenne, tant par l'altitude des sommets (Vignemale : 3 298 m, Balaïtous : 3 146 m, l'un et l'autre sur la crête frontière, pic Long : 3 192 m) que par l'apparition de quelques lambeaux glaciaires. Ses nombreuses vallées et ses plateaux forment aujourd'hui un pays de culture et d'élevage. Le **Lavedan** fait partie de la Bigorre. Il correspond au bassin du gave de Pau et comprend les vallées de Gavarnie, de Cauterets et d'Azun. Il donne accès à d'autres vallées par l'intermédiaire de cols.

Les Pyrénées luchonnaises

Elles sont enrobées de quelques glaciers qui se dressent en barrière, suivant une ligne de crête jalonnée d'ouest en est par les sommets granitiques, tous d'altitude supérieure à 3 000 m, fermant la vallée d'Oô (Spijeoles, Gourgs-Blancs, Perdiguère) et la vallée du Lys (Crabioules, Maupas). L'échancrure la plus marquée, le port de Vénasque, s'élève encore à 2 448 m. Les avant-monts calcaires, au nord du bassin de Marignac et sur la rive droite de la Garonne, culminent au pic de Cagire (alt. 1 912 m), masse sombre dressant, vue de l'avant-pays, un repère très remarquable devant les hautes crêtes luchonnaises.
La forêt, principalement des hêtres, se poursuit plus à l'est dans le massif d'Arbas (pic de Paloumère – alt. 1 608 m) criblé de cavités souterraines, véritable terrain d'exercice pour les spéléologues.

LES PLAINES ET LES COTEAUX

Issus de l'érosion de la chaîne pyrénéenne, plaines et coteaux séparent les zones de montagne. Les eaux du massif s'y rassemblent et entretiennent la richesse de vastes plaines alluviales propices au développement agricole.

Le Comminges

Il comprend la Haute-Gascogne, l'Ariège et le Gers. Le Haut-Comminges ou Comminges gascon occupe le Sud, entre la Bigorre et la partie occidentale de l'Ariège (le Couserans). Le Bas-Comminges ou Comminges languedocien se situe dans le Nord-Est.

Les coteaux gascons

À la sortie des grandes vallées pyrénéennes, une bande de lande sèche serpente entre le haut **plateau de Lannemezan** et le plateau de Ger, à l'ouest de Tarbes. Les rivières affluentes de la Garonne s'écartent ensuite en éventail vers le nord, où elles découpent les collines de l'Armagnac en fines lanières. Le modelé labyrinthique est l'œuvre d'anciens cours d'eau puissants dont le souvenir est parfois ravivé lors de crues dévastatrices. Par temps calme, seuls de minces filets coulent le long du ruban d'une prairie, d'un rideau d'arbres. Les croupes portent le dessin géométrique des haies et des parcelles cultivées, tandis que les vallées s'organisent autour de bourgs gascons.

Des collines aux plaines de Garonne

La Garonne draine dans son sillage une gerbe de tons chauds

Paysage de l'Ariège.
Jon Arnold / hemis.fr

et lumineux : jaune céréalier, vert prairie, rouge brique et bleu pastel s'y mélangent joyeusement.
Puissant fleuve aux crues capricieuses, la Garonne trace, avec ses affluents, un large couloir entre Aquitaine et Languedoc dans lequel aime à s'engouffrer l'autan. Des terrasses en gradins, séparées de talus boisés, assurent la transition avec les collines taillées dans la **molasse**.
À la périphérie, la terre semble avoir tremblé : des graviers viennent soutenir de petites côtes au pied des Pyrénées.
Dans le Lauragais enfin, à l'est de Toulouse, les **terreforts** argileux et fertiles se couvrent de la culture rafraîchissante des céréales : des collines basses se plissent entre des vallées en berceau, ouvertes dans les **boulbènes**.
Ce Midi de transition sait valoriser les atouts d'un climat déjà méridional mais à l'abri des pénuries d'eau des étés méditerranéens. Le paysage de plaines et de coteaux pactise avec les violences qui grondent du ciel ou du lit des rivières.
Les vergers, délicatement fleuris, se découvrent au matin derrière des voiles de brume, le chasselas doré éclaire longtemps de ses feux les vignes d'automne tandis que les villes elles-mêmes, dans leur habit de brique, battent au rythme des campagnes, au fil de la Garonne.

QUELQUES TERMES PYRÉNÉENS

Arrieu, arriu : ruisseau
Bielle, vielle : village
Casse, cassagne : chêne, chênaie
Castanet : châtaigneraie
Clot : cuvette, cirque (sans eau)
Coume : combe, cirque
Jer, germ : herbage d'altitude
Pène : crête rocheuse abrupte
Pla : plateau, petite plaine
Port, portet : col
Soum : sommet arrondi
Vic : communauté de vallée

HERCULE ET PYRÈNE

Les étymologistes distingués font venir le nom des Pyrénées du grec *pyros*, désignant le « feu »… D'autres, non moins sérieux, mentionnent le basque *buru*, la « montagne ». Quant aux poètes, ils préfèrent la légende de la princesse Pyrène que séduisit Hercule *(voir « Grotte de Lombrives », p. 341)* Chose curieuse, le mot Pyrénées, largement utilisé dans l'Antiquité, a ensuite longuement disparu de l'usage, car les habitants du Moyen Âge ne nommaient que les vallées et non l'ensemble de la chaîne. Il fallut attendre le 15e s. pour que l'expression curieuse d'« Alpes pyrénéennes », apparaisse, pour être ensuite raccourcie.

Le grenier toulousain

Véritable grange céréalière, la Garonne étend à perte de vue ses prairies et ses champs balancés par les vents. Dans les vallées, quand l'irrigation est aisée, le maïs pousse avec plus de densité. Le blé l'emporte sur les coteaux. C'est dans le Toulousain et le Lauragais que s'est bâti ce « grenier » du Midi, domaine de la culture intensive. Sur les bords de la Garonne, des fruits goûteux mûrissent (pommes, poires, pêches, cerises, fraises…), qui occupent, avec les autres récoltes, une bonne place sur le marché national. La polyculture traditionnelle (blé, maïs, vigne), quant à elle, se simplifie peu à peu autour d'une ou deux productions, parfois réservées à la seule consommation familiale.
Sur ces riches terres agricoles, des pigeonniers impassibles ou délabrés, fantaisistes ou austères, témoignent d'une vie rurale révolue, où les volatiles étaient messagers ou producteurs d'engrais. Ils forment dans le paysage d'aujourd'hui des silhouettes familières.

Faune et flore des Pyrénées

Une des caractéristiques de la faune et de la flore pyrénéennes est leur fort taux d'endémisme : nombreuses sont les espèces, surtout parmi les plus petites, qu'on ne trouve nulle part ailleurs, ou presque. D'où les mesures de protection mises en place pour sauver les derniers individus appartenant aux espèces menacées, après la disparition du loup et du lynx.

FAUNE SAUVAGE DES PYRÉNÉES

Peuplant les zones de haute montagne, grâce à ses sabots adaptés à l'escalade des rochers, l'**isard**, homologue pyrénéen du chamois, s'est bien remis de la menace d'extinction qui planait sur lui dans les années 1960 : on en compte aujourd'hui plus de 20 000 sur le versant français de la chaîne, dont 5 000 environ sur le territoire du Parc national des Pyrénées.
Vous aurez peut-être la chance d'en apercevoir lors de vos randonnées en vallée de Cauterets, pourvu que vous restiez discret et que vous vous munissiez de bonnes jumelles, car les isards possèdent une vue, une ouïe et un odorat excellents et leur pelage se confond avec les rochers.
La chasse a eu raison du **bouquetin** dans les Pyrénées françaises en 1910 ; disparu également du côté espagnol en 2000, le bovidé est progressivement réintroduit dans les Pyrénées depuis 2013. Grégaire, le bouquetin se déplace en hardes non mixtes la majeure partie de l'année ; il se déplace sur les roches, le jour en hiver, et dans la pénombre (à l'aube et au coucher

du soleil), en basse altitude, l'été. Au petit matin, les **marmottes** sortent de leur terrier pour leurs séances de guet. À la moindre alerte, leurs sifflements stridents font rentrer toute la colonie aux abris, où elles passent 85 % de leur temps. Leur implantation dans les Pyrénées ne date en réalité que de 1948. Elles avaient, semble-t-il, disparu de la chaîne depuis la fin du Pléistocène (– 12 000).

Les berges hautes des torrents abritent un rongeur, le **desman**. Ce petit mammifère de la famille des taupes se nourrit d'insectes aquatiques qu'il capture avec sa trompe en marchant au fond de l'eau. On ne le trouve pratiquement que dans les Pyrénées et dans le sud de la Russie.

Les lacs et les rivières abondent en **saumons** et en **truites** nouvellement introduits ; dans les galets se cache l'**euprocte des Pyrénées**, un genre de salamandre. Le **crapaud accoucheur** possède la particularité de porter ses œufs sur lui pendant plusieurs années et de mourir peu après leur éclosion.

Dans les airs, on voit planer l'aigle royal et solitaire, des groupes de **vautours fauves** ou, plus rare, le grand **gypaète barbu**. Ce dernier, d'une envergure de 3 m, passe derrière les vautours et les corbeaux pour se nourrir d'os. 141 couples de ce rapace trouvent encore refuge dans les Pyrénées (dont 35 dans les Pyrénées françaises), sur 174 pour l'ensemble de l'Europe. Également protégé et très présent dans les Pyrénées (environ 4 500 individus, soit 90 % de la population française), le **grand tétras** ou coq de bruyère est, avec 3 à 5 kg, le plus gros des gallinacés européens. Se nourrissant d'aiguilles de résineux en hiver, de bourgeons et de feuilles le reste de l'année, il habite surtout dans les forêts de montagne. Discret, il est difficile à apercevoir ; on peut cependant entendre son chant nuptial au printemps.

D'autres rencontres surprenantes sont possibles : cerfs, sangliers, renards roux, chats sauvages, loutres, faucons, chauves-souris, hermines et lagopèdes alpins (perdrix des neiges), dont le plumage blanchit en hiver pour se confondre avec les pentes enneigées.

La délicate question de l'ours

On ne peut aborder de question faunistique dans les Pyrénées sans évoquer les passions que déchaîne la réintroduction de l'ours dans le massif.

L'ours brun européen ou *Ursus arctos* est un plantigrade qui, autrefois carnivore, est devenu omnivore, se nourrissant, selon les saisons, de tubercules, de baies, d'insectes, de glands, mais aussi de petits mammifères et parfois même de brebis… L'aménagement du réseau routier, l'exploitation forestière, le braconnage et l'engouement touristique joints à un cycle de reproduction très lent (la femelle met bas un ourson tous les deux ans) ont entraîné la régression de l'espèce, tombée, dans les années 1980, à six ou sept individus, contre 150 au début du 20e s. Pour pallier la menace d'extinction, une charte signée en janvier 1994 intègre la protection de l'ours dans un programme global de sauvegarde de la nature. Ainsi, 7 000 ha sont interdits à la chasse en automne, lorsque l'ours constitue ses réserves avant l'hibernation. En même temps, un programme de réintégration des ours est lancé : en mai et juin 1996, deux ourses slovènes, Melba et Ziva, sont lâchées dans les Pyrénées centrales, suivies en 1997 de Pyros, un mâle, lui aussi d'origine slovène. En 1997, Melba met au monde trois oursons, mais elle est abattue par un chasseur au début de l'année 1998.

UNE OU DES GARONNES ?

La Garonne *(Garona)* est, dans le val d'Aran, un nom commun à plusieurs torrents. Ce qui est tout à fait logique puisque le mot signifie « rivière qui charrie des pierres » ! Le plus important, le río Garona de Ruda, prend sa source à proximité du mont Saboredo (2 830 m) au sud du col de la Bonaigua. Ce torrent reçoit plusieurs affluents dont le plus connu est le río Garona de Juèu. Celui-ci naît en pleine forêt au güell du Juèu, résurgence des eaux de fonte glaciaire du versant nord de la Maladetta, étudiée par Norbert Casteret en 1931.

La Garonne pénètre en France au Pont-du-Roy ; c'est encore un torrent de haute montagne par la pente et par le régime (basses eaux en hiver, hautes eaux en mai-juin). En Comminges, elle se grossit de la Pique, de l'Ourse et de la Neste d'Aure. À Montréjeau, débouchant dans une véritable gouttière qui s'allonge au pied de la chaîne, de la Barthe-de-Neste à Boussens, elle oblique vers l'est et traverse la « rivière » de Saint-Gaudens. La cluse de Boussens marque la sortie définitive des Pyrénées.

À la suite de la mort de Cannelle, la dernière ourse de souche pyrénéenne, le 1er novembre 2004, sous les balles d'un chasseur, le gouvernement décide une nouvelle réintroduction de cinq femelles slovènes. Cette mesure fait alors l'objet de polémiques féroces entre partisans et détracteurs de l'ours. D'un côté, le gouvernement et des associations écologiques défendent la préservation d'une espèce en voie de disparition, quoique présente encore dans d'autres pays d'Europe, et tiennent à sauver le mythe pyrénéen de l'ours ; de l'autre, des éleveurs dénoncent le coût démesuré de l'opération et la mort de leurs brebis. Si le gouvernement reconnaît les dégâts causés par l'ours et indemnise les propriétaires des bêtes tuées, il n'a de cesse de rappeler que l'ours n'est qu'une cause de mortalité ovine parmi d'autres et qu'il est possible de s'en défendre par une garde permanente des troupeaux.

Dans un contexte très tendu et surmédiatisé, quatre lâchers sont finalement effectués d'avril à juin 2006, souvent de nuit pour éviter toute manifestation de violence. L'une des ourses relâchées, Palouma, meurt accidentellement en août à proximité de Loudenvielle (vallée du Louron). En 2014, on estime que la population d'ours dans les Pyrénées est composée d'une vingtaine d'individus.

Pour en savoir plus, consultez le site officiel de l'État : www.ours.ecologie.gouv.fr, ou rendez-vous à la **Maison de l'ours** de Saint-Lary-Soulan.

VÉGÉTATION MONTAGNARDE

À l'ombrée (versant nord), le bas des montagnes est couvert de chênes, puis de hêtres et de sapins. Les **pins à crochets** se mêlent aux bouleaux et aux sorbiers des oiseleurs entre 1 700 et 2 400 m. Au-dessus, des forêts claires avoisinent les pelouses piquées de rhododendrons et de fleurs délicates. Plus haut encore, à l'étage alpin, le saule nain subsiste seul au milieu d'une végétation bariolée et basse, qui se raréfie en mousses et lichens.

La flore pyrénéenne est un enchantement, avec ses espèces endémiques, telle la **ramonde**, petite plante aux fleurs d'un violet profond et aux feuilles veloutées. À cueillir des yeux seulement : **lys des Pyrénées**, saxifrage à feuilles longues, chardon bleu, silène

Vautour fauve.
S. Cordier / hemis.fr

acaule, vélar, pavot du pays de Galles, iris xiphoïde, delphinium de la montagne, potentille arborescente.

Protection de l'environnement

PROTECTION DES MILIEUX

La prise de conscience d'une nécessité de protéger les milieux fragiles a été suivie d'actions concrètes en France dès le début du 20e s. Les premiers parcs nationaux, dont le Parc national des Pyrénées, voient le jour dans les années 1960. La réserve naturelle de Néouvielle, gérée par le Parc depuis sa création en 1968, s'est constituée sur un territoire déjà protégé depuis 1936.
Le sud de la région Midi-Pyrénées comprend en outre huit réserves naturelles régionales et un Parc naturel régional, celui des Pyrénées ariégeoises, créé en 2009.
Autre outil de préservation, le classement de sites naturels au Patrimoine mondial de l'Unesco (cirque de Gavarnie, canal du Midi).

INITIATIVES ÉCOLOGIQUES

La région Midi-Pyrénées a choisi de s'impliquer sérieusement dans le domaine du développement durable. Parmi les dispositions prises en faveur de la préservation de l'environnement, on peut citer le fleurissement des associations pour le maintien d'une agriculture paysanne (Amap) ; l'installation d'une « mission eau » à l'échelle régionale ; le Centre de Terre à Lavalette (31) ; l'expérimentation du gaz naturel dans le pays de Couserans ; le parc éolien du Lauragais ; l'engouement que connaissent, sur l'ensemble de la chaîne, les maisons « bio », à faible consommation d'énergie.

Histoire

Cœur battant du monde occitan, la région toulousaine possède une histoire pleine de passions, des premières inspirations préhistoriques au renouveau romantique pour les Pyrénées, en passant par les ferveurs religieuses et les appétits seigneuriaux. Ce pays des troubadours compte quelques personnages légendaires, tel l'incontournable Gascon d'Artagnan ou plus près de nous le pionnier de l'aviation Latécoère, à l'origine de la fièvre aérospatiale qui a emporté la capitale régionale.

L'apparition de l'homme

Les traces des plus anciens ancêtres de l'homme invitent à un voyage dans le temps et à la découverte des prestigieux sites dont est truffée la région *(voir l'encadré ci-contre).*

LE PALÉOLITHIQUE

Paléolithique inférieur (avant – 150 000) – C'est par leur station verticale et leur maîtrise du feu (il y a 800 000 ans) que l'on distingue les hommes de cette période. Les fouilles attestent qu'ils avaient la faculté de tailler (bifaces) des noyaux de roche dure (silex).

Paléolithique moyen (de – 150 000 à – 35 000) – L'homme de Néandertal est riche d'un outillage de pierre qu'il perfectionne à loisir. Il façonne le silex pour obtenir des pointes triangulaires, des racloirs ou des massues. Il inhume ses morts et élabore des rites (il y a 80 000 ans).

Paléolithique supérieur (de – 35 000 à – 10 000) – L'*Homo sapiens* (homme sage, intelligent) est caractérisé par le fort volume de son crâne et son langage articulé. Il se réfugie dans les cavités rocheuses creusées à flanc de montagne par le ruissellement des eaux. Cet homme de Cro-Magnon se consacre à l'art rupestre : peintures pariétales des grottes de Gargas et Niaux ou représentations humaines sculptées, tels les os gravés de la grotte de la Vache et la Vénus de Lespugue.

Le milieu pyrénéen au paléolithique – Durant un million d'années, les Pyrénées ont été marquées par les avancées et les reculs des glaciers. En périodes froides, l'avant-pays offrait à l'homme des cavités et des falaises, refuges précaires mais situés à proximité des terrains de chasse de la plaine.

Indépendamment du climat, les espèces végétales méditerranéennes (pins, chênes, platanes) sont parvenues à se maintenir. De grands herbivores parcouraient la région : rennes, thars (chèvres de montagne), rhinocéros de prairie, bisons, bœufs musqués, cerfs élaphes et mouflons antiques. Les carnivores (ours, loups, renards polaires, lions des cavernes) étaient déjà recherchés pour leur fourrure. Certains

Grotte de Niaux : le cheval et le bouquetin.
Grotte de Niaux

rongeurs (lièvres, castors, mulots) et oiseaux (aigles royaux, gypaètes barbus, chocards à bec rouge) ont peu évolué jusqu'à nos jours.
Les Pyrénées restent un des sites les plus riches du globe pour l'étude des premiers âges de l'humanité. Ainsi, les chercheurs ont-ils trouvé une précieuse mâchoire humaine remontant à 300 000 ou à 400 000 ans et les restes d'un homme « de Tautavel » qui chassait dans la steppe il y a quelque 450 000 ans.

LA FIN DE L'ÈRE GLACIAIRE

Mésolithique (de – 10 000 à – 7 500) – La disparition du climat glaciaire fixe le paysage historique des Pyrénées. Des périodes fraîches ou tempérées engendrent la migration du renne vers le nord et le développement d'une faune sylvestre identique à la nôtre. L'art prend la forme d'énigmatiques galets à signes peints.
La moyenne montagne est alors la plus densément peuplée.

SITES PRÉHISTORIQUES

Si vous vous intéressez à la préhistoire, profitez de votre passage dans la région pour visiter la grotte de **Niaux** *(voir p. 348)*, ornée de peintures rupestres ; la grotte du **Mas-d'Azil** *(voir p. 369)*, aux nombreux outils ; **Bédeilhac** et ses dessins au trait *(voir p. 340)* ; la **Vache** et ses nombreux ossements *(voir p. 340)* ; **Gargas** et ses mains au pochoir *(voir p. 304)*.
Parmi les musées, citons le parc de la Préhistoire à **Tarascon-sur-Ariège**, le musée de la Préhistoire au **Mas-d'Azil**, le musée de **Montmaurin**, où l'on peut voir un moulage de la Vénus de Lespugue. À **Aurignac**, un musée prochainement inauguré mettra en valeur les produits des fouilles aurignaciennes.
Le site www.pyreneesprehistoriques.fr recense les sites d'intérêts et informe des événements qui les animent.

On y pratique l'élevage tandis que l'armement accomplit des progrès décisifs (flèches, haches et couteaux) et que se répandent les parures et les poteries.

Néolithique (de – 7 500 à – 1 500) – Les mégalithes, dolmens et cromlechs parsèment les terres. C'est le signe d'une occupation dense de la moyenne montagne par des pasteurs. Les plus importants dolmens, érigés dans les zones de peuplement stable, contiennent les restes de centaines d'individus. Sur les pâturages d'été, ils sont remplacés par des sépultures individuelles en pierre, les **cistes**.

Voir aussi l'encadré « Sites préhistoriques », p. 47.

La Pax gallo-romaine

CONQUÊTE ROMAINE

Habitée par les Celtes depuis le 6e s. av. J.-C., la région est peuplée par les **Volques Tectosages** qui y développent la métallurgie.

Les Romains vont progressivement conquérir la région à partir du 2e s. av. J.-C. : en **122 av. J.-C.**, le général romain Domitius Ahenobarbus soumet les Volques et crée la Gaule transalpine, province englobant Marseille, Narbonne (Narbo), Toulouse (Tolosa) et remontant la vallée du Rhône vers Vienne et Genève ; en **76 av. J.-C.**, le général Pompée, partant faire campagne en Espagne, annexe la haute vallée de la Garonne, qui est

L'ÂGE DE LA PIERRE

Périodes		Races humaines	Stades de civilisation	Sites	Faune	Climat
MÉGALITHES **NÉOLITHIQUE**	1 500		Dolmens Tumulus Pointes de flèches Haches en pierre polie			Période chaude
MÉSOLITHIQUE AZILIEN	7500		Galets peints Art des Vénus Aiguilles à chas Burins	Mas d'Azil Bédeilhac Lespugue		
MAGDALÉNIEN SOLUTRÉEN **PALÉOLITHIQUE SUPÉRIEUR** AURIGNACIEN	10 000	Race de Cromagnon 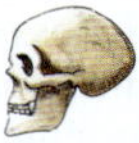 Homo sapiens	 Harpons Lame à dos rabattu convexe Sagaies Outillage osseux varié Peintures et gravures rupestres	Niaux Gargas Aurignac	Âge du renne mammouth, ours hyène des cavernes rhinocéros laineux hippopotame	Glaciation de Würm
MOUSTÉRIEN **PALÉOLITHIQUE MOYEN** LEVALLOISIEN	35 000		 Éclats de forme ovale Lames, disques Pointes, racloirs Industrie du silex « biface »		 Âge du mammouth Éléphant	Période chaude
TAYACIEN ACHEULÉEN **PALÉOLITHIQUE ANCIEN** CLACTONIEN	150 000	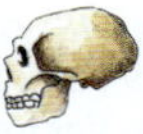 Homme de Néandertal Homme de Montmaurin	 Coups de poings en silex ou en quartzite Perçoirs Racloirs Scies  Coups de poings Silex taillés sur les deux faces, ou « bifaces »	Montmaurin	Apparition du mammouth Bœuf Lion  Bison Tigre	Glaciation de Riss Période chaude Glaciation de Mindel

intégrée à la province romaine de Gaule transalpine, et fonde 4 ans plus tard *Lugdunum Convenarum* (aujourd'hui Saint-Bertrand-de-Comminges, *voir p. 298*).

PROVINCES NARBONNAISE ET AQUITAINE

Après la conquête du reste de la Gaule par **César**, la région est répartie en 27 av. J.-C. entre deux provinces : la **Narbonnaise**, à l'est, et l'**Aquitaine** à l'ouest. Une longue période de prospérité commence, la « **Pax Romana** » : afin de faciliter d'abord la conquête, puis les échanges économiques, les Romains construisent nombre de voies, la principale étant la voie d'Aquitaine, qui relie Narbonne à Toulouse et Bordeaux.

FIN DE LA PRÉSENCE ROMAINE

Entre le 3e et le 5e s., les invasions des Vandales puis des Wisigoths en terminent avec la présence romaine. Ces derniers font de Toulouse leur capitale au 5e s.
En 778, Charlemagne crée le comté de Toulouse.

Le pèlerinage de Saint-Jacques

Christianisée à partir du 3e s. (martyre de saint Sernin à Toulouse), la région est connue quelques siècles plus tard grâce à l'un des plus grands pèlerinages de la chrétienté, Saint-Jacques-de-Compostelle. Celui-ci remonte à la découverte légendaire du tombeau du saint, en Galice, au cours du 9e s.

L'APÔTRE

Jacques vint de Palestine pour évangéliser l'Espagne. Selon la légende enracinée dans l'histoire, il aurait été décapité, et son corps transporté par deux de ses disciples échoués sur la côte de Galice.
Vers l'an 813, un ermite repère en Galice la sépulture de saint Jacques le Majeur grâce à une pluie d'étoiles qui tombe sur un monticule. Une chapelle est aussitôt édifiée et le lieu prend le nom de *Campus stellæ* (Compostelle). Le saint, évangélisateur de l'Espagne, est élu patron des chrétiens et symbolise la reconquête espagnole sur les infidèles à la suite d'une apparition : on l'aurait vu en 844 combattant les Maures (ou Mores), d'où son surnom de Matamore. L'évêque du Puy inaugure en 951 le premier pèlerinage français. Compostelle acquiert une aussi grande réputation que Rome ou Jérusalem, et, à partir du Moyen Âge, des millions de **Jacquets**, Jacquots ou Jacobits se mettent en route.

LES CHEMINS DE COMPOSTELLE

La pratique des pèlerinages lointains, notamment celui de Compostelle, amenait dans les villages des étrangers, souvent loqueteux, redoutés par les autorités locales, mais dont les récits étaient propres à enflammer l'imagination populaire. Le costume du pèlerin ressemblait à celui des voyageurs de l'époque, mis à part le gros bâton à crosse, ou bourdon, et les insignes du pèlerinage : coquille et médaille. Nombre de tableaux et de statuettes révèlent la vaste cape et le mantelet court (esclavine) ; une panetière (musette), une gourde, un couvert, une écuelle, un coffret en tôle contenant les papiers et les sauf-conduits complétaient sa tenue.
Tout était prévu pour le réconfort et la sécurité du pèlerin, même un guide touristique (le Codex Calixtinus), rédigé en 1130 par un moine poitevin, Aymeri Picaud, qui traçait les chemins de Compostelle. Dans le sud de la région Midi-Pyrénées, trois d'entre eux s'élançaient vers Saint-Jean-Pied-

de-Port pour traverser les Pyrénées, formant le *Camino francés* : la **via Podiensis** part du Puy-en-Velay et traverse le Gers en passant par La Romieu ; la **via Tolosane**, que l'on emprunte à partir d'Arles, permet de passer par Toulouse puis de gagner Auch, Montesquiou et Marciac ; enfin, la **voie du Piémont pyrénéen** se veut parallèle à la chaîne de montagnes. Partant du Languedoc, elle fait étape à Foix, Saint-Lizier, Saint-Gaudens, Saint-Bertrand-de-Comminges, Lourdes et Saint-Pé-de-Bigorre.

La forêt vivante de fidèles diminue au fil des siècles. La foi des Jacquets s'émousse, et les villageois, de leur côté, se méfient des aventuriers ou des escrocs cachés sous la pèlerine, rassemblés en bandes de « Coquillards » auxquels aime se joindre le poète François Villon.

Mais plus de dix siècles de pèlerinage vers le tombeau de saint Jacques ont laissé de belles traces architecturales : Saint-Sernin de Toulouse, Saint-Bertrand-de-Comminges ainsi que de nombreuses petites chapelles, des hospices, fontaines ou ponts évoquent au présent les lieux de repos, d'accueil et de dévotion des pèlerins.

L'épopée cathare

Aux 12e et 13e s., le succès remporté par une hérésie, le catharisme, met à feu et à sang les terres du comte de Toulouse. La croisade contre les Albigeois entraîne des conséquences politiques inimaginables, à commencer par le rattachement au domaine royal de ce qui pouvait apparaître comme un État en gestation. Sa violence a durablement traumatisé les esprits et sans doute contribué à la méfiance envers tout ce qui émane du pouvoir central.

LA DOCTRINE

Venue d'Orient, elle doit son nom au grec *katharos* (pur). Le « dualisme radical », fondé au concile de Saint-Félix-Lauragais (1167), emprunte au catholicisme, mais nie la divinité du Christ.

Au Dieu bon régnant sur un monde spirituel de lumière et de beauté s'oppose le monde matériel de Satan qui emprisonne l'homme. Les **parfaits** ou **bonshommes** mènent une existence austère qui les libère du Malin et les ramène à la pureté divine. Les **croyants**, simples fidèles, les vénèrent.

L'ÉGLISE CATHARE

Ses quatre évêques sont à Albi (d'où le nom d'Albigeois), Toulouse, Carcassonne et Agen. L'Église cathare n'administre qu'un sacrement, le *consolamentum*, dont le rite varie selon qu'il s'agit de l'ordination d'un parfait ou de la bénédiction réservée aux croyants à l'article de la mort, qui seule peut leur ouvrir les portes du monde de la lumière. D'autres usages liturgiques rassemblent les fidèles : réunions de prière, confessions publiques, etc. Le refus des sacrements traditionnels (baptême et mariage) au profit du seul *consolamentum* attise la colère des clercs et explique le franc succès que remporte l'hérésie.

Dons et legs assurent le fonctionnement économique de l'Église cathare et lui permettent de financer ses œuvres caritatives et hospitalières. Les fonds récoltés sont rassemblés dans un dépôt monétaire propre à chaque église locale. Ce *thesaurus* (« trésor » en latin) joue ainsi le rôle de banque. Par sa connotation mystérieuse et par son étymologie, ce terme a contribué à créer le mythe du « trésor cathare », notamment à Montségur, sous la plume des écrivains romantiques du 19e s. Un mythe favorisé par une réalité historique : persécutés, les hérétiques font circuler des sommes plus ou moins importantes dans la clandestinité.

LA RÉPRESSION

En 1204, le pape Innocent III demande au comte de Toulouse, **Raimond VI**, de renoncer à protéger les hérétiques ; en vain. Le meurtre du légat Pierre de Castelnau va déclencher la **première croisade contre les Albigeois**, qui dégénère en massacres et appropriations. **Simon de Montfort** met à sac Béziers (1209) et Mazamet (1212), ferraille à Muret, où Raimond VI doit abdiquer (1213), et fait tomber le comté de Toulouse (1215).

Raimond VII venge son père par huit ans de guerre de libération cathare. En 1226, le roi Louis VIII en personne mène la **seconde croisade** du Nord contre le Sud. Avec la paix, le **traité de Paris** (1229) apporte à la couronne de France toutes les terres conquises par les Montfort.

L'Inquisition relance la lutte. **Peyrepertuse** se rend en 1240. Au fameux siège de **Montségur**, plus de 200 cathares sont brûlés vifs, et les rescapés sont achevés au château de **Puilaurens**. Enfin, la guerre se conclut par la chute de **Quéribus** en 1255.

Ces passions ont posé définitivement les bases de l'unité française. On peut s'imprégner de leur décor à **Montségur** *(voir p. 327)*, à **Foix** *(voir p. 320)*, dont le château fut assiégé, à **Mirepoix** *(voir p. 334)* qui abrita un concile cathare, à **Roquefixade** *(voir p. 326)*, haut lieu de la vie albigeoise, ou encore à **Toulouse** *(voir p. 74)*.

Les châteaux de Peyrepertuse, Puilaurens et Quéribus sont décrits dans *Le Guide Vert Roussillon-Pays Cathare.*

Les rivalités franco-anglaises

À partir du 12e s., France et Angleterre entretiennent une rivalité qui perdurera très longtemps. À l'origine pour un différend successoral, la guerre est devenue conflit géopolitique entre deux puissances revendiquant le contrôle du continent ouest-européen. C'est dans le sud-ouest de la France que la part terrestre de ce long conflit a été la plus active.

LES PRÉMICES DU CONFLIT

Aliénor (1122-1204), fille unique du duc d'Aquitaine, est le personnage central à l'origine du conflit qui opposera Anglais et Français pendant la guerre de Cent Ans : après un mariage

SOURCES DE PROSPÉRITÉ

La région a connu au cours des siècles des périodes prospères. Dès la fin du 15e s., le pastel devient l'« or bleu » du Lauragais *(voir p. 110)*. Par milliers, les balles de cette plante tinctoriale partent vers les ports de l'Atlantique et de la Méditerranée, puis vers l'Angleterre, la Flandre, l'Italie... Sa culture est un commerce florissant pour les grands marchands toulousains, rapidement ennoblis. Ils bâtissent alors de somptueux palais et hôtels particuliers, entre 1500 et 1560, avant que l'indigo des Indes et les guerres de Religion n'entraînent son déclin.

L'ouverture du canal du Midi en 1680 *(voir p. 115)* permet, pendant deux siècles, un grand développement du commerce avec le Bas-Languedoc et la Méditerranée.

mal assorti avec le roi de France Louis VII – adepte d'une vie monacale –, elle obtient la nullité de son mariage. Aliénor se remarie en **1152** avec Henri Plantagenêt, comte d'Anjou, suzerain du Maine, de la Touraine, de la Normandie… et futur roi d'Angleterre, sous le nom d'**Henri II** ! Pour la couronne française (Capétiens), c'est une catastrophe : les domaines réunis d'Henri II et d'Aliénor sont en effet aussi vastes que ceux des autres vassaux du roi de France. Bien que le duché d'Aquitaine demeure en fait vassal du roi de France, l'équilibre des forces est rompu.

LA GUERRE DE CENT ANS DANS LA RÉGION

Après le début officiel de la guerre, en **1337**, la région devient rapidement l'un des principaux théâtres du conflit entre les couronnes françaises et anglaises. La région connaît alors une grande période de troubles, où se succèdent les famines et les épidémies.

- **1360** – Le traité de Brétigny donne la **Bigorre** et l'**Armagnac** au roi d'Angleterre.
- **1373-1374** – Les Anglais sont chassés de la Bigorre et de l'Armagnac.
- **1453** – La bataille de Castillon (Gironde) met fin à la guerre de Cent Ans.
- **1454** – Le Comminges est intégré au domaine royal.

Les guerres de Religion

Avec la conversion au protestantisme de la reine de Navarre **Jeanne d'Albret**, la mère du futur roi de France Henri IV, la région et le reste de la France vont vivre deux siècles de conflits entre partisans et combattants de la Réforme.

- **1548** – Mariage de Jeanne d'Albret et d'Antoine de Bourbon, de fait roi de Navarre. Leur fils, le futur roi de France, naît en 1553.
- **1560-1561** – Jeanne d'Albret se convertit au protestantisme et impose le calvinisme dans son royaume.
- **17 mai 1562** – Expulsion des protestants de Toulouse ; guerre cruelle entre protestants et catholiques jusqu'en 1598.
- **1593** – Henri IV abjure le protestantisme à Saint-Denis ; il est sacré à Chartres le 27 février 1594.
- **1598** – L'édit de Nantes accorde aux protestants des places de sûreté et la liberté de culte.
- **1607** – Henri IV réunit à la France la basse Navarre, Foix et le Béarn.
- **1629** – La paix d'Alès dépossède les protestants de leurs places de sûreté.

Du pyrénéisme au tourisme

Aux lendemains de la Révolution française, les premiers ascensionnistes, rêveurs et pleins d'audace, partent à l'assaut des Pyrénées, fondant le pyrénéisme – l'étude et la pratique des Pyrénées, sous un angle à la fois physique et romantique : le pyrénéiste « ascensionne, écrit et sent » (Henri Beraldi, 1902).

LES CONTEMPLATIFS

Après un premier séjour à Barèges en 1787 pour accompagner le cardinal de Rohan dont il était secrétaire, **Ramond de Carbonnières** (1755-1827) se passionne pour l'étude des Pyrénées. Il atteint en 1802 la cime convoitée du mont Perdu, « la plus belle montagne calcaire ».
De son côté, le comte **Henry Russell** (1834-1909), familier des Andes et de l'Himalaya, gravit 33 fois le Vignemale, se faisant aménager près du sommet 7 « villas » (grottes-abris). Ses ouvrages suscitèrent de nombreuses vocations.

LE PYRÉNÉISME PROFESSIONNEL

D'autres exploits, longtemps méconnus, sont dus à des militaires chargés de la réalisation des cartes d'état-major. De grands cartographes ont aussi œuvré pour une meilleure connaissance des Pyrénées : Schrader, Wallon, de Saint-Saud sur le versant espagnol, ont réuni une moisson de renseignements précieux, exploités par le colonel Prudent pour une carte de France officielle au 1/50 000 (1871-1893) qui facilita les ascensions futures. Ces pyrénéistes de la première heure portaient sur la montagne un regard esthétique et sentimental ; l'escalade athlétique attendit la fin du 19e s. pour se développer.

LES GRANDS TERRAINS D'ESCALADE

Le **massif de Luchon** affirme son caractère dans le cirque d'Espingo, aux parois de granit franc et à la fine guirlande glaciaire. Le souvenir du Dr Jean Arlaud (1896-1938), skieur et alpiniste, y reste vif. À **Gavarnie**, Henri Brulle (1854-1936) inaugura de son côté les courses d'escalade, appelées plaisamment « jeux du cirque ».
Le couloir de Gaube du **Vignemale** présente une « fascinante et provocante cheminée de neige et de glace… vertigineuse et haute de 600 m », qui rendit très difficile son accès (en 1889 puis en 1933).
Le **Balaïtous**, massif granitique le plus secret des Pyrénées centrales, offre un parcours aérien aussi admirable qu'effroyable, la crête du Diable.

LE THERMALISME

Tout au long du Premier Empire sont découvertes de nouvelles sources thermales. La grande vogue du thermalisme pyrénéen connaît son essor au milieu du 19e s., avec la route thermale des Pyrénées ouverte par Napoléon III, reliant Eaux-Bonnes à Bagnères-de-Bigorre.
Ainsi commence une ère de luxe et d'opulence au moment où les grands de l'Europe entière viennent prendre les eaux à **Luchon**, **Cauterets** ou **Barèges**. Ces grandes stations sont alors des lieux de plaisirs mondains qui vont faire des Pyrénées une des grandes régions touristiques françaises, héritage encore présent aujourd'hui.

- **1685** – Révocation de l'édit de Nantes.
- **1762** – Affaire Calas *(voir p. 85)*.
- **1787** – L'édit de Tolérance met fin aux persécutions.

Les révolutions industrielles

Longtemps restée en marge de la révolution industrielle et urbaine, la région connaît au tournant du 20e s., mais surtout après la Seconde Guerre mondiale, un développement fulgurant.

- **1857** – Ouverture du canal latéral à la Garonne (Toulouse-Bordeaux).
- **1858** – Apparitions de la Vierge à Bernadette Soubirous : développement de Lourdes.
- **1901** – Exploitation hydroélectrique des Pyrénées.
- **1914-1918** – L'éloignement des zones de combat de la Première Guerre mondiale permet l'implantation d'usines militaires dans la région.
- **1920** – Importantes infrastructures touristiques réalisées dans les Pyrénées, sous l'impulsion du directeur de la Compagnie des chemins de fer du Midi, Jean-Raoul Paul, surnommé « Monsieur Paul ».
- **1940-1944** – Importance du réseau pyrénéen dans la Résistance. Nouvelles constructions d'usines dans la région.
- **1967** – Création du Parc national des Pyrénées.
- **1970** – Création d'Airbus Industrie.
- **1993** – Mise en service du métro à Toulouse.
- **1997** – Le cirque de Gavarnie, le site d'Ordesa et le mont Perdu entrent au Patrimoine mondial de l'Unesco.
- **1998** – Les chemins de St-Jacques-de-Compostelle sont classés au Patrimoine mondial de l'Unesco.
- **21 septembre 2001** – Explosion de l'usine chimique AZF, en banlieue périphérique de Toulouse. On dénombre 31 morts et plus de 4 500 blessés. Des secousses ont été enregistrées jusque sur la place du Capitole.
- **2006** – Premiers essais du plus gros avion de passagers du monde, l'A380, assemblé à Toulouse.
- **2007** – Inauguration de la seconde ligne du métro toulousain.
- **2010** – Inauguration du tramway de Toulouse, qui traverse la Garonne depuis 2013.

Les personnalités de la région

HOMMES DE GUERRE ET DE LÉGENDE

Cadet de Gascogne, **Hector de Galard**, né à Terraube, fut des compagnons de Jeanne d'Arc qui soutinrent la pucelle d'Orléans pour bouter les Anglais hors de France. Il donna également son nom au valet de carreau des jeux de cartes traditionnels.

Le seul nom de **d'Artagnan** symbolise une mosaïque de force et d'élégance, de chevalerie altière et de verbe truculent. **Charles de Batz-Castelmore**, comte d'Artagnan (1611-1673), fut cadet de Gascogne, capitaine des Mousquetaires du roi (Louis XIII puis Louis XIV). Un rôle qu'il tint, en fin bretteur, avec courage et panache, et qui l'entraîna au mariage de Louis XIV à Saint-Jean-de-Luz, aux parades de Fontainebleau, à l'arrestation du surintendant Fouquet, jusqu'au siège de Maastricht, où il mourut au combat. Un parcours qui inspira très largement et librement Alexandre Dumas père pour ses *Trois Mousquetaires*.

Né à Saint-Béat, le **maréchal Joseph Gallieni** (1849-1916),

LES GRANDES PERSONNALITÉS DE LA RÉGION

Pour en savoir plus sur ces personnalités, reportez-vous à la description de la ville indiquée entre parenthèses s'il y a lieu.

Clément Ader *(Toulouse)* (1841-1925), le père de l'aviation française.
Simon Berryer, alias **Sim** *(Cauterets)* (1926-2009), humoriste.
Jacques Chancel *(Argelès-Gazost)* (né en 1928), journaliste.
Gabriel Fauré *(Pamiers - Mirepoix)* (1845-1924), musicien.
Gaston Fébus *(Foix)* (1331-1391), comte de Foix.
Pierre de Fermat *(Beaumont-de-Lomagne)* (1601-1665), mathématicien.
Maréchal **Foch** *(Tarbes)* (1851-1929).
Théophile Gautier *(Tarbes)* (1811-1872), écrivain.
Francis Jammes *(Tournay - Bagnères-de-Bigorre)* (1868-1938), poète.
Maréchal **Lannes** *(Lectoure)* (1769-1809).
Pierre Latécoère *(Bagnères-de-Bigorre)* (1883-1943), pionnier de l'aviation.
Déodat de Séverac *(Saint-Félix-Lauragais)* (1872-1921), musicien.
Bernadette Soubirous *(Lourdes)* (1844-1879), sainte catholique.

fin stratège, fit ses premières armes au Soudan puis au Tonkin, avant de devenir ministre de la Guerre de 1915 à 1916. C'est lui qui, en août 1914, avait eu l'idée des taxis de la Marne. Il fit réquisitionner les taxis parisiens pour amener les troupes à faire face au plus vite à l'avancée allemande...
D'où la victoire de la Marne qui lui valut, à titre posthume, le titre de maréchal.

SCIENTIFIQUES ET AVENTURIERS

Ingénieur, constructeur d'hydravions, fournisseur de l'Aéropostale, le Bagnérais **Pierre Georges Latécoère** (1883-1943) est un pionnier de l'aviation. À la tête d'une compagnie qui porta son nom et qu'il installa aux portes de Toulouse, à Montaudran, il multiplia les entreprises audacieuses. Il fut le premier à inaugurer une ligne aérienne Toulouse-Barcelone (1918), qui fut ensuite prolongée jusqu'à Casablanca (1919), puis Dakar (1924), avant de céder sa compagnie en 1927, alors que la prestigieuse Aéropostale allait voir le jour. La compagnie Latécoère fournit encore aujourd'hui des pièces détachées pour l'aviation.

SPORTIFS

Le rugbyman **Jean Prat** (1923-2005), le plus souvent au poste de troisième ligne, capitaine de l'équipe de Lourdes, 51 fois champion international, remporta six fois le bouclier de Brennus dans les années 1950. Un palmarès et une aura qui lui ont valu le surnom de « Monsieur Rugby ».
Gardien de but de Toulouse, de Marseille, de Manchester United, portier de l'équipe nationale durant une bonne décennie, **Fabien Barthez**, né en 1971 à Lavelanet, est l'un des plus titrés des joueurs de football français : vainqueur de la Coupe d'Europe des clubs champions, de la Coupe du monde 1998, du Championnat d'Europe des nations 2000, finaliste également de la Coupe du monde 2006 en Allemagne.
Pour les artistes et écrivains, voir p. 69.

Arts et culture

Chantées par Nougaro, « une fleur de corail que le soleil arrose », les briques qui donnent leur si belle teinte à la Ville rose règnent ici en maître : c'est dans la région de Toulouse que vous trouverez les plus beaux exemples du « matériau roi ». Mais la pierre et le bois comptent aussi de nombreuses merveilles : bastides gasconnes à damiers, châteaux cathares quasi imprenables et chefs-d'œuvre romans. Les entrailles des Pyrénées ne sont pas en reste, avec leurs grottes préhistoriques peintes. Fière de son identité occitane et de sa langue pleine de verve, la région développe son réseau d'écoles bilingues, les fameuses *calandretas*.

La naissance de l'art

Difficile, voire impossible de résumer le patrimoine préhistorique. Non pas tant parce que la région possède une importante collection de vestiges, mais parce que l'on se perd toujours en conjecture sur les motivations des peintres du Paléolithique.

ART ET PRÉHISTOIRE

Qu'est-ce qui a bien pu les pousser à ne représenter que des animaux, et si peu – et si mal – eux-mêmes ? Pourquoi avoir utilisé aussi habilement le relief des grottes et la danse de la faible lumière des torches pour donner une telle perspective et une telle impression de mouvement aux sujets représentés ? Surtout, pourquoi Cro-Magnon, qui vivait à l'entrée des cavernes, s'est-il enfoncé, à genoux ou à plat ventre au plus profond des falaises pour exercer son art ? À ces questions, préhistoriens et archéologues apportent des réponses aussi contradictoires qu'incertaines. Ce qui est sûr néanmoins est que les techniques de peinture et de gravure appartenaient à peu d'hommes, qui l'enseignaient probablement à des élèves. L'art paléolithique s'est ainsi très certainement transmis de maîtres en disciples. Ces maîtres étaient-ils des chamans, des religieux, des sages dont le savoir imposait le respect au point de les mettre à l'abri de toute autre tâche que celle de peindre, soigner, et consulter les augures ? Mystère…

UN ART SYMBOLIQUE

Chaque civilisation a sa propre vision artistique et ses techniques pour se représenter. Celle de l'homme de Cro-Magnon (la préhistoire actuelle ne connaît pas l'équivalent pour celui de Néandertal) se déploie sur les murs des grottes. Gravée, sculptée ou peinte, elle a été représentée avec un parti pris général : il y a très peu de scènes naturalistes (quelques pré-accouplements, des troupeaux, des indications de saisonnalité comme les saumons becards, des affrontements de mâles), pas plus d'histoire. L'iconographie paléolithique semble uniquement symbolique. Les animaux sont

Saint-Bertrand-de-Comminges, la basilique Saint-Just de Valcabrère et la cathédrale de Saint-Bertrand.
N. Thibaut / Photononstop

en procession, ils disent quelque chose que nous ne comprenons pas. D'autant moins que les artistes paléolithiques superposaient les dessins : de la croupe d'un cheval s'élève celle d'un bison qui est le front d'un mammouth… Bref, les grottes sont des **palimpsestes** (plusieurs dessins successifs se superposent) parfois difficilement lisibles.
Comment les hommes peignaient-ils ? Contrairement aux idées reçues, très rarement avec du charbon de bois. Le noir est de l'**oxyde de magnésium**, l'ocre de l'**oxyde de fer**. Les deux principales couleurs de la palette paléolithique sont donc des terres, que les artistes savaient identifier et extraire parfois fort loin de leurs « ateliers ». Ils les étalaient avec leurs doigts, les crachaient sur leurs mains utilisées comme des pochoirs ou des caches, les soufflaient au moyen de sarbacanes ou directement à la bouche. Mais les artistes n'exerçaient pas uniquement au plus profond des grottes. Les grottes ornées les plus célèbres sont sans doute des exceptions. Nous les avons découvertes parce que des éboulements, en bouchant leurs entrées, ont préservé leurs richesses. Il est probable que leurs entrées étaient elles aussi décorées. Cet « art de tous les jours » a disparu avec l'effondrement des surplombs.
Pour des exemples de grottes et de peintures rupestres, voir l'encadré « Sites préhistoriques », p. 47.

L'architecture militaire

En ruine ou préservées des outrages du temps, les constructions militaires du Moyen Âge donnent au paysage un aspect de grandeur sévère.

CHÂTEAUX FORTS ET DONJONS

Au fil des ans, l'émiettement de la puissance publique, puis la guerre des Albigeois incitent les seigneurs à organiser leur propre défense. Des fortifications grossières se dressent en dehors des cités à partir du 10e s., les **mottes**, qui vont se changer en citadelles inaccessibles. Les **donjons** viennent compléter l'arsenal dès le 11e s. Isolés, ils servent d'abord à se protéger puis à se défendre, avant d'être intégrés, aux 13e et 14e s., dans les enceintes du château. Le seigneur s'installe dans un bâtiment plus vaste de la **basse-cour**. Les **salles**, variantes gasconnes du donjon, sont des logis accostés de tours rectangulaires. Plus élaboré, le **château gascon** est aménagé en longues pièces flanquées de tours inégales, comme dans la forteresse de Larresingle.

ÉGLISES FORTIFIÉES

Lieux de paix et de recueillement, les églises deviennent aux 10e et 11e s., avec les trêves de Dieu – ces journées où toute entreprise guerrière entraîne l'excommunication –, des aires d'asile inviolables. Avec leur architecture robuste et leur clocher tout désigné pour le guet, elles offrent un refuge sûr. L'usage se répand, chez les comtes de Toulouse, de les renforcer de mâchicoulis, comme à Beaumont-de-Lomagne ou à Simorre: la croisade contre les Albigeois y met fin.

Avec le triomphe de l'orthodoxie sur l'hérésie et l'intégration du Sud au domaine royal, le 13e s. voit se multiplier les grandes églises de brique du gothique toulousain, conçues dans un souci défensif. Dans les hautes vallées pyrénéennes exposées aux raids aragonais, d'autres édifices demeurent, impassibles, tels ceux de Luz ou de Sentein.

LA GUERRE DE SIÈGE

À défaut d'une attaque surprise, la conquête des châteaux nécessitait souvent de longs sièges aux stratégies savantes, parfois cocasses.

Le premier soin de l'attaquant était de fortifier la place pour se prémunir contre une sortie éventuelle des assiégés ou l'assaut d'une armée de secours. On ébréchait ensuite la muraille avant d'actionner les engins conçus par les « engeigneurs ». À la catapulte romaine, le Moyen Âge préfère l'artillerie trébuchante, bâtie sur place (**pierrière** ou **trébuchet**). Cette arme à tir courbe, propulsant des blocs de pierre à l'aide d'une énorme fronde, vint à bout du fief de Montségur. La sophistiquée **tour roulante** (ou beffroi) abritait des centaines de soldats.

Au signal, les beffrois déversaient une fourmilière de combattants. De hautes échelles et des échafaudages assemblés par des charpentiers virtuoses s'abattaient sur les courtines en une toile d'araignée géante.

Les assiégés se défendaient comme de beaux diables, tirant des flèches, coupant les cordes, versant de la poix bouillante ou de la chaux vive sur les intrus. Un farouche corps à corps protégeait ensuite la prise de la forteresse intérieure.

Les châteaux cathares furent sans doute les plus décourageants pour l'assaillant. Juchés sur des éperons rocheux, surplombant de vertigineux à-pics (comme le château de Montségur), ils se dérobaient aux techniques de siège. Les prouesses des pyrénéistes, grimpeurs prodiges, auraient mieux convenu, mais leur science vit le jour trop tardivement!

L'art roman

Pour retrouver les traces de la foi, de l'art et de l'histoire, on peut suivre le chemin qui relie les grands sites romans ou s'abandonner au hasard d'une promenade propre à dévoiler la finesse d'édifices plus humbles.

LE PRINTEMPS DE L'EUROPE

Après l'an 1 000, le pays toulousain est balayé comme tout l'Occident par un souffle économique, spirituel et artistique qu'on appelle le « printemps de l'Europe ».
Dans cette Occitanie déjà hantée par les troubadours, l'art roman va se développer avec une richesse toute particulière.
Les églises sont construites en moellons concassés selon une technique importée d'Italie par des maçons lombards. Les « bandes lombardes », frises de petites arcatures retombant sur de légers pilastres, représentent la seule fantaisie du décor.
Le plan d'ensemble est simple : une nef unique et un chœur quadrangulaire qui deviendra ensuite semi-circulaire. Dès le milieu du 11e s., l'édifice se complique : des chapelles latérales sont ajoutées à l'abside, les voûtes en simples charpentes deviennent des berceaux plein cintre soutenus par des murs très épais. Autre caractéristique de la région, le **campanile**, tour carrée à étage avec fenêtres en arcades groupées deux à deux.
Il reste de beaux exemples de ce premier âge roman, comme l'église de **Vals** *(voir Mirepoix)*, édifice rupestre auquel on accède par l'étroite faille d'un rocher.
Au début du 12e s., une architecture plus évoluée voit le jour. Les monuments se distinguent par des plans d'une exceptionnelle ampleur, une vaste abside entourée d'un déambulatoire et couronnée de chapelles rayonnantes.
La grande nouveauté est la généralisation de la sculpture aux fenêtres, dans le chœur et les petits édifices. On y observe souvent des lions, signe de l'influence du chantier toulousain, et également, en Pyrénées, des masques d'ours.

LES GRANDS CHANTIERS

Plusieurs grands chantiers s'ouvrent, vers la fin du 11e s., et tout particulièrement celui de l'église Saint-Sernin à Toulouse, qui s'impose comme la plus vaste basilique romane d'Occident.
Sa construction constitue un véritable temps fort dans le perfectionnement de l'art religieux. Elle appartient à une famille architecturale d'églises conçues pour accueillir une grande foule de fidèles et pour abriter une importante communauté religieuse. Elle mêle subtilement pierre et brique, et développe toute la gamme raffinée des voûtes romanes. Les scènes sculptées des portails de Saint-Sernin, par leur symbolisme et leur ordonnance, manifestent une foi profonde, puisée directement aux sources de l'Ancien et du Nouveau Testament.
L'histoire romane s'inscrit aussi aux frontons de l'abbaye de **Flaran**, fleuron cistercien du Gers, de la cathédrale de **Saint-Bertrand de Comminges**, complétée ultérieurement d'une touche gothique, de **Saint-Just de Valcabrère**, l'une des plus belles églises des Pyrénées, et de l'abbaye de l'**Escaladieu**...

Le gothique toulousain

Toulouse la romane a su tirer le meilleur effet de l'art gothique venu d'Île-de-France, innovant tout en intégrant les traditions architecturales de l'Occitanie.

DE L'ÎLE-DE-FRANCE...

Le gothique est un ensemble de formes artistiques développées brillamment du 12e s. au 16e s. dans l'Occident chrétien. Il se caractérise par la voûte sur croisée d'ogives et l'emploi systématique de l'arc

brisé, principes qui bouleversent complètement l'art de construire puisque les murs ne subissent plus d'efforts qu'aux points de retombée des ogives.
La nouveauté, par rapport à l'architecture romane, vient aussi de la capacité du gothique à aérer et illuminer les édifices – en ajourant les murs et en multipliant les fenêtres – et à renforcer le sentiment de vertige par une plus grande verticalité. Né en Île-de-France (Saint-Denis, Chartres...), ce mouvement accompagne l'installation d'un pouvoir central fort et une nouvelle vision du monde plus attentive à l'homme et à la nature. Le Midi de la France ne s'aligne pas exactement sur ce style « français »; farouchement indépendante, la région préfère innover tout en restant étroitement liée à ses traditions romanes.

... À TOULOUSE

Au 13e s., un **art gothique proprement méridional** dit « toulousain » se développe. Il se démarque par l'emploi de la brique légère et par la présence d'un clocher-mur ou d'un clocher-tour (joliment illustré à Rieux-Volvestre), ajouré d'arcs en mitre, grande technique originale du Toulousain. À l'intérieur, on choisit d'élever une nef unique, relativement sombre, très large, terminée par une étroite abside polygonale et bordée de chapelles peu profondes. Les vastes surfaces aveugles des murs appellent la décoration peinte. L'ampleur de la nef permet le rassemblement des foules afin de mieux servir la mission de prédication confiée principalement aux ordres mendiants (dominicains et franciscains) établis à Toulouse.

LES ORDRES MENDIANTS

Les dominicains ou « jacobins » élèvent le premier couvent de leur ordre en 1216 à Toulouse. En 1222, du vivant de saint François d'Assise, les cordeliers (franciscains) s'y installent aussi, dans une bâtisse désormais disparue.
L'audacieuse voûte de l'église des Jacobins, ses colonnes en palmier et l'austère cloître aux frêles colonnettes jumelées font de cet édifice un ensemble gracieux d'où se dégage l'impression d'une haute spiritualité. Son clocher inaugure, avec les deux derniers étages de celui de Saint-Sernin et le beau clocher-tour de Notre-Dame-du-Taur, l'arc en mitre : il présente d'élégantes baies géminées coiffées d'arcs triangulaires de briques en saillie. Ces arcs en mitre produisent un si bel effet, avec des moyens très simples, qu'ils sont imités dans toutes les constructions qui foisonnent du 13e au 15e s.

Les bastides

La rigoureuse géométrie de leur plan et le charme des matériaux utilisés font des bastides un joyau de l'architecture civile méridionale, la marque tangible du bouillonnant passage du gothique à la Renaissance.

UNE VOLONTÉ POLITIQUE

À l'initiative des templiers ou des monastères, les premières **sauvetés** (Salvetat...) sont créées au 11e s. pour servir de refuge et procéder au défrichement. Les **castelnaux** (Muret, Castelnau-Magnoac...) leur succèdent, sous forme d'agglomérations dépendantes d'un château. Avec l'apparition des **bastides**, aux 12e et 13e s., l'échelle change radicalement. De véritables villes nouvelles surgissent de la terre occitane, voulues par de puissants seigneurs afin d'étendre leur influence politique et contrôler les frontières de leurs territoires. Ce formidable mouvement de construction a pour toile de fond la

OÙ SONT LES BASTIDES ?

Fleurance *(voir Lectoure)*, élevée sur un plan triangulaire, **Mirande** et **Marciac** selon un damier, **Saint-Clar** *(voir Lectoure)*, dotée de deux places à couverts, **Cordes** sur les hauteurs, **Fourcès** *(voir Condom)* suivant un modèle circulaire ; **Mirepoix** en Ariège ; **Grenade** *(voir Toulouse)* en Haute-Garonne ; **Cologne** *(voir Beaumont-de-Lomagne)* et **Jegun** *(voir Auch)* dans le Gers ; **Auvillar** *(voir Lectoure)*, **Beaumont-de-Lomagne** et **Larrazet** *(voir Beaumont-de-Lomagne)* dans le Tarn-et-Garonne…

dynastie des comtes de Toulouse, Simon de Montfort, la répression cathare et la rivalité centenaire des souverains de France et d'Angleterre.

On compte environ 300 bastides, *bastidas* en langue d'oc, disséminées dans la région Midi-Pyrénées, en particulier le long de la Garonne, vers Toulouse, le Piémont pyrénéen, les coteaux de Gascogne, le pays de Foix, le Lauragais…

Inscrites dans un vaste programme de colonisation et de valorisation des fiefs, nombre d'entre elles sont nées d'un contrat de paréage entre roi et seigneurs. Y étaient précisés les prérogatives seigneuriales, le statut des habitants, la nature du lotissement, les redevances à payer par les acquéreurs, etc.

Les nouveaux venus recevaient une parcelle à bâtir, une à jardiner et une à cultiver. Une charte libérale les encourageait à s'installer et comprenait la garantie du droit d'asile, l'exemption du service militaire, la pleine disposition de leurs biens en faveur de leurs héritiers, l'égalité des conjoints…

Une fois les bastides créées, il fallait leur trouver un nom… D'où les Villeneuve et autres Villefranche qui pullulent dans la région. D'où aussi cette idée de les mettre sous le patronage d'une cité prestigieuse. Ainsi en est-il pour Grenade, Cologne, Valence, Pavie, Miélan (Milan) et Fleurance (Florence). D'autres bastides enfin, quand elles sont royales, ont conservé dans leur étymologie un hommage à leur roi fondateur, Capétien ou Plantagenêt, comme à Montréjeau et Montréal.

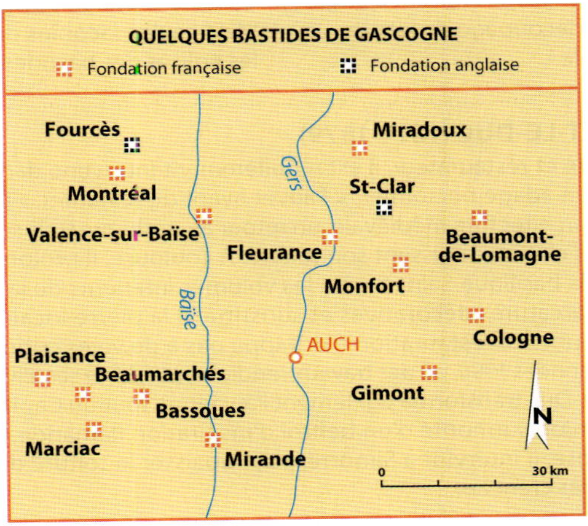

LES FASTES DE LA RENAISSANCE

Le commerce florissant du pastel, à la fin du 15e s., correspond à un véritable âge d'or pour la région : Toulouse se couvre alors de fastueux hôtels particuliers, dont celui d'Assézat (*voir p. 87*), chef-d'œuvre de **Nicolas Bachelier** (1487-1556), l'un des grands architectes de la Renaissance, auteur également de l'hôtel de Clary (*voir p. 88*) et du portail du collège de l'Esquila (*voir p. 81*) ; à voir aussi à Toulouse, le portail de l'église de N.-D.-la-Dalbade (*voir p. 88*). Haut lieu de production du pastel à l'époque, le Lauragais conserve également de beaux témoignages de la Renaissance, tels que le porche de l'église de Montgeard (*voir p. 119*) et le château du Vaux (*voir p. 113*).

NAISSANCE D'UN NOUVEL URBANISME

Le frère de Saint Louis, **Alphonse de Poitiers**, comte de Toulouse (1249-1271), fut l'un des plus grands fondateurs de bastides. Quant au sénéchal de Toulouse, **Eustache de Beaumarchès** (1272-1294), il dirigea des constructions selon des plans originaux (Fleurance, dans un triangle) et fit élever des bastides gasconnes en très beaux damiers (Mirande, Marciac).

Le plan des bastides se rapprochait souvent du modèle de l'échiquier carré ou rectangulaire, sauf exceptions dues au relief.

Leur régularité tranchait avec l'urbanisme anarchique et insalubre des bourgs anciens. On faisait appel à un arpenteur professionnel pour le tracé des rues se croisant à angle droit et le découpage de lots de valeur égale.

La bastide innovait aussi par son organisation autour d'une place unique et centrale, réservée aux marchés et entourée de **couverts**, un maillage d'arcades de bois (les *embans* gascons) ou de pierre, magnifiquement conservés à Mirepoix.

Les bastides les plus prospères firent naître des chantiers d'églises qui s'ouvraient près des couverts ou dans le prolongement des fortifications (Montesquieu-Volvestre).

Le gothique méridional, à nef unique, y trouva d'autant plus naturellement sa place qu'il devait s'intégrer dans un espace limité. L'église Saint-Jacques de Montauban se rattache à l'école languedocienne par sa nef sombre et son clocher octogonal en brique. Celle de Grenade s'inspire de l'édifice des Jacobins de Toulouse ; les églises des bastides gasconnes

VIOLLET-LE-DUC (1814-1879)

Architecte et restaurateur, il est régulièrement intervenu dans la région, suivant un adage personnel : « Sauver avant de restaurer. » Un attachement à l'architecture médiévale, un retour au gothique : tels sont les deux éléments clés qui régissent son œuvre. À Toulouse, il prolonge à l'extérieur de la basilique Saint-Sernin les volumes intérieurs de la nef ; il orne le toit d'arcatures décoratives et substitue à la pierre locale le grès de Carcassonne. La restauration n'échappa pas à de vives critiques jusque dans les années 1990, où des travaux rendirent à l'édifice ses allures d'antan. Viollet-le-Duc transforma également l'ancienne tour du Capitole en véritable donjon surmonté d'un beffroi d'inspiration flamande. Au-delà de la Ville rose, il intervint à Simorre, pour abaisser la toiture de l'église et ajouter des créneaux.

ABC d'architecture

Les dessins présentés dans les planches qui suivent offrent un aperçu visuel de l'histoire de l'architecture dans la région et de ses particularités. Les définitions des termes d'art permettent de se familiariser avec un vocabulaire spécifique et de profiter au mieux des visites des monuments religieux, militaires ou civils.

Architecture religieuse

TOULOUSE – Coupe transversale de la basilique St-Sernin (11e-14e s.)

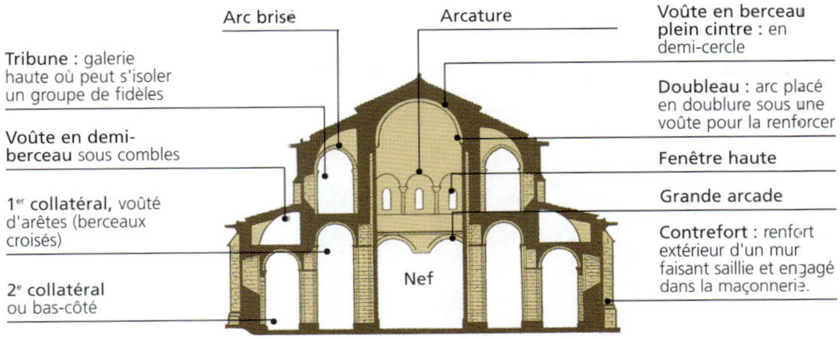

AUCH – Façade occidentale de la cathédrale Ste-Marie (15e-16e s.)

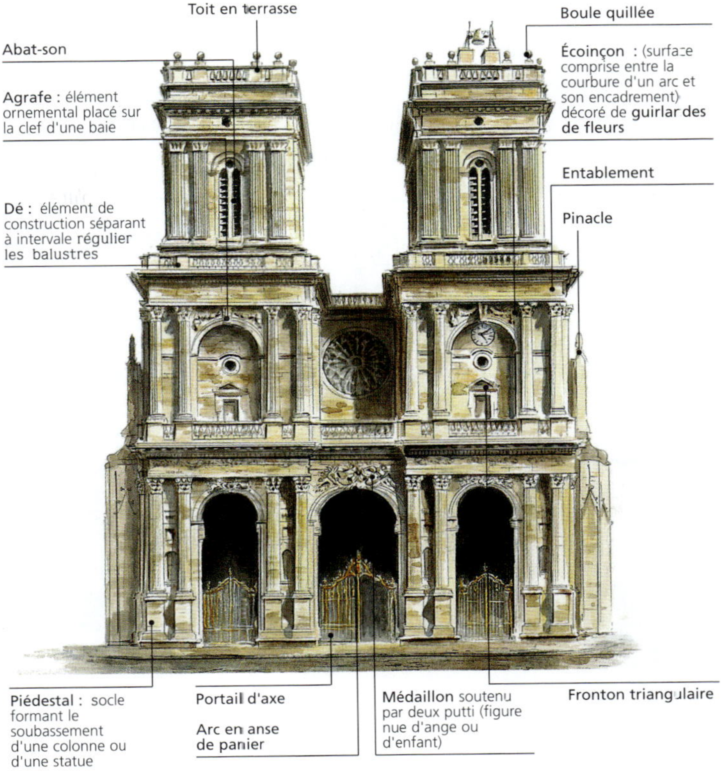

R. Corbel / MICHELIN

VALCABRÈRE – Chevet de la basilique St-Just (11e-12e s.)

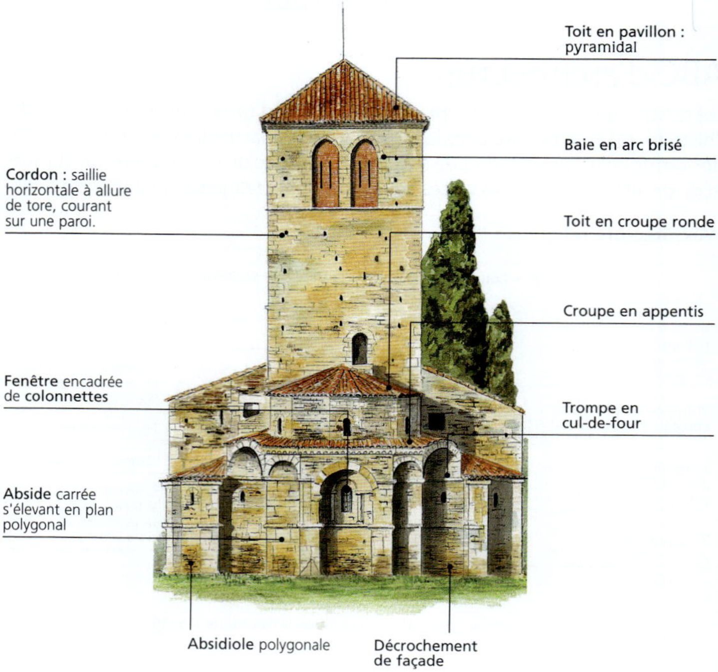

LUZ-ST-SAUVEUR – Église fortifiée (12e-14e s.)

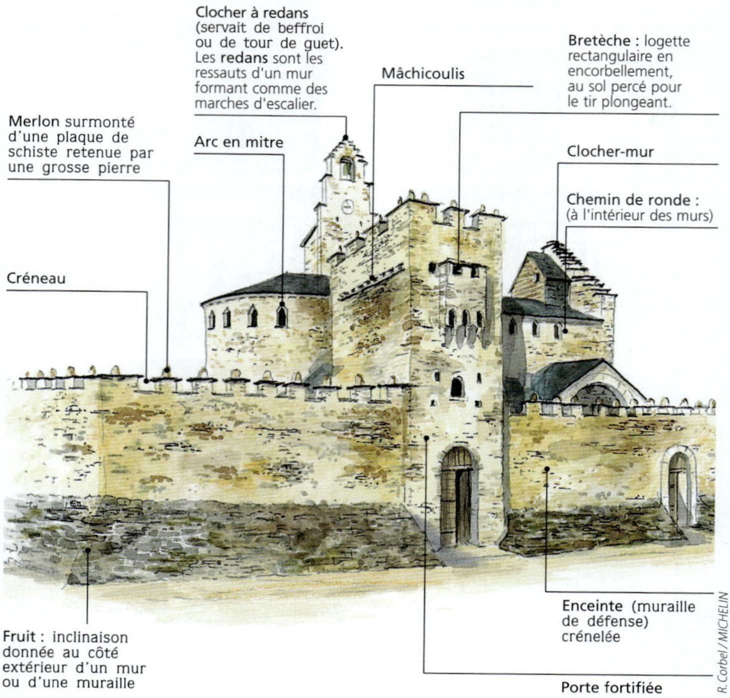

TOULOUSE – Intérieur de l'église des Jacobins (13e-14e s.)

Architecture civile

TOULOUSE – Hôtel d'Assézat (16ᵉ s.)

Nicolas Bachelier, architecte de l'hôtel d'Assézat, fut le premier à introduire dans le Midi toulousain le « grand ordre » prôné par Palladio, superposant les ordres ionique, dorique et corinthien.

R. Corbel / MICHELIN

sont surmontées d'un clocher-porche accueillant.
Certaines de ces villes nouvelles ont disparu, mais celles qui demeurent donnent un beau témoignage de cette révolution de velours.

Habitat traditionnel

À chacun son chez-soi. Telle pourrait être la devise des maisons de ce Midi. En pierre, en granit, en galets, souvent en briques. Une mosaïque de constructions toujours parfaitement intégrées à la géographie des lieux.

LE MIDI TOULOUSAIN

De longues maisons, dont le toit presque plat est recouvert de tuiles, jalonnent cette vaste plaine. Elles sont ornées d'un auvent et parées de granges et de remises.
Faute de pierre, la **brique** s'est faite reine autour de Toulouse. Non sans raison, puisque le sol de la région toulousaine est chargé de glaise et d'argile : exactement ce qui est nécessaire à la fabrication d'une brique. Une brique plate et pleine, tantôt cuite tantôt crue, parfois additionnée de cailloux pour la construction. Son utilisation a connu de rares défaillances, finissant toujours par avoir le dessus sur le béton ou le marbre.
Outre les prestigieux édifices visibles à Toulouse, nombreuses sont les constructions traditionnelles en brique : humbles bâtisses, hôtels particuliers, châteaux d'eau, fermes, tours, porches et ponts. Et l'usage perdure, comme en témoigne

encore le très contemporain Théâtre national de la Cité à Toulouse.
Murs porteurs, façades, encadrements, clefs de voûte, corniches, ouvertures en arc en plein cintre… La brique sert à tout, jusqu'aux décorations en terre cuite (frises, rosaces, cariatides, etc.). Autre avantage : elle offre une variété de teintes, entre ocre, rose, feu, oranger et pourpre. De quoi colorer les cités.

LES DEUX VOLETS ARIÉGEOIS

En montagne dominent de petites maisons aux teintes blondes ou grises, constituées de calcaire, granit, schiste et galets, surmontées d'un toit en ardoise plus ou moins pointu, ouvertes sur le paysage et au soleil par un balcon ou une galerie en bois. Certaines bâtisses, notamment dans le Couserans, possèdent leur four à pain sur le côté d'une façade. À l'écart des villages se dressent des granges, habitées pendant la transhumance, mais également adaptées au stockage. Dans la vallée de Soucem, ce sont les cabanes de bergers, en pierres sèches, qui caractérisent le paysage. La plaine ariégeoise, au climat moins rude, décline ses maisons de calcaire et de galets, de brique également (quand l'influence du Midi Toulousain l'a emporté), à un ou deux étages, auréolées d'un grenier et de balcons.

DEMEURES GASCONNES

Avec sa riche palette de paysages, la Gascogne déploie une multitude de bâtisses. À commencer par ces maisons carrées, ornées d'un tympan triangulaire typique au centre de leur façade, juste au bord du toit. Il existe aussi des maisons-blocs, groupant dans un même ensemble l'habitation et l'exploitation, disposées en équerre et coiffées de tuiles canal. En Lomagne et dans les environs de Lectoure, les maisons peuvent s'enorgueillir de belles pierres. Ailleurs, les constructions sont constituées de matériaux divers (cailloux, pierre ou brique) selon les ressources locales. Du côté d'Aignan, de Lombez, d'Eauze et de Mirande, on observe de jolies maisons à colombages. Enfin, vignobles obligent, en Armagnac, on édifie à l'arrière des maisons des celliers et des chais tournés vers le nord et protégés par les arbres.

PIGEONNIERS ET MOULINS

Il fut un temps où les pigeons étaient utilisés comme messagers et où leurs rejets servaient d'engrais pour le pastel, les vignes et les céréales, tandis que les moulins à vent, à eau ou à traction distribuaient leur énergie motrice. Voilà pourquoi nombre de pigeonniers et moulins se dressent dans la région, isolés dans les champs ou partie intégrante d'un ensemble agricole et pleinement inscrits dans le patrimoine architectural de la région.
Carrés, cylindriques, dotés d'un porche, sur piliers ou sur arcades, parfois à colonnes, les pigeonniers sont légion du Gers au Tarn.
La plupart se sont vidés de leurs volatiles. Rares sont également les moulins en activité. En Ariège, beaucoup ont été restaurés pour se muer en résidences.
Voir « Les pigeonniers du Midi », p. 126.

L'occitan

Tendez l'oreille aux mélopées locales… Les accents portent encore la trace des belles sonorités colorées de la langue d'oc, écho lointain de la romance des troubadours.

FIERS TROUBADOURS

Oyez gentes dames ! Fini le temps où vous étiez de « souveraines pestes » et des « sentinelles avancées de l'Enfer » ; place à l'amour courtois ! Au 11e s., la rudesse des seigneurs s'estompe : ils deviennent chevaliers et honorent les charmes de leur belle. Vient alors l'idée de s'entourer de poètes capables de « trouver » eux-mêmes leurs chansons ; ce seront les « troubadours ». Certains sont princes, d'autres démunis, mais tous jouent le même air, celui de l'amour pur, inspiré par une femme idéale. Parmi les plus célèbres, citons **Jaufré Rudel**, seigneur de Blaye, qui « s'enamoura de la comtesse de Tripoli sans la voir… » (« amor de lonh »), **Bernard de Ventadour**, chantre de la *fin'amor* (l'amour parfait), **Peire Vidal** qui promena son lyrisme extravagant de la Provence à la Terre sainte, **Guiraut Riquier**…

Les cours méridionales retentissent jusqu'au 13e s. de leur langue raffinée, l'occitan. Celui-ci ne correspond pas exactement au dialecte alors parlé, mais à une langue plus littéraire, harmonisée, dans laquelle les troubadours écrivent leurs textes.

Le phénomène du « classicisme » donne à l'occitan un surplus de dignité : ainsi Dante hésite-t-il entre le provençal et le toscan au moment de la rédaction de *La Divine Comédie*.

Au début du 20e s., deux poètes bigourdans ont chanté, dans leur belle langue, la grande nature pyrénéenne : Philadelphe de Gerde, « la fée de Bigorre », et Miquèu Camélat d'Arrens, l'un des fondateurs de l'école Gaston-Fébus.

RENAISSANCE D'UNE LANGUE

« Occitan » est le terme qui remplace de nos jours celui de « langue d'oc ». Les langues d'oïl et d'oc, issues de la fusion du latin vulgaire et d'un vieux fonds linguistique gaulois, étaient ainsi nommées pour la façon dont on disait « oui » en chacune d'elles. Cette distinction, dessinée dès l'époque mérovingienne, était suffisamment avancée aux 10e et 11e s. pour que les deux langues entrent séparément dans la littérature. La limite géographique entre les pays d'oïl et d'oc passait au nord du Massif Central, si bien que l'occitan comportait les parlers languedociens, gascon, limousin, auvergnat et provençal. Le catalan et le corse, autres expressions de cultures indépendantes, ont de nombreuses affinités avec l'occitan.

Avec les croisades contre les Albigeois (1209 et 1226) et leur cortège de malheurs, l'occitan déclina. En 1323, des poètes toulousains tentèrent de le réhabiliter par des Jeux floraux de pure tradition médiévale.

En 1539, l'**édit de Villers-Cotterêts** lui porta le coup de grâce en imposant, dans les actes administratifs, le dialecte d'Île-de-France : le français.

L'occitan connut plusieurs sursauts : en 1819 avec la publication, par Rochegude, d'une anthologie de poèmes de troubadours, *Le Parnasse occitanien* ; au 19e s. avec l'édition de nombreuses études savantes de « romanistes » germaniques ; en 1854, lorsque le Félibrige *(voir* Le Guide Vert Provence*)* réforma l'orthographe du provençal. Depuis le 19e s., donc, l'espoir renaît d'enrayer le déclin de l'occitan, tout au moins comme langue de culture.

L'OCCITANIE AU 20E S.

Les termes naguère savants et littéraires d'« Occitanie » ou de « peuple occitan » se sont vulgarisés pour désigner une communauté

de culture à l'intérieur des limites de l'ancien pays de langue d'oc. L'Escola Occitana (1919) et l'Institut d'études occitanes de Toulouse (1945) ont joué un rôle décisif dans ce renouveau de l'Occitanie : la première en mettant au point une orthographe normalisée, tenant le plus grand compte de l'ancienne langue des troubadours et compatible avec tous les parlers d'oc ; la seconde en assurant la diffusion de cette réforme.
Il faut cependant attendre une loi de 1951, la « loi Deixonne », pour que soit annulée l'interdiction des « patois » à l'école et, partant, de l'occitan. En 1969, étape importante, il est introduit comme épreuve facultative au baccalauréat. Aujourd'hui, les petits peuvent l'apprendre dans les *calendretas* de Muret, Castanet-Tolosan, Pamiers et Toulouse, et les plus grands au collège bilingue ouvert dans la ville voisine de Montpellier en 1997.

Artistes, écrivains et musiciens

PEINTURE ET LITTÉRATURE

Si les rives du Tarn voisin ont vu naître Toulouse-Lautrec et Ingres, les bords de la Garonne comptent aussi quelques artistes de renom. Le Toulousain **Henri Martin** (1860-1943) est un peintre néo-impressionniste réputé pour son art pointilliste et qui dédia une série de fresques à sa ville (*voir p. 85*).
Né à Grenade-sur-Garonne, **Jean Dieuzaide** (1921-2003) est l'un des maîtres de la photographie d'après-guerre, fondateur de la galerie du Château d'Eau à Toulouse, portraitiste (Giono, Dalí entre autres) et paysagiste. Il reçut les deux prix prestigieux réservés à son art, les prix Niepce et Nadar.
Les Pyrénées ont également inspiré plusieurs poètes et écrivains, tels que **Théophile Gautier** (1811-1872), natif de Tarbes (*voir p. 198*), qui gardera « le souvenir des silhouettes de montagnes bleues », **Lautréamont** (1846-1870), l'auteur des *Chants de Maldoror*, qui a passé une partie de son adolescence à Tarbes, et **Francis Jammes** (1868-1938), toujours resté fidèle à ses montagnes des Pyrénées (*voir p. 260*).

UNE RÉGION DE MÉLOMANES

À l'image des grandes figures historiques que sont le compositeur ariégeois **Gabriel Fauré** (1845-1924) et **Déodat de Séverac** (1872-1921), connu pour ses œuvres pour piano, la région a toujours été un foyer de musiciens : figure essentielle de la chanson française, à la voix suave et rauque, inspiré par le swing et le jazz, chantre de la Ville rose, de l'eau verte du canal du Midi et de la brique rouge des Minimes, **Claude Nougaro** (1929-2004) ne s'est jamais départi de son accent de la Haute-Garonne. Verbe coloré et jeux de langue ont marqué ses textes. *Ô Toulouse*, *Cécile*, *Garonne*, *La Pendule* sont quelques-uns de ses titres les plus fredonnés. On peut également citer **Art Mengo** qui a notamment composé pour Juliette Gréco et Johnny Halliday, les chanteurs populaires **Ringo** et **Zebda**, mais aussi le groupe de rap **KDD**, dont le leader Dadoo fait une riche carrière solo et **Fabulous Trobadors**, groupe occitan au verbe tout méridional. Moteur de cet engouement, Toulouse et ses environs comptent d'innombrables salles et bars musicaux, dont Le Bikini, Le Phare et la péniche Le Cri de la mouette.

3/ DÉCOUVRIR LA RÉGION

Un berger et son troupeau de moutons, sur la route de Garin dans le Comminges.
J.-P. Degas / hemis.fr

TOULOUSE ET SES ENVIRONS

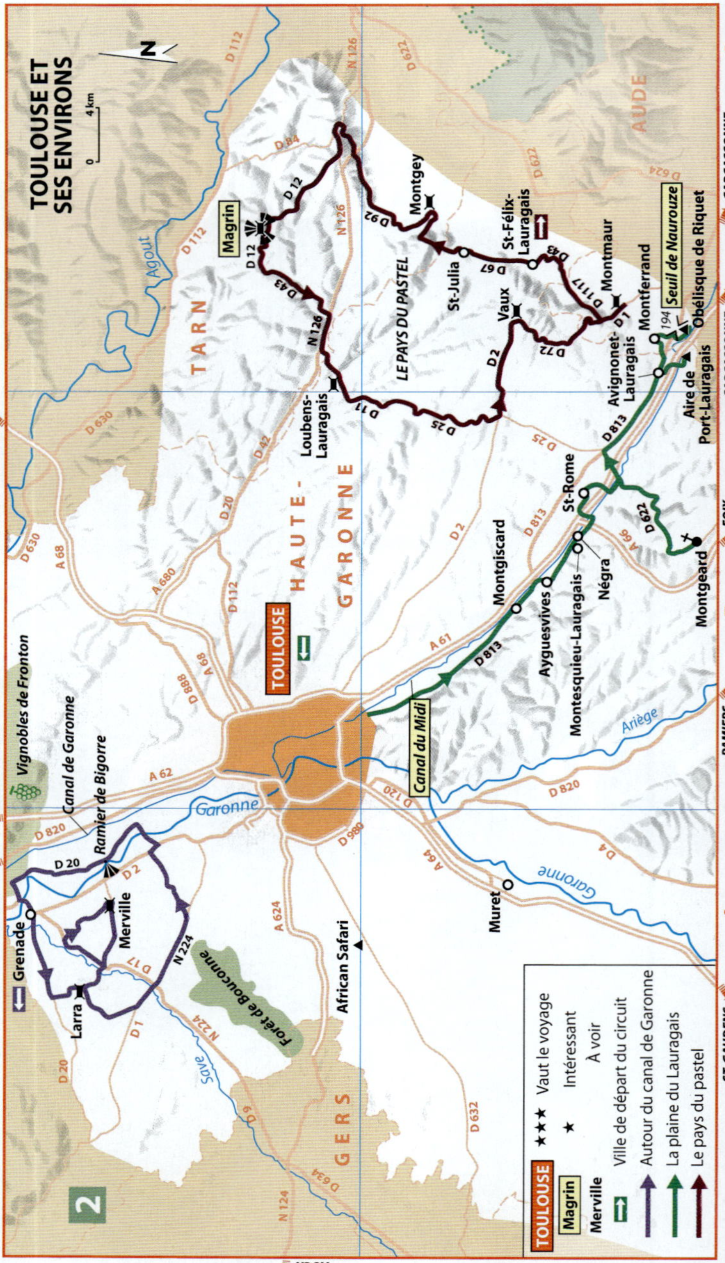

+ d'adresses

Toulouse et ses environs 1

Cartes Michelin Départements 336 et 343 – Haute-Garonne (31) et Gers (32)

Toulouse

★★★

439 553 Toulousains – Haute-Garonne (31)

NOS ADRESSES PAGE 101

S'INFORMER

Office de tourisme – *Donjon du Capitole - 38000 Toulouse - ✆ 0 892 18 01 80 - www.toulouse-tourisme.com - juin-sept. : 9h-19h, dim. et j. fériés 10h30-17h15 ; reste de l'année : 9h-18h ; sam. 9h-12h30, 14h-18h, dim. et j. fériés 9h-12h30, 14h-17h.* Outre les principaux sites de la ville, on peut découvrir les œuvres d'art présentes dans le métro toulousain. Sont également proposées des visites guidées à thèmes telles que « La ville en lumières » et « Sur les pas de Claude Nougaro » qui permet de découvrir Toulouse depuis le quartier Arnaud-Bernard où est né Nougaro jusqu'au quai de Tounis où il vécut.

Pass Tourisme So Toulouse – *1 j./18 € ; 2 j./25 € ; 3 j./32 € - en vente à l'office de tourisme et dans les agences Tisséo.* Il permet d'accéder gratuitement ou de bénéficier de tarifs réduits dans de nombreux musées, sites, monuments ou activités touristiques. Surtout, il donne l'accès gratuit aux transports en commun du réseau tisseo.

Le pass 1 jour sera amorti si vous visitez deux musées majeurs et si vous prenez trois fois le métro !

Si vous venez en avion, achetez le pass dès votre arrivée à l'aéroport, et prenez la navette qui relie le centre-ville (*navette aéroport suppl. 2 €*).

Si vous êtes en visite chez des parents ou des amis toulousains, sachez que la carte So Toulouse réservée aux habitants de Toulouse leur donne des avantages lorsqu'ils vous accompagnent dans vos visites.

Passeports Musées de Toulouse – *✆ 05 61 14 65 50 - 4 € (-18 ans gratuit) - Pour les Jacobins, les musées St-Raymond, Paul-Dupuy, Georges-Labit et des Augustins, il existe un passeport donnant droit à 3 entrées ou 6 entrées. En vente à l'accueil des musées.*

SE REPÉRER

Carte de microrégion B1 (p. 72) – *carte Michelin Départements 343 G3.* Accès par l'A 20 en venant de Paris ou l'A 62 depuis Bordeaux. Ouvrage en béton d'une grande simplicité de ligne, le **pont Saint-Michel** offre un point de vue intéressant, surtout si l'on se place entre le milieu du pont et la rive gauche : par temps clair, la chaîne des Pyrénées se profile au sud. Du côté opposé, le regard embrasse une bonne partie de la ville, des Jacobins à la Dalbade.

SE GARER

Difficile de circuler en centre-ville, surtout dans le vieux Toulouse. Des parkings souterrains sont aménagés place du Capitole, allée Jean-Jaurès, place Esquirol, place des Carmes et sur les allées Carnot. Sur plusieurs stations des lignes A et B du métro, vous trouverez égale-

Sur la place du Capitole.
Ch. Boisvieux / hemis.fr

ment de vastes parkings en périphérie, gratuits aux usagers des transports en commun. *Voir « Nos adresses », p. 101.*

À NE PAS MANQUER
La place du Capitole ; la basilique St-Sernin ; les Jacobins ; le musée des Augustins ; la Fondation Bemberg (hôtel d'Assézat) ; un moment de farniente, aux beaux jours, sur les quais de la Daurade.

ORGANISER SON TEMPS
Sur un week-end, comptez une journée pour visiter la vieille ville, les églises, les musées. Le deuxième jour, privilégiez le pôle aéronautique : Cité de l'espace et Let's Visit Airbus.

AVEC LES ENFANTS
Le Muséum d'histoire naturelle ; la Cité de l'espace ; Touch and go, les coulisses de l'aéroport, et Aéroscopia.

« Ville rose à l'aube, ville mauve au soleil, ville rouge au crépuscule »... Toulouse mélange avec bonheur les couleurs et les époques. Cette ancienne capitale des terres d'oc et des capitouls, résolument tournée vers l'avenir avec ses usines aéronautiques bien connues, est une cité universitaire animée (la troisième après Paris et Montpellier), à la pointe en matière de recherche et de santé. En se promenant dans ses vieux quartiers, on découvre de superbes cours Renaissance envahies de fleurs et de magnifiques maisons cachées derrière de lourdes portes. Et, des sculptures romanes des Augustins à l'art contemporain des Abattoirs, Toulouse est également riche en musées de premier ordre. Quant aux gourmands, ils y trouveront forcément leur compte, entre foie gras, truffes, canard et cassoulet. En un mot, il ne faut pas seulement s'arrêter à Toulouse, mais y rester plusieurs jours !

Toulouse, cité d'avenir

RICHESSE ET INDÉPENDANCE

La cité des capitouls

Tolosa viendrait d'une racine *tul* signifiant « hauteur ». Si Toulouse n'est pas précisément construite sur une butte, elle a conservé, en se déplaçant dans la plaine, le nom de l'oppidum des Volques Tectosages situé à l'emplacement de l'actuelle Vieille-Toulouse, à 9 km au sud. Plaque tournante du commerce des vins sous les Romains, *Tolosa* devient le centre intellectuel de la Narbonnaise. Au 3e s., la ville est gagnée par le christianisme, au moment du martyre de l'évêque Saturnin (Sernin). Capitale des Wisigoths au 5e s., elle passe ensuite dans le domaine des Francs. Après Charlemagne, elle est gouvernée par des comtes qui, du fait de l'éloignement du pouvoir franc, prennent de plus en plus d'autonomie. La brique, seul matériau fourni en abondance par la plaine alluviale de la Garonne, domine dans les constructions toulousaines et donne son cachet à la cité. Légère et adhérente au mortier, elle a permis aux maîtres d'œuvre des églises de lancer de larges voûtes couvrant une nef unique. Du 9e au 13e s., sous la dynastie des comtes Raimond, Toulouse est le siège de la cour la plus aimable et la plus magnifique d'Europe. Des consuls ou capitouls (le nom vient probablement du latin *capitulares* : membres du chapitre), choisis dans la bourgeoisie commerçante, administrent la cité, une véritable « république » à l'italienne. Le comte les consulte pour la défense de la ville et pour toute question de relations extérieures. Le capitoulat permettait aux riches marchands toulousains d'accéder à la noblesse. Pour symboliser leur élévation, les nouveaux promus flanquaient leurs demeures de tours.

Mais le pouvoir des capitouls perdra de sa substance (même si le titre subsiste) après le rattachement à la Couronne, à l'issue de la crise albigeoise en 1271. Entre-temps le nouveau comte, Alphonse de Poitiers, frère de Saint Louis, réside à Vincennes et reproche amèrement aux capitouls de n'en faire qu'à leur tête. Il faut prendre des mesures ; ce sera fait. Le parlement, créé en 1420, supervise la justice et les finances.

La doyenne des académies

Après la tourmente albigeoise, Toulouse retrouve son rayonnement artistique et littéraire. En 1324, sept notables qui veulent « maintenir » la langue d'oc fondent la « compagnie du Gai-Savoir », la plus ancienne des sociétés littéraires d'Europe. Chaque année, le 3 mai, les mieux « disants » des poètes reçoivent une fleur d'orfèvrerie. Ronsard et Victor Hugo en furent honorés ainsi que Nazaire François Fabre (1750-1794), auteur du calendrier républicain et de la fameuse romance *Il pleut, il pleut bergère*, qui tint à immortaliser son prix en modifiant son patronyme en Fabre d'Églantine. En 1694, Louis XIV avait érigé la société en Académie des jeux floraux.

Le boom du pastel

Au 15e s., le commerce des coques de pastel jette les négociants toulousains dans l'aventure du commerce international : Londres et Anvers figurent parmi les principaux débouchés. La spéculation permet aux Bernuy et aux Assézat de mener un train de vie princier.

De splendides hôtels-palais sont élevés à cette époque, symbole de la fortune, de la puissance et de la richesse des « princes du pastel ». L'influence italienne, et plus particulièrement le renouveau florentin, va harmonieusement modifier la physionomie de cette cité florissante, encore largement médiévale. Mais à partir de 1560, l'indigo, en provenance d'Amérique, apparaît et le marasme s'installe avec les guerres de Religion (Toulouse se rallie à la cause catholique). Le système s'effondre.

Une tête qui tombe

Un épisode de la rébellion de la noblesse contre Richelieu connaît sa conclusion tragique à Toulouse. Henri de Montmorency, gouverneur du Languedoc, « premier baron chrétien », appartient à la plus grande famille de France. D'une bravoure éclatante, beau, généreux, il devient rapidement populaire dans sa province d'adoption. Entraîné par Gaston d'Orléans, frère de Louis XIII, il prend les armes en 1632 et fait renaître quelque temps le rêve d'un Midi débarrassé de la sujétion à la Couronne. Mais tous deux sont défaits à Castelnaudary. Montmorency s'est battu désespérément; atteint de dix-sept blessures, il est fait prisonnier. Le parlement de Toulouse le condamne à mort. Personne n'imagine possible l'exécution d'un si haut personnage. Mais le roi, qui est venu en personne à Toulouse avec le cardinal, résiste aux supplications de la famille, de la Cour et du peuple. « Je ne serais pas roi, si j'avais les sentiments des particuliers », répond-il avec hauteur. La seule faveur accordée au condamné est d'être décapité à l'intérieur du Capitole, au lieu de subir son supplice sur la place publique. L'échafaud est dressé dans la cour, au pied de la statue d'Henri IV. Le duc meurt avec l'élégance d'un grand seigneur. Le peuple, assemblé devant le Capitole, pousse des cris de vengeance à l'adresse du cardinal quand, d'une fenêtre, le bourreau vient montrer la tête sanglante.

UN DÉCOLLAGE ÉCONOMIQUE TARDIF RÉUSSI

Au 19e s., la plupart des notables toulousains continuent à tirer profit de l'exploitation de leurs biens fonciers et immobiliers. La ville se tient en retrait des transformations introduites par la révolution industrielle. Un frémissement survient, en 1856, avec l'arrivée du chemin de fer: Toulouse s'impose alors logiquement comme capitale régionale. La création de rues nouvelles, à l'architecture haussmannienne, facilite la circulation des hommes et des marchandises. Le véritable décollage économique ne vient cependant qu'au lendemain de la Première Guerre mondiale, notamment avec l'implantation d'industriels du secteur aéronautique *(sur Toulouse et l'aéronautique, voir p. 99)*. La ville attire chaque année environ 5 000 habitants supplémentaires et son aire urbaine près de 20 000 habitants.

Le drame d'AZF

Figurant parmi les catastrophes industrielles les plus importantes survenues en France durant ces dernières décennies, l'explosion de l'usine chimique AZF, le 21 septembre 2001, fit 31 morts et plus de 4 500 blessés. Le montant des dégâts se chiffre à environ 2 milliards d'euros, et près de 30 000 logements ont été touchés. Ce tragique événement, qui a rouvert le débat sur la question de l'implantation de sites industriels potentiellement dangereux dans des zones habitées, a eu pour conséquence la quasi-suppression du pôle chimique toulousain. Les friches industrielles de l'usine ont laissé la place au Cancéropôle, centre de recherche dédié à la lutte contre le cancer.

Se promener Plan I p. 80 et plan II p. 96-97

★★★ LE VIEUX TOULOUSE

Circuit 1 tracé en vert sur le plan I de la ville (p. 80). De Saint-Sernin au Capitole – comptez 3 à 4h.

★★★ Basilique Saint-Sernin Plan I A1

05 61 21 80 45 - www.basilique-st-sernin-toulouse.fr - juin-sept. : 8h30-19h, dim. 8h30-19h30 (après la messe) ; reste de l'année : 8h30-18h, dim. 8h30-19h30 (après la messe) - gratuit. C'est la plus célèbre et la plus belle des grandes églises romanes du Midi, la plus riche de France en reliques, classée par l'Unesco. Sur son emplacement s'élevait, à la fin du 4ᵉ s., une basilique qui abritait le corps de saint Sernin.

Charlemagne ayant enrichi l'église de reliques, on y venait de toute l'Europe. C'était aussi, et c'est toujours, une étape pour les pèlerins qui se rendent à Saint-Jacques-de-Compostelle.

L'édifice actuel fut construit pour répondre à cet afflux. Commencé vers 1080, il a été achevé au milieu du 14ᵉ s. Sa restauration générale fut entreprise à partir de 1860 par Viollet-le-Duc qui y fit preuve de son habituelle imagination. Une récente campagne de travaux a eu pour résultat de redonner aux toitures leur apparence d'avant l'intervention de 1860 : les croisillons du transept et la nef ont retrouvé leurs grands toits débordant sur des combles aérés par des mirandes.

Pour une description en image, reportez-vous à l'ABC d'architecture p. 63.

Extérieur – Saint-Sernin est construite en brique et pierre. Au **chevet**, la pierre domine ; dans la nef, c'est la brique, employée finalement seule dans le clocher. Le **chevet** date du 11ᵉ s. ; c'est la partie la plus ancienne du monument. Les cinq chapelles de l'abside et les quatre chapelles des croisillons, les toitures étagées du chœur et du transept, dominées par le clocher, forment un ensemble magnifique. Le **clocher** octogonal à cinq étages s'élève sur la croisée du transept. Les trois étages inférieurs sont ornés d'arcades romanes en plein cintre (début du 12ᵉ s.). Les deux étages supérieurs furent ajoutés 150 ans plus tard ; les baies, en forme de mitre, sont surmontées d'un petit fronton décoratif. La flèche date du 15ᵉ s.

La **porte des Comtes**, primitivement dédiée à saint Sernin, s'ouvre dans le croisillon sud du transept. Les chapiteaux de ses colonnettes, d'une facture encore fruste, se rapportent à la parabole de Lazare et du mauvais riche *(portail de droite)* et surtout aux châtiments appliqués aux péchés d'avarice *(portail de gauche, 1ᵉʳ chapiteau de gauche)* et de luxure *(portail de gauche, 1ᵉʳ chapiteau de droite et 2ᵉ chapiteau de gauche)*. De part et d'autre du pilier central du portail, le riche, qui demande à revenir sur la terre pour avertir son frère, est maintenu en enfer (ce motif est répété afin de marquer l'éternité du châtiment).

À gauche du portail, une niche grillagée abrite quatre sarcophages ayant servi de sépultures à des comtes de Toulouse, d'où le nom de la porte. Plus à

SAINT SERNIN, UN DESTIN TRAGIQUE

Apôtre du Languedoc, saint Sernin fut le premier évêque de Toulouse. Il fut martyrisé en 250, attaché à un taureau (la rue du Taur commémore l'événement). Très populaire en Languedoc, on le retrouve sous les noms de Saturnin, Satur ou Savournin en de nombreux lieux.

La basilique Saint-Sernin.
F. Guiziou / hemis.fr

1

gauche, une arcade Renaissance subsiste de l'enceinte qui entourait, jusqu'au début du 19e s., l'église, les bâtiments du chapitre des chanoines et les cimetières adjacents.

La sculpture romane de la **porte Miégeville** a fait école dans tout le Midi. Datant du début du 12e s., elle recherche l'expression et le mouvement beaucoup plus que les œuvres du siècle précédent.

Intérieur – Ce qui frappe au premier abord en entrant dans Saint-Sernin, c'est l'immensité de l'église : 115 m de longueur, 64 m de largeur au transept et 21 m de hauteur sous voûte. Saint-Sernin est le type accompli de la grande église de pèlerinage. Elle est conçue pour faciliter les dévotions des foules et rendre possible la célébration des offices par un chœur de chanoines : une nef flanquée de doubles collatéraux, un immense transept et un chœur avec déambulatoire sur lequel ouvrent cinq chapelles rayonnantes. La coupe de l'église montre la perfection de son élévation et de son équilibre. La nef principale, voûtée en berceau plein cintre, est épaulée par un premier bas-côté voûté d'arêtes et surmonté de tribunes très décoratives (voûtées en demi-berceau), qui lui-même prend appui sur un second bas-côté de moindre hauteur, encore voûté d'arêtes et adossé à un contrefort. Ainsi, tous les éléments de cette énorme masse concourent harmonieusement à la solidité de l'ensemble.

Chœur – Sous la coupole de la croisée, belle table en marbre des Pyrénées de l'ancien autel roman signée Bernard Gilduin et consacrée en 1096 par le pape Urbain II.

Transept – Le vaste transept présente une structure à trois nefs et chapelles orientées. Admirez les chapiteaux de la galerie de la tribune et les peintures romanes. Dans le croisillon nord, on a mis au jour deux ensembles de peintures murales romanes (Résurrection, l'Agneau de Dieu présenté par des anges).

Dans le croisillon sud, regardez en particulier la 2e chapelle orientée dédiée à la Vierge (statue de « Notre-Dame la Belle » du 14e s.) : au cul-de-four, fresques superposées mêlant les thèmes de la Vierge assise en majesté (13e s.) et du Couronnement de la Vierge.

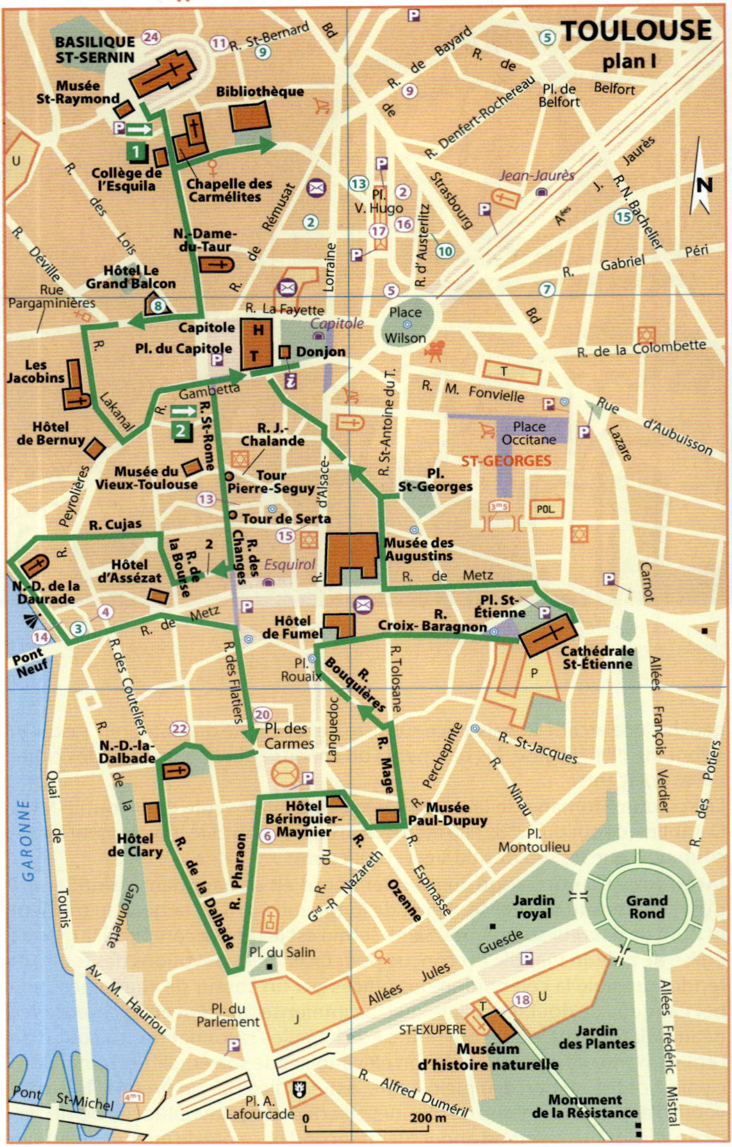

SE LOGER

- Albert 1er (Hôtel) ... 3
- Beaux-Arts (Hôtel des) ... 3
- Boréal (Hôtel) ... 5
- Castellane (Hôtel) ... 7
- Grand Balcon (Hôtel Le) ... 8
- Loges de St-Sernin (Chambre d'hôte Les) ... 9
- Ours Blanc-Centre (Hôtel de l') ... 10
- Ours Blanc-Place Victor-Hugo (Hôtel de l') ... 13
- St-Claire (Hôtel) ... 15

INDEX DES RUES

Malcousinat (R.) ... 2

SE RESTAURER

- Air de famille (L') ... 2
- Beaucoup (Le) ... 4
- Bon Vivre (Le) ... 5
- Braisière (La) ... 6
- Colombier ... 9
- Délices de Saturnin (Les) ... 11
- Faim des Haricots (La) ... 13
- Flo - Les Beaux-Arts (Brasserie) ... 14
- Genty-Magre (Le) ... 15
- J'Go ... 16
- Marché couvert Victor Hugo ... 17
- Moaï (Le) ... 18
- Petit Bonheur (Au) ... 20
- Point d'Ogre (Le) ... 22
- 7 Place St-Sernin ... 24

Tour des Corps-Saints et cryptes – *05 21 21 80 45 - www.basilique-st-sernin-toulouse.fr - 2 € (-15 ans gratuit).* C'est la présence de nombreux retables et reliquaires qui est à l'origine de la dénomination attribuée au déambulatoire. Dans les réceptacles en bois sculpté, doré et peint sont disposées, entre autres, des reliques de saint Ascicle, de sainte Victoire, de saint Hilaire et de saint Papoul.

Les sept **bas-reliefs★** de la fin du 11e s. en marbre de Saint-Béat, provenant de l'atelier de Bernard Gilduin, sont encastrés contre le mur de la crypte. Ils représentent le Christ en majesté avec les symboles des évangélistes, entouré d'anges et d'apôtres.

La crypte supérieure abrite le reliquaire de saint Saturnin (13e s.), et la crypte inférieure des châsses et des statues d'apôtres (14e s.).

Prenez la rue du Taur, très fréquentée par les étudiants et bordée de nombreuses librairies, de neuf ou d'ancien.

★★ Musée Saint-Raymond Plan I A1

05 61 22 31 44 - www.saintraymond.toulouse.fr - 10h-18h - fermé 1er janv., 1er mai et 25 déc. - 4 € (-18 ans gratuit) - possibilité de visite guidée (1h).

Tout proche de la basilique St-Sernin, l'ancien collège Saint-Raymond, reconstruit en 1523 et restauré ensuite par Viollet-le-Duc, a été remarquablement rénové pour présenter sur trois niveaux les collections d'archéologie et d'art antique de la ville. À l'étage supérieur sont présentés des objets (frises, inscriptions, maquettes) provenant de l'antique *Tolosa* en Narbonnaise ; au 2e étage, ce sont les mosaïques (certaines tout à fait remarquables) et la statuaire de la villa de Chiragan de Martres-Tolosane. Remarquez la superbe collection de **têtes d'empereurs** disséminée sur les deux étages, du serein Auguste au rubicond Romulus Augustule, en passant par le doux Antonin le Pieux. Ces têtes étaient emboîtées sur une statue acéphale : lorsque l'on changeait d'empereur, il suffisait de visser la tête de son successeur sur la statue. Le sous-sol a été aménagé pour mettre en valeur les découvertes effectuées lors de la rénovation de l'édifice (un four à chaux, en particulier) et exposer une belle collection de sarcophages paléochrétiens délicatement ouvragés, issus de la nécropole de Saint-Sernin. Au rez-de-chaussée, la salle du Tinel est consacrée à des expositions thématiques.

Collège de l'Esquila Plan I A1

Il s'ouvre au n° 69 de la rue du Taur par un portail à bossages, œuvre Renaissance du sculpteur toulousain **Nicolas Bachelier** (1487-1557). Auteur de nombreux hôtels toulousains (dont l'hôtel d'Assézat, son chef-d'œuvre), celui-ci conçut également en 1539 un projet pour le futur canal du Midi. Le portail donne désormais accès à la **cinémathèque** de Toulouse.

Engagez-vous dans la rue du Périgord, à gauche.

Chapelle des Carmélites Plan I A1

De l'ancien couvent des carmélites, édifié au 17e s., ne subsiste que la chapelle. Sa décoration ainsi que ses boiseries et peintures célébrant la gloire de l'ordre du Carmel (œuvre du peintre toulousain du 18e s., Jean-Baptiste Despax) constituent un très bel ensemble.

Poursuivez dans la rue du Périgord.

Bibliothèque d'étude et du patrimoine Plan I A1

Née en 1866 de la réunion de la bibliothèque du clergé (fondée en 1772) et de celle du Collège royal, grossie, à la Révolution, par la confiscation d'une dizaine de bibliothèques conventuelles, elle est installée dans un bâtiment

réalisé par Montariol. C'est un bel exemple d'architecture des années 1930 : rigueur et grandeur des volumes, volonté de fonctionnalisme et de luminosité (remarquez la salle de lecture : grandes baies, plafond dallé de verre et large coupole). Décoration caractéristique de l'époque utilisant volontiers le fer forgé et le bas-relief. Majestueuse façade de brique et pierre, centrée autour d'une imposante porte de bronze.
Revenez à la rue du Taur que vous reprenez sur la gauche.

Église Notre-Dame-du-Taur Plan I A1
Appelée Saint-Sernin-du-Taur jusqu'au 16e s., elle a remplacé le sanctuaire élevé à l'endroit où le corps du martyr fut inhumé. Le mur-pignon de la façade, flanqué de tours octogonales et percé d'arcs en mitre, est d'un type fréquent dans la région, où il servit de modèle à maintes églises de campagne. Le clocher est crénelé et coiffé d'un pignon triangulaire. Observez les combinaisons décoratives que permet la brique : baies en losange, frises en dents d'engrenage.
En débouchant sur la place du Capitole, prenez sur la droite la rue Romiguières.

Hôtel Le Grand Balcon Plan I A1-2
Hôtel mythique de Toulouse, Le Grand Balcon, entièrement rénové, fut le havre de paix des pilotes de l'Aéropostale, dans les années 1920. C'est dans cette pension de famille tenue par les sœurs Marquez que les hommes se reposaient entre deux voyages. Les deux premiers étages étaient réservés aux pilotes : Saint-Exupéry occupait la chambre 32, Mermoz la 20. Le dernier étage accueillait les mécaniciens. Henri Decoin, en 1949, raconta la grande épopée de ces hommes passionnés, véritables pionniers de l'aviation française, dans un film dont le scénario écrit par Joseph Kessel met en scène les sœurs Marquez et l'hôtel Le Grand Balcon.
De la rue Romiguières, prenez à gauche la rue Lakanal.

★★ Les Jacobins Plan I A2
✆ 05 61 22 21 92 - www.jacobins.mairie-toulouse.fr - ♿ - 10h-18h - 4 € (-18 ans gratuit) - possibilité de visite guidée (1h).
En 1215, saint Dominique, effrayé par les progrès de l'hérésie albigeoise, avait fondé l'ordre des Frères prêcheurs. Le premier couvent des dominicains fut installé à Toulouse en 1216. Lorsque ceux-ci arrivent à Paris en 1217, ils s'installent dans une chapelle consacrée à saint Jacques : cela leur valut le nom de « Jacobins ».
La construction de l'église et du couvent, première université toulousaine, commencée en 1230, se poursuivit aux 13e et 14e s. L'ensemble fut par la suite défiguré par sa transformation en quartier d'artillerie sous le Premier Empire. L'église servit d'écurie avant d'être intégrée dans le lycée Pierre-de-Fermat. Certains anciens élèves se souviennent de quelques parties de ballon dans le cloître ! De longs travaux de dégagement et de restauration ont abouti, en 1974, à la réhabilitation de l'église, du cloître ainsi que des bâtiments conventuels rescapés, dont la grande sacristie. Le site accueille désormais en septembre le festival « Piano aux Jacobins ».
L'église de brique est un chef-d'œuvre de l'école gothique du Midi, dont elle marque l'apogée. Extérieurement, elle frappe par ses grands arcs de décharge disposés entre les contreforts et surmontés d'oculi, et par sa tour octogonale allégée d'arcs en mitre qui servit de modèle pour de nombreux clochers d'églises de la région ; elle reçut, à son achèvement en 1298, la cloche unique de l'Université dominicaine.
L'« église mère » de l'ordre des Frères prêcheurs, achevée vers 1340, accueillit en 1369 le corps de saint Thomas d'Aquin.

Le célèbre « palmier » des Jacobins.
A. Felix / hemis.fr

Les reliques du « Docteur angélique », transportées à la basilique Saint-Sernin lors de la Révolution française, sont à nouveau exposées sous un maître-autel en marbre gris (monastère de Prouille), depuis les solennités du 7e centenaire de la mort du saint en 1974.

Le grandiose **vaisseau**★★ à deux nefs fut bâti par surélévations et agrandissements successifs. Il traduit le rayonnement de l'ordre, sa prospérité et ses deux missions bien tranchées : le service divin et la prédication. Sur le pavement, le plan du premier sanctuaire (1234), rectangulaire et couvert de charpente, est rappelé par cinq dalles de marbre noir (base des anciens piliers) et par un cordon de carreaux, également noirs (les murs). Les sept colonnes portent la voûte à 28 m de hauteur sous clef. Sur la dernière **colonne**★★ repose la voûte tournante de l'abside : ses 22 nervures, alternativement minces et larges, composent le fameux « palmier ». La décoration polychrome des murs ayant subsisté en grande partie, les restaurateurs ont pu restituer l'ambiance de l'église. Jusqu'à l'appui des fenêtres hautes, les murs présentent un faux appareil de pierres ocre et rosées. D'autres contrastes de teintes soulignent l'élan des colonnettes engagées ainsi que la souplesse des nervures de la voûte. Les verrières (grisailles dans le chœur, plus chaudement colorées dans la nef) furent posées à partir de 1923. Seules les deux roses de la façade datent du 14e s.

Pour une description en image, reportez-vous à l'ABC d'architecture p. 65.

Cloître – La porte nord ouvre sur un cloître à colonnettes jumelées typique du gothique languedocien (autres exemplaires à Saint-Hilaire et Arles-sur-Tech). Les galeries sud et est, qui avaient disparu vers 1830, ont pu être reconstituées à partir de vestiges retrouvés çà et là dans la région, ou d'autres fragments de la même école.

Chapelle Saint-Antonin – À gauche de la salle capitulaire, elle fut élevée de 1337 à 1341 comme chapelle funéraire par le frère Dominique Grima, devenu évêque de Pamiers (clef de voûte au-dessus de la tête du Christ de l'Apocalypse). Elle constitue une délicate œuvre gothique, parée, en 1341, de peintures murales à dominante bleue.

Les médaillons inscrits dans les voûtains sont consacrés à la deuxième vision de l'Apocalypse. Sur les murs, au-dessous d'anges musiciens, se déroulent, en deux registres, les scènes de la fantastique légende de saint Antonin de Pamiers, dont la clef de voûte de l'abside donne la conclusion : les reliques du martyr naviguent sous la garde de deux aigles blancs.
Salle capitulaire – Construite vers 1300. Deux fines colonnes prismatiques en supportent les voûtes. La gracieuse absidiole a retrouvé son décor polychrome.
Grand réfectoire – *Accès par le cloître, à l'angle nord-est.* Construit en 1303, c'est un vaste vaisseau avec couverture de charpente supportée par six arcs diaphragmes. Il est aujourd'hui utilisé pour des expositions temporaires d'art moderne, en liaison avec Les Abattoirs, le nouveau musée d'Art contemporain de Toulouse.

Hôtel de Bernuy (lycée Pierre-de-Fermat) Plan I A2

℘ 0 892 18 01 80 - www.toulouse-tourisme.fr - visite guidée sur demande préalable (30mn) mar. et sam. 14h-18h - 9 € (-18 ans gratuit).
Il fut bâti en deux campagnes au début du 16e s. La porte associe courbes et contre-courbes, de tradition gothique, à des médaillons. La 1re cour offre un intermède d'architecture de pierre. Le faste de la Renaissance s'y manifeste par un portique à loggia, au revers de l'entrée, et par une arcade très surbaissée, à droite. Par le passage voûté d'ogives, gagnez la 2e cour où l'on retrouve le charme de la Ville rose. La **tour d'escalier★** octogonale montée sur trompe, une des plus hautes du vieux Toulouse, prend jour par des fenêtres gracieusement agencées à la rencontre de deux pans.
Par la rue Gambetta, rejoignez la place du Capitole.

Place du Capitole Plan I A2

Cette grande place, lieu de rendez-vous des Toulousains, est bordée à l'est par la majestueuse façade du Capitole à laquelle fait face une rangée d'arcades. Au centre de la place, une croix du Languedoc est incrustée, formant un lacis de rubans de bronze ; aux extrémités, inscrits dans des cercles, figurent les douze signes du zodiaque, œuvre de Raymond Moretti, également auteur des 29 tableaux évoquant sous les arcades, avec des couleurs très vives, certains des épisodes et personnages qui ont fait l'histoire de Toulouse, de la Vénus de Lespugue à Airbus en passant par Carlos Gardel.
Arrivé à la dernière arcade, du côté de la rue Parmaginières, vous aurez la surprise de voir votre image se refléter au-dessus de vous : manière de dire que vous entrez, vous aussi, dans l'histoire de Toulouse !
Prenez le temps d'une pause pour vous joindre aux Toulousains qui envahissent les terrasses des brasseries afin de dévorer la légendaire *Dépêche du Midi*.

★ Capitole Plan I A2

℘ 05 61 22 34 12 - 8h30-19h, dim. et j. fériés 10h-19h - fermé 1er janv., 25 déc - la salle est fermée aux visites les j. de mariage - gratuit.
L'hôtel de ville de Toulouse tire son nom de l'ancienne assemblée des capitouls, autrefois en charge de l'administration de la ville, représentés sur la façade (milieu 18e s.) par les huit colonnes de marbre rose. Longue de 128 m, ornée de pilastres ioniques, c'est un bel exemple d'architecture colorée, jouant habilement des alternances de la brique et de la pierre. Dans l'aile droite se trouve le théâtre, réaménagé en 1995-1996.
Pénétrez dans la cour.

L'AFFAIRE CALAS
Jean Calas, marchand toulousain protestant, avait été accusé d'avoir tué son fils parce que celui-ci voulait se convertir au catholicisme. De nombreux intellectuels, dont Voltaire, prirent sa défense avec assez de véhémence pour que le roi Louis XVI cassât le jugement avant de promulguer l'édit de Tolérance en 1787.

Dans la cour du Capitole, en 1632, eut lieu la fameuse exécution du duc de Montmorency, gouverneur du Languedoc, entré en rébellion armée contre le pouvoir de Louis XIII (remarquez la dalle commémorative sur le pavé). L'escalier, le vestibule et diverses salles, surtout la **salle des Illustres**, dédiée aux gloires toulousaines, furent décorés avec la pompe qu'il fallait par des peintres témoins de l'art officiel, au temps de la IIIe République.
Dans la **salle Henri-Martin**, chaque mur est composé de plusieurs fresques impressionnistes du peintre (1860-1943).
Traversez la cour, puis le jardin en biais pour aller voir le donjon, reste de l'ancien Capitole (16e s.), restauré par Viollet-le-Duc. Il abrite aujourd'hui l'office de tourisme. À deux pas, la rue d'Alsace-Lorraine, semi-piétonne, offre un visage agréable et animé avec ses cubes de béton coloré et ses jeux pour enfants.

DE LA RUE SAINT-ROME AU MUSÉE DES AUGUSTINS

Circuit 2 tracé en vert sur le plan I de la ville (p. 80) – comptez 3 à 4h.
Quittez la place du Capitole au sud par la rue St-Rome.

Rue Saint-Rome Plan I A2
Tronçon de l'antique voie qui traversait la ville du nord au sud, elle est aujourd'hui devenue piétonne et accueille de nombreuses boutiques. À son début *(n° 39)*, remarquable maison du médecin de Catherine de Médicis, Augier Ferrier.
Dans la **rue Jules-Chalande**, deux rues plus loin sur la gauche, au n° 4 *(entrez dans la cour)*, admirez la belle tour gothique de Pierre Séguy. Au n° 3 de la rue Saint-Rome, hôtel de Comère du début du 17e s.

Musée du Vieux-Toulouse Plan I A2
7 r. du May - ✆ 05 62 27 11 50 - mai-oct.: 14h-18h - fermé j. fériés, nov.-avr - 2 € (-10 ans gratuit) - possibilité de visite guidée (1h15).
Le bel Hôtel Dumay, en briques roses rehaussées de pierres pour les parties nobles, fut édifié à la fin du 16e s. par Antoine Dumay, conseiller et premier médecin de la reine Marguerite de Valois. Le musée, rénové en 2008, réunit des collections concernant l'histoire de la ville : peintures et sculptures en rapport avec Toulouse, portraits des capitouls et des personnalités locales, maquettes et programmes des édifices culturels, objets de fouilles tirés du sous-sol de la ville et de ses environs. L'art régional populaire est également abordé à travers le costume, la faïence, la céramique…

Rue des Changes Plan I A2
Le carrefour dit « Quatre Coins des Changes » est dominé par la **tour de Serta** *(avancez dans la rue des Changes pour la voir)*. Remarquez les n°s 20, 19 et 17 ; au n° 16, l'hôtel d'Astorg et Saint-Germain du 16e s. présente une façade à mirandes (larges ouvertures ou galeries sous comble d'où l'on peut « mirer » sans être vu).
Tournez à droite avant d'arriver au carrefour de la place Esquirol.

CÉLÉBRITÉS TOULOUSAINES

Parmi elles, citons les écrivains **José Cabanis** et **Pierre Gamarra**, le comédien à la proverbiale faconde **Lucien Baroux** (1888-1968), mais aussi **Laurent Terzieff**, **Daniel Sorano** (1920-1962), qui émut la France entière à l'époque de la télévision en noir et blanc par son interprétation (en direct!) jamais égalée de *Cyrano de Bergerac*, **Jean-Marcel Bouguereau**, l'un des journalistes qui participèrent à la fondation de *Libération*, le « fondateur de la géographie humaine » **Jean Brunhes**, le journaliste de télévision **Georges de Caunes**, le psychiatre **Esquirol** (1772-1840), le leader syndical **Georges Séguy**…

Côté chanson, **Claude Nougaro** (1929-2004) s'est illustré par la richesse de sa voix et la beauté sauvage de ses textes, rythmes et mélodies. *Toulouse*, véritable hymne d'amour à la Ville rose, résonne encore dans toutes les mémoires. Près de 10 000 personnes se sont réunies le mercredi 10 mars 2004 en la basilique Saint-Sernin pour lui rendre hommage. Mais il ne fut pas le seul musicien de la ville : sans remonter au troubadour Peire Vidal, on citera dans le domaine lyrique les cantatrices Mady Mesplé et Janine Micheau ; dans celui du tango argentin, l'idole des *muchachos* de Buenos Aires, Carlos Gardel, né ici Charles Gardes ; le groupe Gold, auteur de plusieurs « tubes » mémorables autour de 1985 ; la chanteuse Juliette ; l'auteur-compositeur Jean-Pierre Mader ; le groupe de rap occitan Fabulous Trobadors ; Zebda qui nous conseillait, à la fin des années 1990, de « tomber la chemise » ; et, parmi les derniers-nés de la scène toulousaine, le groupe Les Notaires et ses musiciens poly-instrumentistes qui mêlent des styles très différents, du rock au punk en passant par le disco.

Rue Malcousinat Plan I A2

Au n° 11, agréable corps de logis gothique-Renaissance flanqué d'un sévère donjon du 15ᵉ s. Il abrite la Maison de l'Occitanie.

Prenez à droite la rue de la Bourse.

Rue de la Bourse Plan I A2

Arrêtez-vous au n° 15 (hôtel de Nupces, 18ᵉ s.), et, surtout, au n° 20 : la maison de Pierre Del Fau (15ᵉ s.) illustre l'adage selon lequel il ne faut jamais vendre la peau de l'ours avant de l'avoir tué ; il espéra longtemps devenir capitoul, d'où la tour qu'il fit édifier… Mais sa nomination ne vint jamais. La tour *(ouverte uniquement durant certaines visites guidées et pendant les Journées du patrimoine)* est néanmoins fort belle. Haute de 24 m, elle est percée de cinq larges baies dont deux d'entre elles, aux 2ᵉ et 5ᵉ étages, présentent un élégant linteau en forme d'arc en accolade.

Prenez la rue Cujas, à gauche.

Rue Cujas Plan I A2

À la suite du départ des grossistes du textile, elle s'était quelque peu endormie. Elle fait aujourd'hui partie des rues de Toulouse en plein renouveau. Une vingtaine de magasins et de restaurants s'y sont installés, animés par une association de commerçants.

Continuez tout droit pour gagner la place de la Daurade.

Basilique Notre-Dame-de-la-Daurade Plan I A2

Héritière d'un temple païen, devenu une église dédiée à la Vierge dès le 5ᵉ s., et d'un monastère bénédictin, l'église actuelle, à laquelle les Toulousains sont très attachés, remonte au 18ᵉ s.

Sa façade au lourd péristyle, dominant la perspective de la Garonne, est intéressante. Plusieurs cérémonies s'y déroulent: pèlerinage à Notre-Dame-la-Noire, recommandation des futures mères ou encore bénédiction des fleurs décernées aux lauréats des Jeux floraux...
C'est un plaisir de flâner sur le **quai de la Daurade**, un de ces lieux où l'on ne peut que se sentir bien, en aval du pont Neuf (16e-17e s.). Bordé par l'école des beaux-arts, il offre une vue sur le quartier Saint-Cyprien *(rive gauche)* avec l'hôtel-Dieu et le dôme de l'hôpital de la Grave.

Pont Neuf Plan I A2

Reliant la Gascogne au Languedoc, le pont Neuf (rénové en 2008) est le plus ancien pont de Toulouse. Sa construction, ordonnée par François Ier, fut entreprise en 1544 sous l'égide de Nicolas Bachelier. Elle ne fut achevée qu'en 1632.
Sur la place du Pont-Neuf, prenez la rue de Metz à gauche.

★★ Hôtel d'Assézat Plan I A2

C'est incontestablement le plus bel hôtel de Toulouse. Il fut élevé en 1555-1557 sur les plans de Nicolas Bachelier, le plus grand architecte toulousain de la Renaissance, pour le capitoul d'Assézat. Tout réussissait à ce négociant enrichi dans le commerce du pastel, jusqu'à sa conversion au protestantisme. Résultat: ruine et exil immédiat, tandis que l'hôtel, orgueilleux témoignage d'une réussite sociale, demeurait inachevé... Peut-être pour illustrer la fragilité des biens de ce monde!
Sur les façades des bâtiments de gauche et de face, pour la première fois à Toulouse, s'est développé le style classique caractérisé par la superposition des trois ordres antiques: dorique, ionique et corinthien. Pour donner de la variété à ces façades, l'architecte a ouvert, au rez-de-chaussée et au 1er étage, des fenêtres rectangulaires sous des arcades de décharge. Au 2e étage, c'est l'inverse: la fenêtre est en plein cintre sous un entablement droit.
À cette recherche correspond la décoration poussée des deux portes, l'une avec ses colonnes torses, l'autre avec ses cartouches et ses guirlandes. L'art de la sculpture s'est en effet ranimé à la Renaissance, la pierre venant dès lors à nouveau se mêler à la brique. Au revers de la façade donnant sur la rue s'ouvre un portique élégant, à quatre arcades, surmonté d'une galerie. Le 4e côté est resté inachevé: le mur est seulement décoré d'une galerie couverte reposant sur de gracieuses consoles.
Pour une description en image, reportez-vous à l'ABC d'architecture p. 66.
L'hôtel abrite la **Fondation Bemberg** ainsi que les six sociétés savantes de Toulouse, dont l'Académie des jeux floraux.
★★ Fondation Bemberg – *05 61 12 06 89 - www.fondationbemberg.fr - ♿ - tlj sf lun. 10h-12h30, 13h30-18h - fermé 1er janv., 25 déc - 8 € (-8 ans gratuit) - possibilité de visite guidée (1h15).* Rassemblées par l'amateur d'art Georges Bemberg qui en fit don à la ville de Toulouse, les collections, installées dans le superbe hôtel d'Assézat, comprennent des peintures, sculptures et objets d'art, de la Renaissance au 20e s. La Fondation Bemberg a fait peau neuve. La période de remise en état a été mise à profit pour réaménager certaines salles du musée et acquérir de nouvelles œuvres.
L'art ancien (16e-18e s.) est présenté comme dans une maison particulière: peintures vénitiennes avec des *vedute* de Canaletto et de Guardi, flamandes du 15e s. avec une *Vierge à l'Enfant* de l'atelier de Rogier Van der Weyden, et hollandaises du 17e s. avec un *Couple jouant de la musique* de Pieter De Hooch; d'élégants meubles vénitiens du 18e s. et objets d'art du 16e s. accompagnent ces tableaux. Remarquez un nautile et une plaque d'émail en grisaille de

Limoges représentant Saturne. Dans la **galerie des Portraits Renaissance**, les tableaux (dont *Charles IX* par François Clouet, *Portrait de jeune femme à la bague* par Benson, *Portrait d'Antoine de Bourbon* par Frans Pourbus) font face à des groupes sculptés du 16e s. Dans le cabinet voisin, des bronzes d'Italie, dont un superbe Mars attribué à Jean de Bologne, côtoient des émaux de Limoges, des tableaux de Véronèse (grande toile du *Fauconnier*), du Tintoret et de Bassano.

Une aile est consacrée au 18e s. à travers la peinture, le mobilier et les arts décoratifs (porcelaine notamment).

Changement de décor au 2e étage, consacré à l'art moderne. La collection, dominée en nombre par un ensemble de tableaux de Bonnard *(salle 7)* aux couleurs vibrantes *(Femme au peignoir moucheté, Le Cannet, Nature morte aux citrons)*, rassemble pratiquement tous les grands noms de l'école française moderne, offrant un panorama des principaux courants de peinture à la charnière du 19e et du 20e s. : impressionnisme, pointillisme, fauvisme. Parmi bien d'autres, on relève les noms de L. Valtat *(La Lecture)*, Gauguin *(Tête de jeune paysan)*, Matisse *(Vue d'Antibes)*, H.-E. Cross *(Un canal à Venise)*, Boudin *(Crinolines sur la plage)*, Monet *(Bateaux sur la plage à Étretat)*, Vlaminck *(Nature morte aux poissons)* et Dufy *(La Famille Kessler à cheval)*.

Au sous-sol, les salles voûtées accueillent des expositions temporaires, souvent pleines d'intérêt. Un agréable salon de thé, installé de mai à octobre sur la galerie de l'accueil, ne fait qu'ajouter au charme du lieu.

Suivez à droite la rue des Marchands, puis prenez à droite la rue des Filatiers et encore à droite la rue des Polinaires et la rue H.-de-Gorsse, qui possède de belles maisons du 16e s. Prenez enfin à gauche la rue de la Dalbade.

Église Notre-Dame-la-Dalbade Plan I A3

Le nom de l'église vient de la blancheur (« albade ») des murs du premier édifice. L'église actuelle, construite au 16e s., endommagée par l'écroulement de son clocher (1926), a été restaurée, et son bel appareil de brique remis en valeur. Admirez le portail Renaissance, avec tympan en céramique daté du 19e s.

Rue de la Dalbade Plan I A3

Les demeures parlementaires (des capitouls) s'y succèdent. Les nos 7, 11, 18 et 20 montrent d'élégantes façades du 18e s. Remarquez au no 22 le grand portail sculpté, d'inspiration on ne peut plus païenne (16e s.), de l'hôtel Molinier. Au no 25, l'**hôtel de Clary** dissimule une belle cour intérieure Renaissance ; sa façade en pierre, « un peu » chargée, fit sensation lorsqu'elle fut élevée au 17e s. C'était là un signe d'opulence en cette ville de brique ! Du coup, l'édifice en a gardé le sobriquet d'« hôtel de pierre ». L'hôtel des Chevaliers de Saint-Jean-de-Jérusalem *(no 32)*, robuste et noble construction du 17e s., fut le siège local du grand prieuré de l'ordre de Malte.

Prenez à droite la rue des Poutiroux, qui débouche directement sur la rue Pharaon.

Rue Pharaon Plan I A3

Belle façade du 18e s. au no 29 et hôtel du capitoul Marvejol (jolie cour) au no 47.

ROUGE ET NOIR

C'est à Toulouse, dans les années 1890-1907, que le rugby venu d'Angleterre a été pour la première fois pratiqué en France. Les rouge et noir du Stade Toulousain (19 fois champions de France) portent haut les couleurs de la ville depuis 1912.

Le marché sur la place du Capitole.
B. Gardel / hemis.fr

Remontez par la rue Pharaon jusqu'à la place des Carmes. Prenez à droite et continuez tout droit jusqu'à la rue Ozenne.

Hôtel Béringuier-Maynier, dit aussi du Vieux-Raisin Plan I A3

Peu avant d'arriver rue Ozenne, au n° 36 rue du Languedoc, le corps de logis au fond de la cour marque la première manifestation de la Renaissance italianisante à Toulouse, dans le style des châteaux de la Loire. Le décor des ailes, aux fenêtres à cariatides, reflète un style plus tourmenté, proche du baroque.

Rue Ozenne Plan I B3

Au n° 9, remarquez l'hôtel Dahus et la tour de Tournoër, bel ensemble de la fin du 15e s.

Prenez à gauche la rue de la Pleau. L'hôtel Pierre-Besson abrite aujourd'hui le musée Paul-Dupuy *(voir ci-dessous).*

Tournez à gauche.

★ Musée Paul-Dupuy Plan I B3

05 61 14 65 50 - www.musees-midi-pyrenees.fr - ♿ - juin-sept. : tlj sf lun. 10h-18h ; reste de l'année : tlj sf lun. 10h-17h - fermé j. fériés - 4 € (-18 ans gratuit) - possibilité de visite guidée (1h).

Ce beau musée des Arts graphiques et des Arts décoratifs est composé de collections rassemblées au début du 20e s. par le Toulousain Paul Dupuy. La visite débute au rez-de-chaussée avec l'apothicairerie jésuite (un des ensembles les plus importants conservés dans ce domaine). Vous continuez au sous-sol avec la riche collection de faïence, d'ivoire et d'armes anciennes. Ne manquez pas le « cor de Roland », olifant (cor d'ivoire des chevaliers) de la première moitié du 11e s… Terminez votre visite par la remarquable **collection d'horlogerie et d'instruments de mesure** du 16e au 19e s., une des plus riches d'Europe. Deux cabinets sont accessibles sur réservation seulement : l'un d'estampes (allant du 15e au 20e s.), l'autre de dessins (Ingres, Delacroix, Toulouse-Lautrec).

Rue Mage Plan I B3

C'est une des mieux conservées du vieux Toulouse : au n° 3, hôtel d'Espie, de style Régence ; demeures d'époque Louis XIII *(n° 11)* et Louis XIV *(n° 16 et n° 20)*.

Rue Bouquières Plan I AB2-3

L'hôtel de Puivert (18e s.) y déploie sa grande architecture d'apparat.
Au bout de la rue Bouquières, prenez à droite sur la place Rouaix.

Hôtel de Fumel (palais consulaire) Plan I A2

Le siège de la chambre de commerce présente une belle façade du 18e s., en équerre, sur jardin. Plusieurs demeures d'antiquaires ont été restaurées : au n° 15, « la plus vieille maison de Toulouse », du 13e s., se reconnaît à ses baies géminées. Le n° 24 **rue Croix-Baragnon** est occupé par le centre culturel de la ville.

Place Saint-Étienne Plan I B2

La place Saint-Étienne est agrémentée d'une fontaine du 16e s., le « Griffoul » (« fontaine » en occitan). Un marché aux livres s'y déroule le samedi matin : une occasion de promenade dans le quartier des antiquaires et des bijoutiers.

★ Cathédrale Saint-Étienne Plan I B2

Comparée à la lumineuse unité de Saint-Sernin, la cathédrale apparaît curieusement disparate. C'est que sa construction s'est étendue du 13e au 17e s. ! Les écoles gothiques du Midi et du Nord s'y sont affrontées. Puis, les fonds manquant, on ne put achever la construction de la nef et l'élévation du chœur. Dans la façade de l'église primitive commencée en 1078, les évêques firent percer une rose au 13e s. Plus tard, au 15e s., un portail fut ouvert. Enfin, au 16e s., on éleva un clocher-donjon rectangulaire sans rapport avec les clochers polygonaux ajourés de la région.
Entrez par le portail de la façade.

Intérieur – La nef et le chœur ne sont pas dans le même axe et donnent l'impression de n'être pas faits l'un pour l'autre. Cela tient au fait que l'on commença la reconstruction de ce dernier sans se préoccuper de la nef, bâtie en 1209, que l'on comptait jeter bas ultérieurement. On se contenta de procéder à un raccordement de fortune exigeant des prouesses architecturales dans ce qui aurait dû normalement devenir le bras gauche du transept. On en resta là. La nef unique, aussi large que haute, est la première manifestation de l'architecture gothique du Midi. Au pied du pilier d'Orléans, point de jonction avec le chœur, elle abrite la tombe de **Pierre-Paul Riquet**, le père du canal du Midi décédé en 1680. La voûte unique est ici large de 19 m alors que la voûte romane de Saint-Sernin n'en a que 9. L'austérité des murs est corrigée par une belle collection de tapisseries des 16e et 17e s. exécutées à Toulouse et retraçant la vie de saint Étienne. À la clef de la 3e voûte, remarquez la « croix aux douze perles », emblème des comtes de Toulouse, puis de la province du Languedoc et enfin, plus récemment, de l'Occitanie tout entière.

La construction du chœur, commencée en 1272, fut arrêtée quarante-cinq ans plus tard, et l'édifice a été couvert d'une charpente. En 1609, celle-ci, détruite par un incendie, fut remplacée par la voûte actuelle qui n'a que 28 m de haut au lieu des 37 m prévus sur le plan initial. Le retable du maître-autel, les stalles, le buffet d'orgue et les vitraux des cinq grandes fenêtres de l'abside datent du 17e s. Dans le déambulatoire, remarquez les vitraux anciens.

Dans la chapelle immédiatement à droite de la chapelle axiale, le « **vitrail du Roi de France** », datant du 15e s., reproduit les traits du roi Charles VII (couronné et revêtu d'un manteau bleu fleurdelisé d'or) et de Louis, dauphin, futur Louis XI (représenté à genoux, vêtu comme un chevalier).

Sortez par la porte droite et contournez l'église ; extérieurement, la puissance des contreforts du chœur est révélatrice de l'ambition des projets, jamais menés à terme.

Prenez à gauche la rue de Metz, puis à droite la rue des Arts (piétonne).

★★ Musée des Augustins Plan I AB2

✆ 05 61 22 21 82 - www.augustins.org - ♿ - 10h-18h, merc. 10h-21h - 4 € (-18 ans gratuit) - gratuit 1er dim. du mois - possibilité de visite guidée (1h15).

Créé en 1793, peu de temps après le Louvre, il abrite d'exceptionnelles collections de peintures et de sculptures, du Moyen Âge au début du 20e s. Le musée est installé dans les anciens bâtiments du couvent des Augustins, de style gothique méridional (14e et 15e s.) : salle capitulaire, grand cloître et petit cloître. Le bâtiment ouest, qui borde la rue d'Alsace-Lorraine, fut construit au 19e s. selon un projet de Viollet-le-Duc, à l'emplacement de l'ancien réfectoire. Il accueille aujourd'hui l'admirable collection de sculptures romanes.

Sculptures gothiques (13e-15e s.) – Les galeries du grand cloître (14e s.) abritent une intéressante collection lapidaire paléochrétienne ainsi qu'une série de gargouilles gothiques issues de l'église des Cordeliers *(galerie sud)*. L'aile orientale rassemble la sacristie (belles consoles sculptées du 14e s.), la chapelle N.-D.-de-Pitié (14e s.) et la salle capitulaire. La chapelle N.-D.-de-Pitié est réservée au « cycle de Rieux », ensemble de sculptures d'une chapelle funéraire du 14e s. de Rieux. La salle capitulaire (fin 15e s.) conserve des œuvres du 15e s. dont la pietà des Récollets et la célèbre Notre-Dame-de-Grasse, aux souples et amples drapés et à l'attitude originale.

Peinture religieuse (14e-18e s.) – L'église conventuelle est caractéristique du gothique méridional avec son chevet à trois chapelles ouvrant directement sur une large nef unique, sans transept. Elle abrite des peintures religieuses des 15e, 16e et 17e s. (Le Pérugin, Rubens, Le Guerchin, Simon Vouet et Nicolas Tournier sont représentés, ainsi que Murillo) et quelques sculptures des 16e et 17e s.

★★★ Sculptures romanes (12e s.) – Abritée dans l'aile occidentale, rythmée de grands arcs en plein cintre, c'est la section à ne manquer sous aucun prétexte ! Les admirables chapiteaux historiés ou à décor végétal qui proviennent essentiellement du cloître de la basilique Saint-Sernin, du monastère Notre-Dame-de-la-Daurade et des bâtiments du chapitre de la cathédrale Saint-Étienne sont les pièces maîtresses du musée. Concentrez-vous sur les chapiteaux : l'histoire de Job (monastère de la Daurade), les Vierges sages et les Vierges folles de Saint-Étienne ou encore, du même endroit, la **mort de saint Jean-Baptiste** attribuée à Gilabertus, un des maîtres les plus importants de la sculpture romane.

Peinture française – À l'étage, les sculptures du 19e s. précèdent une curieuse galerie de peinture, dont le Salon rouge, avec ses tableaux accrochés très haut et semblant « jouer des coudes », évoque les musées d'antan : peintres toulousains, tels que J.-P. Laurens (1838-1921) ou H. Martin (1860-1943), tableaux de Corot, Gros, Courbet, Isabey, B. Constant ou encore Delacroix et quelques œuvres de la fin du 19e s. (Toulouse-Lautrec, Vuillard ou Manguin). Le Salon brun présente essentiellement la production toulousaine des 17e et 18e s. Enfin, le Salon vert rassemble des peintures françaises des 17e et 18e s., avec les inévitables P. de Champaigne, Largillière et Oudry, grands pourvoyeurs des musées des Beaux-Arts de province.

Une fois la visite du musée terminée, regagnez le cloître où ont été reconstitués les différents jardins des abbayes et monastères médiévaux. En prime, jolie vue sur le clocher et la nef de l'ancienne église des Augustins.

Place Saint-Georges Plan I B2
Cette place, bordée de cafés et de restaurants, est l'une des plus fréquentées de Toulouse. Elle fut longtemps le théâtre des exécutions capitales. Elle vit notamment périr le protestant Jean Calas.
Revenez dans la rue d'Alsace-Lorraine, puis tournez à gauche dans la rue de la Pomme que vous suivrez jusqu'à la place du Capitole.

AUTOUR DU JARDIN DES PLANTES

★★ Muséum d'histoire naturelle Plan I B3
05 67 73 84 84 - www.museum.toulouse.fr - ♿ - tlj sf lun. 10h-18h - fermé 1er janv., 1er mai, 15 août et 25 déc. - 6 € (-17 ans 4 €) - possibilité de visite guidée sur demande (1h30).
Superbe musée moderne, à la fois ludique et pédagogique, le Muséum ravira les petits et les plus grands, qui verront leur soif de savoir étanchée ! Sa réouverture en 2008, après dix ans de travaux, a été un événement majeur pour la ville. Situé dans le jardin des Plantes, au sud de l'allée Jules-Guesde qui marque la limite de la ville historique, ce musée expose d'importantes collections d'histoire naturelle, et plus particulièrement d'ornithologie, de préhistoire et d'ethnographie. Il compte 2,5 millions de pièces au total.
Le Grand Carré – *Accès libre.* L'arrivée dans le majestueux hall d'accueil du Muséum donne le ton, avec le squelette reconstitué d'un **Quetzalcoatlus**, le plus grand reptile volant connu – plus de 12 m d'envergure –, qui plane au-dessus d'un éléphant d'Asie naturalisé. L'exposition permanente s'articule autour de grands espaces, respectivement dédiés à la Terre, au vivant, à l'histoire de la vie à travers le temps, aux grandes fonctions du vivant et, enfin, aux expositions temporaires.
La Terre – Le premier espace, consacré à la Terre, fait voyager de l'infiniment petit (minéraux) à l'infiniment grand (le système solaire) et explique, à l'aide de nombreux écrans, toutes les forces à l'œuvre sur notre planète (activité sismique, volcanique, vent, eau...). Plusieurs surprises vous attendent, une plaque au sol se met par exemple à vibrer et reproduit les secousses d'un tremblement de terre. Plus perturbant, un film de quelques minutes déroule le mouvement des plaques terrestres à travers le temps, de la naissance de la Terre jusqu'à nos jours, et se poursuit au-delà de notre ère...
Le Vivant – On pénètre ensuite dans le monde du vivant. Suspendus au plafond, un squelette de baleine à fanons (authentique) et un calamar géant (faux, mais de taille réelle) dominent l'espace. Mais le **Mur des squelettes** est peut-être ce qui vous captivera le plus : dans la courbe en verre qui sert de façade au Muséum sont exposés des squelettes de toutes sortes. Ils ont la particularité d'être en situation de mouvement, ce qui leur donne une allure étonnamment vivante : vous verrez – ou essaierez de reconnaître, la tâche n'est parfois pas facile ! – un homme sur un cheval, un lion sautant sur une gazelle, un ours qui se gratte le dos, un chat essayant d'attraper un oiseau, etc. Les salles suivantes (l'« Ordre du vivant ») sont organisées par groupe d'espèces. Prenez le temps de lire les bornes sur le chemin lumineux pour comprendre les caractéristiques de chacun des groupes. Végétaux, insectes, papillons, coquillages, poissons, mammifères naturalisés (ours, hippopotame...) : toutes ces vitrines constituent de véritables tableaux, un pur plaisir pour les yeux.
La Vie dans le temps – La visite se poursuit à l'étage. Une fois gravi l'« Escalier du temps », le visiteur se retrouve propulsé 3,8 milliards d'années en arrière.

Chaque couloir correspond à une période donnée. Fossiles, vertébrés marins, squelettes de dinosaures puis de mammifères nous ramènent progressivement à notre histoire récente. La salle « Les Derniers Venus » nous rappelle – ou nous apprend – que l'homme n'est pas le dernier arrivé sur Terre...

Les besoins de l'homme – L'avant-dernière salle, où l'on déambule librement, est consacrée aux grandes fonctions du vivant : se déplacer, se nourrir, se protéger, s'informer et se reproduire. Elles sont illustrées par les collections d'ethnographie du Muséum. La dernière salle est réservée aux expositions temporaires. En 2014, l'ours y sera à l'honneur, exposition temporaire suivie par celle sur les bébés animaux.

Au second étage, vous trouverez les ateliers et le laboratoire dédiés aux enfants et aux familles, avec une programmation et des ateliers spécifiques. Une équipe d'animateurs passionnés vous y accueillera.

Après une visite aussi riche, vous aimerez peut-être prendre un bol d'air ? Longeant le grand arc vitré du Muséum, le **jardin botanique Henri-Gaussen** invite à découvrir les plantes réservées à l'usage de l'homme. Vous croiserez sans doute des paons sur votre route !

Au nord de la ville, le **site des Jardins du Muséum** (plan II B1) vient compléter les expositions du Muséum. Il se trouve au sein du parc de la Maourine, dans le quartier Borderouge. La visite commence sous une grande ombrière, et se poursuit par la découverte des « potagers du monde ».

Par le « sentier oublié », on accède à une roselière, plan d'eau couvert de roseaux où viennent nicher des oiseaux. Tout autour de l'étang de la Maourine, des affûts permettent d'observer la biodiversité des espèces. *Entrée avenue Maurice-Bourges-Mounaury, métro ligne B, arrêt Borderouge (15mn à pied ensuite), ou ligne de bus 36, arrêt Ségla.*

Jardins Plan I B3

Attenant au Muséum, le **jardin des Plantes**, conçu par Louis de Mondran, est un lieu de détente et de promenade où paradent quelques paons, mais aussi un lieu apprécié des enfants, regorgeant de jeux. Vous trouverez un peu plus au sud, vers l'extrémité des allées Frédéric Mistral, le **monument de la Résistance** (*05 61 14 80 40 - www.museeresistance31.fr - 05 61 14 80 40 - lun.-vend. 9h30-12h, 14h-18h, sam. 14h-18h - fermé dim. et j. fériés - gratuit*) ; un jeu de lentilles ne distribue la lumière du soleil dans la crypte que le 19 août, jour anniversaire de la libération de Toulouse. Diaporama.

LA CITÉ DES VIOLETTES

On raconte que c'est au 19e s. que la violette, originaire de Parme, arriva à Toulouse : elle aurait été rapportée par des soldats français à l'issue des guerres napoléoniennes en Italie. Aussitôt adoptée par les Toulousains, elle fit la fortune des fleuristes, des parfumeurs et des confiseurs (avec leurs fameuses violettes cristallisées). Au début du 20e s., on expédiait quelque 600 000 bouquets par an vers la capitale, l'Europe du Nord et même le Canada ! Malheureusement, les virus et les champignons eurent bientôt raison de cette délicate fleur hivernale. Depuis 1985, cependant, des chercheurs se sont mobilisés afin de sauver la petite fleur mauve. Cinq ans plus tard, ils sont parvenus à la cultiver *in vitro*. Les serres, au nord de Toulouse, sont désormais emplies du parfum si caractéristique de la violette, plantée de mai à juin, et qui est cueillie d'octobre à mars. Unique pour ses fleurs doubles et son bleu mauve, elle est redevenue l'emblème de la ville qui la fête chaque année en février.

Au 52 allée des Demoiselles, le **musée départemental de la Résistance et de la Déportation** *(✆ 05 61 14 80 40 - www.musee-resistance31.fr - ♿ - lun.-vend. 9h-12h, 13h30-17h30 - gratuit.)* relate les grands faits de la Résistance toulousaine et l'histoire de la Seconde Guerre mondiale. L'angle nord-ouest du jardin des Plantes est occupé par la faculté de médecine et de pharmacie. Une passerelle fleurie débouche sur le **Grand Rond**, bel espace planté, et permet d'atteindre le **Jardin royal**, qui abrite une statue de Saint-Exupéry, en compagnie de son personnage, le Petit Prince.

★ Musée Georges-Labit Plan II BC2

En bordure du canal du Midi, ✆ 05 61 53 48 25 - www.musees-midi-pyrenees.fr - ♿ - juin-sept. : tlj sf lun. 10h-18h ; janv.-mai : tlj sf lun. 10h-17h ; reste de l'année : se rens. - fermé j. fériés - 4 € - gratuit 1er dim. du mois et visite du jardin - possibilité de visite guidée (1h).

Le musée est installé dans la superbe villa mauresque où Georges Labit (1862-1899), collectionneur toulousain passionné par l'Asie, avait réuni les objets rapportés de ses voyages. Une muséographie aérée et un ensemble hétéroclite font de cet espace un musée unique, où l'esprit ne peut que vagabonder face à la variété des collections réunies par ce grand voyageur.

Au rez-de-chaussée, trois belles salles présentent des sculptures asiatiques et des poteries Qing. Armures de guerriers japonais, masques de théâtre nô ainsi qu'une belle collection d'estampes japonaises attendent les amoureux du pays du Soleil-Levant. Au sous-sol, vous aurez le choix entre peintures portatives et statuettes en cuivre ou en laiton du Tibet et du Népal, ou une belle collection d'antiquités égyptiennes : un sarcophage avec ses deux couvercles et la momie d'une femme, une multitude de répondants (petites statuettes représentant le défunt), des amulettes, une barque funéraire…

QUARTIER SAINT-CYPRIEN

★ Les Abattoirs (musée d'Art moderne et contemporain) Plan II B2

✆ 05 62 48 58 00 - www.lesabattoirs.org - merc.-vend. 10h-18h (jeu. 20h), w.-end 11h-19h - 7 € (-12 ans gratuit) - gratuit 1er dim. du mois.

Pas de cris d'animaux ici, juste les magnifiques bâtiments de brique qui servaient autrefois d'abattoirs, aujourd'hui réhabilités pour recevoir le fonds d'art moderne et contemporain (plus de 2 500 œuvres) qui manquait tant à la capitale occitane. Divers courants artistiques nés après la Seconde Guerre mondiale sont représentés : expressionnisme abstrait, art brut, art informel, Gutai, arte povera, Support/Surface, figuration libre, etc. Les artistes ? Entre Antoni Tàpies, Pierre Soulages, Simon Hantaï, Lucio Fontana, Jean Dubuffet, Robert Morris ou Richard Baquié (et tous ne sont pas cités !), notre cœur balance…

Au sous-sol, vous pourrez admirer le rideau de scène *La Dépouille du Minotaure en costume d'Arlequin (l'œuvre est exposée de manière ponctuelle, se rens. sur le site Internet ou par téléphone pour connaître les périodes durant lesquelles elle est visible)* peint par Picasso en 1936 pour la pièce de Romain Rolland *Le Quatorze Juillet*, au théâtre du Peuple. Pour la beauté des lieux et l'inspiration suscitée par tant d'œuvres admirables, un endroit des plus recommandables.

Faites une pause au restaurant-salon de thé **L'Hémicycle** dans Les Abattoirs.

Attenant aux Abattoirs, le **jardin Raymond-VI** s'étend jusqu'à la Garonne. Notez le rempart médiéval qui enceint le parc et constitue l'un des rares éléments des fortifications du 16e s. encore debout à Toulouse. La **passerelle Viguerie** permet de rejoindre l'hôtel-Dieu et offre une jolie vue sur la rive droite de la ville.

La prairie des Filtres.
J. Sierpinski / hemis.fr

1

Galerie du château d'eau Plan II B2 (D)

✆ 05 61 77 09 40 - www.galeriechateaudeau.org - ♿ - tlj sf lun. 13h-19h - fermé 1er janv., 1er Mai, 25 déc - 2,50 € (-18 ans gratuit).
Les amateurs de photographie doivent absolument traverser le pont Neuf pour visiter cette tour de brique de 1823 posée sur la rive gauche de la Garonne ! Cet ancien château d'eau, désaffecté en 1870, qui signalait la station de pompage alimentant autrefois les 90 fontaines publiques de la ville (l'ancien appareillage hydraulique avec ses deux roues à aubes est encore visible à l'intérieur), abrite depuis 1974 une galerie créée à l'instigation du photographe toulousain Jean Dieuzaide : remarquables expositions temporaires permettant de présenter le fonds et centre de documentation consacré à la photographie, des origines à nos jours.
Derrière le château d'eau, en bord de Garonne, se déploie la **prairie des Filtres**, vaste espace verdoyant planté de peupliers, de saulnes, et qui accueille de nombreux événements (festival Rio Loco, expositions...).

Hôtel-Dieu St-Jacques Plan II B2

Lieu de charité jusqu'au début du 15e s. avant de devenir hôpital, il recueil ait et nourrissait les pauvres, les pèlerins, les malades. En témoigne la remarquable **salle des Pèlerins**, immense, tout en boiseries, y compris le plafond. Aujourd'hui, il est classé par l'Unesco « Sur les chemins de Saint-Jacques-de-Compostelle ». Au-dessus de la porte menant à la chapelle, statue de saint-Jacques. Par le couloir au fond à gauche, on accède à la **salle des Colonnes**, qui tire son nom des colonnes de navire soutenant le plafond, où s'alignaient les lits des malades. L'aile Viguerie abrite deux musées.
Musée d'Histoire de la médecine de Toulouse – *✆ 05 61 77 84 25 - www.musee-medecine.com - ♿ - jeu.-vend., dim. 11h-17h ; j. fériés se rens. - gratuit.* C'est le plus grand et le plus ancien. Il comprend quatre salles dont l'ancienne pharmacie, avec ses mortiers, ses pots, ses balances... D'autres objets soulignent l'évolution des techniques et de l'enseignement médical dans les facultés toulousaines, aux côtés de portraits de bienfaiteurs ou d'illustres médecins.

TOULOUSE

plan II

SE LOGER

Athénée (Hôtel)............................ 5

Brienne (Hôtel de)........................ 7

SE RESTAURER

Copains d'abord (Les)................. 3

Peilharote (Au)............................ 6

Vélo sentimental (Le)................. 10

Galerie du château d'eau....... D

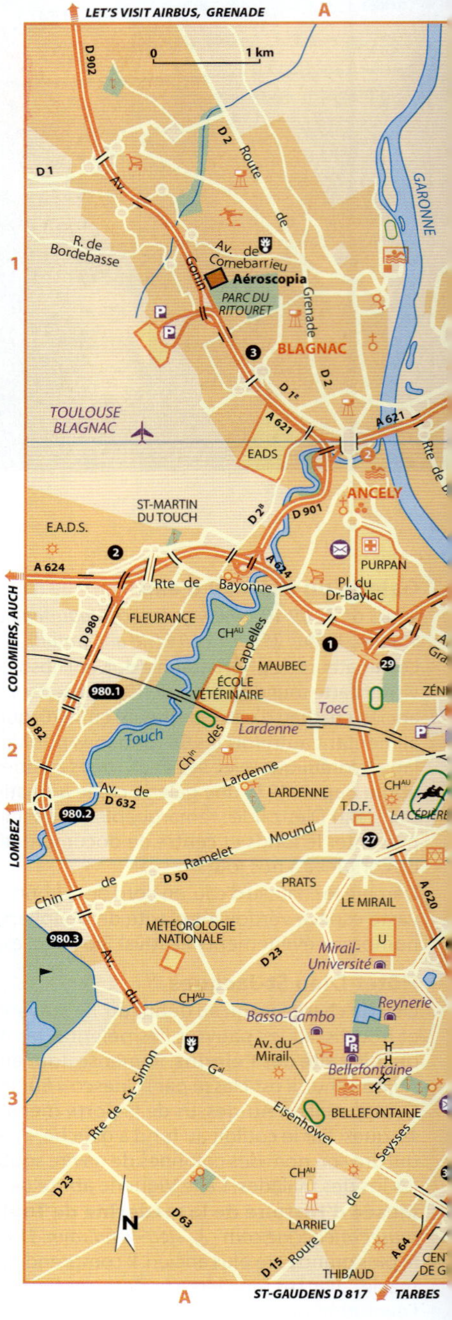

TOULOUSE

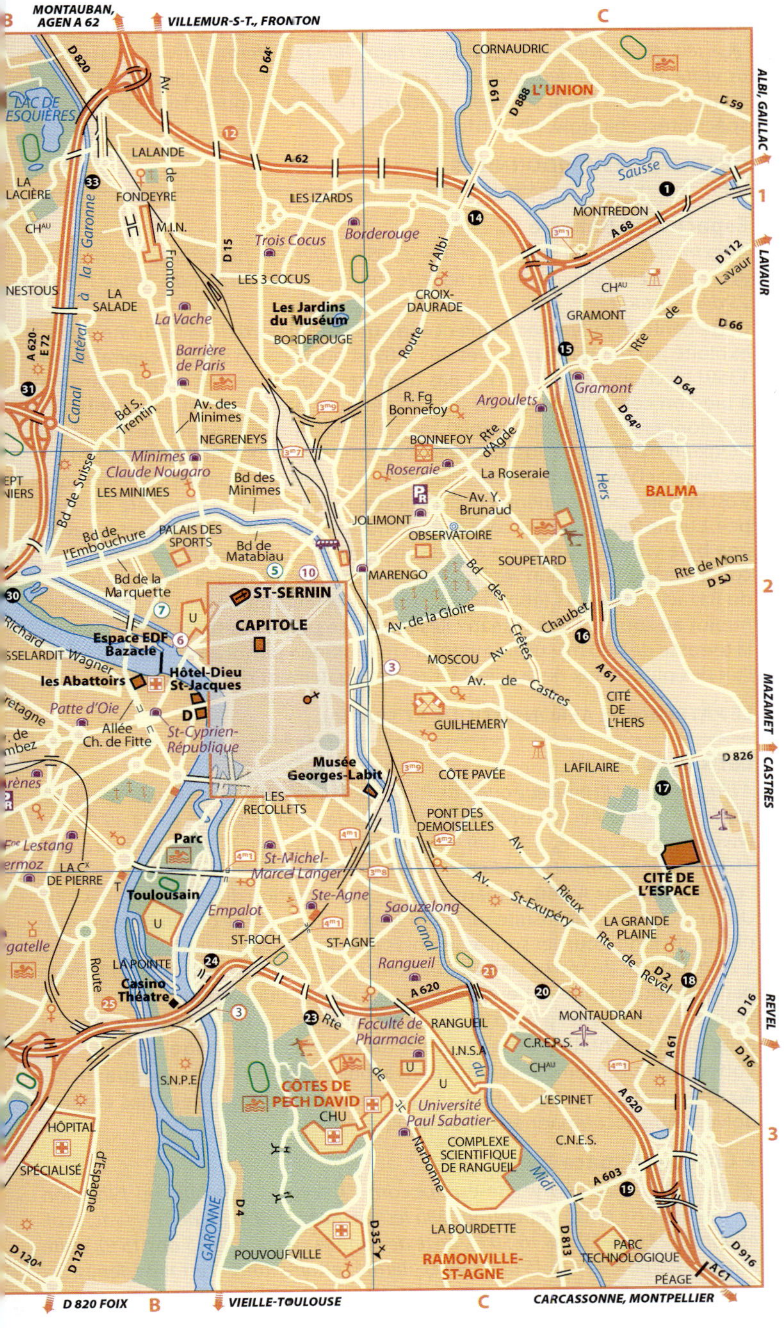
MONTAUBAN, AGEN A 62
VILLEMUR-S-T., FRONTON
ALBI, GAILLAC
LAVAUR
MAZAMET
CASTRES
REVEL
CARCASSONNE, MONTPELLIER
VIEILLE-TOULOUSE
D 820 FOIX
L'UNION
BALMA
CORNAUDRIC
MONTREDON
GRAMONT
LALANDE
FONDEYRE
LES IZARDS
Borderouge
Trois Cocus
LES 3 COCUS
Les Jardins du Muséum
BORDEROUGE
CROIX-DAURADE
LA SALADE
La Vache
Barrière de Paris
Minimes Claude Nougaro
LES MINIMES
NEGRENEYS
BONNEFOY
Roseraie
La Roseraie
Argoulets
Gramont
JOLIMONT
OBSERVATOIRE
SOUPETARD
MARENGO
ST-SERNIN
CAPITOLE
Espace EDF Bazacle
Hôtel-Dieu St-Jacques
les Abattoirs
Patte d'Oie
St-Cyprien-République
Musée Georges-Labit
MOSCOU
GUILHEMERY
CÔTE PAVÉE
LAFILAIRE
CITÉ DE L'HERS
CITÉ DE L'ESPACE
PONT DES DEMOISELLES
LES RECOLLETS
St-Michel-Marcel Langer
Ste-Agne
Empalot
Saouzelong
ST-ROCH
ST-AGNE
Rangueil
LA GRANDE PLAINE
MONTAUDRAN
Parc Toulousain
Casino Théatre
LA POINTE
Faculté de Pharmacie
RANGUEIL
I.N.S.A
C.R.E.P.S.
L'ESPINET
C.N.E.S.
CÔTES DE PECH DAVID
CHU
Université Paul Sabatier
COMPLEXE SCIENTIFIQUE DE RANGUEIL
HÔPITAL SPÉCIALISÉ
S.N.P.E.
LA BOURDETTE
PARC TECHNOLOGIQUE
PÉAGE
POUVOURVILLE
RAMONVILLE-ST-AGNE
GARONNE
LAC DE ESQUIÈRES
LA LACIÈRE
NESTOUS
LA C^X DE PIERRE
A 62
A 68
A 61
A 620
A 603
Canal latéral à la Garonne
Canal du Midi
Hers
Sausse

Musée des Instruments de médecine – 05 61 77 82 72 - *www.chu-toulouse.fr - ♿ - jeu. et vend. 13h-17h, 1er dim. du mois 10h-18h - fermé j. fériés - possibilité de visite guidée sur demande (2h) - gratuit.* Il présente une collection d'objets contemporains (de la seconde moitié du 19e s. à nos jours), issus de diverses spécialités : chirurgie, obstétrique…

QUARTIER DES AMIDONNIERS

Espace EDF Bazacle Plan II B2

À l'extrémité du quai St-Pierre, no 11 - 05 62 30 16 00 - http://bazacle.edf.com - ♿ - mai-oct. : tlj sf lun. 11h-19h ; reste de l'année : tlj sf lun. 11h-18h - fermé 1er mai, 25 déc. - gratuit.

Cette centrale hydroélectrique occupe un site au bord de la Garonne qui fut exploité par des moulins privés dès 1189 et organisé en société capitaliste en 1369 ! Le choix de ce site n'est pas un hasard : on traversait jadis la Garonne à pied en cet endroit, quand les eaux étaient basses. D'autres activités s'y développèrent : moulins à papier, tanneries, filatures, manufacture des tabacs (deuxième plus grosse usine de France au 19e s. avec un bâtiment aujourd'hui occupé par l'université, visible à deux pas). En 1889, une usine hydro-électrique y est installée pour alimenter l'éclairage des rues et l'activité meunière est stoppée. L'usine fonctionne encore aujourd'hui (on peut voir les machines à travers une baie vitrée). Une passe à poissons permet aux poissons migrateurs de continuer leur migration vers l'océan sans être bloqués par la chaussée (digue) du Bazacle, les petits (et les plus grands) se réjouiront de les voir à travers le hublot au sous-sol. Les oiseaux liés au fleuve peuvent être observés depuis la terrasse de 400 m² surplombant un magnifique **panorama★** sur Toulouse, l'un des plus beaux de la ville. Le site sert également de lieu d'exposition.

LE PATRIMOINE AÉRONAUTIQUE ET SPATIAL

Let's Visit Airbus Plan II A1 en direction

À Blagnac, dans la banlieue ouest de Toulouse. Rocade direction Blagnac Aéroport, sortie 4 - Village Aéroconstellation - R. Franz-Josef-Strauss - 05 34 39 42 00 - www.manatour.fr - ♿ - 9h-18h - fermé dim. et j. fériés - 13/22 € selon circuits - 11/18 € pour les enfants, étudiants, - 6 ans gratuit.

Le **circuit Airbus A 380** démarre par une présentation du programme A 380. Un bus vous conduit ensuite sur le site Jean-Luc-Lagardère où différents exemplaires du long-courrier sont assemblés et testés (postes « essais généraux »), à 20 m du sol. Pénétrez dans la maquette grandeur nature de l'A 380. Vue panoramique depuis le belvédère (par ascenseur uniquement).

Vous pourrez monter à bord du premier Concorde (no 1), de l'Airbus A 300B et avoir une présentation de la Caravelle dans le circuit **Heritage** (1h30).

Vous visiterez l'ensemble des sites dans le bus du **circuit Panoramique** (1h30).

Des visites pour les enfants de 6 à 12 ans sont organisées (les enfants doivent être accompagnés par un adulte).

★ Cité de l'Espace Plan II C2

05 67 22 23 24 - www.cite-espace.com - ♿ - 10h-17h ou 18h ou 19h selon les périodes (se rens.) - nocturnes 23h les jeu. de mi-juil. à fin août - - vac. scol. et ponts : 23 € (5-15 ans 16,50 €), reste de l'année : 20,50 € (5-15 ans 15 €), visite guidée : suppl. 4,90 € (5-15 ans 3,90 €) - fermé certains lun. et certains j. fériés. Six spectacles audiovisuels différents ; animations gratuites proposées (programme à l'accueil) ; boutique et restaurants sur place.

Billets à moitié prix 2h avant la fermeture du site.

De la « ligne » à l'Airbus

LA « LIGNE »

Rien ne semblait prédestiner Toulouse à cette vocation aérienne, et pourtant la ville prit de l'importance entre les deux guerres comme base de la « ligne », la première ligne aérienne régulière exploitée au départ de France, grâce aux efforts déployés par des industriels comme Latécoère, des organisateurs comme D. Daurat, des pilotes comme Mermoz, Saint-Exupéry ou Guillaumet… Le 25 décembre 1918 a lieu le premier vol d'étude sur le parcours Toulouse-Barcelone. Dès le 1er septembre 1919, on inaugure la première liaison postale entre la France et le Maroc. Les appareils de type militaire relient Toulouse-Montaudran à Rabat, avec escales à Barcelone, Alicante, Málaga et Tanger. Le 1er juin 1925, Dakar est atteint. Les « défricheurs » opèrent en Amérique du Sud, et le 12 mai 1930 est la date de la première traversée commerciale de l'Atlantique Sud par l'équipage Mermoz-Dabry-Gimié.

L'APRÈS-GUERRE : LES SUCCÈS D'UNE TECHNOLOGIE

Après la Seconde Guerre mondiale et le premier vol d'essai du Leduc 010, prototype des appareils à très haute vitesse (21 avril 1949), quatre grands projets ont contribué à relancer l'aéronautique française et européenne. Deux avions militaires (Transall et Breguet Atlantic) et deux civils (Caravelle et Concorde) permettent aux ingénieurs et bureaux d'études français d'affirmer leurs talents d'avionneurs, souvent en équipe avec leurs homologues anglais et allemands. Le 1er mai 1959 marque le premier vol de Caravelle, sur l'itinéraire Paris-Athènes-Istanbul, premier avion de transport commercial à réaction. Dix ans plus tard, le 2 mars 1969, le pilote d'essai André Turcat effectue le premier vol aux commandes de « Concorde 001 », premier supersonique de transport commercial. Indéniables succès technologiques, ces deux projets civils n'ont pas connu le développement industriel escompté. L'échec commercial et financier de Concorde servira de leçon pour Airbus. Le 1er janvier 1970 voit la création d'Aérospatiale, regroupement de Nord-Aviation, Sud-Aviation et Sereb.

LE SUCCÈS D'AIRBUS

Né de la volonté européenne (franco-anglaise tout d'abord, franco-allemande dès 1969 et espagnole à partir de 1987), Airbus Industrie est devenu en vingt ans le 2e constructeur aéronautique mondial, donnant ainsi au Vieux Continent le moyen de constituer, à partir d'un premier modèle réussi, l'A 300, une gamme complète d'avions de 150 à 330 places. Fruit de la ténacité de trois hommes, Roger Béteille, coordinateur des travaux du projet Airbus, Henri Ziegler, administrateur-gérant d'Airbus Industrie, et Franz-Joseph Strauss, président du conseil de surveillance, ce qui au départ ressemblait un peu à une aventure s'est transformé en industrie d'importance mondiale.

Au moment du développement de la famille Airbus, la collaboration franco-américaine entre la Snecma et General Electric a donné naissance, en 1981, au moteur CFM-56, l'un des moteurs d'avion les plus vendus au monde.

Airbus doit en partie son succès à une impressionnante série de progrès technologiques comme l'apparition des commandes de vol électriques, la mise au point d'une voilure aérodynamique très performante, etc. Le dernier-né des long-courriers, l'A 380 (555 passagers), est assemblé, comme les autres, dans l'usine toulousaine, renforçant la prééminence de l'aéronautique toulousaine.

Visible de loin grâce à sa fusée grandeur nature, la Cité de l'espace est un voyage dans une autre galaxie, à la fois musée et espace de jeux, où les plus curieux passeront avec plaisir une journée entière. Sa muséographie dynamique, interactive et moderne est parfaitement adaptée aux enfants comme aux plus grands, à la fois ludique et pédagogique.

Dans le pavillon des expositions permanentes, brillamment rénové en 2012, sept thèmes sont abordés. Au 2e étage, le **centre de lancement** vous donnera l'occasion d'apprendre comment les hommes, les fusées et satellites partent dans l'espace. Dans le Vaisseau Terre, à un niveau inférieur, on peut tester les multiples utilisations de l'espace pour les pêcheurs, infirmiers, agriculteurs, militaires, sauveteurs biologistes. À ce même niveau, vous découvrirez la météorologie sous tous ses angles dans le pôle Météo ainsi que le quai du système solaire qui permet une découverte originale des planètes, comètes et astéroïdes. N'y manquez pas la véritable pierre de lune ! Au rez-de-chaussée, découvrez comment les fusées satellites et les humains partent de l'espace dans le Centre de Lancement. Au niveau -1, le Hall d'entraînement accueille le **Moon Runner**, un simulateur de marche lunaire pour ressentir de vraies sensations spatiales, à tester ! C'est ici que se déroulent les expositions temporaires.

Par le hall d'accueil, on accède au **Stellarium** équipé d'un écran hémisphérique et d'un simulateur astronomique. Sur l'écran est projeté « Le Chasseur dans le ciel », un conte pour les 4-8 ans ainsi que « Astronaut » pour les plus de 7 ans.

Le parc est dominé par la maquette grandeur nature d'**Ariane 5** (53 m de haut), réplique de celle qui se trouve à Kourou en Guyane. On y voit également la composition d'un lanceur (divers moteurs). La base des enfants est aménagée sous la fusée. Dans ce lieu de jeux interactifs, les 6-12 ans deviennent tour à tour astronautes, ingénieurs et astronomes. Un peu plus loin est installé le square des petits astronautes pour s'entraîner à monter sur une fusée-toboggan, à partir en mission dans une station-cabane et même à conduire une Jeep sur la Lune.

Une allée mène à l'**Astralia**, le 6e continent, l'espace des spectacles en trois dimensions. Il comprend la salle Imax, dotée d'un écran haut comme un immeuble de 6 étages où vous chausserez vos lunettes 3D pour visionner « Hubble 3D », et le planétarium.

De l'autre côté du parc se déploie le Terr@dome, un hémisphère de 25 m de diamètre à l'intérieur duquel se déroule un jeu sur la vie dans les milieux extrêmes. À côté, vous pourrez grimper à bord de la célèbre **station Mir** : il s'agit de la station grandeur nature qui a servi de modèle d'essai à la véritable station spatiale, lancée en 1986 et détruite en 2001. La visite permet de se faire une idée de la vie et du travail des cosmonautes qui l'ont habitée.

Touch and go, visite des coulisses de l'aéroport

Aéroport de Toulouse-Blagnac - ✆ 06 08 67 72 84 - www.touchandgo.fr - visite guidée sur demande préalable (1h30) lun.-vend - pour les tarifs se rens.

Jean-Luc Perez a quitté l'Éducation nationale et transmet maintenant sa passion des avions et de leur monde. Il vous fera découvrir la vie quotidienne d'un aéroport et tous les métiers qui le font vivre : des pompiers effrayant les oiseaux sur les pistes aux mécaniciens et météorologues.

Aéroscopia Plan II A1

Ouverture prévue au printemps 2014 – r. Roger-Béteille à proximité du hall d'assemblage de l'A380, Jean-Luc Lagardère - www.aeroscopia-blagnac.fr.

Le projet d'un espace scientifique et d'exposition sur l'aéronautique à Blagnac court depuis près de 30 ans ! Aéroscopia sera un parcours de découverte présentant les grandes heures de l'aviation toulousaine, plus de 30 avions de ligne de légende (Concorde, Caravelle, Super Guppy, A300...), ainsi que des expositions sur les sciences et techniques aéronautiques. Tourné vers l'avenir et l'éducation, Aéroscopia permettra la transmission de savoir-faire, de technologies et de compétences en direction des jeunes et d'un large public.

À proximité Carte de microrégion p. 72

African Safari A1-2

À Plaisance-du-Touch, à 14 km au sud-ouest de Toulouse - 41 r. des Landes - 05 61 86 45 03 - www.zoo-africansafari.com - avr.-sept. : 9h30-19h30 ; reste de l'année : 10h-18h - 14,80 € (-10 ans 10,80 €).

Un safari vous tente ? La visite débute par un circuit en voiture au milieu des lions, zèbres et autres watusis aux cornes si imposantes… Le reste du zoo se découvre à pied. Au rendez-vous : félins, loups, mais aussi singes, kangourous, spectacle d'otaries… tous dans des enclos, bien entendu.

Muret A2

16 km au sud de Toulouse par la voie express.

Qui penserait que Muret fut la place forte d'où sortirent le 12 septembre 1213 les trois corps de bataille des croisés de Simon de Montfort en guerre contre Raimond VI de Toulouse et Pierre II d'Aragon. En quelques heures, le grand rêve d'un royaume méditerranéen sous la houlette du roi d'Aragon s'effondra et les troupes de Raimond VI furent balayées de la plaine.

Dans la chapelle du Rosaire de l'**église Saint-Jacques** (12e s., *bas-côté gauche*) où saint Dominique se serait retiré en prière au matin de la bataille de Muret, remarquez les voûtes de brique enrichies de belles clefs. Dehors, un soldat de pierre attend toujours l'issue de la bataille.

Deux monuments au bord de la route de Seysses (*D 12*), à 1 km au nord, commémorent cette bataille historique (inscriptions en occitan).

Musée Clément-Ader et les Grands Hommes – *6 bd Aristide-Briand - 05 61 51 91 40 - juil.-août : mar. 14h30-19h ; merc.-sam. 14h30-18h, dim. 15h-18h ; reste de l'année : mar.-sam. 14h-17h30 - fermé dim. hors sais. et lun., du 25 déc. au 1er Janv. - 2,50 €.* Installé en juin 2011 dans la maison de Vincent Auriol (1884-1966), le musée retrace l'histoire de Muret (salle archéologique) et rend hommage aux personnalités qui ont marqué la ville, comme l'aviateur Clément Ader (1841-1925). Natif de Muret, ce génial inventeur baptisa « avion » ses modèles successifs. Il construisit d'abord un drôle d'engin, l'*Éole*, qui, le 9 octobre 1890, se souleva du sol sur une cinquantaine de mètres, au grand étonnement de l'assistance. Plus tard, son *Avion III* fut balayé par le vent lors d'une séance d'essai, si bien que les pouvoirs publics cessèrent de financer ses recherches.

Parc Clément-Ader – À cheval sur la Louge, il est consacré aux pionniers de l'aviation et, en premier lieu, au souvenir de Clément Ader : une grande statue d'*Icare s'essayant au vol*, par Landowski, évoque le premier envol de l'*Éole*.

NOS ADRESSES À TOULOUSE

TRANSPORTS

Parking

Esquirol, Victor Hugo et Carmes – *www.vinciparks.com.* Les parkings du centre-ville sont très souvent pleins.

Tentez plutôt votre chance dans les parkings-relais, situés aux abords des lignes de métro.

Parkings-relais – *www.tisseo.fr - accès gratuit en présentant un ticket de transport en commun de retour (validé moins d'une heure avant votre retour au parking).*

1

Ligne A : Basso-Cambo, Arènes, Jolimont, Argoulets, Balma Gramont. **Ligne B** : Borderouge, La Vache, Ramonville. **Ligne T1** : Aéroconstellation.

Transports en commun

Transports urbains – *✆ 05 61 41 70 70 - www.tisseo.fr - voir plan dans 2e rabat de couverture - ticket 1,60 € l'unité ; 2 déplacements dans la journée 2,90 € ; pass Journée 5,50 € ; pass 2 jours 8,50 €.* L'agglomération toulousaine est dotée d'un large réseau de transports en commun : elle compte 83 lignes de bus, 2 lignes de métro (A et B) et 1 ligne de tram (T1, la 2e ligne T2 reliant l'aérogare au rond-point Jean-Maga doit ouvrir fin 2014). Un déplacement permet de voyager avec correspondances durant 60mn sur l'ensemble du réseau.

La **navette tisséo**, électrique et gratuite, dessert le cœur de Toulouse du lundi au samedi (pour la trouver, suivre la ligne rouge au sol).

Le **Pass tourisme So Toulouse** donne l'accès gratuit au réseau tisséo.

Aéroport

Aéroport Toulouse-Blagnac – *✆ 0 825 380 000 - www.toulouse.aeroport.fr - navette 5 €, correspondance avec le réseau Tisséo pendant 1h30 - départ ttes les 20mn.* La navette relie l'aéroport Toulouse-Blagnac au centre-ville.

PASS TOURISTIQUE

So Toulouse – *Voir p. 74.* Ce pass est destiné aux touristes, comme son nom l'indique.

VISITES

Office de tourisme – *✆ 0 892 180 180 - www.toulouse-tourisme.com.* Nombreuses visites guidées proposées, dont la **balade gourmande** (*2h, 12,50 €, dégustation incluse*) : parcours historique et gastronomique à travers les marchés toulousains ; **Toulous'famille** (*9 €, gratuit pour les - de 12 ans*) : programme ludique à suivre, carnet de route en main, pour résoudre les énigmes et faire quelques activités avec l'aide d'un guide.

Toulouse Greeters – *www.toulousegreeters.fr - comptez 2h.* Cette offre « non marchande » vous permettra de rencontrer, le temps d'une visite, un habitant de la ville qui vous fera bénévolement découvrir son quartier et vous initiera à la « vraie » vie toulousaine. Pensez à vous inscrire à l'avance !

VélôToulouse – *www.velo.toulouse.fr - 1,20 € pour 24h.* Aussi appelés « Vélouses », les vélos en borne comptent plus de 250 stations de location. Il suffit de vous rendre à une borne, muni d'une carte bancaire à puce.

Le Petit Train touristique – *✆ 06 83 28 14 00 - www.petittraintoulouse.com - juin-sept. : 10h30-12h, 13h45-17h30 - hors sais. : merc., w.-end, j. fériés et vac. scol. - 5,50 € (-12 ans 3 €).* Balade commentée (35mn) à travers le centre historique. Départ rue Lafayette (face à l'office de tourisme).

Toulouse by night – De nombreux sites et monuments sont éclairés la nuit (selon la période) : le pont Neuf, la basilique St-Sernin, le donjon du Capitole, la chaussée du Bazacle… Autant de joyaux qui se dévoilent sous un autre angle, d'autres couleurs, offrant au promeneur un somptueux tableau. Chaque semaine, en haute saison, une visite guidée « by night » est proposée par l'office de tourisme.

HÉBERGEMENT

PREMIER PRIX

Hôtel Boréal – plan I - *20 r. Caffarelli - M° Jean-Jaurès - ✆ 05 61 62 57 21 - www.hotel-toulouse-boreal.com - 24 ch. 59/95 € - ☕ 5/9 €.* Idéalement situé entre la gare et la place Wilson, cet hôtel a été entièrement rénové. Façade de briques roses, vaste hall à la décoration très contemporaine et, sur trois étages, des chambres d'ampleur variable, mais toujours confortables. Excellent rapport qualité prix et accueil sympathique.

Hôtel Castellane – plan I - *17 r. Castellane - ✆ 05 61 62 18 82 - www.castellanehotel.com - P - 53 ch. 60/120 € - ☕ 8,50 €.* Accueil sympathique dans cet hôtel ordonné autour d'un patio. Chambres simples et rénovées, parfois dotées de terrasses ; certaines conviennent particulièrement aux familles.

Hôtel St-Claire – plan I - *29 pl. N.-Bachelier - ✆ 05 34 40 58 88 - www.stclairehotel.fr - 16 ch. 65/109 € - ☕ 10 €.* À deux pas de la place Wilson, ce petit hôtel propose des chambres claires et reposantes. La décoration est inspirée du feng shui. Accueil très sympathique. Tarifs préférentiels à certaines dates (se renseigner). Bon petit-déjeuner-buffet.

Hôtel Albert 1er – plan I - *8 r. Rivals - ✆ 05 61 21 17 91 - www.hotel-albert1.com - 47 ch. 65/129 € - ☕ 7/13 €.* Adresse très pratique pour sillonner à pied la Ville rose. Préférez les chambres joliment relookées ; celles sur l'arrière sont plus calmes.

Hôtel de l'Ours Blanc-Centre – plan I - *14 pl. Victor-Hugo - ✆ 05 61 21 25 97 - www.hotel-oursblanc.com - 44 ch. 68/95 € - ☕ 9 €.* Emplacement privilégié pour cet hôtel proche des lieux les plus en vue. Petites chambres fonctionnelles climatisées, double vitrage efficace, entretien régulier…

BUDGET MOYEN

Hôtel Athénée – plan II - *13 bis r. Matabiau - ✆ 05 61 63 10 63 - www.hotel-toulouse-athenee.com - 35 ch. 81/126 € ☕.* Sobre bâtiment situé à 500 m de la basilique St-Sernin. Chambres fonctionnelles rehaussées de couleurs gaies. Pierres et briques habillent les murs du salon.

Hôtel de Brienne – plan II - *20 bd du Mar.-Leclerc - ✆ 05 61 23 60 60 - www.hoteldebrienne.com - 77 ch. 90/135 € - ☕ 6/12 €.* Une adresse entièrement rénovée en 2012, appréciée par la clientèle d'affaires : chambres colorées et impeccablement tenues, et nombreux espaces de travail et de détente (bar-bibliothèque, patio).

POUR SE FAIRE PLAISIR

Chambre d'hôte Les Loges de St-Sernin – plan I - *12 r. St-Bernard - M° Jeanne-d'Arc - ✆ 05 61 24 44 44 - www.leslogesdesaintsernin.com - 4 ch. 125/140 € ☕.* À deux pas de la basilique St-Sernin, cet immeuble en briques roses abrite au troisième étage quatre superbes chambres d'hôte. Décoration raffinée mariant à merveille l'ancien (cheminée en marbre, parquet) et le confort moderne (salle de bains design, luminaires). Une étape privilégiée en plein centre de Toulouse.

Hôtel des Beaux-Arts – plan I - *1 pl. du Pont-Neuf - ✆ 05 34 45 42 42 - www.hoteldesbeauxarts.com - ✕ - 19 ch. 115/255 € - ☕ 14 €.* Maison du 18e s. aménagée avec goût, aux chambres douillettes et raffinées. La plupart ont vue

1

sur la Garonne et la n° 42 possède un atout supplémentaire : une mini-terrasse.

UNE FOLIE

Hôtel Le Grand Balcon – plan I - *8 r. Romiguières - ✆ 05 34 25 44 09 - www.grandbalconhotel.com - 47 ch. 205/410 € - ☕ 18 €.* À deux pas du Capitole, cet hôtel légendaire, qui accueillit des aviateurs célèbres tels Saint-Exupéry ou Mermoz, sera pour vous un véritable havre de paix. Les différentes chambres et suites aménagées dans des styles variés – cosy, tendance… –, les salons, le bar et la salle de restaurant vous enchanteront par leur élégance.

RESTAURATION

Au **marché couvert** place Victor-Hugo (plan I, *fermé lun.*), vous trouverez à l'étage plusieurs restaurants qui servent une cuisine régionale réalisée avec les produits frais du marché. Bon rapport qualité-prix.

PREMIER PRIX

La Faim des Haricots – plan I - *3 r. du Puits-Vert - M° Esquirol - ✆ 05 61 22 49 25 - www.lafaimdesharicots.fr - formule déj. 13,50 € - 15,50 €.* Dans ce restaurant résolument végétarien, on ne vous servira ni cassoulet, ni foie gras. D'ailleurs, on ne vous servira pas mais, après avoir composé votre formule en piochant entre salades, tartes salées, soupes et desserts, vous irez vous servir vous-même, et à volonté, aux buffets correspondants… Rien de gastronomique, mais des plats simples, colorés et savoureux. Un peu bruyant, mais parfait pour une halte familiale, où chacun suit son appétit et ses envies.

Le Vélo sentimental – plan II - *12 bd Bonrepos – M° Marengo-SNCF - ✆ 05 34 42 92 51 - www.maisonduvelotoulouse.com - fermé dim. - 15/25 €.* Face à la gare, un endroit parfait pour déjeuner entre deux trains. Jardin et salle sympathique à l'étage : décoration alternative, ambiance « récup' » colorée. On vient pour l'emplacement, on apprécie pour la démarche (restaurant d'insertion) et on revient car on s'est régalés pour pas cher. Plats végétariens. À découvrir !

Les Délices de Saturnin – plan I - *21 pl. Saint-Sernin - M° Jeanne d'Arc - ✆ 05 31 15 03 68 - www.lesdelicesdesaturnin.fr - lun.-sam. 10h-19h, dim. 14h-19h - formule déj. 13 € - 16/30 €.* Idéalement situé au chevet de la basilique, ce salon de thé, à la fois chic et décontracté, propose une cuisine dans l'air du temps, qui lorgne volontiers du côté de l'Italie… ou de l'outre-Atlantique (délicieuses pâtisseries). Bel assortiment de thés et de sorbets.

Le Beaucoup – plan I - *9 pl. du Pont Neuf - M° Esquirol - ✆ 05 61 12 39 29 - 12h-00h - fermé lun.-mar. - formule déj. 11/13 € - 17/21 €.* Une petite carte fraîche, des grandes salades, des burgers et des plats du jour appétissants. Avec une grande terrasse ensoleillée, Le Beaucoup est une bonne adresse pour vos déjeuners. On recommande également les brunchs du dimanche !

Le Moaï – plan I - *35 allée Jules-Guesde (dans le Muséum) - M° Palais de justice - ✆ 05 34 31 67 85 - www.lemoai.com - 10h-18h. - 17/35 €.* Cuisine et saveurs en libre-service dans le restaurant du Muséum. Une cafétéria haut de gamme tenue par le chef Gérard Garrigues. Appelé Moaï en référence aux statues de l'île de Pâques, sa terrasse sur le jardin botanique est particulièrement appréciée aux beaux jours. Notez qu'on sert des menus enfants équilibrés.

Au Petit Bonheur – plan I - *20 r. des Filatiers - M° Carmes - ✆ 05 61 14 07 06 - fermé dim.-lun. - 18/22 €.* Un excellent accueil dans un cadre à la décoration simple et colorée. On apprécie la cuisine traditionnelle revisitée, à l'assortiment de goûts fins. La petite carte du jour est présentée sur ardoise. Adresse coup de cœur, à ne pas manquer !

Au Peilharote – plan II - *23 r. des Blanchers - ✆ 05 61 29 20 49 - http://peilharote.fr - fermé de mi-déc. à mi-janv. et lun. - formule déj. 12,90/13,90 € - 17,90/28 €.* Une adresse sympathique située dans une rue jalonnée de restaurants, très animée le soir. Jolie salle installée dans une cave voûtée en briques roses. La cuisine est essentiellement à base de produits régionaux.

Le Point d'Ogre – plan I - *7 r. des Paradoux – M° Carmes – ✆ 05 61 25 53 54 - www.lepointdogre.com - fermé dim. et lun. - formule déj. 11/13,50 € - 18/28€.* Louches et théières pendues au plafond et de nombreuses photos sur les murs : si la décoration est très sympa, l'accueil et le contenu de l'assiette le sont tout autant ! On goûte ici le patrimoine gastronomique du Sud-Ouest, tout un programme.

BUDGET MOYEN

Les Copains d'abord – plan II - *38 r. du pont Guilhemery - M° François Verdier - ✆ 05 62 47 39 99 - www.lescopains.fr - formule déj. 19 € - 29/40 €.* Trois salles agréables (hommage à Brassens, ambiance jardin avec un mur de brique et un toit de verre, ou style latino) pour une cuisine française et régionale fraîche, colorée et de qualité. En plus l'accueil est très sympathique : une bonne adresse !

Le Bon Vivre – plan I - *15 bis pl. Wilson - ✆ 05 61 23 07 17 - www.lebonvivre.com - réserv. conseillée - formule déj. 18/22 € -24/45 €.* Situé sur une place animée, ce restaurant convivial sert une cuisine gasconne délicieuse et inventive, élaborée en fonction des produits de saison. Le Bon Vivre et sa boutique, à côté, vous proposent également de déguster, à tout moment de la journée, les savoureuses glaces du maître artisan Philippe Faur.

La Braisière – plan I - *42 r. Pharaon – M° Carmes – ✆ 05 61 52 37 13 - www.labraisiere.fr - fermé dim. midi - 25/35 €.* Une institution toulousaine réputée pour une cuisine régionale, fine et toujours goûteuse. La spécialité du restaurant est la viande grillée au feu de bois (on conseille les magrets de canard entiers). Avec son accueil attentif, on recommande aussi cette adresse pour dîner.

7 Place St-Sernin – plan I - *7 pl. St-Sernin - ✆ 05 62 30 05 30 - www.7placesaintsernin.com - fermé 1er-15 août, 1 sem. en déc., sam. midi et dim. - formule déj. 19/23 € - 28/58 €.* Dans les murs d'une « Toulousaine » typique, restaurant aux flamboyantes couleurs, élégamment aménagé et égayé de toiles contemporaines. Plats au goût du jour.

POUR SE FAIRE PLAISIR

Le Genty-Magre – plan I - *3 r. Genty Magre - M° Esquirol - ✆ 05 61 21 38 60 - www.legentymagre.com - fermé dim. et lun. - formule déj. 14,50/19,50 € - 34/60 €.* Grande salle claire au rez-de-chaussée avec une large fenêtre s'ouvrant sur la rue. Dans une bâtisse toulousaine, en briques, cette adresse est l'un des meilleurs rapports qualité-prix de

Toulouse. Cuisine régionale fine et appréciable accord mets et vins. Plébiscité par les Toulousains.

J'Go – plan I - *16 pl. Victor-Hugo - ✆ 05 61 23 02 03 - www.lejgo.com - formule déj. 16/19 € - 33 €.* Un décor qui rend hommage à la région (nombreuses photos et affiches dédiées aux mondes du rugby et de la corrida), une cuisine du terroir évoluant avec les saisons et une ambiance conviviale… Une adresse prisée par les Toulousains, particulièrement animée à l'heure de l'apéritif.

Colombier – *14 r. Bayard - ✆ 05 61 62 40 05 - www.restaurant-lecolombier.com - fermé 2e quinz. août, 1 sem. à Noël, sam. midi, lun. midi, dim. et j. fériés - ♿ - formule déj. 19/23 € - 32/38 €.* À Toulouse, un pèlerinage culinaire passe forcément par le Colombier, véritable temple du cassoulet fondé en 1874. Belle salle à manger avec briques roses, galets de la Garonne, fresque à thème gargantuesque et mise en place soignée. Service souriant et décontracté.

L'Air de Famille – plan I - *20 pl. Victor Hugo - M° Jean Jaurès - ✆ 05 61 21 93 29 - www.lairdefamille-restaurant.com - fermé dim.-lun. - formule déj. 15/18 € - 35/40 €.* Petit restaurant avec cuisine ouverte. Carte renouvelée chaque jour à partir des produits du marché voisin. Ici le légume est roi et accompagne à plaisir viande et poisson. Belle cave toulousaine au sous-sol avec de petites alcôves, idéale pour les couples. En plus, l'accueil est très bon : ne manquez pas cette adresse !

Brasserie Flo - Les Beaux-Arts – plan I *-1 quai de la Daurade - ✆ 05 61 21 12 12 - www.brasserielesbeauxarts.com - 26,50/32,50 € et 40,50 € bc.* Les Toulousains apprécient l'ambiance et le décor rétro de cette brasserie des bords de la Garonne, jadis fréquentée par Ingres, Matisse et Bourdelle. Carte très variée.

PETITE PAUSE

Café du Musée Saint Raymond – plan I A1 - *Pl. Saint-Sernin - ✆ 05 61 22 31 44 - M° Jeanne d'Arc - 10h-18h.* Adorable café dans le petit jardin du musée (l'entrée au musée n'est pas nécessaire pour accéder au café). Un havre de calme et de verdure, à l'ombre de la basilique Saint-Sernin. Le (bon) café est à 1 € seulement !

Le café des artistes – plan I A2 - *13 pl. de la Daurade - M° Esquirol - ✆ 05 61 12 06 00 - lun.-sam. dès 8h, dim. dès 12h.* Sur la place de la Daurade fraîchement réaménagée, coup de cœur pour cette grande terrasse donnant directement sur le fleuve, dans une belle maison à colombage. L'endroit est parfait pour une pause après avoir arpenté les bords de la Garonne.

Bapz – plan I A2 - *13 r. de la Bourse - M° Esquirol – ✆ 05 61 23 06 63 - www.bapz.fr - 12h-19h – fermé dim. d'avr. à sept.* Réputé pour être l'un des meilleurs salons de thé de la ville ! Une desserte avec les pâtisseries du jour vous accueille et donne envie de tout goûter. Muffins, scones, tartes variées accompagnent un large choix de thés et plus de 20 déclinaisons de chocolat chaud. Le tout dans une sympathique décoration à l'esprit british. Possibilité de déjeuner de 12h à 14h30.

Maison Octave – plan I B1 - *11 allée Franklin-Roosevelt - ✆ 05 62 27 05 21 - www.octave.eu - 12h-20h30 (été 2h).* Une visite s'impose chez ce célèbre glacier toulousain qui met un point d'honneur à confectionner ses délices à partir de produits naturels de saison, sans colorants, stabilisateurs ni conservateurs: sorbets, crèmes glacées… Plus de trente parfums à déguster sur place ou à emporter pour fondre de plaisir.

Philippe Faur – plan I A2 - *51 r. des Filatiers - M° Esquirol - ✆ 05 62 73 11 89 - www.philippefaur.com - fermé dim.-lun.* Intérieur design et petite terrasse sur la belle place de la Trinité pour cet artisan glacier ariégeois. Sans édulcorants, conservateurs ni arômes artificiels, la force de cet artisan, c'est la nature. Crèmes glacées, sorbets « plein fruits » et associations inédites: laissez-vous tenter par le mélange réglisse-lait d'amande, un régal, testé et approuvé!

EN SOIRÉE

Capitole infos donne tous les renseignements concernant les spectacles et les manifestations culturelles *(voir aussi www.toulouse-tourisme.com et www.toulouse.fr).*

Au Père Louis – plan I A2 - *45 r. des Tourneurs - ✆ 05 61 21 33 45 - fermé août et dim.* Fondé en 1889 et classé Monument historique, ce bar à vins est une véritable institution. Le portrait du père Louis, fondateur de l'établissement, y trône en bonne place et son visage débonnaire orne les étiquettes des bouteilles. La dégustation se fait sur des tonneaux ventrus et, en soirée, un appétissant choix de tartines garnies est proposé pour combler les petits creux.

La Maison – plan I B1 - *9 r. Gabriel-Péri - ✆ 05 61 62 87 22 - 17h-2h.* Décor éclectique (fauteuils dépareillés, éclairage tamisé et cheminées), tapas et charcuteries accompagnent apéritifs et cocktails, plaisante ambiance musicale: une vraie maison pour noctambules.

Cinémathèque de Toulouse – plan I A1 - *69 r. du Taur - ✆ 05 62 30 30 10 - www.lacinemathequedetoulouse.com - fermé lun. et j. fériés.* Fondée en 1950 par Raymond Borde, cette cinémathèque propose, outre des expositions en entrée libre et une bibliothèque axée sur le cinéma, des rendez-vous réguliers de rencontre avec des professionnels tels que « Le métier du cinéma », des ciné-concerts (des musiciens jouent en direct sur un film muet), une programmation spéciale pour les enfants… Durant le mois de juillet, séances en plein air.

ACHATS

Rues commerçantes – Ce sont principalement les rues d'Alsace-Lorraine, Croix-Baragnon, St-Antoine-du-T., Boulbonne, des Arts et les zones piétonnes des rues St-Rome, des Filatiers, Baronie et de la Pomme. Un centre commercial, St-Georges, se dresse en plein centre-ville.

Boutique du Stade Toulousain – plan I A1 - *75 r. d'Alsace-Lorraine - ✆ 05 61 21 67 81 - www.stadetoulousain.fr - lun. 14h-19h, mar.-sam. 10h-19h.* La boutique officielle du Stade Toulousain propose gadgets, parfum et maillots aux couleurs du club.

Busquets – plan I A1 - *10 r. de Rémusat - ✆ 05 61 21 22 16 - www.maisonbusquets.fr - 9h45-12h45, 14h15-19h15 - fermé dim., lun. mat. et j. fériés.* Vins du Sud-Ouest, foie gras, cassoulet, confit et autres spécialités régionales sont en vente dans cette boutique fondée en 1919 et qui fera le bonheur des amateurs de bonne chère.

Chocolats Olivier – plan I B1 - *33 r.du Rempart-Matabiau - ✆ 05 61 23 21 87 - www.chocolatsolivier.com - lun. 14h-19h, mar.-sam. 9h30-13h, 14h-19h,* *dim. 9h30-12h30h (sf été).* Difficile de résister aux spécialités de ce maître chocolatier le plus ancien de France : capitouls (amandes enrobées de chocolat noir), Clémence Isaure (raisins à l'armagnac enrobés de chocolat noir), le Petit Béret (ganache au chocolat noir rehaussée d'écorces d'orange et de gingembre), mais aussi quelques créations originales : ganaches figue et miel, caramel et citron vert…

La Fleurée du Pastel – plan I A2 - *Hôtel Pierre-Delfau - 20 r. de la Bourse - ✆ 05 61 12 05 94 - www.bleu-de-lectoure.com - mar.-sam. 10h30-13h, 14h30-19h.* L'authentique pastel de Lectoure est décliné dans de nombreux produits.

La Maison de la violette – plan II B2 - *Canal du Midi, face au 3 bd Bonrepos - ✆ 05 61 99 01 30 - www.lamaisondelaviolette.fr - lun.-sam. et 9h30-12h30, 14h-19h - fermé 2e sem. de janv.* La violette de Toulouse est la vedette de cette boutique installée sur une péniche décorée dans les tons pastel. La patronne, très accueillante, vous fera partager sa passion pour cette jolie fleur et vous proposera ses produits dérivés : parfums, liqueurs, confiseries, cosmétiques…

Ombres Blanches – plan I A2 - *50 r. Gambetta - ✆ 05 34 45 53 33 - www.ombres-blanches.fr - ♿ - lun.-vend. 9h30-19h, sam. 10h-19h30.* La plus grande librairie de Toulouse propose régulièrement des rencontres et des débats avec des écrivains. Vastes rayons voyages, littérature, sciences humaines, beaux-arts, jeunesse… Café sur place.

Librairie Privat – plan I B2 - *14 r. des Arts - ✆ 05 61 12 64 20 - lun.-sam. : 10h-19h.* C'est une véritable institution toulousaine : livres régionaux de qualité et grand choix d'ouvrages dédiés aux sciences de la Terre et à la médecine, sans oublier le pôle « Loisirs-voyages ».

Marché campagnard – plan II B2. Il se tient autour de l'église St-Aubin le dimanche matin : c'est le rendez-vous des petits producteurs qui viennent vendre leurs fruits et légumes et leurs volailles. D'octobre à mars, place du Salin, on trouve volailles et foies gras le mercredi et le vendredi matin.

Marché biologique – plan I A2. Un marché biologique a lieu le mardi et le samedi matin place du Capitole.

Les Bouquinistes – Ils se réunissent le samedi place St-Étienne de 9h à 13h, le lun. place St-Cyprien de 8h à 18h et le jeudi place Arnaud-Bernard. Une brocante se tient les 1ers w.-ends du mois, allée Jules-Guesde.

ACTIVITÉS

Toulouse-Croisières - Le Capitole – plan I A2 - *Quai de la Daurade - ✆ 05 61 25 72 57 - www.toulouse-croisieres.com - mars-oct. : 10h30, 14h, 15h30 et 17h - durée 1h15 - 8 € (-14 ans 5 €) ; croisières nocturnes : juil.-août 21h15 - 5 € (-14 ans 3,50 €).* Pour une croisière commentée sur la Garonne ou sur le canal du Midi, embarquez à bord du bateau *Le Capitole*. Vous découvrirez le pont Neuf, le passage de l'écluse Saint-Pierre, les berges sauvages de l'île du Grand-Ramier, le canal de Brienne…

L'Occitania – plan II B2 - *Écluse Bayard, bd Bonrepos (face à la gare Matabiau) - ✆ 05 61 25 72 57 - www.toulouse-croisieres.com - du mar. soir au dim. midi sur réserv.* Croisières gastronomiques au fil de l'eau (canaux du Midi, de Brienne et de la Garonne).

Les Bateaux toulousains - Péniches Baladine – *05 61 80 22 26 - http://bateaux-toulousains.fr - visite guidée (1h10) mars-oct. : croisière « été Canal » (1h15) et croisière « été Garonne » (1h15) 10h50-19h15 ; juil.-août : croisière nocturne « cœur historique » (45mn) 10h50-22h - repas sur réserv - 8 € (enf. 4 €).*

Île du Ramier-Parc toulousain – plan II B2-3 - *0 892 18 01 80 - www.toulouse-tourisme.fr* - ♿. Aménagé sur une île de la Garonne, le Parc toulousain compte trois piscines de plein air et une piscine couverte, le Stadium, théâtre des exploits du Stade Toulousain, le Parc des expositions et le palais des congrès.

AGENDA

C'est de la danse contemporaine – *Fin janv. - déb. fév.* Tour d'horizon de la création contemporaine.

Fête de la violette – *Déb. fév. - 05 62 30 30 10.* Production, vente, exposition… Pour se familiariser avec la fleur emblème de la Ville rose !

Zoom arrière – *Déb. mars.* Organisé par la cinémathèque de Toulouse. Le cinéma d'antan à partir d'un thème qui change chaque année.

Festival Flamenco – *Mi-mars - 05 34 25 81 21 - www.festival-flamenco-toulouse.com.* La femme et le flamenco.

Printemps du rire – *Fin mars - déb. avr. - 05 62 21 23 24 - www.printemps-du-rire.com.* Un festival de l'humour.

Rencontres Cinémas d'Amérique latine – *Fin mars - déb. avr. - 05 61 32 98 83 - www.cinelatino.com.fr.*

Le Printemps de septembre – *Fin mai - fin juin - 05 61 14 23 51 - www.printempsdeseptembre.com.* Festival international de création contemporaine.

Festival Rio Loco – *Fin juin - 05 61 25 96 93 - www.rio-loco.org.* Les grands fleuves du monde s'invitent chez leur cousine la Garonne pour des concerts, échanges, fêtes et animations.

Siestes électroniques – *Fin juin - déb. juil. - www.les-siestes-electroniques.com.* Musiques nouvelles.

Festival Ravensare – *En juil. - www.festivalravensare.over-blog.com.* Danse contemporaine, concerts, expositions.

Festival Toulouse d'été – *Mi-juil. - mi-août - 05 62 27 60 60 - www.toulousedete.org.* Concerts de musique (tous styles) et spectacles de cirque à travers la ville (basilique St-Sernin, jardin Raymond-VI, hôtel d'Assézat, etc.).

Piano aux Jacobins – *En sept. - 05 61 22 40 05 - www.pianojacobins.com.*

Festival de Muret « Dehors les Arts » – *Dernier w.-end de sept. - www.mairie-muret.fr.* Il vise à encourager la création dans les domaines des arts de rue, de la poésie, de la musique, de l'artisanat d'art…

Festival Occitania – *Mi-sept. - fin oct. - http://festivaloccitania.com.* La création occitane actuelle.

Toulouse les Orgues – *1re quinz. d'oct. - 05 61 33 76 87 - www.toulouse-les-orgues.org.* Festival international.

Jazz sur son 31 – *En oct. - 05 34 45 05 92 - www.jazz31.com.* Ce festival du jazz permet d'entendre un large panel d'artistes.

Cinespaña – *En oct. - 05 61 73 00 48 - www.cinespagnol.com.* Hommage au cinéma espagnol.

Séquence court-métrage – *Fin nov. - déb. déc. - www.sequence-court.com.* Plus de 200 films de tous genres, de 35 pays différents.

Saint-Félix-Lauragais

1 336 Saint-Féliciens – Haute-Garonne (31)

NOS ADRESSES PAGE 114

S'INFORMER

Office de tourisme intercommunal – *Pl. Guillaume-de-Nogaret - 31540 St-Félix-Lauragais - 05 62 18 96 99 - www.auxsourcesducanaldumididu-midi.com - juil.-août: 9h30-12h30, 14h30-18h30; avr. et sept.: 10h-12h30, 14h30-18h; janv.-mars et oct.-déc.: 14h-17h30.*

SE REPÉRER

Carte de microrégion C2 (p. 72) – *carte Michelin Départements 343 J4.* À 10 km à l'ouest de Revel, non loin de Toulouse et du canal du Midi, Saint-Félix domine la riche plaine du Lauragais dont il fut la capitale.

ORGANISER SON TEMPS

Consacrez une bonne demi-journée à parcourir le pays du pastel.

Dans un site dominant la plaine du Lauragais, Saint-Félix est entré dans l'Histoire pour avoir été, en 1167, le siège du premier concile des cathares, au cours duquel ces derniers auraient organisé leur Église. Ce village fort sympathique abrite, à Pâques, la célèbre fête de la cocagne, où jongleurs, personnages en costumes d'époque et jeux traditionnels vous plongeront joyeusement plusieurs siècles en arrière.

Se promener

Le village s'ordonne autour d'une place de caractère, la place Guillaume-de-Nogaret, pourvue d'une halle surmontée d'un beffroi.

Château

Édifié au 10e s. puis agrandi et remanié, il est entouré d'une agréable promenade qui procure des vues étendues à l'est sur la Montagne Noire, au pied de laquelle s'étend Revel. Au nord, on distingue le clocher de Saint-Julia et le château perché de Montgey. On comprend pourquoi les révolutionnaires avaient rebaptisé Saint-Félix « Bellevue »!

Église

Cette collégiale date du début du 14e s.; sa voûte, incendiée, fut reconstruite au début du 17e s. On reconnaît à droite la sobre façade de la commanderie. Le puits creusé dans le mur *(à gauche du portail d'entrée de l'église)* serait aussi profond que le beau clocher de style toulousain est haut, soit 42 m. L'intérieur est intéressant, en particulier pour l'élégance de l'abside à sept pans, éclairée de fenêtres à remplage trilobé. La nef est surmontée d'une voûte en bois peinte, du 18e s. Dans la 3e chapelle à droite, belle Vierge à l'Enfant en bois polychrome, du 14e s. L'orgue est du 18e s.

Promenade

Non loin de l'église, un passage voûté conduit à la promenade du midi: vue à l'ouest sur un paisible paysage de collines et de cyprès.

Le clocher-mur de l'église de Saint-Julia.
F. Guiziou / hemis.fr

Circuits conseillés Carte de microrégion p. 72

LE PAYS DU PASTEL

Pour visualiser ce circuit de 80 km, reportez-vous à la carte de microrégion (p. 72) – comptez environ 2h. Quittez St-Félix au nord par la D 67.

Saint-Julia C2

Cette ancienne ville « libre » fortifiée conserve des remparts et une église au curieux clocher-mur.

Rejoignez au nord la D 1 que vous prenez à droite vers Montégut-Lauragais. Tournez tout de suite à gauche en direction de Puéchoursi. À la sortie du village, prenez à droite.

Montgey C2

La **forteresse médiévale** de Montgey (*05 63 75 75 81 - visite guidée (1h) sur réserv. - gratuit*) fut le cadre d'un des épisodes sanglants de la croisade des albigeois. Le comte de Foix y fit périr près de 6 000 croisés venus prêter main-forte à Simon de Montfort en 1211. En représailles, ce dernier fit raser la forteresse. Mais le château fut reconstruit et remanié aux 15e et 17e s. De la terrasse, vue sur les coteaux du Lauragais. À l'ouest du château, beau parc planté de cyprès.

Rejoignez Aguts au nord-ouest par la D 45, puis prenez la D 92 au nord-est jusqu'à Puylaurens. Sortez de Puylaurens par la N 126 à gauche, puis empruntez la D 12 à droite vers Magrin.

★ Château de Magrin - Musée du Pastel C1

05 63 70 63 82 - www.pastel-chateau-musee.com - juil.-sept. : 15h-18h ; reste de l'année : dim. et j. fériés 15h-18h - possibilité de visite guidée sur demande.

À l'écart du bourg, au sommet d'une butte, ce château (12e-16e s.) offre un splendide **panorama★** sur la Montagne Noire et les Pyrénées. Son musée

Artisanat et art

LA MUSIQUE À SAINT-FÉLIX-LAURAGAIS

Saint-Félix est la ville natale du compositeur **Déodat de Séverac** (1872-1921). Élève de Vincent d'Indy et de Magnard à la Schola cantorum de Paris, il fut profondément influencé par Debussy. Ses recueils *Le Chant de la Terre*, *En Languedoc* ou *En vacances* figurent parmi les chefs-d'œuvre de la musique pour piano du 20e s., tandis que ses mélodies évoquent avec sensibilité la beauté de la nature et de sa terre d'oc (*Flors d'Occitania*, 1913), au point que Debussy n'hésitait pas à dire de sa musique qu'elle « sentait bon » !

LE PASTEL

L'or bleu

Connu pour ses vertus médicinales depuis la plus haute Antiquité et encore utilisé de nos jours comme plante fourragère et mellifère, l'*Isatis tinctoria*, ou pastel, est la plante qui permet aux teinturiers d'obtenir toutes les nuances de bleu. Principalement cultivé sur le pourtour méditerranéen, le pastel atteignit une exceptionnelle densité de production dans un triangle ayant pour sommets Albi, Toulouse et Carcassonne. C'est au 14e s. que sa culture et son commerce connaissent un essor étonnant aux environs d'Albi. Le succès de l'expérience entraîne alors le développement de la production d'*Isatis* vers le sud, pour atteindre le Lauragais. Au 15e s., quelques riches Toulousains intensifient la culture du pastel dans leurs domaines en y ajoutant des moulins pastelliers permettant d'obtenir, à partir des feuilles broyées, une pâte *(pasta)* presque homogène qui, distribuée en piles et laissée en fermentation quelques jours, donnera les si précieuses cocagnes, coques de pastel. Celles-ci subissent un traitement complémentaire de quatre mois au terme duquel on obtient l'agranat de pastel, prêt pour l'exportation. De *coca*, « gâteau », « pain blanc », *cocanha* est le nom occitan du pain de pastel (cocagne). Toulouse, capitale financière, saisit l'importance de sa situation géographique entre les zones pastellières et les ports de l'Océan. Les Toulousains prirent le contrôle des productions teinturières locales tout d'abord, puis du commerce régional et européen. La richesse que le pastel procura fut jugée si fabuleuse que le nom « cocagne » a fini par désigner un pays imaginaire où tout prospère. Il est utilisé par les Languedociens, en interjection, pour exprimer leur satisfaction lorsque le sort est favorable. Mais l'âge d'or ne durera guère plus de soixante ans. Les guerres de Religion et l'apparition de l'indigo (ou teinture « des Indes ») entraîneront ce rapide déclin.

Vers le renouveau

Le pastel connaît aujourd'hui un regain d'intérêt, d'ordre scientifique, grâce aux recherches de l'École nationale de chimie de Toulouse, et agricole, avec 60 ha de pastel à nouveau cultivés dans le Lauragais. De nouveaux débouchés sont recherchés dans le domaine de la cosmétologie, tandis que l'on étudie la possibilité de réutiliser le bleu tiré du pastel pour la teinture des fils destinés au tissage de tapisseries.

GUILLAUME DE NOGARET
Légiste saint-félicien, chancelier de Philippe le Bel, il fut l'âme damnée du roi capétien et l'exécuteur de ses basses œuvres. Grand pourfendeur des templiers, il saisit les biens des juifs de Toulouse après leur expulsion (1309) et tenta de prendre en otage le pape Boniface VIII qui voulait excommunier le roi!

permet de découvrir la culture du pastel et les divers stades de fabrication du bleu. Provenant d'une vieille ferme du village d'Algans, le **moulin pastellier**, intégralement reconstitué, se compose d'une énorme meule de granit (1,40 m sur 0,40 m) d'un poids de 2 t, d'une poutre transversale en chêne massif reposant sur des axes de fer et de deux timons d'entraînement en bois. Une exposition est consacrée à l'empire des Wisigoths de Toulouse au 6e s. (reproduction de sculptures, bustes de souverains, orfèvrerie et médaillons). Le 1er étage est réservé aux « princes du pastel », avec les comtes de Toulouse et les marchands enrichis par le commerce du pastel qui leur offrit les moyens financiers de bâtir leurs palais. Sous verre sont disposées plante et cocagne. Au 2e étage, on peut voir le **séchoir** (18e s.), dont ne subsistent que quatre des huit grilles originelles sur lesquelles on empilait les coques de pastel séparées par des clayonnages. Chacune d'elles permettait de stocker près de 14 000 cocagnes d'un poids total de deux tonnes. Au même étage, une centaine de photographies retracent la restauration du château depuis 1971. Dans la salle audiovisuelle, au 3e étage, un film présente l'histoire du pastel et celle des seigneurs de Magrin.

Quittez le château à l'ouest pour rejoindre la D 130 au niveau d'Algans. À l'intersection avec la N 126, prenez à droite en direction de Toulouse, puis la D 20D sur la gauche.

1

Loubens-Lauragais C1

Charmant village fleuri adossé à un château.

Château – ✆ *05 61 83 12 08 - www.chateaudeloubens.com - juil.-août: 14h-20h - 6 € (-18 ans gratuit).* En le visitant, on plonge dans l'histoire de la famille de Loubens qui donna de grands serviteurs à l'État, dont Hugues de Loubens qui fut cardinal, prince et souverain de l'ordre de Malte. Son frère Jacques rebâtit le château, à la fin du 16e s. La façade, avec ses deux grosses tours en avancée, donne sur un paisible parc, labélisé « jardin remarquable ». À l'intérieur, attardez-vous dans la belle bibliothèque gothique et devant une suite de neuf tapisseries des Flandres (16e s.).

Rejoignez Caraman par la D 20D puis la D 11, suivez ensuite la D 25 vers Villefranche-de-Lauragais. Au bout de 8 km, prenez la D 2 à gauche.

Vaux C2

Ce village perché possède une église qui a gardé son clocher-mur à tourelles (1551). Le **château** *(ne se visite pas)* est en fait un hôtel particulier construit sur le modèle des hôtels toulousains, un édifice Renaissance (1550-1560) comme en témoignent ses nombreuses fenêtres à meneaux, parfois sculptées (*façade méridionale*), et sa porte armoriée surmontée d'un fronton triangulaire et entourée de claveaux vermiculés.

Prenez la D 72 au sud jusqu'à Mourvilles-Hautes, puis la D 79 à gauche.

Château de Montmaur C2

Visite extérieure. Ce château fut pris et repris par Simon de Montfort en 1211 et 1212, pillé par les protestants en 1577, reconstruit et remanié aux 16e et

17e s. Le corps de logis carré, en pierre, est flanqué de quatre tours rondes ; au centre se dresse le donjon. La courtine principale est percée d'une porte surmontée d'une bretèche sur mâchicoulis. Des meurtrières sont visibles sur les tours et les courtines. Des fenêtres à meneaux ont été aménagées au 16e s.
Revenez à St-Félix par la D 1117.

LA PLAINE DU LAURAGAIS

Pour visualiser ce circuit de 52 km qui longe le canal du Midi, de Toulouse au seuil de Narouze, voir « Canal du Midi » (page ci-contre). Reportez-vous à la carte du canal du Midi (p. 120) - comptez environ 2h.

NOS ADRESSES À SAINT-FÉLIX-LAURAGAIS

AGENDA

Festival Déodat de Séverac – *Juin-juil. - 05 62 18 96 99 (office de tourisme).* Musique de chambre, opéra, musiques occitanes et catalanes.

Fête historique de la cocagne – *En août - 05 62 18 96 99 (office de tourisme).* Concerts, cirque, jongleurs et défilés historiques, foire aux vieux métiers.

Marché potier – *3e w.-end de sept. - 05 62 18 96 99.*

Canal du Midi

★

Haute-Garonne (31)

NOS ADRESSES PAGE 122

S'INFORMER

Office du tourisme de Villefranche-de-Lauragais – *Pl. du Gén.-de-Gaulle - 31290 Villefranche-de-Lauragais - ✆ 05 61 27 20 94 - www.otville-franche31.fr - juil.-août : 9h-12h, 14h-18h ; reste de l'année : mar.-vend. 9h-12h, 14h-17h, sam. 9h-12h, 14h-16h.*

Site Internet – *www.canalmidi.com*. Réalisé bénévolement par un instituteur, il présente l'histoire du canal, agrémentée de nombreuses photos prises sur son parcours.

SE REPÉRER

Carte de microrégion B2-C2 (p. 72) – *carte Michelin Départements 343 H4-I4-J5-K5*. La partie du canal qui concerne ce guide est le tronçon qui, de Toulouse au seuil de Naurouze, serpente à travers la plaine du Lauragais. La partie plus à l'est est décrite dans *Le Guide Vert Roussillon-Pays cathare*.

À NE PAS MANQUER

Le seuil de Naurouze ; le musée et les jardins du Canal du Midi à Revel.

ORGANISER SON TEMPS

On peut découvrir le canal en voiture, mais si vous voulez capter la douceur de vivre de ses rives ou de son cours, suivez ses berges à pied ou à vélo ou, mieux encore, à bord d'une péniche.

1

Le canal joua longtemps un rôle important dans le transport des marchandises. Aujourd'hui, on l'aime surtout pour la beauté de ses berges et la tranquillité de son cours qui nous fait traverser de bout en bout le Languedoc, de Sète à Toulouse, de la Méditerranée au Lauragais. La qualité de ses ouvrages lui vaut d'être inscrit au Patrimoine mondial de l'humanité par l'Unesco. Suivre le canal, c'est goûter un rythme de vie hors du temps, parcourir de bucoliques paysages et découvrir des cités pleines d'histoire !

Circuit conseillé Carte du canal du Midi p. 120

LA PLAINE DU LAURAGAIS

Pour visualiser le circuit de 52 km de Toulouse au seuil de Naurouze, reportez-vous à la carte (p. 120) - comptez environ 2h. Quittez Toulouse par la D 813 au sud-est.

Ce circuit traverse la plaine du Lauragais, une région agricole fertile où l'on peut voir de belles constructions en brique. On y croise également des églises de style gothique toulousain à clocher-mur et des châteaux, témoins de l'époque faste où le pastel fit de cette contrée un « pays de cocagne ». Pour les plus

Le canal des Deux-Mers

Appelé Canal royal en Languedoc puis canal des Deux-Mers, il fut enfin baptisé canal du Midi en 1789. Il vit le jour grâce au courage et à la ténacité des quelque 12 000 ouvriers, femmes et enfants compris, qui, durant quatorze ans, furent durement mis à contribution pour le bâtir. La grandiose idée de relier l'Atlantique et la Méditerranée avait déjà été évoquée à l'époque romaine, puis sous François Ier, Henri IV et Richelieu. C'est finalement à **Pierre-Paul Riquet**, baron de Bonrepos (1604-1680) et fermier de la gabelle de Languedoc, qu'en revint le mérite.

L'ŒUVRE D'UN SEUL HOMME : PIERRE-PAUL RIQUET

Dans les projets de construction d'un canal « des Deux-Mers », le franchissement du **seuil de Naurouze** (alt. 194 m) était un obstacle insurmontable. En explorant le site dans tous ses détails, Riquet, homme de réflexion, trouva la solution : au seuil de Naurouze sourdait la fontaine de la Grave dont les eaux se séparaient immédiatement en deux ruisseaux coulant l'un vers l'ouest, l'autre vers l'est. Il suffisait donc d'accroître ce flot pour constituer un bief de partage suffisamment alimenté, permettant l'aménagement d'écluses sur l'un et l'autre versant. Riquet eut l'idée d'utiliser le réseau hydrographique de la Montagne Noire. Avec l'aide du fils d'un fontainier de Revel, il capta et amena les eaux de l'Alzeau, de la Bernassonne, du Lampy et du Sor par la rigole de la Montagne jusqu'au barrage de Saint-Ferréol, puis à Naurouze par la rigole de la Plaine. En 1662, il réussit à intéresser Colbert à son projet. L'autorisation fut accordée en 1666. Riquet engloutit dans cette œuvre gigantesque le tiers des dépenses des travaux, soit plus de 5 millions de livres, contractant les emprunts les plus onéreux, sacrifiant les dots destinées à ses filles. Épuisé, il meurt en 1680, six mois avant l'inauguration du canal. Rétablis dans leurs droits sous la Restauration, les représentants de la famille consentent en 1897 au rachat par l'État du canal, désormais administré sous le régime du service public.

L'HÉRITAGE ET L'AVENIR

Ouvrage pharaonique réalisé à une époque où s'intensifiaient les relations commerciales entre pays toulousain et Bas-Languedoc, le canal du Midi répondait à une préoccupation économique majeure. S'il a pleinement rempli, deux siècles durant, sa fonction de fret de marchandises, la concurrence d'autres moyens de transport, en particulier du rail, a eu raison de ses activités commerciales ; ses écluses, calculées à l'époque pour les navires de mer les plus courants en Méditerranée, n'admettent pas les bateaux de plus de 30 m de long. Le canal mesure 240 km de long, possède 63 écluses et draine 300 millions de m^3 d'eau par an. Encore au 19e s., il fallait huit jours pour aller d'Agde à Toulouse avec une barge de 120 t.

La modernisation du canal a commencé par la section Toulouse - Villefranche-de-Lauragais (43 km). Il est aujourd'hui presque exclusivement voué à la navigation de plaisance et fait les délices des promeneurs et cyclistes séduits par le charme de ses berges plantées de platanes, de ses nombreuses courbes serrées, de ses écluses aux bassins ovales, de son cours rétréci par de gracieux ponts de brique, et, plus spécifiquement sur le versant méditerranéen, de ses cyprès et de ses pins parasols. Les eaux du canal permettent également d'irriguer 40 000 ha de terres dans le Lauragais.

ABC DU CANAL

Le canal du Midi présente une véritable architecture constituée par le canal lui-même, mais également par tous les ouvrages construits autour, servant à son fonctionnement ou à son exploitation.

L'**alimentation en eau** est rassemblée loin du bief de partage par de petits canaux appelés **« rigoles »**. La rigole de la Montagne alimente le bassin de Saint-Ferréol d'où part la rigole de la Plaine qui se déverse dans le bief de partage du canal au seuil de Naurouze. Pour rassembler les eaux, on a d'abord créé des étangs artificiels, comme celui de Naurouze, puis des **réservoirs** contenus par des barrages en maçonnerie, comme celui de Saint-Ferréol, afin d'alimenter le canal durant la saison sèche.

Les **déversoirs** ou **épanchoirs** servent à évacuer le trop-plein d'eau du canal dû aux variations saisonnières ou encore à vider un bief, un bassin ou un réservoir pour le nettoyer, le réparer. L'épanchoir coupe parfois le chemin de halage ; on construit alors un pont à arcades au-dessus de l'épanchoir, comme on l'a fait pour celui de l'Argent-Double. Dans le système de l'épanchoir « à fond », l'eau excédentaire s'écoule par l'action d'une vanne, comme à Gailhousty ; les deux systèmes sont réunis dans l'épanchoir « à siphon » (Ventenac).

Pour franchir un ruisseau, le canal passe sur un aqueduc voûté. Pour franchir une rivière, on préfère utiliser un **pont-canal**, véritable pont enjambant la rivière. Le premier à être construit en Europe est le **pont-canal de Répudre** ; il en existe également au-dessus de la Cesse, du Fresquel ou de l'Orbiel. Grâce aux **souterrains**, le canal peut traverser une montagne ou une colline sans que son niveau soit élevé ; c'est le cas de la percée des Cammazes (ou voûte de Vauban), creusée dans la Montagne Noire et permettant à l'eau de la rigole de la Montagne de venir alimenter le bassin de Saint-Ferréol.

Tout au long du canal, les **écluses** ponctuent la vie du marinier comme du plaisancier. Elles permettent de passer d'un plan d'eau (bief) à un autre situé plus haut ou plus bas. Le bateau qui descend vers l'aval (on dit qu'il « avale ») entre dans l'écluse au sas rempli d'eau ; la porte amont se ferme et le bateau descend avec l'eau du sas qui s'écoule dans le bief inférieur ; la porte aval s'ouvre alors pour laisser passer le bateau. Les écluses du canal du Midi ont été construites en ellipse (elles sont ovales), forme qui offre une meilleure résistance à la poussée des terres. Pour monter ou descendre une forte pente, on créa des échelles d'écluses : celle de Saint-Roch, à la sortie de Castelnaudary, comporte quatre écluses, celle de Fonséranes huit. Sur chaque canal, les **maisons éclusières**, toutes identiques, sont des bâtisses rectangulaires comportant une ou deux pièces de plain-pied. Sur leur façade est apposée une plaque indiquant la distance qui sépare l'écluse amont de l'écluse aval.

Les **ports** servent à l'exploitation du canal. On les reconnaît par la présence d'un quai de pierre. Certains ne sont que des relais où l'on trouve le plus souvent une auberge (la « dînée ») avec des écuries pour les chevaux de halage, parfois un lavoir, une chapelle ou une glacière, comme c'est le cas au port du Somail. D'autres possèdent une cale de radoub, plan incliné à sec où l'on peut réparer la coque du bateau. Ces derniers ports, nécessitant plus de place, forment un véritable bassin, comme à Castelnaudary.

Les **plantations** apportent de l'ombrage au canal afin d'éviter l'évaporation de l'eau. On plante plus volontiers des arbres à croissance rapide : platanes, peupliers, pins maritimes. Aux abords des ouvrages les plus imposants, on a parfois créé de véritables promenades : ainsi, le bassin de Naurouze est planté d'essences diverses, arboretum très agréable à parcourir.

sportifs, cette portion du canal du Midi est dotée d'une piste cyclable balisée et bien aménagée.

Montgiscard

Bastide fondée par Alphonse de Poitiers, frère de Saint Louis, au 13e s. L'église gothique du 14e s. possède un clocher-mur en brique percé de six arcs en mitre et flanqué de deux tourelles, dû à Nicolas Bachelier, architecte de l'hôtel d'Assézat à Toulouse. Derrière l'église, côté parking, une curieuse maison est décorée sur toute sa largeur par une marquise en fer ouvragé.

Prenez la D 24 en direction du sud et de Montbrun-Lauragais.

Montbrun-Lauragais

Mairie - 05 61 81 91 77 - www.montbrun-lauragais.fr.

Le site offre un panorama remarquable sur la plaine du Lauragais et les Pyrénées. Au cœur du village se dresse un moulin à vent du 17e s. restauré et en état de marche. On peut le voir en activité et suivre la fabrication de la farine. *Juil.-août : jeu. 16h30-19h, dim. 15h-19h ; mai-juin et sept. : ouv. certains dim. : se renseigner auprès de la mairie.*

Revenez sur Montgiscard et descendez par la N 113 en direction d'Ayguesvives.

Écluse d'Ayguesvives

Elle est entourée des quelques constructions formant le hameau de Ticaille. En face de la maison éclusière se dresse un moulin datant de 1831.

Ayguesvives

Vous entrez dans le village par un portail monumental en brique, ouvrant sur une allée de platanes qui mène au château. Ce dernier, prolongé par un parc planté de grands arbres, fut construit durant la première moitié du 19e s. Sur la droite, l'église en brique à clocher-mur est de style gothique toulousain.

Montesquieu-Lauragais

Situé au sommet d'un coteau, le village conserve son château Renaissance en brique et pierre, agrandi au 19e s. et aujourd'hui occupé par la mairie. À sa gauche se trouve un autre château, édifié, lui, au 19e s. En face, l'église de brique est surmontée d'un clocher massif à deux tours carrées portant de faux mâchicoulis. Le porche qui la précède est un ajout du 19e s.

Négra

Ce petit port formait, du temps de Riquet, un relais comportant une auberge, des écuries, une glacière et une chapelle. Un petit pont en dos d'âne enjambe la Thésauque, ruisseau perpendiculaire au canal qui le traverse sur un aqueduc.

Footing sur les bords du canal du Midi.
Thieury / fotolia.com

Traversez le canal pour rejoindre Saint-Rome.
Vous passez devant la ferme de Bordeneuve, typiquement lauragaise : il s'agit d'un long bâtiment de plain-pied, prolongé par des granges ouvertes par de grandes arcades en plein cintre.

1

Saint-Rome

Un parc de buis taillés entoure un château d'esprit Renaissance, domaine du marquis de La Panouse construit au 19e s. Tout le village constitue un seul et même domaine agricole organisé, avec sa maison de maître entourée de bâtiments agricoles (granges, entrepôts, porcheries…) et d'habitations d'ouvriers. Les bâtiments furent construits dans le goût éclectique en vogue durant la seconde moitié du 19e s., époque où le pastiche était roi : influences arabe (arcs outrepassés et moucharabiehs), scandinave (balcon en bois ajouré), flamande (pignon à redents), baroque (fronton en arc brisé) sont visibles dans les pavillons. Tuiles vernissées et carreaux de céramique polychromes décorent cet ensemble insolite.
La D 97 franchit le canal pour rejoindre la D 16 et, à gauche, Gardouch. Descendez par la D 622 qui passe par l'agréable port de Gardouch. Après avoir traversé ce village, vous vous éloignez provisoirement du canal en poursuivant sur la D 622 jusqu'à Nailloux où vous prenez à gauche la direction de Montgeard.

Montgeard

Dans cette petite bastide rose et fleurie, on découvre maints témoignages de la piété populaire (oratoires, statues), notamment une **église** fortifiée qui fut achevée en 1561 par la construction d'une énorme tour carrée de façade à gargouilles et faux mâchicoulis, qu'un clocher-mur est venu couronner au 19e s. Remarquez le porche extérieur Renaissance avec sa voûte de brique compartimentée, aux clefs ornées de médaillons de pierre à personnages. En passant dans la travée sous la tour, admirez le pavement de galets de rivière aux motifs décoratifs, revêtement fréquent dans l'avant-pays pyrénéen. À l'intérieur, quatre albâtres du 16e s. : l'Assomption, sainte Catherine, le Couronnement de la Vierge et le Trône mystique.
Revenez à Gardouch et, de là, rejoignez Villefranche-de-Lauragais où vous empruntez au sud la N 113 vers Avignonet.

Avignonet-Lauragais

Pl. de la République - 31290 Avignonet-Lauragais - 05 61 81 63 67 - www.avignonet.lauragais.com - lun. et vend. 9h-12h, 14h-18h, mar.-jeu. 9h-12h, 14h-17h - fermé w.-end et j. fériés.

Lorsqu'on vient du pays toulousain, Avignonet marque une sorte de frontière : ici s'achève le royaume de la brique qui fait place à la pierre. Régulièrement ordonnée à flanc de pente, la cité, qui a conservé quelques vestiges de son enceinte, domine la plaine où courent le canal et la route nationale. La petite ville, qui connut la prospérité au 14e s. grâce au pastel, s'est aujourd'hui reconvertie dans l'agriculture.

Dans l'**église Notre-Dame-des-Miracles**, édifiée à partir de 1385 en grès appareillé, un tableau évoque le « massacre d'Avignonet » qui eut pour conséquence la prise du château de Montségur. Un messager de Raimond VII de Toulouse avait alors informé les Cathares occupant Montségur que les inquisiteurs (soutenus par le pouvoir royal) s'étaient établis à Avignonet pour y ouvrir un tribunal. Dans la nuit du 28 au 29 mai 1242, un « commando » pénètre dans le château (aujourd'hui disparu) et massacre les onze moines inquisiteurs. Ces exécutions devaient être le coup d'envoi du dernier sursaut du Languedoc contre la Couronne : en 1243, la paix de Lorris contraint tous les châteaux languedociens (hormis Montségur) à jurer fidélité au roi de France et à l'Église.
À Avignonet-Lauragais, prenez la D 80 en direction de Baraigne.

Aire de Port-Lauragais

Autoroute A 61 - 05 61 81 69 46 - www.affabuloscope.fr - pour les h se rens.
Cette aire de repos sur l'autoroute A 61, à mi-chemin entre Villefranche-de-Lauragais et Castelnaudary, occupe le site du Port-Lauragais. Au milieu du

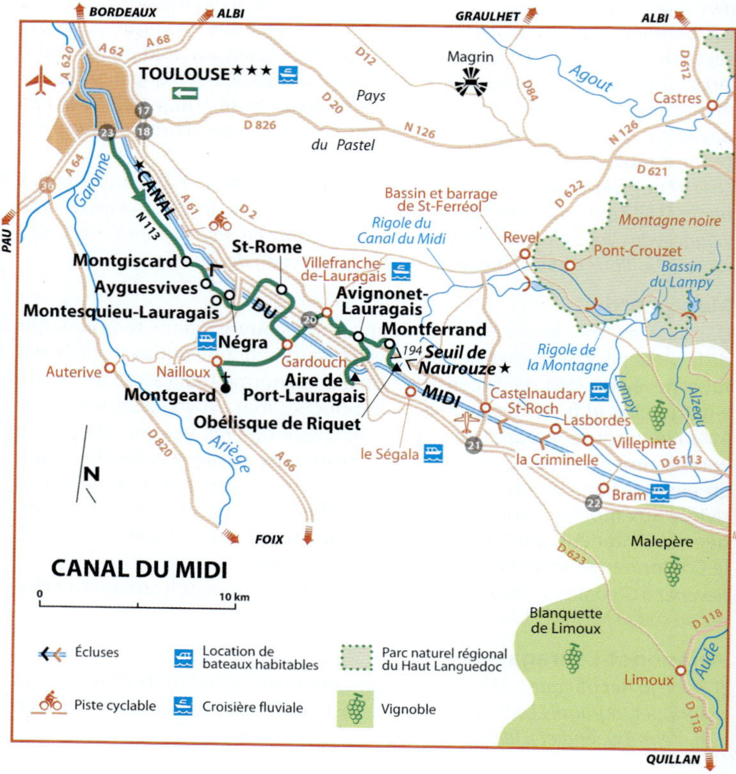

port, sur une presqu'île, un vaste bâtiment abrite un restaurant-cafétéria et un **point informations touristiques** (produits régionaux, artisanat, presse...).
Maison de la Haute-Garonne – ✆ *05 61 81 41 03 - www.tourisme.haute-garonne.fr - ♿ - juil.-août : 9h-19h ; mai-juin et sept. : 10h-18h - gratuit - jeux de piste pour les enfants (30mn) (pour les tarifs se rens.) - possibilité de visite guidée sur demande (30mn).*
Située sur le parking de l'autoroute, elle présente, sur une surface de 200 m², une exposition consacrée au canal du Midi et à son constructeur Pierre-Paul Riquet. L'histoire, la géographie, les activités, les paysages, l'architecture du canal sont évoqués par un ensemble de dispositifs scénographiques.
Revenez à Avignonet. À l'est, la N 113 mène à Montferrand.

Montferrand

Perché à 300 m d'altitude, Montferrand abrita une forteresse cathare qui tomba en 1211, et dont il ne reste qu'une porte fortifiée.
L'église **Notre-Dame**, désaffectée, possède un clocher-mur du 16ᵉ s. Un phare aéronautique a été installé au sommet du village en 1927. Il servait de signal aux appareils de l'Aéropostale sur les lignes Toulouse-Dakar et Toulouse-Santiago du Chili...
Descendez de Montferrand sur la N 113 que vous traversez vers Naurouze par la D 218.

Obélisque de Riquet

Laissez la voiture au parking situé près de l'obélisque.
Élevé en 1825 par les descendants de Riquet, il se dresse dans un enclos sur le socle naturel des « pierres de Naurouze », entre le col de Naurouze *(N 113)* et le canal. Selon la légende, quand les fissures qui strient les pierres de Naurouze viendront à se fermer, la société sombrera dans une débauche annonciatrice de la fin du monde. L'obélisque est entouré d'une double couronne de cèdres. Vue à l'ouest sur la butte de Montferrand.
Dirigez-vous à pied vers le seuil de Naurouze.

★ Seuil de Naurouze

C'est à cet endroit que les eaux captées dans la Montagne Noire viennent alimenter les deux versants, méditerranéen et atlantique, du canal du Midi. Riquet voulait créer une ville au seuil de Naurouze. Son projet n'a pas abouti et les constructions furent uniquement consacrées à l'entretien et à l'exploitation du canal.
Contournez le bassin à gauche.
Un agréable sentier ombragé fait le tour du bassin de décantation, de forme octogonale, creusé de 1669 à 1673. On voit successivement la station de pompage destinée à l'irrigation du Lauragais, l'épanchoir permettant d'évacuer le trop-plein du bassin vers le Fresquel, le **bief de partage** des eaux, l'écluse qui déverse l'eau de la rigole de la Montagne Noire dans le bief et enfin l'écluse de l'Océan (1671). Le bassin est entouré d'un **arboretum** planté de pins d'Alep, de micocouliers, d'érables sycomores, de cèdres de l'Atlas *(allée menant à l'écluse de l'Océan)*, de merisiers, etc.
Revenez au parking par une allée de platanes traversant le bassin.

NOS ADRESSES LE LONG DU CANAL DU MIDI

TRANSPORTS

Quand naviguer ? – De fin mars à fin oct. La pleine saison *(juil.-août)* engendre un certain nombre d'inconvénients : moins de bateaux à louer, circulation intense à certaines écluses, tarifs plus élevés, etc. En mai-juin, berges fleuries d'iris et de diverses plantes aquatiques ; en sept.-oct. (arrière-saison souvent magnifique), couleurs fauves assurées. Certaines écluses sont automatiques, d'autres encore manuelles, ce qui permet de faire un brin de causette avec l'éclusier (passage 15mn).

Louer un bateau – *Voir les coordonnées des loueurs de bateaux habitables dans le chapitre « Sur place de A à Z » (p. 17).* Il s'agit de bateaux sans permis ; une initiation est proposée par les loueurs avant le départ. Vitesse maxi : 6 km/h.
On peut louer à la semaine ou au w.-end, pour un aller simple (si le loueur a plusieurs bases sur le parcours) ou pour un aller-retour. Réservez à l'avance à la base d'où vous souhaitez partir.

À emporter sur le bateau – Des chaussures antidérapantes, une lampe de poche pour retrouver son bateau lorsque l'on rentre tard le soir à bord.
Les **vélos** sont conseillés pour se déplacer de temps en temps hors du canal (location chez certains loueurs). Munissez-vous de cartes nautiques et cartes-guides, vendues par les loueurs de bateaux ou aux adresses suivantes :

Éditions Grafocarte-Lavigne – *125 r. Jean-Jacques-Rousseau - 92130 Issy-les-Moulineaux - ☏ 01 41 09 19 00.*

Éditions du Plaisancier – *43 porte du Grand-Lyon - 01700 Neyron - ☏ 04 72 01 58 68 - www.cordes-vagnon.fr.*

HÉBERGEMENT

BUDGET MOYEN

Ferme-auberge Pagnard – *31560 St-Léon - ☏ 05 61 81 92 21 ou 06 63 65 72 86 - fermé déc.-janv. - ⊭ - 5 ch. 55 € ☕ - repas 12/20 €.* Cette ferme-auberge du 18e s., plantée au milieu des collines du Lauragais, fera le bonheur des amateurs de tranquillité. Ses chambres, vastes, sont dotées de meubles de famille d'époques variées. La table régionale est basée sur les produits fermiers.

Chambre d'hôte Bigot – *Lieu-dit « Bigot » - 31450 Montesquieu-Lauragais - ☏ 05 61 27 02 83 - http://hotebigot.chez-alice.fr - P - ⊭ - 5 ch. 70/90 € ☕ - repas 22 €.* Au bout d'une allée bordée d'arbres centenaires, cette grande ferme du 17e s. abrite, derrière ses murs en terre crue, ses piliers et arceaux en brique rouge typiques du Lauragais, 5 chambres confortables, garnies de beaux meubles anciens. Coin cuisine à disposition dans une superbe étable convertie en salle d'accueil. Vaste terrasse couverte avec poutres apparentes.

POUR SE FAIRE PLAISIR

Chambre d'hôte « Maison Joséphine » – *1 r. des Écoles - 31290 Villenouvelle - ☏ 05 34 66 20 13 - www.maisonjosephine.org - ⊭ - 4 ch. 84 € ☕ - repas 25 €.*
Dans une petite rue au cœur du village, cette maison de maître du 18e s. entourée d'un espace verdoyant, compte 4 chambres alliant personnalité et bon goût.

On appréciera une petite pause dans le salon de détente ou dans la salle de billard. Table d'hôte régionale, avec quelques produits d'Irlande et de Normandie.

Chambre d'hôte La Pradasse – *39 chemin de Toulouse - 31450 Ayguesvives - ✆ 05 61 81 55 96 - www.lapradasse.com - 5 ch. 99/109 € - 9 €* ☕. Cette grange superbement restaurée abrite des chambres qui rivalisent de charme dans leur décor en brique, bois et fer forgé conçu par les propriétaires. Délicieux parc avec étang.

RESTAURATION

BUDGET MOYEN

Auberge du Pastel – *Rte de Villefranche - 31560 Nailloux - ✆ 05 61 81 46 61 - www.hotel-restaurant-pastel.com - fermé dim. soir et lun. nov.-mars -* 🅿 *- formule déj. 12,50/16 € - 28 € - 52 ch. 55 € -* ☕ *8 €.* Situation dominante pour cet hôtel-restaurant du Lauragais, qui propose une cuisine régionale. La grande salle à manger comme la terrasse donnent sur la piscine et offrent une jolie vue sur la campagne environnante. Chambres toutes simples, rénovées et fonctionnelles.

L'Écluse de Castanet – *Ch. d'Augustin (au niveau de l'écluse) - 31320 Castanet-Tolosan - ✆ 05 61 81 51 67 – www.l-ecluse-de-castanet.fr - fermé dim. soir - 27/30 €.* Petite halte agréable dans l'ancienne maison éclusière du 19e s. (classée au Patrimoine mondial de l'Unesco). On se régale de spécialités régionales dans un cadre idyllique : en terrasse au bord du canal du Midi. Remarquez à l'intérieur les plans datant de la création de l'écluse. Réservation recommandée.

ACTIVITÉS

De Toulouse à Port-Lauragais, vous pourrez emprunter le chemin de halage sur un parcours de 49 km aménagé pour les piétons et les cyclistes. Les itinéraires cyclables, le long du canal du Midi, sont téléchargeables sur *http://tourisme.haute-garonne.fr.*

Aire de Port-Lauragais – *✆ 06 03 48 23 06 (capitainerie).* En été, on peut y pratiquer la voile, l'aviron, le canoë-kayak et l'escrime.

Bateau « Lucie » - promenade en barge – *Port-Lauragais - 31290 Avignonet-Lauragais - ✆ 04 68 60 15 98 ou 06 88 12 92 24 - www.bateaulucie.com -* ♿ *- avr.-sept. : 8h-19h - promenade « pique-nique », durée 2h30, 10 € (enf. -12ans 7 €) ; promenade « avec l'ânesse », durée 1h15, 9 € (enf. -12 ans 7 €).* Promenade en barge, dont une avec traction par âne, sur le canal du Midi, au départ de l'aire de Port-Lauragais.

AGENDA

Festival Convivencia – *Mi-juin - mi-août - ✆ 05 62 19 06 06 - www.festivalconvivencia.com.* Ce festival itinérant suit le canal du Midi. Escales musicales où l'on peut danser et écouter des musiciens languedociens, gascons et méditerranéens.

Canal de Garonne

Haute-Garonne (31)

NOS ADRESSES PAGE 128

S'INFORMER

Office de tourisme Save et Garonne – *38 r. Victor Hugo - 31330 Grenade-sur-Garonne - 05 61 82 93 85 - www.tourisme-grenade.fr - juin-sept : lun.-sam. 9h-12h30, 14h-18h30 (dim. 14h30-18h30) ; oct.-mai : lun.-sam. 9h-12h30, 14h-17h30, fermé le dim.*

Sites Internet – Sur www.canaldegaronne.com, histoire du canal, photos et liste des écluses. Le site www.canal-et-voie-verte.com donne de nombreux détails pratiques pour suivre le canal en bateau ou à vélo.

SE REPÉRER

Carte de microrégion AB1 (p. 72) – *carte Michelin Départements 343 F2-F3-G2.* La partie du canal qui concerne ce guide est le tronçon suivant le cours de la Garonne, de Toulouse aux vignobles de Fronton.

À NE PAS MANQUER

Le château de Larra ; la bastide de Grenade.

ORGANISER SON TEMPS

Embarquez à bord d'une péniche ou suivez le cours du canal à vélo le long de la voie verte, elle vous permettra de remonter tranquillement le cours de la Garonne.

AVEC LES ENFANTS

Le labyrinthe de Merville ; le Ramier de Bigorre ; l'Animaparc.

Long de 193 km, le canal de Garonne s'étend au nord-ouest, de Toulouse à Castets-en-Dorthe, et s'écoule en direction de l'Atlantique. Il traverse, en lisière des pays du Frontonnois et de Lomagne, une région pittoresque riche en vignes et vergers. La voie verte aménagée le long du canal permet de suivre le cours du canal à vélo, et de découvrir les villages de brique orange qui tranchent avec le vert des plaines et des forêts du pays tolosan.

Circuit conseillé Carte du canal de Garonne ci-contre

ENTRE SAVE ET GARONNE

Pour visualiser le circuit de 60 km au départ de Grenade, reportez-vous à la carte ci-contre - comptez environ 1h30.

Ce parcours traverse les paysages paisibles de Save et Garonne, parsemés de beaux pigeonniers, éléments architecturaux typiques de la région.

Grenade

Office de tourisme Save et Garonne - 38 r. Victor Hugo - 05 61 82 93 85 - http://tourisme-grenade.fr

Bastide fondée en 1290 par Eustache de Beaumarchès et l'abbaye de Grandselve au confluent de la Garonne et de la Save. Le toit de la halle (14e s.)

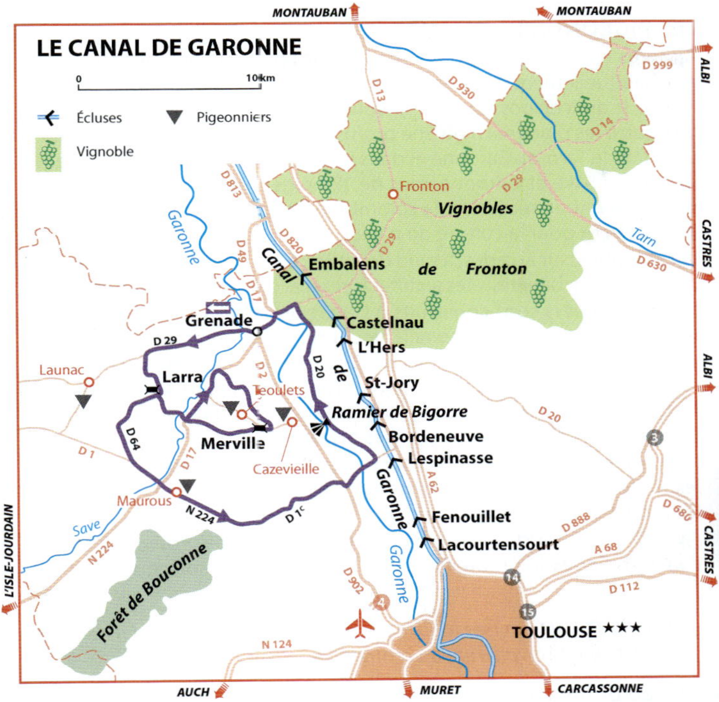

est soutenu par des piliers massifs et rapprochés. On s'arrêtera à Grenade par gourmandise (ses vergers sont réputés) ou pour visiter son église (14e-15e s.), majestueux édifice de l'école gothique toulousaine, remarquable par l'ordonnance régulière de ses trois nefs et son clocher de brique, haut de 47 m, inspiré de celui des Jacobins de Toulouse.

Ancien couvent des Ursulines – *℘ 05 67 4 64 80 - http://lesursulines.free.fr - visite guidée de déb. juil. à déb. sept. (sf sam.) : 9h-14h - 5 € (-12 ans gratuit).* Cet ancien couvent (17e s.), remanié au 19e s., fut l'un des principaux édifices religieux de la bastide où les religieuses assuraient l'éducation des jeunes filles. La restauration permet de voir les beaux plafonds peints.

Quittez Grenade par la D 87, puis la D 64 B (route de Larra).

Château de Larra

℘ 05 61 82 62 51 - http://chateau.larra.online.fr - ♿ - visite guidée (30mn) juin-sept. : jeu., dim., j. fériés 15h-18h ; de mi-oct. à mi-nov. : w.-end et j. fériés 15h-18h ; reste de l'année : se rens. - 5 € (-12 ans gratuit).

Cette grande demeure en brique et de plan carré fut construite au 18e s. par Guillaume Cammas, architecte de la façade du Capitole à Toulouse. La façade principale s'ouvre sur un vaste hall et un escalier à rampe en fer forgé réalisé par Bernard Ortet. Toutes les pièces portent de beaux stucs blancs ou peints en couleur. Le salon, dont chaque dessus-de-porte est orné de copies des *Fêtes galantes* de Boucher, donne sur le jardin agrémenté d'un parterre de buis en forme de fleur de lys et de quatre fontaines. Un grand parc de 15 ha aux allées bordées de buis centenaires prolonge le château.

LES PIGEONNIERS DU MIDI

Apparus en France à l'époque romaine, les pigeonniers sont au Moyen-Âge habituellement l'apanage des seigneurs. Cependant, dans le sud de la France, le droit de posséder un pigeonnier s'étendait à tous ceux en mesure de nourrir les pigeons : d'où une profusion de ces petits bijoux d'architecture dans le Tarn-et-Garonne et dans les régions avoisinantes : on recense, rien qu'en Save et Garonne, plus de 180 pigeonniers. Ces constructions permettaient de récupérer la colombine, l'engrais de pigeon qui servait de fertilisant pour la culture du pastel.

Sur colonnes, sur arcades, à pied de mulet, à tour cylindrique ou carrée, à coupole ou en bâtière... les architectures des colombiers sont très variées. Les pigeonniers sont construits à l'écart des arbres et à l'abri du vent, dans un endroit sec et ensoleillé : leur entrée est généralement tournée vers le sud ou vers l'est. On retrouve souvent des randières, ces ceintures de carreaux vernissés, empêchant les rongeurs et autres prédateurs terrestres d'évoluer le long du pigeonnier ; et, au sommet, un clocheton, ou une lucarne, permettant l'envol des oiseaux.

Les pigeonniers sont aujourd'hui privés. On peut les apercevoir depuis les routes ; des aires de stationnement ont été aménagées çà et là pour les rendre accessibles aux curieux...

L'office du tourisme de Save et Garonne à Grenade propose des visites commentées de la « route des pigeonniers ». *(rens. à l'office de tourisme).*

Rejoignez la 87 A et traversez la Save : la route de Larra conduit à Merville ; prenez la D 67 sur la droite en arrivant au centre-ville.

Château et labyrinthe de Merville

05 61 85 32 34 - www.labyrinthedemerville.com - juil.-août : 10h30-19h30 ; mai-juin et sept.-oct. : w.-end et j. fériés 10h30-19h30 (dernière entrée 1h30 av. fermeture) - 9,20 € (-12 ans 7,20 €) - possibilité de visite guidée (2h).

Cette « maison de campagne » fut construite de 1750 à 1759 à l'emplacement de deux maisons fortes par le marquis de Chalvet-Rochemonteix, grand sénéchal de Toulouse. Les deux façades de brique sont percées de nombreuses fenêtres, suivant le goût de l'époque. Visite intéressante (*45mn, l'après-midi*) ponctuée d'amusantes anecdotes et de chinoiseries.

Bordé à l'est par une grande perspective de pelouses avec un bassin central, le jardin de buis se transforme au printemps (et jusqu'à l'été) en **labyrinthe** (6 km d'allées palissées). Il s'agit d'un véritable labyrinthe : une fois entré, impossible de rebrousser chemin ni de sortir précipitamment !

Un livre des sorts est remis à chaque visiteur, détaillant le parcours et les missions à accomplir pour passer d'un jardin à l'autre. Un parcours pédagogique et ludique jalonné d'énigmes, de jeux d'eau et d'obstacles à franchir... À vous de jouer !

Revenez vers Larra en traversant la Save.

Le détour proposé permet d'apercevoir le pigeonnier de Beillard, l'un des plus beaux de la région.

Prenez la D 87 en direction de Saint-Paul-sur-Save, puis sur la gauche la N 224 qui traverse Montaigut-sur-Save et longe la forêt de Bouconne. À Mondonville, prenez au 2e rond-point la D 1 C, qui longe le lac d'Aussonne ; une fois passé le lac, prenez à droite au 2e rond-point, la route de Seilh. En arrivant à Seilh, engagez-vous sur la gauche : la D 2 mène, au bout de 4 km, au Ramier de Bigorre.

Un pigeonnier à Grenade.
J.-P. Azam / hemis.fr

Ramier de Bigorre

Nature Midi Pyrénées - 05 34 31 97 90 - contact@naturemp.org.

Situé dans un méandre de la Garonne, le Ramier de Bigorre est une forêt protégée de 70 ha, abritant une faune et une flore riche et variée. Un sentier d'interprétation et deux observatoires permettent de scruter la centaine d'espèces d'oiseaux ainsi que les reptiles et les mammifères qui peuplent les lieux. *Revenez vers Seilh, et traversez la Garonne au niveau de Gagnac-sur-Garonne. Prenez la direction de Grenade, en restant sur la rive entre la Garonne et le canal.* La rue de la Hire alterne les vues sur les lacs, les forêts et le canal…

À proximité Carte de microrégion p. 72

Vignobles du Frontonnais B1

Les vins de Fronton exaltent la négrette, le cépage principal de l'appellation. Divers événements promeuvent les crus du raisin noir *(voir le carnet d'adresses p. 129)*

LE VIN DES TOULOUSAINS

Ce sont les Romains qui plantèrent les premiers ceps sur les terrasses dominant la vallée du Tarn. Au 12e s, les vignes appartiennent aux chevaliers de l'Ordre de Saint-Jean de Jérusalem qui, sur le chemin de leurs croisades, découvrent et rapportent de Chypre un cépage local, le mavro (« noir », en grec). Au fil des ans, le mavro, acclimaté au terroir de Fronton, devient « négrette » ; il acquiert une belle renommée au 17e s. Aujourd'hui, le vignoble s'étend sur 2 300 ha, et la négrette représente au minimum la moitié de l'encépagement : lui sont associés principalement le syrah et le cabernet. Les vins rouges de Fronton dégagent des arômes de fruits rouges aux notes poivrées, de réglisse… et de violette.

Maison des vins et du tourisme de Fronton – *140 allée du château - 31620 Fronton - 05 61 74 80 69 - www.ot-vignobledefronton.sitew.com - juin-sept.: lun.-sam. 10h-12h30, 14h30-18h30 - oct.-mai: mar.-vend. 10h-12h30, 14h30-17h30 sam. 9h30-12h30, 14h30-18h.* Le château de Capdeville abrite l'office de tourisme du Frontonnais, ainsi qu'un espace de dégustation et de vente des crus.
La Maison des vins et du tourisme de Fronton propose deux circuits de randonnée autour des cépages, pouvant inclure des visites de domaines et châteaux (*rens. 05 61 74 80 69*).

NOS ADRESSES PRÈS DU CANAL DE GARONNE

TRANSPORTS

Quand naviguer ? Qu'emporter sur le bateau ?
Voir les conseils p. 122.

Louer un bateau

Navicanal – *05 61 55 10 91 - www.navicanal.com - à partir de 525 € le w.-end (le tarif inclut la location d'un vélo).* Cette entreprise loue des bateaux (sans permis) sur le canal du Midi et le canal de Garonne (au départ de Port-Lauragais ou de Castelsarrasin.

Locaboat – *10 r. de Villenouvelle - Écluse de Négra - 31450 - Montesquieu-Lauragais - 05 61 81 36 40 - www.locaboat.com - 14h-18h - à partir de 770 € par sem. en basse sais., 1 477 € en très haute sais.* Locaboat propose un circuit de Négra à Montech en pénichette, le long du canal de Garonne.

Louer un vélo

Avélo Toulouse – *06 77 03 24 87 - 9h-20h - www.avelo31.fr - 20€ la journée.* L'entreprise Avélo loue et répare des vélos, dépose et récupère, à la demande, votre vélo dans les environs de Toulouse.

Association Vélo Toulouse – *5, avenue F. Collignon - 31200 Toulouse - 05 34 30 94 18 - http://toulousevelo.free.fr.* Cette association édite des guides de cyclotourisme. Pour le canal de Garonne, se procurer: *Guide n°2 - Bordeaux-Toulouse à vélo en Gironde et le long du canal de Garonne.*
Les itinéraires cyclables et les coordonnées des loueurs de vélo en Haute-Garonne sont téléchargeables sur *http://tourisme.haute-garonne.fr.*

HÉBERGEMENT

BUDGET MOYEN

Chambre d'hôte L'Étipodelle – *10 ch. de Toudat - 31700 Mondonville - 05 61 85 64 11 - www.etipodelle.fr - P - - - 2 ch. 69/76 €* . Installées dans un ancien séchoir à tabac, deux spacieuses chambres de caractère, avec mezzanine, et qui donnent sur le jardin ou sur la forêt de Bouconne. Copieux petit-déjeuner servi par votre hôte, qui saura vous conseiller les spécialités locales. Belle bibliothèque.

POUR SE FAIRE PLAISIR

Villa Léopoldine – *29 r. Gambetta - 31330 Grenade - 05 62 79 45 13 - www.villaleopoldine.com - CC - 6 ch. 75/150 € - 9 €.* Cette villa du 19e s. au centre de Grenade est un havre de paix, à la décoration contemporaine et sobre, teintée d'exotisme. Chacune des chambres est spacieuse et possède une belle salle de bain.

UNE FOLIE

Chambre d'hôte Canopy's Treat – *Château de Merville - 31330 Merville - 06 25 54 07 30 - http://*

canopystreat.free.fr - 1 ch. 147 € ☕. La cabane perchée du château de Merville est un véritable havre de paix en pleine nature.

RESTAURATION

BUDGET MOYEN

Du goût à la toque – *78 av. de Gascogne - 31490 Léguevin - ✆ 09 83 62 60 01 - fermé sam. midi et le soir sf w.-end - formule déj. 13 € - 20/30 €.* Une cuisine savoureuse et moderne et un service rapide dans ce nouveau restaurant, où le canard se décline en magret, en confit, en wrap…

POUR SE FAIRE PLAISIR

Le Grenadin – *85 r. de la République - 31330 Grenade - ✆ 05 61 82 60 40 - fermé sam. midi et dim. - formule déj. 13 € - 29/38 €.* Ce restaurant situé au centre de Grenade (il est possible de déjeuner sous les halles) sert une copieuse cuisine. Mention spéciale pour les desserts…

ACTIVITÉS

Base de loisirs La Bouconne – *2 562 ch. du Râtelier - 31530 Montaigut-sur-Save - ✆ 05 61 85 40 10 - www.bouconne.fr - juil.-août : 9h-20h ; reste de l'année : 9h-12h, 14h-19h.* Poumon vert de Toulouse, le massif de Bouconne offre des sentiers de randonnée pédestre (dont un segment du GR 653), équestre et VTT. Piscine, jeux et aire de pique-nique.

Animaparc – *Rejoignez Launac par la D 29, puis Le Burgaud par la D 58F - ✆ 05 62 79 37 01 - www.animaparc.fr - avr.-sept., w.-end, vac. scol., merc. et j. fériés : 10h30-19h - 10,60 € (enf. à partir de 2 ans 9,80 €).* Au cœur de la forêt du Burgaud, ce parc animalier et de loisirs vous fait découvrir 250 animaux du monde entier. Les enfants pourront les nourrir et les câliner. Un parcours dans les arbres et des jeux complètent la visite.

PETITE PAUSE

Atelier et boutique Leopold macarons – *2 ch. Saint-Roch - 31700 Cornebarrieu - ✆ 05 62 13 90 43 - www.leopold-macarons.com - fermé dim.-lun. et en août.* Confectionnés à partir de l'amande italienne de Bari, « la meilleure amande au monde », les macarons Leopold se déclinent en une quarantaine de parfums. Également dragées, chocolats, biscuits, caramels, fleurs cristallisées, panettone…

Chocolaterie de Larra – *3 av. du 8 Mai 1945 - 31330 Larra - ✆ 05 61 82 62 65 - fermé lun. en sais. et lun.* Cette fabrique artisanale produit de fins chocolats, aux formes parfois originales (cigares, sabots, ballons).

ACHATS

Marché de Grenade – *Pl. Jean Moulin, sam matin.* Ce marché de producteurs surprend par la diversité de ses étals. On y vend encore les volailles vivantes…

AGENDA

Chasse aux œufs – *À Pâques - www.labyrinthedemerville.com - 7 € (enf. 5 €).* 50 000 œufs en chocolat sont cachés dans les jardins de buis du château de Merville.

Festival Musique en vignes – *Deux sem. déb. juil. - ✆ 05 61 82 46 33 - www.vins-de-fronton.com* Entre récital et dégustations, ce festival fête les vins et la musique.

Fronton saveurs & senteurs – *3 j. à la mi-août - ✆ 05 61 82 46 33 - www.fronton-saveurs-senteurs.fr.* Fête des vignobles de Fronton : dégustation au village gourmand, palmarès du concours des vins et soirées musicales.

1

La région du Gers 2

Carte Michelin Départements 336 – Gers (32)

+ d'adresses

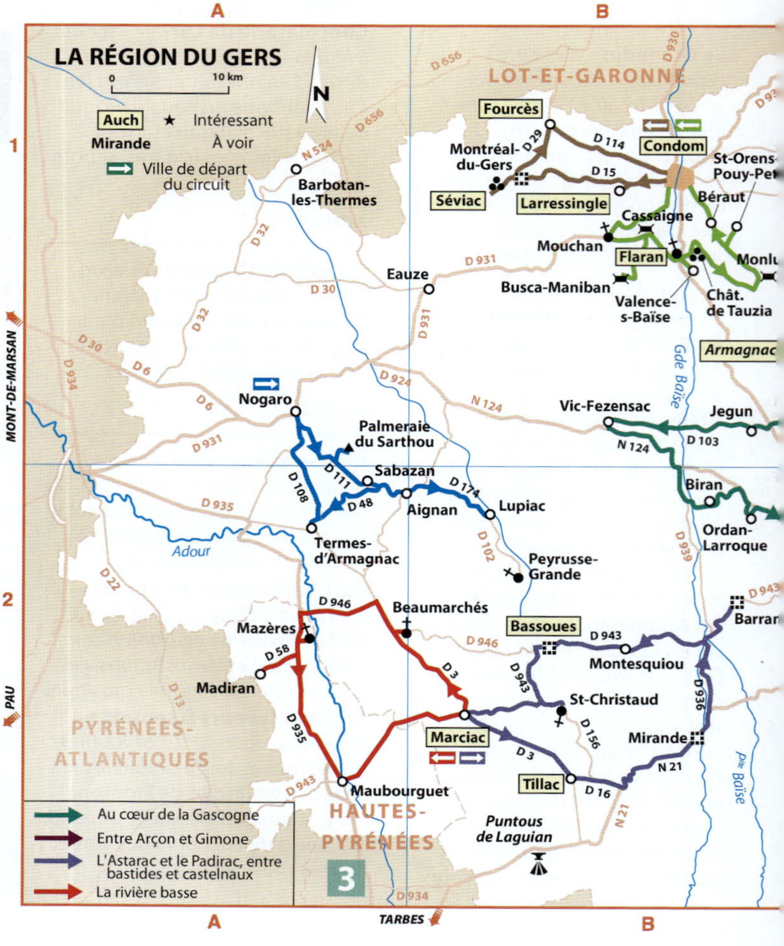

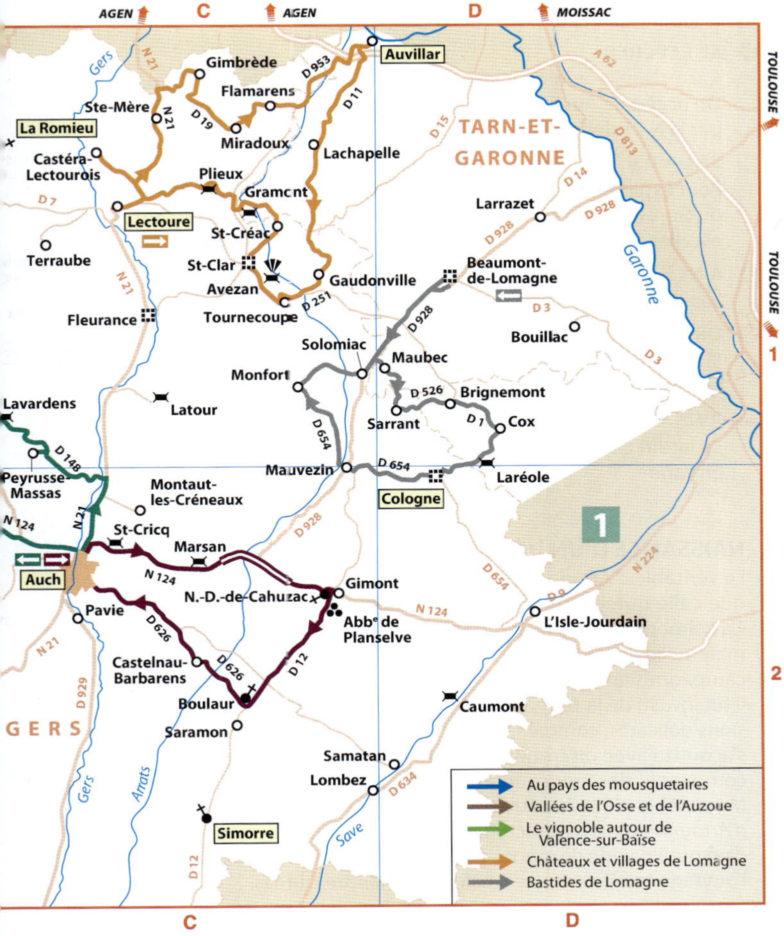

AGEN
AGEN
MOISSAC
TOULOUSE
TOULOUSE
TARN-ET-GARONNE
GERS
Auvillar
Gimbrède
Flamarens
Miradoux
Lachapelle
Ste-Mère
La Romieu
Castéra-Lectourois
Plieux
Gramont
Lectoure
St-Créac
Terraube
St-Clar
Avezan
Gaudonville
Tournecoupe
Fleurance
Larrazet
Beaumont-de-Lomagne
Bouillac
Solomiac
Maubec
Monfort
Brignemont
Sarrant
Cox
Latour
Lavardens
Mauvezin
Cologne
Laréole
Peyrusse-Massas
Montaut-les-Créneaux
St-Cricq
Marsan
Auch
N.-D.-de-Cahuzac
Gimont
Abbe de Planselve
Pavie
L'Isle-Jourdain
Castelnau-Barbarens
Boulaur
Caumont
Saramon
Samatan
Lombez
Simorre
Garonne
Gers
Arrats
Save
Au pays des mousquetaires
Vallées de l'Osse et de l'Auzoue
Le vignoble autour de Valence-sur-Baïse
Châteaux et villages de Lomagne
Bastides de Lomagne

Auch

★

21 576 Auscitains – Gers (32)

NOS ADRESSES PAGE 140

S'INFORMER

Office de tourisme – *R. Dessoles - 32000 Auch - ✆ 05 62 05 22 89 - www.auch-tourisme.com - juil.-août : 9h30-18h30, dim. 10h-12h30, 15h-17h30, lun. 10h-18h30 ; mai-juin et sept. : tlj sf dim. 9h15-12h15, 14h-18h, lun. 10h-12h15, 14h-18h, j. fériés 10h-12h30 ; reste de l'année : se rens.* Il existe deux circuits guidés – « Cœur de ville » (centre historique) et « Sur les pas d'Étigny » – au départ de l'office de tourisme *(45mn)*, du mardi au samedi *(renseignements à l'office de tourisme)*. Le Pays du Grand Auch porte le label Ville et pays d'art et d'histoire.

SE REPÉRER

Carte de microrégion C2 (p. 130-131) – *carte Michelin Départements 336 F8*. On accède à Auch par la N 124 depuis Toulouse ou Mont-de-Marsan et par la N 21 depuis Agen ou Tarbes.

SE GARER

Pour explorer Auch à pied, laissez votre voiture de préférence en bordure du Gers (parking aménagé sur la N 21) avant de partir à l'assaut du grand escalier. Parking souterrain gratuit dans le centre *(fermé la nuit)*.

À NE PAS MANQUER

Les stalles et les vitraux de la cathédrale Sainte-Marie.

ORGANISER SON TEMPS

Si vous disposez d'un week-end, consacrez la première journée à la ville. Le lendemain, sillonnez les villages alentour.

AVEC LES ENFANTS

Le jardin carnivore à Peyrusse-Massas ; la Ferme en Coton ; une sortie en canoë.

NAISSANCE D'UN HÉROS

Le véritable d'Artagnan n'a sans doute pas eu une vie aussi romanesque que celle que lui prêta Alexandre Dumas. Né vers 1611 au château de Castelmore, Charles de Batz, **comte d'Artagnan** (titre repris de la lignée maternelle des Montesquiou), en bon militaire, trompait l'ennui entre deux campagnes en courant les tripots de la capitale. Distingué par Mazarin, il fut investi de la confiance de Louis XIV qui le chargea de quelques missions délicates, comme les arrestations de Lauzun et de Fouquet, dont il s'acquitta avec discrétion. Devenu capitaine-lieutenant de la première compagnie des mousquetaires du roi, il trouva la mort lors du siège de Maastricht (1673). Ancêtre de la presse people, les *Mémoires de Monsieur d'Artagnan*, œuvre apocryphe publiée en 1700, répondaient aux goûts d'un public avide de ragots, mais elles avaient sombré dans l'oubli lorsque l'ouvrage tomba entre les mains d'Alexandre Dumas.

133

AUCH

SE LOGER

Castagné (Chambre d'hôte Le)............ ②
Chalets des Mousquetaires (Camping Les)........................ ③
Château Les Charmettes............ ④
Consulat (Chambre d'hôte Le)............ ⑤
Houresté (Chambre d'hôte Le)............ ⑦
Mme Mengelle (Chambre d'hôte)................... ⑨
Robinson (Hôtel Le)................... ⑮

SE RESTAURER

Papillon (Le).................................. ③
Table d'Oste (La)........................ ⑧
Thé Comédie (Le)...................... ⑩
Villa Cahuzac................................. ⑫

Ancien palais archiépiscopal.....B
Escalier monumental................E

La cité ancienne et son réseau de ruelles médiévales apparaissent sur une butte dominée par sa cathédrale. Ville carrefour dès l'époque romaine sur la voie qui menait de Toulouse à l'Atlantique, la capitale administrative de la Gascogne connut une grande période d'essor au 18e s. grâce à l'intendant d'Étigny. Elle fut ensuite embellie sous le Second Empire. Elle s'anime tout particulièrement le jeudi matin avec le marché qui se tient le long du Gers, dont les rives ont été aménagées en promenade pour piétons et cyclistes. Un marché plus touristique a lieu sous la halle face à la cathédrale le samedi.

Se promener Plan de ville ci-dessus

LE VIEIL AUCH

Escalier monumental et tour d'Armagnac

Les 234 marches de l'escalier relient les quais à la place Salinis qui forme une terrasse au-dessus de la vallée du Gers. En montant, vous trouverez la statue de d'Artagnan (1931), puis vous découvrirez une jolie vue sur la **tour d'Armagnac** (14e s.), haute de 40 m, ancienne tour des prisons de l'officialité, qui abrite le musée du Trésor de la cathédrale.

Sur la place Salinis s'élève le côté sud de la cathédrale dont vous remarquerez l'ordonnance des contreforts et des arcs-boutants à double volée.

Rejoignez la place de la République par une petite rue que les Auscitains surnomment la « rue des Belles-Mères ».

★★ Cathédrale Sainte-Marie

Sa construction, commencée en 1489 par le chevet, n'a été achevée que deux siècles plus tard. La **façade** (16e et 17e s.) présente un aspect tassé avec ses étages en retrait ; le jeu des colonnes, pilastres, corniches, balustrades et niches est très réussi. Les portails ouvrent sur un vaste porche offrant à l'intérieur une belle perspective transversale avec des arcs de séparation traités en arcs de triomphe à l'antique.

Pour une description en image, reportez-vous à l'ABC d'architecture p. 63.

Passé le porche, remarquez le grand orgue du 17e s., de style baroque, œuvre de Jean de Joyeuse. Les voûtes, construites sur croisées d'ogives en plein 17e s., confèrent au bâtiment une certaine unité intérieure. L'ensemble marque l'emprise du gothique « français » : collatéraux moins hauts que la nef, triforium entre les grandes arcades et les fenêtres hautes. La chapelle axiale est flanquée à droite par la chapelle du Saint-Sépulcre qui abrite une monumentale **Mise au Tombeau** du début du 16e s., œuvre d'Arnaud de Moles – l'artiste qui réalisa les vitraux –, et, à gauche, par la chapelle Sainte-Catherine ornée d'un retable en pierre du 16e s.

Le chœur, aussi vaste que la nef, conserve deux ensembles artistiques de premier ordre, les vitraux et les stalles. *Commencez le tour du déambulatoire par la gauche.*

★★ **Vitraux** – Les chapelles du déambulatoire ont été dotées de 18 verrières dues au verrier gascon Arnaud de Moles (1460-1520). Remarquez les figures d'hommes, presque caricaturales, et les scènes familières représentées à la base des vitraux. Les grandes figures très expressives, la palette de couleurs, les lames de verre de grande dimension, la décoration combinant les médaillons et accolades à l'antique avec les dais du gothique flamboyant, font des vitraux de Sainte-Marie un chef-d'œuvre de l'art du vitrail du début du 16e s. La répartition des sujets tient compte, suivant les thèses des théologiens de l'époque, de la concordance entre l'Ancien Testament, le Nouveau Testament et le monde païen, comme en témoigne la représentation des sibylles.

★★★ **Stalles** – *06 30 41 19 38 - avr.-oct. : 8h30-12h, 14h-18h ; reste de l'année : 9h30-12h, 14h-17h - 2 € (-13 ans gratuit) - possibilité de visite guidée (15mn).*

Ce gigantesque chef-d'œuvre demanda plus de cinquante années de travail (vers 1500-1552). Les 113 stalles de chêne, dont 69 stalles hautes abritées par un baldaquin flamboyant, sont peuplées de plus de 1 500 personnages ! Le thème d'ensemble manifeste le même souci de parallélisme que les vitraux. La Bible, l'histoire profane, la mythologie et la légende y mêlent leurs motifs. Les statues qui décoraient le jubé démoli au 19e s., en particulier la scène représentant les quatre évangélistes à table, ont trouvé place au couronnement du retable (1609) clôturant le chœur, du côté de l'abside.

Musée du Trésor de la cathédrale

05 62 05 22 89 - Ouverture prévue en 2014.

Dans la tour d'Armagnac, fresques, vêtements sacerdotaux, peintures et objets liturgiques constituent le trésor de la cathédrale.

Préfecture (ancien palais archiépiscopal)

Sur le flanc nord de la cathédrale se trouve la place occupée par la halle aux herbes où se tient le marché du samedi. Au fond, la préfecture est installée dans l'**ancien palais archiépiscopal** (1742-1775), dont la façade classique est rythmée par de hauts pilastres cannelés.

Place de la Libération

Elle est le carrefour d'animation de la ville haute. La place est fermée au nord-ouest par l'hôtel de ville et par le terre-plein des allées d'Étigny, deux réalisations de l'intendant d'Étigny, entre 1751 et 1767. La statue du bienfaisant administrateur, à qui Auch doit une grande partie de son embellissement, se dresse au sommet des escaliers. Intendant avisé de Gascogne, Antoine

Le vieil Auch se reflétant dans le Gers.
B. Brillion / MICHELIN

Mégret, baron d'Étigny, s'est rendu célèbre en lançant la station thermale de Bagnères-de-Luchon.

À l'angle de la rue Dessoles, qui fut l'artère principale de la ville haute avant l'ouverture, par d'Étigny, de rampes de contournement, la maison à colombages du 15e s. abrite l'**office de tourisme**.

Passez à nouveau devant la cathédrale et traversez la place de la République pour prendre, en face, la rue d'Espagne.

Dans le bas de la rue, deux vieilles maisons *(nos 20 et 22)* forment un ensemble pittoresque.

Prenez à gauche la rue de la Convention.

Vers les Pousterles

Bordée de vieilles demeures, la rue de la Convention permet de découvrir les **Pousterles**, étroites ruelles en escalier. Au Moyen Âge, ce nom désignait les poternes de l'enceinte fortifiée de la ville haute.

Au bout de la rue, tournez à gauche, montez les marches et franchissez la **porte d'Arton** à gauche, ancienne porte de la ville. La rue Fabre-d'Églantine, après avoir longé les vieux bâtiments du lycée (ancien collège de jésuites fondé en 1545), ramène à la place Salinis et à l'escalier monumental.

Musée des Jacobins

☏ 05 62 05 74 79 - www.musee-jacobins.auch.fr - avr.-oct. : 10h-12h, 14h-18h ; reste de l'année : 14h-17h, w.-end 10h-12h, 14h-17h - fermé janv. et certains j. fériés - 4 € (-26 ans gratuit) - possibilité de visite guidée sur demande (1h30).

Installées dans l'ancien couvent des jacobins, ses collections sont exposées sur trois niveaux. Au rez-de-chaussée, on découvre une très riche collection de poteries précolombiennes et une soixantaine de sculptures polychromes, vêtues d'habits brodés, qui illustrent l'art sacré péruvien, chilien et mexicain. Remarquez le tableau représentant la *Messe de saint Grégoire* (1539) réalisé en mosaïque de plumes. Peintures et objets d'art parent les salles du 18e s.

Au sous-sol, vous verrez, parmi les collections gallo-romaines, un exceptionnel ensemble de fresques datant du début de l'ère chrétienne, trouvées dans une villa à 9 km d'Auch. L'art médiéval est représenté par le gisant du cardinal Jean d'Armagnac ainsi que par des chapiteaux et colonnes provenant de l'ancien couvent des cordeliers d'Auch. Au 1er étage, après les sculptures d'Antonin Carlès (artiste local), vous aurez un aperçu des arts et traditions populaires : mobilier, faïences, statuettes d'art religieux et costumes gascons.

À proximité Carte de microrégion p. 130-131

Pavie C2

5 km au sud par la N 21.

Cette bastide fut créée en 1281 sur le site d'une villa gallo-romaine. Il reste quelques vestiges de son enceinte irrégulière, dont une tour de guet du 14e s. englobée dans une maison. Les rues à angle droit formant des carrés sont parfois bordées de belles maisons anciennes à colombages *(rues d'Étigny et de la Guérite)*. L'église du 13e s., restaurée au 19e s., a gardé son clocher carré du 14e s. Un vieux pont gothique à trois arches enjambe mélancoliquement le Gers.

Montaut-les-Créneaux C2

10 km au nord-est par la N 21 et la D 272.

Bâti autour de son château, ce castelnau possède de belles maisons à encorbellement et à colombages. Admirez en particulier l'église bénédictine du 12e s., dédiée à saint Michel, et la tour-porte que l'on emprunte par un passage voûté doté d'une herse.

Circuits conseillés Carte de microrégion p. 130-131

ROUTE DES BASTIDES ET DES CASTELNAUX

Vous pourrez la suivre sur une centaine de kilomètres – comptez 2 à 3h. Pour la rejoindre, quittez Auch à l'ouest par la N 124 en direction de Mont-de-Marsan ; à 5 km, prenez à gauche la D 943, puis suivez la signalisation « Route des bastides et des castelnaux ».

AU CŒUR DE LA GASCOGNE

Circuit de 75 km, tracé sur la carte de microrégion (p. 130-131) – comptez environ 1h30. Quittez Auch au nord par la N 21 en direction d'Agen ; à 8,5 km, à la sortie de Preignan, prenez sur la gauche la D 272. Au-delà de Roquelaure, qu'on laisse sur la gauche, poursuivez par les crêtes le long de la D 148. Tournez à gauche vers Peyrusse-Massas.

Jardin carnivore à Peyrusse-Massas C1

05 62 65 52 48 - www.natureetpaysages.fr - ♿ - juil.-août : tlj sf w.-end 14h-19h - 5 € (-7 ans gratuit).

Avec 550 espèces de plantes carnivores, cette collection compte parmi les plus grandes du monde. Après un film documentaire *(10mn)*, une balade audioguidée dans le jardin botanique, autour des marécages aux noms évocateurs, vous mènera à la rencontre des hôtes de ces lieux, dont la dionée ou « gobe-mouches de Vénus » aux longs cils, friande de l'insecte qu'elle englue de ses poils visqueux. Poursuivez la visite dans la pépinière (lieu de vente) et terminez par la collection nationale où vous pourrez observer ce que deviennent les plantes carnivores en vieillissant.

Revenez sur la D 148 et, à la sortie de Mérens, prenez à gauche la D 518 puis la D 103.

La route parcourt un doux paysage vallonné et offre une belle vue sur Lavardens dominé par son château.

Lavardens C1

Ce pittoresque bourg médiéval est massé au pied de l'éperon du château. Une flânerie dans les étroits « carrelots » (ruelles) vous permettra de découvrir les vestiges des remparts et les tours quadrangulaires de l'enceinte.

Château – *✆ 05 62 58 10 61 - www.chateaulavardens.com - juil.-août : 10h-19h ; avr.-juin et sept.-oct. : 10h30-12h30, 14h-18h ; reste de l'année : 10h30-12h30, 14h-17h - fermé de déb. janv. à mi-mars - 4 € - Le tarif adulte varie suivant les expositions.* Cette imposante bâtisse découronnée, qui semble coiffée par le clocher de l'église, est l'ancienne résidence des comtes d'Armagnac : rasée sur l'ordre de Charles VII, elle a servi de base au **château** élevé par les Roquelaure au 17e s. Maintes fois interrompue, la reconstruction ne fut jamais achevée. Cet ensemble imposant, percé de fenêtres à double croisée de pierre, fut hardiment lancé vers l'ouest, où la façade est cantonnée de tourelles carrées établies sur des trompes d'angle, en surplomb au-dessus du sentier d'accès. Un escalier taillé dans le roc mène aux grandes salles voûtées qui servent de cadre à des expositions temporaires. La plupart présentent un beau **pavement** de brique rose et de pierre aux motifs géométriques variés. De l'étage supérieur, **vue** imprenable sur les collines avoisinantes.

Le village est chaque année en septembre le théâtre d'une rencontre internationale d'épouvantails à moineaux.

Poursuivez sur la D 103 à l'ouest et coupez la D 930.

Jegun B1

Ce village, étiré sur une arête rocheuse, est un ancien bourg ecclésial intégré dans une bastide dont il a gardé le plan en îlots parallèles. La rue principale est bordée par l'ancienne halle et de vieilles demeures, dont une belle maison à colombages. À l'est, l'ancienne collégiale Sainte-Candide, étayée par de puissants contreforts, a été élevée à la fin du 13e s. sur une terrasse dominant la vallée de la Loustère.

Poursuivez encore à l'ouest sur la D 103.

Vic-Fezensac B1

ℹ 22 pl. Julie Saint-Avit - 32190 Vic-Fezensac - ✆ 05 62 06 34 90 - www.vic-fezensac.com - 9h-12h, 14h-18h, sam. 14h-17h, dim. en juil.-août 10h-12h - fermé j. fériés.

Cette localité du Bas-Armagnac connaît une animation intense lors des marchés, des ferias et de son festival Tempo Latino *(voir « Nos adresses », p. 141)*. Devant les arènes, une statue a été érigée en hommage au matador de Cadix, Francisco Ruiz Miguel. L'église Saint-Pierre, au clocher octogonal surmonté d'un lanternon, conserve de l'époque romane une abside en cul-de-four et l'absidiole sud décorée de fresques du 15e s. (vestiges). À gauche de l'entrée, remarquez les fonts baptismaux en marbre blanc, gracieuse sculpture du 18e s. représentant trois enfants soutenant une vasque.

Quittez Vic-Fezensac au sud-est par la N 124, route d'Auch. À St-Jean-Poutge, prenez la direction de L'Isle-de-Noé par la D 939.

Avant de bifurquer à gauche dans la D 374, votre attention sera sûrement attirée par un curieux édicule creusé d'une niche : il s'agit d'une **pile gallo-romaine** qui a gardé, à ce jour, tout son mystère.

2

Biran B2

Dans cet ancien castelnau établi sur un éperon, l'unique rue relie la porte fortifiée aux vestiges du donjon.

Église Notre-Dame-de-Pitié – Elle abrite un retable monumental en pierre sculptée sur les thèmes de la pietà, de la Descente de Croix et de la Mise au Tombeau.

Poursuivez sur la D 374 qui rejoint la N 124. Peu après, empruntez la deuxième route à droite vers Ordan-Larroque.

Ordan-Larroque B2

Ce petit village fleuri perché sur une éminence rocheuse s'enorgueillit de posséder, derrière l'église, un érable vieux de deux siècles. De la place de la mairie, beau point de vue sur la vallée.

Conservatoire municipal d'archéologie et d'histoire – *✆ 06 86 92 35 46 - www.tourisme-midi-pyrenees.com - visite guidée (1/2h) juil.-août: se rens.; reste de l'année: sur réserv. - gratuit.* Des témoignages des époques passées sont présentés ici.

Regagnez Auch par la N 124.

ENTRE ARÇON ET GIMONE

▶ *Circuit de 65 km, tracé sur la carte de microrégion (p. 130-131) – comptez environ 1h30. Quittez Auch au nord-est par la N 124, route de Toulouse.*

Vous passez devant le **château de Saint-Cricq** (1574). À 7,5 km apparaît sur la gauche, précédée d'une prairie, la longue façade sud du **château de Marsan** (18e-19e s.), propriété de la famille de Montesquiou.

Au premier rond-point en entrant dans Gimont, tournez à droite sur la D 12 en direction de Saramon.

Vous pénétrez dans le Gimontois, formé de petites routes qui ondulent à travers les champs, dans un paysage digne de la Toscane.

La chapelle est immédiatement à droite.

Chapelle Notre-Dame-de-Cahuzac C2

Cette chapelle a été élevée au 16e s. en brique et en pierre, en l'honneur d'une apparition de la Vierge à un jeune berger. Bien que de dimension plus modeste, elle suit le plan de l'église de Gimont. Remarquez le portail gothique et ses portes sculptées avec les douze apôtres, ainsi que les 400 plaques de marbre, médaillons et ex-voto.

Gimont C2

Cette bastide fondée en 1266 présente un plan caractéristique, étroitement adapté au relief d'une colline fuselée. La rue principale, qui en marque l'arête, passe en droite ligne sous la vieille halle municipale.

Église – Exemple de gothique méridional à nef unique, elle est surmontée d'un clocher de brique de style toulousain. À l'intérieur, dans la première chapelle de gauche, un triptyque Renaissance représente la Crucifixion. De chaque côté du maître-autel, remarquez deux sacraires, tours Renaissance à lanternon, destinés à recevoir les saintes espèces et les reliques.

Musée cantonal – *✆ 05 62 67 71 66 - www.tourisme-gimont.com - de mi-juil. à mi-août: tlj sf lun. 10h30-12h30, 17h30-19h30, dim. et j. fériés 10h30-12h30; reste de l'année: sur dem. préalable - gratuit - possibilité de visite guidée sur demande (30mn).* Les collections gimontoises se répartissent dans deux pièces. La première, à dominante gallo-romaine, abrite aussi quelques objets médiévaux. Dans la seconde, consacrée à la paléontologie et à Édouard Lartet (avocat gersois fondateur de la science de la préhistoire), sont exposés des fossiles et des restes de mastodontes.

Petit musée de l'Oie et du Canard – *Dans le même bâtiment que la boutique des Ducs de Gascogne - ✆ 05 62 67 84 75 - www.ot-gimont.com - 10h-19h, dim.: 10h-18h - fermé 1er-15 janv. et 1er Mai - gratuit.* Les deux palmipèdes sont mis à l'honneur à travers des textes, dessins et photographies évoquant l'histoire de leur élevage, les variétés, la production et la consommation de foie gras.

Conservatoire de la vie agricole et rurale d'autrefois – *✆ 05 62 67 82 79 - visite guidée sur demande préalable (1h) - 4 € (-18 ans 2,50 €).* Mille objets et outils sont rassemblés dans une maison du 19e s. Cinq pièces se visitent au rez-de-chaussée: deux grandes salles, dont une avec cheminée, un atelier d'ébéniste, une serre et une cave.

Prenez la D 12 vers Saramon. L'abbaye se trouve sur la gauche.

Abbaye de Planselve C2

Ne se visite pas.

Cette abbaye cistercienne du 12e s., occupée jusqu'en 1789 – date à laquelle elle fut pratiquement détruite –, a récemment fait l'objet d'une restauration partielle. Elle est entourée d'un important mur d'enceinte en brique longeant la route. La **porterie** est une œuvre gothique à deux travées couvertes de voûtes d'ogives. De l'ensemble du site, il ne reste que le bâtiment des convers, avec ses dix travées romanes du 12e s., ainsi que deux pigeonniers, l'un conservant une glacière en sa partie inférieure, l'autre (celui du nord) décoré d'une clef de voûte représentant un abbé avec sa crosse.

Toujours sur la D 12, 2,5 km avant Saramon, prenez à droite vers Boulaur.

2

Abbaye Sainte-Marie de Boulaur C2

✆ 05 62 65 40 07 - www.boulaur - visites guidées: tlj. sf. mar. 11h30, 16h, 17h. - fermé pdt les fêtes religieuses.

Dans le petit village de Boulaur, perché au-dessus de la vallée de la Gimone, l'abbaye a été fondée au 12e s. par l'ordre de Fontevraud. Elle est actuellement habitée par des moniales d'obédience cistercienne. Remarquez le haut chevet en brique et en pierre de l'église abbatiale, les peintures murales du 15e s. ainsi que la série d'arcatures en plein cintre qui court sous le toit du mur sud. Si vous appréciez le chant grégorien, n'hésitez pas à pousser la porte de l'église pour assister à un office. Production et vente en boutique de confitures, pâtés et fromage de vache « Saint-Germier ».

Reprenez la D 12 sur la gauche (direction Gimont) et tournez encore à gauche dans la D 626, route sinueuse où l'on voit se profiler le village de Castelnau-Barbarens.

Castelnau-Barbarens C2

Cet ancien bourg castral, créé au 12e s., enroule ses maisons en arcs concentriques autour de la colline portant l'église. Du château des comtes d'Astarac ne subsiste plus que la tour qui sert de clocher. La terrasse offre une **vue** panoramique sur la vallée de l'Arrats et les collines avoisinantes.

Reprenez la D 626 en direction d'Auch.

Sur 2 km, en atteignant le plateau, la D 626 offre le plus beau **panorama★** du circuit en direction des Pyrénées. La route traverse **Pessan**, ancienne sauveté établie autour d'une abbaye fondée au 9e s.

NOS ADRESSES À AUCH

HÉBERGEMENT

BUDGET MOYEN

Hôtel Le Robinson – *Rte de Tarbes - 05 62 05 02 83 - www.hotelrobinson.net - fermé vac. de Noël - P -24 ch. 59/61 € - 7 €.* Dans un parc en retrait de la route, cet hôtel des années 1960 a l'allure improbable d'un grand chalet, mais les chambres avec balcon sont agréables.

Chambre d'hôte Le Houresté – *32360 Jegun - 05 62 64 51 96 - www.houreste.fr - P - - 4 ch. 60 €.* Sur une exploitation agricole, accueillante maison du 19e s. agrémentée d'une belle glycine et de rosiers. Chambres d'hôte bien aménagées; l'une d'elles occupe un minichalet tandis que l'ancien pigeonnier abrite un gîte. Jardin fleuri, verger et basse-cour participent au charme de cette adresse.

Chambre d'hôte Le Consulat – *2 r. des Pénitents-Bleus - 06 16 84 56 42 (M. de Gramont) - 3 ch. 70 €.* Belles chambres dans un hôtel particulier restauré, naguère consulat d'Italie, situé au cœur de la vieille ville.

Chambre d'hôte Le Castagné – *Ch. de Naréoux (rte de Toulouse) - 05 62 63 32 56 - www.domainelecastagne.com - P - 4 ch. 70/85 €.* Une véritable entreprise de loisirs que cette maison du 19e s. restaurée. Piscine, minigolf, pêche et pédalos sur le lac. Les chambres, garnies de meubles de famille, ouvrent sur la campagne gersoise.

RESTAURATION

PREMIER PRIX

Le Thé Comédie – *12 r. Louis Aucoin - 05 62 05 81 13 - fermé le soir et le w.-end - réserv. conseillée - 9,50/13 €.* Jolie salle accueillante dans le centre historique, pour un repas savoureux dans une ambiance décontractée.

BUDGET MOYEN

Le Daroles – *4 pl. de la Libération - 05 62 05 00 51 - formule déj. 14 € - 20/27€.* Située au cœur de la ville, cette brasserie sert une cuisine traditionnelle de saison. Agréable terrasse, jadis appréciée de Stendhal…

La Table d'Oste – *7 r. Lamartine - 05 62 05 55 62 - www.table-oste-restaurant.com - fermé fin janv., déb. avr., déb. juil., déb. oct., lun. midi et dim. de déc. à juin - formule déj. 12 € - 21/36 €.* Recettes du terroir à savourer dans la jolie petite salle à manger rustique (poutres apparentes, bibelots anciens…) ou sur la terrasse d'été dressée côté rue.

Villa Cahuzac – *1 av. de Cahuzac - 32200 Gimont - 05 62 62 10 00 - www.villacahuzac.com - formule déj. 12,50 € - 21/44 € - 11 ch. 98/120 € - 12 €.* Un mélange harmonieux de produits gascons et de cuisine moderne, dans un cadre clair et agréable, avec terrasse et parking. Hôtel confortable attenant.

Le Papillon – *N 21 - 32810 Montaut-les-Creneaux - 05 62 65 51 29 - www.restaurant-lepapillon.com - fermé 30 juin-14 Juil., 1er-8 sept., vac. scol. de mars, dim. soir et lun. - P - formule déj. 15 € - 28/48 €.* Pavillon récent en retrait de la nationale. La salle de restaurant, lumineuse et agrémentée de tableaux, ouvre sur une jolie terrasse ombragée. Registre culinaire classique.

ACHATS

Maison de Gascogne – *Pl. Gambetta - 05 62 05 12 08*

ou 06 28 07 21 45 - 10h-13h, 14h30, 19h30 - ouv. déb. juil.-mi-août. Chaque été, une association d'artisans se réunit à cet endroit pour exposer et vendre les produits de la région : foie gras, armagnac, croustades, artisanat d'art et ébénisterie. Tout cela autour d'expositions et d'animations thématiques et ludiques.

Boutique Claude-Laffitte SARL – *34 r. Dessoles - ✆ 05 62 05 04 80 - mar.-sam. 9h-19h, dim. 10h-12h30.* Dans cette boutique de produits régionaux, vous pourrez acheter vins de pays, armagnac, foie gras, confit, rillons…

Groupement agricole de la Gouardère – *Ch. d'Esparebent - 32810 Roquelaure - ✆ 05 62 65 56 51 - www.boutique-gasconne.com - 10h-19h.* Ici, le canard est roi. Élevé à la ferme, il se déguste sur place pendant l'été ou, toute l'année, à emporter : magrets, rillettes, pâtés et confits. Visite des ateliers de gavage et de la conserverie.

« Grasse matinée » à Gimont – *Du 1er dim. de nov. au dernier de mars.* Marché aux foies gras et marché aux carcasses.

ACTIVITÉS

La Ferme en Coton – *Rte d'Agen - ✆ 05 62 65 53 20 - http://lafermeencoton.free.fr - 5,50 €/pers., 20 €/famille - sur RV (vacs. scol. : mer. et vend. après-midi).* Une promenade de 2 heures pour côtoyer les animaux (poules, chèvres, moutons, âne, lapins…) et participer à la vie de la ferme, qui travaille en agriculture bio, avec un goûter maison à la clé.

Les Canoës de Beaucaire – *Pl. de la Mairie - 32140 Beaucaire sur Baïse - ✆ 05 62 68 15 95 - www.canoesdebeaucaire.com - juil.-août : tlj 9h-18h ; reste de l'année : sur demande.* Parcours guidé ou location libre de gabares (bateaux à fond plat), pour naviguer le long de la Baïse.

AGENDA

Festival Welcome in Tziganie – *Fin avr. - www.welcome-in-tziganie.com - 15/17 €, pass 3 jours 35/40 €.* 3 jours de musiques est-européennes.

Éclats de voix – *Trois w.-ends en juin - ✆ 05 62 05 20 82 - www.eclatsdevoix.com.* Festival de chants, tous styles musicaux -

Festival du cirque actuel – *Vacances de Toussaint - ✆ 05 62 61 65 00 - www.circa.auch.fr.* Au Dôme du Circa.

Concerts d'orgue – *Juil.-août - gratuit.* Concerts d'orgue en la cathédrale Sainte-Marie. Claviers d'été, le dim. à 18h.

Festival Tempo Latino – *Fin juil. - ✆ 05 62 06 56 66 - www.tempo-latino.com.* À Vic-Fezensac, 4 jours de rencontres musicales.

Fête des fromagers aux remparts – *Mi-août.* À Saint-Arailles, l'un des castelnaux les mieux conservés de la région, dominant la vallée de l'Osse. Les chevriers du coin et leurs invités font déguster leurs produits dans une ambiance joyeuse.

Manifestations taurines – *En sept.* À Vic-Fezensac, la tradition taurine est restée très vivante. Trois manifestations rythment l'année : Feria del toro, à la Pentecôte, Semana Grande, en août, et Fiesta Campera.

Festival « Indépendance(s) et Création » – *Déb. oct. - ✆ 05 62 63 50 62.* Une centaine de projections de films d'art et d'essai (5 jours).

Foire aux plantes rares – *2e dim. d'oct. - gratuit.* À Ordan-Larroque.

Festival aéronautique – *En oct. - ✆ 05 62 67 70 02 - www.gimont-aero.com.* À Gimont.

Marciac

★

1 239 Marciacais – Gers (32)

NOS ADRESSES PAGE 147

S'INFORMER

Office du tourisme de Marciac, bastides et vallons du Gers – *05 62 08 26 60 - www.marciactourisme.com - juil.-août: 9h30-12h30, 14h30-18h30; reste de l'année: 9h30-12h30, 14h-18h, w.-end et j. fériés 9h30-12h30 - fermé quelques j. déb. janv.*

SE REPÉRER

Carte de microrégion B2 (p. 130-131) – *carte Michelin Départements 336 CD8.* La ville, toute proche du département des Hautes-Pyrénées, est située à mi-distance entre Tarbes (40 km) et Auch (45 km).

À NE PAS MANQUER

Le festival Jazz in Marciac de fin juillet à la mi-août; Les Territoires du jazz en été.

AVEC LES ENFANTS

Une randonnée avec un âne. Marciac a obtenu le label Famille Plus *(voir p. 22).*

La cité gersoise s'est forgé une réputation internationale grâce à son festival de jazz, attirant les plus grands musiciens et drainant une foule considérable. Mais les charmes de cette bastide se passent largement de cadre musical. Fière de son marché coloré et gourmand installé sur la place centrale à couverts, Marciac s'honore de posséder la plus haute flèche du Gers et quelques petites rues médiévales aux tonalités ocre. Il est agréable d'y séjourner, d'autant qu'une base nautique et des chemins de randonnée complètent le tableau.

Se promener

Place de l'Hôtel-de-Ville

La bastide de Marciac fut fondée à la fin du 13e s. Son plan en quadrillage permet de s'y promener facilement. Jusqu'au 19e s., une importante halle en bois occupait le milieu de cette place. Marchands de légumes et de volailles s'installaient à l'intérieur, tandis que l'extérieur était réservé aux marchands de gros bestiaux. Entourée de galeries ouvertes et de façades colorées, la place centrale de Marciac est l'une des plus grandes recensées parmi les bastides (elle mesure 75 m sur 130 m).

En été, pendant le festival de jazz, une grande scène est installée sur la place. On peut assister à d'excellents spectacles gratuits. Tout autour de la place, des échoppes et des stands proposent toutes sortes de produits: fines herbes, vêtements, vins locaux, poteries, artisanat, etc. Il y règne une animation sympathique.

Festival « Jazz in Marciac ».
F. Vernhet / Jazz in Marciac

2

Église Notre-Dame

Cette église du début du 14e s. est surmontée d'une haute flèche de pierre (90 m) qui couronne un clocher carré.

Les Territoires du jazz

05 62 09 38 03 - avr.-sept. : 9h30-12h, 14h30-18h, lun. 14h30-18h ; reste de l'année : mar.-vend. et dim. 9h30-12h, 14h30-18h ; pdt le festival : 10h-19h30 - pour les prix se rens.

Aménagé dans une ancienne abbaye, cet espace muséographique original propose un parcours initiatique de l'histoire du jazz, depuis ses origines africaines jusqu'à ses manifestations les plus contemporaines. Muni d'un casque à infrarouges, avec la musique pour tout guide, vous plongerez dans l'univers du swing en traversant 12 lieux mythiques, comme New Orleans ou le Cotton Club, au rythme d'airs de blues, de dixieland ou de ragtime ravivant la mémoire de Duke Ellington, Charlie Parker ou Miles Davis.

Circuits conseillés Carte de microrégion p. 130-131

★ L'ASTARAC ET LE PARDIAC, ENTRE BASTIDES ET CASTELNAUX

Circuit de 77 km, tracé sur la carte de microrégion (p. 130-131) – comptez une demi-journée. Quittez Marciac par la D 3 jusqu'à Tillac.

Ce circuit permet de découvrir les bastides et les castelnaux typiques de l'Astarac et du Pardiac, anciens comtés relevant du duché de Gascogne.

★ Tillac B2

Ce minuscule castelnau de plaine aligne de pittoresques maisons à cornières et colombages, de part et d'autre de la rue principale reliant la tour fortifiée à l'**église** (14e s.). Un vrai décor de théâtre.

Gagnez Mirande par la D 16, puis la N 21.

Mirande B2

13 r. de l'Évêché - 32300 Mirande - 05 62 66 68 10 - www.ot-mirande.com - 9h-12h, 14h-18h, sam. 10h-12h, 15h-18h, dim. en juil.-août 10h-12h.

Comme nombre de bastides, « Mirande la Jolie » s'est mise sous la protection d'une cité prestigieuse dont elle aurait adopté le nom. Il s'agirait de la ville castillane de Miranda de Ebro… Depuis sa fondation en 1281 par l'abbé de Berdoues, Bernard VII, comte d'Astarac, et Eustache de Beaumarchès, Mirande a conservé son plan régulier de bastide, avec ses îlots d'habitation d'environ 50 m de côté et sa **place d'Astarac** à couverts marquant le centre du damier. La **rue de l'Évêché** présente encore quelques belles maisons à pans de bois ainsi que la rue du Président-Wilson (intéressante maison à colombages au *n° 20*). L'**église Sainte-Marie** date du début du 15e s. Le pittoresque clocher à tourelles pouvait servir de réduit de défense. Sa spécificité tient en son avant-porche voûté d'ogives qui enjambe la rue de l'Évêché, l'ensemble étant contrebuté par deux énormes arcs. Le clocher est ajouré de baies gothiques dont le fenestrage s'enrichit d'étage en étage. À l'intérieur, le vaisseau gothique languedocien a été surélevé au 19e s.

Musée des Beaux-Arts – *05 62 66 68 10 - www.gers-gascogne.com - ♿ - tlj sf mar., dim. et j. fériés 10h-12h, 14h-18h, sam. 10h-12h, 15h-18h - 2 € (-18 ans gratuit) - possibilité de visite guidée sur demande (1h).* **Joseph Delort**, né à Mirande en 1789, se voulait peintre. Il étudia avec David avant de se consacrer au portrait. Mais son principal titre de gloire est d'avoir fondé un musée des Beaux-Arts dans sa ville natale. Les œuvres exposées ont été léguées par des amateurs d'art locaux et comprennent céramiques anciennes, faïences et porcelaines (du 17e au 19e s.) qui proviennent de fabriques renommées, comme Moustiers, Samadet, Dax ou Nevers. La collection de peintures du 15e au 19e s. est rassemblée dans la grande salle. On y remarque les petits tableaux flamands peints sur cuivre, dont une Adoration des Mages (du 17e s.) d'un éclat particulier et une truculente *Mascarade italienne* de Michelangelo Cerquozzi. La peinture française du 16e s. se distingue par une œuvre de Claude Vignon (1593-1670), *Le Prophète Zacharie*. Dans une petite salle sont regroupés des portraits signés de grands noms : Hyacinthe Rigaud, Philippe de Champaigne et Nicolas de Largillière.

Rejoignez L'Isle-de-Noé par la N 21 vers Auch puis par la D 936 à gauche.

La route traverse **L'Isle-de-Noé** qui, au confluent de la Grande et de la Petite Baïse, possède un château du 18e s.

Empruntez, sur la droite, la D 943 jusqu'à Barran.

Barran B2

Cette bastide établie sur le site d'une ancienne sauveté possède une particularité : la flèche du clocher de son **église**, de forme hélicoïdale. Le bourg conserve une halle et une porte fortifiée à l'est.

Faites demi-tour et poursuivez la D 943 vers l'ouest.

Montesquiou B2

Ce castelnau surplombe le vallon de l'Osse. Il a donné son nom à la branche cadette des comtes de Fézensac, d'où sont issus les seigneurs de d'Artagnan et de Monluc. Au bout de la rue principale subsiste une porte, vestige de l'enceinte fortifiée du 13e s. (bel alignement de maisons à colombages à proximité).

Continuez sur la D 943.

★ Bassoues B2

R. Principale - 32320 Bassoues - 05 62 70 97 34 - www.bassoues.net - juil.-août : 10h-19h ; mai-juin : 10h-12h, 14h-18h ; sept. : 10h30-12h, 14h-18h ; mars-avr. et oct. : 13h30-18h - fermé nov.-fév.

★ **Donjon** – *✆ 05 62 70 97 34 - www.bassoues.net - juil.-août: 10h-19h; mai-juin et sept.: 10h-12h, 14h-18h; mars-avr. et oct.: 13h30-18h - fermé nov.-fév - 4 € (-16 ans 2 €).* La petite bastide de Bassoues est annoncée au loin par son donjon du 14e s. (43 m de hauteur), magnifique exemple d'architecture militaire. Les raffinements de la construction et des aménagements intérieurs, dus à Arnaud Aubert, archevêque d'Auch et neveu du pape Innocent VI, contrastent avec le logis fortifié, très remanié, flanqué par l'ouvrage au sud-est. Le rez-de-chaussée servait de resserre et chaque étage était équipé de latrines situées dans les contreforts sud-est et nord-est. Par l'escalier à vis, montez à la salle du 1er étage, voûtée d'ogives, portant à la clef les armes d'Arnaud Aubert. La salle du 2e étage (la clef de voûte est ici à l'effigie de l'évêque) allie l'élégance décorative au confort: cheminée frappée d'écussons, évier aménagé dans le mur sous une arcature, niches pouvant servir d'armoires. Il ne subsiste que les poutres du plancher qui séparait les 3e et 4e étages. De la plate-forme supérieure, où des échauguettes rondes sont disposées entre la terrasse et le sommet des contreforts, **vue**★ au nord-est sur la basilique Saint-Fris et son cimetière, au sud sur les Pyrénées.

La rue principale qui traverse le village passe sous la vieille **halle en bois** bordée de maisons pittoresques.

L'**église** se compose d'une nef unique prolongée d'un chœur voûté d'ogives. La belle chaire en pierre date du 15e s.

La **basilique Saint-Fris** *(clé à disposition au donjon)* est située dans le cimetière à l'extérieur du village. Édifiée au 15e s. pour recevoir le corps du neveu de Charles Martel, la basilique Saint-Fris fut en grande partie reconstruite au 19e s. Elle possède deux jolis portails Renaissance.

Vous pouvez vous rendre 10 km plus au nord de Bassoues pour voir l'**église de Peyrusse-Grande** (11e s.), l'un des plus anciens témoins de l'époque romane.

Continuez sur la D 943: juste après Bassoues, elle bifurque vers Marciac.

La route offre de magnifiques vues sur la chaîne des Pyrénées quand le temps le permet.

Après 6 km, tournez à gauche vers Saint-Christaud (D 159).

Saint-Christaud B2

L'**église** (13e s.), tout en brique occupe un site dominant face aux Pyrénées. Remarquez, entre les contreforts, la forme des ouvertures carrées disposées sur la pointe.

La D 159 et la D 943 ramènent à Marciac.

LA LÉGENDE DE LA VACHE QUI LÈCHE

Selon la tradition, **Fris**, neveu de Charles Martel, aurait été mortellement transpercé par une flèche lors du combat contre les troupes d'Abd al-Rahman qui refluaient vers le sud après leur défaite à Poitiers (732). Au 10e s., un paysan, qui faisait paître son troupeau sur les lieux de la bataille, fut très étonné de voir l'une de ses vaches lécher avec ferveur une pierre. Curieux, il souleva la pierre, gratta le sol et découvrit, dans un sarcophage, le corps intact du guerrier Fris en tenue de combat. On décida alors d'élever une église et d'y inhumer Fris en grande pompe. Incendié pendant les guerres de Religion, saccagé lors de la Révolution, l'édifice fut à nouveau consacré à la fin du 19e s. et fait toujours l'objet d'un pèlerinage local.

LA RIVIÈRE BASSE

Circuit de 45 km, tracé sur la carte de microrégion (p. 130-131) – comptez environ 2h. Quittez Marciac au nord-ouest par la D 3.

Beaumarchés AB2

L'**église** recèle un chapiteau orné d'un écusson aux armes de France : il illustre le contrat de paréage passé entre le sénéchal de Beaumarchés et le comte de Pardiac, qui présida à la fondation de cette bastide en 1288. Dans le Midi, le sénéchal était un officier chargé de rendre la justice au nom du roi. Eustache de Beaumarchés, sénéchal de Toulouse, fut aussi, entre 1272 et 1294, l'un des grands fondateurs de bastides.

L'édifice gothique à nef unique frappe par son aspect extérieur massif et surtout par son porche élevé au 15e s. qui devait servir de clocher, mais il ne fut jamais achevé. Observez la **frise** de têtes d'hommes et de femmes qui court autour de la galerie supérieure.

En suivant toujours la D 3, puis la D 946 à gauche, gagnez Plaisance. Traversez Préchac-sur-Adour et, à l'intersection avec la D 935, tournez à gauche, puis encore à gauche sur la D 65.

Mazères A2

L'**église** romane fortifiée présente en façade un clocher-pignon flanqué d'échauguettes sur contreforts. À l'intérieur, l'arcature décorative ornant le chœur a conservé des chapiteaux romans. À l'opposé, dans la salle sous clocher, la châsse en marbre de sainte Libérate (1342) est dressée sur un piédestal formant « confession » : le pèlerin, en rampant sous le monument, se mettait sous la protection des reliques.

Reprenez la D 935 et tournez à droite dans la D 58 vers Madiran.

Madiran A2

Situé au cœur du vignoble auquel il a donné son nom, le beau village de Madiran s'est construit autour d'un monastère de bénédictins. Il s'anime tout particulièrement les 14 et 15 août pour la fête du vin, qui donne l'occasion de déguster les grands crus du vignoble de Madiran.

Église – Élevée aux 11e et 12e s., l'église conserve un chœur roman construit au-dessus d'une crypte. Vous y admirerez les chapiteaux.

Dans le prieuré en face de l'église, la Maison des vins vous fournira toutes les adresses souhaitables *(voir « Nos adresses », p. 148).*

Rejoignez la D 935 et prenez-la vers Maubourguet.

Maubourguet A2

Cette bourgade animée est traversée par l'Adour et le GR 653, chemin de Saint-Jacques-de-Compostelle en venant d'Arles. Outre une grande et belle halle métallique, elle s'enorgueillit d'une **église romane** avec ses trois absides du 11e s. et son portail du 12e s.

Espace muséographique – *140 allées Larbanès - 65700 Maubourguet - ✆ 05 62 96 39 09 (office de tourisme) - juil-août : 9h30-12h30, 14h-18h, dim. 10h-12h, 15h-18h ; reste de l'année : lun.-vend. 9h-12h30, 14h-17h30, sam. 9h-12h, 14h-17h - 3 € (gratuit -18 ans).* Il est difficile d'imaginer aujourd'hui une présence de villas gallo-romaines dans le paysage. Il y en avait pourtant, et de très belles si l'on en juge par les découvertes réalisées. Les fouilles ont ainsi permis de mettre au jour la **mosaïque au Dieu Océan** (20 m^2) : elle est le trésor de ce musée qui présente de nombreux objets de la préhistoire au Moyen Âge.

De Maubourguet, revenez à Marciac par la D 943.

NOS ADRESSES AUTOUR DE MARCIAC

HÉBERGEMENT

BUDGET MOYEN

Chambre d'hôte Au Château – *32230 Juillac - ✆ 05 62 09 37 93 - www.auchateaujuillac.com - P - ⊭ - 4 ch. 60/65 € ☕ - repas 20 €.* Au cœur d'une exploitation agricole toujours en activité, belle chartreuse du 18e s. abritant de vastes chambres décorées avec goût. La table d'hôte est basée sur les produits de la ferme. Côté activités : prêt de vélos et balades dans le parc.

POUR SE FAIRE PLAISIR

Château Le Haget – *Rte de Miélan - 32320 Montesquiou - ✆ 05 62 70 95 80 - www.lehaget.com - P - ⊭ - 10 ch. 85/115 € - ☕ 9 € - rest. 23/27,50 €.* Ce château imposant, entouré d'un vaste parc offrant une grande pisicine, une terrasse et des terrains de jeux variés, propose aussi son restaurant, mais également des petits chalets et des mobil-homes loués à la semaine, des emplacements de camping et même des hébergements pour les pèlerins de Saint-Jacques de Compostelle.

Chambre d'hôte Domaine Arros – *Rte de Saint-Sever - 32730 Montégut-Arros - ✆ 05 62 61 98 02 - www.domainedelarros.com - P - ⊭ - 5 ch. (2 duplex) 99/145 € ☕ - rest. 26/33 €.* Vaste demeure avec plusieurs espaces de détente, située dans un beau domaine offrant une grande piscine couverte et chauffée, Jacuzzi, sauna, tennis et green pour s'entraîner au golf. Ambiance conviviale à la table d'hôte.

RESTAURATION

Si, lors de votre passage à Mirande, votre faim de saveurs locales se fait sentir, vous trouverez satisfaction dans le restaurant-galerie Alain Fournier *(juin-sept., ✆ 06 73 25 66 03)*, où la cuisine gersoise « au goût du jour », est à déguster en contemplant les œuvres exposées en salle. Quelques auberges plus simples méritent aussi le détour.

BUDGET MOYEN

Le Relais du Bastidou – *À Cayron - 32160 Beaumarchés - ✆ 05 62 69 19 94 - www.le-relais-du-bastidou.com - fermé dim. soir et lun. hors sais., 15 j. en fév. et de la Toussaint à mi-déc. - 20/38 € - 8 ch. 75/80 € - ☕ 10 € - 1/2 P obligatoire lors du festival Jazz in Marciac 170 € pour 2.* Au milieu des prés et des arbres, dans une ferme du 18e s., la cuisine est à l'avenant, simple et savoureuse, avec la déclinaison des produits gascons fournis par les voisins, mais aussi ceux de l'océan. Belle piscine.

POUR SE FAIRE PLAISIR

Café Zik – *Lac de Marciac - ✆ 05 62 09 88 72 - www.cafezik.com - fermé lun.-merc. hors sais. - formule déj. 19 € - 28/41 €.* En bordure du lac de Marciac, ce restaurant au cadre moderne sert une cuisine régionale de saison, agréablement accompagnée de musique jazz.

Le Prieuré – *4 r. de l'Église - Madiran - ✆ 05 62 31 44 52 - www.leprieure-madiran.fr - fermé 5-11 janv., 8-15 fév., dim., lun. et mar. - 30/46 €.* Installé dans un ancien monastère, qui abrite aussi la Maison des vins, ce restaurant au décor élégant propose une cuisine moderne et un beau choix de crus locaux.

Le Relais de la Tour – *Pl. de l'Horloge - Tillac - ✆ 05 62 61 85 84 - P - fermé janv.- formule* *déj. 13 € - 25 €*. Une bonne cuisine traditionnelle régionale, dans le cadre enchanteur de la petite bastide de Tillac.

PETITE PAUSE

Ferme de Bordeneuve – *32320 Montesquiou - ✆ 05 62 70 94 20 - www.fermedebordeneuve.com - 15h-19h*. Une halte très nature que la découverte de cette charmante ferme et du chemin de randonnée balisé, long de 3 km, qui l'entoure. Après la visite *(gratuite)*, une dégustation de produits du terroir vous sera offerte sous un sympathique préau.

ACHATS

Vin de Madiran

Si Madiran se situe dans les Hautes-Pyrénées, l'aire d'appellation, ainsi que celle des blancs pacherenc-du-vic-bilh qui la recoupe entièrement, est à cheval sur 2 autres départements, et plusieurs des domaines les plus en vue se trouvent dans le Gers. En voici parmi les meilleurs, où déguster de bons vins et plus si affinités.

Cave de Crouseilles – *64350 Crouseilles - ✆ 05 59 68 57 14 - www.crouseilles.com - juil.-août : visite de la cave le dim. (11h, 13h, 15h) ; mai et sept. : 9h-13h, 14h-19h (dim. 10h-19h) ; oct.-avr. : 9h30-12h30, 14h-18h (dim. 13h-18h)*. En moins de cinquante ans, la cave de Crouseilles a acquis une renommée incontestable dans le monde du vin. Dans sa salle de dégustation, découvrez le madiran rouge et le pacherenc-du-vic-bilh sec ou moelleux, appellations phares du domaine. Expos, concerts et fête des vendanges animent la période estivale.

Maison des vins de Madiran et de pacherenc du vic-bilh – *4 r. de l'Église - 65700 Madiran - ✆ 05 62 31 90 67 - www.madiran-story.com - juil-août 10h-13h, 14h-18h*. Ne quittez pas la région sans un détour par la Maison des vins du Pacherenc et de Madiran qui pourra vous communiquer une liste des propriétaires ou des producteurs afin de réserver vos visites.

Château d'Aydie - Vignobles Laplace – *64330 Aydie - ✆ 05 59 04 08 00 - www.famillelaplace.com - 9h-12h30, 14h-19h*. En 1961, la famille Laplace fut la pionnière de la mise en bouteille à la propriété. Les quatre enfants de Pierre Laplace se consacrent désormais exclusivement au travail de la vigne. Le domaine compte aujourd'hui 55 ha plantés sur des sols argilo-calcaires et argilo-silicieux. Les madirans sont élevés en barriques durant dix-huit mois.

Château de Viella – *Rte de Maumusson - 32400 Viella - ✆ 05 62 69 75 81 - www.chateauviella.fr - lun.-sam. : 8h-12h30, 14h-19h, dim. sur RV*. Ce domaine renommé étage ses vignes sous un joli château du 18e s., récemment restauré. Alain Bortolussi y propose ses cuvées de madiran rouge, de pacherenc blanc et de rosé de Béarn. Promenade balisée dans les vignes et animations estivales.

Domaine Laougué – *Rte de Madiran - 32400 Viella - ✆ 05 62 69 90 05 - www.domaine-laougue.fr - 9h-19h*. Pierre Dabadie y produit des vins, madirans et pacherencs, enthousiasmants et régulièrement primés. Il propose une découverte ludique de la vigne et du vin.

Château Laffitte-Teston – *32400 Maumusson-Laguian -*

☏ 05 62 69 74 58 - www.chateau-laffitte-teston.com - 9h-12h30, 13h30-19h - fermé dim. et j. fériés. Dans ce beau domaine, très bien situé, Jean-Marc Laffitte élabore des vins réputés, notamment un madiran « vieilles vignes » et un pacherenc sec.

Château Bouscassé – *32400 Maumusson-Laguian - ☏ 05 62 69 74 67 - www.brumont.fr - lun.-vend., 9h-12h30, 14h-18h.* Alain Brumont est une légende à Madiran, dont il a porté très haut la réputation avec les plus beaux millésimes de Château Montus, situé à proximité. Dégustations et ventes se font à Bouscassé, qui offre une gamme complète, depuis les jolis petits vins blancs de Gascogne jusqu'au prestigieux « La Tyre » de Montus.

Bassoues

Domaine de Bilé - Famille Della-Vedove – *32320 Bassoues - ☏ 05 62 70 93 59 ou 06 12 36 01 97 - www.domaine-de-bile.com - 9h-19h - fermé dim. apr. midi en fév.* Cette jolie ferme du Haut-Armagnac vous fait découvrir ses chais de vieillissement et de vinification et vous propose des dégustations gratuites : flocs de Gascogne, armagnacs millésimés, vins de pays des Côtes de Gascogne (produits régulièrement primés dans les concours). Soirées à thème (repas inclus), expositions d'artistes, sentier de randonnée dans le vignoble.

Marché de Mirande – *Halle de Mirande - lun. sous la halle et aux abords immédiats.* Marché traditionnel sous une halle du 19e s. récemment restaurée.

Domaine apicole du Pillardon – *32320 Bassoues - ☏ 05 62 70 99 93 ou 06 72 01 91 65 - www.unechoseavousdire.com.* Paul Peignier propose des visites du domaine (*5 €*) et des démonstrations au rucher et à la miellerie tous les mercredis entre le 6 juil. et le 24 août. Les dégustations et ventes (miel, pains d'épices, bougies…) ont lieu toute l'année sur RV.

ACTIVITÉS

Flânerie – *Hameau de Mazères - 65700 Castelnau-Rivière-Basse - ☏ 05 62 31 90 56 - http://asin.free.fr/flanerie.htm.* La Flânerie vous invite à séjourner dans une propriété agricole du 18e s., qui fut le siège de la renaissance de l'âne des Pyrénées. Randonnées sur les berges de l'Adour et dans le vignoble de Madiran.

Ludina – *Au Roc - 32300 Mirande - ☏ 05 62 66 50 13 - www.coeur-dastarac.fr - juil.-août : 11h-20h - la journée 5,80 € (4-12 ans 4,80 €).* Ce domaine offre aux familles 800 m² de bassins, avec grands toboggans, cascades, bains bouillonnants et pataugeoires, sur 15 000 m² d'espaces verts. Terrains de volley, beach soccer, tennis, tables de ping-pong, parking et snack.

AGENDA

Jazz in Marciac – *1re quinz. d'août - réserv. au bureau du festival - ☏ 0 892 690 277 (0,34 €/mn) - www.jazzinmarciac.com.* Soutenu dès son origine par Bill Coleman, ce festival convivial et de haute tenue réunit de 10h à 20h non-stop des milliers d'amateurs pour des moments de jazz exceptionnels. Quant à l'hébergement, mieux vaut s'y prendre à l'avance !

2

Nogaro

1 980 Nogaroliens – Gers (32)

NOS ADRESSES PAGE 152

S'INFORMER

Office de tourisme – *77 r. Nationale - 32110 Nogaro - ✆ 05 62 09 13 30 - www.nogaro-tourisme.fr - juil.-août : 9h30-12h30, 14h-18h30, dim. 10h-13h ; reste de l'année : tlj sf dim. 10h-12h, 14h-18h.*

SE REPÉRER

Carte de microrégion A1 (p. 130-131) – *carte Michelin Départements 336 B7.* À l'extrême ouest du département du Gers, Nogaro est à 21 km d'Aire-sur-l'Adour dans les Landes et à 64 km d'Auch par la N 124 (D 924).

À NE PAS MANQUER

Les peintures murales de l'église Saint-Nicolas et un petit tour au circuit automobile, un jour de Grand Prix *(voir « Nos adresses », p. 152).*

AVEC LES ENFANTS

La Palmeraie du Sarthou ; la base de loisirs de Lupiac ; Ludognac ; Barbotan est classé Famille Plus.

Sur la rive gauche du Midour, au milieu des vignobles et des champs de maïs du Bas-Armagnac, Nogaro réunit les adeptes des sports mécaniques... Rendez-vous à l'aérodrome pour pratiquer du vol à voile ou au circuit Paul-Armagnac pour assister aux compétitions automobiles. Le 14 Juillet, les arènes accueillent le concours de la Corne d'or !

Se promener

Église Saint-Nicolas

Saint Austinde, évêque d'Auch au 11e s., fonda la sauveté de Nogaro (qui devait accueillir entre 1060 et 1315 plusieurs conciles) ainsi que la **collégiale**.

Cette église romane du 12e s. bâtie en pierre de Saint-Griède (village des alentours), a subi quelques destructions et transformations au fil des siècles. Les absidioles abritent les **peintures murales★** les plus importantes du Gers, découvertes en 1995. Celles de l'absidiole nord, dont les couleurs et les traits se sont estompés malgré les restaurations, retracent les épisodes de la vie de saint Laurent. Au sud est représenté un Christ en majesté entouré des symboles des quatre évangélistes (faisant écho à celui placé dans le tympan, au-dessus du portail septentrional). En sortant, on peut voir, près du flanc sud fortifié, les vestiges de l'ancien cloître, avec ses arcades murées au décor ciselé.

Circuit conseillé Carte de microrégion p. 130-131

AU PAYS DES MOUSQUETAIRES

Circuit de 55 km, tracé sur la carte de microrégion (p. 130-131) – comptez 1h. Quittez Nogaro au sud par la D 25, puis prenez à gauche la D 111.

Palmeraie du Sarthou A1

32110 Bétous - 05 62 09 01 17 - www.palmeraiesarthou.com - juin-sept. : 10h-19h ; mars-mai et oct. : tlj sf jeu. 14h-18h ; nov. et fév. : 14h-18h ; reste de l'année : sur RDV - 6 € (-12 ans 3 €, - 6 ans gratuit).

Un jardin tropical plein de surprises au cœur du Gers : on y traverse les plantations de palmiers, de bambous, de papyrus, en suivant un jeu de piste. Une ferme restaurée, une ménagerie et différentes sculptures contemporaines jalonnent le parcours. Aire de pique-nique ou possibilité de pique-niquer dans la forêt, le long du sentier de randonnée.

Continuez sur la D 111.

Sabazan A2

Ce village perché mérite un détour pour son église romane remarquablement élancée. Admirez les **hourds** couronnant le clocher : ces charpentes disposées en encorbellement permettaient aux assiégés de répandre toutes sortes de projectiles sur les agresseurs parvenus au pied de la muraille.

Aignan A2

5 pl. du Col. Parisot - 32290 Aignan - 05 62 09 22 57 - www.tourisme-aignan-gers.com - juil.-août : 10h-12h, 14h30-18h30 ; reste de l'année : 10h-12h, 14h-16h.

À l'orée d'une vaste forêt, Aignan, ancien castelnau réputé pour sa production d'armagnac, conserve quelques vestiges de son passé médiéval : une place à couverts supportés par des piliers de bois, des maisons à colombages et une église romane qui s'ouvre par un beau portail sculpté.

Prenez la D 20, puis à droite la D 174 vers Lupiac.

Lupiac B2

Musée d'Artagnan – *05 62 09 24 09 - www.lemondededartagnan.fr - pour les h se rens. - 5 € (-18 ans 2,50 €).* Le musée est installé dans une ancienne chapelle du 14e s. Un parcours audioguidé évoque, au rez-de-chaussée, l'histoire des mousquetaires et la légende de d'Artagnan. Ce personnage central du roman de Dumas (dont plusieurs éditions françaises et étrangères sont exposées) a donné lieu à de nombreuses adaptations cinématographiques (voir la belle collection d'affiches). Le premier étage met en scène le vrai d'Artagnan, né Charles de Batz-Castelmore à Lupiac en 1611, et retrace sa vie et le contexte historique de l'époque. Devant le musée, vue magnifique sur les Pyrénées.

Revenez à Aignan et, par la D 48, gagnez Termes-d'Armagnac.

Termes-d'Armagnac A2

Dressée au-dessus du confluent de l'Adour et de l'Arros, la forteresse de Thibaut de Termes (1405-1467), compagnon de Jeanne d'Arc, ne possède plus aujourd'hui que son donjon ainsi qu'une partie du corps de logis.

Tour de Termes – *05 62 69 25 12 - www.tourdetermes.fr - juin-sept. : 10h-19h, mar. 13h-19h ; reste de l'année : tlj sf mar. 14h-18h - fermé 1er janv., 25 déc - 6 € (-18 ans 4 €).*Sur la terrasse sud, après avoir gravi un escalier à vis aussi raide qu'obscur, vous découvrirez les figures de cire de la tour de Thermes : mousquetaires gascons (d'Artagnan en tête), Henri IV et le départ de Thibaut en sont les points forts, avec la plus paisible *espelonquere* ou « veillée d'automne ». De la plate-forme du donjon haut de 36 m, beau **panorama★** sur la vallée de l'Adour : la trouée du fleuve, au sud, dévoile le pic du Midi de Bigorre.

Retournez à Nogaro par les D 108 et D 25.

2

NOS ADRESSES À NOGARO

HÉBERGEMENT

POUR SE FAIRE PLAISIR

Hôtel Solenca – *Rte d'Auch - ✆ 05 62 09 09 08 - www.solenca.com - P - ≈ - 48 ch. 76/129 € - ☕ 9 € - formule déj. 16 € - 16/52 €.* Une étape gasconne conviviale. Les chambres ont été rénovées, insonorisées et climatisées. Piscine et jardin arboré. Restaurant avec terrasse proposant une cuisine orientée terroir.

RESTAURATION

BUDGET MOYEN

Les Caprices d'Antan – *Pl. de la Mairie - 32190 Lannepax - ✆ 05 62 65 76 92 - www.aubergelescapricesdantan.fr - fermé dim. soir et lun. - formule déj. 19 € - 18/33 €.* Dans le cadre authentique d'une grande maison gersoise, au coin de la place du village, les femmes qui sont aux fourneaux font partager leur passion pour une savoureuse cuisine de saison, suivant les arrivages et leurs envies, avec un brin de malicieux mystère.

La Bonne Auberge – *Pl. du Pesquérot - 32370 Manciet - ✆ 05 62 08 50 04 - fermé 4 j. à Noël, dim. soir et lun. - formule déj. 13 € - 25/50 € - 14 ch. 52/68 € - ☕ 8 €.* Maison centenaire abritant deux chaleureuses salles à manger : l'une, en véranda, ouverte sur la terrasse ; l'autre avec cheminée et une belle collection d'armagnacs.

ACTIVITÉS

Base de loisirs de Lupiac – Lac de 13 ha : plage de sable, voile, canoë…

Ludognac – *GPS à retirer à l'office du tourisme de Nogaro - gratuit.* Via un GPS, 2 rallyes amusants à faire pour découvrir les villages et campagnes de l'Armagnac.

Vélorail de l'Armagnac – *✆ 05 62 09 13 30 - http://velorail-armagnac-gers.jimdo.com - mi-juin-mi-sept. : tlj ; avr.-déb. nov : w.-end. - 14€ (6-14 ans 5 €).* Baladez-vous sur l'ancienne voie ferrée sur un vélo de 5 places, à la découverte des paysages vallonnés et du vignoble gersois.

ACHATS

Château de Laubade – *32110 Sorbets - ✆ 05 57 94 09 20 - www.chateaudelaubade.com - boutique et visite lun.-vend.* Le vignoble de ce château de style normand produit de l'armagnac depuis le 18e s. La visite du domaine constitue une agréable flânerie, jalonnée d'installations d'art contemporain.

AGENDA

Concours de la Corne d'or – *14 Juil.* Elles ne sont pas toujours commodes, les vaches landaises qu'affrontent les écarteurs et sauteurs dans les arènes de Nogaro pour ce concours. La meilleure vache remporte le prix, et ses supporters font des kilomètres pour assister à ses prestations !

Courses automobiles – Le circuit Paul-Armagnac s'anime trois jours à Pâques, du samedi au lundi, pour les Courses de Pâques. L'autre grand rassemblement de voitures a lieu en septembre, autour du Grand Prix auto.

Festival « d'Artagnan chez d'Artagnan » – *2e w.-end d'août.* À Lupiac, spectacles, combats à l'épée, tirs à l'arquebuse… les visiteurs y paieront leurs achats d'artisanat en Louis !

Festival médiéval - Termes d'Armagnac - *2e quinz. de juil. et 1er w.-end d'août.*

Eauze

4 092 Élusates – Gers (32)

NOS ADRESSES PAGE 155

S'INFORMER

Office du tourisme d'Eauze – *2 r. Félix-Soules - 32800 Eauze - 05 62 09 85 62 - www.tourisme-eauze.fr - pour les h se rens.*

SE REPÉRER

Carte de microrégion B1 (p. 130-131) – *carte Michelin Départements 336 C6.* En plein cœur de l'Armagnac, entre Condom et Aire-sur-Adour, Eauze se blottit derrière une ronde de boulevards.

À NE PAS MANQUER

La place d'Armagnac ; le trésor d'Eauze au Musée archéologique.

ORGANISER SON TEMPS

Une ou deux heures suffisent pour apprécier la ville.

AVEC LES ENFANTS

L'extraordinaire collection de pièces romaines du trésor d'Eauze.

2

Cette petite cité gersoise, antique Elusa romaine au 3e s., fit la une de la presse en 1985 quand on y découvrit un remarquable trésor exposé aujourd'hui dans le Musée archéologique. Massée autour de sa cathédrale, elle est le centre commercial et administratif de l'Armagnac et elle s'anime tout particulièrement à l'Ascension pour la foire aux eaux-de-vie, en juillet pour les fêtes d'Eauze (prononcez « éoze ») et entre novembre et mars, période de la distillation.

Se promener

Place d'Armagnac

Pittoresque avec ses maisons à arcades, elle est le point névralgique de la ville. On y remarque en particulier la belle **maison dite « de Jeanne d'Albret »**, sur piliers de bois. Henri IV et la reine Margot en furent les hôtes le 19 juin 1579. Aujourd'hui, le café-restaurant qui y est installé accueille les pèlerins du chemin de Saint-Jacques qui logent dans le gîte tout proche.

Cathédrale Saint-Luperc

Son plan, un long vaisseau unique flanqué de chapelles aménagées entre les contreforts et soulignées par des colonnes en pierre semi-encastrées, fait de cet édifice de la fin du 15e s. un exemple type du gothique méridional. Remarquez le bel appareil de briques et moellons romains récupérés des ruines d'Elusa. Quatre fenêtres hautes ont conservé leurs vitraux du 17e s.

★ Musée archéologique

05 62 09 71 38 - www.gers-gascogne.com - - juil.-août : 10h-19h ; mars-juin : 10h-12h, 14h-18h ; reste de l'année : se rens - 4,50 € (-18 ans gratuit).

Le musée dresse un panorama de l'occupation humaine de la proche région et vous fera pénétrer dans l'intimité de la vie sociale et économique de

ses habitants. Le **trésor d'Eauze ★★** est l'incontestable point fort de la visite. En 261, la famille Libo, notables gallo-romains sans doute d'origine étrusque, inquiète de l'insécurité régnant alors dans la région, enfouit (dans des sacs de cuir) un véritable trésor composé de bijoux et de monnaies d'argent, de bronze et d'or. Exhumé en 1985, il est aujourd'hui le fleuron du Musée archéologique de la ville. Il est présenté tel qu'il a été découvert, dans une fosse circulaire creusée dans le sous-sol : des présentoirs en jaillissent, permettant d'admirer l'ensemble des bijoux. Remarquez, en particulier, les colliers en or rehaussés de pierres précieuses (émeraudes, grenats et saphirs) et de perles de nacre, des bracelets et des bagues superbes, ainsi qu'un admirable couteau dont le manche d'ivoire sculpté représente Bacchus. Tout autour, sur les murs, les pièces de monnaie sont alignées verticalement, rendant compte de leur diversité et de leur incroyable quantité : songez que le trésor en comptait 120 kg…
La visite se complète par des collections préhistoriques *(rez-de-chaussée)* et quelques objets provenant de fouilles archéologiques réalisées sur le site d'Elusa, dont la vie quotidienne nous est présentée dans la grande salle, à travers des fresques colorées.

★ Centre d'interprétation et site archéologique la Domus de Cieutat B1

✆ 05 62 09 71 38 - www.gers-gascogne.com - ♿ - juil.-août : 10h-19h ; mars-juin : 10h-12h, 14h-18h ; reste de l'année : se rens - 4,50 € (-18 ans gratuit) - possibilité de visite guidée sur demande (1h30) - nov.-mars : gratuit le 1er dim. de chaque mois.
Installé dans l'ancienne gare d'Eauze, le centre d'interprétation du pôle archéologique Elusa-Séviac présente la Domus de Cieutat (située à quelques centaines de mètres), la découverte du trésor d'Elusa (exposé au Musée archéologique) ainsi que la Villa Séviac (*voir p. 162*), située à Montréal-du-Gers. Elusa était la capitale de la Novempopulanie, une division de la province d'Aquitaine administrée au 3e s. par l'Empire romain ; des objets issus des récentes fouilles, des panneaux explicatifs ainsi qu'une vidéo reconstituent la vie des Elusates et permettent d'appréhender la visite des ruines de la **Domus de Cieutat**.

À proximité Carte de microrégion p. 130-131

Barbotan-les-Thermes A1

▶ 23 km au nord-ouest d'Eauze par la D 626.
ℹ Pl. Armagnac - 32150 Barbotan-les-Thermes - ✆ 05 62 69 52 13 - www.barbotan-cazaubon.com - mars-nov. : 9h-12h, 14h-18h, dim. 10h-12h ; déc.-fév. 9h-12h, 13h30-17h30 - fermé 1er janv. et 25 déc.
Dotée du label Famille Plus (*voir p. 22*), cette station thermale possède un climat particulièrement doux et des sources chaudes souterraines qui ont favorisé, dans le **parc thermal**, la croissance d'espèces exotiques. Vous y trouverez des palmiers, des magnolias et surtout des lotus, qui font l'orgueil de la station. Vous prendrez plaisir à vous y promener avant de découvrir l'**église**, du 12e s., dont le clocher-porche était à l'origine une porte fortifiée des remparts. Ce clocher est percé d'une voûte qui livre passage à l'avenue des Thermes.
Situé au sud de la ville, dans un cadre verdoyant, le **lac d'Uby** a été constitué par la retenue de l'Uby barré par une digue longue de 440 m, large de 8 m et haute de 7 m. Ses rives sont aménagées en centre de loisirs : base nautique, école de voile, plage de sable fin, terrain de camping, etc. Idéal pour ceux qui souhaitent faire trempette sans ordonnance !

LA TÉNARÈZE

Ce nom, connu par l'appellation d'une région délimitée des eaux-de-vie d'Armagnac, s'applique à une antique voie de passage qui suit la ligne de partage des eaux entre l'Adour et la Garonne. Si l'on en croit l'adage gascon, cet itinéraire aurait permis d'aller « des Pyrénées jusqu'à Bordeaux, sans passer de pont ni prendre bateaux… » Il est possible de cheminer entre Eauze, au nord, et Miélan, au sud, sans quitter la ligne de faîte des coteaux, avec de beaux panoramas sur la chaîne des Pyrénées.

Pour aller plus loin, voir L'Armagnac, p. 165.

NOS ADRESSES À EAUZE

HÉBERGEMENT

PREMIER PRIX

Camping Les Lacs de Courtès – *Courtès - 32240 Estang - au sud du bourg par D 152, près de l'église et au bord d'un lac - 05 62 09 61 98 - www.lacsdecourtes.com - ouvert avr.-oct. - - réserv. conseillée - 136 empl. 28 €.* De spacieux emplacements, des chalets et pavillons confortables: cette résidence de loisirs laisse augurer un agréable séjour. Diverses activités et animations y sont proposées: équitation, tir à l'arc, canoë et espace pêche sur le lac de la propriété.

Hôtel Beauséjour – *6 av. des Thermes - 32150 Barbotan-les-Thermes - 05 62 08 30 30 - www.hotelgers.com - ouv. mars-nov. - 25 ch. 35/75 € - 9 € - rest. 20/35 €.* Grande maison de style régional renfermant des chambres coquettes rénovées et un petit salon d'esprit british. Joli jardin arboré, offrant piscine chauffée et grand Jacuzzi couvert. Restaurant aux tons ensoleillés et terrasse tournée vers la campagne gersoise; repas diététiques à la demande.

BUDGET MOYEN

Chambre d'hôte La ferme de Mounet – *Rte de Perleboscq - 32800 Eauze - 05 62 09 82 85 - www.ferme-de-mounet.com - 4 ch. 65/70 € - rest. 25 €.* Cette ferme, spécialisée dans les bons produits gascons, offre 4 chambres de caractère, ainsi que 2 gîtes, et fourmille d'activités: piscine, spa, « jeu de l'oie » et visites aux animaux…

Chambre d'hôte Hourcazet – *Hourcazet - 05 62 09 99 53 - www.hourcazet.com - P - - 4 ch. 70 €.* Au milieu des vignes d'Armagnac, deux maisons de pays entourées d'un parc de 1 ha. Les plus grandes chambres sont aménagées sous les poutres du grenier, les autres se trouvent en rez-de-jardin. Petits-déjeuners servis dans une salle au cadre régional ou sur la terrasse.

RESTAURATION

PREMIER PRIX

La vie en rose – *22 r. Saint July - 05 62 09 83 29 - www.restaurant-la-vie-en-rose.com - fermé mar. soir et mer. - formule déj. 14 € - 16/29 €.* En face du Musée archéologique, un restaurant accueillant et coloré, qui sert de bons plats traditionnels.

Restaurant Henri IV – *1 pl. St-Taurin - 05 62 08 45 40 - www.hotel-restaurant-henri-4.fr - fermé sam. midi, dim. soir et lun., vac. Noël, 1re sem. vac. févr., dernière sem. d'août - formule déj. 12,50 € -*

2

16/30 € - 13 ch. 70/80 € - ☕ 7 €. Petit restaurant sympathique, au pied de l'église, qui bénéficie d'une bonne tenue et d'un service efficace. Vous pourrez déguster le fameux potage aux légumes en hiver. Une cuisine locale, très simple, préparée à partir de produits frais, et qui reste à la portée de toutes les bourses.

UNE FOLIE

Les Fleurs de Lees – *24 av. Henri-IV - 32150 Barbotant-les-Thermes - ✆ 05 62 08 36 36 - www.fleursdelees.com - sur réserv. nov.-mars - 45/57 € - 11 ch. et 5 suites 75/125 € - ☕ 9 €.* Dans cette grande maison de style colonial ouvrant sur les vignes alentour, Mike Lee, un anglais qui a bourlingué en Orient, crée un climat serein, original et chaleureux. Il marie adroitement dans sa cuisine les produits régionaux aux saveurs exotiques. Belle terrasse à l'étage pour les repas et piscine au jardin.

ACHATS

Château du Castex d'Armagnac – *32240 Monguilhem - ✆ 05 05 62 09 66 - www.chateaudecastex.net.* Exploité depuis plus de 200 ans par la même famille, ce château situé au cœur du Bas-Armagnac, produit des vins blancs, distillés dans la plus pure tradition, à feu continu, en un seul passage dans l'alambic SIER, employé par la maison depuis le 19e s. Les armagnacs, tous millésimés (de 1936 à 1995), mûrissent pendant 15 ans minimum et sont mis en bouteille lors de la commande.

Armagnac Delord – *R. principale - 32190 Lannepax - ✆ 05 62 06 36 07 - www.armagnacdelord.com - lun.-vend. 8h-12h, 14h-18h, sam. sur RV.* Visite et dégustation des crus de la maison, fondée en 1893 par un distillateur ambulant, Prosper Delord. Accueil lors de la distillation. Chaque assemblage et chaque millésime sont différenciés par une couleur de cire, faite maison.

AGENDA

Foire aux eaux-de-vie – *Sem. de l'Ascension - ✆ 05 62 08 11 00.* Tout savoir sur le produit qui symbolise la région ? Ne manquez pas la foire aux eaux-de-vie, organisée chaque année, depuis plus de 50 ans.

La Flamme de l'armagnac – *De nov. à janv. - ✆ 05 62 08 11 00 - www.armagnac.fr.* La distillation de l'armagnac est l'occasion de diverses animations et festivités dans la région. Programme disponible à l'office de tourisme.

Féria d'Eauze – *1er w.-end de juil.* Rien de tel, après avoir dégusté un bon armagnac à l'issue d'un repas qui ne peut être que copieux, que de prendre le chemin des arènes, en traversant la ville qu'animent les cuivres des bandas, pour assister à une corrida, point d'orgue des fêtes d'Eauze.

Festival « Galop Romain en Gascogne » – *W.-end suivant le 14 Juil. - www.festivalgalopromain.com.*

Vue sur Condom et la cathédrale Saint-Pierre.
C. Goupi / age fotostock

Condom

★

7 012 Condomois – Gers (32)

2

NOS ADRESSES PAGE 162

S'INFORMER
Office du tourisme de la Ténarèze – *5 pl. St-Pierre - 32100 Condom - 05 62 28 00 80 - www.tourisme-tenareze.com - de mi-juil. à mi-août : 9h-12h, 14h-19h, dim. et j. fériés 10h30-13h ; reste de l'année : tlj sf dim. et j. fériés 9h-12h, 14h-18h.*

SE REPÉRER
Carte de microrégion B1 (p. 130-131) – *carte Michelin Départements 336 E6.*
La ville est située à 45 km au nord d'Auch. Elle borde la limite nord du département du Gers

SE GARER
L'idéal est de pouvoir garer la voiture au parking de la place Saint-Pierre, devant la cathédrale, mais, à défaut, vous la laisserez sur l'avenue du Général-de-Gaulle.

À NE PAS MANQUER
La cathédrale Saint-Pierre ; Fourcès ; Larressingle ; la dégustation ou l'achat d'un foie gras *(voir « Nos adresses », p. 164).*

ORGANISER SON TEMPS
Si vous disposez d'une journée, visitez la ville le matin et parcourez la campagne, jalonnée de châteaux, l'après-midi.

AVEC LES ENFANTS

« La Halte du pèlerin » et la Cité des machines du Moyen Âge à Larressingle ; la villa gallo-romaine à Séviac ; le centre de loisirs aqualudique de la Ténarèze ; une croisière sur la Baïse.

Au sein d'une contrée parsemée de gentilhommières et d'églises rurales, la capitale de l'Armagnac est entourée de bastides souvent très pittoresques. Condom, avec sa magnifique cathédrale, ses vieux hôtels et son port sur la Baïse, est une cité on ne peut plus gasconne, et qui fleure bon l'odeur des chais…

Se promener Plan de ville ci-dessous

Le nom de Condom viendrait du mot gallo-romain « Condatomagus », qui évoque un marché *(magos)* établi au confluent *(condate)* de la Gèle et de la Baïse. Partez de la place St-Pierre, dominée par la cathédrale.

★ Cathédrale Saint-Pierre

Dominée par la majestueuse tour quadrangulaire de son clocher, la cathédrale de Condom, rebâtie entre 1507 et 1531, est l'un des derniers grands édifices du Gers construits suivant les traditions gothiques du Sud-Ouest.

Au portail sud, de style gothique flamboyant, les niches des voussures abritent encore 24 statuettes, dont l'agneau de saint Jean-Baptiste, blason de Jean Marre, le grand évêque bâtisseur de Condom (1496-1521) que l'on reconnaît

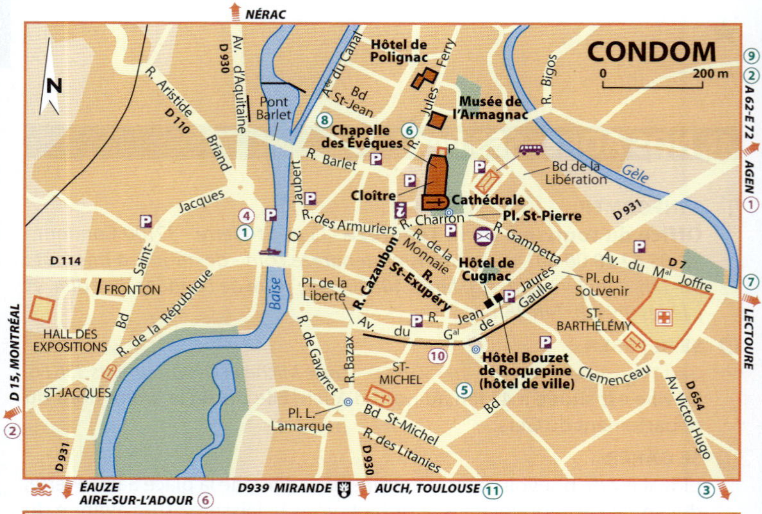

SE LOGER

- Angelots (Chambre d'hôte Les) 8
- Camp de Florence (Camping Le) 2
- Continental (Hôtel) 1
- Côté Remparts (Chambre d'hôte) 6
- Étape d'Angeline (Chambre d'hôte L') 9
- Ferme de Flaran (Hôtel La) 11
- Hour (Chambre d'hôte Le) 3
- Logis des Cordeliers (Hôtel Le) 5
- Vieux Pressoir (Chambre d'hôte Au) 7

SE RESTAURER

- Cardinal (Le) 1
- Daubin (Restaurant) 2
- Jardins de la Baïse (Les) 4
- Moulin du Petit Gascon (Le) 6
- Table des Cordeliers (La) 10

sur le socle de la niche vide du trumeau. L'ample vaisseau est illuminé par des verrières à remplage flamboyant dues à un atelier condomois (1858) pour le chœur, et à l'Atelier du vitrail de Limoges (1969) pour les fenêtres de la nef. Les nervures des voûtes s'articulent autour de clefs historiées. La clôture néogothique du chœur est peuplée de grandes statues d'anges et de saints exécutés en terre cuite moulées en 1844. En faisant le tour du chœur par la gauche, vous voyez, au-dessus de la porte de la sacristie, une très belle plaque de marbre commémorant la consécration de la cathédrale en 1531. La chapelle axiale, gothique, dédiée à la Vierge, appartenait à l'ancienne cathédrale. Remarquez le système des voûtes du **cloître★**, en grande partie refait au 19e s., à la cathédrale. Sur la galerie est se greffe la chapelle Sainte-Catherine, transformée en passage public, ornée de jolies clefs de voûte polychromes.

Chapelle des Évêques (palais de justice)

Occupée aujourd'hui par le palais de justice, elle présente une architecture encore gothique bien qu'elle soit postérieure à la cathédrale. Aux heures d'ouverture de la sous-préfecture (ancien évêché du 18e s.), on peut observer, depuis le jardin, le portail Renaissance de la chapelle des Évêques, surmonté d'une fenêtre décorée de baldaquins et de médaillons.

Par la place Lannelongue, gagnez la rue Jules-Ferry.

À droite, remarquez les bâtiments mansardés des écuries de l'Évêque, ancienne gendarmerie abritant aujourd'hui le musée de l'Armagnac.

Musée de l'Armagnac

℘ 05 62 28 47 17 - www.gers-gascogne - avr.-oct. : tlj sf mar. 10h-12h, 15h-18h ; reste de l'année : tlj sf lun.-mar. 14h-17h - fermé janv - 2,50 € (-18 ans gratuit) - possibilité de visite guidée sur demande (1h30).

Il présente une rare collection d'**outillages** utilisés jadis par les vignerons de la région (pressoir pesant 18 tonnes, rouleau à fouler le raisin), un échantillonnage complet d'instruments de tonnellerie et de bouteilles produites par les gentilshommes-verriers gascons, divers alambics dont l'un exécuté comme chef-d'œuvre par un compagnon chaudronnier. Remarquez la carte des anciennes routes d'exportation de l'armagnac par l'Adour ou par la Garonne.

Poursuivez dans la rue Jules-Ferry.

Hôtel de Polignac

Cet édifice du 18e s. abrite une école. Côté rue, la façade classique, rythmée par des colonnes, de hautes fenêtres et des balustres, est précédée par une colonnade et de belles grilles en fer forgé. À l'ouest, l'imposant bâtiment, souligné par un balcon de pierre, domine la vallée de la Baïse.

Faites demi-tour et prenez la rue Gaichies. Sur la place du Lion-d'Or, empruntez la rue Honoré-Cazaubon.

Rue Honoré-Cazaubon

Vous y verrez quelques beaux hôtels particuliers : Empire, au n° 11, d'époque Louis XV comme l'hôtel de Galard, au n° 10.

Rue Saint-Exupéry

Au bout de la rue à droite, n'hésitez pas à pénétrer dans la cour du **collège Salvandy**, ancien collège d'oratoriens (1724), afin d'apercevoir la tour d'escalier gothique et les portes donnant sur les anciennes classes, surmontées des inscriptions « Rhétorique », « Philosophie », etc.

À l'extrémité de la rue Saint-Exupéry, tournez à droite pour gagner le « Cours » (avenue du Gén.-de-Gaulle prolongée par la rue Jean-Jaurès).

LA CITÉ DES CHATS
De nombreuses effigies de ces félins, statuettes de Maurice Serreau, viennent rappeler la légende d'Angéline, une jeune fille qui abrita clandestinement quelques chats lors d'une famine qui contraignit les habitants du lieu à dévorer leurs matous en 1342.

Le Cours
Sur ce large cours, après le noble hôtel de Cugnac, s'élève l'**hôtel Bouzet de Roquepine**, également du 18e s., qui abrite aujourd'hui l'hôtel de ville de Condom. Il possède un curieux petit balcon en étrave.

Maison Ryst-Dupeyron (hôtel de Cugnac)
✆ 05 62 28 08 08 - www.tourisme3281.com - visite guidée (40mn) juil.-août : 9h-12h, 14h-17h, w.-end 14h30-17h ; reste de l'année : lun.-vend. 9h-12h, 14h-16h30 - fermé j. fériés - gratuit - visite et dégustation.
Elle propose la découverte de ses chais datant du 18e s. Le parcours dans la distillerie et le chai de mise en bouteilles est étayé par des projections audiovisuelles.

Autour de la place St-Pierre
Poursuivez jusqu'à la place Voltaire et prenez à gauche la rue Léon-Gambetta.
En débouchant sur la place St-Pierre où se dresse la cathédrale, belle vue sur le chevet et le cloître attenant. Avancez-vous jusqu'à l'entrée de la rue Charron, côté ouest de la place, pour observer la façade de l'hôtel de Bourran (17e s.), parée d'un balcon sur trompe.

Circuit conseillé Carte de microrégion p. 130-131

VALLÉES DE L'OSSE ET DE L'AUZOUE

Circuit de 40 km, tracé sur la carte de microrégion (p. 130-131) – comptez environ 1h. Quittez Condom à l'ouest par la D 15, en direction de Montréal, puis tournez à gauche sur la D 507.

★ Larressingle B1
32100 Larressingle - ✆ 05 62 68 22 49 - www.tourisme-tenareze.com - de mi-juil. à mi-août : 10h30-12h30, 14h30-18h30 ; de mi-juin à mi juil. et de mi-août à mi-sept. : merc.-dim. 10h30-12h30, 14h30-18h30 ; de mi-mai à mi-juin : mar.-vend. 14h30-18h30.
C'est un tout petit village du 13e s., ceint de remparts, lieu de résidence des évêques de Condom jusqu'au 16e s. En ruine, Larressingle fut sauvé en 1920 par le maréchal Mortier, duc de Trévise. Celui-ci fit appel à des Américains qui rachetèrent toutes les maisons et les restaurèrent. De l'époque subsistent un donjon, une église et quelques maisons (restaurées). Sa taille lui vaut le titre de « plus petite cité fortifiée de France ».
Un pont enjambant les douves et une porte fortifiée permettent d'accéder au centre et à la seule rue du village bordée de quelques boutiques. Un escalier à vis conduit aux trois étages du donjon en ruine. L'église romane fortifiée, dédiée à Sigismond, roi des Burgondes, se réduit à deux chœurs emboîtés.
Le musée « La Halte du pèlerin » – *✆ 05 62 28 08 08 - visite guidée (20mn) juin-oct. : 10h-18h ; avr.-mai : 14h-18h ; reste de l'année : se rens - 4,20 € (-18 ans 3,50 €).*

La bastide de Fourcès vue du ciel.
J.-D. Sudres / hemis.fr

Ce musée propose une promenade commentée *(magnétophone)* à la rencontre de cinquante personnages en costumes d'époque, illustrant dix scènes de la vie quotidienne à Larressingle, pendant la guerre de Cent Ans : l'organisation de la maison, les différents métiers, les activités… 2

Le Jardin médiéval – *05 62 28 23 89 - mai-sept. : 9h-21h - 1 €.* Récent mais déjà bien rempli, ce jardin est planté d'arbres et de plantes aromatiques et médicinales, façon « bio ». Il accueille aussi bien un théâtre de marionnettes, de la salsa le soir et un atelier de céramique.

Le **Verger vignoble de collection** est une autre curiosité horticole.

Cité des machines du Moyen Âge – *05 62 68 33 88 - http://larressingle.free.fr - - visite guidée (1h) juil.-août : 10h-19h ; mars-juin et sept.-nov. : 14h-18h reste de l'année : sur RV - possibilité de visite guidée sur demande (20mn) - 8 € (-17 ans 6,80 €).*

Une idée de promenade ? Faites le tour des fortifications en empruntant le chemin à l'extérieur de l'enceinte. Cette petite balade vous permettra de découvrir la Cité des machines, véritable camp de siège du 13e s. reconstitué au pied des fortifications. Vous y voyez fonctionner des engins d'attaque et de défense comme le trébuchet qui, avec son mât de 12 m, envoyait des boulets de 100 à 120 kg à près de 220 m de distance (il est ici présenté au tiers de sa grandeur réelle).

Au pied de la colline, remarquez le **pont roman d'Artigues**, emprunté par le chemin de Saint-Jacques. Il est classé au Patrimoine de l'humanité.

Reprenez la D 15 vers la gauche.

Montréal-du-Gers B1

Pl. de l'Hôtel-de-Ville - 32250 Montréal-du-Gers - 05 62 29 42 85 - www.tourisme-tenareze.com - juil.-août : 9h30-12h30, 14h-19h ; reste de l'année : se rens.

Cette bastide, établie en 1256, est l'une des plus anciennes de Gascogne. Elle occupe un site pittoresque au-dessus de la vallée de l'Auzoue. Sévèrement endommagée pendant les guerres de Religion, elle a toutefois conservé une église gothique fortifiée et une place carrée bordée de maisons à couverts.

Musée archéologique – ✆ *05 62 29 42 85 - www.tourisme-tenareze.com - juil.-août : 10h-19h ; mars-juin et sept.-nov. : 10h-12h, 14h-18h - gratuit.* Situé dans l'une des maisons à couverts, ce petit musée *(accès par le syndicat d'initiative)* expose quelques pièces (poteries, objets en fer, boucles mérovingiennes) découvertes sur le site de Séviac, comme la « mosaïque aux arbres », composition végétale mêlant harmonieusement des motifs d'arbres fruitiers et de lis. À 2,5 km au sud, serties dans un bois de chênes, s'élèvent les ruines de l'église Saint-Pierre-de-Genens, dont le portail roman est surmonté d'un chrisme en marbre blanc des 7e et 8e s.

Gagnez le site de Séviac en suivant la signalisation, à l'ouest de Montréal.

★ Villa gallo-romaine de Séviac B1

✆ *05 62 29 48 57 - www.seviac-ville.com - juil.-août : 10h-19h ; sept.-nov. : 10h-12h, 14h-18h ; reste de l'année : se rens - 4,50 € (-18 ans gratuit) - possibilité de visite guidée (1h30).*

Les fouilles menées sur le site depuis un siècle ont mis au jour les fondations d'une luxueuse villa gallo-romaine du 4e s., imbriquée dans un ensemble paléochrétien et des vestiges mérovingiens, témoins d'une occupation permanente du 2e au 7e s. Établi sur un plateau calcaire peu élevé, le logis résidentiel s'ordonne autour d'une cour carrée, entourée de galeries aux sols couverts de mosaïques et ouvrant sur la cour par une colonnade de marbre.

Au sud-ouest, une cour sépare la demeure du maître d'un vaste ensemble thermal, le plus grand que l'on connaisse au sein d'une habitation privée. Il comporte des salles chauffées par hypocauste (système de circulation d'air chaud sous le sol, l'ancêtre de notre chauffage central), une piscine et des bassins plaqués de marbre et décorés de mosaïques, exceptionnelles par leur nombre, leur richesse et leur état de conservation.

La D 29, à la sortie nord de Montréal, remonte le cours de l'Auzoue.

★ Fourcès B1

Par un petit pont franchissant l'Auzoue qui borde un château des 15e et 16e s., vous arrivez au cœur de cette adorable bastide anglaise fondée au 13e s. Elle doit son plan circulaire, fort original, au plan de l'ancien château dont elle occupe l'emplacement. Les maisons à colombages, sur arches de pierre et de bois, qui abritent des ateliers d'artisans et des galeries d'art, entourent la vaste place ronde ombragée. De l'enceinte subsistent quelques vestiges ainsi que la tour de l'Horloge. La petite cité est particulièrement animée et colorée le dernier week-end d'avril, lors du marché aux fleurs de printemps !

Retournez à Condom par la D 114.

NOS ADRESSES À CONDOM

HÉBERGEMENT

PREMIER PRIX

Chambre d'hôte Les Angelots – *3 quai La Boupillière - ✆ 05 62 28 82 02 ou 06 74 49 22 82 - www.lesangelots.fr - 3 ch. 49/62 €* ☕. Outre une suite familiale et une chambre pour deux dans une maison du 18e s. au bord de la Baïse, les hôtes bénéficient d'une terrasse ombragée et de repas sur commande, ainsi que de la location de vélos électrique pour deux (*12 € la demi-journée*). Idéal le temps d'un week-end et de quelques balades balisées autour de Condom.

BUDGET MOYEN

Hôtel Continental – *20 r. du Mar.-Foch - ✆ 05 62 68 37 00 - www.lecontinental.net - fermé 20-27 déc. - 25 ch. 50/130 € - ☕ 9 € - rest. 21/33 €.* La Baïse coule au pied de cet hôtel où les chambres entièrement rénovées, confortables et ornées de gravures anciennes donnent pour la plupart sur un jardinet. Plats traditionnels et régionaux dans une salle actuelle claire et lumineuse. Terrasse d'été.

Hôtel Le Logis des Cordeliers – *R. de la Paix - ✆ 05 62 28 03 68 - www.logisdescordeliers.com - fermé 2 janv.- 3 fév. - P - 21 ch. 55/70 € - ☕ 8 €.* Bâtiment récent situé dans un quartier tranquille. Chambres fonctionnelles : optez pour celles donnant sur la piscine, agrémentées de petits balcons fleuris. Accueil aimable.

Chambre d'hôte Au Vieux Pressoir – *32100 Caussens - ✆ 05 62 68 21 32 - www.auvieuxpressoir.com- fermé vac. de fév. - P - 4 ch. 56 € ☕ - repas 16/27 €.* Cette grande demeure du 17e s. jouit d'une vue exceptionnelle sur la campagne et les vignes. Les chambres, meublées d'antiquités, sont confortables et bien tenues. La table honore les produits fermiers : vous pourrez notamment déguster les canards élevés sur place par les fermiers.

Chambre d'hôte Du côté de chez Jeanne – *Au village - 32250 Fourcès - ✆ 05 62 29 49 23 - www.ducotedechezjeanne.fr - 3 ch. 70/80 € ☕.* Un bel escalier mène à trois pimpantes et confortables chambres, au cœur du village de Fourcès.

POUR SE FAIRE PLAISIR

Chambre d'hôte Côté Remparts – *7 r. Jules-Ferry - ✆ 05 62 28 38 97 ou 06 79 68 76 07 - http://cote-remparts.com - 2 ch. 83/93 € ☕.* Une chambre romantique et une suite familiale attendent les voyageurs qui aiment le confort et l'esthétique, dans un hôtel particulier du vieux Condom, qui disposent d'un jardin et d'une piscine.

RESTAURATION

BUDGET MOYEN

Le Moulin du Petit Gascon – *Rte d'Eauze, chemin de l'Argenté - ✆ 05 81 68 50 03 - www.lemoulindupetitgascon.fr - fermé dim. (sf le soir en juil.-août), lun. et mar. hors sais. - 18/23 €.* Niché au bord de la Baïse, tout près de l'écluse de Gauge, en activité, cet ancien moulin propose une cuisine agréable et savoureuse, dans un cadre original et plein de charme.

Restaurant Daubin – *Pl. des Champions-de-France - 32250 Montréal-du-Gers - ✆ 05 62 29 44 40 - fermé dim. soir, lun. et mar. - 20/60 €.* Une institution gasconne, tenue par le plus disert, imprévisible et généreux patron de restaurant de la contrée. On y mange les meilleurs produits du coin mitonnés par Bernard Daubin et on y boit des vins incroyables qu'il a su dénicher.

Les Jardins de la Baïse – *20 r. du Mar.-Foch - ✆ 05 62 68 37 00 - 21,50/33 €.* Le restaurant de l'hôtel Continental propose dans sa grande salle donnant sur la Baïse ou dans sa cour-jardin un bel assortiment de spécialités gasconnes.

POUR SE FAIRE PLAISIR

La Table des Cordeliers – *1 r. des Cordeliers - ✆ 05 62 68 43 82 - www.latabledescordeliers.com - fermé 2 sem. en janv., dim.*

2

soir et lun. - ♿ - formule déj. 19 € - 30/80 € bc. Cuisine actuelle valorisant avec brio les produits du terroir, dans ce restaurant contemporain qui occupe le cloître et la chapelle (13e s.) d'un ancien couvent.

ACHATS

Les Fleurons de Lomagne – *Pl. Marre - ✆ 05 62 68 20 95.* Grand choix de produits locaux de qualité : foies gras, plats cuisinés, vins, etc. Accueil chaleureux, prix raisonnables.

L'Alamboutic – *Au village - 32250 Fourcès - ✆ 05 62 29 35 04 - www.lalamboutic.com - lun. 13h-18h30, mar.-dim. 10h-12h30, 14h-18h30.* Dans la galerie du Carroussel Gourmand, l'Alamboutic propose une sélection de produits gascons : vins, armagnac et épicerie fine.

Domaine de Pellehaut – *32250 Montreal-du-Gers - ✆ 05 62 29 48 79 - www.pellehaut.com - lun.-sam. 9h-12h (sam.10h-12h), 14h-18h.* Sur les coteaux du château, 250 ha de vignes sont exploitées et produisent depuis trois siècles vins et armagnacs.

ACTIVITÉS

Gascogne Navigation – *3 av. d'Aquitaine - ✆ 05 62 28 46 46 - www.gascogne-navigation.com - avr.-oct. : 9h-12h, 15h-19h ; reste de l'année : se renseigner - promenade-croisière 7,80 € (-12 ans 5,90 €).* Croisières découverte ou gastronomiques sur la Baïse, à bord du *D'Artagnan*, pour découvrir le moulin de Barlet, puis les rives verdoyantes du quartier de la Bouquerie et l'écluse de Teste. La rivière est navigable jusqu'à Valence-sur-Baïse, par le passage de trois écluses en amont, et jusqu'à Buzet, en aval.

Centre de loisirs aqualudique de la Ténarèze – *Av. des Mousquetaires - Rte d'Eauze - ✆ 05 62 29 17 48 - www.cc-tenareze.fr - juil. août : 10h-20h ; juin et les deux 1re sem. de sept. : merc., w.-ends et j. fériés 14h-20h - 4 € (-18 ans 2,40 €).* Au milieu de prairies, le centre offre de nombreux bassins, jeux d'eau, toboggan, canon à eau, cascade, pataugeoire, ainsi que des jeux d'enfants, des parcours détente et santé. Snack sur place.

AGENDA

Festival européen de bandas y peñas – *2e w.-end de mai - ✆ 05 62 68 31 38 - www.festival-de-bandas.com - 10 €/j, forfait 3 j. 30 € (-12 ans gratuit).* Du vend. 19h au dim., dans les rues de Condom, grand rassemblement de cuivres et de percussions.

Marché aux fleurs – *Dernier w.-end d'avr.* À Fourcès, les fleurs envahissent la grand place de la « bastide ronde ».

Nuits musicales en Armagnac – *De mi-juil. à mi-août - ✆ 05 62 28 00 80.* Des concerts sont organisés à Condom, Lectoure, ainsi que dans l'abbaye de Flaran : musique et architecture se mêlent alors pour servir de support à la rêverie. Renseignements auprès de l'office du tourisme de la Ténarèze à Condom.

Festival Musique en chemin – *Mi-août - www.musiqueenchemin.fr.* Festival itinérant de musique : concerts, repas balades musicales.

L'Armagnac

★

NOS ADRESSES PAGE 171

S'INFORMER
Office du tourisme de la Ténarèze – *5 pl. St-Pierre - 32100 Condom - 05 62 28 00 80 - www.tourisme-tenareze.com - de mi-juil. à mi-août : 9h-12h, 14h-19h, dim. et j. fériés 10h30-13h ; reste de l'année : tlj sf dim. et j. fériés 9h-12h, 14h-18h.*

SE REPÉRER
Carte de microrégion B1 (p. 130-131) – *carte Michelin Départements 336 E6.*
L'Armagnac recouvre la majeure partie du Gers, ainsi qu'une partie du Tarn-et-Garonne et de la Haute-Garonne.

À NE PAS MANQUER
Les grands sites au cœur de la région sont Eauze (*voir p. 153*), Condom (*voir p. 157*) et, non loin, l'abbaye de Flaran.

ORGANISER SON TEMPS
Attention, d'une ville à une autre, les distances à parcourir sont longues !

AVEC LES ENFANTS
Les jardins de Coursiana à La Romieu.

2

Des vallées verdoyantes de vignobles et des champs de tournesols illuminent l'Armagnac, une région paisible et riante. Celle-ci s'anime en hiver, lors de la « Flamme de l'Armagnac », la période de distillation de la fameuse eau-de-vie, dont la renommée dépasse depuis bien longtemps nos frontières !

Circuit conseillé Carte de microrégion p. 130-131

LE VIGNOBLE AUTOUR DE VALENCE-SUR-BAÏSE

Circuit de 48 km, tracé sur la carte de microrégion (p. 130-131) – comptez environ 1h15. Quittez Condom au sud-ouest par la D 931.
Ce circuit, recommandé en automne lorsque la vigne se pare de teintes mordorées, donne un aperçu du vignoble d'Armagnac et de quelques châteaux qui proposent aux touristes de passage dégustation et vente.

Mouchan B1
Église – Ce village possède une jolie petite église romane, dont la partie la plus ancienne remonte au 10e s. (base du clocher actuel). Remarquez quelques éléments d'architecture : à l'extérieur, le chevet avec ses trois baies encadrées de colonnettes, elles-mêmes surmontées d'une corniche à modillons sculptés, et le portail nord, muré, avec sa voussure supérieure à damier ; à l'intérieur, l'archaïque voûte d'ogives à la croisée du transept, le cordon de billettes et la corniche à boules, qui courent en partie autour de l'édifice. Dans le chœur en cul-de-four, vous y observerez la série d'arcatures avec ses chapiteaux à feuilles lisses, ou plus rarement historiés.

Par la D 208, gagnez le château de Cassaigne.

Château de Cassaigne B1

✆ 05 62 28 04 02 - www.chateaudecassaigne.com - ♿ - juil.-août : 9h-12h, 14h-19h ; reste de l'année : tlj sf lun. 9h-12h, 14h-18h, dim. 14h-18h - fermé certains j. fériés - 3,50 € (-11 ans gratuit) - 2,50 € billet combiné avec le carnet privilège - gratuit certains sam. en sept. et déc., se rens.

L'ancienne résidence de campagne des évêques de Condom (16e-18e s.), dont l'origine remonte au 13e s., a subi de nombreuses transformations au cours des siècles. La façade actuelle se pare de lignes classiques harmonieuses (18e s.). La visite permet, après avoir parcouru le chai, d'assister à un diaporama sur l'histoire du château, le travail de la vigne et la genèse de l'armagnac. Remarquez la cuisine du 16e s., couverte d'une coupole aplatie en brique à la façon d'un four de boulanger, son mobilier massif et sa vaisselle d'étain, de cuivre et de faïence. Ne manquez pas de déguster la production du lieu après avoir admiré le vignoble, depuis le perron nord… Un grand moment pour le palais !

Prenez la D 229 en direction de Lagardère ; après 4,5 km, tournez à droite.

Château du Busca-Maniban B1

✆ 05 62 28 40 38 - www.buscamaniban.com - visite guidée (90mn) avr.-oct. : 14h-18h - fermé dim., j. fériés, déc.-mars - 6 € (-6 ans gratuit) - en fin de visite explications sur l'armagnac et dégustation.

Il se compose d'un corps principal de deux étages, précédé d'une vaste cour d'honneur. Le vestibule (remarquez deux armoires en chêne de l'école de Morlaàs) surprend par sa majesté : un escalier monumental s'élève vers une galerie soutenue par des colonnes – mi-pierre, mi-bois peint – à chapiteaux doriques. Au 1er étage, la salle dite « italienne » conserve quelques belles pièces de mobilier. Au rez-de-chaussée, vous découvrez deux anciennes cuisines avec leurs ustensiles et leur mobilier, ainsi qu'une chapelle du 15e s. décorée de peintures italiennes du 17e s.

Revenez à Cassaigne.

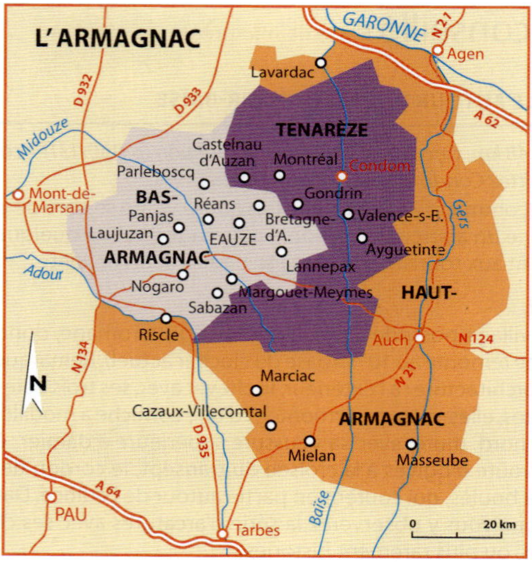

L'armagnac

UNE EAU-DE-VIE AUX QUARANTE VERTUS

L'Armagnac, une eau-de-vie dont la couleur varie sur une palette d'ocre allant du blanc au bordeaux, est née de la rencontre de trois cultures. Les peuples celtes développèrent l'utilisation du fût. Les Romains, qui introduisirent la vigne dans le sud-ouest de la France. Quelques siècles plus tard, enfin, les Arabes apportèrent l'alambic.
La trace écrite la plus ancienne témoignant de la production d'Armagnac remonte à 1310, lorsque le **Maître Vital Dufour** (1260-1327), prieur d'Eauze, rédigea un traité, *De Maître Vital Dufour, Livre très utile pour conserver la santé et rester en bonne forme*, précisant les quarante vertus d'un alcool alors appelé « **Aygue Ardente** ». Parmi ces vertus : l'eau-de-vie « fait disparaître la rougeur », « si on oint la tête, elle supprime les maux de tête », ou encore – une vertu peut-être plus probable – elle « donne l'audace, si quelqu'un de timide en boit de temps en temps ».
Au 18e s., suite à un blocus des marchandises dans le port de Bordeaux, l'armagnac est distillé… ce qui accroît son exportation, par les marchands hollandais. Au fil du temps, l'armagnac est vieilli, et la technique se précise. Jusqu'à nos jours, il n'est distillé qu'une fois.

TROIS RÉGIONS DE FEUILLES DE VIGNE

Trois zones, réparties sur trois départements (Lot-et-Garonne, Gers et Haute-Garonne) composent la région de l'Armagnac – une « Toscane gersoise » de coteaux pentus –, qui prend étrangement la forme d'une feuille de vigne…
À l'ouest, le Bas-Armagnac aux terres sableuses produit des eaux-de-vie fruitées. Au centre, l'Armagnac-Ténarèze possède des sols argilo-calcaires : les eaux-de-vie sont plus corsées. Enfin, le Haut-Armagnac aux sols calcaires est réputé pour son floc, ce vin de liqueur gascon élaboré au 16e s.
L'armagnac est produit par la distillation de vins blancs provenant de dix cépages : les quatre principaux sont l'ugni-blanc, la folle blanche, le baco ainsi que le colombard. La distillation a lieu pendant l'hiver. Le degré d'alcool diminue pendant le vieillissement, toutefois les productions sont mises en bouteille avec un taux d'alcool affichant 40° au minimum.
La récente appellation blanche-armagnac désigne une eau-de-vie que l'on ne met pas sous bois : elle se consomme en accompagnement des poissons.

MODE D'EMPLOI

Selon son âge, l'armagnac possède des arômes, des dénominations et des usages différents.
Entre un et trois ans, il s'agit d'un « **VS** » (Very Old), au gout fruité, qui s'utilise de préférence en cuisine, pour les sauces ou les pâtisseries. De quatre à neuf ans d'âge, le goût devient un peu plus épicé, et l'armagnac est dénommé « **VSOP** » (Very Superior Old Pale) ou encore « **Napoléon** » ; il est dégusté en apéritif. À partir de 10 ans, on parle de « **XO** » ou « **Hors d'âge** » ; les notes évoquent alors les fruits confits, les saveurs boisées, et le moment le plus indiqué pour sa dégustation est la fin du dîner. Enfin, au-delà de vingt ans d'âge, on parle de « **XO Premium** » ou de millésime ; il se consomme lors d'occasions particulières, où l'on peut apprécier ses fins arômes de rancio.

Dans la descente, la route ménage de belles vues sur les coteaux couverts de vigne, surplombés par les ruines du château de Mansencôme.
Prenez, au sud-est, la D 142 sur la droite.

★ Abbaye de Flaran B1

✆ 05 62 28 50 19 - www.gers-gascogne.com - ♿ - juil.-août : 9h30-19h ; reste de l'année : 9h30-12h30, 14h-18h - fermé de mi-à fin janv., 1er janv., 1er Mai et 25 déc.
Après sa fondation en 1151 par les moines de L'Escaladieu (Hautes-Pyrénées), l'abbaye connut une prospérité rapide grâce aux libéralités des seigneurs de la région. Après être passée sous domination anglaise, puis française, elle souffrit des guerres de Religion, et plus tard de l'anticléricalisme de l'époque révolutionnaire. Un incendie en 1970 fut presque fatal à l'édifice. Fort heureusement rachetée par le conseil général du Gers qui décida d'y établir un centre culturel, l'abbaye a pu être restaurée et retrouver vie. Vous apprécierez la simplicité et l'austérité de la décoration, qui incite au recueillement ou à la méditation, et qui ne manque pas de grandeur.
Vous pénétrez dans l'abbaye par la **cour d'honneur**, bordée à l'ouest par l'écurie et ses dépendances, à l'est par la façade de l'église abbatiale. Celle-ci est percée dans sa partie supérieure d'une rose cernée d'un cordon en damier. Au-dessous, curieusement, le portail en plein cintre est dépourvu de tympan. Au fond de la cour, le **quartier d'hôtes**, élevé au 18e s. à l'usage du prieur et de ses hôtes, a des allures de petit manoir gascon. Les pièces réservées à l'accueil des touristes, ainsi que le salon de compagnie, sont décorées de gypseries.
Église – Construite entre 1180 et 1210, elle comporte une nef flanquée de collatéraux simples et couverte d'une voûte en berceau brisé. Conformément à la tradition cistercienne, toute d'austérité, la décoration des chapiteaux doubles est d'une extrême simplicité : feuilles lisses ou entrelacs et volutes très stylisés. Sur le transept, plus long que la nef, s'ouvrent, à l'est, le chœur, qui se termine en cul-de-four, et quatre absidioles. Le chevet en hémicycle de l'église et le feston d'arcatures cernant les absidioles sont un pur exemple du premier art roman méridional.
Cloître – On y accède, depuis l'église, par une porte surmontée d'un beau chrisme. Ce symbole, très présent en Gascogne à l'époque romane, est le monogramme du Christ composé des lettres grecques X et P. L'empereur Constantin l'avait fait placer sur l'étendard romain, accompagné de la mention : *In hoc signo vinces* (« Par ce signe tu vaincras »). Seule la galerie située à l'ouest, couverte d'une charpente suivant l'usage toulousain, est d'origine (fin 14e s.). Les arcades brisées reposent sur des colonnes jumelées à chapiteaux ornés de feuillages, de masques humains et d'animaux.
Bâtiments conventuels – Ils prolongent le croisillon nord du transept. On trouve l'*armarium*, ou bibliothèque, puis la **salle capitulaire**, donnant sur le cloître par trois baies à voussures s'appuyant sur des colonnettes : à l'intérieur, les voûtes sur croisées d'ogives reposent sur de belles colonnes en marbre des Pyrénées de différentes couleurs. Au-delà du couloir d'accès au jardin, l'ancienne **salle des moines** et le **cellier** abritent une exposition sur le chemin de Saint-Jacques-de-Compostelle en Gascogne : cartes, sculptures, croix tombales de pèlerins ornées de la coquille emblématique, etc. Au nord, le **réfectoire**, flanqué de la cuisine et du chauffoir, présente un élégant décor de stuc, notamment au-dessus de la cheminée, avec le motif du Phénix renaissant de ses cendres.
On accède à l'étage par l'annexe de la cuisine (chauffoir) ou la **sacristie**, située dans le croisillon nord de l'église. Sa caractéristique ? Ses voûtes ogivales

Le chai de vieillissement du château Monluc à Saint-Puy.
J.-D. Sudres / hemis.fr

reposant sur une colonne centrale. Un escalier en pierre mène au dortoir des moines, divisé en chambres au 17e s. L'appartement du prieur se trouve à l'angle nord-ouest de la galerie supérieure du cloître, d'où vous découvrez une belle vue d'ensemble sur l'abbaye.

Jardin – Il comprend deux parties : l'une aménagée à la française et, vers l'ancien moulin, le jardin des plantes aromatiques et médicinales, qui offre une vue très intéressante sur l'aile orientale du bâtiment des moines et sur le chevet de l'église.

Ferme de la Magdeleine – En se dirigeant vers les bâtiments de la ferme (logement, étable, grange) qui s'appuient de part et d'autre de la tour carrée – vestige des fortifications du 14e s. –, on aperçoit une mosaïque romaine du 5e s., dégagée d'une villa située sur les terres du Mian.

Centre patrimonial départemental – *5 €, enf. gratuit.* Expositions, colloques et manifestations animent toute l'année l'abbaye de Flaran, devenue aujourd'hui le siège de la Conservation départementale du patrimoine.

Valence-sur-Baïse B1

R. Jules Ferry - 32310 Valence-sur-Baïse - 05 62 28 00 80 - www.tourisme-teraneze.com - juil.-août : tlj sf dim., lun., j. fériés 9h-12h, 14h-18h ; mai-juin et sept. : tlj sf w.-end et j. fériés 9h-12h, 14h-18h ; reste de l'année : se rens. Bastide issue d'un contrat de paréage conclu en 1274 entre l'abbé de Flaran et le comte Géraud V d'Armagnac, Valence est située au confluent de la Baïse et de l'Auzoue. Elle adopte un plan orthogonal. La **place à couverts** est bordée d'une église du 14e s. remaniée au 19e s.

Quittez Valence au nord par la D 930, tournez à droite dans la D 232 pour gagner, par une petite route à gauche, les ruines du château de Tauzia.

Château de Tauzia B1

Cet édifice en ruine au milieu d'une prairie formait, aux environs de 1300, une petite forteresse munie de deux tours d'angle. Les fenêtres à meneaux ont été percées au 16e s.

Par Maignaut-Tauzia, regagnez la D 142. Tournez à gauche dans la D 42 pour rejoindre Saint-Puy.

Château Monluc B1

☎ 05 62 28 94 00 - www.monluc.fr - visite guidée (1h15) juin-sept. : 10h-12h, 15h-19h, dim. et j. fériés 15h-19h ; reste de l'année : tlj sf dim., lun., j. fériés 10h-12h, 15h-19h - gratuit. Ancienne forteresse médiévale, longtemps disputée entre les rois de France et d'Angleterre, le château de Saint-Puy eut comme illustre seigneur Blaise de Monluc, maréchal de France et homme de lettres. Né au château en 1499, celui-ci commença sa carrière en Italie, aux ordres du chevalier Bayard. Mais c'est lors des guerres de Religion qu'il s'illustra par un fanatisme qui n'avait d'égal que sa cruauté, revendiquée comme seul moyen de venir à bout de l'ennemi. Ce spadassin a laissé toutefois des *Commentaires*, remarquables documents d'histoire.

Rien de plus naturel, donc, si le populaire apéritif élaboré dans les caves du château a pris le nom de **pousse-rapière** (la rapière désignant une épée). Les caves voûtées servent de cadre à l'explication de la fabrication du précieux breuvage. Remarquez la grande pièce meublée, ancienne salle à manger chauffée par le sol, selon le principe de l'hypocauste romain, le pressoir ancien, les vieilles machines de chai (doseuse, boucheuse) et l'exposition sur Blaise de Monluc et le domaine.

Prenez la D 654 en direction de Condom, puis à droite vers St-Orens par la D 232.

Saint-Orens-Pouy-Petit B1

Beau village fortifié : par la porte percée dans le rempart, on accède à l'extrémité du promontoire où se dresse le château aux fenêtres à meneaux.

Rejoignez la D 654, direction Condom, et faites halte à Béraut.

À proximité Carte de microrégion p. 130-131

★ La Romieu C1

11 km à l'est de Condom. Prenez la D 931 en direction d'Agen pendant 3 km, puis suivez à droite la D 41 jusqu'à La Romieu.

R. Dr-Lucante - 32480 La Romieu - ☎ 05 62 28 86 33 - www.la-romieu.com - mai-sept. : 9h30-18h30, dim. et j. fériés 14h-18h30 ; oct.-avr. : 10h-12h30, 13h30-17h30, dim. 14h-17h30 - fermé 1er janv. et 1er nov.

La Romieu se trouve sur le chemin de Saint-Jacques qui, venant du Puy, passe à Moissac puis à Condom *(GR 65)*. Cette étape – *un romieu* désignait autrefois un pèlerin sur le chemin de Rome – fut aussi une cité ecclésiastique, entourée de fossés et de murailles. Ses deux hautes tours dominent la campagne gasconne.

★ **Collégiale** – *☎ 05 62 28 86 33 - www.la-romieu.com - juil.-août : 9h30-19h, dim. 14h-19h ; mai-juin et sept. : 9h30-18h30, dim. 14h-18h30 ; oct.-avr. : tlj sf dim. mat. 10h-12h, 14h-18h - dernière entrée 45mn av. fermeture - fermé 1er janv., 1er nov. et 25 déc. - 4,90 € (-12 ans gratuit).* Elle fut édifiée par le cardinal Arnaud d'Aux, né à La Romieu vers 1270, camérier des papes d'Avignon Clément V (son cousin) et Jean XII. Bien que ses motifs décoratifs aient été dégradés, le **cloître** conserve un ensemble intéressant. Par un portail ouvert sous un arc à mâchicoulis, on descend à l'**église**, dont le chœur abrite les tombeaux du cardinal d'Aux et de ses neveux. En prenant l'escalier de la **tour octogonale**, vous pouvez voir des peintures du 14e s. décorant la voûte en étoile, qui représentent des **anges musiciens**. Par l'escalier à vis *(136 marches)*, vous parvenez aux salles gothiques et à la plate-forme : vue sur la tour-clocher de l'ouest, la tour du Cardinal, le cloître et la place à couverts. La **tour du Cardinal**, au sud du cloître, est le seul vestige du palais du cardinal d'Aux.

Jardins de Coursiana – *05 62 68 22 80 - www.jardinsdecoursiana.com - de mi-avr. à fin oct. : 10h-20h, merc. (pdt vac. scol. apr.-midi seul.) et certains dim. - 6,80 € (-12 ans 4 €).* Ils furent créés en 1974 par un botaniste passionné au milieu des vergers de pruniers. Repris par la famille Delannoy, ils abritent un arboretum de 700 espèces d'arbres et arbustes, ainsi qu'une collection nationale de tilleuls, des massifs fleuris et un jardin de plantes médicinales et aromatiques. Belle vue sur la collégiale. Un jeu-découverte permet d'explorer les jardins de façon ludique.

NOS ADRESSES EN ARMAGNAC

HÉBERGEMENT

PREMIER PRIX

Camping Le Camp de Florence – *32480 La Romieu - 05 62 28 15 58 - www.lecampdeflorence.com - ouv. de déb. avr. au 10 oct. - chalets et mobil-homes 43/134 € - ch. à partir de 54 € - 6 € - pique-nique 12 € - dîner 17,90 €.* Idéalement situé aux portes de La Romieu, ce vaste camp de campagne offre des hébergements de bon aloi, mais aussi un restaurant, une piscine, des activités et services à prix aussi doux que son atmosphère.

BUDGET MOYEN

Chambre d'hôte Le Hour – *32100 Béraut - 05 62 68 48 33 ou 06 85 63 96 03 - www.le-hour.com - P - - 5 ch. 57 € - repas 21 €.* Cette ancienne ferme compte 5 chambres décorées suivant un astucieux assemblage de « vieilleries ». Un ensemble plutôt réussi et, de surcroît, très confortable. Table d'hôte sur réservation et repas à thème en saison. Agréables randonnées en compagnie des ânes de la propriété. Piscine et jeux pour enfants.

Hôtel restaurant La Ferme de Flaran – *Lieu-dit Bagatelle - Maignaut Tauzia - 32310 Valence sur Baïse - 05 62 29 39 83 - www.fermedeflaran.com - fermé en fév. - P - - 14 ch. 65/72 € - 9 € - rest. (fermé dim. soir et lun.) 24/29 €.* Ancienne dépendance de l'abbaye cistercienne, cette ferme garde une agréable rusticité. Authentique salle à manger agreste, jolie terrasse et cuisine soignée à l'accent du Gers. Les chambres sont plus tranquilles côté piscine.

Chambre d'hôte
L'Étape d'Angeline – *6 pl. Bouet - 32480 La Romieu - ✆ 05 62 28 10 29 - http://etapeangeline.free.fr - P - 4 ch. 66 € ☕ - rest. 15,50/20 €.* Au centre du village, et au pied de la collégiale, cette vieille bâtisse du 15e s. compte 4 chambres pleines de caractère. Pierres apparentes ou coloris assortis, chacune offre un confort et une simplicité faisant la joie des pèlerins. Un prix un peu élevé, mais encore raisonnable pour une halte dans la région.

RESTAURATION

BUDGET MOYEN

Le Cardinal – *Pl. Bouet - 32480 La Romieu - ✆ 05 62 68 42 75 - fermé de mi-nov. à mi-mars, dim. soir et lun. sf juil.-sept. - 17 €.* Connu et apprécié dans la région, ce restaurant limite volontairement son service à une cinquantaine de couverts, par souci de qualité. Mieux vaut donc penser à réserver si vous voulez apprécier le cadre rustique et la cuisine savoureuse, à base de produits locaux. Un accueil très agréable.

ACTIVITÉS

Thermes de Castéra-Verduzan – *2 r. des Fontaines - 32410 Castéra-Verduzan - ✆ 0 825 320 320 - www.thermes-gers.com - 8h15-12h30, 14h-19h - fermé fin déc. - mi-fév.* Partagés entre thermalisme et thermoludisme, soins médicalisés et espace aquadétente, les thermes utilisent une eau minérale sulfatée calcique et magnésienne.

AGENDA

Marché aux rosiers – *3e dim. de mai.* À La Romieu, des milliers de roses et de rosiers fleurissent le village…

Lectoure

★

3 785 Lectourois – Gers (32)

NOS ADRESSES PAGE 180

S'INFORMER
Office de tourisme – *Pl. du Gén. de Gaulle - 32700 Lectoure - 05 62 68 76 98 - www.tourisme-lectoure.fr - de mi-juin à mi-sept. : 9h-13h, 14h-19h ; reste de l'année : lun.-jeu. 14h30-17h30, vend.-sam. 10h-12h, 14h30-17h30, dim. 10h-12h - fermé certains j. fériés.*

SE REPÉRER
Carte de microrégion C1 (p. 130-131) – *carte Michelin Départements 336 F6.* Lectoure est situé à 24 km au nord d'Auch.

À NE PAS MANQUER
La vue depuis la promenade du Bastion ; les autels tauroboliques du Musée lapidaire.

ORGANISER SON TEMPS
Comptez la journée pour explorer les châteaux, les églises et les villages dont la région regorge.

AVEC LES ENFANTS
La Ferme des étoiles à Fleurance. Lectoure a obtenu le label Famille Plus *(voir p. 22).*

2

Ancien oppidum des Lectorates, capitale des comtes d'Armagnac puis de la Lomagne, Lectoure occupe un site remarquable dominant la vallée du Gers et les coteaux lomagnois. Ce bourg perché sur un promontoire calcaire recèle, au gré de ses ruelles, de belles maisons de pierre, des terrasses, des jardins avec fontaines et palmiers. On y cultive à nouveau le pastel, dont le bleu a fait la renommée et la richesse du pays de cocagne. Voici un agréable port d'attache pour explorer la terre gasconne !

Se promener

La capitale de la Lomagne s'étend dans un **site★** remarquable : elle occupe un promontoire gardant la vallée du Gers, entre la tour de la cathédrale et les

UN CULTE PAÏEN

Il n'est pas rare qu'un coup de pioche ou de bulldozer fasse surgir quelque tesson ou monnaie, héritage de la cité romaine de la vallée ou de l'oppidum gaulois du promontoire. Se refusant à la christianisation, Lectoure resta jusqu'au 6e s. un haut lieu du paganisme où se pratiquait le culte de Cybèle, la « Grande Mère ». En témoignent les fameux autels tauroboliques *(voir le Musée lapidaire, p. 174).* Le néophyte y était aspergé du sang d'un taureau ou d'un bélier, immolé au-dessus de lui. Les vestiges de ce culte païen furent découverts sous le chœur de la cathédrale.

vestiges de l'ancien château des comtes d'Armagnac – qui sont aujourd'hui englobés dans un hôpital –, à l'extrémité de l'éperon.

Promenade du Bastion

Accès par la rue Nationale : la promenade se situe entre l'avenue André-Magne et le chemin de Saint-Clair.

Sous ses ombrages se dresse la statue en marbre blanc du maréchal Lannes, né à Lectoure en 1769. De la terrasse, la **vue★** se dégage sur la vallée du Gers en direction d'Auch et, par temps clair, sur les Pyrénées.

Cathédrale Saint-Gervais-Saint-Protais

Édifiée au 13e s., elle fut mutilée lors du siège de la ville par Louis XI en 1473, puis pendant les guerres de Religion. De style composite, elle garde dans son aspect actuel les traces de plusieurs remaniements. Pour l'anecdote, sa flèche, élevée en 1500 à 90 m de haut, fut démolie en 1782 par un évêque lassé de la charge de son entretien. À l'intérieur, les maîtres d'œuvre qui se succédèrent jusqu'au 18e s. ont respecté, dans l'ensemble, la structure et le décor gothiques. La nef unique, séparée du chœur par un arc triomphal et flanquée d'étroites chapelles, reste dans la tradition du gothique du Sud-Ouest, malgré l'ajout au 17e s. de tribunes à balustres. Elle contraste avec le chœur, dont le déambulatoire rappelle les cathédrales du Nord ; les trois chapelles du chevet, éclairées de baies jumelées à remplages flamboyants, en sont les parties les plus anciennes (16e s.).

Ancien palais épiscopal

Mêmes conditions de visite que le Musée lapidaire situé dans les caves (voir ci-dessous).

La résidence des évêques de Lectoure date du 17e s. Devenue propriété du maréchal Lannes, elle fut cédée à la ville après sa mort en 1809. Un temps siège de la sous-préfecture, c'est aujourd'hui l'hôtel de ville. À voir au rez-de-chaussée, la reconstitution d'une **pharmacie** du 19e s. et les **salles Lannes et Boué de Lapeyrère** (belle cheminée Renaissance), consacrées respectivement au souvenir du maréchal d'Empire et de l'amiral castourois, commandant de la flotte anglo-française en Méditerranée en 1914. Un escalier de pierre pourvu d'une jolie rampe en fer forgé du 18e s. mène à la salle des Illustres où sont suspendus les portraits de Lectourois célèbres, dont celui de Lannes.

En quittant le bâtiment par l'ancien jardin de l'évêché, vous découvrez, de la terrasse dominant un bastion occupé par une piscine magnifiquement située, une belle vue sur la vallée et les Pyrénées.

Fontaine Diane

La vieille rue Fontélie, bordée de maisons dans les tons ocre, descend jusqu'à la fontaine Diane du 13e s., fermée par une grille en fer forgé du 15e s.

★ Musée lapidaire

✆ 05 62 68 55 19 - www.gers-gascogne.com - visite guidée (1h30) à 10h, 11h, 14h, 15h, 17h.

Installé dans les caves de l'ancien palais épiscopal, le musée abrite des collections de préhistoire et d'archéologie parmi lesquelles l'ensemble unique de 20 **autels tauroboliques★** (sur les 40 identifiés en France). Témoins des cultes voués à Jupiter et à Cybèle, ces tauroboles portent sur la face principale une inscription commémorative et, sur les côtés, une tête de taureau ou de bélier ainsi que divers objets cultuels. Vous suivrez au cours de la visite l'évolution des traditions funéraires : puits à incinération gaulois du 1er s. ; sarcophages

La halle voûtée de la bastide de Fleurance.
D. Schneider / Photononstop

chrétiens de brique, puis, à partir du 5e s., de pierre ou de marbre, tel celui en marbre des Pyrénées, à décor de pampres de vigne et de chevrons, caractéristique de l'école de sculpture d'Aquitaine ; nécropoles mérovingiennes contenant un mobilier funéraire, dont de belles plaques-boucles de ceinturon en bronze argenté ou émaillé. Dans la salle des Mosaïques sont exposés des fragments polychromes à décor géométrique ou floral, dont un, provenant de Montréal, qui représente le dieu Oceanus. Enfin, la vie quotidienne à l'époque romaine est évoquée par un four de potier, des céramiques, des vases carénés, des verres, des bronzes et des monnaies.

À proximité Carte de microrégion p. 130-131

Fleurance C1

10 km au sud par la N 21.

Pl. de la République - 32500 Fleurance - 05 62 64 00 00 - www.tourisme-fleurance.com - juil.-août : 9h-12h30, 14h-18h30, dim. et j. fériés 9h30-12h30 ; reste de l'année : lun. 14h-17h30, mar.-vend. 9h-12h30, 14h-17h30, sam. 9h-12h30.

Cette bastide du 13e s. doit son prestige et son nom à Florence, la cité toscane. Elle a conservé son plan géométrique (en triangle) ainsi que le quadrillage régulier de ses rues, signe de sa vocation commerciale. Au centre, la halle

LA LOMAGNE

La région de la Lomagne, partagée entre les départements du Gers et du Tarn-et-Garonne, domine au nord la vallée de la Garonne. Elle est traversée par le Gers, l'Arrats et la Gimone. En creusant leurs vallées, ces rivières ont laissé à nu des coteaux calcaires sur lesquels se sont établis des castelnaux et, plus tard, le long des axes de communication, des bastides.

voûtée qui abrite les services municipaux fait corps avec une majestueuse construction en pierre. L'**église Saint-Laurent**, édifiée en pierre de taille et en brique, est un bel exemple de gothique méridional avec son imposante façade dominée par un clocher octogonal sur trois niveaux (apparenté au style toulousain) et percée par un portail à voussures flanqué d'enfeus à gâbles et à crochets. Une série d'arcades brisées en pierre et en brique fait le tour de l'édifice (sauf à l'ouest). À l'intérieur, de plan basilical et dépourvu de transept, remarquez les trois vitraux Renaissance de l'abside, œuvre d'Arnaud de Moles, l'auteur des vitraux de la cathédrale d'Auch. Le chœur au chevet polygonal date de 1300. Dans la chapelle Saint-Jean *(collatéral gauche)*, remarquez la Vierge de Fleurance, Vierge à l'Enfant en pierre du 15e s.

Ferme des étoiles – *05 62 06 09 76 - www.fermedesetoiles.com - Soirées, week-ends et séjours de découverte du ciel.*

Depuis plusieurs années, Fleurance s'affirme comme un grand pôle d'astronomie de loisirs grâce à la Ferme des étoiles, son jardin astronomique et son dôme d'observation.

Château de Latour C1

20 km au sud de Lectoure. Depuis Fleurance, empruntez la D 654 vers l'est et tournez rapidement à droite dans la D 105. Laissez Céran sur la gauche et continuez tout droit sur la D 241 jusqu'à Miramont-Latour. 05 62 62 27 99 - http://tourisme-fleurance.com - juil.-août : jeu.-dim., j. fériés 15h-18h30 ; juin et sept. : dim., j. fériés 15h-18h30 - fermé j. fériés - 5 € (-10 ans gratuit) - possibilité de visite guidée (1h30).

Dans cette seigneurie du 13e s., berceau de plusieurs mousquetaires, le propriétaire vous mène à la rencontre de la vie rurale, à travers les dépendances (1 500 m^2) où sont regroupés une rare collection d'outils et divers objets. Admirez aussi le pigeonnier et, dans le village, le retable en pierre du 17e s.

Terraube C1

8 km au sud-ouest de Lectoure par la D 7, puis la D 42.

Ce charmant petit village de pierre blonde conserve son église et son château du 13e s., jadis propriété d'Hector de Galard *(voir p. 54)*. Les deux monuments ne se visitent pas, mais une belle balade est possible autour des remparts.

Circuit conseillé Carte de microrégion p. 130-131

CHÂTEAUX ET VILLAGES DE LOMAGNE

Circuit de 121 km, tracé sur la carte de microrégion (p. 130-131) – comptez environ 3h30. Quittez Lectoure au nord par la N 21 puis prenez à gauche la D 219.

Castéra-Lectourois C1

L'unique rue du village s'étire sur un promontoire au-dessus de la vallée du Gers. Elle mène à une terrasse panoramique où s'élève, à droite, une église du 15e s., au beau portail surmonté d'un arc à fleurons.

Prenez le chemin en sens inverse pour regagner la N 21, que vous prenez à gauche. Tournez dans la première route à gauche.

Sainte-Mère C1

Résidence des évêques de Lectoure jusqu'à la Révolution, ce château gascon du 13e s. faisait partie de la défense de la ville, ainsi que la tour (actuel clocher de l'église), vestige de l'ancienne enceinte.

Poursuivez au nord la N 21 et prenez à droite une petite route vers Gimbrède.

Gimbrède C1

Une belle rangée de maisons à colombages et à encorbellement borde la place de l'église de ce petit village créé au 13e s.
Redescendez sur la D 19 que vous prenez à gauche.

Miradoux C1

À la fois castelnau et bastide, la ville s'est développée au 13e s. sur la crête de la colline (d'où le nom de la cité, *mirador*, « le lieu d'où l'on voit »). Une flânerie dans le village sera l'occasion de découvrir de belles maisons en calcaire, la halle du 16e s., adossée à l'hôtel de ville et recouverte d'une jolie charpente en bois, et l'**église Saint-Orens**, aux proportions massives, construite à la fin du 15e s. à l'emplacement du château.
À l'entrée de Miradoux, la D 953, sur la gauche, rejoint Flamarens.

Flamarens C1

Château – *✆ 06 20 30 03 52 - juil.-sept.* Ce petit village, dont le nom témoigne de l'implantation wisigothique dans la région toulousaine, possède un château gascon longtemps laissé à l'abandon avant d'être restauré. Le donjon flanquant le corps de logis, les mâchicoulis et le chemin de ronde qui cerne les parties hautes confèrent à l'ensemble un aspect martial.
En face, l'église du 15e s. dresse son clocher-mur que flanque une tourelle.
Poursuivez sur la D 953, puis prenez la D 88 à droite. Elle rejoint la D 11 que vous empruntez à gauche.

★ Auvillar C1

13 pl. de la Halle - 82340 Auvillar - ✆ 05 63 39 89 82 - www.auvillar.eu - juin-15 oct. : 10h-12h30, 14h-19h ; avr.-mai : 10h-12h30, 14h-17h30 ; reste de l'année : tlj sf dim., lun. et j. fériés 14h-17h30.
Cette ville close au charme intemporel fut jadis animée par trois industries : la batellerie, la fabrication de plumes d'oie (ancêtres de nos stylos) et la faïence : à voir donc le **musée de la Faïence**. *✆ 05 63 39 89 82 - www.auvillar.eu - ♿ - de mi-avr. à mi-oct. : tlj sf mar. 14h30-18h30 ; reste de l'année : w.-end 14h30-17h30 - 2 € (-12 ans gratuit).*
La tour de l'Horloge donne accès à la vieille ville et à son adorable **place de la Halle★**, triangulaire et bordée de maisons de brique. Au centre se dresse la halle en rotonde reposant sur des colonnes toscanes. L'esplanade dégagée à l'emplacement de l'ancien château offre une vue sur les villages, églises et châteaux de la vallée de la Garonne, entre les coteaux d'Agen et de Montech *(table d'orientation)*, mais aussi sur la centrale nucléaire de Golfech. Ancien prieuré bénédictin dépendant de l'abbaye de Moissac, l'**église Saint-Pierre**, restaurée au 19e s., laisse paraître une partie de l'édifice roman d'origine.
Redescendez vers le sud par la D 11.

Lachapelle C1

Église Saint-Pierre – Posé au sommet d'une colline dominant la vallée de l'Arrats, le village concentre ses habitations autour du château du 11e s., dans lequel s'insère l'église. L'intérieur de celle-ci offre une surprenante décoration baroque, aux allures de théâtre italien, dont l'élément le plus marquant est une triple rangée de **tribunes**. Due à Maraignon Champaigne, menuisier ébéniste de Lectoure (18e s.), cette décoration comprend notamment des boiseries sculptées et peintes, des moulures, des pilastres… Remarquez, dans le mobilier, la statue de sainte Quiterie (16e s.) ainsi qu'une Vierge à l'Enfant du 18e s.

2

Continuez sur la D 11, dépassez Marsac et bifurquez à gauche vers Saint-Martin-de-las-Oumettes (vous rejoignez la D 13). Traversez Saint-Martin et empruntez la D 170 vers Castéron, puis la D 251.

Gaudonville C1

Ce village d'origine gallo-romaine n'a conservé, de ses fortifications, que la porte surmontée d'une tour construite au 13e s. Presque en face, l'église Saint-Michel, reconstruite au 15e s., présente un clocher-mur de cinq arcades dont seulement deux sont garnies de cloches. À la sortie de Gaudonville, le chemin sur la droite, en direction de Saint-Clar conduit à Notre-Dame-de-Tudet, le plus ancien lieu de pèlerinage gascon, célèbre depuis le 12e s.

Gagnez Tournecoupe par la D 251, puis la D 7.

Tournecoupe C1

Louis XI, en visite chez le seigneur de Pressac, aurait retourné sa coupe (d'où le nom du site), vexé par la réponse arrogante du maître des lieux à ses compliments sur le vin : « Sire, j'en ai de meilleurs, mais je les réserve à mes vrais amis ». Juché sur un promontoire rocheux dominant la vallée de l'Arrats, le village s'est construit au 13e s. autour d'un château dont il ne reste que les remparts et la chapelle. Celle-ci fut transformée en église paroissiale au 19e s. Elle possède un clocher octogonal à base carrée, une nef unique sans transept, un chœur pentagonal et des stalles du 17e s.

Traversez la D 7 pour rejoindre la petite route qui relie Tournecoupe à Avezan.

Château d'Avezan C1

✆ 05 62 66 34 45 - privé, h se rens.

Édifiée en hauteur au 13e s., cette forteresse gasconne a conservé son donjon, le corps de logis ajouté au 14e s. et les constructions du 17e s. Du chemin de ronde, admirez la vue sur la vallée de l'Arrats et le village de Saint-Clar.

Gagnez la D 7 vers Saint-Clar.

Saint-Clar C1

i 2 pl. de la Mairie - 32380 St-Clar - ✆ 05 62 66 34 45 - www.tourisme-saint-clar-gers.com - juin-août : 10h-12h30, 15h-18h30 ; reste de l'année : tlj sf dim. et lun. 10h-12h30, 14h-17h30.

C'est l'apôtre saint Clair, martyrisé à Lectoure, qui est à l'origine du nom de cette bastide, créée en 1274 par acte de paréage entre le roi d'Angleterre et l'évêque de Lectoure. Sa particularité est de posséder deux places à couverts : la place de la République, où se dresse l'église néogothique, et la place de la Mairie, ornée en son centre d'une belle halle à piliers de bois, surmontée d'un clocheton. Capitale de l'ail gersois *(voir « Nos adresses », p. 180)*, Saint-Clar tient également une place importante dans l'économie du département (melons, fraises, tournesols et volailles).

Musée de l'École publique – *✆ 05 62 66 32 78 - www.musee-ecole-publique.fr - ♿ - juin-sept. : 15h-19h ; oct.-mai : tlj sf lun. 14h-18h - fermé dim., j. fériés, de mi-janv. à fin fév - 4 € (-18 ans 2,50 €) - possibilité de visite guidée sur demande (1h30).* Si l'école, fermée en 1950, a été transformée en musée, elle n'en conserve pas moins son charme d'antan, avec ses pupitres, ses cahiers, ses encriers, ses tabliers, ses dessins… Vaste collection d'objets rassemblant le nécessaire du petit écolier.

Quittez St-Clar au nord-est par la D 13, puis tournez à gauche dans la D 553 tout de suite après le pont sur l'Arrats. Une route s'engage à droite vers Saint-Créac.

Saint-Créac C1
Ce village d'une centaine d'habitants – il en comptait un millier au Moyen Âge – a été fondé au 6e s. par Saint-Créatus, évêque de Lectoure et martyr. L'église (12e s.), dotée d'un clocher-mur, fut construite sur une église du 6e s. dont on a conservé l'abside. Remarquez les peintures de style gréco-byzantin (15e s.) apposées au plafond du chœur et la pierre tombale de Roger de Verduzan, seigneur de Mauroux et de Saint-Créac, chevalier de l'ordre de Saint-Jean-de-Jérusalem.
Prenez à l'ouest la direction de Gramont.

Château de Gramont C1
✆ 05 63 94 05 26 - www.monument-nationaux.fr - visite guidée (1h) pour les h se rens - 5,50 € (-25 ans gratuit).
Ce château d'époque Renaissance s'ouvre au sud par une porte d'honneur géminée donnant sur la cour. La façade nord *(côté jardin)* est animée par l'alternance de baies étroites et de fenêtres à croisée, ainsi que par le jeu des pilastres et des fines colonnettes cannelées. Du même côté, les deux fenêtres du pavillon en avancée marquent plus de fantaisie, surtout dans le motif de la fenêtre du 2e étage, surmontée d'un buste d'homme barbu. À l'intérieur, l'oratoire conserve une Vierge romane auvergnate.
À la sortie de Gramont, prenez la D 178 puis la D 40 à droite. Après 1 km, tournez à gauche.

Plieux C1
Château – *de fin juin à fin sept. : tlj sf mar. 14h-20 h ; reste de l'année : sur dem. préalable - 5 € (-13 ans 3 €).* Le petit hameau, aux maisons en vieilles pierres, conserve un château gascon du 14e s., caractéristique avec son plan rectangulaire et ses deux tours carrées (celle du sud-est étant en partie détruite). Il présente un système de défense avec consoles de mâchicoulis sur tout le pourtour du couronnement. L'intérieur du château accueille des expositions d'artistes contemporains et des colloques.
Retournez à Lectoure par la D 269, la D 23 et la N 21.

NOS ADRESSES À LECTOURE

HÉBERGEMENT ET RESTAURATION

PREMIER PRIX

Camping Yelloh ! Village Le Lac des 3 Vallées – *2,4 km au sud-est par N 21, rte d'Auch, puis 2,3 km par rte à gauche, au parc de loisirs, bord du lac - ✆ 05 62 68 82 33 - www.lacdes3vallees.fr - ouvert de déb. juin à mi-sept. - ♿ - réserv. conseillée - 600 empl. (empl., mobil-homes et bungalows toilés) 47 €.* Cette très belle structure, en évolution constante, s'étend maintenant sur 11 ha. Un superbe espace aquatique et ludique, fleuri et remarquablement agencé. Animations et spectacles en été, avec un tout nouveau podium.

Chambre d'hôte Le Sabathé – *Le Sabathé - 32700 St-Mézard - ✆ 05 62 28 84 26 - www.lesabathe.com - fermé nov.-mars - ♿ - P - 🚭 - 4 ch. 49 € ☕ - repas 19 €.* Cette ancienne ferme abrite des chambres disséminées dans les dépendances. Selon le temps, les repas se prennent sur la terrasse ceinturée d'un mur de pierre, devant la grande salle d'animation surplombant la chapelle Notre-Dame-d'Esclaux ou près de la cheminée dans la salle à manger.

BUDGET MOYEN

Hôtel de Bastard – *R. Lagrange - ✆ 05 62 68 82 44 - www.hotel-de-bastard.com - fermé 22 déc.-1er fév. - 28 ch. 50/85 € - ☕ 11 € - rest. 18/62 €.* En plein centre de la cité gersoise, bel hôtel particulier du 18e s. abritant des chambres coquettement rénovées ; celles du 2e étage sont mansardées. Bar très cosy. Trois salons cossus (meubles de style Louis XVI), agréable terrasse d'été et goûteuse cuisine du terroir.

Chambre d'hôte L'Horloge – *101 r. Nationale - ✆ 05 62 28 99 62 - www.chambres-horloge-lectoure.com - 2 ch. 65 € ☕ et 1 appart. 350 € la sem.* Les chambres sont belles, vastes et confortables, situées en centre-ville dans une maison du 18e s. À louer aussi, au week-end ou à la semaine, un appartement de 70 m² tout équipé.

Chambre d'hôte La Garlande – *12 pl. de la Mairie - 32380 St-Clar - ✆ 05 62 66 47 31 - www.lagarlande.com - fermé mi-nov. - fin mars - 🚭 - 3 ch. 65/74 € ☕.* Cette belle et immense demeure aux tons ocre se dresse au cœur du village, face à la halle du 13e s. Ses chambres, nanties de tapisseries et de meubles anciens, ont gardé leur sol d'origine. Le salon de lecture et le jardin de curé sont très calmes.

POUR SE FAIRE PLAISIR

Chambre d'hôte Bénazit – *Castelanu d'Arbieu - 32500 Fleurance - ✆ 05 62 06 63 47 - www.benazit.com - ouv. mi-mars - mi-nov. - 4 ch. 75/85 € ☕ (2 nuits min. en juil-août) - repas 28 €.* Calme, en pleine nature et joliment restaurée, cette vieille demeure offre aussi un patio et une terrasse, une piscine (au sel) et des vélos de randonnée.

ACHATS

Les Fleurons de Lomagne – *7 r. Nationale - ✆ 05 62 68 53 62 - www.fleuronsdelomagne.com.* Face à la cathédrale, cette grande boutique accueillante offre un vaste choix de spécialités gersoises et autres bons produits.

Marché de St-Clar – Il se tient tous les jeudis matin autour de la halle. Un autre marché, celui de l'ail, est organisé le jeudi dès 10h, de déb. juil. à fin sept., sur la place de l'Ail.

« Le Bleu de Lectoure » SARL Bleus de Pastel – *Pont de Pile - ✆ 05 62 68 78 30 - www.bleu-de-lectoure.com - 9h30-12h30, 14h-18h30 - fermé dim. matin, 25 déc. et 1re quinz. de janv.* Atelier, magasin et galerie d'art, les anciens ateliers d'une tannerie du 18e s. font revivre le bleu de Lectoure. Découvrez l'histoire du pastel, crucifère dont les feuilles produisent un bleu exceptionnel, considéré comme le meilleur d'Europe à la Renaissance et utilisé en cosmétique, peinture et teinture. Visite des cuves et démonstration de peinture au pastel.

ACTIVITÉS

Lac des Trois-Rivières – *3 km au sud-est de Lectoure - www.lectoure.fr - mai-sept.* Grâce à ce lac, situé dans un agréable cadre de verdure et aménagé pour les loisirs, Lectoure est, sinon une station balnéaire, du moins un centre de villégiature de choix.

Centre thermal de Lectoure – *✆ 05 62 68 56 00 - www.valvital.fr - lun.-sam. 7h30-12h45, 13h15-19h - fermé déc.-fév.* Les thermes sont installés dans un hôtel particulier du 18e s. Outre la partie réservée aux curistes, ils comprennent un espace aquadétente avec spa, hammam et piscine thermale.

AGENDA

Été photographique – *Juil.-août - ✆ 05 62 68 83 72 - www.centre-photo-lectoure.fr.* Expositions de photos dans différents lieux emblématiques de la ville.

Fête du melon – *Mi-août.* Concours, dégustations, groupes musicaux, bandas, repas de rue, bal.

Autour de l'ail à Saint-Clar – *1er et 3e jeudi d'août - www.mairie-st-clar.com.* Sur la place de la Mairie, se tient la fête de l'ail et, le 3e jeudi, le concours de l'ail.

Festival de Gramont – *Juil.-août - ✆ 05 63 94 05 26.* Festival de musique classique au château de Gramont.

Festival d'astronomie de Fleurance – *1re quinz. d'août - ✆ 05 62 06 09 76 - www.festival-astronomie.com.* Durant une semaine, Fleurance vit au rythme de l'astronomie : conférences, ateliers, cycles de formation, soirées d'observation et festival pour enfants.

Festival pyrotechnique de Lectoure – *1er w.-end de sept.* Un grand feu d'artifice, deux soirs de suite, qui enflamme la vieille cité.

Ronde des crèches – *De déb. déc. à déb. janv.* Dix églises du canton de Miradoux abritent de grandes crèches à thèmes, animées et conçues par les villageois.

Beaumont-de-Lomagne

3 852 Beaumontois – Tarn-et-Garonne (82)

NOS ADRESSES PAGE 186

S'INFORMER

Office de tourisme – *Dans l'hôtel Pierre-de-Fermat - 3 r. Pierre Fermat - 82500 Beaumont-de-Lomagne - 05 63 02 42 32 - www.tourisme-en-lomagne.com - juil.-août : 9h-12h, 14h-18h, dim. et j. fériés 10h-12h ; janv.-juin : tlj sf dim. et j. fériés 14h-17h, sam. 9h-12h ; reste de l'année : 14h-17h, sam. 9h-12h.*

SE REPÉRER

Carte de microrégion D1 (p. 130-131) – *carte Michelin Départements 337 B8.*
On accède à Beaumont par la D 928 depuis Auch ou Montauban, mais c'est par la D 3, en descendant des hauteurs de Lavit, que vous apprécierez le mieux l'ampleur lumineuse de la vallée de la Gimone.

À NE PAS MANQUER

La vue sur l'église depuis la tour de l'hôtel Pierre-de-Fermat ; le trésor de Bouillac ; la bastide de Cologne.

AVEC LES ENFANTS

La petite exposition dans l'hôtel Pierre-de-Fermat ; le moulin à vent de Brignemont.

À l'instar des autres bastides, Beaumont présente un plan géométrique centré sur une grande place où se dresse une immense halle couverte. Avec son imposante église de brique, ses maisons à pans de bois, ses hôtels particuliers et ses ruelles, la ville ne manque pas de cachet. Issue de l'ancienne Gascogne, capitale de l'ail blanc, elle conserve dans son nom son appartenance à la Lomagne, pays de saveurs et d'histoire.

Se promener

Cette bastide royale, de plan carré, a été fondée au 13e s. à la suite d'un acte de paréage entre l'abbaye cistercienne de Grandselve et le sénéchal Eustache de Beaumarchés, représentant le roi de France Philippe III le Hardi.

Halle

Pl. Gambetta. Marché le samedi matin.
Élément central de la bastide, construite au 14e s. pour accueillir foires et marchés, elle est supportée par 38 piliers de bois et couverte d'une toiture en tuiles creuses au-dessus de laquelle se dresse un clocheton. Au nord de la place, l'**hôtel Toureilh** (ou Toureil), du 17e s., abrite la mairie depuis 1850. En face, une statue rend hommage au mathématicien Pierre de Fermat.

Église Notre-Dame-de-l'Assomption

3 rue Pierre Fermat. 05 63 02 42 32.
Cette impressionnante église fortifiée de brique rouge fut édifiée aux 13e et 15e s. dans le style gothique méridional. Remarquez les arcs de décharge formant les mâchicoulis au sud, les baies en plein cintre du chemin de ronde, les

PIERRE DE FERMAT (1601-1665)
Né Pierre Fermat, il fut un précurseur du calcul différentiel et de la géométrie analytique. Annotant un texte du mathématicien grec Diophante, Fermat démontre que pour $a > 2$, il n'existe pas d'entiers x, y, z non nuls tels que $x^a + y^a = z^a$. Pendant plus de quatre siècles, des mathématiciens ont cherché à démontrer ce théorème. Jusqu'au succès de l'Anglais Andrew Wiles en 1994. Outre ses compétences en mathématiques, Fermat, fin lettré, jouissait d'une solide formation de juriste. Propriétaire d'un office de conseiller du roi au parlement de Toulouse, il lui a été permis d'ajouter la particule de noblesse à son patronyme.

échauguettes d'angle, le portail de pierre triangulaire et la galerie sur consoles de la façade, le clocher toulousain aux arcs en mitre et en tiers-point, ainsi que la galerie ajourée. L'intérieur est garni d'un intéressant mobilier (retables, stalles) et d'un orgue datant du 19e s.
Derrière l'église, la maison à colombages du 16e s. abrite le presbytère.

Hôtel Pierre-de-Fermat

Rue Pierre-de-Fermat. Accès à la tour : demandez la clé à l'office de tourisme.
C'est dans cet hôtel particulier, flanqué d'une tour carrée du 15e s., que Pierre de Fermat naquit en 1601. La tour abrite dans l'un des étages une petite exposition sur le mathématicien : biographie, contexte historique et, pour les enfants, jeux de logique. Du sommet, très belle vue sur la ville, l'église et la vallée de la Gimone.

2

À proximité Carte de microrégion p. 130-131

Bouillac D1

16 km au sud-est par la D 3, puis la D 55.
L'église du village conserve le **trésor★** de l'abbaye de Grandselve, situé à 3 km au nord-est et détruite sous la Révolution (seule la porterie est encore visible). Magnifique travail d'orfèvrerie, les châsses, du 13e s., sont en forme d'églises surmontées à la croisée d'un clocher octogonal à l'instar des clochers gothiques toulousains. Des gemmes et des filigranes décorent les arcatures abritant les personnages. Le reliquaire de la sainte Épine prend la forme d'une tour à trois étages, abritée sous un dais, dont les fenêtres de cristal protègent des miniatures sur parchemin. Il aurait été offert à l'abbaye par Alphonse de Poitiers.

Larrazet D1

10 km au nord-est par la D 928.
Première bastide fondée par l'abbaye cistercienne de Belleperche en 1253-1254, c'est un village planté de maisons à colombages et à couverts (signe de l'influence de la Gascogne toute proche), le long de ruelles étroites. L'église Sainte-Madeleine, du 16e s., arbore une œuvre remarquable : un **retable★** baroque en chêne massif de 60 m², réalisé sans moulages, décoré de scènes à personnages expressifs. Le panneau central représente Marie-Madeleine oignant Jésus de parfum pendant son repas chez Simon le Pharisien.
Château de Larrazet – *✆ 05 63 20 76 50 - visite guidée (1h) juil.-août : tlj sf mar.-jeu. 14h-18h ; sept. : w.-end et j. fériés 14h-18h - 5 € (-18 ans 3,50 €).* Ancien palais abbatial de Belleperche – 8 km au nord-est, près de Cordes-Tolosannes –,

le château est situé à l'ouest du village. Il fut construit en 1500 par Jean III de Cardaillac, à l'emplacement d'un château du 12e s. rasé durant la guerre de Cent Ans. La façade de style gothique flamboyant possède un porche carré à voussures torsadées, au-dessus duquel s'ouvre une grande fenêtre à meneaux. Il donne sur un remarquable escalier à rampe droite, premier exemple en France de ce type de construction importé d'Italie: la main courante est taillée dans le mur, et le plafond est voûté d'ogives. Les pièces contiennent des cheminées monumentales de style Renaissance.

Circuit conseillé Carte de microrégion p. 130-131

BASTIDES DE LOMAGNE

Circuit de 74 km, tracé sur la carte de microrégion (p. 130-131) – comptez environ 1h30. Quittez Beaumont au sud par la D 928. Roulez une dizaine de kilomètres et, avant Solomiac, tournez à gauche sur la D 113.

Maubec D1

Cette ancienne cité fortifiée, sillonnée de ruelles escarpées et de maisons à pans de bois, est perchée sur un éperon rocheux au-dessus de la Gimone. Elle possède deux sites classés Monuments historiques: les remparts médiévaux dont vous aurez une belle vue depuis la place Clément-Laborde qui jouxte l'église; et l'église Saint-Orens (15e s.) qui s'ouvre par un portail de style Renaissance précédé par un porche monumental, dont il ne subsiste que la base. De massifs contreforts soutiennent le chevet pentagonal.

Poursuivez sur la D 113 vers le sud, puis tournez à gauche dans la D 165.

Sarrant D1

Cet ancien village fortifié, auquel on accède par une porte du 14e s., a gardé une partie de son enceinte polygonale. Son atmosphère particulière et le soin apporté aux restaurations lui valent de figurer parmi les « plus beaux villages de France ».

Quittez Sarrant à l'est pour emprunter la D 526. Vous rejoignez la D 89 qui mène à Brignemont.

Moulin à vent de Brignemont D1

05 62 65 02 75 - www.moulindebrignemont.com - visite guidée (1h) de mi-juil. à fin août: 15h-19h; de déb. juin à mi-juil. et sept.: dim. 15h-19h 3 € (-5 ans gratuit, 5-12 ans 1 €, 12-18 ans 2 €).

Le meunier, agriculteur tombé amoureux de son moulin (18e s.), fait revivre ce géant très bien restauré. Le vent qui fait craquer le bois, l'odeur de la farine, le mouvement des ailes, tout y est! Belle vue dégagée.

Depuis la D 89, bifurquez sur la D 89A à gauche, puis à droite sur la D 1.

Cox D1

Un petit détour par les premiers coteaux gascons permet de découvrir ce village, centre de production de terres vernissées depuis le 15e s.

Maison du potier – *05 62 13 70 31 - www.museecox.com - ♿ - juil.-août: 10h-12h, 14h-19h; mai-juin et sept.-oct.: w.-end et j. fériés 14h30-18h30 - possibilité de visite guidée (1h) - 2 € (-12 ans gratuit).* Installée dans une ancienne poterie, la maison du potier retrace les quatre siècles d'histoire de cette fabrication locale. Son four, parfaitement conservé, est impressionnant.

Empruntez la D 41 vers le sud. Elle se prolonge par la D 21 menant à Cologne.

Château de Laréole D1

✆ 05 61 06 33 58 - juil.-août : 10h-19h ; mai-juin et sept. : tlj sf lun. 10h-18h - fermé oct.-avr. - gratuit - possibilité de visite guidée (1h).

De la route, vous ne pouvez manquer d'apercevoir ce château Renaissance : ses bandes alternées de pierre et de brique lui confèrent sa belle polychromie et un caractère italianisant rare dans la région, qui attire tous les regards. En 1579, Pierre de Cheverry, fils d'un grand marchand de pastel toulousain et homme d'affaires lui-même, décide de se faire construire un lieu d'apparat : grâce aux importants moyens financiers mis en œuvre, le chantier, confié à l'architecte Dominique Bachelier, le fils de Nicolas Bachelier, à qui l'on doit l'hôtel d'Assézat, ne durera que trois ans. Le château, dédié aux fêtes et aux réceptions, frappe par son aspect défensif. Édifié pendant les guerres de Religion, il est protégé par quatre tours en forme de bastion et par de larges fossés maçonnés.

Intérieur – La cour intérieure reprend la polychromie de la façade. Remarquez, au revers de la porte d'entrée, la coursière portée par cinq arcs en anse de panier. Elle permettait de surveiller les accès du château. Les 5 salles de l'étage noble se visitent. Elles conservent notamment une cheminée monumentale de style maniériste. L'été, des expositions d'art contemporain y sont organisées. Promenez-vous sous les 2 galeries du 18e s. pour rejoindre les 2 tours. Dans la tour ouest se trouve un cabinet de travail orné de fresques. La tour est présente quelques éléments décoratifs du château (épis de faîtage, garde-corps…).

Parc – Au 18e s., le château est racheté par un riche banquier toulousain, Jean-Pierre Colomès, qui réaménage les jardins à la française et s'inspire des principes de Le Nôtre. Le parc actuel a gardé cet esprit et ajoute au charme de la visite.

2

★ Cologne D2

Coquette petite bastide du 13e s. située à la limite de la Lomagne (pays de pierre) et de la Gascogne toulousaine (pays de brique). Elle est bordée de maisons à couverts ou à colombages alternant avec les deux matériaux. Sa place centrale et sa halle à piliers de bois surmontée d'un clocheton ont belle allure. Remarquez à l'un des angles de rares mesures à grain du 15e s.

Suivez la D 654 vers l'ouest.

Mauvezin C1-2

Important fief protestant à l'époque de la Réforme, Mauvezin est un ancien castelnau construit au 12e s. sur un site dominant la vallée de l'Arrats et portant la forteresse des vicomtes de Fézensaguet. Curieusement, les faubourgs qui se sont ensuite formés à mi-pente et dans la ville basse suivent le plan régulier d'une bastide.

La très spacieuse **place de la Libération** est entourée de maisons à arcades et couverts, tel le bureau de poste installé dans la maison dite « Henri IV ». Au nord-est se dresse une imposante **halle** du 14e s. dont les piliers de pierre ronds supportent une forte charpente protégée par des tuiles. L'**église** est surtout intéressante pour son clocher de plan octogonal caractéristique du style toulousain. À l'emplacement du château vicomtal démantelé au 17e s. en même temps que l'enceinte médiévale, une terrasse ombragée offre une vue dégagée sur le clocher de l'église et le plan d'eau en contrebas.

Continuez sur la D 654 qui remonte vers le nord.

Monfort C1

Les maisons de cette bastide, fondée par le comte d'Armagnac, épousent la ligne de crête d'un promontoire surplombant la vallée de la Gimone.

Un clocher de style toulousain coiffe l'église et rappelle son passé de ville-étape sur la route de Saint-Jacques. Remarquez, dans la Grand-Rue, la maison natale du poète Salluste du Bartas (1544-1590), dotée de fenêtres à meneaux aux croisillons joliment ouvragés.

La D 151, à l'est, permet d'atteindre Solomiac via *Homps.*

Solomiac C1

Bastide bâtie sur un plan octogonal, elle a subi d'importantes destructions pendant les guerres de Religion. Au centre, la place à couverts et la halle du 14e s. posée sur des piliers en pierre, forment un bel ensemble.

Regagnez Beaumont-de-Lomagne par la D 928.

AUTOUR DE BEAUMONT-DE-LOMAGNE

HÉBERGEMENT

BUDGET MOYEN

Chambre d'hôte Les Musardises – *10 pl. de la Halle - 32430 Cologne - ✆ 05 62 58 39 81 - http://lesmusardises.e-monsite.com - fermé mi déc.-déb. janv. - P - ⊭ - 3 ch. 60 €* ☕. Vastes chambres équipées de salles de bains, dans une belle demeure rénovée avec un jardin d'agrément ombragé de palmiers, au cœur de cette belle bastide.

UNE FOLIE

Chambre d'hôte Château de Séguenville – *31480 Cabanac-Séguenville - ✆ 05 62 13 42 67 - www.chateau-de-seguenville.com - fermé mi-déc.-mi-janv. - P - ⊭ - 5 ch. 120/130 € ☕ - repas 30 €.* Ce château gascon du 19e s. et sa jolie cour en brique s'élèvent au milieu d'un parc aux arbres centenaires offrant une vue sur les Pyrénées. Ses chambres, spacieuses et raffinées, sont desservies par un bel escalier. Agréable salon avec cheminée en bois.

ACTIVITÉS

Village de loisirs « Le Lomagnol » – *✆ 05 63 26 12 00 - www.villagelelomagnol.fr.* Au nord-est de la ville, près de l'hippodrome, un plan d'eau permet de pratiquer différents sports nautiques (voile, canotage) et la pêche à la ligne.

La cathédrale de Lombez.
D. Lerault / Photononstop

Lombez

1 911 Lombéziens – Gers (32)

NOS ADRESSES PAGE 190

S'INFORMER
Office du tourisme de Lombez – *10 pl. de la Cathédrale - 32220 Lombez - ✆ 05 62 62 37 58 - www.lombez-tourisme.com - dim.-jeu. 10h-12h, 14h30-18h (hiver: 17h); vend.-sam. 14h30-17h.*

SE REPÉRER
Carte de microrégion C2 (p. 130-131) – *carte Michelin Départements 336 H9.* En bordure de la Save, pas très loin de Samatan, la capitale du foie gras! Lombez, qui se trouve sur la route reliant L'Isle-Jourdain à Lannemezan, s'aperçoit de loin grâce à la haute tour de brique de sa cathédrale.

À NE PAS MANQUER
Le clocher de la cathédrale depuis la chapelle Saint-Majan.

AVEC LES ENFANTS
Base de loisirs de Samatan *(Voir « Nos adresses », p. 190).*

Les vieilles maisons du village marient parfaitement la brique, la chaux et les pans de bois, et composent un ensemble chaleureux et charmant. Petite cité calme et reposante, Lombez est joliment dominée par le clocher de sa cathédrale fortifiée.

Se promener

Les rues sinueuses du vieux Lombez, avec ses maisons de brique à pans de bois qui dégagent un charme intemporel, nous conduisent à une placette occupée par une halle. Celle-ci, flanquée par l'ancien évêché, fait face à la haute tour de la cathédrale.

Cathédrale

Le clocher est la partie la plus ancienne : il s'agit d'une tour octogonale de brique, caractéristique du gothique toulousain avec ses cinq étages en retrait les uns des autres et percés de baies géminées en mitre. Côté nord, une imposante disposition de contreforts, reliés par des arcs supportant le chemin de ronde, rappelle les églises fortifiées du Sud-Ouest. À l'intérieur, le trésor est installé dans la chambre inférieure de la tour, au centre de laquelle trône une cuve baptismale en plomb, décorée de deux bandeaux. Au bas de la nef latérale, magnifique Christ gisant du 15e s., fragment du Saint-Sépulcre.

À droite du portail, une plaque commémore le passage du poète italien Pétrarque venu d'Avignon, durant l'été 1330. Il accompagnait son ami le prélat romain Jacques Colonna (italien par son père et gascon par sa mère), nommé évêque de Lombez.

Vue sur la cathédrale

Dans le village, prenez une petite rue en direction de l'hôpital et du cimetière où vous vous garerez. Un chemin assez raide monte en 10 minutes à la chapelle Saint-Majan, d'où vous jouirez d'une vue dégagée sur Lombez et sa cathédrale.

À proximité Carte de microrégion p. 130-131

Samatan D2

2 km au nord-est par la D 39.

3 r. du Chanoine Dieuzade - 32130 Samatan - 05 62 62 55 40 - www.samatan-gers.com - juil.-août : 10h-12h30, 15h-18h30, lun. 10h-13h, 15h-18h ; reste de l'année : tlj sf mar. et dim. et j. fériés 10h-12h, 15h-17h, lun. 10h-13h, 15h-17h.

N'hésitez pas, courez à Samatan, en particulier un lundi matin d'hiver : vous ne saurez où donner de la tête parmi les milliers de foies gras qui sont proposés sur les étals. Filez ensuite au musée du Foie gras qui achèvera de vous faire venir l'eau à la bouche.

Musée du Foie gras et des Traditions populaires – *À l'intérieur de l'office de tourisme - 05 62 62 55 40 - www.samatan-gers.com - juil.-août : 10-12h30, 15h-18h, w.-end et j. fériés 10h-12h ; sept. : mar., j. fériés 10h-12h, 15h-18h ; oct.-mai : 10h-12h, 15h-17h - fermé dim., mar., j. fériés (sf juil.-août) - gratuit.*

★ Simorre C2

18 km au sud-ouest par la D 632 en direction de Lannemezan, puis à droite par la D 234.

R. Paul-Saint-Martin - 32420 Simorre - 05 62 65 36 34 - www.simorre.com - juil.-août : h se rens. ; reste de l'année : lun.-mar., jeu.-vend. 14h-16h.

Ce bourg du Haut-Astarac peut s'enorgueillir de posséder une église de brique plus féodale que nature : il faut dire que Viollet-le-Duc est passé par là ! Le village ne manque pas de charme avec ses rues paisibles bordées de vieilles maisons à pans de bois. Remarquez quelques « mirandes », ces larges ouvertures ou galeries sous comble, typiques de l'architecture du Toulousain, d'où il est possible d'observer tranquillement le passage.

★ **Église** – D'une belle unité, elle fut bâtie au début du 14e s., puis remaniée au 16e s. par Jean Marre, évêque de Condom. Une tour octogonale percée de baies en mitre est construite à l'intérieur d'une couronne de clochetons, reliée par des murs crénelés. Viollet-le-Duc a-t-il rendu au monument sa pureté en abaissant les toitures, en arasant le couronnement du clocher et de la tour-lanterne, en crénelant les murs disponibles, ou a-t-il au contraire cédé au style « troubadour » en vogue à l'époque ? Les avis sont fortement partagés !

À l'intérieur, admirez les verrières des 14e *(baies supérieures)* et 15e s. *(baies inférieures)* qui illuminent le chœur. Certaines sont dues à l'école du verrier toulousain **Arnaud de Moles**. Au passage, vous pourrez reconnaître l'évangélisateur de la région, **saint Cérats**, qui est représenté en verre dans le croisillon droit du transept, et en pierre à l'entrée du croisillon gauche.

Détaillez les intéressantes stalles du chœur, en particulier les accoudoirs où les sculpteurs ont laissé libre cours à leur imagination (caricatures grimaçantes, têtes d'animaux). Dans la **sacristie**, peintures murales du 14e s., pietà en bois polychrome du début du 15e s. et olifant de saint Cérats, cor d'ivoire de 50 cm datant du 11e s.

NOS ADRESSES À LOMBEZ

HÉBERGEMENT

BUDGET MOYEN

Chambre d'hôte Le Parc de Petrarque – *11 r. Notre-Dame - ✆ 05 62 62 32 70 - www.leparcdepetrarque.com - fermé mar.-vend. hors sais. - P - - 5 ch. 64 €.* Laissez-vous séduire par l'ambiance intime et feutrée qui règne dans cette maison de maître gasconne du 18e s. Authentiques meubles d'origine familiale et livres rares garnissent les 5 chambres et le vaste salon, aux murs ornés de portraits d'ancêtres, de cartes de voyages anciennes et d'affiches des années 1900. Pour le repos et la détente, jardin d'été sous les tilleuls, tonnelle près du canal du moulin et magnifique parc arboré.

Chambre d'hôte La Ferme de Marie Barrailh – *Le Peydousset - 32420 Simorre - ✆ 05 62 65 36 48 - www.lafermedemariebarrailh.fr - P - 4 ch. 75 € - repas 25 €.* Cette ancienne ferme aux murs de terre crue séduit par ses grands espaces et ses vastes chambres. On appréciera aussi l'accueil chaleureux des propriétaires. Une générosité que l'on retrouve jusque dans la table d'hôte, véritable florilège de la gastronomie gersoise. Stages d'arts plastiques et de cuisine gersoise.

RESTAURATION

POUR SE FAIRE PLAISIR

Au Canard Gourmand – *La Rente - 32130 Samatan - ✆ 05 62 62 49 81 - www.aucanardgourmand.com - fermé lun. soir, mar. et merc. midi - P - formule déj. 14/27 € - 35/43 € en soirée - 5 ch. et 1 suite 96/120 € - 10 €.* Vivante et colorée, prolongée par une terrasse conviviale, la salle, animée par Nicolas, est au diapason de la cuisine inventive et savoureuse de Xavier.

ACTIVITÉS

Base de loisirs de Samatan – *✆ 05 62 62 30 19.* Cette base de loisirs offre aire de baignade aménagée, plage, toboggan, bassin enfants, etc.

Canoë en Gascogne – *✆ 06 85 13 77 63.* Ce prestataire propose des randonnées en canoë et kayak sur la Save et la Gesse, à condition de savoir nager. Il y a aussi un ponton de pêche, accessible aux personnes handicapées, au bord de la Save.

AGENDA

Festival « Été en bord de Save » – *De mai à sept. - www.lombez-culture.com.* Concerts, expositions, spectacles et marchés nocturnes.

L'Isle-Jourdain

7 336 Lislois ou Jordanilois – Gers (32)

NOS ADRESSES PAGE 193

S'INFORMER

Office de Tourisme Intercommunal de la Gascogne Toulousaine – *32600 L'Isle-Jourdain - 05 62 07 25 57 - www.tourisme-gascognetoulousaine.fr - de mi-juin à mi-sept.: 9h30-12h30, 14h-18h30, dim. 10h30-12h30, 14h-18h; reste de l'année: 9h30-12h30, 14h-17h30.*

SE REPÉRER

Carte de microrégion D2 (p. 130-131) – *carte Michelin Départements 336 I8.*
Au carrefour du Gers et de la Haute-Garonne, cette ancienne étape sur la route de Compostelle (comme l'atteste la statue de saint Jacques à la halte Saint-Jacques, avenue de Lombez) est posée entre Toulouse et Auch, sur la N 124.

À NE PAS MANQUER

Le musée d'Art campanaire.

Située à une trentaine de kilomètres de Toulouse, L'Isle-Jourdain, traversée par l'un des sentiers de randonnée menant à Saint-Jacques-de-Compostelle, forme une halte agréable dans un vallon de verdure, en bord de Save. Cité médiévale baignée d'histoire, c'est également une halte culturelle, dont la terre regorge de trésors gourmands.

2

Se promener

Centre-ville

Sur la **place de l'Hôtel-de-Ville** (l'édifice communal s'inspire sans complexe du Capitole de Toulouse) s'élève la **maison de Claude Augé** (début 20e s.), fondateur du *Petit Larousse illustré*. Remarquez sa verrière, ses sculptures en façade et surtout ses vitraux de style Art nouveau, dont celui représentant la célèbre *Semeuse* de Larousse, d'après le dessin d'Eugène Grasset.

L'élégante halle de brique du 19e s. possède une belle charpente reposant sur des piliers octogonaux. La **collégiale Saint-Martin** du 18e s. *(accès par le côté est de la place)*, dont l'intérieur est peint à fresque, surprend par son style néoclassique.

★ Musée d'Art campanaire

Pl. Hôtel-de-Ville - 05 62 07 30 01 - www.mairie-islejourdain.fr - de mi-juin à mi-sept.: 10h-12h, 14h30-18h; reste de l'année: 10h-12h, 14h30-17h30 - fermé mar., 1er Mai, 25 déc., 1er janv.-15 janv - 4,50 € (enf. 2 €).

Aménagé dans l'ancienne halle aux grains (dotée d'une belle charpente de bois), il propose, sur deux étages, un panorama de l'art campanaire avec plus de mille cloches: toutes les époques et les cinq continents sont représentés. Au rez-de-chaussée, l'espace « fonderie » présente les techniques de fabrication des cloches. Une salle abrite l'horloge monumentale de la Bastille (classée Monument historique), dont vous verrez le mécanisme, et une autre horloge provenant de Meung-sur-Loire (milieu du 19e s.), animée de quatre jacquemarts. À l'étage sont exposés des carillons et leur clavier, dont le visiteur peut jouer (une pastille verte indique les instruments que vous pouvez faire sonner). Une magnifique collection de cloches de table (dont une en cristal de roche ciselée du Second Empire) et des jeux jouxtent l'espace « cloches du monde » (Europe, Amérique, Océanie, Asie, Afrique). Attardez-vous sur les petites cloches nigérianes surmontées de personnages sculptés en bois, ou encore sur une cloche de jade chinoise d'époque Qing (18e s.). L'espace « sonnailles » rassemble diverses cloches de bétail. Enfin, la décoration polychrome des « subrejougs » (carillons d'attelage de la vallée de la Save) est également intéressante.

À proximité Carte de microrégion p. 130-131

Château de Caumont D2

10 km au sud-ouest de L'Isle-Jourdain. Quittez L'Isle-Jourdain au sud-ouest par la D 634 et prenez sur la droite, à 7 km, la D 243 qui franchit la Save puis, à gauche, la D 39.

05 62 07 94 20 - www.caumont.org - visite guidée sur demande préalable (75mn) juil.-août: 15h-18h, sam. sur rdv; nov.-déc.: w.-end 15h-18h; reste de l'année: se rens - 5 € (-18 ans 2,50 €).

Érigé au 16e s. par Pierre de Nogaret de La Valette sur les ruines d'un ancien château fort (ayant appartenu à Gaston Fébus), ce « château de la Loire en Gascogne », dominant la vallée de la Save, s'insère dans un cadre remarquable. Né au château en 1554, le petit-fils de Pierre, Jean-Louis de Nogaret de La Valette, a commencé sa carrière comme mignon d'Henri III. Sous son règne, il atteint les plus hautes charges: duc d'Épernon, gouverneur de Provence, de Metz, de Guyenne, colonel général de l'infanterie, amiral…

Flanqué de quatre tours en losange, le château se compose de trois corps de bâtiment dressés en forme de fer à cheval. L'alternance de briques et de pierres contribue à son originalité. L'aile sud a été reconstruite en 1665 après un incendie; l'aile nord où court une galerie extérieure (et sous laquelle un bas-relief en marbre porte les armes du père du futur duc d'Épernon) est plus ancienne. Au rez-de-chaussée, la Salle rouge contient quelques tableaux intéressants, dont un portrait du duc d'Épernon et un autre de La Rochefoucauld par Gros, ainsi qu'une cheminée en marbre des Pyrénées.

Dans le Salon blanc, remarquez le beau plafond à caissons de style pompéien décoré en 1840. L'escalier, l'un des premiers escaliers droits, a conservé ses travées voûtées. La visite se poursuit par la chapelle, puis par la chambre du Roi qu'a occupée Henri de Navarre de passage à Caumont. Par le balcon et un escalier à vis, vous gagnez le sous-sol où se succèdent les anciennes cuisines, le chai et la salle de garde.

NOS ADRESSES À L'ISLE-JOURDAIN

HÉBERGEMENT

BUDGET MOYEN

Chambres d'hôte et gîte Le Pigeonnier de Guerre – *Rte de Grenade - ✆ 05 62 07 29 17 - www.lepigeonnierdeguerre.com - ♿ - 🅿 - 4 ch. 65/80 €.* Accueil soigné dans cette ferme qui produit des huiles vierges végétales à partir du colza, du tournesol et du carthame (ou safran bâtard). Ornée d'un des plus beaux pigeonniers de la région. Jacuzzi extérieur.

POUR SE FAIRE PLAISIR

Hôtel-restaurant L'Échappée Belle – *2 pl. Gambetta - ✆ 05 62 07 50 00 - www.echappee-belle.fr - ♿ - 🅿 - 27 ch. et 2 suites 88/160 € - ☕ 12 € - rest. 27/38 €, formule déj 18 €.* Jolie façade Art déco et beaux espaces distribués autour d'un patio. Le chef étoilé du restaurant, Bernard Bach installé à Pujaudran, propose une carte inventive dans un esprit brasserie contemporaine.

RESTAURATION

PREMIER PRIX

Le Relais de la Diligence – *32490 Monferran-Savès - ✆ 05 62 07 80 14 - fermé 24-31 déc., le merc. et le soir - ♿ - 🅿 - formule déj. 11 € - 16/20 €.* Bien restauré, cet ancien corps de ferme est proche d'un des chemins qui mènent à St-Jacques-de-Compostelle. Salle rustique en sous-pente, où le bois et la pierre se marient agréablement. Cuisine traditionnelle. Collection de chevaux miniatures.

BUDGET MOYEN

La Table de Ségoufielle – *R. de la Forge - 32600 Ségoufielle - ✆ 05 62 07 06 81 - www.latabledesegoufielle.com - fermé lun., merc., dim. soir et le midi sf w.-end - ♿ - 🅿 - menu 26/46 €, formule midi 14 €.* Bonne cuisine traditionnelle à base de produits locaux, servie dans une vaste et belle salle ou sur une très agréable terrasse dans le parc.

ACHATS

Marchés – Le dimanche matin, de novembre à mars, à l'occasion de « la grasse matinée », les éleveurs fermiers de la région proposent canards, oies et foies gras de qualité. Un marché au gras se tient tous les mercredis matin. Le samedi, « le marché l'Islois » propose des produits locaux.

Le Comptoir de nos fermes – *13 pl. Gambetta - ✆ 05 62 07 27 93 - mar.-sam. midi.* On y trouve les produits de plusieurs producteurs locaux : foie gras, miel, huile, etc. Belle cave en sous-sol et vaste choix de vins de Gascogne et d'armagnacs.

Asinerie d'Embazac – *Rte de Goudourvielle - ✆ 05 62 07 02 10 - www.embazac.com.* Élevage d'ânesses laitières avec visite (traite des ânesses, façonnage des savons au lait d'ânesse frais) et boutique. L'établissement propose également 2 chambres d'hôte *(60 € pour deux pers.).*

AGENDA

Festival « Escota e Minja » – *1er w.-end de juil. - www.escotaeminja.com.* Célébration de la culture occitane : musique gasconne, projections et messes en occitan, gastronomie.

Festival « Carillons d'enclume » – *3e w.-end de juin.* À Fontenilles, rencontre de forgerons, et animations autour de la forge.

+ d'adresses

Hautes-Pyrénées - La Bigorre 3

Carte Michelin Départements 342 – Hautes-Pyrénées (65)

Le château de Mauvezin et le pic du Midi de Bigorre.
J.-P. Azam / hemis.fr

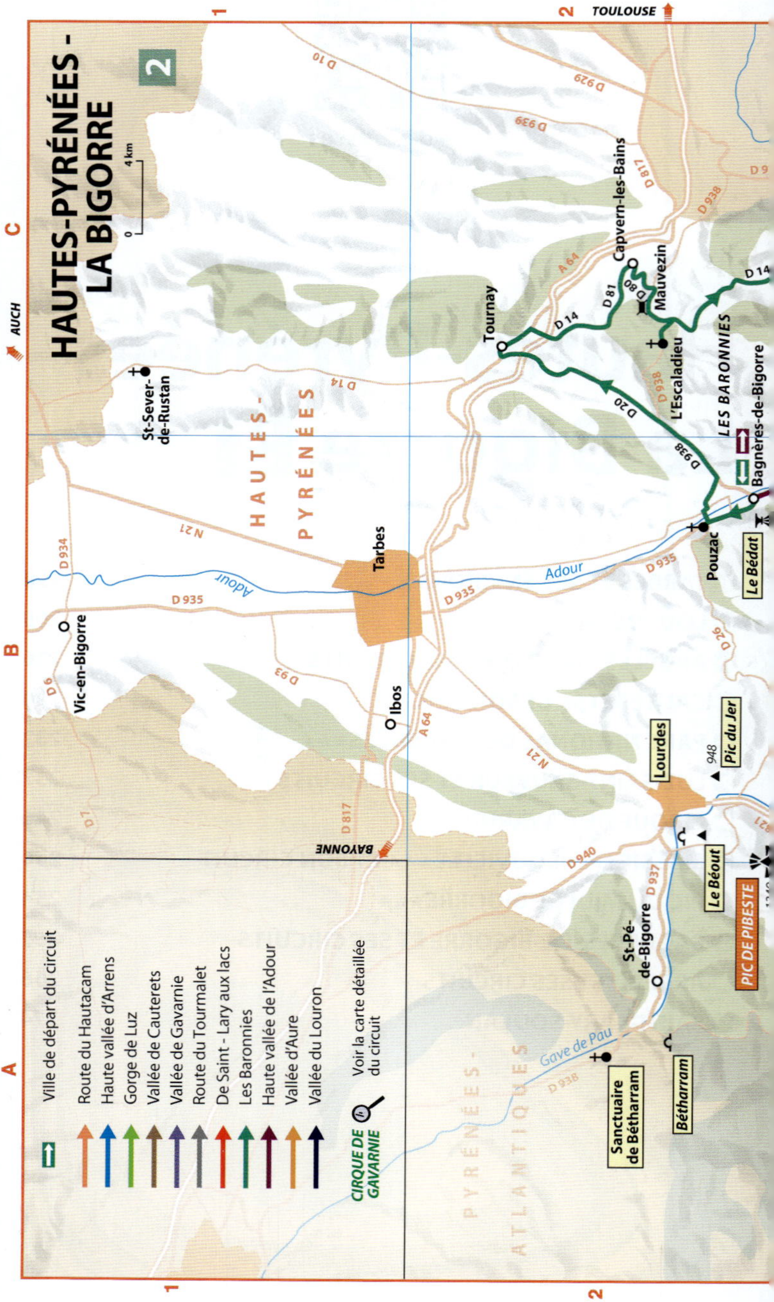
HAUTES-PYRÉNÉES - LA BIGORRE
2
0
4 km
A
B
C
1
2
AUCH
TOULOUSE
BAYONNE
Ville de départ du circuit
Route du Hautacam
Haute vallée d'Arrens
Gorge de Luz
Vallée de Cauterets
Vallée de Gavarnie
Route du Tourmalet
De Saint - Lary aux lacs
Les Baronnies
Haute vallée de l'Adour
Vallée d'Aure
Vallée du Louron
CIRQUE DE GAVARNIE
Voir la carte détaillée du circuit
HAUTES-PYRÉNÉES
PYRÉNÉES-ATLANTIQUES
St-Sever-de-Rustan
Vic-en-Bigorre
Tarbes
Ibos
Tournay
Capvern-les-Bains
Mauvezin
L'Escaladieu
LES BARONNIES
Bagnères-de-Bigorre
Pouzac
Le Bédat
Lourdes
948
Pic du Jer
Le Béout
PIC DE PIBESTE
St-Pé-de-Bigorre
Sanctuaire de Bétharram
Bétharram
Adour
Gave de Pau
D 10
D 929
D 939
D 817
D 938
D 14
D 81
D 80
D 20
D 935
D 934
N 21
D 6
D 93
A 64
D 7
D 940
D 937
D 26

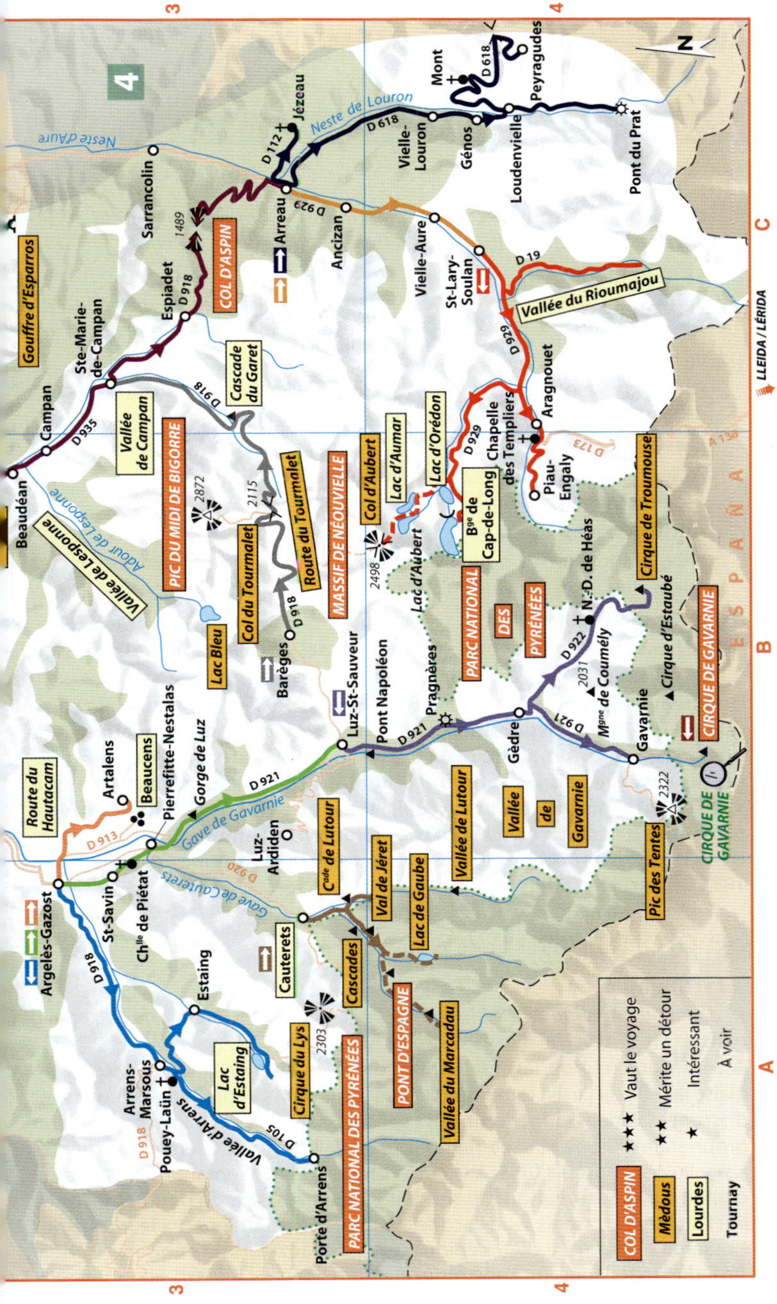

4
Gouffre d'Esparros
Neste d'Aure
Sarrancolin
Ste-Marie-de-Campan
Campan
Beaudéan
D 935
Vallée de Campan
Espiadet
D 918
1489
COL D'ASPIN
Arreau
D 929
D 112
Jézeau
Neste de Louron
D 618
Vielle-Louron
Génos
Mont
D 618
Peyragudes
Loudenvielle
Pont du Prat
Ancizan
Vielle-Aure
St-Lary-Soulan
D 19
Vallée du Rioumajou
D 929
Aragnouet
Chapelle des Templiers
Piau-Engaly
D 173
A 138
LLEIDA / LÉRIDA
Cascade du Garet
PIC DU MIDI DE BIGORRE
2872
Adour de Lesponne
Vallée de Lesponne
2115
Col du Tourmalet
Route du Tourmalet
D 918
Barèges
Lac Bleu
MASSIF DE NÉOUVIELLE
Col d'Aubert
Lac d'Aumar
Lac d'Orédon
B^ge de Cap-de-Long
2498
Lac d'Aubert
PARC NATIONAL DES PYRÉNÉES
N.-D. de Héas
Cirque de Troumouse
Cirque d'Estaubé
ESPAÑA
CIRQUE DE GAVARNIE
Luz-St-Sauveur
Pont Napoléon
Pragnères
D 921
Gèdre
D 922
2031
M^gne de Coumély
Gavarnie
Route du Hautacam
Artalens
Beaucens
Pierrefitte-Nestalas
Gorge de Luz
D 913
Gave de Gavarnie
Luz-Ardiden
D 920
Argelès-Gazost
St-Savin
Ch^lle de Piétat
Gave de Cauterets
Cauterets
C^ade de Lutour
Val de Jéret
Lac de Gaube
Vallée de Lutour
Vallée de Gavarnie
2322
CIRQUE DE GAVARNIE
Pic des Tentes
D 918
Estaing
Lac d'Estaing
2303
Cirque du Lys
Cascades
PONT D'ESPAGNE
Vallée du Marcadau
Arrens-Marsous
Pouey-Laün
Vallée d'Arrens
D 105
Porte d'Arrens
PARC NATIONAL DES PYRÉNÉES
COL D'ASPIN ★★★ Vaut le voyage
Mèdous ★★ Mérite un détour
Lourdes ★ Intéressant
Tournay À voir
A
B
C
3
4

Tarbes

43 034 Tarbais – Hautes-Pyrénées (65)

NOS ADRESSES PAGE 203

S'INFORMER

Office de tourisme – *3 cours Gambetta - 65000 Tarbes - 05 62 51 30 31 - www.tarbes-tourisme.fr - 9h-12h, 14h-18h - fermé dim. et j. fériés.*

SE REPÉRER

Carte de microrégion B1 (p. 196-197) – *carte Michelin Départements 342 M3.* Tarbes se trouve à 150 km de Toulouse, par l'A 64 et à 45 km de Pau.

SE GARER

Parking de la place de Verdun, non loin de l'office de tourisme, ou celui de la place Maracadieu (sf jeudi, jour de marché).

À NE PAS MANQUER

En septembre, la Journée nationale du cheval, qui se combine avec la fête des produits régionaux labellisés : Terro'art.

ORGANISER SON TEMPS

Prévoir une journée pour visiter la ville et sillonner les alentours. Notez que le haras n'est ouvert qu'en semaine (5 visites guidées par jour).

AVEC LES ENFANTS

Le haras, Maison du cheval ; les promenades en calèche ; le jardin Massey.

Deuxième agglomération de la région Midi-Pyrénées, Tarbes, la capitale de la Bigorre est depuis le 19e s. réputée pour ses chevaux et ses hussards, réputation encore à l'ordre du jour puisque ses deux importantes casernes abritent aujourd'hui les hussards parachutistes, qui s'illustrent dans les conflits actuels. C'est une cité dynamique située à proximité des stations de sports d'hiver pyrénéennes. Elle a vu naître en 1811 l'écrivain Théophile Gautier, auteur du *Capitaine Fracasse*, et en 1851 le maréchal Foch.

Se promener Plan de ville p. 200

★ Jardin Massey

Tlj de mi-juin à mi-août : 7h-21h ; de mi-août à fin sept. : 7h-20h ; de déb.-avr. à mi-juin : 8h-20h ; oct. et mars : 8h-19h ; nov.-fév. : 8h-18h.

Situé au cœur de Tarbes, autour du musée Massey, ce beau parc à l'anglaise labellisé « jardin remarquable » est doté d'une végétation luxuriante et d'essences variées, dont nombre d'espèces exotiques. Il fut aménagé par son propriétaire Placide Massey, naturaliste et paysagiste de talent, qui en fit don à la ville à sa mort en 1853. Au centre s'élève l'édifice romantique, surmonté d'une tour d'observation, où résidait Placide Massey. Ce bâtiment, conçu par l'architecte tarbais Jean-Jacques Latour, abrite aujourd'hui le musée des Hussards et le musée d'Archéologie et des Beaux-Arts. L'**orangerie**, serre à structure métallique, fut construite quelques années plus tard. Elle abrite une belle collection de cactus et de plantes grasses et grimpantes.

Jardin et musée Massey à Tarbes.
P. Jacques / hemis.fr

Peuplé de paons et de canards, garni de quelques bancs, le jardin invite à la promenade ou au repos. C'est aussi un lieu chargé d'histoire qui abrite le **cloître de l'abbaye de Saint-Sever-de-Rustan** dont on admirera les chapiteaux *(voir p. 202)*. Espace de jeux pour enfants. En face du jardin, le **Carmel** est aujourd'hui un lieu d'expositions temporaires (peinture, photographie).

3

Musée Massey

✆ 05 62 44 36 95 - de mi-avr. à mi-oct. : 10h-12h30, 13h30-19h ; reste de l'année : 10h-12h, 14h-17h - fermé mar. - 5 € (-18 ans gratuit).

Le site, qui comprend le musée international des Hussards et celui des Beaux-Arts, a rouvert ses portes en avril 2012, après la rénovation des bâtiments et une complète restructuration des collections.

Musée international des Hussards – Il présente uniformes, équipements et armements provenant d'unités de 18 pays qui retracent l'histoire des hussards depuis leur création jusqu'à aujourd'hui.

Musée des Beaux-Arts – Dans ce musée aménagé dans de belles salles aux murs de couleur vive, remarquez le triptyque de Cock *La Vierge, l'Enfant, saint Jean et saint Jérôme,* du 15e s., une Sainte Famille (école italienne, 16e s.), le *Christ aux liens de Pontormo* (école italienne, 16e s.), une *Chasse au sanglier* (17e s., école flamande) et un *Marché bigourdan*, œuvre du peintre régional Henri Borde (1888-1958).

Maison natale du maréchal Foch (M)

✆ 05 62 93 19 02 - www.tarbes-tourisme.fr - 9h-12h, 14h-17h30 ; j. fériés se rens - gratuit.

Ferdinand Foch y naquit le 2 octobre 1851. La salle du rez-de-chaussée rassemble des portraits, photographies et sculptures du héros. Au 1er étage, parmi des meubles provenant de son appartement de la rue de Grenelle à Paris, on remarque le fauteuil dans lequel il s'est éteint. Une salle évoque sa carrière : le lycée, Polytechnique, la Grande Guerre, les plus hautes distinctions (il était également maréchal de Grande-Bretagne et de Pologne), l'Académie française (près des uniformes de soldat, on peut voir le célèbre habit vert).

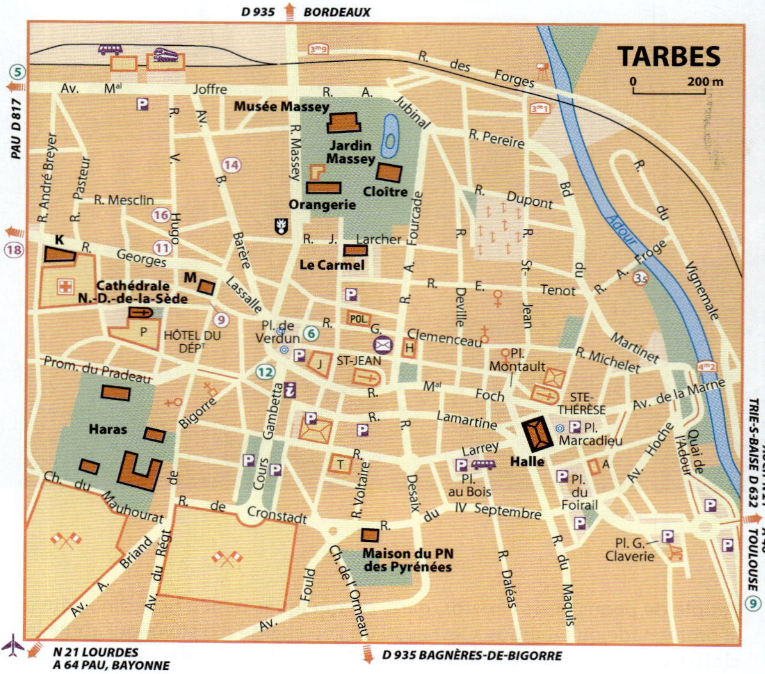

SE LOGER		SE RESTAURER	
Chaumière du Bois (Hôtel La)	5	Épicerie (L')	9
Foch (Hôtel)	6	Fil à la Patte (Le)	11
Relais du Barboutou (Chambre d'hôte)	9	Petit Gourmand (Le)	14
Rex Hôtel (Le)	12	Trait Blanc	16
Musée de la Résistance	**K**	Vieille Auberge (La)	18
Maison natale du maréchal Foch	**M**		

La salle des souvenirs renferme de nombreux titres honorifiques et témoignages de reconnaissance français et étrangers.

Cathédrale N.-D.-de-la-Sède

Pl. Charles-de-Gaulle.

D'origine romane, elle a fait l'objet, du 13e au 19e s., d'importants remaniements, qui rendent difficile la perception de l'édifice médiéval. La partie la plus intéressante est le chevet avec son appareillage de pierre et de brique. Dans la partie supérieure, les rangées de pierres et de galets alternent.

★ Haras national - Maison du cheval

05 62 56 30 80 - www.haras-nationaux.fr - ♿ - visite guidée (60mn) 10h30 (sur réserv.), 14h, 15h, 16h (17h en sais.) - de déb. avr. à déb. oct. : merc. apr.-m. (sur réserv.) visite + animation équestre 9,50 € (12-18 ans 6,50 €, 3-12 ans 5 €) - visite seule 6,50 € (-18 ans 4 €).

Dans un parc de 9 ha, ombragé de cèdres et de magnolias, il forme avec ses pavillons clairs et bas un ensemble empreint de la distinction du Premier Empire. Les écuries furent, au 19e s., le berceau du fameux « tarbais », l'anglo-

LES HUSSARDS
Les « huszars », cavaliers légers hongrois (le terme désignerait en magyar une troupe de vingt cavaliers, ancêtre du « peloton » des unités de cavalerie modernes), sont apparus à la fin du 17e s. dans les armées d'Europe occidentale. Leur uniforme seyant, exotique, et leur aptitude à mener la « petite guerre » les ont imposés. Il fallut cependant combattre leur comportement indiscipliné, brutal (que traduit encore l'expression « à la hussarde »), et leur propension à la désertion par une discipline de fer. En France, le premier véritable régiment de hussards fut levé en 1720 par Ignace Stanislas de Bercheny, gentilhomme hongrois. Le 1er hussard parachutiste, basé à Tarbes depuis 1963, en est l'héritier direct.
La volonté de tous les chefs militaires d'enrôler des hussards provoqua le tarissement du recrutement hongrois, et on dut recourir à des Turcs, des Polonais, des Allemands… Il n'y eut bientôt plus, pour rappeler l'origine de cette cavalerie, que l'uniforme, adopté dans 34 pays. Mais la bravoure et la compétence ne fléchirent pas ; les hussards continuèrent à se couvrir de gloire et à enfanter des soldats aussi remarquables que les maréchaux Ney, Kellermann, Blücher ou Lyautey.

arabe des hussards et des chasseurs montés qui firent les beaux jours de la ville de garnison. Aujourd'hui, on y voit aussi des races régionales comme le cheval de Mérens et l'âne des Pyrénées ainsi que des percherons. L'élevage des chevaux est maintenant orienté vers l'insémination ainsi que vers la compétition (saut d'obstacles), le dressage, le tourisme équestre et les utilisations d'agrément. Après une visite des installations (écuries, maréchalerie, sellerie d'honneur, unité de reproduction…), on parvient à l'ancien manège transformé en Maison du cheval.

Musée commémoratif de la Déportation et de la Résistance (K)

✆ 05 62 51 11 60 - www.tarbes.fr - tlj sf w.-end et j. fériés 8h30-12h, 14h-17h30 - gratuit - possibilité de visite guidée sur demande (60mn).
Installé dans deux salles de classe, ce petit musée retrace la chronologie des événements mondiaux et locaux de 1939 à 1945, à travers l'évocation des déportés, des évadés et des résistants de la région (Corp-Franc Pommiès, régiment de Bigorre).

Maison du Parc national des Pyrénées

2 r. du IV Septembre - ✆ 05 62 54 16 40 - www.parc-pyrenees.com - 9h-12h, 13h30-17h - fermé w.-end et j. fériés.
La Maison du Parc national propose des expositions liées au Parc, à sa nature, sa faune, sa flore, une médiathèque et un auditorium.
Elle est installée dans le jardin qui entoure la villa Fould, siège administratif du Parc national des Pyrénées. Cette villa était la propriété d'Achille Fould *(voir encadré page suivante)*.

À proximité Carte de microrégion p. 196-197

Ibos B1

7 km. Sortez de Tarbes par la D 817 en direction de Pau.
Les maisons de ce bourg, autrefois fortifié, adoptent un plan concentrique autour de l'ancienne collégiale devenue l'**église Saint-Laurent**. Bâtie aux

3

ACHILLE FOULD, LE BANQUIER AMOUREUX DES CHEVAUX
En 1847, le banquier parisien Achille Fould (1800-1867) achète un terrain sur lequel il fait construire une grande demeure de style chalet où il reçoit, en 1859, Napoléon III et l'impératrice Eugénie venus inaugurer la nouvelle ligne de chemin de fer. Ayant découvert cette région à travers sa passion pour les chevaux, il y entame une carrière politique. Il devient député et président du conseil général de 1847 à sa mort en 1867. Il eut un rôle essentiel pour le département des Hautes-Pyrénées, ainsi que les cinq générations qui lui succédèrent et qui prirent pour patronyme le nom d'Achille-Fould. Tarbes lui doit le lycée impérial, son arsenal, la culture du tabac.

14e et 15e s., celle-ci conserve une allure de forteresse avec son donjon carré et son chevet polygonal massif. La nef, flanquée de chapelles enserrées dans les puissants contreforts, est de style gothique languedocien.

Vic-en-Bigorre B1

17 km. Sortez de Tarbes par la D 935 en direction de Mont-de-Marsan.
Bâtie dans la plaine entre l'Adour et l'Echez, cette petite ville est dominée par le clocher de l'**église Saint-Martin** qui abrite un retable en bois doré du 17e s., œuvre de Simon Boysson. Sous sa halle, construite au 19e s. sur le modèle des halles centrales de Paris, se tient tous les samedis matin un marché réputé entre autres pour les foies gras en hiver.

Abbaye de Saint-Sever-de-Rustan C1

22 km. Sortez de Tarbes par la N 21 en direction de Rabastens. À l'entrée d'Escondeaux, prenez la D 27 à droite (itinéraire jalonné) - 05 62 96 63 93 - visite guidée (40mn) tlj sf lun. matin, jeu. matin et vend. matin 9h-12h, 14h-18h - fermé du 21 déc. au 31 janv. - 3,50 € (-12 ans gratuit).
L'abbaye bénédictine, qui existait dès le 10e s., fut restaurée par les mauristes, congrégation réformée de l'ordre bénédictin qui s'attacha à ennoblir l'architecture monastique des apports du classicisme. Le pavillon des Hôtes porte encore la marque de cette époque. À l'intérieur de l'église, en grande partie romane, observez les quatre groupes de chapiteaux (hauteur : 1 m) de la travée sous coupole : aigles, lions, péché originel et châtiment du mauvais riche, arrestation du Christ et Christ en majesté. La **sacristie** présente un bel ensemble de boiseries (18e s.) formé par les lambris à cartouches rocaille. De chaque côté du maître-autel, deux bas-reliefs : saint Sever redonnant sève à un néflier desséché, et la devise « PAX » des bénédictins. En façade, joli cadran solaire restauré. L'aile aux Moines située dans la partie nord de l'abbaye abrite le **musée de la CIME** (Chronologie Illustrée de la Musique Européenne) : les huit siècles d'histoire de la musique sont présentées à travers un ruban qui se déroule tout le long du vaste couloir et enrichi d'illustrations sonores.
Le cloître roman de l'abbaye se trouve dans le jardin Massey de Tarbes.
En prenant la D 14 vers Villecomtal-sur-Arros, on rejoint la N 21 qui, en direction d'Auch, monte jusqu'au **puntous de Laguian**, d'où le **panorama★★** s'étend, par temps clair, sur 150 km de front pyrénéen.

NOS ADRESSES À TARBES

VISITES

Promenades en calèche – *05 62 51 30 31 - Deux parcours sont proposés au dép. de la buvette du jardin Massey - tour du jardin Massey (10mn); découverte de Tarbes au rythme inattendu d'un attelage (30mn). Tarifs variables selon la promenade. Pour les h se rens.*

HÉBERGEMENT

PREMIER PRIX

Chambre d'hôte Relais du Barboutou – *15 Cami Deth Barboutou - 65190 Oueilloux - 05 62 35 07 66 - P - 3 ch. 50 €.* Dans une grange restaurée attenante à la ferme des propriétaires, les chambres sont mansardées, simples et joliment décorées. Dans la salle, cheminée et meubles anciens.

BUDGET MOYEN

Hôtel Foch – *18 pl. de Verdun - 05 62 93 71 58 - www.hotel-foch.eu - 30 ch. 60/110 € - 8 €.* En plein centre, établissement bien insonorisé sur une place animée. Chambres design, spacieuses et ouvertes sur des balcons aux 2 derniers étages.

Hôtel La Chaumière du Bois – *26 rte de Pau - 65420 Ibos - 05 62 90 03 51 - www.chaumieredubois.com - P - 22 ch. 66/78 € - 8 € - formule déj. 15 € - 19/30 €.* Ambiance champêtre dans cet hôtel aux toits de chaume. Les chambres donnent sur l'agréable jardin planté de palmiers et de pins parasols. Salle à manger en rotonde sous une haute charpente et terrasse sous les arbres.

UNE FOLIE

Le Rex Hôtel – *10 cours Gambetta - 05 62 54 44 44 - www.lerexhotel.com - P 15 € - 98 ch. 150/220 € - 15/18 € - 12 studios 105 € - rest. 25/55 €.* Dans un bâtiment d'une architecture audacieuse en verre dont la façade devient multicolore la nuit, les chambres ultramodernes font cohabiter des créations de Starck et Panton.

RESTAURATION

PETIT PRIX

L'Épicerie – *1 r. de la Victoire - 05 62 34 20 98 - www.bistrotlepicerie.com - fermé dim. - formule déj. 9 € - 11/25 €.* Près de la cathédrale, vous serez accueilli dans une ambiance conviviale. Terrasse arborée et soirées musicales (jazz...).

BUDGET MOYEN

Le Fil à la Patte – *30 r. G.-Lassalle - 05 62 93 39 23 - fermé 18-29 août, sam. midi, dim. et lun. - formule déj. 12/15 € - 17/27 €.* Ici pas de chichi et les habitués l'ont bien compris ! L'ambiance est conviviale dans ce restaurant où l'on s'attable autour de plats du terroir et du marché.

Trait Blanc – *9 r. Victor-Hugo - 05 62 38 11 87 - fermé 1er août-20 août, 1er-10 janv., dim. soir et lun. - formule déj. 16 € - 18/42 €.* Une salle immaculée et tout en longueur : un Trait blanc original et sympathique, signé par deux amis d'enfance. Cuisine du marché haute en... couleur !

La Vieille Auberge – *51 rte de Pau - 65420 Ibos - 05 62 31 51 54 - www.vieille-auberge.com - fermé dim. soir et lun. - P - 20/35 €.* En bordure de la route de Pau, belle auberge en pierre rénovée. Tables en bois, nappes vertes et blanches, murs couleur tilleul avec rideaux assortis... Terrasse

ombragée d'une glycine. Cuisine basée sur les produits frais.
Le Petit Gourmand – *62 av. B.-Barère - ✆ 05 62 34 26 86 - fermé sam. midi, dim. soir et lun. - 20/36 €.* Accueil sympathique et intérieur chaleureux de style bistrot chic. Cuisine au goût du jour à base de produits frais. Jolie sélection de vins du Languedoc-Roussillon.

PETITE PAUSE

Nectar – *19 pl. Marcadieu - ✆ 05 62 44 19 44 - www.nectar-65.com - mar.-vend. 9h-19h (jeu. 8h-19h), sam. 9h-12h, 14h-18h30.* Situé face aux halles Marcadieu, ce salon de thé propose des cafés torréfiés sur place, une sélection de 70 thés et de délicieux chocolats. Cadre chaleureux parsemé d'objets anciens.
Le Pic Bigourdan – *2 r. du Moulin - 65360 Momères - ✆ 05 62 45 31 28 - www.lepicbigourdan.com - tlj sf sam. matin, dim. et lun. 8h30-12h, 14h-18h.* Dans une ferme restaurée, cette entreprise familiale dévoile les secrets de fabrication du gâteau à la broche, connu sous le nom de « Rocher des Pyrénées » ; préparation artisanale et cuisson au feu de bois. Délicieux macarons.

ACHATS

Marchés

Halle Marcadieu – *✆ 05 62 51 30 31 - jeu. 7h-14h.* C'est le plus grand marché de spécialités régionales (alimentaires et non alimentaires) à des lieues à la ronde.
Halle Brahauban – *8h-19h30, sf. dim. après-midi.* Marché alimentaire en cours de rénovation. Les commerçants restent ouverts et le carreau des producteurs est transféré sous le chapiteau à l'extérieur.

EN SOIRÉE

Le Monocle – *1 av. Bertrand-Barère - ✆ 05 62 34 29 29 - 8h30-15h, 19h-0h - fermé dim. et j. fériés.* Également brasserie, ce bar-restaurant offre un grand choix de bières, de whiskies et de coupes glacées. Soirées lounge le w.-end.

AGENDA

Equestria, festival européen de la création équestre – *6 jours fin juillet - www.festivalequestria.com.* Spectacles équestres (en soirée) et des animations (cirque, voltige, baptêmes à poney, présentations d'étalons et d'attelages. Animations musicales. Enfin, produits du terroir, artisanat d'art et cabaret équestre avec restaurants à thème dans le village d'exposants (*10h30-19h*).
Terro'art – *Dernier w.-end de sept.* Fête des produits régionaux labellisés sous la halle Marcadieu : porc noir de Bigorre, haricot tarbais, agneau de Barèges.
Tarbes en Tango – *17 au 22 août - ✆ 05 62 51 30 31 - www.tarbesentango.fr.* Pendant une semaine, les amateurs de tango viennent de partout pour des stages et des spectacles.

Lourdes

★

14 743 Lourdais – Hautes-Pyrénées (65)

NOS ADRESSES PAGE 213

S'INFORMER

Office de tourisme – *Pl. Peyramale - 65100 Lourdes - ✆ 05 62 42 77 40 - www.lourdes-infotourisme.com - avr.-sept. : 9h-12h30, 13h30-18h30, j. fériés 10h-18h ; reste de l'année : tlj sf dim. et j. fériés 9h-12h, 14h-17h30.*

L'office de tourisme propose un circuit fléché à travers la ville, « Sur les pas de Bernadette » (départ du musée Ste-Bernadette), qui permet de découvrir les principaux lieux de vie de la sainte. On le parcourt seul, avec un audioguide ou en visite guidée.

Centre d'information – *1 av. Monseigneur Théas - 65100 Lourdes - ✆ 05 62 42 20 08 - www.lourdes-france.org - ♿ - de déb. avr. à fin oct. : 8h30-12h15, 13h45-18h30 ; reste de l'année : 9h-12h, 13h30-17h30.* Situé à l'intérieur des sanctuaires. Vous y obtiendrez des renseignements sur les célébrations, les visites, la garderie, les objets trouvés… Le centre projette une vidéo (30mn) sur l'histoire des apparitions *(se rens. pour les horaires - gratuit)*.

Audioguides – Deux circuits sont commentés, l'un à travers le domaine de la grotte et les musées des sanctuaires, l'autre incluant la grotte et le parcours « Sur les pas de Bernadette » - *mars-oct. - 6 €.*

SE REPÉRER

Carte de microrégion B2 (p. 196-197) – *carte Michelin Départements 342 L4.*
Desservie par l'aéroport de Tarbes-Lourdes-Pyrénées (10 km), la ville se trouve également sur le trajet du TGV Atlantique. Elle est accessible en voiture par l'autoroute A 64 Toulouse-Bayonne (sortie n° 11 Soumoulou en venant de Pau ou n° 12 Tarbes Ouest depuis Toulouse). Une rocade reliée aux D 940 et D 937 (Pau-Lourdes) et à la N 21 (Tarbes-Argelès-Gazost) désengorge le centre-ville.

SE GARER

Difficile de circuler en centre-ville : les voies menant aux sanctuaires (la rue et le bd de la Grotte) sont soumises à un sens de circulation modifié tous les 15 jours. Optez pour l'un ou l'autre des parkings publics (payants) : parking municipal couvert, Peyramale ou quai Saint-Jean…

À NE PAS MANQUER

La grotte ; le château fort ; le musée de Cire de Lourdes.

ORGANISER SON TEMPS

Si vous vous rendez à Lourdes entre Pâques et la Toussaint et surtout autour du 15 août (Pèlerinage national), il vous sera difficile d'échapper à la foule. Notez toutefois que certains sites touristiques sont ouverts toute la journée en saison et désemplissent parfois légèrement à l'heure du déjeuner.

AVEC LES ENFANTS

Le château fort ; le musée du Petit Lourdes.

Deuxième ville de pèlerinage catholique au monde après Rome, Lourdes accueille chaque année 6 millions de personnes venues de 170 pays. Un véritable phénomène pour cette petite cité pyrénéenne qui comptait moins de 4000 habitants au milieu du 19e s. La foule commença à s'y presser dès 1858, époque des apparitions de la Vierge à la jeune Bernadette Soubirous. La ville, dominée par son château fort, n'en jouit pas moins d'un emplacement géographique privilégié : au pied des Pyrénées, arrosée par le gave de Pau, Lourdes constitue un bon point de départ pour de superbes randonnées.

Découvrir Plan de ville p. 210-211

LE DOMAINE DE LA GROTTE

Séparé du reste de la cité par une boucle du Gave, à l'ouest de la ville, le domaine de la grotte, également dénommé « les sanctuaires » en raison du nombre important d'édifices de pèlerinage qu'il rassemble, est un domaine privé et clos de 52 hectares, ouvert tous les jours de l'année. Sept portes permettent d'y accéder : les deux principales, la **porte Saint-Michel**, qui s'ouvre sur l'esplanade du Rosaire, et la **porte Saint-Joseph**, offrant un accès plus rapide aux basiliques et au centre d'information *(voir « S'informer », p. 205)*, sont ouvertes de 5h du matin à minuit. En dehors de ces heures, emprunter la porte des Lacets (ouverte 24h/24), en face de la maison des Chapelains.

Grotte de Massabielle C1

Le long du gave, la grotte, lieu des apparitions, est une simple anfractuosité dans le rocher de Massabielle (« vieille roche » en gascon), dont la profondeur et la largeur ne dépassent pas 10 m. Une Vierge en marbre de Carrare, sculptée par Fabisch en 1864, marque l'emplacement exact des apparitions. La **source** que fit jaillir Bernadette le 25 février 1858 est toujours visible au fond de la grotte ; des canalisations souterraines conduisent l'eau aux **fontaines**, à gauche de la grotte (robinets à poussoir), et, en aval, aux **piscines** où sont plongés les pèlerins, aidés par des hospitaliers.

★ Sanctuaires et lieux de prière C1

Premier sanctuaire de Lourdes, la **crypte**, creusée dans le rocher de Massabielle, fut consacrée le 19 mai 1866.

Svelte et blanche, de style néogothique, la **basilique de L'Immaculée Conception**, dite **basilique supérieure**, a été inaugurée en 1871. Au-dessus de la crypte, elle se trouve au sommet du rocher de Massabielle. Elle comprend une seule nef divisée en 5 travées et compte 21 autels. De nombreux ex-voto la décorent, et les ogives des chapelles portent en inscription les paroles que la Vierge adressa à Bernadette.

La **basilique du Rosaire**, de style néobyzantin, bénie en 1889, occupe, entre les deux rampes de l'hémicycle, le niveau inférieur. D'une superficie de 2000 m^2, elle peut recevoir environ 1 500 personnes. Ses 15 chapelles s'organisent par groupes de cinq, autour de l'abside et du transept. Elles sont ornées de mosaïques vénitiennes (19e s.) réalisées par G. D. Facchina (il a décoré, entre autres, l'Opéra Garnier) qui représentent les mystères du Rosaire. En 2006, des travaux de restauration leur ont donné un nouvel éclat.

La **basilique souterraine Saint-Pie-X**, consacrée le 25 mars 1958 à l'occasion du centenaire des apparitions, est aménagée sous l'esplanade en bordure de l'allée sud. Considérée comme l'un des plus vastes sanctuaires du monde, elle

La basilique Notre-Dame-de-Lourdes.
S. Sonnet / hemis.fr

mesure, selon ses plus grandes dimensions, 201 m de long et 81 m de large. Cet immense vaisseau en amande de 12 000 m² peut accueillir 20 000 pèlerins. Seule la technique du béton précontraint a permis de lancer des voûtes aussi surbaissées sans appui intermédiaire.

Deux ponts permettent d'accéder à la prairie de la rive droite où s'élève, depuis 1988, l'**espace Sainte-Bernadette** (4 000 places), construit à l'endroit où Bernadette se tenait lors de la dernière apparition. Il comprend l'église éponyme et l'Hémicycle, où deux fois par an se tient l'Assemblée plénière des évêques de France.

3

Le **chemin de croix** s'amorce à gauche de la crypte. Long de 1 500 m, bordé de 14 stations composées de groupes monumentaux en fonte, il aboutit aux croix du calvaire et aux grottes Sainte-Madeleine et N.-D.-des-Douleurs aménagées dans la caverne naturelle du mont des Espélugues.

Musées des sanctuaires B1-C1

Musée Sainte-Bernadette – *Sortir des sanctuaires par la porte St-Michel, puis tourner à droite avant le pont. ✆ 05 62 42 20 08 - www.lourdes-france.org - ♿ - avr.-oct. : 9h-12h, 14h-19h - fermé nov.-mars - gratuit.* Il présente des souvenirs ainsi que des documents iconographiques sur la vie de Bernadette, les apparitions et l'histoire du pèlerinage. Remarquez les différentes effigies de la Vierge qui furent soumises à l'appréciation de Bernadette.

Musée des Miraculés – *Accueil Jean-Paul-II, esplanade du Rosaire.* Quelques panneaux présentent brièvement la vie des 66 miraculés « officiels » de Lourdes.

LE SOUVENIR DE BERNADETTE

Une promenade en ville et dans les environs vous permettra de découvrir les lieux qui ont marqué l'enfance de Bernadette. Le circuit « Sur les pas de Bernadette », proposé par les sanctuaires, relie ces différents points d'intérêt *(voir « S'informer », p. 205)*.

Naissance d'un lieu saint

LA FOI DE BERNADETTE SOUBIROUS

Née le 7 janvier 1844 dans une famille de meuniers, l'aînée des quatre enfants Soubirous passe ses premiers mois à Bartrès (3 km au nord), chez une nourrice. En janvier 1858, à 14 ans, elle vit avec ses parents dans le « cachot », suit le catéchisme paroissial et fréquente la classe des indigents des Sœurs de la Charité. Le jeudi 11 février, alors qu'elle ramasse du bois le long du gave, près du **rocher de Massabielle**, une « belle dame » lui apparaît pour la première fois. Celle-ci ne se présentera qu'à la seizième apparition, le jeudi 25 mars, sous le nom de « l'Immaculée Conception », une dénomination complètement inconnue à Bernadette, puisque le dogme proclamant la conception immaculée de la Vierge ne datait que de 1854. Si le rocher est d'un accès peu facile à cette époque, une foule chaque jour plus nombreuse, mêlant croyants et incrédules, se presse autour. C'est au cours de la neuvième apparition que Bernadette gratte le sol de ses doigts pour faire jaillir une source.

D'abord mises en doute par les autorités ecclésiastiques de l'époque, les apparitions sont officiellement reconnues par l'Église en 1862. L'évêque, Mgr Laurence, décide d'édifier un **sanctuaire** au-dessus de la grotte, répondant ainsi à l'une des demandes faites par la Vierge à Bernadette. La première procession se déroule en 1864, à l'occasion de la bénédiction de la statue de Notre-Dame-de-Lourdes. En 1866, la crypte est inaugurée en présence de Bernadette qui entre quelques mois plus tard comme novice au couvent Saint-Gildard, à Nevers, maison mère de la congrégation des Sœurs de la Charité, avant de prendre le voile en 1867 sous le nom de sœur Marie-Bernard. Morte le 16 avril 1879, elle fut **béatifiée** en 1925 et **canonisée** en 1933.

Aux premiers pèlerinages paroissiaux et diocésains s'ajoute le Pèlerinage national organisé de Paris par les pères assomptionnistes en 1873 et dont la deuxième édition, en 1874, comprend 14 malades. Dès lors, la place faite aux malades caractérise l'accueil de Lourdes. L'audace des initiatives est illustrée par l'organisation, en 1963, du premier pèlerinage de poliomyélitiques. Des **guérisons inexpliquées** ont commencé à se produire à Lourdes dès l'époque des apparitions. Parmi près de 7 000 déclarations de guérison déposées depuis, 66 ont été reconnues par l'Église, au terme d'une enquête médicale.

QUAND LA VIERGE APPARAÎT

Aux 19e et 20e s., la Vierge a été vue une centaine de fois, mais il semble que ce soit le Moyen Âge qui détienne le record des manifestations mariales avec plus de 4 000 apparitions entre l'an 1000 et 1515. Face à ce flot incontrôlé, le Ve concile de Latran fixe en 1516 les règles juridiques de l'examen des révélations par le Saint-Siège. Depuis le 19e s., seules 12 manifestations mariales ont été officiellement reconnues : 11 février-16 juillet 1858 à Lourdes ; 1871 à Pontmain (Mayenne) ; 1876 à Pellevoisin (Indre) ; 1877 à Gietzwald (Prusse-Orientale/Pologne) ; 1879 à Knock (Irlande) ; 13 mai-13 octobre 1917 à Fatima (Portugal) ; 1932-1933 à Beauraing (Belgique) ; 1933 à Banneux (Belgique) ; août-septembre 1953 à Syracuse (Italie) ; 1968 à Zeitoun (Égypte) ; 1973-1981 à Akita (Japon) ; 1976-1984 à Betania (Venezuela).

Moulin de Boly (maison natale de Bernadette) D1

05 62 42 16 36 - www.lourdes-france.org - pour les h se rens - possibilité de visite guidée sur demande (20mn).

Le **moulin de Boly**, apporté en dot par la mère de Bernadette, vit naître et grandir la fillette jusqu'à sa dixième année. Ruinée, la famille fut contrainte de vendre puis de quitter le moulin en 1854. Une exposition présente les Soubirous.

Ne confondez pas le moulin de Boly avec le moulin paternel, non loin, où s'installa la famille dès 1860, l'année où Bernadette devint pensionnaire à l'hospice. C'est aujourd'hui un magasin-musée.

Cachot D1

05 62 94 51 30 - ♿ - de déb. avr. à fin oct. : 9h-12h, 14h-18h30 ; reste de l'année : 15h-17h - gratuit.

C'est dans cette simple pièce sombre et froide, installée dans une ancienne prison désaffectée, que vivait la famille Soubirous au moment des apparitions, en 1858.

Église du Sacré-Cœur D1

Jugée trop petite, l'église paroissiale Saint-Pierre, dans laquelle Marie-Bernarde Soubirous avait été baptisée le 9 janvier 1844, fut détruite en 1904, un an après l'inauguration de l'église du Sacré-Cœur, dont la construction fut dictée en 1875 par l'abbé Peyramale, curé de Lourdes au temps des apparitions. Les fonts baptismaux échappèrent à la destruction *(première chapelle du transept gauche)*. Dans la crypte, tombeau de l'abbé Peyramale.

Hospice Sainte-Bernadette D1

05 62 42 40 98 - ♿ - pour les h se rens.

Dans cet ancien hospice, aujourd'hui centre hospitalier, Bernadette suivait l'école des Sœurs de la Charité, avant d'y être admise comme pensionnaire, de 1860 à 1866. Au parloir sont exposés des souvenirs personnels de la sainte et des photographies, tandis que, dans la petite chapelle où elle a fait sa première communion, on peut voir sa pèlerine de communiante, son catéchisme, son histoire sainte et son prie-Dieu.

3

Bartrès

À 3 km au nord par le chemin de Bernadette (1h30 AR).

Maison Lagües – Bernadette y fut mise en nourrice chez Marie Aravant-Lagües. Elle revint ensuite occasionnellement dans le village pour raison de santé et y rendit quelques menus services. Son souvenir est conservé dans la maison Lagües (reconstruite après un incendie), belle maison à entrée charretière, située en contrebas de l'église à droite, où sont réunis, dans la cuisine, quelques meubles paysans de l'époque.

En revenant, laissez la voiture près d'un oratoire consacré à sainte Bernadette et montez jusqu'à la bergerie où la jeune fille rentrait son troupeau jusqu'en janvier 1858.

Se promener Plan de ville p. 210-211

★ Château fort et son Musée pyrénéen D1

Accès r. du Fort par l'ascenseur, l'escalier des Sarrasins (131 marches) au niveau du pont-levis, ou par la rampe du Fort depuis la rue du Bourg, permettant de découvrir le petit cimetière situé à flanc de pente et ses stèles discoïdales. 05 62 42 37 37 -

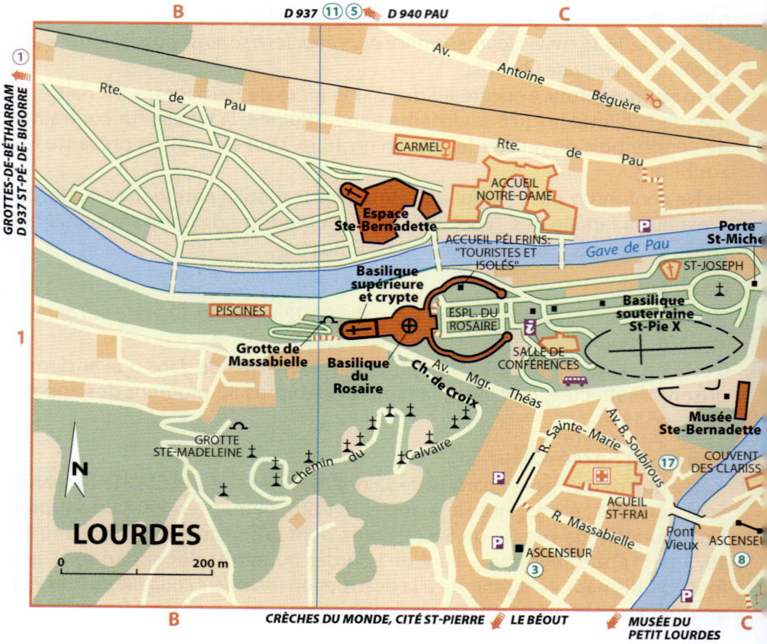

www.chateaufort-lourdes.fr - ♿ - avr.-sept. : 9h-12h, 13h30-18h30 ; reste de l'année : 9h-12h, 14h-18h, vend. 17h - fermé 1er janv., 1er et 11 Nov - 5 € (-18 ans 3,50 €).
Érigé sur un piton rocheux dominant la ville et l'entrée des sept vallées du Lavedan, cette ancienne résidence des comtes de Bigorre aux 11e et 12e s., prison d'État aux 17e et 18e s., abrite depuis 1921 le **Musée pyrénéen**, qui présente les arts et traditions populaires des Pyrénées. Belles collections sur la cuisine béarnaise, les costumes, les instruments de musique, les surjougs et les céramiques (magnifique service en faïence de Samadet). Les salles de paléontologie et de préhistoire regroupent les découvertes effectuées dans différentes grottes pyrénéennes. Enfin, une salle d'honneur est consacrée au pyrénéisme. La **chapelle du château** *(côté est)* contient les boiseries, l'autel, les statues en bois polychrome du 18e s. qui ornaient l'ancienne église paroissiale de Lourdes. Sur l'esplanade, plusieurs maquettes au 1/10 illustrent l'architecture pyrénéenne française et espagnole.

★ Musée de Cire de Lourdes D1

05 62 94 33 74 - www.lourdes-infotourisme.com - ♿ - de mi-juil. à mi-août : 9h-12h30, 13h30-18h30 ; reste de l'année : 9h-12h, 13h45-18h30, dim. 10h-12h, 13h45-18h30 - 7 € (enf. 5 €).

Aménagé sur cinq niveaux, il retrace les principaux épisodes de la vie de Bernadette Soubirous et de celle du Christ (voir *La Cène*, réalisée d'après l'œuvre de Léonard de Vinci). De la terrasse, belle vue sur le château, le gave de Pau et les sanctuaires.

Musée du Petit Lourdes En direction sud de C2

05 62 94 24 36 - www.musees-lourdes.com - visite guidée pour les h se rens - 6 € (-13 ans 3 €) - 10 € billet combiné avec petit train touristique.

SE LOGER

Cazaux (Hôtel)......... 1
Florida (Hôtel)......... 3
Grand Cèdre (Chambre d'hôte Le)...... 5
Mercure Impérial (Hôtel). 8
M. et Mme Vives (Chambre d'hôte)......... 11
Orangers (Chambre d'hôte Les)... 14
Solitude (Hôtel La)......... 17

SE RESTAURER

Chalet de Biscaye (Le)....... 1
Couriole (Ferme-auberge La)....... 3
Grotte (Brasserie de l'hôtel de la)........ 10
Pizza Da Marco......... 19

C'est une reconstitution en plein air de Lourdes et de ses environs à l'époque des apparitions (1858). Depuis la bergerie de Bartrès jusqu'au quartier des Cagots, le visiteur découvre les maisons, les monuments historiques, les moulins reproduits à l'échelle 1/20 d'après des documents du 19e s.

3

Musée du Gemmail D1

72 r. de la Grotte - ✆ 05 62 94 13 15 - www.gemmail.com - 10h-12h, 14h30-18h30, dim.14h30-18h30 - fermé nov.-mar - gratuit.

Nombre d'artistes se sont passionnés pour cette technique juxtaposant des fragments de verres multicolores. Sont exposés Gauguin *(Qui sommes-nous, où sommes-nous, où allons-nous ?)*, Picasso *(Nature morte à la tête de mort)*, Toffoli *(Le Pèlerin de la paix)*, Grotti *(Vierge à l'Enfant)* et Bajen *(Magnificat)*. Le musée rassemble également des œuvres réalisées d'après des tableaux de Rembrandt, Manet, Van Gogh, Vuillard et Degas.

Musée de Lourdes En direction sud de D2

✆ 05 62 94 28 00 - www.musees-lourdes.com - de fin mars à fin oct. : 9h-12h, 13h30-18h30 ; reste de l'année : 10h-12h, 14h-17h - 6 € (-12 ans 3 €).

UNE ACTIVITÉ DÉBORDANTE

Parmi les 6 millions de pèlerins dénombrés annuellement, près de 40 % sont français, et 80 000 atteints de maladies. Lourdes est aussi la 2e cité hôtelière en France après Paris (avec 200 hôtels et plus de 13 000 chambres). 700 trains spéciaux et 400 avions y arrivent chaque année. Les magasins d'objets pieux représentent 80 % des 600 commerces.

Le bourg de 1858 est reconstitué à travers des scènes grandeur nature commentées (via des magnétophones portatifs), évoquant la vie quotidienne, les intérieurs ruraux bigourdans, les ateliers d'artisans (sabotier, ébéniste, vannier) et le décor pastoral (cabane de berger).

À proximité Carte de microrégion p. 196-197

★ Pic du Jer B2

3h AR ou montée par un funiculaire. 59 av. Francis-Lagardère - ✆ 05 62 94 00 41 - www.picdujer.fr - ♿ - du 9 juil. au 30 sept.: 9h30-19h; reste de l'année: 9h30-18h - 10 € (-18 ans 7,50 €) - possibilité de visite guidée (35mn).

Alt. 948 m. Depuis la station supérieure du **funiculaire**, 10mn de marche facile conduisent au sommet d'où l'on découvre un beau panorama sur les Pyrénées centrales. On peut prolonger agréablement la promenade *(♿ 30mn AR)* en abandonnant le chemin goudronné de l'observatoire dans le 1er lacet à gauche *(sens de la descente)* pour suivre l'étroit sentier *(« promenade du panorama de Castelloubon »)* menant au piton sud de la montagne. Vue sur le confluent des vallées d'Argelès et de Castelloubon.

Au pied du funiculaire, possibilité de visiter les grottes *(apr.-midi seult)*.

★ Le Béout B2

Alt. 791 m. Montez à pied par un sentier partant de la cité Saint-Pierre. Beau **panorama** sur Lourdes, le pic du Jer, le pic de Montaigu, la vallée d'Argelès, les vallées de Batsurguère et de Castelloubon. Poursuivez la montée le long de la crête semée de blocs erratiques, témoignage de la puissance de l'ancien glacier du Lavedan (le Béout était alors submergé), et gagnez le point culminant. On découvre alors le pic du Midi de Bigorre, le lac de Lourdes et, du côté de la haute chaîne, le pic Long (alt. 3 192 m, massif du Néouvielle), le « cylindre » du Marboré et le mont Perdu.

Saint-Pé-de-Bigorre A2

Quittez Lourdes par la D 937. Avant St-Pé, traversez le gave à gauche, puis tournez à droite sur la route de la forêt communale qui rejoint la D 937 à l'ouest, peu avant St-Pé.

Pl. des Arcades - 65270 Saint-Pé-de-Bigorre - ✆ 05 62 41 88 10 - www.saint-pedebigorre-tourisme.com - 9h30-12h30, 14h-18h - fermé jeu., dim. et j. fériés.

Prisée comme base de plein air, la ville a pour origine une abbaye dédiée à saint Pierre (*Pey* en gascon, devenu Pé). L'**église**, dont l'abside ronde apparaît dans la perspective de la place centrale à arcades, ferme le quadrilatère des bâtiments de l'abbaye. Cette ancienne abbatiale romane, réalisée par les clunisiens sur la route de Compostelle, était le plus beau et le plus vaste monument religieux des Pyrénées jusqu'aux dégâts que lui causèrent les guerres de Religion et le tremblement de terre de 1661. Du sanctuaire ouest qui abritait un transept et une tour de croisée, il ne reste qu'une petite aile à décoration romane placée sous la tour *(voir le baptistère actuel, à gauche de l'entrée)*. Dans l'église, on peut observer une statue de N.-D. des Miracles, du 14e s.

★ Grottes et sanctuaire de Bétharram A2

16 km à l'ouest par la D 937. ✆ 05 62 41 80 04 - www.betharram.com - ♿ - visite guidée (1h20) juil.-août: 9h-18h; 25 mars-30 oct.: 9h-12h, 13h30-17h30; reste de l'année: se rens.

Découvertes en 1819, les **grottes** de Bétharram offrent 5 200 mètres de galerie, répartis sur cinq étages, où scintillent de véritables trésors d'Ali Baba naturel-

lement taillés dans la roche : stalagmites, stalactites, pendeloques, draperies, colonnes… Le parcours s'effectue à pied, en barque et en petit train.
Lieu de pèlerinage marial depuis le 15e s., le **sanctuaire** de Bétharram est surtout remarquable pour sa chapelle Notre-Dame au décor baroque (17e s.), ses vastes bâtiments conventuels et son chemin de croix aux bas-reliefs peints par Alexandre Renoir (1845).

NOS ADRESSES À LOURDES

VISITES

La ville en petit train – ♿ - ✆ *06 11 40 25 16 - www.lourdespass.fr - visite guidée (45mn) - de mi-mars à fin oct : 9h-11h30, 13h30-18h10 - nocturne mai-sept. à partir de 20h - dép. ttes les 20mn au kiosque situé à cte de la pte St-Joseph ou devant chaque site Visa - 6 € (6-12 ans 2,70 €).* Le passeport « Lourdes pass » *(13/25 €, 6-12 ans 9/10 €, 2e enf. gratuit pour 2 adultes payants)* permet de visiter les principaux sites de la ville avec le petit train.

Processions et célébrations – D'avril à octobre, des messes sont célébrées chaque jour (de 7h à 23h) dans les sanctuaires. Messe internationale à 9h30 (basilique souterraine) les merc. et dim. Chaque jour, à 17h, procession eucharistique et bénédiction des malades (de la prairie à la basilique souterraine) ; à 21h, procession aux flambeaux, reliant la grotte à l'esplanade du Rosaire.

HÉBERGEMENT

BUDGET MOYEN

Chambre d'hôte Les Orangers – *3 av. Hélios - ✆ 05 62 94 92 97 ou 06 70 88 96 36 - www.villa-lesorangers.com - 3 ch. 55 €.* À proximité de la gare et du centre-ville, mais en retrait de l'animation continue, la famille Lemaire vous accueille avec le sourire. Possibilité de garage pour vélo ou moto (sur réserv.).

Hôtel Cazaux – *2 ch. des Rochers - ✆ 05 62 94 22 65 - http://cazaux.hotellourdes.voila.net - fermé nov.-mars - 20 ch. 71 € - ☕ 6 €.* Accueil convivial et prix doux sont les atouts de ce petit hôtel familial proche des halles. Chambres de bonne ampleur, fonctionnelles et impeccables.

POUR SE FAIRE PLAISIR

Chambre d'hôte Le Grand Cèdre – *6 r. du Barry - 65270 Saint-Pé-de-Bigorre - ✆ 05 62 41 82 04 - www.legrandcedre.fr - P - 🚭 - 5 ch. 79/89 € ☕ - repas 25 € bc.* Maison du 17e s. veillée par un cèdre tricentenaire. Chambres personnalisées de beaux meubles anciens. Parc et tonnelle de rosiers. Petits plats faits maison à déguster dans une salle à manger rustique (sur réserv.).

Chambre d'hôte M. et Mme Vives – *28 rte de Bartrès - 65100 Loubajac - ✆ 05 62 94 44 17 - www.anousta.com - fermé mi-nov. - 1er mars - P - 🏊 - 5 ch. - 80/87 € - repas 18 €.* Moutons, poules et canards sont élevés dans cette ferme, face aux Pyrénées, et dégustés à la table d'hôte. Chambres garnies de poutres et mansardées dont une familiale avec terrasse. Beau jardin et jeux pour enfants.

Hôtel Mercure Impérial – *3 av. Paradis - ✆ 05 62 94 06 30 - www.mercure.com - fermé 15 déc.-31 janv. - ♿ - 93 ch. 96/144 € - ☕ 13 €.* Au pied du château et dominant le gave, cet hôtel des années

1930 propose des chambres dans un esprit rétro. Toit-terrasse panoramique. Bel escalier desservant la jolie salle à manger classique et le salon.

Hôtel La Solitude – *3 pge St-Louis - ✆ 05 62 42 71 71 - www.hotelsvinuales.com - fermé mi-nov.-mi-avr. - ♿ - 🅿 14 € - 🏊 - 293 ch. 100/182 € - ☕ 10/16 € - formule déj. 12/18 €.* Proche de l'entrée des sanctuaires, ce bâtiment longe le gave de Pau. Chambres actuelles. Vue panoramique depuis la petite piscine aménagée sur le toit. Salle à manger en rotonde avec terrasse surplombant la rivière.

RESTAURATION

PREMIER PRIX

Pizza Da Marco – *45 r. de la Grotte - ✆ 05 62 94 03 59 - www.damarco.fr - fermé dim. et lun. - formule déj. 11 € - 12/20 €.* Un endroit sympathique aux murs jaune paille, décoré de photos et de gravures. Le pizzaïolo opère dans la première salle. Installez-vous dans la seconde, beaucoup plus au calme. Pizzas croustillantes et service efficace.

BUDGET MOYEN

Brasserie de l'hôtel de la Grotte – *66 r. de la Grotte - www.hotel-grotte.com - ✆ 05 62 42 39 34 - fermé nov.-mars et le soir - 🅿 - formule déj. 13,50 € - 17/26 € - 74 ch. 124/359 € - ☕ 17 €.* La brasserie arbore un décor moderne; grande terrasse sous les marronniers.

Le Chalet de Biscaye – *26 ch. du Lac - ✆ 05 62 94 12 26 - fermé 15 j. en janv., lun. soir et mar. - 🅿 - 20/24 €.* Dans un quartier résidentiel sur la route du lac, restaurant familial proposant une goûteuse cuisine traditionnelle. Terrasse ombragée et chaleureuses salles à manger.

Ferme-auberge La Couriole – *3 imp. La Passade - 65380 Layrisse - ✆ 05 62 45 42 25 - ♿ - 🅿 - 🚭 - 27/31 €.* La vue sur les pics du Midi de Bigorre, de Montaigu et du Vignemale est admirable. La maison comporte des encadrements de fenêtres et portes du 19e s. Au menu : garbure, magrets aux pêches et pâtisseries maison. Aux beaux jours, déjeuner sous la pergola, au milieu d'un parc arboré et fleuri.

ACTIVITÉS

Cinéma Sainte-Bernadette – *Av. Mgr-Schoepfer - ✆ 05 62 42 79 19.* À quelques pas des sanctuaires, on peut y voir le film *Bernadette* de Jean Delannoy (1988 - 2h).

Lac et golf de Lourdes – *Chem. du Lac - quittez Lourdes par la D 940 (dir. Pau) et prenez à gauche le chemin menant au lac - ✆ 05 62 42 02 06 - été : 9h-18h ; hiver : 9h-17h - fermé 1er janv. et 25 déc.* Situé à 421 m d'altitude, profond de 11 m, ce petit lac d'origine glaciaire offre les attraits des sports nautiques (baignade interdite), de la pêche et du golf (18 trous). De ses rives, points de vue étendus sur les premiers chaînons calcaires et forestiers. Un sentier piétonnier fait le tour du lac.

Voie verte des Gaves – *Association Vélo - 5 av. F.-Collignon - ✆ 05 34 30 94 18 - www.af3v.org - ♿.* Les véloroutes et voies vertes de France proposent un parcours sur 27 km, aménagé sur une ancienne voie ferrée. Le revêtement permet, outre la pratique du vélo, de la course à pied et de la marche, l'accès aux fauteuils roulants.

SARL La Truite des Pyrénées – *34 r. Sailhet - 65400 Lau-Balagnas - ✆ 05 62 97 02 05 - www.latruitedespyrenees.com - fermé dim. de sept.*

à avr. - 2 €, visite guidée (expo + visite de l'élevage, sur réservation) 4 €. Vous saurez tout sur la truite dans ce lieu très complet qui abrite un parcours de pêche à la mouche (matériel fourni et cours d'initiation possibles) et une exposition sur la pisciculture. En vente également, produits artisanaux à base de poisson.

Hautes-Pyrénées Sport Nature – *3 imp. La Pradette - 65270 Saint-Pé-de-Bigorre - ✆ 05 62 41 81 48 - www.sport-nature.org.* Cette base d'eaux vives permet de découvrir toutes les activités d'eaux vives et de montagne à travers des animations de groupe, des stages ou des séjours (avec ou sans hébergement). Gîte, aire de campement ou pension complète.

EN SOIRÉE

Crèches du Monde – *Cité Saint-Pierre - à prox. de l'Auditorium Padre Pio et à 1 km des sanctuaires (20mn à pied) - ✆ 05 62 46 19 30 - www.creches-du-monde.com - ♿ - avr.-oct. : tlj 13h30-19h - visite 1h - 6 € (enf. 4 €) - billetterie sous le chapiteau et au kiosque Citybus (porte Saint-Joseph des sanctuaires) - parking gratuit - navette régulière depuis le Secours Catholique porte Saint-Joseph jusqu'à la Cité Saint-Pierre.* La collection « Paul Chaland » réunit les crèches du Monde (plus de 70 pays) sous un chapiteau de 1 600 m^2. Expositions et spectacles (renouvelés chaque année) seront présentés pendant 10 ans à Lourdes.

AGENDA

Festival de musique de Lourdes –*À Pâques - ✆ 05 62 42 77 40 - www.festivaldelourdes.fr. - 29/40 € (-25 ans 10 €).*

Argelès-Gazost

3 309 Argelésiens – Hautes-Pyrénées (65)

NOS ADRESSES PAGE 221

S'INFORMER

Office du tourisme de la vallée d'Argelès-Gazost – *15 pl. de la République - 65400 Argelès-Gazost - ✆ 05 62 97 00 25 - www.argeles-gazost.com - 9h-12h, 14h-18h30 - fermé 1er janv., 1er Mai et 25 déc.*

SE REPÉRER

Carte de microrégion A3 (p. 196-197) – *carte Michelin Départements 342 L4.* 13 km au sud de Lourdes. La ville est posée sur le gave d'Azun et se situe au carrefour des principales vallées du Lavedan.

À NE PAS MANQUER

Le panorama depuis la ville haute ; le pic de Pibeste ; le lac d'Estaing ; l'abbatiale de Saint-Savin.

ORGANISER SON TEMPS

La petite ville se parcourt en 1h. Parmi les circuits de découverte, le plus court *(1h AR)* est celui de la route du Hautacam.

AVEC LES ENFANTS

Le parc animalier des Pyrénées ; le Donjon des Aigles à Beaucens ; la base de loisirs du Lac-Vert à Agos-Vidalos ; l'aquarium tropical du Haut-Lavedan à Pierrefitte-Nestalas.

Cette petite cité thermale et résidentielle s'est développée au 19e s. dans un bassin réputé pour la douceur de son climat. Elle se partage entre la ville haute, aux ruelles pentues, dominant la vallée du gave de Pau, et la ville basse où sont installés les commerces. Fleurs, fontaines, palmiers, vieilles demeures et escaliers pittoresques font d'Argelès un site agréable et un bon point de départ pour la découverte des vallées alentour.

Se promener

La ville haute

C'est le quartier le plus ancien et le plus animé d'Argelès. Il domine légèrement la vallée du gave de Pau et la cité thermale, face à un **panorama** rehaussé par les dentelures du Viscos, entre les vallées de Cauterets et de Luz et les premières cimes du Néouvielle. De la table d'orientation située sur la terrasse des Étrangers, place de la République, très belle **vue** sur la vallée du gave d'Azun et les montagnes qui l'entourent.

Parc animalier des Pyrénées

À l'entrée de la ville, en venant de Lourdes par la D 821 - ✆ 05 62 97 91 07 - www.parc-animalier-pyrenees.com - juil.-août : 9h30-19h ; avr.-juin et sept. : 9h30-18h ; oct. : 13h-18h - 14 € (-13 ans 10 €) - possibilité de visite guidée.

Une promenade d'environ 2h30 à la découverte des espèces pyrénéennes qui évoluent en semi-liberté sur un flanc de colline de 21 ha. Plates-formes d'observation, soigneurs et panneaux didactiques sont là pour vous apporter

Au « Donjon des Aigles » à Beaucens
Photo 13 / fotolia.com

toutes les explications sur la vie et le comportement de la centaine d'espèces représentées dans le parc. Parmi elles, vous rencontrez ours, isards, loutres, lynx et loups dans de vastes espaces. La ferme des Pitchouns et la colline aux Marmottes raviront les plus jeunes ; nourrissage et câlins au rendez-vous ! Le sentier nature vous amène sur les traces d'animaux. Vous pourrez ensuite mouler vous-même les empreintes de votre animal préféré à l'atelier. Ne manquez pas les dernières nouveautés : la vallée des Rapaces et les rochers où évoluent isards, mouflons et bouquetins. Trois aires de pique-nique et un bar-restaurant sont à disposition.

Thermes d'Argelès-Gazost

R. Adrien-Hébrard - ✆ 05 62 97 03 24 - www.thermes-argeles.fr.

Thermes – Spécialités en phlébologie et en voies respiratoires. Pour compléter la cure, des ateliers thérapeutiques sont proposés, ainsi que des balades en montagne avec accompagnateurs.

Jardin des Bains – *www.lejardindesbains.com - lun. 15h-19h ; mar.-dim. 10h30-13h, 15h-22h (sam.-dim. 20h) - Pass 2h 17 € (4-9 ans 8 €, 10-15 ans et étudiants 12 €), Pass famille se rens.* Ce nouveau centre thermoludique, complètement intégré aux thermes existants, vous transportera dans les jardins du monde. Entrez par la porte du Soleil et découvrez la **Forêt d'Émeraude** où se trouvent les bains bouillonnants, à contre-courant, cascades et jets massants. Dans la **Ziggourat**, inspirée de l'art mésopotamien, plongez dans un bain de senteurs ou de musique. Terminez par le **parcours de marche** qui comprend trois bassins de profondeurs, de températures et de matières différentes. Un Jacuzzi extérieur clôt le parcours.

Domaine skiable de Hautacam

✆ 05 62 97 10 16 - www.hautacam.com - tarifs : se rens.

Alt. 1 550-1 860 m, 9 remontées mécaniques. 15 pistes de ski alpin, pour les débutants comme pour les skieurs confirmés, sont tracées dans un environnement préservé de forêts montagnardes. Également, 15 km de pistes de ski de fond d'où l'on a un panorama unique sur la vallée d'Argelès et la chaîne pyrénéenne. Une indication pour les nouveaux Icares… la station est un fief du parapente.

Randonnée

★★★ Réserve naturelle régionale du massif du Pibeste-Aoulhet A-B2

À 4,5 km au nord d'Argelès-Gazost par la D 821, puis la D 102 sur la gauche jusqu'au village d'Ouzous. Laissez la voiture sur le parking à proximité de l'église.

Centre d'information – *05 62 97 14 55 - www.rnr-pibeste-aoulhet.com - juil.-août: 9h-18h; avr.-juin et sept.: tlj sf dim. 9h-12h, 14h-18h; oct.-nov.: tlj sf w.-end 9h-12h, 14h-18h; déc.-mars: 8h-12h, 14h-18h (w.-end 8h-13h30, fermé jeu.).* Dans la salle d'exposition, un film projetant les images de l'ornithoscope, pointé sur un nid de vautours fauves. Des jumelles sont également en libre accès. Une aire géologique, un bas Fourneau (utilisé pour la réduction du minerai de fer) et un four à chaux sont exposés à l'extérieur. Point de départ de randonnées et aire de pique-nique.

Réserve – *N'oubliez pas de prendre de bonnes chaussures, des vêtements chauds… et du ravitaillement pour éviter la fringale ! Comptez 4h30 de marche AR.* À l'entrée de la vallée des Gaves, la réserve de 2609 hectares présente une faune et une flore intéressantes: mouflons de Corse et isards côtoient des rapaces nicheurs sur de hautes falaises calcaires couvertes de landes et de prairies. Bien que d'altitude relativement modeste (1 349 m), le **pic de Pibeste** constitue l'un des meilleurs belvédères sur les Pyrénées centrales. Le sentier, balisé de traits jaunes, s'élève doucement jusqu'au balconnet à proximité duquel se trouve une plantation d'essai (pins d'essences variées). La section suivante en lacets, plus rude, mène au col des Portes (alt. 1 229 m). Le sentier se divise ensuite en deux branches *(celle de droite, juste après une légère descente, laisse sur la droite une cabane-abri)* qui se réunissent un peu plus loin pour aboutir, à travers buis et hêtres, à la gare supérieure de l'ancien téléphérique. Montez les escaliers et gagnez le sommet (relais de télévision). De là, magnifique **panorama** au sud sur le pic du Midi de Bigorre *(à gauche)*, la pointe aiguë du Viscos séparant les montagnes de Luz et de Cauterets *(au centre)* et, tout au fond, les sommets de plus de 3000 m (mont Perdu, Vignemale, Balaïtous). Au nord, Lourdes apparaît au premier plan, Pau et Tarbes s'étalent plus loin dans la plaine.

À proximité Carte de microrégion p. 196-197

★ Beaucens B3

6,5 km au sud-est. Par la D 100 puis la D 13, gagnez Beaucens; traversez le village dans sa longueur et poursuivez jusqu'au château.

★ Donjon des Aigles – *05 62 97 19 59 - www.donjon-des-aigles.com - avr.-sept.: 10h-12h, 14h30-18h30 - démonstration de vol 15h30, 17h (août 15h, 16h30, 18h) - 13 € (enf. 8 €).* Les ruines du château de Beaucens se prêtent à la présentation d'oiseaux indigènes (vautours, aigles, faucons, milans, buses, chouettes, etc.) ou exotiques (condors des Andes, vautours d'Afrique, aigles d'Amérique, perroquets). Le clou de la visite ? La **démonstration en vol des rapaces★**, qui permet une approche originale de ces volatiles évoluant au milieu du public.

Circuits conseillés Carte de microrégion p. 196-197

★ ROUTE DU HAUTACAM

Circuit de 20 km à l'est, tracé sur la carte de microrégion (p. 196-197) – comptez 1h. Sortez d'Argelès par la D 100 qui franchit le gave d'Azun puis s'élève, après Ayros, sur le versant est du bassin d'Argelès.

Artalens B3
À 800 m au-delà du village, faire une halte lors de la traversée d'un vallon. On peut voir de part et d'autre de la route, échelonnés le long du ruisseau, cinq anciens petits moulins familiaux comme il en existait plusieurs centaines en Bigorre, au siècle dernier. Descendez au dernier moulin en aval, qui a conservé sa turbine.
Après Artalens, la route dessert des pâturages d'été très fréquentés et prend un caractère panoramique. Les **vues★** portent loin : au sud-ouest, le Vignemale, par la vallée de Cauterets, et surtout le Balaïtous dominant les montagnes de la vallée d'Arrens. Laissant derrière elle le centre de ski du Hautacam *(voir p. 217)*, la route atteint la crête : vue sur les contreforts du pic du Midi de Bigorre et le cirque pastoral qui ferme, en contrebas, la vallée de Gazost.

HAUTE VALLÉE D'ARRENS

Circuit de 24 km, tracé sur la carte de microrégion (p. 196-197) – comptez 4h. Quittez Argelès à l'ouest par la D 918.
L'Arrens constitue l'une des vallées du val d'Azun, avec les vallées d'Ouzom, à l'ouest, et d'Estaing, à l'est.

Monument des Géodésiens
À la sortie d'Argelès, sur la gauche de la route, cette tourelle, fac-similé du signal des géodésiens, a été érigée en 1925 pour célébrer le centenaire de la « première » du Balaïtous *(voir l'encadré p. 220)*.

Arrens-Marsous A3
Maison du val d'Azun et du Parc national des Pyrénées – *Pl. du Val d'Azun - ✆ 05 62 97 49 49 - www.valdazun.com - 9h-12h, 14h-18h, dim. 9h-12h ; hors vac. scol. (zone A) : tlj sf dim. 9h-12h, 14h-17h ; j. fériés : se rens.* Au 1er étage, une exposition permanente présente une documentation cartographique et photographique sur le Parc, sa faune et sa flore. Au rez-de-chaussée, expositions ponctuelles de peintures, photographies…
À la porte du Parc national des Pyrénées *(voir p. 232)*, Arrens, la station de la vallée d'Azun, est un lieu de vacances paisible, en montagne bocagère, et une base de courses en haute montagne dans le massif du Balaïtous.
2 km après la sortie du village, tournez à droite. Dirigez-vous vers le barrage du Tech.

Chapelle de Pouey-Laün A3
Le sanctuaire, édifié à même le rocher, contient un ensemble mobilier du 18e s. rehaussé par la pompe naïve de la voûte bleue étoilée qui lui vaut le surnom de « chapelle dorée ». L'édifice, doré à l'or fin, possède de vastes tribunes à balustres où les pèlerins se pressaient en nombre. Les boiseries latérales à motifs rocaille forment, avec les quatre confessionnaux, un ensemble décoratif.

3

QUAND LA CARTOGRAPHIE ÉTAIT UNE AVENTURE

La crête du Balaïtous a été escaladée pour la première fois le 3 août 1825 par des officiers géodésiens chargés d'établir la triangulation des Pyrénées. L'ascension répondait alors à un travail préliminaire à la « carte d'état-major » au 1/80 000 (1833-1880) confié, pour la moitié ouest de la chaîne, aux lieutenants Peytier et Hossard. Les opérations sont étalées sur deux étés en raison du mauvais temps. Elles dureront 26 jours dont 14 en haute montagne (9 nuits de campement au sommet). Outre le transport d'un appareil de visée (17 kg), il a fallu la construction d'une tourelle-signal de pierre, le croquis coté de ce signal, le dessin du tour d'horizon, avec le seul concours des montagnards expérimentés de la région. Fiches et rapports ont été compilés dans les cartons des Archives de la guerre. Ils n'ont été exhumés qu'en 1898 par Henri Beraldi, grand historien des Pyrénées, qui communiqua son enthousiasme au cercle des pyrénéistes.

Haute vallée d'Arrens A3

Dépassant le monticule de Pouey-Laün, la route s'enfonce dans la rude vallée du gave d'Arrens. Aux abords du barrage du Tech, la vue s'étend jusqu'au Balaïtous.

Porte d'Arrens A3

45mn jusqu'au lac de Suyen. Aires de pique-nique.

C'est le point de départ de sentiers balisés pénétrant le massif du Balaïtous. Beau panorama sur le col du Souloir. De la porte d'Arrens, vous pouvez atteindre à pied le lac de Suyen.

Revenez à la chapelle de Pouey-Laün et prenez la première route à droite pour franchir le col des Bordères. À Estaing, tournez à droite dans la vallée glaciaire de Labat de Bun.

★ Lac d'Estaing A3

1h AR pour faire le tour du lac, sur 10 m de dénivelé. Le chemin longe la rive gauche avant de s'élever au-dessus de la route, à travers la forêt, jusqu'au chemin d'Arriousec.

Parmi la quarantaine de lacs de haute montagne que compte le val d'Azun, celui d'Estaing (l'un des plus grands) demeure le plus facilement accessible. Retenu par une moraine dans l'évasement terminal de la vallée, à 1 161 m d'altitude, il est encadré de versants boisés qui se reflètent dans ses eaux. Le vent, fréquent, permet la pratique du cerf-volant et l'organisation du festival Eolo Tempo *(voir « Nos adresses », p. 223)*.

GORGE DE LUZ

Circuit de 18 km, d'Argelès-Gazost à Luz-St-Sauveur, tracé sur la carte de micro-région (p. 196-197) – comptez 1h. Quittez Argelès au sud par la D 101.

Sur ce circuit se greffent, à Pierrefitte-Nestalas, les superbes excursions dans les vallées de Cauterets : Pont d'Espagne, lac de Gaube, Marcadau *(voir p. 229-230)*.

Saint-Savin A3

La **terrasse** qui borde la place principale offre une belle vue sur l'ample vallée d'Argelès, fermée en amont par le pic de Viscos (alt. 2 141 m). À l'arrière-plan, à gauche, se profile le pic Long (alt. 3 192 m).

Église – *✆ 05 62 97 02 23 - www.argeles-pyrenees.com - 9h-19h (hors sais. 17h), ; trésor : mi-avr.-mi-oct. 14h30-18h, reste de l'année : se rens.- trésor : 2,50 € (-16 ans gratuit).* Ancienne abbatiale ayant appartenu jusqu'à la Révolution à

un monastère bénédictin, l'église (11e-12e s.), détruite par les Arabes puis par les Normands, a été fortifiée au 14e s.; un chemin de ronde intérieur, encore intact, abritait les défenseurs. Le clocher-lanterne recouvre une tour du 14e s. Un beau portail roman orne la façade ; sur le tympan, le Christ, entouré des évangélistes, est revêtu d'ornements sacerdotaux, représentation extrêmement rare. À l'intérieur, on voit un petit bénitier roman à cariatides (12e s.) dit « des cagots ». Un buffet d'orgue (16e s.) porte des masques dont les yeux et la bouche s'animaient lorsque les orgues jouaient. À côté, beau christ en bois, œuvre espagnole des 13e et 14e s.
Dans le **trésor** de l'église, chapiteaux provenant de l'ancien cloître, vierges romanes et châsse en cuivre argenté du 14e s.
Dès la sortie de Saint-Savin apparaît, sur un piton, la chapelle de Piétat.

Chapelle de Piétat A3

Stationnement possible seulement avant la courbe de la route, autour de l'éperon.
Perché sur un **site★** poétique, au bord de l'escarpement raide plongeant vers le fond du bassin d'Argelès, le sanctuaire offre, de la terrasse ombragée de tilleuls, une belle vue sur l'abbatiale de Saint-Savin, qui émerge des châtaigniers et, en face, sur les ruines roussâtres de Beaucens. Le pic de Viscos domine la rencontre, à Pierrefitte-Nestalas, des vallées de Cauterets et de Barèges.

Pierrefitte-Nestalas B3

Av. Jean-Moulin - 65260 Pierrefitte-Nestalas - 05 62 92 71 31 - www.pierrefitte-nestalas.com - juil.-août: lun.-sam. 9h-12h, 15h-19h (vend. 17h), dim. 9h-12h; vac. Noël et fév. : lun.-sam. 9h-12h, 16h-18h (vend. 15h-17h); vac. de printemps : lun.-vend. 9h-12h, 15h-18h, sam. 9h-12h; reste de l'année: tlj sf merc. et dim. 9h-12h - fermé j. fériés.
Aquarium tropical du Haut-Lavedan – *05 62 92 79 56 - www.aquarium-tropical-pierreffite.com - ♿ - juil.-août: 9h30-19h; mai-juin et sept.: 10h-12h, 14h-18h; reste de l'année: 10h-12h, 14h-17h - 10,30 € (-12 ans 7,30 €).*
À l'entrée nord de la localité, l'aquarium conserve des spécimens de faune marine tropicale du monde entier, répartis sur 700 m² et 40 bassins. Remarquez en particulier la densité d'un récif corallien.
À la sortie de Pierrefitte-Nestalas, la route s'engage dans la sombre gorge de Luz. Jusqu'à la construction de la chaussée, au milieu du 18e s., il fallait emprunter le sentier muletier quelque peu escarpé des **« Échelles de Barèges »**... On comprend pourquoi les visiteurs de marque préféraient faire le détour par le Tourmalet!
Premier jalon du souvenir napoléonien, dans la vallée de Barèges, le **pont de la Reine** marque la fin du passage encaissé. Le pays Toy (bassin de Luz) présente alors ses villages nichés dans la verdure. La vue se développe sur les premiers contreforts découpés de Néouvielle, à gauche du pic de Bergons.

NOS ADRESSES À ARGELÈS-GAZOST

HÉBERGEMENT

PREMIER PRIX

Camping Sunêlia Les Trois Vallées – *Av. des Pyrénées (sortie N) - 05 62 90 35 47 - www.l3v.fr - ouvert de fin mars à mi-oct. - ♿ - réserv. conseillée - 438 empl., 12 mobil-homes - 33/39 €.* Ce camping a bien des atouts: un complexe aquatique très ludique, un petit centre commercial et une décoration florale fournie. Un bel ensemble qui nous a conquis…

BUDGET MOYEN

Hôtel Soleil Levant – *17 av. des Pyrénées - ✆ 05 62 97 08 68 - www.hotel-soleil-levant-argeles-gazost.federal-hotel.com - fermé 3 sem. en janv. - P - 35 ch. 53/59 € - ☕ 9 € - rest. 12/42 €.* Hôtel de la ville basse doté de chambres pratiques bien tenues ; certaines ont vue sur les sommets alentour. Bar, salon, terrasse et jardin bien entretenu. Plats de tradition à savourer dans les salles à manger communicantes, aux airs de pension de famille.

Chambre d'hôte Mme Vermeil – *3 r. du Château - 65400 Arcizans-Avant - ✆ 05 62 97 55 96 - 💳̸ - 3 ch. 55 € ☕.* Ravissante demeure bigourdane du 19e s. offrant une belle vue sur la montagne. Chambres simples, aménagées sous les toits (planchers, lambris, meubles en pin) et cuisine équipée gracieusement mise à la disposition des hôtes. Randonneurs, n'hésitez pas à demander conseil au propriétaire, accompagnateur en montagne.

Chambre d'hôte Eth Béryè Petit – *15 rte de Vielle - 65400 Beaucens - ✆ 05 62 97 90 02 - www.beryepetit.com - P - 💳̸ - 3 ch. 59/64 € ☕ - repas 23 € bc.* Accueillante maison bigourdane (1790) dont l'enseigne signifie « le petit verger ». Les chambres calmes, au décor alliant ancien et moderne, offrent un splendide panorama sur la vallée. Dîner et petit-déjeuner dans un joli salon au coin du feu ou en terrasse.

Hôtel Miramont – *44 av. des Pyrénées - ✆ 05 62 97 01 26 - www.bestwestern-lemiramont.com - fermé de mi-nov. à mi-déc. - ♿ - P - 19 ch. 65/165 € - ☕ 12 € - formule déj. 16 € - 18/40 €.* Cette villa blanche des années 1930, aux allures de paquebot, bénéficie d'un joli jardin et abrite des chambres de bon confort. Restaurant lumineux agrémenté d'une véranda pour déguster des plats actuels soignés. Bon accueil.

Hôtel Picors – *Rte d'Aubisque - 65400 Aucun - ✆ 05 62 97 40 90 - www.hotel-picors.com - fermé déb. janv.-déb. fév., mi-mars-fin-avr. et déb. oct. - Noël - ♿ - P - 48 ch. 60 € - ☕ 8,50 € - rest. 16,50 €.* Cette bâtisse à la façade immaculée possède de précieux atouts. Ses chambres fonctionnelles offrent une jolie vue sur les Pyrénées. Son salon, garni de moelleux canapés, est confortable. Bel équipement de loisirs : piscine couverte, sauna, tennis et minigolf.

Auberge Le Cabaliros – *16 r. de l'Église - 65400 Arcizans-Avant - ✆ 05 62 97 04 31 - www.auberge-cabaliros.com - fermé de déb. nov. à déb. fév., mar. et merc. sf juil.-août - P - 7 ch. 66/94 € - ☕ 10 € - formule déj. 18 € - 22/35 €.* Auberge villageoise d'aspect traditionnel tournée vers les cimes pyrénéennes. La vue est splendide de la terrasse prolongeant la salle à manger rustique, où un feu de bûches réconfortant crépite en hiver. Les chambres sont simples, propres et bien tenues.

Hôtel Les Cimes – *1 pl. d'Ourout - ✆ 05 62 97 00 10 - www.hotel-lescimes.com - 29 ch. 75/80 € - ☕ 10 € - formule déj. 12 € - 18/32 €.* Grand édifice disposant de chambres diversement agencées et pour certaines dotées d'un balcon. Petit-déjeuner dans l'agréable patio fleuri ; piscine couverte. Carte traditionnelle au restaurant ouvert sur la verdure.

POUR SE FAIRE PLAISIR

Le Viscos – *1 r. Lamarque - 65400 St-Savin - ✆ 05 62 97 02 28 -*

www.hotel-leviscos.com - fermé 3 sem. en janv., dim. soir et lun. sf vac. scol. - P -10 ch. 86/123 € - ☕ 14 € - rest. 27/89 €. Chambres aménagées à l'étage, au décor inspiré des Pyrénéennes célèbres. Petit-déjeuner montagnard. L'auberge familiale cultive la tradition de la table depuis 1840. Cuisine actuelle axée terroir. Belle salle ouverte sur la terrasse avec vue sur les cimes.

RESTAURATION

BUDGET MOYEN

Auberge de l'Arrioutou – *Rte du Hautacam - 65400 Beaucens - ✆ 05 62 97 11 32 - ouv. tlj. sf lun. - P - 16/22,50 €.* À 1 350 m d'altitude, cette ancienne étable d'estive reconvertie en restaurant a gardé ses box d'origine. L'été, sa terrasse se déploie avec ses tables en roues de charrette pour accueillir les randonneurs. Crêpes l'après-midi avec confitures maison.

Lac d'Estaing – *Au lac - 65400 Estaing, 4 km au S - ✆ 05 62 97 06 25 - ouv. 15 juin-30 sept. - P - ♿ - 19/40 € - 7 ch. 55 € - ☕ 8 €, en dp. 58 €.* Dans un site superbe, entre lac et montagnes, cette modeste auberge invite à s'attabler autour d'une cuisine traditionnelle. Vaste terrasse ombragée. Chambres rénovées.

ACHATS

Nyffénegger Dominique – *8 r. Bousquet - 65400 Agos-Vidalos - ✆ 05 62 90 37 72 - http://souffleur-deverre.com - 10h-12h, 14h-18h - fermé lun. sf juil.-août et dim.* L'atelier de ce souffleur et sculpteur sur verre est une vraie récompense pour les yeux. Lampes et vases aux formes originales, art de la table, objets de décoration, etc.; les idées de cadeaux ne manquent pas. Admirez le travail de l'artiste et vous serez vite conquis…

ACTIVITÉS

Les Gaves Sauvages – *2 av. des Pyrénées - ✆ 05 62 97 06 06 ou 06 13 79 09 58 - www.gaves-sauvages.fr - 9h-20h - descente : 30/35 € la demi-journée.* Maison spécialisée dans les sports d'eaux vives proposant des descentes le long des gaves pyrénéens à bord d'un canoë, d'un miniraft ou d'un raft, le tout accompagné d'un guide de rivière diplômé d'État.

Base de loisirs du Lac-Vert – *Village - 65400 Agos-Vidalos - ✆ 05 62 97 99 99 - 10h-18h - 1re quinz. de juin : merc. et w.-end ; de mi-juin à fin août : tlj - 8 € (-5 ans gratuit).* Cette ancienne gravière aménagée en parc aquatique arboré vous propose diverses activités : pédalo, canoë, pêche, bassins de baignade équipés de grands toboggans, aires de pique-nique, bar et snack.

AGENDA

Eolo Tempo – *2e w.-end de juin - www.eolotempo.fr.* Ce festival international rassemble plusieurs milliers de cerfs-volants et des passionnés de tous les pays (Espagne, Indonésie, Italie…).

Fête des chiens des Pyrénées – *19 et 20 sept. - ✆ 05 62 97 00 25 - www.argeles-gazost.com.* Démonstration de sport canin, d'aptitude au travail avec les brebis, nombreuses animations.

Fête du cheval de trait en val d'Azun – *En oct. - ✆ 05 62 97 49 49 - www.valdazun.com.* À la Maison du val d'Azun.

Cauterets

★

1 139 Cautérésiens – Hautes-Pyrénées (65)

NOS ADRESSES PAGE 231

S'INFORMER

Office de tourisme – *1 pl. du Mar.-Foch - 65110 Cauterets - ✆ 05 62 92 50 50 - www.cauterets.com - juil.-août 9h-12h30, 14h-18h, dim. 9h-12h30, 15h-19h, j. fériés 9h-12h, 15h-18h; reste de l'année: 9h-12h, 14h-18h, dim. 9h-12h, j. fériés 9h-12h, 15h-18h.*

Maison du Parc national des Pyrénées – *✆ 05 62 92 52 56 - www.parc-pyrenees.com - ♿ - 9h-12h, 13h30-17h - fermé w.-end et j. fériés.*
Située à l'entrée de la ville, elle invite à une découverte du milieu naturel préservé au sein du Parc national des Pyrénées tout proche. Présentation des différents étages de la montagne, de la vie pastorale, de la faune et de la flore pyrénéennes (*voir p. 232*).

SE REPÉRER

Carte de microrégion A3 (p. 196-197) – *carte Michelin Départements 342 L5.*
La ville se trouve à proximité des vallées de Cambasque, Jéret, Marcadau, Gaube et Lutour, au cœur du Parc national des Pyrénées.

SE GARER

Attention, il y a parfois beaucoup de monde! Il est donc préférable de laisser la voiture dans les parkings aménagés, notamment avenue du Dr-Domer.

À NE PAS MANQUER

L'ancienne gare; le Pont d'Espagne (et les cascades, le long de la route); le cirque du Lys (accessible en télécabine).

ORGANISER SON TEMPS

Si vous souhaitez randonner jusqu'au lac de Gaube *(1h30 AR)* ou dans la vallée du Marcadau *(5h AR)*, depuis le Pont d'Espagne, partez plutôt le matin, avec un pique-nique. Réservez le parcours dans la station *(1h)* pour la fin de l'après-midi.

AVEC LES ENFANTS

Le carrousel, sur l'esplanade des Œufs; le Pavillon des Abeilles *(voir « Nos adresses », p. 231)*. Cauterets est une Station Kid.

Enserrée par de hautes montagnes boisées, au confluent de deux gaves, Cauterets est l'une des grandes stations thermales et climatiques pyrénéennes. D'ailleurs, on vous le dira: « A Cautarès, tout que garech », à savoir « À Cauterets, on guérit de tout ». Villégiature estivale très animée, Cauterets est aussi un grand centre d'excursions dans le Parc national des Pyrénées, vers le Pont d'Espagne, et d'ascensions autour du Vignemale. En hiver, les flocons métamorphosent la cité en station de sports d'hiver majeure des montagnes pyrénéennes.

Le lac de Gaube.
D. Schneider / Photononstop

Se promener

★ LA STATION

Départ de la place du Mar-Foch. Lorsque vous faites face à l'office de tourisme, tournez à droite, en direction des thermes (prenez l'allée du Parc).

3

Thermes de Cauterets

05 62 92 51 60 - www.thermesdecauterets.com - espace cure : fév.-nov.: lun.-sam. 7h-12h30 ou 8h-12h selon les périodes ; sept. : ouv. supplémentaire les apr.-midi 14h-17h - Espace remise en forme : lun.-sam. sur rdv - Renseignements aux thermes de César.

Le quartier thermal proprement dit, aux rues étroites, concentre ses hautes maisons sur la rive droite du gave, au pied des **thermes**.

Thermes – Ils sont spécialisés dans les affections des voies respiratoires, CRL, arthrose des membres inférieurs, rhumatologie et fibromyalgie.

Bains du Rocher – *www.bains-rocher.fr - Accès Pass : w.-end 10h-12h15, 13h30-19h45 ; sem. 14h-19h15 ; vac. scol. 10h-20h45 - Pass 2h 17-18,50 € (enf. -4 ans 1,50 € ; 4-15 ans 7-7,50 €).* Sur 2 500 m², vous découvrirez les bienfaits de l'eau thermale sous forme d'espaces ludiques et d'un cadre relaxant : banquettes à bulles, douches tropicales, gommage au beurre de sel de la mer Morte, lagune extérieure en Inox, etc.

Tournez à droite devant les thermes (rue du Maréchal-Joffre).

En face de l'église, belle façade d'immeuble avec balcon en ferronnerie et fenêtres encadrées de marbre gris.

Empruntez la rue du Général-Castelnau, devant l'église, puis traversez le gave de Cauterets pour rejoindre l'esplanade des Œufs.

Avant le pont, remarquez les belles façades de la **rue de la Raillère**.

Esplanade des Œufs

Agréablement ombragée, l'esplanade tire son nom de la source des Œufs, qui était exploitée dans l'ancien établissement thermal (actuel casino). Il ne s'agit pas ici d'œufs de poule, mais simplement de la déformation du mot gascon *eu* signifiant « lac de haute montagne ». On retrouve ce terme dans le nom du lac d'Ilhéou, proche de la station. Le long du gave, l'esplanade est bordée d'une galerie de boutiques aménagées dans une architecture métallique provenant de l'Exposition universelle de 1900. Là se trouve également la gare des Œufs : un service de navette en bus, qui a remplacé les petits trains d'autrefois, amène les curistes jusqu'aux thermes des Griffons. Sans oublier le carrousel des années 1950, qui ravira petits… et grands !

Traversez l'esplanade et rejoignez l'avenue du Mamelon-Vert que l'on prend à gauche, jusqu'à l'endroit où l'avenue tourne à droite.

On aperçoit alors l'étonnante **villa russe**, construite en 1840 pour la princesse Galitzine. La coupole en bulbe surmonte une chapelle orthodoxe.

On peut éventuellement prolonger le détour dans l'avenue du Mamelon-Vert par un passage au Pavillon des Abeilles, plus loin sur la droite (voir « Nos adresses », p. 231). Faites demi-tour et prenez, à gauche, le boulevard Latapie-Flurin.

Boulevard Latapie-Flurin

Situé sur la rive gauche, le boulevard, bordé de palaces, rappelle la grande époque de Cauterets. L'hôtel Continental, créé par Mme Balay en 1882, et l'hôtel d'Angleterre, construit en 1875 par M. et Mme Meillon, présentent des façades monumentales néoclassiques abondamment décorées de corniches, de pilastres, de cariatides et de balcons en fer forgé.

L'hôtel d'Angleterre abrite aujourd'hui le **musée 1900** *(voir ci-dessous).*

Au bout du boulevard, prenez à droite la rue de la Feria, prolongée par la rue du Pont-Neuf. Tournez à gauche après la traversée du gave. Vous passez devant la Maison du Parc national des Pyrénées (voir « S'informer », p. 224).

Ancienne gare

C'est une étonnante construction de 1898, en bois, d'un style indéfinissable. Elle a été reconvertie en gare routière après la fermeture de la ligne ferroviaire.

De retour sur la place du Maréchal-Foch, appréciez les belles façades de la rue Richelieu.

Musée 1900

Grand hôtel d'Angleterre - ✆ 05 62 92 02 02 - 10h-12h, 15h-18h30 - fermé dim - 6 € (-14 ans 3 €).

Installé dans une partie de l'hôtel d'Angleterre, il évoque les grandes heures de Cauterets de la fin du 19e s. et du début du 20e s. Dans l'ancienne salle de restaurant décorée de stucs et de grands miroirs, une belle collection de costumes rappelle le faste et l'élégance des curistes de la Belle Époque. Les autres salles sont consacrées à la vie montagnarde : costumes pyrénéens, outils (reconstitution d'un atelier de sabotier), skis et accessoires permettant la pratique des premiers sports d'hiver.

Domaine skiable de Cauterets

✆ 08 90 02 02 50 - www.cauteret-ski.fr.

Alt. 1 850 m-2 350 m, 21 remontées mécaniques. Le domaine comprend 2 sites.

Cirque du Lys – Le plus important, il bénéficie d'un enneigement constant de décembre à mai et présente une grande variété de pistes, 27 au total,

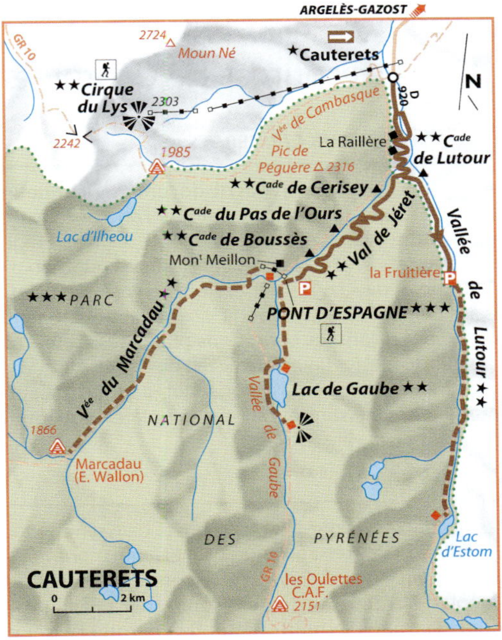

convenant aux débutants comme aux skieurs confirmés. Il est desservi par 1 télécabine, 1 téléphérique et 16 remontées mécaniques. Quand les conditions s'y prêtent, il est possible de descendre jusqu'au Cambasque (station intermédiaire du téléphérique).

Pont d'Espagne – 3 remontées mécaniques, dont le télésiège de Gaube, permettent de faire du ski alpin dans une atmosphère détendue loin des foules, au cœur du Parc national des Pyrénées. Les pistes de fond (36 km), de tous niveaux, sont balisées en 5 boucles dans la vallée du Marcadau.

À proximité Carte de Cauterets ci-dessus

★★ Cirque du Lys

Environ 2h. Accès par la télécabine du Lys et le télésiège du Grand Barbat. 05 62 92 13 00 - www.cauterets.com - - juil.-août et de déb. déc. à fin avr. : 9h-12h15, 13h45-17h ; reste de l'année : se rens. - 11,50 € billet combiné télécabine et télésiège (enf. 6-15 ans 9,50 €).

À l'aide de la **télécabine du Lys** et du **télésiège du Grand Barbat**, cette excursion franchit le plateau de Cambasque et permet de découvrir, depuis les crêtes du Lys (2 303 m), un superbe **panorama** où se découpent les plus beaux sommets pyrénéens : le pic du Midi de Bigorre, le Vignemale et le Balaïtous *(table d'orientation)*.

En empruntant le sentier balisé, on atteint en 1h à pied le lac d'Ilhéou.

Il est possible d'emporter son VTT pour redescendre ensuite vers Cauterets, depuis la station du télésiège du Grand Barbat. La descente est très agréable.

Les sources de Cauterets

LES DEUX CAUTERETS

On ne connaît pas de documents antérieurs au 10e s. au sujet de Cauterets, même si l'on a découvert à Pauze une piscine thermale datée du 4e s. Au 10e s., Raimond, comte de Bigorre, fait don de la vallée de Cauterets à l'abbaye de Saint-Savin, à condition d'y élever une église à saint Martin et de « conserver toujours en ce même lieu des habitations propres à la balnéation ». C'est au 11e s. que l'abbé de Saint-Savin prend possession de la vallée dans les conditions prescrites. Cauterets-Dessus se forge sur les pentes du pic des Bains, au niveau de Pauze. Au 14e s., la bourgade est à l'étroit; les moines donnent l'autorisation de fonder Cauterets-Debat et de descendre église, maisons et bains sur le plateau qui domine le gave. C'est l'emplacement de la ville actuelle.

DES EAUX… ET DES BAS

Les sources restent encore aujourd'hui la propriété d'un syndicat de communes limitrophes, reliquat de la très ancienne organisation communautaire de la « vallée de Saint-Savin » *(voir p. 220)*. Le 17e s. enregistre une forte baisse de l'activité, en dépit de la découverte de la source de la Raillère. Mais en 1763, l'inauguration de la route Pierrefitte-Cauterets permet l'essor de la station, dont l'apogée se situe dans la seconde moitié du 19e s. Les frères Labbat, tous deux médecins, contribuèrent à la fortune de Cauterets. L'aîné, Joseph, à Paris, où il traitait au début du 19e s. une clientèle pour le moins mondaine… et plutôt sujette aux rhumatismes! Le cadet, Clément, exerçait à Cauterets en été. Celui-ci s'enrichit suffisamment pour racheter l'abbaye de Saint-Savin, ancienne propriétaire des thermes. À partir de 1860 débutent la construction d'hôtels de prestige et l'urbanisation de la rive gauche. La mise en service en 1897-1898 de deux lignes de chemin de fer électrifiées, aujourd'hui supprimées, permet aux curistes de venir en plus grand nombre.

L'activité thermale a aujourd'hui quelque peu décliné et les grands hôtels du 19e s. ont été transformés en appartements. Mais les établissements de cure ont été rénovés (certains, comme les thermes de César, sont ouverts toute l'année) et proposent aux adeptes du ski des activités de détente. Les 10 sources, dont les eaux sulfurées sodiques jaillissent entre 36 et 53 °C, sont toujours réputées dans les traitements des maladies respiratoires et rhumatismales.

DES MALADES CÉLÈBRES…

Au 16e s., Marguerite de Navarre compose à Cauterets une partie de l'*Heptaméron* en soignant ses rhumatismes. En 1765, sur le site de la source de la Raillère, un petit bâtiment thermal est édifié pour accueillir le maréchal de Richelieu. À l'époque de l'Empire et de la Restauration, c'est un nouvel afflux de célébrités. Les plus vivants souvenirs restent attachés au séjour de la reine Hortense de Beauharnais, au passage de la pétulante duchesse de Berry… George Sand, Vigny, Chateaubriand et Victor Hugo trouvèrent là un cadre approprié à quelques épisodes romanesques de leur vie tourmentée.

Randonnées Carte de Cauterets p. 227

★★ Chemin des Cascades

5h AR au départ de Cauterets ou 4h AR à partir de l'aire de stationnement du pont de la Raillère, près des thermes (service de navettes entre le parking de la gare des Œufs, au centre-ville, et la Raillère).

Cette belle promenade forestière, qui permet de découvrir les cascades de Cerisey, du Pas de l'Ours et de Boussès, ravira les botanistes au moment de la floraison.

★★ Sentier de la vallée de Lutour et lac d'Estom

5h AR au départ de la Fruitière.

L'une des plus belles promenades et des plus faciles. Pendant une heure, on parcourt la vallée le long du torrent, puis on monte parmi les pins sur le verrou avant d'arriver au lac glaciaire d'Estom.

★★ Lac de Gaube

1h30 AR par le GR 10 (départ immédiatement en aval du Pont d'Espagne) ou par le télésiège de Gaube depuis le plateau de Clot, puis 15mn à pied. 05 62 92 50 50 - de mi-mai à déb. oct. : se rens - 9 € (-15 ans 4,50 €) - billet combiné avec télécabine du Puntas.

À la station supérieure du **télésiège de Gaube**, six tables d'interprétation expliquent la forêt montagnarde, l'habitat de l'isard, etc. Le lac, but d'une excursion rituelle depuis un siècle et demi de tourisme pyrénéen, occupe un site d'une harmonie sévère, d'où vous pourrez voir les parois lointaines du massif du Vignemale où se maintiennent des glaciers suspendus.

Pour découvrir la Pique longue du Vignemale, point culminant (3 298 m) de la chaîne frontière entre Atlantique et Méditerranée, ou pour avoir un beau point de vue sur la vallée, suivez la rive gauche, après l'hôtellerie (sentier de la Haute Route des Pyrénées).

★★ Vallée du Marcadau

5h AR depuis le parking du Pont d'Espagne.

Le parcours facile de cette vallée, jadis très fréquentée comme voie de transit vers l'Espagne, fait alterner les replats de prairies, où le gave limpide divague sur les cailloutis et les « verrous ». Au passage de ceux-ci, le chemin se fait plus raide à travers les rocs et les bouquets de vieux pins de montagne souvent mutilés. Le refuge Wallon (alt. 1 866 m), but de l'excursion, s'élève à l'entrée d'un cirque pastoral, dont les combes supérieures sont constellées de lacs *(promenades d'une journée)*.

Circuit conseillé Carte de Cauterets p. 227

★★ VALLÉE DE CAUTERETS

Circuit de 12 km, tracé sur la carte de microrégion (p. 196-197) - comptez environ 30mn. Sortez de Cauterets par la D 920, derrière le casino. Dépassez la Raillère et laissez la voiture sur les parkings aménagés après le pont de Benquès.

★★ Cascade de Lutour

Gagnez la passerelle jetée au pied de la chute à quatre jets, derniers rebonds du gave de Lutour.

3

Reprenez la D 920. Au terme d'une série de lacets, aussitôt avant l'établissement de bains du Bois, prenez à gauche la route forestière de la Fruitière, étroite et en forte rampe.

★★ Vallée de Lutour

Après avoir laissé apercevoir, à travers les arbres, les chutes supérieures de Lutour, la route sort de la forêt et dévoile un paisible paysage pastoral, peuplé de troupeaux et drapé de nappes d'éboulis, mais conservant sa parure de pins jusqu'à environ 2 000 m d'altitude. Laisser la voiture à la Fruitière pour la randonnée *(voir ci-dessus)*.

Faites demi-tour pour revenir sur la D 920, que l'on prend à gauche.

La route remonte le **val de Jéret★★**, très encaissé et boisé, encombré d'énormes rochers, mais embelli par les chutes du gave.

★★ Cascades de Cerisey, du Pas de l'Ours et de Boussès

On admire successivement leurs effets variés. Au-delà de la cascade de Boussès, le torrent forme l'île Sarah-Bernhardt.

★★★ Pont d'Espagne

Laissez la voiture au parking du Puntas. ✆ 05 62 92 13 05 (parking) et 05 62 92 50 50 (télécabine) - www.cauterets.com - télécabine : juin-sept. : h se rens. - billet combiné avec parking du Pont d'Espagne et le télésiège du Lac de Gaube 11 € (-15 ans 9,50 €).

Prenez la **télécabine du Puntas** jusqu'au plateau du Clot (centre d'activités avec pistes de ski de fond et sentiers de randonnée) ou prenez votre courage à deux mains et montez à pied jusqu'au pont. Non, vous n'êtes pas sur la frontière espagnole ! Ce pont doit son nom au fait qu'il se trouvait, il y a quelques siècles, sur le passage d'un chemin muletier vers l'Espagne. C'est un site d'une très grande beauté, au confluent du gave de Gaube et du gave de Marcadau. Du haut des passerelles et des belvédères, aménagés en amont et en aval du pont, vous verrez les eaux tumultueuses des gaves se rejoindre en cascades écumantes. Les proches abords sont plantés de sapins et de pins sylvestres parmi lesquels serpente le petit sentier d'accès au Pont d'Espagne depuis le parking du Puntas. Plus loin s'étend la prairie avec ses fleurs montagnardes, fraîches et colorées. En hiver, ces étendues sont sillonnées par les amateurs de ski de fond.

15mn à pied AR. Empruntez, à droite derrière l'hôtel du Pont d'Espagne, un chemin caillouteux sur lequel s'embranche, encore à droite, le sentier du **monument Meillon** (poteau du Parc national des Pyrénées). Chemin faisant, vous découvrirez une belle échappée à travers les sapins sur la chute principale du Pont d'Espagne et sur le Vignemale. Hiver comme été, c'est le point de départ de possibles randonnées *(voir le lac de Gaube et la vallée du Marcadau, p. 229)*.

NOS ADRESSES À CAUTERETS

HÉBERGEMENT

BUDGET MOYEN

Chambre d'hôte les Ruisseaux – *Rte de Pierrefitte - ✆ 05 62 92 28 02 - www.lesruisseaux.com - fermé 25 déc. - P - 5 ch. 62/72 € ☕ - repas 24 € (pique-nique 2 pers : 12 €).* Un accueil chaleureux vous attend dans cette maison des années 1920-1930, un peu perdue dans la vallée. Les chambres, spacieuses, sont idéales pour les familles. Le grand jardin, entouré d'une nature verdoyante, est charmant.

POUR SE FAIRE PLAISIR

Hôtel du Lion d'Or – *12 r. Richelieu - ✆ 05 62 92 52 87 - www.liondor.eu - fermé 3 sem. apr. vac. de printemps et de mi-oct. à mi-déc. - 18 ch. 88/162 € - ☕ 11 € - rest. 21/28 €.* Cet hôtel tenu par la même famille depuis 4 générations se repère à sa belle façade du 19e s. (portes-fenêtres et balconnets en fer forgé). Chambres douillettes personnalisées par des objets chinés. Petit patio bien fleuri en saison.

RESTAURATION

PREMIER PRIX

L'Aragon – *R. de Belfort - ✆ 05 62 92 54 94 - 8h-23h - fermé 15 j. en nov. - ♿ - formule déj. 10/15 €.* Il règne une ambiance chaleureuse en ce sympathique snack agencé sur trois niveaux. Les salades, assiettes garnies, soupes et omelettes sont à prix tout doux. Idéal pour une petite pause ou un repas sur le pouce.

BUDGET MOYEN

Astérides-Sacca – *Bd Latapie-Flurin - ✆ 05 62 92 50 02 - www.asterides-sacca.com - fermé mi-oct. - mi-déc. - 22/36 € - 56 ch. 92/116 € ☕.* Salle à manger chaleureuse où l'on déguste des recettes traditionnelles et soignées. Les chambres, dotées de balcons, sont aménagées dans un esprit actuel et fonctionnel. Hall habillé de bois blond.

L'Abri du Benquès – *La Raillère, rte du Pont d'Espagne - ✆ 05 62 92 50 15 - www.benques.com - fermé de mi-nov. à mi-déc., merc. (sf vac. scol.), lun. soir et mar. soir - P - ♿ - formule déj. 16 € - 22/48 €.* Dans un lieu magique sur la route du Pont d'Espagne, entre nature et torrents, ce restaurant chaleureux au décor montagnard vous fait découvrir une généreuse cuisine actuelle.

ACHATS

Aux Délices – *Pl. Georges-Clemenceau - ✆ 05 62 92 07 08 - www.berlingots.com - 9h-12h30, 14h30-19h30 - fermé nov. - deux visites par jour (15mn, fin de matinée et fin de journée).* Vous êtes invité à découvrir les ateliers de cette confiserie artisanale spécialisée dans la fabrication des berlingots. Les curistes, ravis d'oublier le goût amer des eaux thermales riches en soufre, connaissent l'adresse depuis bien longtemps. Boutique.

Pavillon des Abeilles – *23 bis av. du Mamelon-Vert - ✆ 05 62 92 50 66 - www.ballot-flurin.com - 10h30-12h30, 14h30-19h00 - fermé dim., lun. et j. fériés sf en été.* Aussi actif que leurs ruches, ce couple apiculteur propose miels biologiques des Hautes-Pyrénées (rhododendron, tilleul, marjolaine, bruyère, châtaignier…), produits de beauté à base de miel, confiseries, stages de découverte de l'apiculture et un atelier « pain d'épice ».

3

Parc national des Pyrénées

★★★

Pyrénées-Atlantiques (64) et Hautes-Pyrénées (65)

NOS ADRESSES PAGE 236

S'INFORMER

Maison du Parc national des Pyrénées à Tarbes – *2 r. du IV Septembre - ✆ 05 62 54 16 40 - www.parc-pyrenees.com - 9h-12h, 13h30-17h - fermé w.-end et j. fériés.*

Maisons du Parc – Les Maisons du Parc national, présentes dans chaque vallée, donnent des informations sur la flore et la faune du Parc, les randonnées en montagne. Certaines présentent des expositions permanentes ou temporaires, ainsi que des films ou documents multimédias. *Pour des rens. plus précis sur chacune des Maisons, reportez-vous aux paragraphes « S'informer » des villes de Cauterets, Gavarnie, Gèdre, Luz-Saint-Sauveur et Saint-Lary-Soulan.*

Maison du Parc de la **vallée d'Aure** - *Pl. de la Mairie - 65170 St-Lary-Soulan - ✆ 05 62 39 40 91.*

Maison du Parc de la **vallée de Luz-Gavarnie** - *✆ 05 62 92 38 38 - 9h-12h, 14h-19h - fermé w.-end et j. fériés sf juil.-août.*

Maison du Parc de la **vallée d'Azun** -*Pl. du Val d'Azun - ✆ 05 62 97 49 49 - www.valdazun.com - 9h-12h, 14h-18h, dim. 9h-12h ; hors vac. scol. (zone A) : tlj sf dim. 9h-12h, 14h-17h ; j. fériés se rens - gratuit.*

Maison du Parc de la **vallée d'Ossau** - *64440 Laruns - ✆ 05 59 05 41 59.*

Maison du Parc de la **vallée d'Aspe** - *64880 Etsaut - ✆ 05 59 34 88 30.*

Réglementation – Le camping, les chiens, les feux, la chasse, la cueillette, les prélèvements et le vélo tout-terrain sont interdits.

SE REPÉRER

Carte de microrégion A3-A4 (p. 196-197) – *carte Michelin Départements 342 K5.* Le Parc national des Pyrénées dessine le long de la chaîne frontière, sur plus de 100 km, entre la vallée d'Aspe (Béarn) à l'ouest et la vallée d'Aure à l'est, une bande large de 1 à 15 km. Il a une frontière commune de 15 km avec le Parc national espagnol d'Ordesa et du mont Perdu (au sud de Gavarnie).

À NE PAS MANQUER

Une randonnée avec un garde-moniteur ou un accompagnateur en montagne pour mieux découvrir la faune et la flore du Parc.

ORGANISER SON TEMPS

La visite d'une Maison du Parc *(voir ci-dessus)* constitue une bonne introduction à toute excursion. Vous y trouverez des conseils, des plans et des indications sur les randonnées les plus adaptées à votre niveau et au temps dont vous disposez.

Cascades majestueuses, lacs aux eaux vert émeraude, gouffres bouillonnants, pics majestueux et altiers, panoramas à couper le souffle... il n'existe qu'une seule façon de découvrir tous ces trésors : la marche

Sauvegarder la nature pyrénéenne

MISSIONS ET OBJECTIFS

Créé en 1967 pour la protection de la nature, le Parc national des Pyrénées est l'un des sept parcs nationaux français. Doté d'une frontière commune de 15 km avec le Parc national espagnol d'Ordesa et du mont Perdu (au sud de Gavarnie), il s'étend sur 45 700 ha compris entre 1 000 m et 3 298 m d'altitude (sommet du Vignemale). Le Parc national proprement dit, ou cœur du Parc, est entouré d'une zone périphérique de 206 000 ha partagée entre 86 communes des départements des Hautes-Pyrénées et des Pyrénées-Atlantiques. Il se prolonge à l'est par la réserve naturelle du Néouvielle *(voir p. 250)* dont il assure la gestion. Afin de protéger au mieux le territoire dont il a la charge, le Parc national inventorie et suit les évolutions des espèces végétales ou animales. La préservation renforcée mise en place dans la zone centrale n'exclut pas la poursuite des activités humaines comme le pastoralisme ou la sylviculture, car les objectifs du Parc concilient la protection de la nature avec ces activités économiques. Dans la zone périphérique, le Parc national poursuit une politique d'aide au développement local, compatible avec le souci de protection du milieu. Il a également pour mission d'éduquer et d'accueillir les milliers de touristes qui s'y rendent chaque année.

UN TERRITOIRE INHABITÉ OU PRESQUE

Nulle habitation ne trouve sa place au cœur du Parc, zone de haute montagne ; seuls les bergers et les gardiens de refuge viennent s'y installer en été. C'est ce qui explique la présence de nombreux animaux. Le Parc national donne asile à plus de 6 500 isards, surtout visibles dans les vallées d'Ossau et de Cauterets, ainsi qu'à plus de 200 colonies de marmottes. La découverte des derniers ours bruns est devenue quasiment impossible, alors qu'il n'est pas exceptionnel d'apercevoir en vol des vautours fauves, des aigles royaux ou des gypaètes barbus dans ces régions des Pyrénées encore fréquentées par le coq de bruyère, le lagopède (ou perdrix des neiges) et le desman dit « des Pyrénées » (petit mammifère aquatique très rare sur la Terre).

UNE FLORE ABONDANTE

Riche d'environ 60 espèces endémiques de fleurs, le Parc compte parmi ses protégés la ramonde des Pyrénées, le lis jaune, la valériane, l'asphodèle et le chardon bleu. À chaque étage sa végétation : l'étage montagnard (900 à 1 800 m), frais et humide, se partage entre une forêt de hêtres sur le versant nord et une autre de pins sylvestres au sud, tandis que l'étage subalpin (1 800 à 2 400 m) privilégie un paysage de forêt claire planté de pins à crochets, de landes de rhododendrons, de genévriers, bouleaux et sorbiers des oiseleurs… Plus haut, à l'étage alpin (2 400 à 2 900 m), la végétation se fait courte et rase, dominée par les saules nains, le silène sans tige et le pavot parfumé. Enfin, l'étage nival n'est traversé que de quelques lichens et algues.

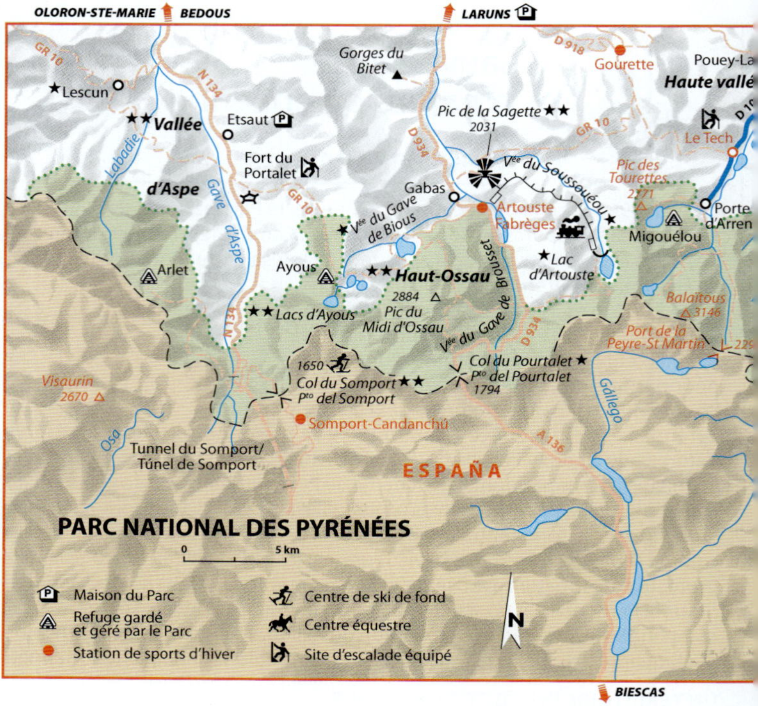

Se promener

Carte du Parc national des Pyrénées ci-dessus

Le Parc national couvre six vallées dont quatre se situent dans les Hautes-Pyrénées : Arrens, Cauterets, Luz-Gavarnie et Aure. C'est à ces quatre vallées que nous nous limiterons ici.

Pour en savoir plus sur les randonnées possibles au départ des vallées d'**Aspe**★★ et d'**Ossau**★★, dans les Pyrénées-Atlantiques, reportez-vous au *Guide Vert Aquitaine*.

Plus de 350 km de sentiers tracés et balisés (dont par endroits le GR 10) permettent de rayonner dans les vallées du Parc. Plusieurs possibilités s'offrent à vous, de la randonnée itinérante de refuge en refuge à la balade d'une demi-journée depuis un lieu de séjour fixe, en passant par une sortie encadrée par un garde-moniteur *(programme estival disponible auprès des Maisons du Parc)*.

Vallée d'Arrens

La vallée d'Arrens ou val d'Azun, dominée par le **Balaïtous** (3 144 m), regroupe les hautes vallées d'Arrens-Marsous, d'Estaing et la vallée de l'Ouzom. Surnommée l'« Éden des Pyrénées » par le pyrénéiste Louis Ramond de Carbonnières, elle est restée en autarcie jusqu'au milieu du 19e s., sans relation avec les vallées voisines. Moins célèbre que les autres vallées des Hautes-Pyrénées, le val d'Azun, encore à l'abri des foules, a conservé toute son authenticité. Idéal pour les randonnées en famille. La Maison du Parc du val d'Azun a été tout particulièrement aménagée pour l'accueil de personnes handicapées.

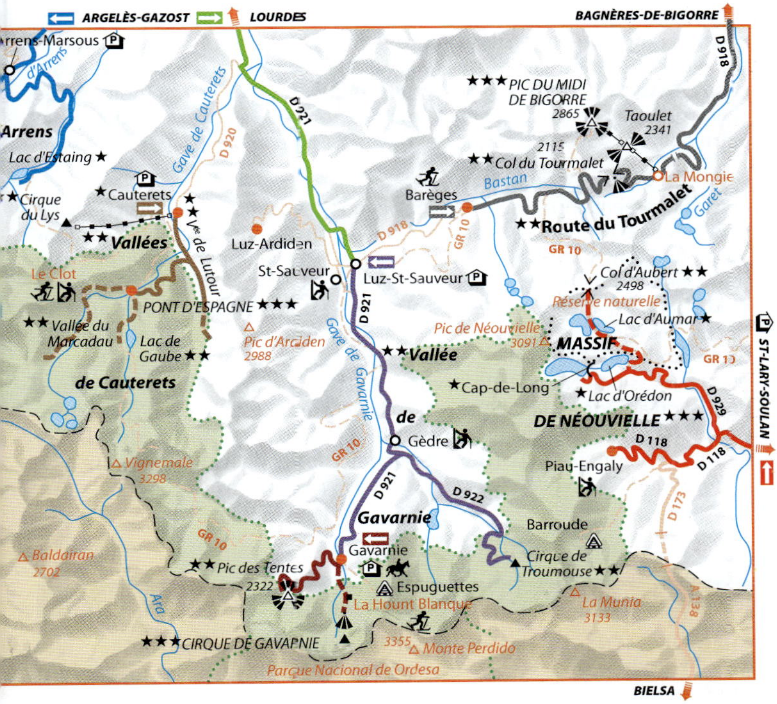

Accessibles en voiture, la **porte d'Arrens** et le **lac d'Estaing**★ sont des points de départ pour de nombreuses randonnées *(voir p. 220)*.

3

★★ Vallée de Cauterets

C'est le thermalisme qui fit le succès de cette vallée au 19e s. Fière de posséder le plus haut sommet des Pyrénées françaises, le **Vignemale** (3 298 m), la vallée de Cauterets est particulièrement remarquable pour ses fameuses **cascades (val de Jéret★★)** et le site du **Pont d'Espagne★★★**, où les pins sylvestres ont un port particulièrement majestueux. Granitique, le paysage laisse apparaître des blocs arrondis et de très beaux polis glaciaires. Le pin à crochets est l'un des seuls à apprécier ce milieu.

De belles randonnées au départ du Pont d'Espagne : le **lac de Gaube★★** (également accessible en télésiège) et la **vallée du Marcadau★★**. À explorer également, la **vallée de Lutour★★** *(voir p. 229-230)*.

★★ Vallée de Luz-Gavarnie

Réputée sombre et étroite, la vallée de Luz-Gavarnie a beaucoup cultivé ses relations avec le versant espagnol. Regroupant la vallée de Gavarnie et celle de Barèges, elle est surtout célèbre pour ses **cirques** (Gavarnie, Troumouse, Estaubé), dont les différentes couches de calcaire, superposées en gradin, sont parfois nettement visibles. De nombreux sommets y sont supérieurs à 3 000 m. Ici encore, le développement du thermalisme s'est accompagné d'un désenclavement au 19e s. avec la construction de routes carrossables. La vallée attira et inspira dès cette époque de nombreux pyrénéistes, naturalistes, artistes et écrivains.

Les randonnées vers les cirques sont les plus prisées : si vous souhaitez éviter les foules, sachez que le cirque de **Troumouse★★** et plus encore celui d'**Estaubé** sont beaucoup moins fréquentés que leur homologue de **Gavarnie★★★**. L'excursion vers le **pic des Tentes★★** *(voir p. 249)* donne un autre point de vue sur le cirque de Gavarnie *(voir p. 246)*.

★ Vallée d'Aure

Particulièrement ensoleillée, balayée par un vent chaud et sec qui dégage les cols, la vallée d'Aure est très prisée depuis le lancement des grandes stations de ski de **Saint-Lary-Soulan** et de **Piau** et le développement récent d'un tourisme haut de gamme. La liaison vers l'Espagne, assurée par le tunnel de Bielsa, participe au succès de cette vallée dont les cours d'eau, appelés Nestes, rejoignent la Garonne. Principal point d'accès à la **réserve naturelle de Néouvielle★★★**, la vallée d'Aure est réputée pour ses nombreux lacs.

Le massif de Néouvielle s'explore surtout à partir du **lac d'Orédon★**, duquel on accède au **lac d'Aubert**, au **lac d'Aumar★** et au **col d'Aubert★★**. Des randonnées sont également possibles au départ de Piau ou de la D 118, peu après Aragnouet. À parcourir également, la **vallée du Rioumajou★** *(voir p. 251, « Saint-Lary-Soulan » p. 274 et « Arreau » p. 266)*.

NOS ADRESSES DANS LE PARC NATIONAL

HÉBERGEMENT

Refuges du Parc – Il faut distinguer les refuges gardés, au nombre de cinq, qui ne sont ouverts que de mi-juin à mi-sept., et les refuges non gardés (10 places en général). Tous sont destinés aux randonneurs de passage (10/19 € la nuit). Dans les refuges gardés, on mange ses propres provisions ou le repas préparé par le gardien (env. 15 €). Leur capacité d'accueil étant limitée à 30 ou 60 places, ils sont pris d'assaut en été. Il est donc conseillé de réserver (au moins 48h) à l'avance :

Refuge de Barroude (2 377 m), dans la vallée d'Aure – *35 pl. - ✆ 05 62 39 61 10.*

Refuge des Espuguettes (2 027 m), dans la vallée de Luz – *60 pl. - ✆ 05 62 92 40 63.*

Refuge de Migouélou (2 280 m), dans le val d'Azun – *35 pl. - ✆ 05 62 97 44 92.*

Refuge d'Ayous (1 980 m), dans la vallée d'Ossau – *50 pl. - ✆ 05 59 05 37 00.*

Refuge d'Arlet (1 990 m), dans la vallée d'Aspe – *43 pl. - ✆ 05 59 36 00 99.*

Refuges gérés par le Club alpin – *Service du Patrimoine bâti - 24 av. de Laumière - 75019 Paris - ✆ 01 53 72 87 00 - www.ffcam.fr.* Les refuges n'appartenant pas au Parc national des Pyrénées sont pour la plupart gérés par la Fédération française des clubs alpins et de montagne.

Bivouac – Si le camping est interdit, le bivouac est toléré de 19h à 9h (ou en cas d'intempéries), à condition d'être à plus d'une heure de marche de tout accès motorisé. Les offices de tourisme et syndicats d'initiative distribuent la liste des campings à proximité du Parc.

Luz-Saint-Sauveur

1 001 Luziens – Hautes-Pyrénées (65)

NOS ADRESSES PAGE 244

S'INFORMER

Office de tourisme – *22 pl. du 8-Mai - 64120 Luz-St-Sauveur - 05 62 92 30 30 - www.luz.org - de déb. avr. à mi-nov.: 9h-19h, dim. et j. fériés 9h-12h, 16h-19h; reste de l'année: 8h30-19h, dim. et j. fériés 8h30-12h, 16h-19h.*

Maison du Parc et de la vallée Luz-Saint-Sauveur – *05 62 92 38 38 - www.parc-pyrenees.com - 9h-12h, 14h-19h - fermé w.-end et j. fériés sf juil.-août.* Outre une exposition permanente sur le Parc national des Pyrénées *(voir p. 232)* où l'on peut voir des animaux naturalisés, la Maison abrite temporairement peintures, photographies, etc. En juil.-août, tous les lun. à 21h: film et débat animé par un garde-moniteur.

SE REPÉRER

Carte de microrégion B3 (p. 196-197) – *carte Michelin Départements 342 L5-M5.* À une trentaine de kilomètres au sud de Lourdes, Luz et Saint-Sauveur se font face de part et d'autre de la coupure du gave de Pau, dans un cadre pittoresque de montagnes.

À NE PAS MANQUER

L'église fortifiée Saint-André; le cirque de Troumouse; la vue depuis le pont Napoléon.

ORGANISER SON TEMPS

Prévoyez au moins une demi-journée (et de bonnes chaussures) pour l'excursion qui conduit au cirque de Troumouse: la fin du parcours ne peut s'effectuer qu'à pied *(3/4h AR).*

AVEC LES ENFANTS

Le jardin botanique du Tourmalet; Espace Millaris à Gèdre.

Luz-Saint-Sauveur doit sa fortune à l'impératrice Eugénie qui lança la vogue des stations thermales pyrénéennes. Les nombreux témoignages de cette période mondaine ne doivent cependant pas faire oublier les vestiges, plus anciens, du farouche pays de Toy, ni la station de Luz-Ardiden qui a su préserver son site.

Se promener

Château Sainte-Marie

30mn AR. À Esquièze, juste avant d'entrer à Luz par la D 921, prenez à gauche la D 172 qui conduit à Vizos. L'étroit sentier s'engage sur la droite, le long du jardin de l'hôtel « Le Montaigu » (voir « Nos adresses », p. 245).

Construit au 10e s. par les comtes de Bigorre, ce château fut tour à tour occupé par les hospitaliers de Saint-Jean, les chevaliers de Malte, puis par les Anglais à qui il fut repris en 1404. Depuis les ruines se dégage une belle vue sur la vallée.

LE CIRCUIT « NAPOLÉON III »...
D'un naturel farouche, les habitants de la vallée n'ont pourtant pas ménagé leur reconnaissance à Napoléon III et à l'impératrice Eugénie de Montijo pour leurs bienfaits. Le tour du bassin de Luz, du pont de la Reine (Hortense de Beauharnais, mère de l'empereur) au **pont Napoléon** en passant par la chapelle de Solferino, prend l'allure d'un véritable « circuit Napoléon III ».

Luz

Dans un canton montagnard longtemps isolé du bas pays par le mauvais passage des Échelles de Barèges, la petite capitale du **pays Toy** *(terme désignant les habitants des hautes vallées)* surprend par son animation et par son équipement touristique. Les 18e et 19e s. y ont laissé un certain nombre de maisons de belle allure, blanches sous leur toit d'ardoise, avec corniches, linteaux sculptés et balcons de fer forgé.

★ **Église fortifiée Saint-André** – *05 62 92 30 30 - juin-sept. : 15h-18h - 2 €.* Elle fut bâtie à la fin du 12e s. et fortifiée au 14e s. par les hospitaliers de Saint-Jean-de-Jérusalem (ce qui explique sans doute la confusion qui la fait souvent dénommer, à tort, « église des Templiers »), avec un chemin de ronde, une enceinte crénelée enserrant un vieux cimetière et deux tours carrées.

Pour une description en image, reportez-vous à l'ABC d'architecture p. 64.
Son portail présente un Christ en majesté entouré des évangélistes ; à l'intérieur, belle voûte gothique lambrissée, boiseries du 18e s., retable du 17e s., **musée d'Art religieux** dans la chapelle N.-D.-de-la-Pitié et petit **Musée ethnographique** local dans la tour de l'Arsenal.

Saint-Sauveur

L'unique rue, en corniche au-dessus du gave, est dédiée successivement à la duchesse de Berry, grande animatrice de la saison 1828, et à l'impératrice Eugénie dont les séjours, surtout celui de 1859, apportèrent à la station sa consécration. Les thermes, de style Napoléon III, sont spécialisés dans le traitement médical des insuffisances veineuses, des affections gynécologiques et des troubles ORL. Ils bénéficient d'eaux jaillissant à 32 °C, riches en soufre et en barégine.

Thermes – *05 62 92 81 58 - http://thermes.luz.org - fermé nov. et dim. d'avr. à oct. - 18 € forfait Espace Forme (piscine, Jacuzzi, sauna, hammam) ; tarif couple 35 € (-16 ans 10 € : piscine, Jacuzzi).* Ce centre de remise en forme, installé dans les thermes de Luz, vous fera découvrir les bienfaits de la balnéothérapie. L'eau de la source, riche en gaz rares, minéraux et soufre, renforce les défenses naturelles du corps. Pour les plus gourmands, massage au chocolat, aux vertus relaxantes.

À proximité Carte de microrégion p. 196-197

Barèges B3

À 7 km de Luz-Saint-Sauveur par la D 918.

Pl. Urbain Cazaux - 65120 Barèges - 05 62 92 16 00 - www.grand-tourmalet.com - 9h-18h.

Thermes de Barèges-Barzun – *R. Ramond - 65120 Barèges - 05 62 92 68 02 - www.cieleo-bareges.com.* Autrefois fréquentée par Michelet, elle accueille traditionnellement les blessés ou accidentés. Les « eaux d'arquebusades » sont

Le château de Luz-Saint-Sauveur.
D. Pearson / Agency Jon Arnold Images / age fotostock

dispensées dans l'établissement thermal, d'où émanent les effluves sulfurés caractéristiques. On distingue deux établissements. D'une part les **Grands Thermes** de Barèges, indiqués pour la reconstruction osseuse et les rhumatismes, et d'autre part les **thermes de Barzun**, spécialisés dans les affections des voies respiratoires. Les thermes ont été récemment modernisés et bénéficient de nouvelles techniques de soins.

Outre ces deux établissements thermaux, la station s'est dotée d'un espace de remise en forme ouvert à tous ; **Cieléo** dispose en particulier d'une piscine sous un dôme de verre, sans oublier la douche au jet, le sauna, le massage sous l'eau, l'enveloppement à l'argile… Les prestations sont multiples et variées, à la carte, combinées dans un forfait d'une journée, d'un séjour ou d'une semaine *(mai-oct. : 15h-20h ; déc.-avr. hors vac. scol. : 15h-20h, vac. scol. : 10h-12h, 14h-20h - accès piscine 2h - 16 €, 3-14 ans 8 €, famille 22/40 €).*

3

Domaine skiable de Luz-Ardiden B3

▶ *15 km de Luz-Saint-Sauveur par la D 12.*

Alt. 1 700-2 550 m, 15 remontées mécaniques, 60 km de pistes. Le site de la station est demeuré presque intact, sans immeuble et ne comprenant que quelques rares chalet. Les skieurs séjournent donc dans la vallée, avant de rejoindre les pistes par une petite route de montagne. Les secteurs d'Aulian et de Bédéret, reliés par des remontées mécaniques, totalisent 50 km répartis en 33 pistes de ski alpin, ouvertes aux skieurs de tous niveaux et plus particulièrement aux amateurs de ski sportif. On y pratique toutes les formes de glisse. La station est équipée d'une piste de ski de bosses, d'une piste de slalom et d'un *snowboard space.*

Domaine skiable du Grand Tourmalet, Barèges-La Mongie B3

▶ *34 km au nord-est par la D 918. www.grand-tourmalet.com.*

Alt. 1 250-2 500 m, 44 remontées mécaniques. **Barèges** et **La Mongie** forment aujourd'hui un important complexe de sports d'hiver. Avec plus de 100 km de

BARÈGES, PREMIÈRE STATION DE SKI DES PYRÉNÉES

Le duc du Maine (1675-1681), fils légitimé de Louis XIV et de Mme de Montespan, effectua trois séjours à Barèges, assurant ainsi la fortune thermale de la station. C'est de là que Mme de Maintenon, gouvernante du jeune prince infirme, s'insinua dans les bonnes grâces du roi par la qualité de sa correspondance.

Au début du 19e s. encore, les Barégeois, redoutant les avalanches, ne construisaient qu'en bois aux endroits menacés. Les travaux de reboisement et la pose de « râteliers à neige » sur le versant nord ont permis le développement d'une activité touristique hivernale. Barèges a joué un rôle de pionnier en devenant, en 1922, la première station de sports d'hiver des Pyrénées ! Elle s'est dotée d'un funiculaire dès 1939.

pistes, c'est le plus grand domaine skiable des Pyrénées françaises. La proximité du massif de Néouvielle favorise le ski de randonnée hors des pistes (liaison Saint-Lary-La Mongie, ascensions guidées, etc.).

À Barèges, le secteur du **Lienz-Ayré**, qui se perd dans une magnifique forêt, est désormais réservé au ski de fond et aux raquettes : pistes de tous niveaux, parmi les plus belles des Pyrénées, dans un cadre paisible de sous-bois enneigés.

L'aménagement du col du Tourmalet a entraîné la création d'une annexe d'altitude, **Super-Barèges**, dans le cirque terminal de la vallée du Bastan.

Domaine skiable de Gavarnie-Gèdre B4

32 km au sud-ouest de Barèges par D 918 (Luz), D 921 (Gavarnie) et D 923. www.gavarnie.com.

Alt. 1650-2400 m, 11 remontées mécaniques. Les 33 pistes de ski alpin sont accessibles aux skieurs de tous niveaux, de la piste verte la plus longue des Pyrénées aux pistes noires pour skieurs avertis. Au pied du cirque de Gavarnie débutent 7,5 km de pistes de ski de fond. En janvier ou mars a lieu le Derby Gavarnie 3000, grande épreuve de ski de randonnée, entre le village de Gavarnie et la brèche de Roland.

Circuits conseillés

★★ VALLÉE DE GAVARNIE Carte de la vallée de Gavarnie ci contre

Circuit de 50 km, tracé sur la carte ci-contre – comptez 1h30. De Luz-St-Sauveur à Gavarnie.

George Sand écrivait : « De Luz à Gavarnie, c'est le chaos primitif, c'est l'enfer », tandis que Victor Hugo, traversant le chaos de Coumély, s'exclamait : « Noir et hideux sentier… ». Tout au long de cette vallée, les glaciers ont « surcreusé » les bassins de Pragnères, Gèdre et Gavarnie. Les eaux ont scié les « verrous » rocheux qui les séparent et créé des « étroits » dont le plus caractéristique est la gorge de Saint-Sauveur. Sur les replats sont juchées des habitations temporaires. Du haut des vallées affluentes, les torrents dévalent en cascades.

Quitter Luz-St-Sauveur au sud par la D 921.

Pont Napoléon

Évitez les files de cars d'excursion qui s'y forment en haute saison vers 15h.

Par ce pont d'une seule arche, construit en 1860 sur les ordres de Napoléon III, la route venant de Saint-Sauveur franchit le gave profondément encaissé

entre les parois abruptes de la gorge. À la sortie, côté rive droite, s'élève une colonne commémorative de marbre, surmontée d'un aigle. Vue plongeante sur la gorge broussailleuse.

Continuer sur la D 921. La route, taillée dans le roc, parcourt un défilé. Le hameau de la Sia apporte un intermède. Bientôt apparaissent les téléphériques montés le long des conduites forcées de Pragnères.

3

Centrale de Pragnères

Se visite sauf en cas de plan Vigipirate.

La plus importante usine hydroélectrique des Hautes-Pyrénées « turbine » les eaux collectées dans le massif de Néouvielle, sous 1 250 m de hauteur de chute, et dans les vallées affluentes de la rive gauche du gave de Pau, sous 900 m de hauteur de chute. La centrale est utilisée à pleine puissance aux périodes de pointe d'hiver. Elle comprend 40 km de galeries, quatre barrages dont celui de Cap-Long (le plus grand des Pyrénées), une centrale de production et deux stations de pompage.

Peu avant Gèdre apparaît, à droite du Coumély rayé par une conduite forcée, le pic pointu de Pimené (alt. 2 801 m), précurseur du cirque de Gavarnie.

Gèdre

Aux confluents des gaves de Gavarnie et de Héas, dans un bassin de prairies coupées de rideaux de peupliers, voilà un exemple typique de commune rurale où l'activité pastorale rythme la vie quotidienne. De l'hôtel de la Brèche de Roland, on aperçoit la fameuse coupure du rocher et, plus à droite, la dépression neigeuse de la « Fausse Brèche » d'où pointe le rocher du « Doigt ».

Musée Millaris – *05 62 92 35 25 - juil.-août et vac. scol. d'hiver : 9h-12h, 14h-18h ; reste de l'année : tlj sf dim. 9h-12h, 14h-18h - www.gavarnie.com - - visite avec audioguide (1h) 5 € (enf. 12-18 ans 3 €, -12 ans 2 €).*

Le territoire Gavarnie-Gèdre, classé au Patrimoine mondial de l'Unesco, est présenté de façon interactive et ludique. Retrouvez, sur 3 niveaux, Laurette,

Louisa ou encore Mathieu, les personnages de la région, qui vous content leur histoire.

Passé le village, prenez la D 922 sur la gauche vers le cirque de Troumouse (à 15 km), via Héas. Route payante après Héas.

La route, obstruée par la neige de décembre à avril, remonte la vallée pastorale de Héas dont les pentes gazonnées sont interrompues par une coulée de blocs descendue de la montagne de Coumély, puis par un autre chaos dont le plus gros rocher sert de piédestal à la Vierge du Mail d'Arraillé.

Héas

Élevant son dôme dans le dernier bouquet d'arbres de la vallée, la **chapelle** de pèlerinage *(ouverte de début mai à début novembre)* fut emportée par une avalanche en 1915 et reconstruite en 1925. Du mobilier de l'ancien sanctuaire, il reste la nef latérale de gauche, des statues, des tableaux, une croix de procession (18e s.), la cloche de 1643, le bénitier… La statue vénérée de Notre-Dame-de-Héas, retrouvée intacte sous l'avalanche, a été replacée dans le chœur. Plusieurs pèlerinages sont organisés en l'honneur des grandes fêtes de la Vierge *(voir « Nos adresses », p. 245)*.

La route, attaquant le versant sud de la vallée, offre des vues intéressantes sur l'ancienne « auge » glaciaire de Héas : remarquez l'épaulement continu du versant nord, interrompu au-dessus de la chapelle de Héas par l'encoche d'un torrent descendu d'un bassin de réception en forme d'entonnoir régulier. Au sud, en contre-haut, se rapproche un cirque de sommets dont la structure plissée montre une extraordinaire houle de strates claires.

★★ Cirque de Troumouse

45mn à pied AR. Gagnez la statue de la Vierge érigée sur un piton formant belvédère. Site grandiose, d'une capacité de trois millions de « spectateurs », le cirque présente un fond de prairies légèrement convexe. Il est fermé par des montagnes dressant un rempart, à peine découpé, de 10 km de développement. L'ensemble culmine au pic de la Munia (alt. 3 133 m), reconnaissable à son vestige de glacier suspendu. À gauche, en contrebas du glacier, on découvre les « Deux Sœurs », deux petites aiguilles jumelles.

De retour à Gèdre, reprenez sur la gauche la route de Gavarnie.

La vallée redevient sauvage. À droite, en contre-haut, on aperçoit la vallée suspendue du gave d'Aspé. Le torrent tombe dans la vallée principale en formant la cascade d'Arroudet. La route traverse un chaos de blocs écroulés, au pied de la **montagne de Coumély**. Puis commence la dernière montée vers les hauteurs de Gavarnie.

À gauche de la Fausse Brèche et de la crête des Sarradets située en avant-plan se détache le gradin supérieur du cirque avec ses corniches neigeuses, les sommets du Casque, de la Tour et du pic du Marboré. À droite apparaît le hameau de Bareilles, puis, sur le Turon de Holle, au débouché de la vallée d'Ossoue, la monumentale statue de Notre-Dame-des-Neiges.

Gavarnie *(voir p. 247)*

★★ ROUTE DU TOURMALET Carte de microrégion p. 196-197

Circuit de 30 km sur la D 918, de Barèges à Ste-Marie-de-Campan, tracé sur la carte de microrégion (p. 196-197) – comptez 1h.

Sujets au vertige et âmes sensibles, songez que la route du Tourmalet peut paraître particulièrement impressionnante sur le versant de Barèges.

La route s'engage dans le vallon désolé d'Escoubous, où le ruisseau serpente à travers des pâturages pierreux. Après 4 km, on parvient au pont de la Gaubie.

LES FORÇATS DE LA ROUTE

Depuis 1910, tous les ans, les cyclistes du Tour de France affrontent la terrible épreuve des cols pyrénéens, qui ont fait la gloire de quelques-uns et le malheur de nombreux autres. Aubisque, Tourmalet, Aspin et Soulor évoquent les violents orages d'été, les pentes raides, les routes trop étroites sur lesquelles s'envolent les grimpeurs ailés, tandis que d'autres abandonnent leurs espoirs de victoire en connaissant de terribles défaillances dans l'étroit couloir laissé par une foule déchaînée. Ce lieu a vécu des gestes légendaires, comme celui de Christophe, dit « le Vieux Gaulois », qui, en 1913, franchit le Tourmalet avec 18 minutes d'avance sur le second. Hélas, dans la descente, la fourche de sa bicyclette casse et le règlement de l'époque interdit toute aide extérieure. Christophe doit parcourir 14 km à pied avant de trouver la forge de Campan, où il répare son vélo sous l'œil impassible des commissaires qui vont jusqu'à lui interdire d'emprunter une paire de tenailles au forgeron, sous peine d'être mis hors course… Bilan de l'opération : quatre heures perdues… plus une minute de pénalité ! « Le Vieux Gaulois » ne gagnera jamais le Tour de France dont il portera cependant, en 1919, le premier maillot jaune.

Jardin botanique du Tourmalet

05 62 42 09 85 - ♿ - de mi-mai à mi-sept. : 10h-19h - 4 € (-12 ans 3,10 €).

Niché au cœur de la montagne, cet agréable jardin de 2 ha rafraîchi par l'Escoubous présente un panorama très complet de la flore pyrénéenne classée par milieux (rochers, forêts, tourbières…). À l'entrée, quelques jeux introduisent la visite pour les enfants. Parmi les 2 500 espèces sauvages présentées, vous apprendrez, entre autres, à reconnaître la ramonde des Pyrénées, la gentiane occidentale ou l'arnica des montagnes. Et pour élargir la découverte, un petit espace est réservé aux plantes montagnardes du monde entier. Un livret de visite, agrémenté de devinettes et de légendes, répondra à toutes vos questions naturalistes.

Après le pont de la Gaubie apparaît, en arrière, dans l'enfilade du vallon, le pic de Néouvielle dont la pyramide rocheuse est flanquée d'un glacier. Bientôt se profilent les crêtes aux formes hardies du pic du Midi de Bigorre, surmonté de son observatoire et de son relais de télévision.

★★ Col du Tourmalet B3

La route du Tourmalet est très sinueuse entre le pont de la Gaubie et La Mongie : comptez 2h pour parcourir le circuit proposé. Notez que le col du Tourmalet reste souvent obstrué par la neige de novembre à juin.

Alt. 2 115 m. Du col, le **panorama** est remarquable par l'âpreté des sommets qu'il fait découvrir, surtout sur le versant de Barèges : au-delà du chaînon de l'Ardiden se détache au dernier plan le Balaïtous, avec son glacier. Une stèle honore la mémoire de « Monsieur Paul », promoteur du tourisme pyrénéen et constructeur de la route du pic du Midi.

La route qui relie le col à l'observatoire des Laquets, au pied du pic du Midi de Bigorre, est aujourd'hui interdite à la circulation automobile mais aussi aux piétons, pour des raisons de sécurité.

La descente du col du Tourmalet s'effectue d'abord parmi les pelouses qui contrastent avec les sites ravinés de la montée. Dans une série de lacets, on aperçoit à gauche, au-dessus de la route, le tracé de l'ancien chemin que suivirent les chaises à porteurs du duc du Maine et de Mme de Maintenon

3

pour gagner, depuis Bagnères-de-Bigorre, les eaux de Barèges. Les pyramides de l'ensemble résidentiel de La Mongie-Tourmalet annoncent la station de La Mongie, d'où part le téléphérique pour le pic du Midi.

★★★ Pic du Midi de Bigorre *(voir p. 254)*

Après la traversée de La Mongie, la pente s'accentue au passage d'un gradin boisé. La route rattrape le vallon affluent du Garet, puis traverse successivement le ruisseau du Tourmalet et l'Arises coulant en cascade.

Le sentier qui se profile sur votre gauche permet de rejoindre le pic du Midi de Bigorre, après 4h30 de marche. Attention, cette randonnée nécessite un équipement adapté, une bonne condition physique et n'est accessible qu'en été *(voir p. 255)*.

Le plateau d'Artigues, joli cirque pastoral noyé en partie par un lac de retenue, s'ouvre à droite, en contrebas.

★ Cascade du Garet C3

Laissez la voiture près de l'hôtel des Pyrénées, à Artigues. Bureau des guides Aabelios - 5 pl. Lafayette - 65200 Bagnères-de-Bigorre - ✆ 06 32 71 07 96 - www.vertigedeladour.com.

Traversez le hameau. Au-delà d'une maison familiale de vacances, franchissez un petit pont sur le ruisseau du Tourmalet, en amont de la centrale hydroélectrique. Le chemin continue à s'élever régulièrement en passant dans le vallon du Garet. On entre dans un bois de sapins. Descendez quelques pas taillés dans le roc pour atteindre le belvédère d'où vous découvrirez la cascade. Un parcours acrobatique et une via ferrata suivent la rive de la cascade.

La route suit maintenant la fraîche **vallée de Campan★** aux prairies d'un vert intense. Plusieurs maisons ou granges, au toit de chaume et au pignon à redents, apparaissent encore çà et là jusqu'à Sainte-Marie-de-Campan.

NOS ADRESSES À LUZ-SAINT-SAUVEUR

HÉBERGEMENT

PREMIER PRIX

Chambre d'hôte La Munia – *65120 Saligos - ✆ 05 62 92 84 74 - http://la-munia.com - fermé 1 sem. en juin - P - ⊭ - 3 ch. 44 € ☕ - repas 14 € (sf dim.).* Adresse intéressante pour petits budgets. Les chambres, simples et agréables, s'ouvrent sur la vallée. Pour le dîner, goûtez la viande, préparée « maison », des moutons élevés par la patronne.

BUDGET MOYEN

Chambre d'hôte Le Cueyla – *65120 Betpouey - ✆ 05 62 92 88 50 - www.gite-betpouey-lecueyla.com - P - ⊭ - 4 ch. 50 € ☕.* Cette grange joliment restaurée domine toute la vallée. Ses confortables chambres, ouvertes sur la montagne, ont été aménagées avec soin sous les combles. Également, deux gîtes.

Chambre d'hôte Eslias – *Les Cabannes - 65120 Viella - ✆ 05 62 92 84 58 - www.chez-laporte.com - P - ⊭ - 3 ch. 52 € ☕ - repas 17 €.* Les chambres sont d'une grande tranquillité et d'un bon confort. La terrasse panoramique ouvre sur les sommets environnants.

Le soir, une vraie table d'hôte à base de produits de la ferme.

Hôtel Terminus – *R. Marcadaou - 65120 Esquièze-Sère - ✆ 05 62 92 80 17 - www.luz-terminus.fr - fermé nov. - 16 ch. 55 € - ☕ 7 €.* Dans une grande maison de village, l'hôtel dispose de chambres colorées. Petit-déjeuner dans le jardin, aux beaux jours.

POUR SE FAIRE PLAISIR

La Grange aux Marmottes – *Au village - 65120 Viscos - ✆ 05 62 92 91 13 - www.grangeauxmarmottes.com - fermé mi-nov.-mi-déc. - 🏊 - 15 ch. 75/130 € - ☕ 11 €.* Ceux qui recherchent le calme absolu seront séduits par cette ancienne grange en pierre située aux portes du Parc national des Pyrénées. Chambres amples et douillettes.

Hôtel Le Montaigu – *Rte de Vizos - 65120 Esquièze-Sere - ✆ 05 62 92 81 71 - www.hotelmontaigu.com - fermé avr., oct. et nov. - ♿ - 🅿 - 42 ch. 90/100 € ☕.* Bâtiment récent situé au pied d'un château en ruine. Grandes chambres fonctionnelles dont certaines possèdent un balcon avec vue sur les montagnes.

RESTAURATION

BUDGET MOYEN

Auberge de Viella – *Pl. de la Mairie - 65120 Viella - ✆ 05 62 92 85 14 - www.chambres-hotes-tourmalet.com - fermé nov. - 17/24 € - 3 ch. 60 € ☕.* Dressée sur la place de la Mairie, cette petite auberge est appréciée pour son cadre rustique, réchauffé l'hiver par de belles flambées, son ambiance bon enfant, sa cuisine basée sur les produits de la ferme et, bien sûr, sa garbure, spécialité maison.

Auberge du Lienz Chez Louisette – *65120 Barèges - ✆ 05 62 92 67 17 - www.louisettelienz.fr - fermé mi-avr.-mi-mai et nov. - 🅿 - 22/45 €.* Crémerie à l'origine (1905), puis buvette, cette auberge située à 1 600 m d'altitude sert une bonne cuisine de terroir, mettant en valeur le mouton AOC de Barèges agrémenté de plantes d'altitude (serpolet, génépi, réglisse, menthe, angélique), sous la houlette d'un chef renommé. Intérieur montagnard, ambiance conviviale et vue exceptionnelle sur les sommets alentour.

ACTIVITÉS

Bureau des guides de Luz - Via ferrata – *✆ 05 62 92 87 28 - www.guides-de-luz.fr - Via ferrata aménagée près du pont Napoléon (saut à l'élastique 90 m), incluse dans un circuit aventure avec tyrolienne de 120 m et pont népalais (3 câbles suspendus) - possibilité de visite guidée sur demande (1h30).*

Air Aventures Pyrénées – *Tournaboup - 65120 Barèges - ✆ 06 81 50 86 50 - www.ecole-parapente-pyrenees.com - 70 € vol de 600 m de dénivelé.* Vols biplaces, parapente et stages.

AGENDA

Pèlerinages à la chapelle de Héas – Les 15 août, 8 sept. et, pour la fête du rosaire, le 1er dim. d'octobre.

Festival Jazz à Luz – *2e sem. de juil. - ✆ 05 62 92 38 38 - www.jazzaluz.com.* Pendant 4 jours, nombreux concerts et animations.

3

Cirque de Gavarnie

★★★

Hautes-Pyrénées (65)

NOS ADRESSES PAGE 249

S'INFORMER

Office du tourisme de Gavarnie – *65120 Gavarnie - ✆ 05 62 92 49 10 - www.gavarnie.com - juil.-août: 9h-19h; reste de l'année: tlj sf dim. 9h-12h, 13h30-17h30.*

Office du tourisme de Gèdre – *65210 Gèdre - ✆ 05 62 92 48 05 - www.gavarnie.com - juil.-août et vac. scol. d'hiver: 9h-12h, 14h-18h; reste de l'année: tlj sf dim. 9h-12h, 14h-18h - fermé j. fériés.*

Maison du Parc national des Pyrénées – *✆ 05 62 92 42 48 - www.parc-pyrenees.com - juil.-août: 9h-12h, 14h-19h; reste de l'année: lun.-vend. 9h-12h, 14h-18h, fermé w.-end et j. fériés.*Exposition permanente sur les cirques de Gavarnie, d'Estaubé et de Troumouse et sur le Parc national d'Ordesa et du mont Perdu en Espagne, introduction au pyrénéisme. Films sur la faune et la flore pyrénéennes. *Pour en savoir plus, voir Parc national des Pyrénées p. 232.*

SE REPÉRER

Carte de microrégion B4 (p. 196-197) – *carte Michelin Départements 342 L6-M6.* Tout au bout de la vallée qui débouche à Luz-Saint-Sauveur, le cirque de Gavarnie est accessible depuis le village du même nom.

SE GARER

Le cirque se découvre à pied. Il faut garer son véhicule à l'entrée ou au bout du village de Gavarnie. Municipaux ou privés, les nombreux parkings aménagés pratiquent tous le même tarif: environ 4 € la journée.

À NE PAS MANQUER

En vous rendant au cirque, poursuivez la marche au-delà de l'hôtel du Cirque, jusqu'au pied de la Grande Cascade.

ORGANISER SON TEMPS

Il faut compter 2h de marche aller-retour, du village au cirque (3h30 si l'on pousse jusqu'à la Grande Cascade). Pour éviter la foule estivale, choisissez de partir tôt le matin (avant 8h) ou en fin d'après-midi (après 18h).

AVEC LES ENFANTS

On peut aussi gagner le cirque à cheval, tel que cela se pratiquait autrefois et dormir dans un tipi indien! *(voir « Nos adresses », p. 249).*

« C'est une montagne et une muraille tout à la fois, c'est l'édifice le plus mystérieux du plus mystérieux des architectes, c'est le colosseum de la nature, c'est Gavarnie », écrivait Victor Hugo. Inscrit au Patrimoine mondial de l'humanité par l'Unesco avec la vallée du même nom, le cirque de Gavarnie attire chaque année une foule nombreuse venue contempler ses paysages grandioses. Formidable vivier d'émotions, ce théâtre naturel ne compte pas moins de dix-sept sommets culminant à plus de 3 000 m et abrite la plus haute cascade d'Europe (422 m).

Le cirque de Gavarnie.
J.-P. Azam / hemis.fr

Se promener

Le nom de Gavarnie provient du mot *gava*, « torrent », d'où découlent les nombreux « gaves » des Pyrénées. Le petit village de Gavarnie est le point de départ obligé de la randonnée vers le cirque. Ses 164 habitants, les Gavarniens, sont surnommés les Templiers.

3

Gavarnie

Berceau du pyrénéisme, patrie des plus illustres guides pyrénéens (dont Henri et Célestin Passet), Gavarnie est situé à 1 375 m d'altitude. Terminus de la route carrossable depuis 1864, le village sert de relais à l'imposante et disparate cavalerie mobilisée pour l'excursion au cirque. S'il connaît, en été, un afflux massif de visiteurs, il redevient en hiver une station de montagne et d'escalade. Comme le prouve l'essentiel de ses infrastructures (parking, hébergement, restauration, boutiques de souvenirs), le petit village vit surtout du tourisme. L'**église** du 12e s., ancienne dépendance d'un prieuré des hospitaliers de Saint-Jean-de-Jérusalem, se situe sur le vieux chemin de pèlerinage du port de Boucharo (alt. 2 270 m). Remarquez, à l'entrée, trois statues en bois doré du 17e s. représentant saint Jean-Baptiste, la Vierge et saint Joseph. La chapelle du Bon-Port, à gauche du maître-autel, renferme une statue polychrome de saint Jacques de Compostelle et deux statuettes de pèlerins de Compostelle autour de Notre-Dame-du-Bon-Port (14e s.) : la Vierge tient une gourde de pèlerin. Les visiteurs la priaient pour que le passage de la montagne leur réussisse. Devant l'église, le **cimetière** abrite, dans son enclos supérieur, les tombes de quelques pyrénéistes. En vous promenant dans le village, vous apercevrez également une statue de Russell, un médaillon de Béraldi, une plaque en hommage aux pyrénéistes morts pour la France au bord de la route en redescendant vers Luz et, non loin de l'entrée du cirque, la tombe du géographe Schrader.

Domaine skiable de Gavarnie-Gèdre – ✆ 05 62 92 49 10 - *www.gavarnie.com*. Alt. 1 350-2 400 m, 11 remontées mécaniques. Les 29 pistes de ski alpin sont accessibles aux skieurs de tous niveaux, de la piste verte la plus longue des Pyrénées aux pistes noires pour skieurs avertis. Au pied du cirque de Gavarnie débutent 7,5 km de pistes de ski de fond.

Randonnées Carte du cirque de Gavarnie ci-dessous

★★★ Cirque de Gavarnie

2h à pied AR. À l'extrémité du village, prenez le chemin de terre, puis suivez la rive gauche du gave. Après un vieux pont de pierre que vous empruntez, le chemin monte dans les sous-bois, laissant la rivière à droite. En redescendant vers celle-ci, le paysage s'éclaircit et le cirque se rapproche dans un cadre de sapins. À gauche, on aperçoit quelques cascades. La dernière portion de trajet se fait en montée, à travers une végétation d'arbres et d'arbustes (églantiers en juin-juillet), pour atteindre les premiers plissements rocheux annonciateurs du cirque. Peu avant l'arrivée à l'hôtel du Cirque, la rivière s'engouffre dans d'étroites gorges.

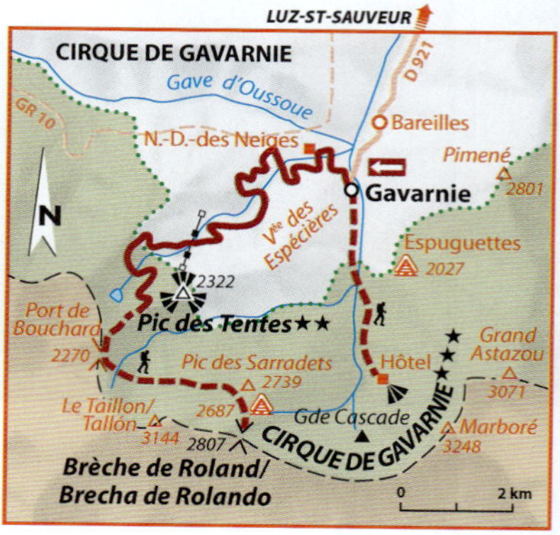

Le cirque apparaît tout à coup. D'abord trois gradins superposés qui correspondent aux assises résistantes des plis couchés empilés ici, que séparent des taches lumineuses de neige qui tranchent sur la couleur ocrée des calcaires. Et puis, surtout, cette beauté grandiose qui, dépassant l'imagination, coupe littéralement le souffle ! Le cirque a 3,5 km de développement à sa base et 14 km suivant la ligne de faîte (de l'Astazou, à l'est, au pic des Sarradets, à l'ouest). Le niveau moyen du fond est de 1 676 m. L'altitude des sommets dépasse 3 000 m. Le cirque doit son origine à un « bout du monde » creusé, dès avant la glaciation, dans les assises calcaires de la couverture sédimentaire secondaire. Comme dans les « reculées » du Jura, une résurgence évacuait ici les eaux enfouies dans le massif du Mont-Perdu et faisait reculer la tête de la vallée, en sapant son couronnement de falaises. Le glacier de Gavarnie, dont il ne reste plus que des lambeaux sur les corniches supérieures, a achevé de dégager le cirque et assuré l'évacuation des débris.

De l'hôtel du Cirque, la vue est superbe, ouverte sur l'ensemble du cirque avec ses trois paliers de neige, ses majestueuses murailles à pic, et son flot de cascades argentées. La plus importante, la Grande Cascade, alimentée par une résurgence des eaux de l'étang Glacé du mont Perdu (alt. 2 592 m) sur le versant espagnol, fait un bond de 422 m dans le vide… Les mules ne montant pas plus haut que l'hôtel, il faut y aller à pied *(1h AR).*

Brèche de Roland

4h à pied AR pour randonneurs entraînés et non sujets au vertige ; attention à la présence de névés. Suivez le sentier balisé partant à l'est du port de Boucharo. Le sentier suit le tracé de la Haute Route des Pyrénées. Il traverse, au pied du glacier du Taillon, une cascade à gué *(suivez bien le fléchage rouge apposé sur les rochers ; des plaques de névés peuvent augmenter la difficulté de la traversée).* Du col précédant le refuge des Sarradets, **vue** sur la Grande Cascade du cirque de Gavarnie. La montée à la brèche, après le refuge, est plus longue et difficile en raison de la neige et des névés. On atteint alors la brèche. La légende voudrait que ce soit Roland qui ait fendu en deux la montagne avec son épée Durandal. De la brèche, vue sur le versant espagnol, à l'aspect désertique, et sur le mont Perdu *(Monte Perdido)*.

À proximité Carte du cirque de Gavarnie ci-contre

★★ Pic des Tentes

11 km, par la route du port de Boucharo. À la sortie de Gavarnie, vers Luz, prenez à gauche, avant le pont, la route qui contourne la statue de N.-D. des Neiges ; quittez la vallée d'Ossoue pour vous engager dans la vallée des Espécières.
Laissez la voiture au col des Tentes et gravissez la croupe, au nord-est, jusqu'au sommet arrondi du pic (2 322 m). Le **panorama**★★ est impressionnant sur les sommets, tout proches, qui couronnent le cirque de Gavarnie (dont le fond est invisible). On admire surtout le pic du Marboré, avec la combe du glacier de la Grande Cascade. Plus à l'ouest, la crête des Sarradets, au premier plan, masque quelque peu le secteur de la brèche de Roland, avant la réapparition de la crête frontière au Taillon et aux pics des Gabiétous. Plus loin se détachent, au nord-ouest, le Vignemale avec son glacier d'Ossoue, immaculé, et, au nord-est, le massif de Néouvielle précédant le pic du Midi de Bigorre, dont on aperçoit l'antenne.

NOS ADRESSES AUTOUR DE GAVARNIE

TRANSPORTS

Montures – *Loueurs rassemblés dans le village - 25 € AR (2h) ; 35 € (3h).* La montée au cirque peut se faire, depuis le village de Gavarnie, à dos d'âne ou de cheval. Parking payant l'été à l'entrée du village, piéton en été.

HÉBERGEMENT ET RESTAURATION

PREMIER PRIX

Tipis indiens – *65120 Saussa - 06 15 41 33 29 - www.tipis-indiens.com - P - - 85 € la nuit et 390/540 € la sem. pour 4 pers.* Venez découvrir les joies d'un séjour indien, au pays de l'ours, dans l'un des 4 tipis de 6 places. Le site offre une vue sur le cirque de Gavarnie et les montagnes des alentours.

POUR SE FAIRE PLAISIR

Le Marboré – *05 62 92 40 40 - www.lemarbore.com - fermé 15 nov.-20 déc. - P - 24 ch. 100 € - rest. 18/26 €.* À l'entrée du cirque, bâtisse du 19e s. coiffée de combles à la Mansart. Bar british, ambiance cordiale et quelques chambres offrant une vue montagnarde. Repas traditionnel dans une salle au mobilier de bistrot, sous la véranda ou en terrasse.

AGENDA

Gavarnie, Terre de festival – *Fin juil. - 05 62 56 71 20.* Représentation théâtrale tous les soirs à 21h, à 1 450 m d'altitude, sur la prairie de la Courade (à mi-distance entre le village et le cirque). Comptez 30mn de marche pour atteindre le site. Retour aux flambeaux vers 23h.

Fête du glaçon – *Mi-février.* Compétition de cascade de glace, organisée par l'association Passe Murailles.

Massif de Néouvielle

★★★

Hautes-Pyrénées (65)

NOS ADRESSES PAGE 253

S'INFORMER

Office du tourisme d'Aragnouet Piau-Engaly – *65170 Piau-Engaly - 05 62 39 61 69 - www.piau-engaly.com - juil.-août : 9h-12h, 14h-17h ; reste de l'année : se rens.*

Voir aussi « S'informer » à Saint-Lary-Soulan (p. 274).

SE REPÉRER

Carte de microrégion B3 (p. 196-197) – *carte Michelin Départements 342 M5.*
C'est la station de Saint-Lary-Soulan et la route du tunnel de Bielsa qui donnent accès à ce massif que l'on aborde avec toute la prudence (routes parfois hasardeuses) et l'équipement nécessaires.

À NE PAS MANQUER

Le col d'Aubert ; le lac d'Orédon ; le lac d'Aumar.

ORGANISER SON TEMPS

Le circuit de Saint-Lary aux lacs est à suivre de préférence au début de l'été, dès que la route (généralement fermée d'octobre à juin) et le sentier du col d'Aubert sont déneigés.

« On trouve dans les monts des lacs de quelques toises, purs comme des cristaux, bleus comme des turquoises », s'exclamait Théophile Gautier. Des paysages somptueux, une flore et une faune exceptionnelles et de nombreux lacs dans lesquels se reflète un ciel d'une rare pureté… Cette réserve naturelle créée en 1936 est un lieu enchanteur, paradis des promeneurs et des naturalistes. Le massif granitique de Néouvielle, qui culmine à 3 192 m au pic Long, permet d'observer de nombreux exemples de relief glaciaire.

Randonnées Carte du massif de Néouvielle p. 252

Le massif de la « vieille neige » *(nèu vielha)*, avec ses 70 lacs, sa richesse bioclimatique et ses cinq refuges gardés, offre de nombreuses possibilités de randonnées. La zone comprise entre les lacs d'Aumar, d'Aubert et les Laquettes a été érigée en réserve naturelle en 1968. Il était en effet temps de protéger cet environnement où vivent isards, perdrix grises et desmans.

Lac d'Aubert

Vous pouvez le rejoindre à pied en 1h30 par le sentier balisé des Laquettes ou en prenant la **navette** *(voir « Nos adresses », p. 253)*.
De là, il est possible de poursuivre l'excursion vers le col d'Aubert ou de rattraper le sentier balisé GR 10 longeant le lac d'Aumar.

Le massif de Néouvielle et le lac d'Aumar.
A. Demotes / Photononstop

★ Lac d'Aumar

Alt. 2 192 m. Paisible lac d'origine glaciaire alimentant le lac d'Aubert, il est cerné de gazon où poussent des pins à crochets. À l'extrémité nord du lac, on découvre le sommet principal du pic de Néouvielle avec son petit glacier.

★★ Col (ou hourquette) d'Aubert

3h à pied depuis le lac d'Aubert. Prenez le sentier balisé (sentier de la hourquette d'Aubert) contournant le lac au nord-est. Ce col, perché à 2 498 m, fait communiquer le bassin des lacs d'Aubert et d'Aumar avec la combe désolée d'Escoubous sur le versant de Barèges. **Vue★★** harmonieuse sur les lacs étagés d'Aumar, d'Aubert et le plan d'eau inférieur des Laquettes, au pied du pic de Néouvielle. Loin au sud-est, ensemble glaciaire de la Maladetta.

3

Circuit conseillé Carte du massif de Néouvielle p. 252

DE SAINT-LARY AUX LACS

Circuit de 70 km, de St-Lary-Soulan au lac d'Orédon, tracé sur la carte (p. 252) – comptez environ 3h. Quittez St-Lary par la D 929 au sud-ouest.

La vallée se resserre en gorge. Le village de Tramezaïgues, dont le château défendait la vallée contre les incursions aragonaises, est posté en surveillance, à gauche.

À Tramezaïgues, prenez la D 19 (attention : sections non revêtues et, au-delà de la clairière de Frédançon, croisement impossible sur les 4 derniers kilomètres).

★ Vallée du Rioumajou

Vallée très boisée, animée de nombreuses cascades : l'ancien hospice de Rioumajou (alt. 1 560 m), transformé en auberge d'altitude, se dresse dans un beau cirque aux pentes gazonnées ou forestières très inclinées.

Revenez à Tramezaïgues et prenez à gauche.

Dans l'enfilade de la vallée de la Neste d'Aure se détache le pic de Campbieil (alt. 3 173 m), l'un des points culminants du massif de Néouvielle, reconnaissable à son arête à deux pointes soulignée d'un névé.

Peu après Fabian, prenez la D 118 à gauche.

La route qui remonte la Neste de la Géla traverse les hameaux d'**Aragnouet**.

Chapelle des Templiers – À droite en contrebas apparaît le clocher-mur (12e s.) de ce sanctuaire réaménagé qui abrite deux statues anciennes.

Laissez à gauche la route du tunnel de Bielsa.

LES DESMANS

Abondants, ces petits mammifères semblables à des taupes vivent près des cours d'eau et se nourrissent d'insectes. Ils ne sont présents que dans les Pyrénées et en Russie.

Piau-Engaly

À 1 850 m d'altitude, la plus haute station des Pyrénées françaises, installée dans un **site★★ superbe**, côtoie une nature préservée, à deux pas du Parc national des Pyrénées *(voir p. 232)* et du Parc national d'Ordesa et du mont Perdu *(Parque Nacional de Ordesa y Monte Perdido, Espagne)*. Au pied des pistes, les façades inclinées des immeubles disposés en demi-cercle épousent le relief de la montagne.

Domaine skiable de Piau – *65170 Piau-Engaly - www.piau-engaly.com - fin nov.-fin avr.* Alt. 1 420-2 600 m, 17 remontées mécaniques. Il s'étire dans un impressionnant cirque glaciaire. Son enneigement et son ensoleillement

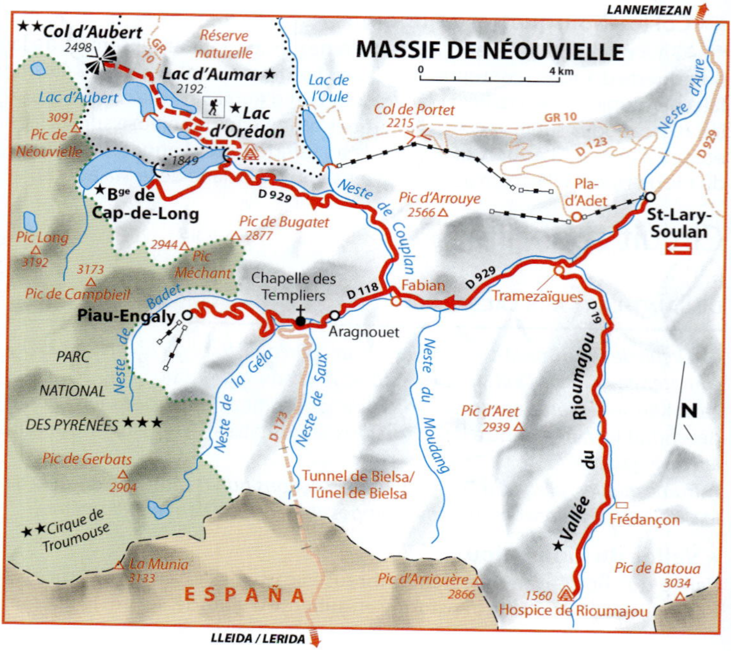

exceptionnels, ses 38 pistes de ski alpin combinées au très bon rendement de ses remontées mécaniques font de Piau-Engaly un centre de qualité adapté aux skieurs de niveau moyen à confirmé.

Revenez à Fabian et prenez sur la gauche la D 929.

C'est l'ancienne route construite par EDF pour le chantier du barrage de Cap-de-Long. Elle remonte la vallée de la Neste de Couplan en escaladant un verrou glaciaire par les lacets « des Edelweiss ».

Poursuivez la route jusqu'au lac de Cap-de-Long.

★ Barrage de Cap-de-Long

L'ouvrage, d'une hauteur maximale de 100 m, a créé une retenue de 67,5 millions de m^3, pièce maîtresse de l'aménagement hydroélectrique de Pragnères. Le lac artificiel (alt. 2 160 m), aux rives inaccessibles, souvent pris par la glace jusqu'en mai, forme un fjord au pied des murailles du Néouvielle.

Faites demi-tour. À partir de l'embranchement d'Orédon s'amorce la route des Lacs.

★ Lac d'Orédon

Laissez la voiture au parking du lac d'Orédon (300 places), avant de pénétrer à pied ou en navette au cœur de la réserve - ✆ 05 62 39 62 63 - parking plus de 8h ou descente pdt h de péage : 5 €. : navette 4 € AR (2,50 € aller simple, -10 ans gratuit).

Alt. 1 850 m. Ce lac de barrage occupe un bassin aux versants d'éboulis masqués par les sapinières. Il constitue une base de tourisme en montagne (chalet-hôtel). La coupure de la vallée est obturée en amont par le mur du barrage de Cap-de-Long. Autour, la richesse de la réserve naturelle de Néouvielle, zone de protection de la faune et de la flore, n'a d'égale que la beauté des eaux bleues des lacs.

NOS ADRESSES DANS LE MASSIF

TRANSPORT

En navette – *✆ 05 62 39 62 63 - 4 € AR - ttes les 30mn env. en sais. - 2,50 € trajet simple (-10 ans gratuit.)* On accède au massif par la vallée d'Aure et le site d'Orédon ou, à pied, par la vallée d'Aygues-Cluses (côté Barèges). La route des Lacs est interdite à la circulation de 9h30 à 18h du 1er juin au 30 sept. Des navettes sont alors mises en place à partir du parking du lac d'Orédon vers les lacs d'Aumar et d'Aubert.

La route n'est déneigée qu'à partir de la fin du mois de mai et donc généralement fermée de novembre à mai.

ACTIVITÉS

Randonnées – *✆ 05 62 40 02 58 (bureau des guides de St-Lary) ou 05 62 39 40 91 (maison du Parc à St-Lary) - www.guides-saintlary.com.* Le massif de Néouvielle est un lieu idéal pour la randonnée, que l'on soit un montagnard averti ou en famille. De nombreux itinéraires sont balisés. Topoguides à St-Lary.

Parcours suspendu du Moudang – *Pont du Moudang - ✆ 06 08 83 90 61 - http://parcoursdumoudang.free.fr - juin-août - 9h30-12h30, 13h30-19h (18h30 en juin).* Parcours aménagé avec tyrolienne, via ferrata, ponts de singes, etc., encadré par des professionnels.

Pic du Midi de Bigorre

★★★

Hautes-Pyrénées (65)

S'INFORMER

Office du tourisme de Bagnères-La Mongie – *3 allée Tourefort - 65200 Bagnères-de-Bigorre - ✆ 05 62 95 50 71 - www.grand-tourmalet.com - 9h-18h.*
Voir aussi « S'informer » à Luz-Saint-Sauveur (p. 237) et Barèges (p. 238).

SE REPÉRER

Carte de microrégion B3 (p. 196-197) – *carte Michelin Départements 342 M5.*
L'ancienne route à péage du Tourmalet aux Laquets est fermée aux piétons, cyclistes et automobilistes (risque de chute de pierres). L'accès au sommet du pic (2 877 m) se fait par téléphérique depuis la station de La Mongie *(voir Barèges p. 238)* ou à pied *(voir ci-après).*

À NE PAS MANQUER

La vue depuis les terrasses et l'espace muséographique.

ORGANISER SON TEMPS

Comptez une demi-journée de visite, mais vérifiez la météo avant. Même par très beau temps, prévoyez un vêtement chaud, en plus des indispensables lunettes de soleil et de la crème solaire.

AVEC LES ENFANTS

Le site est déconseillé aux enfants en bas âge. Il plaira beaucoup, en revanche, aux petits curieux à partir de 8 ans.

« Il y a là des matinées à donner aux saints la nostalgie de la terre ! », s'écria le comte Henry Russel, fameux pyrénéiste, au sommet du pic dont la silhouette familière se détache nettement de la chaîne montagneuse. Situé sur le point le plus avancé du principal contrefort des Pyrénées centrales, son panorama exceptionnel, la pureté et la stabilité de son ciel ainsi que ses installations scientifiques de pointe ont largement contribué à sa renommée. Surnommé « le vaisseau des étoiles », le pic du Midi s'est vu décerner le titre de « Réserve internationale de ciel étoilé » le 11 juin 2009.

Découvrir

★★★ Le pic du Midi

✆ 0 825 00 28 77 - www.picdumidi.com - ♿ - juin-sept. : 9h, dernier dép. en téléphérique de La Mongie 16h30 ; reste de l'année : 10h, dernier dép. 15h30 - Interruption entre 13h et 14h15 (sf juil.-août) - fermé de déb. nov. à mi-mai - 34 € (-12 ans 22 €) - Attention, le site est déconseillé aux femmes enceintes et aux personnes présentant des risques cardiaques. Les animaux sont interdits.

Des « soirées étoilées » sont proposées de février à octobre. Elles comprennent la visite d'une coupole, ainsi que les ateliers d'animation astronomique et d'observation. Pour les tarifs se renseigner.

Alt. 2 872 m. La montée en téléphérique s'effectue en deux temps : un premier téléphérique vous conduit au **Taoulet** (2 341 m). Ce contrefort du pic du Midi

L'observatoire du pic du Midi de Bigorre.
Ch. Lehenaff / Photononstop

de Bigorre offre des **vues★★** rapprochées, au sud, sur le massif de Néouvielle et l'Arbizon. Au nord-est se creuse la vallée de Campan. L'ascension se poursuit immédiatement grâce à un second téléphérique relié au pic du Midi. Les câbles ne sont ici soutenus que par un seul pylône.

La montée à pied

4h30. De Sainte-Marie-de-Campan en montant vers le col du Tourmalet, le chemin démarre discrètement sur la droite, après avoir laissé sur la gauche la route menant à Artigues.

Si vous souhaitez monter à pied, comme le faisaient les porteurs jusque dans la première moitié du 20e s. (plaque commémorative à l'entrée du chemin), empruntez le chemin des muletiers. Attention, cette randonnée nécessite un équipement adapté, une bonne condition physique et n'est accessible qu'en été. Au sommet, la terrasse panoramique est gratuite mais le reste du site est payant.

3

Le sommet

750 m^2 de terrasses permettent de contempler un superbe **panorama★★★** sur la chaîne pyrénéenne. D'est en ouest, l'horizon s'ouvre sur plus de 300 km

UN VÉRITABLE EXPLOIT !

L'installation du premier télescope par Benjamin Baillaud, directeur de l'observatoire de Toulouse, fut une véritable expédition qui ne dura pas moins de deux ans : acheminé de Paris à Bagnères-de-Bigorre en train, l'instrument parvint au col du Tourmalet par char à bœufs, puis les 22 caisses de 300 à 800 kg furent montées (en un mois) par un régiment d'artillerie de Tarbes jusqu'au col de Sencours où elles passèrent tout l'hiver. L'été suivant, en 1907, le télescope finit par atteindre le sommet, mais il fallut encore un an pour le mettre en état de marche.

de montagnes. Des tables d'orientation permettent de repérer les sommets : Crabère, Arbizon, pic d'Aneto, Néouvielle, mont Perdu, Vignemale, Balaïtous et pic du Midi d'Ossau…

★ L'espace muséographique

L'aventure céleste débute au niveau 6 par la maquette du site et la chronologie des étapes les plus marquantes de l'observatoire. La première partie de l'exposition est consacrée au Soleil : on y découvre des instruments d'observation comme le sidérostat ou encore le coronographe *(voir ci-dessous)*, inventé en 1930 par Bernard Lyot, à qui l'on doit aussi le plus grand télescope de France (maquette à l'étage inférieur). La visite se poursuit par la présentation des recherches effectuées à l'observatoire sur les planètes. On y apprend qu'avant d'envoyer des hommes sur la Lune, c'est au pic du Midi que la Nasa demanda une cartographie de l'astre. Au niveau 5, retour sur Terre, telle que la voient les sondes spatiales, livrant les mystères de la météo, de la foudre, de la couche d'ozone ou encore des séismes. Entre autres petits films projetés, nourris d'images d'archives, d'entretiens et d'anecdotes, ne ratez pas celui relatant l'épopée humaine de la conquête du sommet et de la construction de l'observatoire, les temps forts et l'évolution des conditions de vie.

UNE NUIT SOUS LES ÉTOILES

Toute l'année, pour admirer le soleil couchant et observer les astres à travers un télescope, le pic du Midi propose de passer la nuit dans des chambres aménagées dans l'observatoire.
Réserv. : ✆ 05 62 56 70 00 - 299 € par pers. (349 € pour 2 pers en ch. double).

UNE RÉPUTATION INTERNATIONALE

L'aventure du pic du Midi débuta en réalité à 300 m en contrebas du sommet, avec une station météorologique installée en 1873 par le général en retraite Nansouty et l'ingénieur Vaussenat sur le col de Sencours (visible depuis la terrasse à gauche du lac d'Oncet). En 1878, les deux hommes posent en haut du pic la première pierre de l'observatoire, qui ne sera achevé que quatre ans plus tard, les travaux ne pouvant se poursuivre entre novembre et juin à cause de la neige. Inauguré en 1882, l'observatoire est cédé à l'État par manque de moyens et c'est Vaussenat qui en devient le premier directeur. La vie quotidienne au sommet est alors pénible : la montée nécessite plusieurs heures, dans des conditions extrêmes, le chauffage est insuffisant, la nourriture mal équilibrée. Ce n'est qu'en 1952 qu'est installé le premier téléphérique, qui révolutionne complètement la fréquentation du site et permet l'installation de nouveaux instruments.

Plusieurs fois menacé de fermeture, l'observatoire doit sa survie à la ténacité de ses différents directeurs, convaincus de l'intérêt du site. Un intérêt démontré par les faits, tout au long du 20e s. : en 1930, l'astronome Bernard Lyot invente sur le pic le **coronographe**, destiné à observer la couronne solaire ; en 1963, la Nasa demande à l'observatoire une série de photographies de la Lune pour préparer la mission *Apollo*. La remarquable transparence de l'atmosphère permet en effet une rare qualité d'observation. Mais un nouveau risque d'abandon se profile dans les années 1990. Son ouverture au public, en 2000, assure son sauvetage, et en 2009 le pic du Midi devient « Réserve internationale de ciel étoilé ».

Bagnères-de-Bigorre

8 047 Bagnérais – Hautes-Pyrénées (65)

NOS ADRESSES PAGE 264

S'INFORMER
Office du tourisme du Grand Tourmalet – *3 allée Tourefort - 65200 Bagnères-de-Bigorre - ✆ 05 62 95 50 71 - www.grand-tourmalet.com - 9h-18h.*
Maison de la découverte pyrénéenne – *✆ 05 62 95 45 20 - www.pyreneesdecouverte.com - La maison ne se visite pas.*

SE REPÉRER
Carte de microrégion B2 (p. 196-197) – *carte Michelin Départements 342 M4.*
À 21 km de Tarbes et 22 km de Lourdes.

SE GARER
Parkings place des Vignaux ou rue Gambetta.

À NE PAS MANQUER
Parc thermal de Salut ; le col d'Aspin ; le lac Bleu ; le gouffre d'Esparros, l'Espace préhistorique de la Bastide.

ORGANISER SON TEMPS
Comptez 2h pour parcourir la ville. Terminez par une promenade dans le parc thermal de Salut, qui vous mènera au Muséum d'histoire naturelle.

AVEC LES ENFANTS
Les grottes de Médous ; le gouffre d'Esparros ; l'Espace préhistorique de Labastide.

3

Première station thermale des Hautes-Pyrénées, Bagnères-de-Bigorre est située à 550 m d'altitude dans un environnement pastoral annonçant la vallée de Campan. Ville d'eaux depuis l'Antiquité, elle a conservé quelques témoignages de son passé, de son cloître du 12e s. aux Grands Thermes du 19e s., âge d'or de la station, en passant par les vertes promenades de la Renaissance. Fidèle à son histoire, la ville se lance aujourd'hui dans le thermoludisme.

Se promener Plan de ville p. 259

Station thermale

Elle comprend les **Grands Thermes** et **Aquensis**. Exploitées depuis l'Antiquité romaine, ses eaux sulfatées calciques magnésiennes sont issues de deux forages. Elles soignent les affections rhumatismales, psychosomatiques et les troubles des voies respiratoires supérieures.

Grands Thermes – *Pl. des Thermes - ✆ 05 62 95 00 23 - www.thermes-bagneres.fr - fermé déc.-.fév.* Possibilité de soins en complément des cures (ateliers de relaxation, école du sommeil…).

Aquensis – *R. du Pont-d'Arras - ✆ 05 62 95 86 95 - www.aquensis.fr - 10h30-20h (mar. et dim. 12h30-20h) - fermé 2-3 sem. en nov. - Aqua Pass 17,50 € ; Aqua Pass famille 42 € (enf. 5-15 ans) pour 2h d'accès libre à l'espace détente.* Installée au cœur de la ville, cette nef de bois et de verre abrite 3 espaces dans lesquels l'eau thermale joue un rôle prépondérant. Un espace détente avec bassins animés, hammam, saunas et Jacuzzi, un espace forme proposant cours collectifs et séances de musculation, et un espace bien-être, pour prendre soin de soi.

★ Parc thermal de Salut

3/4h à pied AR. Gagnez le portique d'entrée du parc par l'avenue P.-Noguès au sud.

Cette agréable promenade ombragée vous entraîne sur les traces de célèbres curistes du temps passé. Montaigne, George Sand, Rossini et, naturellement, l'impératrice Eugénie ont en effet pris les eaux à Bagnères. Une belle allée centrale traverse ce parc de 100 ha et longe le vallon conduisant à l'ancien établissement thermal de Salut, qui abrite le Muséum d'histoire naturelle.

Le vieux Bagnères

Bordé à l'est par les allées des Coustous, où se concentre l'animation de la ville, il a conservé l'**église Saint-Vincent** du 14e s. avec son clocher-mur percé de trois étages d'arcatures, la **tour des Jacobins** du 15e s., vestige d'un couvent détruit à la Révolution, et les **ruines du cloître Saint-Jean**, à l'angle des rues Saint-Jean et des Thermes. À l'angle des rues du Vieux-Moulin et Victor-Hugo, belle **maison à colombages** du 15e s.

Musée Salies

05 62 91 07 26 - www.museebagneres.fr - juil.-août : tlj sf lun. 10h-12h, 14h-18h, w.-end 15h-18h ; de fin mai à fin juin et de déb. sept. à fin oct. : tlj sf lun.-mar. 10h-12h, 14h-18h, w.-end 15h-18h - 4 €.

À côté des faïences des 17e et 18e s. (Marseille, Moustiers), le musée fait la part belle au 19e s. à travers deux mouvements, représentés par des œuvres issues des grands Salons parisiens.

Parmi les orientalistes, sensibles aux lumières ardentes, aux couleurs du désert et aux formes galbées de la gent féminine, on retrouve Jules Laurens, Théodore Frère, Alfred Dehodencq et Théodore Chassériau. L'école de Barbizon, forte de ses paysages d'après nature, est illustrée par Diaz de la Peña *(Ciel d'orage)*, Jules Dupré *(Le Pin)* et Charles-François Daubigny *(La Mare au clair)*. Expositions temporaires.

Muséum d'histoire naturelle de Salut

05 62 91 07 26 - www.museesbagneres.fr - ♿ - de déb. juin à déb. juil. : merc.-dim. 15h-18h ; de mi-juil. à mi-sept. : merc.-dim. 14h30-18h30 - fermé 15 août - 4 €.

Installé dans les anciens thermes, il présente une grande variété de **marbres** puisés dans des carrières de France, d'Europe et du Moyen-Orient : rouge de Vitrolles, orange varois, bleu belge, rose de Norvège, griotte rouge, jaune Lamartine, gris des Ardennes... À cette palette s'ajoutent un atelier de mar-

PYRÉNÉISTES BAGNÉRAIS

Nombreux sont les pyrénéistes qui combinent la passion de la découverte et celle de l'écrit (leurs œuvres sont rassemblées à la bibliothèque municipale) grâce à la société Ramond, créée en 1865, doyenne des sociétés montagnardes de France. Il y a aussi des chanteurs, comme ceux du groupe des 40 « Chanteurs montagnards » qui, sous la direction d'Alfred Rolland, entonnèrent les mâles accents de *Montagnes Pyrénées* aux quatre coins du monde, entre 1837 et 1855. Hélas, la belle aventure s'acheva par des déconvenues financières qui obligèrent le groupe à abandonner un hôtel à la cloche de bois.

BAGNÈRES-DE-BIGORRE

SE LOGER

Catala (Hôtel) .... ①
Hostellerie d'Asté .... ②
Maison Burret (Chambre d'hôte) .... ④
Petites Vosges (Chambre d'hôte Les) .... ⑧

SE RESTAURER

Auberge Gourmande (L') .... ③

Maison à colombages .... K

brier d'art funéraire, une galerie de photographies, les marbres blancs de la villa gallo-romaine de Pouzac et, dans la galerie thermale, des cabines, baignoires, bustes et ex-voto.
À l'étage supérieur, un espace est consacré aux chauves-souris (dont certaines nichant dans les combles sont visibles par caméra infrarouge) ; on peut aussi voir des herbiers de Ramond de Carbonnières, prêtés par le Conservatoire botanique pyrénéen, des clichés de la flore pyrénéenne, une maquette géante des Pyrénées…

Randonnées Carte de microrégion p. 196-197

★ Le Bédat B2

1h30 à pied AR.

À la fourche des trois chemins située au-dessus du parc du Casino, prenez le sentier de gauche qui atteint la fontaine des Fées, puis la statue de la Vierge du Bédat. Le sentier de crête, derrière celle-ci, conduit à la table d'orientation (alt. 881 m). À l'est, la **vue** porte sur les Baronnies et le plateau de Lannemezan, au sud sur la vallée de Campan et les sommets des Pyrénées centrales.

★★ Lac Bleu B3

Comptez 4h à pied AR. Quittez Bagnères par la D 935 au sud, puis, après Beaudéan, 1 km avant Campan, prenez à droite la D 29.

Alt. 1 944 m. On parcourt, sur 10 km, la charmante **vallée de Lesponne★**, d'où les belles faces rocheuses du pic du Midi de Bigorre et du pic de Montaigu apparaissent, altières, surtout sous les neiges de printemps et d'automne. Les auberges de Chiroulet sont le point de départ de l'excursion pédestre au lac Bleu, utilisé comme lac-réservoir. Une longue montée (dénivellation de 850 m) par un bon chemin, ombragé le matin, conduit à ce site grandiose.

Circuits conseillés Carte de microrégion p. 196-197

★ LES BARONNIES

Circuit de 53 km, tracé sur la carte de microrégion (p. 196-197) – comptez au moins une 1/2 journée. Milieu rural authentique, au pied des Pyrénées, les Baronnies plongent le visiteur dans un cadre au relief accidenté, source d'un grand dépaysement. Ici, histoire et légende tendent à se confondre.
Quittez Bagnères-de-Bigorre au nord par la D 935 en direction de Tarbes.

Pouzac B2

L'église du 16e s., protégée par un mur d'enceinte percé d'un portail classique, renferme un imposant retable du 17e s. sculpté par Élie Corau de Bagnères et Jean Ferrère d'Asté. La voûte en bois (fin 17e s.) a été peinte par Jean Catau.
Poursuivez à l'ouest par la D 26.
Entre les vallées de l'Oussouet et de Castelloubon, les vues s'orientent au sud vers le pic de Montaigu et le pic du Midi de Bigorre, au nord-est vers la coulée de l'Adour et le bas pays, au sud-ouest vers le massif du Balaïtous (reconnaissable à son glacier).
Prenez la D 26 puis la D 938 en direction de Tournay.

Tournay C2

1 pl. d'Estarac - 05 62 35 79 67 - www.ot-tournay.fr - tlj sf w.-end et j. fériés 13h30-17h.

Prononcez « Tournaille » pour vous faire comprendre des habitants.
C'est une bastide, au plan régulier en damier, fondée en 1307. À l'entrée du village se trouve l'abbaye Notre-Dame, construite en 1952 et appartenant à l'ordre de saint Benoît. On peut visiter l'église ainsi que le cloître. Les moines exposent et vendent leurs produits (en particulier de fameuses pâtes de fruits). Le poète d'inspiration religieuse **Francis Jammes**, auteur des *Géorgiques chrétiennes*, est né ici en 1868.
Arboretum – *Guide des espèces disponible sur simple demande.* Étendu sur 9 ha d'une ancienne lande à fougères, l'arboretum de Tournay abrite plus de 200 espèces d'ici et d'ailleurs: épicéa de Serbie, séquoia géant, palmier de Chine, cèdre de l'Atlas… Le sentier pédagogique est jalonné de neuf pauses thématiques (« Les forestiers », « Les résineux », « Le coin des géants », etc.). Un guide présente l'origine et les caractéristiques de chaque espèce.
Prenez la D 817, puis la D 14 à droite, dans Ozon. À Gourgue, tournez à gauche dans la D 81, en direction de Capvern-les-Bains.

Capvern-les-Bains C2

R. des Thermes - 65130 Capvern-les-Bains - 05 62 39 00 46 - www.capvern-tourisme.com - pour les h se rens.
La station thermale de Capvern-les-Bains bénéficie d'un climat tempéré et sans vent. Les deux sources thermales Hount Caouté et Bouridé, d'où jaillit une eau réputée pour ses vertus exceptionnelles, sont séparées de quelques centaines de mètres l'une de l'autre. Le site offre trois possibilités:
Thermes – *480 r. des Thermes - 05 62 39 00 02 - www.thermesdecapvern.com - lun.-sam.: 6h50-12h45.* Spécialisés dans le traitement des affections uro-néphrologiques, digestives, rhumatologiques et maladies métaboliques.
Minceur vitale – *300 r. des Thermes - 05 62 40 91 16.* Séjour personnalisé, avec atelier de cuisine, restauration diététique, soins et séances d'aquagym.

L'Edenvik – *480 r. des Thermes - ✆ 05 62 39 00 02 - www.thermesdecapvern.com - tlj 14h-20h - accès aux bains 2h : 16 € (4-12 ans 13 €).* Cet institut thermoludique propose des espaces bien-être, diététique, beauté et remise en forme.

Le quartier résidentiel du Laca se développe sur un promontoire en vue des avant-monts des Pyrénées – Baronnies (collines du Haut-Arros), Arbizon, pic du Midi de Bigorre, Montaigu. De la table d'orientation, belle vue sur les Pyrénées et, au premier plan, sur le château de Mauvezin juché sur une butte.

Quittez Capvern au sud par la D 80. À Mauvezin, suivez la direction du château.

Château de Mauvezin C2

✆ 05 62 39 10 27 - www.chateaudemauvezin.com - d'avr. à mi-oct. : 10h-19h ; vac. scol. : 11h-17h30 ; reste de l'année : 13h30-17h30 - 6,50 € (-12 ans 4,50 €) - Spectacles juil.-août : dim. apr.-m., j. fériés, journée du patrimoine - possibilité de visite guidée (1h15).

Le **donjon** carré, qui s'élève à 36 m de hauteur sur un promontoire des Baronnies, faisait partie des défenses du comté de Bigorre. Mais la grande période du château se situe à l'époque de Gaston Fébus, lorsque le vicomte de Béarn s'assura de cette position stratégique (1379), fermant les issues des vallées de Bigorre vers la plaine et surveillant la route de Toulouse à l'Océan (Toulouse-Bayonne). Les six salles ont été aménagées en **Musée historique et folklorique** par les soins de l'Escòla Gaston-Fébus, société des félibres du Béarn et de la Bigorre fondée par le poète Miquèu de Camelat et l'écrivain Simin Palay. Dans la cour intérieure, des machines de guerre médiévales ont été reconstituées. Du chemin de ronde et de la terrasse supérieure du donjon, **panorama★** sur le pays des Baronnies et les sommets des contreforts des Pyrénées : Arbizon, pic du Midi de Bigorre et Montaigu.

En sortant du château de Mauvezin, admirez, au-dessus de la porte, une dalle de marbre, chef-d'œuvre de sculpture héraldique aux armes de Jean de Foix-Béarn (1412-1436), également nommé Jean de Grailly : elle porte les trois pals de Foix et de Bigorre ainsi que les deux vaches « clarinées » du Béarn. L'énigmatique devise « Jay belle dame » serait dédiée à Jeanne d'Arc…

Poursuivez sur la D 938.

Ancienne abbaye de l'Escaladieu C2

✆ 05 62 39 16 97 - www.cg65.fr - avr.-sept. : visites libres : 9h30-12h30, 13h30-18h30, visites guidées : 10h, 11h, 14h, 16h ; reste de l'année : visites libres : 9h30-12h30, 13h30-17h, visites guidées : 10h30, 14h30 - 4 € (-16 ans 2 €) - possibilité de visite guidée.

Signalée par son dôme du 18e s. coiffant un clocher octogonal, l'ancienne abbaye cistercienne de l'Escaladieu fut fondée au 12e s. par les moines de l'abbaye de Morimond (Haute-Marne), elle-même fille de Cîteaux. Elle fait partie de la Route européenne des abbayes cisterciennes. Très endommagée au cours des guerres de Religion, l'abbaye ne conserve plus que son église amputée de son chevet plat, ainsi qu'une partie des bâtiments conventuels : une belle salle capitulaire aux voûtes d'ogives en brique et pierre, reposant sur des colonnes en marbre rouge de Campan, l'armarium, le chauffoir et le parloir. Le dortoir des moines fut transformé au 17e s. en cellules individuelles. Animations estivales *(voir « Nos adresses », p. 265).*

Prenez la D 14.

★★ Gouffre d'Esparros C3

✆ 05 62 39 11 80 - www.gouffre-esparros.fr - visite guidée (1h) juin-sept. : 10h-12h, 14h-18h ; janv. : w.-end 14h-17h ; mai : lun.-vend. 13h30-17h, w.-end et j. fériés 10h-12h, 13h30-17h ; reste de l'année : se rens.

Ce site est exceptionnel par ses salles immenses et par la profusion et la qualité de ses **concrétions d'aragonite** qui rappellent, par leur blancheur et leurs formes, des cristaux de neige. Dans la partie humide, la **salle du Lac** avec ses concrétions est superbe. Ouvert depuis 1997, ce gouffre est strictement protégé et le nombre d'accès quotidiens est limité. Désormais, et dans un souci de préservation, la grotte est totalement équipée d'un éclairage Led.

Espace préhistorique de Labastide C3

05 62 49 14 03 - www.espace-prehistoire-labastide.fr - visite guidée (90mn) juin-sept. : tlj 10h-12h, 14h-18h ; de mi-avr. à fin mai : lun.-vend. 14h-17h, w.-end et j. fériés 10h-12h, 14h-17h - fermé oct.-mi-avr - 6 € (-16 ans 5 €).

Partez à la découverte des chasseurs de l'âge de pierre. Débutez la visite par une véritable démonstration de technique du feu dans un décor préhistorique. Entrez ensuite, dans la **Grotte blanche,** où un film est projeté sur les parois calcaires, qui retrace les rites des chasseurs magdaléniens. Il présente également les découvertes et les richesses archéologiques de la grotte aux Chevaux *(ne se visite pas)*. Les plaques, silex et peintures – dont le remarquable cheval polychrome – que l'on y a retrouvés témoignent de la vie des Magdaléniens. Sur le sentier qui mène à la Perte de Laspugue (le mot « Perte » désignant l'endroit où la rivière disparaît), retrouvez le nom de chaque animal grâce à ses empreintes. Initiez-vous à la chasse à l'aide d'une sagaie et d'un propulseur (pas si simple !). De retour à l'accueil, des ateliers introduisent aux sons « préhistoriques » et à l'art pariétal au pinceau sur les roches calcaires. Tyrolienne et parcours acrobatique jalonnent la visite. Boutique et buvette.

★★★ HAUTE VALLÉE DE L'ADOUR

Circuit de 38 km, de Bagnères-de-Bigorre à Arreau, tracé sur la carte de micro-région (p. 196-197) – comptez environ 1h. Quittez Bagnères au sud par la D 935, le long de l'Adour.

★★ Grottes de Médous B3

05 62 91 78 46 - www.grottes-medous.com - juil.-août : 9h-12h, 14h-18h ; avr.-juin et de sept. à mi-oct. : 9h30-11h30, 14h-17h.

En 1948, trois spéléologues explorant une galerie, proche d'une source vauclusienne alimentant les bassins du parc du château de Médous, découvrirent un « trou souffleur » qui leur révéla l'existence d'une caverne. Intrigués, les trois hommes creusèrent la paroi rocheuse, se faufilèrent dans la « chatière » et débouchèrent dans des galeries aux magnifiques concrétions.

Sur un parcours de 1 km, les grottes présentent maintes stalactites et stalagmites ainsi que de larges coulées de calcite (carbonate de chaux) aux formes capricieuses évoquant des cascades, des grandes orgues ou des draperies (salles du Cervin, des Grandes Orgues, Temple hindou, galerie des Merveilles). La visite comprend un parcours de 250 m en barque sur la rivière souterraine formée par des eaux de l'Adour perdues dans une « goule » sur la rive droite de la rivière à Campan, et ressortant à l'air libre dans le parc du château de Médous.

Reprenez la D 935 sur 1 km, puis traversez l'Adour vers Asté (D 408).

Asté B3

Maison des Ferrère et du baroque pyrénéen – *05 62 91 76 49 - ♿ - de mi-juil. à mi-août : merc.-dim. 14h30-18h30 ; de juin à mi-juil. et de mi-août à sept. : merc. et dim. 15h-18h - 1 € - possibilité de visite guidée 2 €.* Une exposition photographique présente le travail des frères Ferrère (Jean I, Marc, Jean II

et Dominique), dynastie locale de menuisiers sculpteurs (1620-1795). Leurs œuvres, essentiellement des objets liturgiques (retables et tabernacles), sont conservées dans une soixantaine d'églises de la région (Asté, Beaudéan, Campan, Pouzac…).
Poursuivez vers le sud par D 935.

Beaudéan B3

Maison natale de Dominique Larrey – *✆ 05 62 91 68 96 - de mi-juil. à mi-août : tlj sf mar. 14h-18h ; reste de l'année : jeu., vend., sam. 13h-18h - 4 €.*
La visite débute au rez-de-chaussée par une immersion dans le quotidien rural de Larrey (1766-1842), de sa jeunesse pyrénéenne à ses débuts dans la chirurgie marine à Brest. Elle s'anime au 1er étage avec un diaporama présentant, de façon ludique et pédagogique, l'engagement du chirurgien (qui sera plus tard promu baron d'Empire) aux côtés de Napoléon. Sont tour à tour localisées sur une maquette les 25 campagnes et les 60 batailles auxquelles il a participé, soignant toujours les blessés des deux camps avec intelligence, rapidité et dextérité. Précurseur de la chirurgie d'urgence et des expertises médico-légales, inventeur des ambulances volantes (au milieu des combats), Larrey a également œuvré pour la médecine humanitaire. Photos, fac-similés, livres et autres objets ou documents d'époque viennent agrémenter le fonds de ce remarquable petit musée.
Continuez sur la D 935.
Le long de la route, les échappées sur le pic du Midi de Bigorre révèlent un sommet massif, reconnaissable à l'antenne de son émetteur de télévision.

Campan B3

65710 Campan - ✆ 05 62 91 70 36 - www.grand-tourmalet.com - 9h-12h, 14h-18h, dim. se rens.
Les halles (16e s.), la fontaine (18e s.) et l'église (16e s.) de ce village composent un tableau harmonieux. Pour accéder à l'**église**, franchissez la grille d'un porche qui donne accès à l'ancien cimetière (galeries aux colonnes de marbre). À gauche de ce porche, Christ du 14e s. provenant de l'ancienne abbaye de l'Escaladieu *(voir le circuit « Les Baronnies », p. 260)*. À l'intérieur, belles boiseries du 18e s.
Continuez sur la D 935. Au niveau de Sainte-Marie-de-Campan, prenez à gauche la D 918 en direction du col d'Aspin.
Au-delà de **Sainte-Marie-de-Campan**, le parcours de la vallée de l'Adour de Payolle rappelle la vallée de Campan avec une touche montagnarde un peu plus rude. En avant et à droite, les vues restent presque constantes sur l'Arbizon (alt. 2 831 m). Le pic du Midi réapparaît, en arrière et à droite, lors de la traversée du bassin de Payolle.

Espiadet C3

Hameau situé au pied de la célèbre carrière de Campan. Les colonnes du Grand Trianon à Versailles et, en partie, celles de l'Opéra de Paris ont été faites avec le marbre vert, veiné de rouge et de blanc, de cette carrière.
Après Espiadet, la D 918, en montée ininterrompue jusqu'au col d'Aspin, serpente parmi de splendides sapinières et offre des échappées sur le massif de l'Arbizon. Puis la forêt s'éclaircit et l'on passe dans la zone des pâturages.

★★★ Col d'Aspin C3

De décembre à avril, le col peut être fermé à la circulation pendant 12 à 48h (déneigement effectué de façon discontinue).
Alt. 1 489 m. En dépit de son altitude plus faible que celle des trois autres grands cols (Aubisque, Tourmalet, Peyresourde) franchis par la route des

Pyrénées, entre Eaux-Bonnes et Bagnères-de-Luchon, le col d'Aspin offre un **panorama** des plus étendus. La disposition des massifs, le contraste entre les cimes neigeuses et les forêts bleutées produisent une profonde émotion. La descente commence aussitôt, très régulière mais rapide : en 12,5 km, la route passe d'une altitude de 1 489 m à 704 m.

La vue plonge, à droite, sur le vallon où se blottit le village d'Aspin. À droite aussi, le massif de l'Arbizon se dégage. Les nombreux lacets de la route permettent de voir le bassin d'Arreau *(voir p. 266)*.

NOS ADRESSES À BAGNÈRES-DE-BIGORRE

HÉBERGEMENT

PREMIER PRIX

Chambre d'hôte

Maison Burret – *67 Cap-de-la-Vielle - 65200 Montgaillard - ✆ 05 62 91 54 29 - www.maisonburret.com - fermé nov.-avr. - P - ⊭ - 3 ch. 45/60 € ☕ - repas 20 €.* Cette belle ferme de 1791 (classée Patrimoine rural) a conservé son caractère d'origine, des chambres au mobilier ancien à la salle à manger avec sa grande cheminée, en passant par l'escalier sculpté, le pigeonnier, les écuries… La maison héberge également un petit musée paysan. Accueil chaleureux et bon rapport-qualité prix.

POUR SE FAIRE PLAISIR

Chambre d'hôte

Les Petites Vosges – *17 bd Carnot - ✆ 05 62 91 55 30 - www.lespetitesvosges.com - fermé 12-30 nov. - 4 ch. 85/100 € ☕.* Le mélange d'ancien et de contemporain redonne à cette maison une vitalité empreinte d'originalité. Chambres douillettes et salon de thé raffiné. La propriétaire saura vous conseiller de belles randonnées dans les environs.

Hôtel Catala – *12 r. Larrey - 65710 Beaudéan - ✆ 05 62 91 75 20 - www.le-catala.com - fermé 1er-8 Mai, 1er-8 nov., vac. de Noël et dim. sf vac. scol. - P - 24 ch. 53/75 € - ☕ 8 €.* La façade discrète de cet hôtel bigourdan dissimule un intérieur original : le décor des chambres s'accorde avec les fresques peintes sur les portes (sport, histoire, etc.).

Hostellerie d'Asté – *rte des Cols (D 935) - ✆ 05 62 91 74 27 - www.hotel-aste.com - fermé 11 Nov.-15 déc. - P - 21 ch. 58/69 € - ☕ 8 € - rest. 13/32 €.* Imposante construction entre la route et l'Adour. Petites chambres simples ; sur l'arrière, elles sont bercées par le murmure de la rivière. Restaurant lumineux et terrasse dressée dans le jardin, au bord de l'eau. Cuisine traditionnelle orientée produits de la mer.

RESTAURATION

BUDGET MOYEN

L'Auberge Gourmande – *1 bd Lyperon - ✆ 05 62 95 52 01 - fermé 15-30 nov., mar. sf juil.-août et lun. -* **P** *- 19/60 €.* Cette jolie maison de pays abrite une salle élégante où vous appréciez la cuisine du chef qui revisite, sans esbroufe mais avec maîtrise, les terroirs du Sud.

ACHATS

Les Halles – *R. des Thermes - ✆ 05 62 91 02 58 - mar.-vend. 7h-13h, 16h-19h, sam. 8h-13h, dim. et j. fériés 7h-13h ; marché de producteurs et artisans sam. mat.* Marché couvert de style Baltard, ce lieu dédié aux saveurs du terroir, connu pour la qualité et la fraîcheur de ses produits, regroupe une vingtaine de commerçants. L'ambiance est fort sympathique.

ACTIVITÉS

Ski – *✆ 05 62 91 94 15 -* *voir Barèges p. 238* *ou renseignements auprès de l'office du tourisme de La Mongie.* Le domaine du Tourmalet-Barèges-La Mongie n'est qu'à une trentaine de km au sud.

Randonnée pédestre – Vous trouverez à l'Office du tourisme de Bagnères-de-Bigorre un guide répertoriant 40 possibilités de randonnées dans la région.

Golf Country Club de la Bigorre – *À 1 km de Bagnères-de-Bigorre - ✆ 05 62 91 06 20.* 18 trous, 5 920 m de parcours et vue panoramique.

Pêche Sportive Pyrénées – *65710 Campan - ✆ 05 62 91 83 38 - www.psp65.com.* Stages d'initiation à la pêche à la truite en rivière et lac de montagne, toutes techniques, dans les Pyrénées françaises et espagnoles, séjours et w.-ends.

AGENDA

Abbaye de l'Escaladieu – *✆ 05 62 39 16 97 - www.abbaye-escaladieu.com.* Concerts, expositions, théâtre en été.

Un jour au château – *Chaque dim. de juil. et d'août - ✆ 05 62 39 10 27 -www.chateaudemauvezin.com.* Au château de Mauvezin, l'Escòla Gaston-Fébus organise des manifestations autour des traditions médiévales de Bigorre et d'autres lieux : chants et musiques traditionnels suivis d'un spectacle médiéval (1h).

Fête des mariolles – *À Campan, le 2ᵉ w.-end. de juil. - ✆ 05 62 91 70 36.* Diverses animations, danses, groupes folkloriques et exposition de « mounaques », ces grandes poupées de chiffon habillées en costume traditionnel. Fête en l'honneur de Dominique Gaye Mariolle, soldat de Napoléon natif de la vallée.

Festival Piano Pic – *2ᵉ quinz. de juil. - www.piano-pic.com.* Concerts dans des sites de renom.

À voix haute – *Mi-août - ✆ 05 62 95 50 71 - http://a.voix.haute.free.fr.* À Bagnères-de-Bigorre, la voix sous toutes ses formes.

3

Arreau

797 Aurois – Hautes-Pyrénées (65)

NOS ADRESSES PAGE 272

S'INFORMER

Office de tourisme – *Château des Nestes - 65240 Arreau - 05 62 98 63 15 - www.vallee-aure.com - juil.-août: 9h30-13h, 15h-19h; reste de l'année: 9h30-12h, 14h-18h - fermé dim. et j. fériés.*

SE REPÉRER

Carte de microrégion C3 (p. 196-197) – *carte Michelin Départements 342 O5.* La ville se trouve à 61 km au sud-est de Tarbes.

À NE PAS MANQUER

La maison des Lys; les églises peintes de la vallée du Louron.

ORGANISER SON TEMPS

Sur deux jours, commencez par une promenade dans la ville, puis partez explorer la vallée d'Aure. Le lendemain, parcourez la vallée du Louron avec ses villages, ses églises et son lac, lieu propice aux pique-niques.

AVEC LES ENFANTS

Les Aigles d'Aure; les musées de la Vallée d'Aure et de la Cidrerie à Ancizan; le lac de Génos-Loudenvielle pour les sports nautiques, Balnéa.

Joli bourg aux toits d'ardoise, au confluent des rivières des Nestes, d'Aure et du Louron, sur le seuil séparant les cols de Peyresourde et d'Aspin, Arreau est l'ancienne capitale du pays des Quatre-Vallées. Avec ses deux églises, ses halles, ses agréables berges, ses maisons à encorbellement, ses châteaux et son marché, la petite ville possède un charme tout pyrénéen. Un bon point de départ pour découvrir les vallées d'Aure et du Louron, qui portent désormais le label « Pays d'art et d'histoire ».

Se promener

Un circuit fléché depuis l'office de tourisme permet de découvrir les principaux monuments de la ville, pancartes à l'appui.

Place de la mairie

On y remarque la **maison des Lys★**, demeure du 16ᵉ s. qui élève ses colombages en encorbellement sur un rez-de-chaussée de pierre aux encadrements et aux linteaux sculptés. Les lys qui décorent sa façade commémorent l'allégeance prêtée par les Quatre-Vallées à la couronne de France en 1475.

Bâties à l'orée des années 1930, sur un ancien édifice du 16ᵉ s., les **halles** avec leurs couverts (refaits en ciment) en anse de panier sont surmontées d'un clocheton abritant une horloge à trois faces. Les bureaux de la mairie occupent le 1ᵉʳ étage, et le rez-de-chaussée accueille chaque jeudi un marché.

Chapelle Saint-Exupère

Sur la rive droite, la chapelle, qui possède un portail roman à colonnettes en marbre des Pyrénées et à chapiteaux historiés, est vouée à l'enfant du pays, saint Exupère, évêque de Toulouse, qui fit édifier la basilique Saint-Sernin. Né à Arreau au 4ᵉ s., ce dernier, déçu par la conduite de ses ouailles, avait

Le village d'Arreau et ses toits d'ardoise.
G. Labriet / Photononstop

regagné sa ville natale quand les Toulousains, effrayés par l'approche des Vandales, le supplièrent de revenir. Exupère y posa une condition : voir fleurir son bâton, ce qui se produisit séance tenante. Sur le chapiteau gauche du portail, on distingue (avec peine) le saint et son bâton fleuri. La chapelle est surmontée d'un clocher octogonal du 16ᵉ s.

Château des Nestes

En aval, près du confluent des Nestes, cette vaste demeure ancienne abrite l'office de tourisme. Son architecture militaire s'explique par son passé ; le château se devait, au Moyen Âge, de protéger la chapelle Saint-Exupère. Un clocheton en bois s'ajouta au-dessus de sa tour centrale au 19ᵉ s., avant de servir d'observatoire astronomique familial. Au bord de la Neste, une scierie hydraulique du 19ᵉ s.

Château de Ségure

Au cœur du bourg, au-dessus du Neste du Louron, cette habitation est dominée par une tour carrée du 16ᵉ s.

Église Notre-Dame

L'église paroissiale, de style roman, est surmontée d'un clocher en forme de tour carrée. Elle doit sa décoration intérieure à un enfant du pays, Pierre Menvielle, doreur et sculpteur de Bagnères-de-Bigorre. À voir : le retable représentant l'Assomption et, dans la nef latérale gauche, la pietà à quatre personnages du 16ᵉ s.

LE PAYS DES QUATRE-VALLÉES

Il regroupa, dès le 14ᵉ s., les vallées d'Aure, de Magnoac, de Neste et de Barousse. En 1398, il échut à la maison d'Armagnac, puis fut rattaché, en 1475, à la couronne de France. Il fallut attendre la Révolution française pour qu'il forme avec la Bigorre le département des Hautes-Pyrénées.

Les Aigles d'Aure

05 62 40 10 35 - www.aigles-daure.com - de mi-avr. à mi-sept. : ouverture à 14h30, spectacle à 15h30 (mi-juil.-25 août : spectacles à 15h30 et 17h30) - 9 € (-12 ans 5 €).

Chaussez vos baskets pour gravir les marches menant à la volerie. Sur cette lande haut perchée (758 m d'altitude) plantée de genêts, distribuée sur les deux versants d'une crête rocheuse, vous pourrez assister à un spectacle commenté de vols de rapaces (faucons, vautours, aigles, etc.). Vous observerez ces différents oiseaux, enchaînés le long d'un chemin en attendant de battre des ailes. Ils s'amusent alors à vous frôler la tête !

À proximité Carte de microrégion p. 196-197

Sarrancolin C3

7 km au nord d'Arreau par la D 929.

Célèbre pour son marbre et pour sa filature artisanale de laine *(voir « Nos adresses », p. 272)*, le petit village conserve quelques maisons des 16e et 17e s. En bordure de la route principale se dresse l'**église Saint-Ébons**. Ce remarquable sanctuaire roman du 12e s. présente un plan en forme de croix grecque (unique dans la région) et un clocher formé par une tour carrée surmontée d'une flèche en ardoise et cantonnée de clochetons.

À l'intérieur, grille en fer forgé du 15e s., statues en bois doré et surtout châsse de saint Ébons (13e s.), coffret recouvert de cuivre doré et émaillé.

Circuits conseillés Carte de microrégion p. 196-197

★ VALLÉE D'AURE

Circuit de 16 km d'Arreau à Saint-Lary-Soulan, tracé sur la carte de microrégion (p. 196-197) – comptez 20mn.

9 pl. de la Fontaine - 65170 Vielle-Aure - 05 62 39 50 00 - www.vielleaure.com - juil.-août : 9h-12h, 14h30-18h30 ; vac. de fév., de Noël : 9h-12h, 14h-18h, dim. 9h-12h ; reste de l'année : tlj sf dim. 9h-12h, 14h-18h - fermé j. fériés sf 14 Juil. et 15 août.

Cette région formait autrefois la vicomté d'Aure, sous la suzeraineté des rois d'Aragon. Elle fut réunie, au 14e s., aux vallées de Magnoac, de Neste et de Barousse, pour former ainsi le **pays des Quatre-Vallées** *(voir p. 267)*.

Quittez Arreau au sud par la D 929. Elle remonte la vallée de la Neste d'Aure, large et harmonieusement dessinée.

Ancizan C3

Un ensemble de maisons du 16e s. rappelle la prospérité passée du bourg. Sous l'Ancien Régime, ce secteur de la vallée faisait vivre un millier de tisserands

LES CAGOTS

Contraction de *gaasgothes* (« chiens de Goths », en béarnais), le mot **cagot** s'employait dans les Pyrénées pour désigner les ouvriers du bois. Si leur habileté manuelle les rendait indispensables à la société, ils furent toujours considérés comme des lépreux (à cause de nombreuses mutilations et troubles cutanés) et exclus. Un morceau d'étoffe rouge en forme de patte d'oie, sur leur habit, permettait de les identifier.

RÉSERVE RÉGIONALE D'AULON

De superbes paysages, une faune et une flore d'une grande richesse, typiques du domaine pyrénéen, font de la réserve d'Aulon et de ses 1 237 ha un espace préservé à la biodiversité remarquable. Située dans la vallée d'Aure, entre Saint-Lary et Arreau, la réserve volontaire d'Aulon, devenue réserve régionale en 2011, propose balades et animations pour les amoureux de la nature. *www.mr-aulon.com.*

qui travaillaient les cadis (tissus grossiers en laine non teinte). C'est aussi le pays de la pomme, à cidre ou à couteau, fêtée chaque année en automne. Sa culture a été relancée dans les années 1970.

Musée de la Vallée d'Aure – *05 62 39 97 75 - www.vallees-aure-louron.fr - 6,50 € (-15 ans 5 €) - billet combiné avec musée de la Cidrerie d'Ancizan.*

Ce musée nous plonge dans la vie des habitants de la vallée au siècle dernier. Du lavoir de Guchan et ses lavandières au contrebandier ou au pèle-porc, vous découvrirez le passé de cette région.

Musée de la Cidrerie d'Ancizan – *05 62 39 97 61 - www.cidreriedancizan.com - tlj sf lun. 14h-18h30 - nov - 7 € (-15 ans 5,50 €) - billet combiné avec musée de la Vallée d'Aure.*

Convivial et coloré, ce musée, aménagé dans un ancien corps de ferme du 19e s., s'organise autour d'un restaurant. Panneaux, affiches et objets anciens, écrans de télévision, maquettes et jeux pour les enfants évoquent l'histoire et la culture du pommier, les variétés, les contes et légendes articulés autour du fruit, les différentes étapes de la fabrication du produit fini (jus, liqueur, cidre, etc.). Une dégustation au tonneau clôt agréablement la visite.

À la sortie d'Ancizan, le fond de la vallée est occupé par des buttes morainiques dénommées *pouys* dans la région. La route franchit la Neste d'Aure avant Guchan. Très beau point de vue sur un horizon montagneux d'où se détache, au sud, la pyramide aiguë du pic de Lustou.

Le dernier dimanche d'octobre a lieu la fête de la pomme (*05 62 39 97 61*).

Reprenez la D 929 vers le sud. Après 5 km, tournez à droite vers Vielle-Aure.

3

Mines de Vielle-Aure C4

05 62 39 46 19 - visite guidée (95mn) juil.-août : 10h-11h, 14h-18h ; reste de l'année : sur réserv - 7,50 € (-12 ans 5 €).

Dans une ancienne mine de manganèse entièrement réhabilitée par un particulier, un parcours en son et lumière, agrémenté de mannequins, met en scène l'exploitation de ce filon et la vie des mineurs. Un petit musée regroupe quelques outils et documents d'époque.

Saint-Lary-Soulan *(voir p. 274)* C4

★ VALLÉE DU LOURON

Circuit de 46 km, tracé sur la carte de microrégion (p. 196-197) – comptez environ 1h. Quittez Arreau à l'est par la D 112.

Chemin de Cazalis - 65510 Loudenvielle - 05 62 99 92 00 - www.vallee-du-louron.com - juil.-août : 9h-12h30, 15h30-19h ; reste de l'année : tlj sf dim. et j. fériés 9h-12h, 15h-18h.

Jézeau C3

Église – Elle renferme un beau **retable** Renaissance en bois sculpté doré et peint. La voûte en bois de la nef unique est couverte de peintures représentant le Jugement dernier, thème majeur de l'iconographie chrétienne.

Revenez à Arreau et prenez la D 618 au sud-est. À la fourche avant Avajan, prenez à droite la D 25.
La route remonte la vallée de la Neste de Louron, d'abord resserrée entre des versants boisés puis épanouie, au sud d'Avajan, en un bassin aux nombreux villages, mais aux fonds humides à peu près abandonnés. Fermé au sud, ce bassin est dominé à gauche par le groupe du pic d'Hourgade (alt. 2 964 m), d'où se détachent de fines arêtes encadrant des combes neigeuses.

Vielle-Louron C4

L'église Saint-Mercurial est une des plus belles églises peintes de la vallée du Louron. On peut voir, sur sa voûte en bois, le Christ entouré des quatre évangélistes ainsi que l'arbre de Jessé (père du roi David, Jessé est l'ascendant direct du Christ, selon Isaïe repris par Luc et Matthieu). Les **peintures** de la sacristie (16e s.) sont aussi admirables que terrifiantes : des démons aux expressions sardoniques font subir mille tourments aux damnés… cuits dans une marmite ou dévorés par un monstre !
Poursuivez sur la D 25.

Génos C4

1/4h à pied AR. Au sommet d'une montée, juste avant le panneau d'entrée, gagnez l'église par la rampe, à gauche. Poursuivez, à pied, en contournant le cimetière par la gauche, jusqu'à la ruine du château (14e s.) qui domine un plan d'eau aménagé pour les distractions nautiques *(tour du lac 1h)*. **Vue** sur le fond montagneux de la vallée.
Continuez jusqu'à Loudenvielle, à l'autre extrémité du plan d'eau.

Loudenvielle C4

L'Arixo – *05 62 99 68 02 - pour les tarifs et horaires se rens.* L'espace muséographique permet de découvrir et de mieux connaître la vallée du Louron, sa vie, son habitat et son art religieux. Film, théâtre italien, maquette interactive sur les églises peintes…
Moulin de Saoussas – *05 62 99 90 50 - www.moulindesaoussas.com - visite guidée sur demande préalable tte l'année sur rdv - 4 € (-18 ans 2 €).* Dans ce moulin, vous verrez des meules en fonctionnement et des outils traditionnels des 18e-19e s.
Suivez la vallée du Louron par la D 725, sinueuse, jusqu'au Pont du Prat.

ÉGLISES PEINTES DE LA VALLÉE DU LOURON

Plusieurs églises romanes de la vallée du Louron portent, sur leur voûte de bois, d'étonnantes peintures réalisées au 16e s. par des artistes français ou espagnols. Thème récurrent, celui du Jugement dernier que l'on trouve à Vielle-Louron, Mont et Jézeau. La représentation, parfois naïve, du diable et des créatures monstrueuses y est particulièrement évocatrice. L'enfer tient une place prépondérante dans les préoccupations de l'époque ! Il faut dire que le catholicisme, sous l'influence du concile de Trente (qui répondait au développement de la Réforme) et à la veille des guerres de Religion, se chargeait, aussi, de cultiver ce mythe…
Les églises de Vielle-Louron, Estarvielle et Mont ne sont pas toujours ouvertes. Pour les découvrir, contactez les offices de tourisme ci-dessous.
Rens. : Bordères-Louron (05 62 99 92 00), Loudenvielle (05 62 99 95 35), Mémoires des vallées (05 62 99 97 70).

Les peintures sur bois de l'église de Jézeau illustrent le Jugement dernier.
N. Thibaut / Photononstop

4h AR. Au niveau du **Pont du Prat** (usine hydroélectrique et téléphérique construit par les Allemands en réparation des dommages causés pendant la Seconde Guerre mondiale) s'amorcent les hauts sentiers de la vallée du Louron. En suivant les flèches jaunes jusqu'au refuge de La Soula, par les gorges de Clarabide, vous découvrirez la géologie, la faune, la flore, l'histoire de la région grâce aux panneaux de bois qui parsèment l'itinéraire.

Revenez à Loudenvielle et poursuivre sur la D 25, mais sur la rive est du lac de Génos, pour rejoindre Estarvielle par Armenteule. Dans l'**église d'Estarvielle**, des peintures évoquent le partage de la tunique de Jésus.

Prenez la D 618 à droite, puis la D 130 à gauche vers Mont.

Mont C4

L'église romane possède un clocher carré percé de fenêtres à colonnettes. Au-dessus du porche, la façade est peinte à fresque. On peut également voir à l'intérieur d'admirables **peintures** datant de 1574. Elles sont attribuées à Melchior Rodigis : *Passion du Christ, Prophète Isaïe annonçant la venue du Sauveur, Les Évangélistes.*

Reprenez la D 618 vers la gauche. Peu avant le col de Peyresourde, la D 117 permet d'atteindre la station de Peyragudes.

Peyragudes C4

Ce centre de ski *(voir ci-dessous)*, développé de part et d'autre de la crête qui sépare le département des Hautes-Pyrénées de la Haute-Garonne, résulte de la fusion des deux stations de Peyresourde et des Agudes. Élevez-vous un peu sur la croupe dominant l'altiport pour apprécier le **panorama**★ : on découvre pour la dernière fois, en venant de l'ouest, le massif de Néouvielle finement dentelé et ponctué de neige. La descente du col sur le versant de Luchon révèle une nature riante. On atteint le **col de Peyresourde** (alt. 1 569 m) par une combe, dont le versant opposé est bruni par la sapinière de Balestas.

Domaine skiable de Peyragudes – *✆ 05 62 99 69 99 - www.peyragudes.com - Alt. 1 600-2 400 m - 17 remontées mécaniques.* Parmi les 49 pistes de tous niveaux, celle de la vallée Blanche, encaissée dans un vaste cirque, se distingue par sa longueur impressionnante. 200 canons à neige garantissent l'enneigement du bas du domaine. Le forfait est valable dans les autres stations de Haute-Garonne. 15 km de pistes de ski de fond sont balisés en 4 boucles. En janvier, compétition de surf des neiges, la Peyragudes Rider's Cup…

NOS ADRESSES À ARREAU

HÉBERGEMENT

BUDGET MOYEN

Chambre d'hôte Domaine Véga – *65250 St-Arroman - ✆ 05 62 98 96 77 - www.domaine-vega.fr - fermé oct.-mai - P - ⊭ - 5 ch. 75 € ☕ - repas 28 € bc.* Beau manoir du 16e s. au milieu d'un parc planté de cèdres, thuyas géants, tilleuls. Les chambres confortables donnent sur la piscine et la campagne. Agréable petite cuisine de jardin à disposition.

POUR SE FAIRE PLAISIR

Hôtel d'Angleterre – *18 rte de Luchon - ✆ 05 62 98 63 30 - www.hotel-angleterre-arreau.com - ouv. de mi-mai à mi-oct., w.-end et vac. scol. du 26 déc. au 28 fév. et fermé lun. en mai-juin et sept. - P - 🏊 - 18 ch. 90/170 € - ☕ 8/11 € - rest. 24/35 €, fermé le midi.* Cet ancien relais de poste s'est transformé au fil des ans en hôtel de caractère. Un bel escalier dessert les chambres coquettes. Cuisine traditionnelle et cadre campagnard revu au restaurant.

RESTAURATION

BUDGET MOYEN

Les Cimes – *Rte du Col-de-Peyresourde - 65240 Estarvielle - ✆ 05 62 99 67 21 - www.hotel-les-cimes.net - fermé de mi-sept. à mi-déc. - formule déj. 15 € - 19/30 € - 8 ch. 43/60 € ☕.* La garbure, la vraie, est la spécialité de ce petit restaurant offrant une vue panoramique sur la vallée. D'autres généreuses recettes du terroir (cou de canard farci, truite de montagne poêlée au beurre…) figurent à la carte.

ACHATS

Filature artisanale de laine – *9 rte d'Espagne - 65410 Sarrancolin - ✆ 05 62 98 77 21 - www.lafilaturelaine.com - lun-ven : 15h-19h.* Cette ancienne filature artisanale, la dernière des Pyrénées, a été transformée en musée. Vous pourrez y acheter sur place des édredons, des écheveaux de laine à tricoter et des vêtements. Vente sur place ou par correspondance.

ACTIVITÉS

Ski

Six grandes stations de ski entourent Arreau.

Pour le ski alpin, rendez-vous à Saint-Lary-Soulan et Piau-Engaly en vallée d'Aure, Peyragudes *(voir p. 271)* et Val Louron dans la vallée du Louron. Au nord, Nistos Cap Neste et Payolle déploient 90 km de pistes de ski de fond.

Thermalisme

Balnéa – *11 km au sud d'Arreau par la D 112 et D 618 - 65510 Génos -*

☎ 0 891 701 919 - www.balnea.fr - fermé nov. - 15 € (-14 ans 10 €). Ce centre thermoludique se compose d'espaces entièrement dédiés à votre bien-être : une partie détente et relaxation, des thermes romains, un espace tibétain avec des soins personnalisés, un espace amérindien et un espace japonais. Restaurant à l'étage.

AGENDA

Fête du gâteau à la broche – *3e dimanche de juil.* Organisée à Arreau par la confrérie du gâteau à la broche. Fabrication et dégustation de gâteaux de différentes tailles.

Saint-Lary-Soulan

885 Saint-Laryens – Hautes-Pyrénées (65)

NOS ADRESSES PAGE 276

S'INFORMER

Office de tourisme – *37 r. Vincent-Mir - 65170 St-Lary-Soulan - 05 62 39 50 81 - www.saintlary.com - juil.-août et de déb. janv. à déb. avr.: 9h-19h; reste de l'année: 9h-12h, 14h-19h, dim. 10h-12h, 14h-19h, j. fériés 9h-12h, 14h-18h.*

Maison du Parc national des Pyrénées – *Pl. de la Mairie - 65170 St-Lary-Soulan - 05 62 39 40 91 - www.parc-pyrenees.com - pour les h se rens. car restructuration de la maison.*

SE REPÉRER

Carte de microrégion C4 (p. 196-197) – *carte Michelin Départements 342 N6.*
St-Lary est situé au débouché de la vallée d'Aure sur l'artère transpyrénéenne ouverte en 1976 en direction de Lérida (Espagne) par la percée du tunnel de Bielsa.

ORGANISER SON TEMPS

En période estivale, prévoyez de rayonner dans les alentours, dans la vallée d'Aure ou autour des lacs dans le massif de Néouvielle.

AVEC LES ENFANTS

La Maison de l'ours. St-Lary est labélisée Famille Plus *(voir p. 22).*

Au cœur de la vallée d'Aure, Saint-Lary-Soulan attire chaque année les amateurs de glisse en hiver. C'est aussi, en été, la principale porte d'accès à la réserve de Néouvielle et à de sublimes randonnées à travers la montagne. Malgré son flot de touristes, la ville a conservé son charme pyrénéen avec ses toits en ardoise, ses façades de pierre et ses colombages.

Se promener

C'est dans la rue Vincent-Mir, entre l'office de tourisme et la mairie, que vous pourrez observer les plus beaux exemples de restauration de maisons de pierre. La Maison du Parc national *(voir ci-dessus)* est installée dans la tour Hachan, du 16e s.

DOMAINE SKIABLE

Point info St-Lary 1700 – *Pla d'Adet - 05 62 98 45 93 - juil.-août: lun. 8h45-12h30, 14h-17h30, mar.-vend. 8h45-12h30, sam. 14h-18h15; déc.-avr.: tlj 8h30-17h30 (hors vac. scol. 8h30-12h30, 13h30-17h30).*

Forfaits ski – *05 62 39 53 66 - www.altiservice.com - Pour les tarifs et horaires se rens.*

Alt. 1 700-2 515 m, 31 remontées mécaniques. Station leader des Pyrénées inaugurée en 1957, Saint-Lary déploie un vaste domaine skiable sur 700 ha et 55 pistes. Reliés à la vallée par un seul téléphérique (le pic Lumière) et une route de montagne, les trois domaines du Pla d'Adet, d'Espiaube et du Vallon du Portet occupent les ressauts ouest de la vallée d'Aure.

Saint-Lary-Soulan.
A. Felix / hemis.fr

Les 100 km de pistes qui s'étendent dans de grands espaces ensoleillés conviennent à toutes les catégories de skieurs. Si le cœur du Pla d'Adet s'adresse plutôt aux débutants ou aux familles, les sportifs privilégieront le secteur d'Espiaube, dont deux pistes, dans la combe du Lita, bénéficient d'un enneigement exceptionnel. Les amateurs de « nouvelles » glisses, de bosses et de surf se donneront rendez-vous du côté du vallon de Portet, au Snowpark Quicksilver. Quant à ceux qui privilégient les panoramas grandioses ouvrant sur les profondes vallées et les pics déchiquetés, ils s'orienteront sur les pistes du Soum de Matte, de la Corniche et du Balcon, trait d'union entre Espiaube et Pla d'Adet. Équipement récent, le téléski du Glacier achemine les skieurs sur de nouvelles pistes situées à 2 515 m. Les fondeurs, enfin, disposent de 10 km de pistes en 3 boucles, au sein du domaine d'Espiaube.

HÉROÏNE PYRÉNÉENNE

Skieurs dans l'âme, les Saint-Laryens n'ont pas oublié **Isabelle Mir**, qui fut championne du monde de descente en 1968. Ni son père d'ailleurs… **Vincent Mir**, maire du village pendant près de cinquante ans, qui a fait de la station l'une des plus importantes des Pyrénées.

3

ACTIVITÉS D'ÉTÉ

Outre les nombreuses possibilités de randonnées au cœur du massif du Néouvielle *(voir p. 250)* tout proche et la montée au pic Lumière en téléphérique, la station offre également les plaisirs de l'eau au **centre thermoludique Sensoria** et ceux, plus sportifs, du parapente, de l'escalade, de la trottinette de montagne, de l'équitation, des sports d'eau vive…

Sensoria – *Jardin des Thermes - ✆ 05 62 40 71 71 - www.saintlarysoulan.com - 14h-20h ou 9h30-21h selon les périodes*. Ce centre thermoludique s'articule autour de 2 secteurs. L'espace détente trouve sa place dans un décor inspiré des canyons aragonais : bains de vapeur, d'eau chaude ou froide, il y en a pour tous les goûts. L'espace soins propose quant à lui une gamme complète de thérapies naturelles.

Maison de l'ours

05 62 39 50 83 - www.saintlary.com - - juil.-août: 9h-12h30, 14h-18h30; reste de l'année: tlj sf lun. 9h30-12h30, 14h-17h30 - fermé nov. - 6,50 € (-12 ans 4,50 €).

Cet espace entièrement conçu pour les enfants, où vivent également deux ours dans un petit parc, est illustré de photos, de coupures de presse, de panneaux nourris d'anecdotes (telle la naissance du *teddy bear*) et agrémenté de commentaires en bande sonore, de jeux, d'un petit coin lecture et d'un film court. Outre le mode de vie et l'habitat de cette espèce dont la population a chuté, en un siècle, de 90 % dans les Pyrénées, sont présentées l'ichnologie (identification des traces), la taxidermie (naturalisation) et l'ostéologie (reconstitution du squelette).

NOS ADRESSES À SAINT-LARY-SOULAN

HÉBERGEMENT

BUDGET MOYEN

Chambre d'hôte La Couette de Biéou – *65170 Camparan - 05 62 39 41 10 - - - 3 ch. dont 1 duplex 55 €.* Cette ferme en pierre de pays, aux balcons fleuris, offre un panorama exceptionnel sur la vallée et les Pyrénées. Les chambres, où domine le bois, sont coquettes; l'une d'entre elles a vue sur St-Lary-Soulan. Et si vous avez de la chance: la cuisson du gâteau à la broche vaut le coup d'œil.

Hôtel Aurélia – *Chemin de St-Lary - 65170 Vielle-Aure - 05 62 39 56 90 - www.hotel-aurelia.com - fermé 27 sept.-14 déc. - - 20 ch. 54/63 € - 7,60 € - 1/2 P 53/60 €/pers.* Près des thermes, hôtel familial prisé pour ses activités de loisirs, sa piscine et son fitness. Chambres confortables, mansardées au 3e étage. Deux duplex. Au restaurant, cuisine régionale (réservée aux résidents) élaborée par le jeune fils de la maison.

Hôtel Pons « Le Dahu » – *4 r. Coudères - 05 62 39 43 66 - www.hotelpons.com - fermé 20 avr.-3 mai - - 39 ch. 59/90 € - 8 €. - rest. 15/25 €.* Constructions des années 1970 situées dans un quartier résidentiel proche du téléphérique et du centre. Les plus grandes chambres, toutes dotées d'un balcon, sont à l'annexe. Repas traditionnel servi dans une atmosphère de pension de famille.

Hôtel La Pergola – *25 r. Vincent-Mir - 05 62 39 40 46 - www.hotellapergola.fr - - - 22 ch. 66/142 € - 11 € - rest. formule déj. 11,5/15 € - 20/50 €.* Paisible maison dans un jardin. Grandes chambres personnalisées avec raffinement; sept sont dotées d'une terrasse ou d'un balcon tournés vers les cimes. Accueil aux petits soins. Carte au goût du jour et menu du terroir à l'Enclos des Saveurs.

POUR SE FAIRE PLAISIR

Chambre d'hôte La Ferme de Soulan – *À Soulan - 05 62 98 43 21 - www.fermedesoulan.fr - fermé nov. - - 4 ch. 98 € - repas 26 € (plateau 16 €).* Vrai charme montagnard dans cette ancienne ferme située au cœur d'un village d'altitude. Les bâtiments, agencés autour d'une cour pavée, abritent au rez-de-chaussée un espace sauna et hammam, ainsi que deux confortables chambres aux poutres apparentes, tout comme celles situées à l'étage. Accueil chaleureux.

RESTAURATION

BUDGET MOYEN

Le Kayolar – *Rte d'Agos - 65170 Vielle-Aure - face à la base de loisirs d'Agos, à 1,5 km de Vielle-Aure, en dir. d'Arreau - ✆ 05 62 39 64 32 - formule déj. 13 € - 19/25 €.* À deux pas de St-Lary, ce restaurant un peu perdu dans la vallée mérite le détour. Accueil souriant, terrasse avec vue sur les Pyrénées, salle à manger sobre et chic et cuisine aux couleurs régionales, qu'on appréciera aussi bien dans le menu proposé à midi que dans les formules plus gastronomiques, qui restent à des prix raisonnables.

Le Pic Assiette – *Quartier Pradet - 65170 Guchan - ✆ 05 62 39 96 24 - www.picassiette.net - fermé 2 sem. en nov., 2 sem. vac. de printemps, lun. hors sais. -* P *- formule déj. 13 € - 21/38 €.* Les familles apprécient ce restaurant situé face à une aire de jeux pour adolescents (Accrobranche) et doté d'un minigolf pour les plus petits. L'hiver, vous vous sustenterez au coin du feu, l'été sur la terrasse au pied des Pyrénées. Cuisine régionale copieuse et service efficace.

La Grange – *13 rte d'Autun - ✆ 05 62 40 07 14 - www.restaurant-la-grange.fr - fermé 2 sem. fin avr.-déb. mai, 2 sem. fin juin, en nov., mar. et merc. sf le soir en sais. - formule déj. 13/16 € - 23/45 €.* Cette ancienne grange s'est transformée en un confortable et coquet restaurant au chaleureux décor de bois. En hiver, belles flambées dans la cheminée. Menus régionaux.

ACTIVITÉS

Office des sports de montagne – *9 rte de Soulan - ✆ 05 62 39 42 92 - www.office-sports-montagne.com - 8h30-12h30 ; 15h-19h30 - fermé de mi-sept. à mi-nov.*
Cette agence regroupe la quasi-totalité des activités proposées dans la région : ski, surf, scooter des neiges, raquettes en hiver ; canyoning, randonnée, parapente, rafting, arapaho (trottinette de montagne), hydrospeed et escalade en été, etc.

+ d'adresses

Le Volvestre et le pays de Comminges 4

Cartes Michelin Départements 342, 343 – Haute-Garonne (31) et Hautes-Pyrénées (65)

Bagnères-de-Luchon, Superbagnères et le pic de Céciré.

J.-P. Azam / hemis.fr

LE VOLVESTRE ET LE PAYS DE COMMINGES

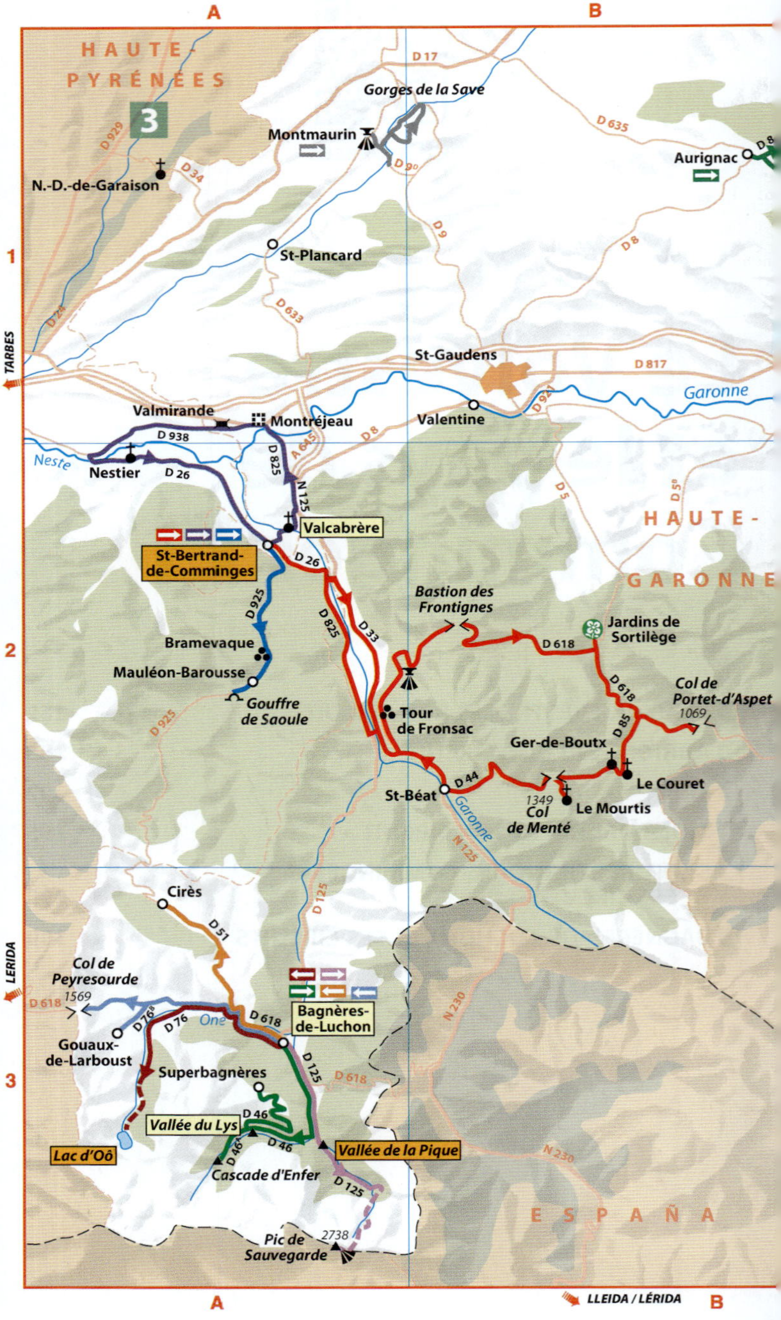

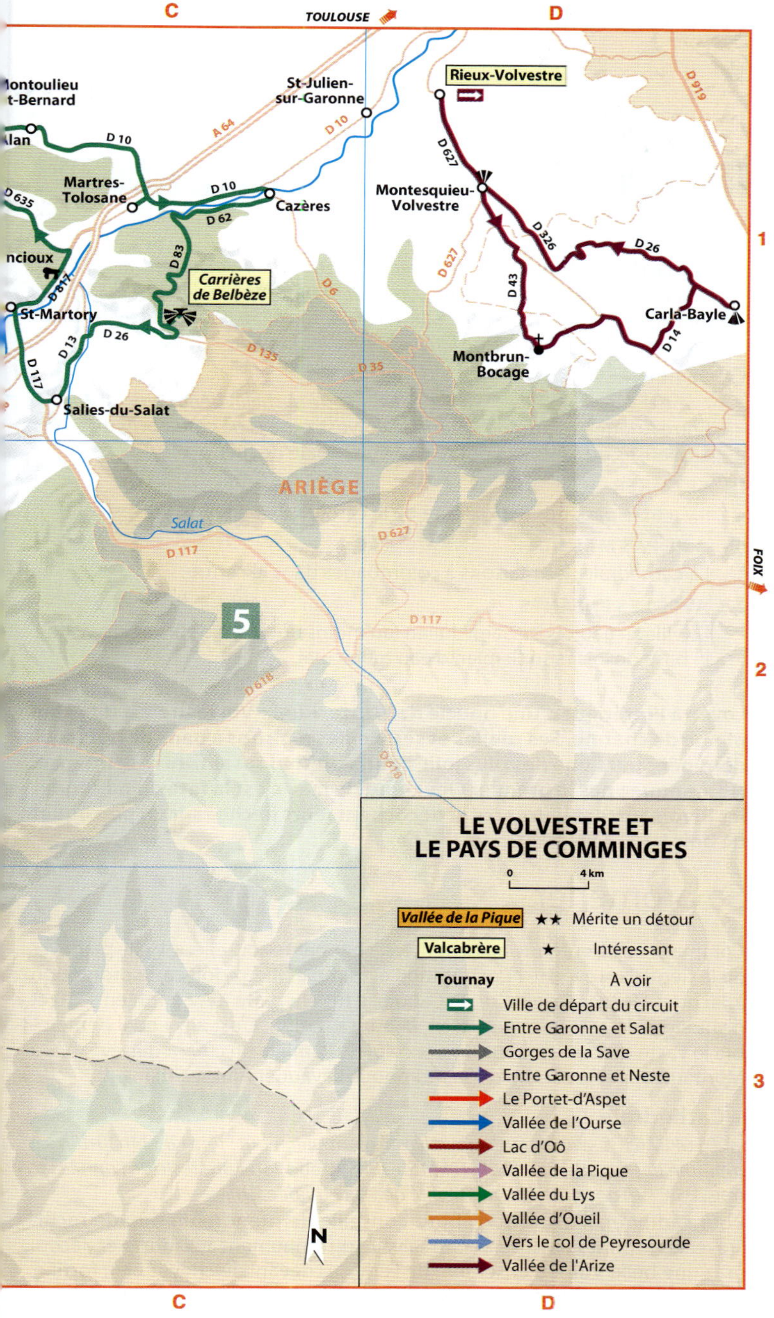
C
TOULOUSE
D
Rieux-Volvestre
Montoulieu
-St-Bernard
St-Julien-
sur-Garonne
D 919
A 64
D 10
D 627
Montesquieu-
Volvestre
Martres-
Tolosane
Cazères
D 62
D 635
D 83
D 326
D 26
1
Carrières
de Belbèze
D 817
D 6
D 627
D 43
St-Martory
D 26
D 13
D 135
D 35
Montbrun-
Bocage
Carla-Bayle
D 14
D 117
Salies-du-Salat
ARIÈGE
Salat
D 117
D 627
FOIX
5
D 117
2
D 618
D 618
LE VOLVESTRE ET
LE PAYS DE COMMINGES
0
4 km
Vallée de la Pique
★★ Mérite un détour
Valcabrère
★ Intéressant
Tournay
À voir
Ville de départ du circuit
Entre Garonne et Salat
Gorges de la Save
Entre Garonne et Neste
Le Portet-d'Aspet
Vallée de l'Ourse
Lac d'Oô
Vallée de la Pique
Vallée du Lys
Vallée d'Oueil
Vers le col de Peyresourde
Vallée de l'Arize
3
N
C
D

Rieux-Volvestre

★

2 486 Rivois – Haute-Garonne (31)

NOS ADRESSES PAGE 285

S'INFORMER

Office de tourisme – *9 r. de l'Évêché - 31310 Rieux-Volvestre - 05 61 87 63 33 - www.tourisme-volvestre.com - juil.-août : 10h-12h, 14h30-18h30 ; mai-juin et sept. : mar.-vend. 10h-12h, 15h-18h, sam. 15h-18h ; reste de l'année : mar.-sam. 14h-17h - fermé j. fériés sf 14 Juil. et 15 août.*

SE REPÉRER

Carte de microrégion D1 (p. 280-281) – *carte Michelin Départements 343 F5.*
Entre Ariège et Garonne s'étend le Volvestre, pays de coteaux et de terres argileuses où s'élève la petite cité épiscopale de Rieux.

SE GARER

Il y a trois parkings à proximité de la cathédrale de Rieux-Volvestre.

À NE PAS MANQUER

La cathédrale ; les maisons à colombages dans le centre.

AVEC LES ENFANTS

Le village gaulois de Saint-Julien (au moins une demi-journée de visite) ; la base de loisirs sur le plan d'eau municipal.

Lovée à l'intérieur d'une boucle de l'Arize, Rieux-Volvestre est une ville pleine de charme. Ses ruelles et ses vieilles maisons à pans de bois sont dominées par l'une des plus jolies tours du Toulousain, au rose intense. Ne manquez pas le premier week-end de mai, c'est la fête du papogay : les Rivois sortent leurs arcs et décochent leurs flèches sur un perroquet de bois !

Se promener

Comment une bourgade aussi petite, si charmante soit-elle, a-t-elle pu devenir le siège d'un évêché ? L'explication est simple : Rieux doit cette promotion à Jacques Duèze ! Originaire de Cahors, il fut élu pape à Avignon en 1316 et n'eut alors de cesse de mettre en valeur sa région. C'est ainsi qu'il démembra le vaste diocèse de Toulouse et celui de Pamiers en créant des évêchés à Montauban, Rieux, Lombez, Saint-Papoul, Lavaur et Alet-les-Bains…

★Cathédrale

05 61 87 63 33 - www.tourisme-volvestre.com - juil.-août : 10h-12h, 14h30-18h30 ; mai-juin et sept. : tlj sf lun. 10h-12h, 15h-18h, w.-end 15h-18h ; reste de l'année : se rens. - 5 € (-12 ans gratuit) - possibilité de visite guidée (1h).
Pour l'admirer, il est tout d'abord conseillé de prendre un peu de recul ! Traversez le pont sur l'Arize, vers le calvaire du monument aux morts, et découvrez une belle **vue**★ d'ensemble de l'édifice : devant, le chevet plat, fortifié, de la première église du 13e s., assise sur les maçonneries de l'ancien château fort, baignant dans la rivière ; à droite, le vaisseau transversal du chœur des

Évêques ; à l'arrière-plan, la tour-clocher octogonale, avec ses trois étages ajourés. Au débouché du pont, une vieille maison à colombages, l'eau verte de l'Arize, la brique rose et la végétation composent un ensemble plein d'une grâce ingénue, empreinte de sérénité. Puis on pénètre dans la nef principale par le grand portail gothique mutilé.

Construit au 17e s. pour le chapitre, le **chœur des Évêques** est une chapelle meublée de stalles de noyer inspirées de celles de la cathédrale de Toulouse. Le maître-autel aux marbres polychromes (le marbre jaune est superbe !) lui donne un cachet « Grand Siècle ».

Le **trésor★** de Rieux est conservé dans la **sacristie des Chanoines**, dans une grande armoire du 14e s. ornée de ferrures d'époque : bustes-reliquaires et châsse en bois de saint Cizi (1572), patron de l'ancien diocèse. La petite armoire abrite un impressionnant buste-reliquaire, en argent repoussé sur âme de bois, travail d'un orfèvre toulousain. Le soldat-martyr, tué par les Sarrasins au 8e s., est représenté en guerrier antique.

L'**ancien palais épiscopal** est aujourd'hui un établissement médical. On peut pénétrer dans la cour d'honneur pour admirer la tour de la cathédrale.

Devant la cathédrale, remarquez les **maisons à colombages** (15e et 16e s.), qui ont un temps abrité l'hôtel de ville et appartiennent désormais à un particulier. En face, l'office de tourisme abrite une exposition permanente sur la tradition d'archerie (et le papogay) à Rieux-Volvestre.

À proximité Carte de microrégion p. 280-281

Village gaulois de Saint-Julien CD1

5 km au sud-ouest par la D 25 - ✆ 05 61 87 16 38 - www.archeosite-gaulois.asso.fr - juil.-août : 10h-19h ; reste de l'année : 14h-18h - 12 € (-15 ans 9 €) - possibilité de visite guidée (2h).

Sur plus de 5 ha, en bordure de Garonne, deux passionnés ont fidèlement reconstitué un **village gaulois**. À l'entrée du village, ceint de remparts en bois, une porte fortifiée donne le ton. Maisons de torchis avec toits de chaume, quartier de pêcheurs et d'artisans. Différents ateliers, aux accents à la fois spectaculaires et pédagogiques, s'articulent autour de la vie des Gaulois : vannerie, orfèvrerie, orpaillage, poterie, forge, tissage, bronze… Vous voilà revenu près de deux mille ans en arrière chez les Volques Tectosages.

Le village comprend aussi une salle d'expositions temporaires, un espace boutique (produits confectionnés sur place) et une librairie.

4

Circuit conseillé Carte de microrégion p. 280-281

VALLÉE DE L'ARIZE

Circuit de 55 km de Rieux-Volvestre à Carla-Bayle, tracé sur la carte de microrégion (p. 280-281) – comptez environ 1h30.

Le Volvestre a pour berceau la vallée du Volp, petit affluent de la Garonne sur sa rive droite. Au fil du temps, il a gagné la basse vallée de l'Arize et ses abords. Avec les cols pyrénéens en toile de fond, il offre, à travers villages de crête et bastides de vallée, l'occasion de maints itinéraires panoramiques. Au départ de Rieux-Volvestre, le circuit proposé remonte le cours de l'Arize, rivière sourdant à 1 200 m d'altitude, dans un massif boisé.

Prenez à droite après le pont enjambant l'Arize à Rieux-Volvestre : la route s'engage dans les collines du Volvestre, parallèlement à la D 627, et conduit à Montesquieu-Volvestre.

Montesquieu-Volvestre D1

20 pl. de la Halle - 31310 Montesquieu-Volvestre - ✆ 05 61 90 19 55 - www.tourisme-volvestre.fr - de mi-juil. à mi-août : 9h-12h, 14h-17h, dim. 8h30-12h30 ; reste de l'année : tlj sf dim. et j. fériés 9h-12h, 14h-17h, sam. 10h-12h.

Cette jolie bastide, créée dans une boucle de l'Arize par Raimond VII de Toulouse, et rebâtie en brique au 16e s., est ceinturée de boulevards ombragés ; belle place à arcades et halle du 16e s.

Église fortifiée – *✆ 05 61 90 19 55 - visites guidées à partir de 6 pers. - gratuit.* Du 13e s., elle se distingue par son clocher polygonal à 16 pans : effet d'illusion, on le croirait volontiers ovale.

Prenez la D 628 ; une fois dépassé Thouars-sur-Arize, empruntez la D 43 sur la droite, jusqu'à Montbrun-Bocage.

Montbrun-Bocage D1

Église – *✆ 05 61 98 10 82 - visite sur demande à la mairie.* Elle abrite un remarquable ensemble de **peintures murales★** du 16e s. ; on reconnaît dans le chœur saint Christophe, l'arbre de Jessé et des scènes de la vie de saint Jean-Baptiste. Côté nord, des scènes de la Passion et de l'Enfer.

Poursuivez le circuit, en quittant Montbrun-Bocage par la D 74 vers Daumazan-sur-Arize. Rejoignez la D 628 jusqu'à Campagne-sur-Arize. Après environ 3 km, engagez-vous sur la D 14 et suivez la direction Carla-Bayle.

Une autre option consiste à dépasser Campagne-sur-Arize et à poursuivre jusqu'au Mas-d'Azil, situé 10 km plus bas (voir p. 369).

Carla-Bayle D1

Village fortifié sur un éperon rocheux, Carla-le-Peuple fut, après la Révolution, rebaptisé Carla-Bayle en l'honneur du philosophe protestant Pierre Bayle qui y vit le jour en 1647. Des remparts : jolie vue sur les Pyrénées. Aujourd'hui, une incroyable profusion de galeries d'art a élu domicile dans le village.

Musée Bayle – *✆ 05 61 68 53 53 - www.carla-bayle.com - juil.-août : 14h-19h, jeu. 14h-20h ; reste de l'année : lun., merc., w.-end 13h30-17h30 - gratuit.* Principale curiosité du village, le musée, aménagé dans la maison natale de l'écrivain, fut inauguré en 1989. Il permet de se familiariser avec la vie et l'œuvre de l'auteur du *Dictionnaire historique et critique*.

Redescendez la D 14, puis prenez à la hauteur de Pigailh la D 26, qui se transforme en D 326 après Le Pigeon, et regagnez Montesquieu-Volvestre.

NOS ADRESSES EN VOLVESTRE

HÉBERGEMENT

Une liste exhaustive des hébergements en Volvestre est disponible auprès de l'office de tourisme de Montesquieu-Volvestre (*05 61 90 19 55*), ainsi que sur Internet (*www.tourisme-volvestre.fr*).

BUDGET MOYEN

Chambre d'hôte Namasté – *Lieu-dit Primoulas - 31310 Latour - 05 61 97 46 87 - www.primoulas.com - fermé vac. de Noël - P - 5 ch. 58 € - table d'hôte en juil.-août 20 €.* Cette exploitation agricole biologique offre une piscine et une salle à manger avec vue panoramique sur la chaîne des Pyrénées. Table d'hôte « bio ».

Chambre d'hôte La Halte du Temps – *72 r. Mage - 31310 Montesquieu-Volvestre - 05 61 97 56 10 - www.lahaltedutemps.com - P - 5 ch. 75 € - repas 25 €.* Cet hôtel particulier du 17e s. propose des chambres décorées avec goût, un sauna, un hammam, un Jacuzzi, une cour intérieure et une cuisine goûteuse.

RESTAURATION

PREMIER PRIX

Le Resto de la Halle – *2-4 pl. de la Halle - 05 61 87 62 81 - www.restodelahalle.com - en sais., fermé le soir sf vend.-dim. ; hors sais., fermé merc. midi, vend. soir et sam. soir - formule déj. 13,20 € - 18,50/30 €.* Alléchante carte régionale proposée par ce sympathique restaurant au cassoulet réputé ; il est possible de se restaurer sous la halle.

BUDGET MOYEN

L'Olivier – *1 r. du Moulin - 31310 Montesquieu-Volvestre - 05 61 97 28 00 - www.restaurant-lolivier-montesquieu.com - fermé jeu. sf juil.-août et lun.-merc. d'oct. à mars - formule déj. 10 € - 16/26 €.* Très bon rapport qualité-prix pour cette inventive cuisine de plats traditionnels. D'inspiration italienne, le restaurant offre un grand choix de pizzas. Beau cadre, avec terrasse ouvrant sur un agréable jardin.

LOISIRS

Plan d'eau de Rieux-Volvestre – *Camping du plan d'eau - 05 61 87 63 33.* Bateaux, planches à voiles, tennis de table, tennis, pétanque… Sentier de randonnée au départ du site.

ACHATS

Marché bio de Montbrun-Bocage – *dim. matin - 05 61 90 19 55.* Étalages de produits biologiques, d'herbes médicinales, d'épices et autres curiosités.

AGENDA

Fête du papogay – *1er w.-end de mai - 05 61 87 63 33 - http://papogay.free.fr.* La fête médiévale traditionnelle de Rieux-Volvestre. Le papogay, c'est le perroquet de bois fixé au faîte d'un mât haut de 45 m. : celui qui arrive à le « descendre » devient « roi » de Rieux.

Expo-vente de végétaux rares – *Dernier w.-end d'oct. - 05 61 87 94 40 - 3/5 € (-10 ans gratuit).* À Saint-Élix-le-Château, dans une bâtisse du 17e s.

Rue des Arts – *Juil.-sept. - 05 61 69 50 59 - http://la-rue-des-arts.blogspot.fr.* Ce festival d'arts plastiques et visuels a lieu à Carla-Bayle. Des artistes exposent leurs œuvres dans une quinzaine de lieux à travers la ville.

Aurignac

1 179 Aurignaciens – Haute-Garonne (31)

NOS ADRESSES PAGE 291

S'INFORMER

Office de tourisme – *Av. de Boulogne - 31420 Boulogne - 05 61 98 70 06 - www.tourisme-aurignac.com - lun. 15h-18h, mar.-sam. 10h-13h, 15h-18h, dim. et j. fériés 10h-13h.*

SE REPÉRER

Carte de microrégion B1 (p. 280-281) – *carte Michelin Départements 343 D5.* 22 km au nord-est de Saint-Gaudens, au confluent du Salat et de la Garonne.

À NE PAS MANQUER

Les abords de l'abri préhistorique ; les panoramas depuis le donjon d'Aurignac et les carrières de Belbèze ; la « vache d'Alan ».

ORGANISER SON TEMPS

Si la ville se parcourt rapidement, les alentours méritent plus de temps. Comptez une demi-journée, haltes et flâneries comprises. Il peut être difficile de trouver où se restaurer sur le circuit proposé : se rapprocher de la Garonne !

Aurignac est l'ancienne ville forte des comtes de Comminges, qui s'étire sur l'une des dernières rides des Pyrénées, à l'ouest de la Garonne. Elle possède de nombreuses maisons médiévales et Renaissance ainsi qu'une église dotée d'un porche remarquable. Mais Aurignac est avant tout un site préhistorique important. Son nom, attribué à l'une des civilisations du Paléolithique supérieur, contemporaine de celle de Cro-Magnon, est mondialement connu des préhistoriens.

Se promener

Musée-Forum de l'aurignacien

Ouverture du site prévue en 2014, à l'entrée sud de la ville, dans un espace proche du vallon habité par l'homme d'Aurignac il y a près de 35 000 ans. Rens. au 05 61 98 73 40.

Dans un bâtiment moderne au toit végétal, un pôle complet présente la vie de l'Aurignacien : musée, atelier de la préhistoire, espace multimédia, et sentier ludique menant à l'**abri préhistorique** *(situé à l'entrée d'Aurignac, sur la D 635 en dir. de Boulogne-sur-Gesse, accès libre).*

Église Saint-Pierre

Tout à votre intérêt pour la vie de ces lointains ancêtres, il ne faut pas en négliger pour autant le **porche** et le portail (de style gothique flamboyant) du clocher fortifié élevé au 16e s., seule partie de l'église à présenter quelque intérêt. Provenant d'une église détruite (l'église Saint-Michel), le porche présente quatre colonnes torses (très rares en France). Les chapiteaux historiés, dégrossis en quartiers d'hexagone lorsqu'on les regarde depuis la rue, présentent, vus de l'intérieur du porche, la forme d'un dé. Au trumeau et au tym-

LE COMMINGES
Le comté de Comminges s'étendait de la crête des Pyrénées aux plaines des alentours de Muret. Une dynastie issue des comtes de Toulouse dirigea cette prospère région agricole de la fin du 10e s. jusqu'à son annexion à la couronne royale, à la fin du 15e s. L'évêché de Comminges subsistera quant à lui jusqu'à la Révolution.

pan du portail, deux statues superposées : une Vierge à l'Enfant, du 17e s., et *Le Christ attendant la mort*, du 15e s.

Donjon

Le **panorama★** se départage de part et d'autre du sommet du Cagire, lourde montagne boisée caractéristique du second plan. À gauche, les Pyrénées ariégeoises et le massif de la Maladetta avec le pic d'Aneto ; à droite, le massif glaciaire de Luchon, l'Arbizon et le pic du Midi de Bigorre.

Circuit conseillé Carte de microrégion p. 280-281

ENTRE GARONNE ET SALAT

Circuit de 70 km, tracé sur la carte de microrégion (p. 280-281) – comptez environ 1h30. Quittez Aurignac au nord-est par la D 8, en direction de Montoulieu-Saint-Bernard. Suivez l'indication « piscine gallo-romaine », qui mène à Pelet.

Montoulieu-Saint-Bernard C1

Piscine gallo-romaine – *Il s'agit d'une propriété privée : sonnez en face, les propriétaires vous proposeront une visite guidée. Rens. : ✆ 05 61 98 70 06 (office de tourisme d'Aurignac).* Des fouilles effectuées en 1957 ont mis au jour un ensemble thermal du 3e s. remarquablement conservé, en marbre provenant très probablement des Pyrénées. Des thermes, il reste un vestibule à colonnade, une piscine, les vestiges de trois salles (*caldarium* ou bain chaud, *tepidarium* ou bain tiède, et *frigidarium* ou bain froid) et de leur système d'hypocauste.
Revenez sur la D 10 et poursuivez la route vers Alan.

4

BONNE PIOCHE !
Tout commence en 1852 par le coup de pioche d'un terrassier local qui met au jour, sous une roche, un abri funéraire. Sur le coup, la découverte n'émeut pas grand monde : les guerres de Religion sont passées par là et les nécropoles abondent en pays gascon. Les squelettes sont ensevelis au cimetière communal et plus personne à Aurignac ne repense à l'affaire… jusqu'en 1860, lorsque l'attention du préhistorien gersois **Édouard Lartet** (1801-1871) est attirée par le gisement. Il entreprend aussitôt des fouilles, et sa récolte de silex et d'os taillés est assez fructueuse pour lui permettre d'ébaucher une première chronologie du Paléolithique.
C'est une grande aventure scientifique qui commence, du vivant de Lartet, par la découverte, aux Eyzies-de-Tayac, des squelettes de Cro-Magnon, type humain témoin de la période aurignacienne. Les travaux d'**Édouard Lartet** ont contribué à la renommée de la petite cité dans le milieu scientifique.

Alan C1

Cette bastide, fondée en 1270 par le sénéchal Eustache de Beaumarchès, devint une des résidences préférées des évêques de Comminges. Elle garde ses douves encore en eau, quelques vestiges de remparts et une porte gothique. Sur la place se dresse l'église, reconstruite au 18e s., mais portant encore un clocher-mur à trois étages, datant du 14e s.

Palais des Évêques – À gauche de la Grand Place, un portail en fer forgé surmonté d'une mitre donne accès au palais, dont les bâtiments s'ordonnent autour d'une cour intérieure. Une tourelle d'escalier, percée d'une porte de style gothique flamboyant (15e s.), est surmontée d'un tympan sculpté en haut relief représentant la « **vache d'Alan★** » qui porte au cou les armes de l'évêque Jean-Baptiste de Foix-Grailly (1466-1501), auteur de ces embellissements. Au linteau, devise latine : *Diligentes pacem quiescite nobiscum* (Vous qui recherchez la paix, venez vous reposer avec nous). La sculpture manqua d'être exilée par deux fois et ne dut sa sauvegarde qu'à l'opposition farouche de la population, puis au sauvetage, à partir de 1969, du palais des Évêques, alors en ruine.

Poursuivez sur la D 10.

Martres-Tolosane C1

Pl. Henri-Dulion - 31220 Martres-Tolosane - ✆ 05 61 98 66 41 - www.office.tourisme-martres-tolosane.fr - de mi-juin à mi-sept. : 9h30-12h30, 13h30-18h30 ; de mars à mi-juin et de mi-sept. à fin nov. : tlj sf dim.-lun. 9h30-12h30, 13h30-17h30 ; reste de l'année : tlj sf w.-end, lun et, j. fériés 9h30-12h30, 13h30-17h30.

Connue pour sa faïencerie *(voir encadré ci-dessous)*, la cité s'ordonne autour d'un anneau de boulevards cernant le quartier d'où pointe le clocher gothique de l'église. Elle s'élève sur le territoire de l'ancien domaine gallo-romain de Chiragan dont la villa a livré près de 300 statues et bustes, déposés au musée Saint-Raymond de Toulouse.

L'**église Saint-Vidian**, qui remonte au 14e s., s'élève à l'emplacement d'une basilique funéraire, elle-même fondée sur une nécropole paléochrétienne. Outre les sarcophages, on remarque dans la nef, à gauche, la chapelle Saint-Vidian qui s'ouvre sous l'ancien portail de l'église romane. Les reliques du martyr sont disposées dans un monument de pierre de style flamboyant.

Musée Angonia – *✆ 05 61 98 66 41 - www.office.tourisme-martres-tolosane.fr - ♿ - de mi-juin à mi-sept. : 9h30-12h30, 13h30-17h30 ; mars-mi-juin et mi-sept.-fin*

FAÏENCE D'APOTHICAIRES

Depuis le 18e s., Martres-Tolosane fabrique des faïences *(voir « Nos adresses », p. 291)* qui utilisent encore des techniques ancestrales. Après avoir été entreposée neuf mois pour le « pourrissement », l'argile calcaire est pétrie et façonnée en « croûtes », qui sont estampées sur des moules en plâtre reproduisant des œuvres anciennes ou des créations. Après le démoulage, l'ébarbage (nettoyage) et le séchage, la pièce est cuite une première fois. L'émaillage se fait ensuite par trempage, puis les décors sont appliqués sur émail cru, selon la technique de la faïence au grand feu. La pièce subit alors une seconde cuisson au four à 940 °C. Les décors ? Ce sont souvent des motifs traditionnels : décors de Moustiers, ibis, rose de Samadet et de Montpellier, grotesques, vieux Martres, fleur mauve ou bleue sur émail jaune. Autrefois, la faïencerie de Martres-Tolosane fournissait aux apothicaires des pots à onguents, des vases divers, des pots-canons portant des inscriptions décrivant leur contenu.

Les faïences de Martres-Tolosane.
S. Sauvignier / MICHELIN

nov. : 9h30-12h30, 13h30-17h30 ; déc.-fév. : mar.-vend. 9h30-12h30, 13h30-17h30 - 2 € (-12 ans gratuit). Abrité à l'intérieur de l'office de tourisme, ce centre d'interprétation du patrimoine retrace l'histoire de la ville, cité faïencière depuis le 18e s. Le 1er étage est consacré aux producteurs locaux, et le 2nd à la faïence des 18e et 19e s. À cet étage, on peut également voir une exposition sur le site de Chiragan, de sa genèse à l'histoire des fouilles, qui ont eu lieu au 19e s., à la suite d'un « miraculeux » orage qui a fait ressortir du sol d'exceptionnelles sculptures. Si vous n'avez pas le temps d'aller les voir au musée à Toulouse, une petite vidéo permet ici d'en avoir un aperçu.
Suivez la D 10 le long de la Garonne.

4

Cazères C1

13 r. de la Case - 31220 Cazères-sur-Garonne - 05 67 55 50 88 - www.tourismecazeres.fr - 9h-12h30, 15h-18h30, dim. 10h-12h30 ; reste de l'année : se rens.
Cette ancienne étape de pèlerins et de marchands, sur la route qui mène de Toulouse aux Pyrénées, est un important centre de batellerie sur la Garonne. Il tire un agrément nouveau de sa position sur le léger abrupt d'une rive concave du fleuve, depuis qu'un barrage EDF en a rehaussé le niveau, créant ainsi un plan d'eau propice aux activités nautiques. L'**église**, des 14e et 15e s., conserve un **trésor** *(ne se visite pas)* présentant des bustes-reliquaires (sainte Quitterie), des vêtements sacerdotaux et des documents ayant trait à l'histoire locale (confréries, pèlerinages). Sur les fonts baptismaux à cuve décagonale, remarquez l'agneau et la croix du diocèse de Rieux sculptés.
Traversez la Garonne en direction de Couladère. Au niveau de Mauran, prenez la D 83 à gauche.
Vues très dégagées sur les Petites Pyrénées, particulièrement avant Ausseing.

★ Panorama des carrières de Belbèze C1

30mn à pied. Laissez la route de Belbèze-en-Comminges et prenez à gauche l'itinéraire signalé « Table d'orientation ». Suivez la route carrossable (sur la gauche) ; deux chemins successifs partent sur la gauche (le second accessible uniquement aux piétons) : il s'agit des sentiers menant aux carrières et à la table d'orientation. Un plan et des suggestions de promenades sont disponibles devant la mairie de Belbèze-en-Comminges.

On monte à vue vers la table d'orientation érigée sur un versant pierreux de la montagne : panorama sur la dépression du Salat et les Pyrénées ariégeoises ; sur la droite, le pic du Midi de Bigorre, le pic de Montaigu et les derniers contreforts pyrénéens vers le Pays basque. La pierre extraite des carrières de Belbèze a souvent été utilisée à Toulouse.

Empruntez la D 26, puis la D 52 sur la gauche pour rejoindre Mazères-sur-Salat. Tournez à gauche dans la D 13.

Salies-du-Salat C1

Bd Jean-Jaurès - 05 61 90 53 93 - http://salinea.free.fr - juil.-août : tlj sf dim. 10h-12h, 13h30-17h30 ; reste de l'année : tlj sf w.-end 10h-12h, 13h30-17h30.

Station thermale et climatique possédant l'eau la plus minéralisée d'Europe (322 g de sels par litre), Salies-du-Salat occupe un site agréable et verdoyant dans les premiers contreforts des Pyrénées, au bord du Salat. De vieilles maisons restaurées (autour de la rue de la République où l'on pourra voir une halle aux grains du 18e s.), des parcs ombragés et des rues piétonnes agrémentent la visite. Juchées sur un promontoire, les ruines du château (12e s.) et de l'église au clocher-fronton offrent une belle vue sur la vallée et, par temps clair, sur la chaîne des Pyrénées.

Prenez la D 117 vers le nord.

Saint-Martory C1

Pl. de l'Ancienne Mairie - 31360 Saint-Martory - 05 61 97 40 48 - www.petitespyrenees.i-monsite.com - 9h30-12h, 14h30-17h.

Le nom de la ville évoque le martyre de chrétiens sous les coups des Sarrasins. Serrée entre la Garonne et la paroi abrupte de l'Escalère, la localité possède un **pont** à trois arches, de 1727, qui s'inscrit dans une perspective monumentale. À l'arc triomphal de la rive droite répond sur la rive gauche, au-delà du carrefour central, une porte de ville traitée dans le même style. Le **barrage** élevé à hauteur de l'église dévie une partie des eaux de la Garonne dans le canal de Saint-Martory, long de 70 km, creusé de 1846 à 1877 pour l'irrigation des hautes terrasses sèches de la Garonne, jusqu'aux abords de Toulouse. Saint-Martory a vu naître en 1897 le spéléologue Norbert Casteret, explorateur de nombreux gouffres et grottes, et qui a dissipé en 1931 le mystère des sources de la Garonne : en colorant ses eaux, il parvint à donner raison à une légende selon laquelle la Garonne prenait naissance au pied de l'Aneto, point culminant de la chaîne des Pyrénées, et resurgissait au Goueïl de Joeu dans le val d'Aran (Pyrénées catalanes).

Suivez au nord-est la D 817 sur 3 km.

Menhirs de Mancioux C1

Ils sont situés au bord de la route, dans la cluse de Boussens. Cette coupure de la Garonne à travers les Petites Pyrénées, grande voie de passage et d'invasion, consiste en chaînons calcaires habités dès la préhistoire. Les menhirs furent conservés par les Romains comme balises, à une bifurcation de la voie romaine menant de Toulouse à Saint-Bertrand-de-Comminges.

Poursuivez sur la D 817, empruntez à gauche la D 635 afin de regagner Aurignac.

NOS ADRESSES AUTOUR D'AURIGNAC

HÉBERGEMENT

PREMIER PRIX

Hôtel du Parc – *6 r. d'Austerlitz - 31260 Salies-du-Salat - ✆ 05 61 90 51 99 - www.hotelduparcsaliesdusalat.com - fermé 23 déc.-3 janv. - P - 21 ch. 4/55 € - ☕ 7 €.* Dans le parc du casino, construction bien entretenue datant des années 1920. Chambres pratiques insonorisées. Formule buffet au petit-déjeuner, service en terrasse l'été.

Chambre d'hôtes de Bélinaire – *31420 Cazeneuve-Montaut - ✆ 05 61 90 51 46 - www.belinaire.fr - 5 ch. 50 € - repas 18 €.* Cette ancienne ferme rénovée, avec pierres et poutres apparentes, allie simplicité et confort. Les cinq chambres, lumineuses, donnent sur le grand jardin arboré. Spacieuse salle à manger et pièce à vivre.

RESTAURATION

BUDGET MOYEN

La Bergerie – *1 bd du Nord - 31220 Martres-Tolosane - ✆ 06 86 87 03 - fermé sam. - 21/39 €.* Situé au cœur de la ville, ce très bon restaurant aux saveurs et à l'ambiance déjà espagnoles sert de copieuses assiettes.

ACHATS

Faïenceries – *✆ 05 61 98 66 41 - www.tourisme-martres-tolosane.fr (liste des ateliers-boutiques des faïenciers).* Les neuf faïenciers de Martres-Tolosane proposent toute l'année des visites guidées (gratuites) de leurs ateliers : explications sur le tour, le coulage, le four, la cuisson et la décoration.

Flaveurs du Terroir – *4 r. des Nobles - ✆ 06 75 68 76 08 - 9h30-12h30, 15h30-18h30.* Cette petite épicerie fine propose une grande variété de produits typiques de la région : safran des Pyrénées, chocolats, foie gras, alcools…

AGENDA

Fête de la Saint-Vidian – *Dim. de la Trinité (en juin).* À Martres-Tolosane, reconstitution de la bataille qui coûta la vie à Vidian, au 9e s.

Salon des Arts et du Feu – *W.-end de la Toussaint.* À Martres-Tolosane, les artisans d'art du Sud-Ouest se rencontrent, échangent leurs techniques et présentent leurs pièces.

Saint-Gaudens

11 248 Saint-Gaudinois – Haute-Garonne (31)

NOS ADRESSES PAGE 294

S'INFORMER
Office de tourisme – *2 r. Thiers - 31800 Saint-Gaudens - 05 61 94 77 61 - www.tourisme-stgaudens.com - 9h-12h, 13h30-18h - fermé dim. et j. fériés.*

SE REPÉRER
Carte de microrégion B1 (p. 280-281) – *carte Michelin Départements 343 C6.* Accessible par l'A 64, Saint-Gaudens se trouve à 100 km de Toulouse et à 70 km de Tarbes.

À NE PAS MANQUER
Les chapiteaux historiés, les tapisseries et le chœur de la collégiale Saint-Pierre-et-Saint-Gaudens.

Ancienne capitale du Nébouzan, Saint-Gaudens est aujourd'hui sous-préfecture de la Haute-Garonne. À mi-chemin entre Toulouse et l'Espagne, la ville jouit d'une situation privilégiée face au massif du Cagire et aux Pyrénées que l'on peut admirer depuis ses belvédères.

Se promener Plan de ville ci-contre

★ Belvédères

Une voie panoramique de près de 2 km de long est constituée par le boulevard Jean-Bepmale prolongé, au sud-ouest, par le boulevard des Pyrénées. Depuis les **belvédères★**, en particulier à côté du **monument des Trois-Maréchaux** (Foch, Joffre et Gallieni, tous trois pyrénéens), s'offrent de belles vues sur la chaîne des Pyrénées ariégeoises jusqu'au massif de la Maladetta (table d'orientation, fort utile pour qui souhaite identifier les différents sommets).

Jardin public

Il est orné, au sud-ouest, d'une série de colonnes jumelées, vestiges de l'ancienne abbaye de Bonnefont.

Collégiale Saint-Pierre-et-Saint-Gaudens

Ce bel édifice roman se compose d'une nef centrale à cinq travées et de deux bas-côtés surmontés de tribunes voûtées en demi-berceau. À l'intérieur, une minuterie met en valeur le patrimoine artistique de la collégiale. Les nombreux chapiteaux historiés coiffant les colonnes trouvent ainsi un éclat particulier. De belles tapisseries d'Aubusson du 18e s. garnissent les collatéraux (voir notamment Le *Martyre de saint Gaudens* et *Le Triomphe de*

GAUDENTIUS LE MARTYR

Le jeune berger Gaudentius fut, en 475, martyrisé dans la région (bien que le persécuteur fut Euric, roi des Wisigoths, la légende n'hésite pas à mettre en cause les malheureux Sarrasins…). C'est donc en son honneur que l'ancien Mas-Saint-Pierre fut rebaptisé « Saint-Gaudens ».

293

SAINT-GAUDENS

SE LOGER

Commerce (Hôtel du)... 5

SE RESTAURER

Entracte (L')........................ 5
Pyrène (La)........................ 8

Monument des Trois-Maréchaux.......... B

Musée de la Céramique et des Beaux-Arts........ M

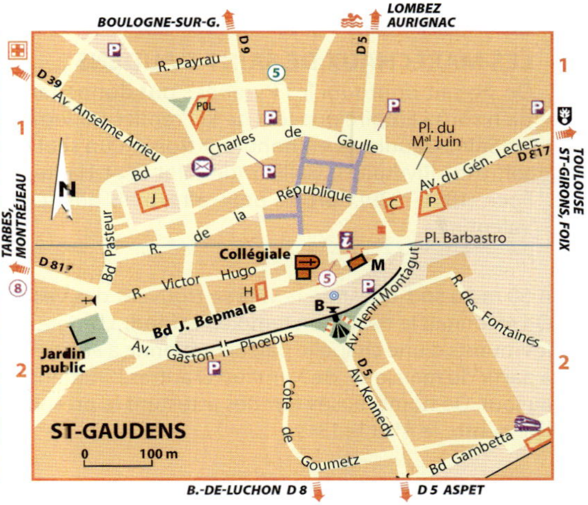

la foi, inspiré de Rubens). Avec ses stalles du 17e s. et sa tribune, le chœur est remarquable. Notez le buffet d'orgue sculpté et en partie doré, qui s'inspire du style classique du 17e s.

De l'angle de la place Jean-Jaurès et de la rue Thiers, belle vue d'ensemble sur le chevet de la collégiale.

Cloître – Adossé au flanc sud de la collégiale, ce cloître du 12e s., démoli en 1807, a été reconstitué entre 1986 et 1989 avec ses arcades, colonnes et chapiteaux historiés qui, côté église, sont de facture romane et, côté salle capitulaire, de style gothique (14e s.). À l'ouest, le dallage dessine le tracé des fondations de l'ancien collège des chanoines.

Musée de la Céramique et des Beaux-Arts

6 passage Barbastro - ✆ 05 62 00 28 28 - www.tourisme-stgaudens.com - de mi-juil. à mi-nov - expositions temporaires.

Cet édifice néoclassique de 1875 en pierre calcaire Nankin présente le folklore et les traditions populaires ainsi que de magnifiques porcelaines dites « Bleu de Valentine », fabriquées à Saint-Gaudens au 19e s. Des tableaux du peintre Rixens complètent les collections du musée.

À proximité Carte de microrégion p. 280-281

Valentine B1

2 km au sud-ouest par la route de Bagnères-de-Luchon (D 5).

Villa gallo-romaine – *✆ 05 61 89 05 91 - http://valentine.archeo.free.fr - visite guidée sur demande préalable (1h15) pour les h se rens - gratuit.* Valentine conserve une villa gallo-romaine qui appartint à Nymfius, gouverneur de la province d'Aquitaine au 4e s. Derrière un bâtiment de façade, une cour d'honneur longue de 52 m, qui était entourée d'un portique, donne accès à une vaste piscine en hémicycle, autrefois alimentée par les eaux thermales captées au village voisin (canalisations visibles). Plusieurs des colonnes de marbre gris qui la cernaient ont été redressées. Au-delà, on reconnaît la salle de réception, carrée, avec absides d'angle. Les appartements s'ordonnaient autour d'une cour à péristyle de 33 m de côté. Remarquez, à droite du chemin, une grande salle chauffée par hypocauste à conduits rayonnants.

LES MARÉCHAUX DE SAINT-GAUDENS

On ne sait pourquoi les Pyrénées ont donné tant de maréchaux aussi bien sous l'Empire que lors de la Première Guerre mondiale. Économes, les Saint-Gaudinois en honorent trois en un seul monument : le Catalan Joffre (de Rivesaltes), Gallieni (de Saint-Béat, Haute-Garonne) et Ferdinand Foch (1851-1929), Tarbais peut-être, mais qui fit de fréquents séjours à Valentine.

À 50 m au sud-ouest de la villa se trouvent des vestiges d'édifices religieux. On reconnaît le tracé d'un temple. Au fond, à l'angle gauche, vous pouvez voir les murets d'une chapelle paléochrétienne à abside carrée, qui fut aménagée à partir du mausolée de Nymfius. D'autres bâtiments postérieurs ont été mis au jour. De nombreuses tombes attestent la présence de nécropoles sur les lieux entre le 4e et le 13e s.

NOS ADRESSES À SAINT-GAUDENS

HÉBERGEMENT

BUDGET MOYEN

Chambre d'hôte L'Ardiégeoise – *13 r. du calvaire - 31210 Ardiège - ✆ 05 61 88 90 85 - www.lardiegeoise.com - P - piscine - 2 ch. - 52 € petit-déj.* Deux coquettes chambres, un salon cosy, une agréable terrasse au bord d'une piscine (chauffée), et un copieux petit déjeuner font de cette ancienne ferme rénovée un endroit idéal où séjourner.

Hôtel du Commerce – *2 av. de Boulogne - ✆ 05 62 00 97 00 - www.commerce31.com - fermé 18 déc.-11 janv. - ♿ - 48 ch. 59/77 € - petit-déj. 9 € - rest. 22/38 €.* Construction moderne à deux pas du centre-ville. Les chambres, fonctionnelles, sont diversement meublées et toutes climatisées. Au restaurant, couleurs ensoleillées, mélange d'ancien et de contemporain et carte où le cassoulet figure en bonne place.

RESTAURATION

BUDGET MOYEN

L'Entracte – *Pl. Napoléon - ✆ 05 61 89 14 27 - formule déj. 9,50/15,50 € - 12/20 €.* Jouxtant la collégiale et au pied des Petites Pyrénées, une cuisine traditionnelle et italienne faite maison. Cette brasserie propose également un grand choix de salades et de galettes.

La Pyrène – *60 av. Joffre - ✆ 05 61 89 60 98 - www.lapyrene.com - fermé mar. soir - P - formule déj. 11 € - 15/31 €.* En sortant de St-Gaudens, vous trouverez facilement ce restaurant-pizzeria où l'on déguste en toute simplicité des recettes presque 100 % « maison » (buffets d'entrées et de desserts compris). Le service, efficace, n'est pas en reste, et si le lieu peut s'avérer bruyant en été, la terrasse ombragée vous tend les bras.

Montmaurin

226 Montmaurinois – Haute-Garonne (31)

NOS ADRESSES PAGE 297

SE REPÉRER

Carte de microrégion A1 (p. 280-281) – *carte Michelin Départements 343 B5.*
Dans la région des coteaux de Gascogne drainée par la Haute-Save, Montmaurin est situé à 10 km au sud de Boulogne-sur-Gesse, à l'écart de la D 653 qui relie cette petite cité à Montréjeau.

À NE PAS MANQUER

La villa gallo-romaine ; le panorama depuis la table d'orientation, au nord de Montmaurin.

Qui était ce Nepotius qui aurait laissé son nom à la région du Nébouzan ? Un homme fort riche puisque, au 4e s. de notre ère, ses héritiers disposaient à Montmaurin d'un terroir de quelque 7 000 ha et d'une villa, véritable palais de 200 pièces, qui est le principal centre d'intérêt du village. À Montmaurin, vous bénéficierez aussi de beaux points de vue sur les Pyrénées et l'accès aux gorges de la Save.

Se promener

Villa gallo-romaine

05 61 88 74 73 - pour les h se rens - 3 € (-18 ans gratuit).

Il s'agit en fait d'une vaste exploitation composée d'une *villa rustica* (1er s.) qui concentrait ses bâtiments agricoles autour de la résidence du maître des lieux, comme dans les grands domaines agricoles de plaine. Après sa destruction (peut-être due à une crue de la Save), cette demeure fit place, au 4e s., à un palais de marbre, clos sur lui-même et éloigné des bâtiments utilitaires dispersés sur les terres.

Délassement, loisirs et accueil inspirèrent la conception de cette *villa urbana*, dotée de jardins, de portiques et d'un nymphée. Deux cents pièces étaient réparties autour de trois cours en enfilade, agrémentées de péristyles et de pergolas. À gauche de la cour centrale, à proximité des cuisines et des jardins, les salles exposées au nord-ouest étaient en partie chauffées et servaient sans doute de salles à manger. Au nord-est, l'ensemble s'achevait sur des appartements d'été surélevés, aux terrasses étagées. Quant aux thermes, ils étaient installés du côté des communs.

Les occupants raffinés de la villa disposaient de thermes privés et du chauffage assuré par la circulation d'air chaud sous les dallages (hypocaustes). De plus, ils consommaient régulièrement des huîtres !

Musée

05 61 88 17 18 - 9h30-12h, 14h-18h (17h en hiver) - fermé 1er janv., 1er Mai et 25 déc. - 1 € (-12 ans gratuit).

Aménagé au rez-de-chaussée de la mairie, il comprend deux salles, l'une consacrée aux fouilles préhistoriques et aux chercheurs qui illustrèrent la

4

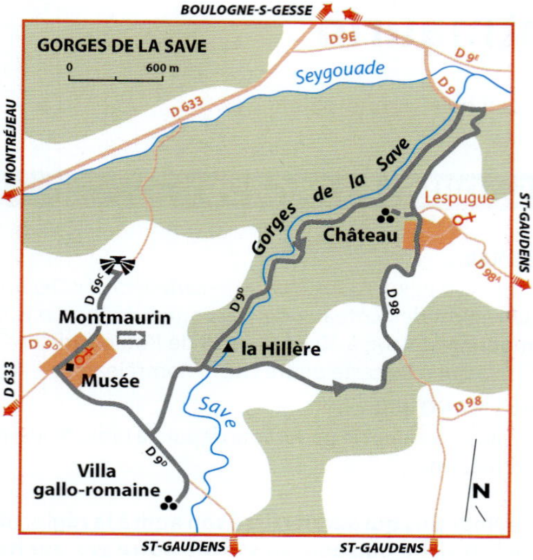

région, l'autre à la civilisation gallo-romaine. Une maquette de la villa et des découvertes faites sur le site de celle-ci, dont un buste d'adolescent, retiennent tout particulièrement l'attention.

À proximité Carte de microrégion p. 280-281

Table d'orientation

À 800 m au nord-est de Montmaurin.

On découvre un **panorama★★** très étendu, allant des Pyrénées ariégeoises au pic du Midi de Bigorre et au pic de Ger. La trouée de la Garonne dévoile le massif de la Maladetta et la partie glaciaire des montagnes frontières de Luchon.

Saint-Plancard A1

8 km au sud par la D 69^{C}, puis la D 633 en direction de Montréjeau.

Édifiée à l'emplacement d'un sanctuaire gallo-romain, la chapelle **Saint-Jean-des-Vignes** (début du 11e s.) a livré des stèles, des autels votifs et des monuments funéraires. Son décor peint, peu distinct *(l'interrupteur face à l'entrée est le bienvenu)*, remonte pour certaines parties à la fin du 11e s. Dans l'abside principale, à gauche, est représenté le Christ en gloire entouré des évangélistes. Au centre défilent les Mages, tandis qu'à droite se superposent la Crucifixion et l'Ascension. Le décor de l'absidiole sud montre au cul-de-four le Christ trônant dans une mandorle en forme de huit, soutenue par quatre anges très expressifs ; les parois sont consacrées à la mission de saint Jean-Baptiste. À droite de l'entrée, le péché originel.

Notre-Dame-de-Garaison A1

18 km à l'ouest de Montmaurin par la D 17, puis la D 34 à droite après Balesta.

La Vierge est apparue à une bergère dans ce vallon isolé du plateau de Lannemezan. Un sanctuaire de pèlerinage est né, puis un couvent qui se voua à l'évangélisation des campagnes et, après 1847, à l'éducation. La visite commence par le **collège**, élégant bâtiment Louis XIII. La **chapelle** est dotée de peintures naïves (1702) représentant les pèlerinages avec leurs files de pénitents. Dans le vaisseau, très beau **mobilier★** du 17e s., œuvre du sculpteur toulousain Pierre Affre. Remarquez les peintures murales du 16e s., en particulier la représentation du site de Garaison vers 1550 *(parois nord et sud de la nef)*, les scènes de la vie de sainte Catherine *(1re chapelle à droite)* et de saint Jean-Baptiste *(2e chapelle à droite)*.

Le **manoir de Garaison**, d'époque Henri IV, est situé en face du collège. Une maison à pans de bois et galets, une étable-écurie, une bergerie, des hangars et une métairie s'organisent autour d'une cour.

Pour compléter la visite de Garaison, un tour à l'**église** paroissiale de **Monléon-Magnoac** *(7 km au nord par la D 9)* permet d'apercevoir des boiseries et des statues (notamment celles des évangélistes) provenant du sanctuaire.

Circuit conseillé Carte des gorges de la Save ci-contre

GORGES DE LA SAVE

Circuit de 12 km, tracé sur la carte ci-contre – comptez 1h. Suivez la vallée de la Save (1 km), puis traversez la rivière.

Château de Lespugue

De ce vallon provient une statuette de femme aux formes voluptueuses, taillée dans une défense de mammouth et baptisée la « Vénus de Lespugue ». On peut voir son moulage à la mairie de Montmaurin (original au musée des Antiquités nationales de Saint-Germain-en-Laye). Descendez à pied à travers la belle chênaie et remontez à travers bois sur le versant opposé pour voir les ruines du château (13e s.), au bord d'un à-pic des gorges de la Save.

Reprenez la voiture et descendez jusqu'à la Save. Aussitôt avant le pont, tournez à gauche.

Gorges de la Save

La rivière, en s'encaissant, a mordu ici dans les plis calcaires qui prolongent les Petites Pyrénées. Plusieurs abris-sous-roche, fouillés de 1912 à 1922, ont permis de mettre au jour du matériel magdalénien et azilien.

La Hillère

À la sortie des gorges, en contrebas de la route, des fouilles ont révélé un sanctuaire des eaux (temples, thermes, fontaine et marché) construit autour d'une résurgence de la Save au 4e s.

Remontez au bourg de Montmaurin.

NOS ADRESSES À MONTMAURIN

RESTAURATION

BUDGET MOYEN

Auberge « La Ferme de Préville » – *Rte d'Auch - 31350 Boulogne-sur-Gesse - ✆ 05 61 88 23 12 - www.preville.fr - fermé vac. de Noël et le w.-end -* ♿ - P - *formule déj. 14 € - 25/38 €.* Décor de poutres et de meubles en bois rustique mais rénové. La cuisine, élaborée avec les produits des fermiers locaux, privilégie le canard et l'agneau (élevé sur place). Atelier de cuisine le lundi soir et le mardi, suivi d'un repas.

Saint-Bertrand-de-Comminges

★★

256 Saint-Bertranais – Haute-Garonne (31)

NOS ADRESSES PAGE 307

S'INFORMER

Les Olivétains, Conseil Général de la Haute-Garonne – *05 61 95 44 44 - www.tourisme.haute-garonne.fr - juil.-août : 10h-19h ; avr.-juin et sept.-oct. : tlj sf lun. 10h-18h ; fév.-mars et nov.-déc. : tlj sf lun. 10h-17h - fermé janv., 25 déc.* Ce centre touristique départemental installé dans un ancien couvent du 19e s., propose de la documentation sur la région et abrite une librairie (histoire, histoire de l'art, régionalisme, randonnée, musique, spiritualité, jeunesse). La salle de la chapelle présente une exposition archéologique organisée par le musée départemental, avec des marbres issus des fouilles effectuées sur le site de Saint-Bertrand-de-Comminges.

Maison de la Haute-Garonne – *05 62 00 88 11 - juil.-août : 9h-19h ; avr.-juin et sept.-oct. : 10h-18h ; reste de l'année : 10h-17h - fermé mar., 1er janv. et 25 déc.*

SE REPÉRER

Carte de microrégion A2 (p. 280-281) – *carte Michelin Départements 343 B6*. Saint-Bertrand ne se trouve qu'à 10 km au sud de l'A 64, sortie 17 (Montréjeau, Luchon, Saint-Bertrand-de-Comminges). Une fois arrivé à proximité du village, on aperçoit la cathédrale.

SE GARER

En juil.-août, la route d'accès à la partie haute de St-Bertrand est fermée. Soit vous laissez la voiture au parking, d'où l'on peut emprunter le petit train *(1 €)* ; soit vous vous garez sous les platanes de la Grand Place (accès près du camping Es Pibous) et prenez les escaliers qui, bien qu'un peu raides, raccourcissent considérablement l'ascension.

À NE PAS MANQUER

Le cloître et les boiseries du chœur des chanoines, dans la cathédrale Sainte-Marie.

ORGANISER SON TEMPS

Démarrez la visite par les vestiges de la partie antique avant de grimper jusqu'à la cathédrale Sainte-Marie. Après une petite promenade dans les ruelles de la ville, vous redescendrez sur Valcabrère en direction de la basilique Saint-Just. Prévoyez au moins une demi-journée.

AVEC LES ENFANTS

La Maison des sources à Mauléon-Barousse, les grottes de Gargas-Nestploria

Vue sur Saint-Bertrand-de-Comminges.
Jon Arnold / hemis.fr

Dressée sur un piton rocheux avec pour toile de fond les premières hauteurs du Piémont pyrénéen, la ville, ceinturée de remparts médiévaux, domine le bassin de la Garonne. Dans la partie haute, les ruelles sont peuplées d'artisans d'art, de boutiques et de vieilles demeures à colombages. Depuis la cathédrale Sainte-Marie, à 515 m d'altitude, vous contemplerez les pics neigeux du Cagire, du Gar ou du Montsacon… La partie basse, demeurée plus « authentique », moins touristique, conserve une activité pastorale et agricole.

Se promener

SITE ANTIQUE

Les fouilles ont permis de dégager, dans la partie basse, un temple consacré sans doute à Rome et à Auguste, deux établissements thermaux, un théâtre, une basilique paléochrétienne du 5e s. apr. J.-C., un marché précédé d'une grande place bordée de portiques, et des monuments publics attestant la réalité d'une cité populeuse et animée. À l'entrée de chacun de ces vestiges, visibles depuis le haut de la cité, est apposé un panneau explicatif.

★ CATHÉDRALE SAINTE-MARIE Plan p. 300

✆ 05 61 89 04 91 (mairie) - mai-sept. : 9h-19h, dim. 14h-17h ; reste de l'année : 10h-12h, 14h-17h, dim. 14h-17h- fermé 1er janv., 25 déc. - 4 € (10-18 ans 1,50 €) avec audioguide.

La cathédrale comprend une partie romane : la façade, le porche et les trois travées occidentales. Le portail montre au tympan une Adoration des Mages et l'évêque saint Bertrand. Le reste de l'édifice est gothique.

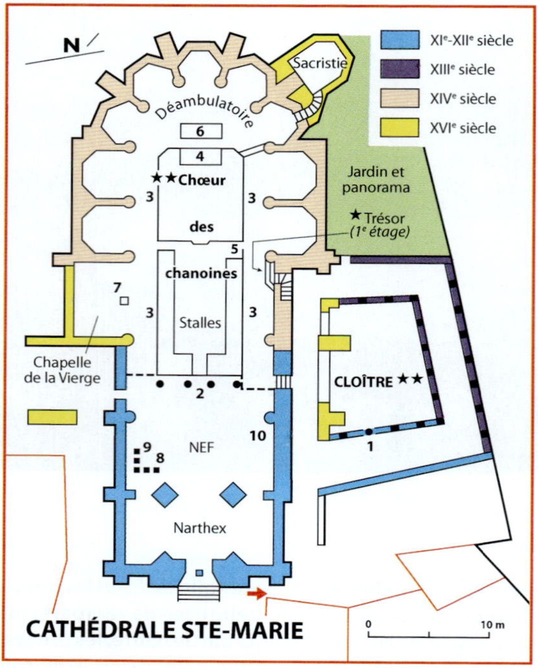

★★ Cloître

Une situation exceptionnelle en hauteur donne à ce lieu, au-delà de ses qualités architecturales, une spiritualité et une poésie particulières. La galerie sud, ouverte sur l'extérieur, confère au visiteur le rare privilège de pouvoir contempler le paysage alentour depuis le jardin clos.

Seule la galerie occidentale date de l'époque romane (12e s.). Quoique d'inspiration gothique, les galeries sud et est s'intègrent parfaitement à l'ensemble architectural. La galerie nord, située contre l'église, refaite aux 15e et 16e s., abrite quelques beaux sarcophages. Prenez le temps d'admirer les remarquables chapiteaux décorés d'entrelacs, de feuillages ou de scènes bibliques ainsi que le célèbre pilier **(1)** des quatre évangélistes (Matthieu, Marc, Luc et Jean), dont le chapiteau représente les signes du zodiaque associés à chaque saison de l'année.

★ Trésor

Au-dessus de la galerie nord du cloître ; accès par l'intérieur de l'église, à droite de la chapelle Ste-Marguerite.

Dans la chapelle surélevée et l'ancienne salle capitulaire sont exposés des tapisseries de Tournai du 16e s., des vases sacrés et des ornements : chape de la Vierge et chape de la Passion (splendide travail de broderie liturgique dite anglaise) offertes en 1309 par Bertrand de Got à l'occasion du transfert des reliques de saint Bertrand, mitre, gants, sandales et crosse de saint Bertrand en « corne d'alicorne » (défense de narval).

★★ Chœur des chanoines

Église de bois dans une église de pierre, ce chœur, réalisé grâce au mécénat de l'évêque Jean de Mauléon entre 1525 et 1535, est formé de splendides

boiseries★★ Renaissance, mélange d'art toulousain et italien. Le jubé **(2)**, la clôture du chœur **(3)**, le trône épiscopal **(5)** surmonté d'un dôme pyramidal à trois étages garnis de clochetons et enfin 66 **stalles★** dont 38 hautes et 28 basses sont richement ornés. Le travail du bois allie harmonieusement reliefs et marqueteries fines. Seules les stalles hautes possèdent de hauts dossiers surmontés d'un dais ou baldaquin. Les décors traitent d'une grande variété de sujets : religieux avec la vie de la Vierge et du Christ, des saints, et les Pères de l'Église ; également mythologiques et profanes. Les motifs les plus extravagants sont taillés dans les parcloses (séparations) et les miséricordes (mini-sièges d'appui). Le retable du maître-autel **(4)** en bois sculpté a malheureusement été recouvert au 18e s. de peintures peu subtiles.

Mausolée de saint Bertrand (6)

Commandé au 15e s. par l'évêque Pierre de Foix, il est adossé au chœur des chanoines. Édicule de pierre en forme de châsse (15e s.), il est couvert de peintures représentant les miracles de saint Bertrand.

Chapelle de la Vierge

À l'entrée, tombeau en marbre d'Hugues de Châtillon **(7)**, qui termina la cathédrale au 14e s.

Nef et narthex

Au revers du jubé, les fidèles disposaient d'un espace réduit mais riche en mobilier. De biais dans l'encoignure, un superbe buffet d'**orgue★** du 16e s. **(8)** dont les sculptures traitent de sujets profanes (musiciens et leurs instruments, travaux d'Hercule). La chaire est du 16e s. **(9)**, l'autel paroissial (1621) **(10)** est décoré d'un beau devant d'autel (antependium) en cuir de Cordoue.

Les Olivétains II (Ancienne gendarmerie)

✆ 05 61 88 55 00 - juil.-août : 10h-18h ; reste de l'année : 10h-17h.

Installée dans un bâtiment du 19e s., les Olivétains II ne se visite que partiellement. L'édifice sert de lieu de conservation pour les objets trouvés sur le site antique de Saint-Bertrand-de-Comminges depuis 1920. Au rez-de-chaussée se trouve un espace réservé aux expositions temporaires, qui ont lieu l'été. Les jardins sont accessibles au public.

Circuits conseillés Carte de St-Bertrand-de-Comminges p. 303

Ancienne province de la Gascogne, situé au cœur de la chaîne pyrénéenne, à mi-chemin entre l'Atlantique et la Méditerranée, le **Comminges** recouvre une partie des départements de la Haute-Garonne, de l'Ariège, du Gers et des Hautes-Pyrénées.

ENTRE GARONNE ET NESTE D'AURE

Pour visualiser ce circuit de 32 km, reportez-vous à la carte (p. 303) - comptez 45mn. Quittez St-Bertrand au nord-est par la D 26.

★ Basilique Saint-Just de Valcabrère

✆ 05 61 95 49 06 - http://tourisme.haute-garonne.fr - juil.-sept. : 9h-19h ; mai-juin : 9h-12h, 14h-18h ; avr.-mi-oct. : 10h-12h, 14h-18h ; mi-oct.-fin oct. : 14h-18h ; vac. de la Toussaint : 14h-17h ; hiver : w.-end et vac. scol. 14h-17h (horaires susceptibles de modification, se rens.) - visite avec audioguide.

Cette basilique romane est isolée au milieu des champs, entourée d'un cimetière de campagne planté de cyprès se prolongeant de l'autre côté par les

LUGDUNUM, ENTRE LÉGENDE ET RÉALITÉ

La tradition voudrait que le général romain Pompée ait fondé à la fin du 1er s. av. J.-C. *Lugdunum, civitas Convenarum*, la capitale des Convènes, du nom de la population locale. Mais l'archéologie ne nous dit rien de tel et la ville se développa surtout à partir du règne d'Auguste (27 av. J.-C.-14 apr. J.-C.). Selon l'historien Flavius Josèphe, elle aurait servi à cette époque de lieu d'exil à Hérode Antipas, le tétrarque de Galilée qui fit décapiter saint Jean-Baptiste pour accéder au désir de sa belle-fille, Salomé. Mais là encore, il n'existe aucune preuve.

Dans sa période la plus florissante, soit la seconde moitié du 2e s. apr. J.-C., la cité reçu le titre de colonie romaine honoraire ; elle comptait entre 5 000 et 10 000 habitants et couvrait 32 ha. Elle déclina à la chute de l'Empire romain. Le déplacement de l'habitat du bas vers le haut, de la plaine vers la colline, tel qu'on le connaît aujourd'hui, eut lieu au 5e s.

Vers 1120, Bertrand de L'Isle-Jourdain, évêque du Comminges et petit-fils du comte de Toulouse Guillaume Taillefer, lance la reconstruction de la cathédrale Sainte-Marie. On accola le nom du saint patron de la ville à Comminges après sa canonisation, vers 1220.

Son œuvre est poursuivie par Clément V, le premier pape d'Avignon. Face au flot de pèlerins, ce dernier entreprit d'agrandir la cathédrale ; les travaux ne s'achevèrent qu'en 1352.

Enfin, une légende locale raconte qu'un crocodile vivait dans la Garonne, terrorisant la population et dévorant les jeunes filles avant leur mariage ; Saint Bertrand le terrassa à l'aide de sa crosse. Le crocodile empaillé se trouve désormais dans la nef de la cathédrale Sainte-Marie, fixé au mur. Plus vraisemblablement, il s'agirait un ex-voto : capturé dans le delta du Nil, le crocodile aurait été ramené de Terre Sainte par un croisé voulant remercier Saint Bertrand de l'avoir protégé…

restes d'un cloître. C'est face à son chevet que l'on a la vue la plus saisissante de Saint-Bertrand-de-Comminges.

L'édifice, bâti aux 11e et 12e s., en bonne part avec des matériaux provenant de la cité antique de *Lugdunum, civitas Convenarum*, est dédié à saint Just et à saint Pasteur, deux jeunes frères mis à mort en Espagne pendant la persécution de Dioclétien, ainsi qu'à saint Étienne, premier martyr chrétien. En pénétrant dans le cimetière, vous remarquerez, de part et d'autre du portail, une belle inscription funéraire du 4e s., puis le portail latéral nord (12e s.) de l'église pour ses quatre statues-colonnes qui évoquent le martyre des trois saints patrons du lieu. Le quatrième personnage, une femme présentant une croix, serait sainte Hélène.

Mais ce qui fait l'originalité de l'église, c'est son **chevet★** en « relief en creux », évidé de niches triangulaires encadrant un réduit central, rare exemple d'architecture romane où le constructeur a laissé libre cours à sa fantaisie à l'extérieur de l'édifice.

Pour une description en image, reportez-vous à l'ABC d'architecture p. 64.

À l'intérieur, vous remarquerez, face à l'entrée, la pierre tombale de la chrétienne Valeria Severa, du 4e s., vestige d'une importante nécropole qui devait s'étendre sur ces lieux. Des fragments de sarcophages enchâssés dans les murs et des frises antiques (boucliers, casques) rappellent la proximité de la ville romaine.

Empruntez la N 125 au nord de Valcabrère.

303

SAINT-BERTRAND-DE-COMMINGES

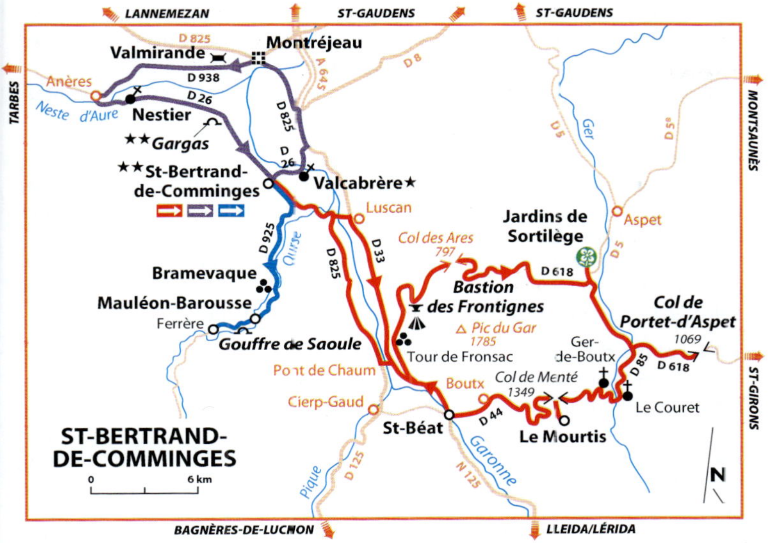

Montréjeau

Hôtel de Lassus - 31210 Montréjeau - 05 62 00 79 55 - lun. 9h-12h30, 14h-17h30, mar.-vend. 9h-12h, 14h-18h - fermé w.-end et j. fériés.

Bâtie sur une terrasse dominant le confluent de la Neste et de la Garonne, cette ancienne bastide (prononcez Monréjeau), fondée en 1272, prend tout son caractère les jours de marché (*lundi matin*). Sa position d'observatoire a justifié l'aménagement de belles esplanades ou avenues panoramiques : place de Verdun (halle et jardin public), place Valentin-Abeille (fontaine au centre, arcades sur les côtés, au n° 21 belle maison à colombages), boulevard de Lassus tracé en corniche. Les **vues**★ s'étendent sur les Pyrénées luchonnaises, au-delà des monts boisés de la Barousse. Remarquez l'église Saint-Jean-Baptiste, bâtie entre le 13e et le 15e s., qui possède une jolie voûte en carène de vaisseau.

Le dernier lundi de juillet a lieu à Montréjeau un marché à l'ancienne, avec chars, calèches, animaux de tractage, célébrant les traditions du monde rural commingeois.

Quittez Montréjeau à l'ouest (D 638).

Château de Valmirande

06 21 05 40 16 - visite guidée (2h) de mi-juil. à mi-août : 16h ; reste de l'année : se rens. - 6 € (-12 ans 3 €).

Construit dans un domaine caché par de hauts murs, à la fin du 19e s. par le baron Bertrand de Lassus, le château de Valmirande (littéralement « le val qui émerveille ») offre une vue exceptionnelle sur Saint-Bertrand-de-Comminges et, au-delà, sur les sommets des Pyrénées : pic du Midi de Bigorre, Cagire et Maladetta. Il est surmonté d'un belvédère de 40 m de haut, richement ouvragé, son architecture rappelle les demeures Renaissance des bords de la Loire. La propriété, étendue sur une quarantaine d'hectares aménagés par les frères Bülher, abrite un lac, une fontaine, un puits en trompe-l'œil, un donjon et des dépendances formant un petit village. L'intérieur du château n'est pas acces-

sible. La visite, agréable flânerie dans le **parc paysager★** (plus de 180 espèces d'arbres et d'arbustes), se partage entre les écuries, la sellerie et la **chapelle★**.
La D 638 se transforme en D 938 à son entrée dans le département des Hautes-Pyrénées. Tournez à gauche au niveau d'Anères et traversez la Neste. Empruntez la D 26.

Nestier

Surprenant, ce **calvaire du mont Arès** ! En 1854, le curé de Nestier décida la construction de douze chapelles en pierres et lauzes alignées au flanc du mont Arès. La douzième, la plus grande, est ornée sur son tympan d'une céramique représentant la Crucifixion du Christ. Un théâtre de verdure ajouté en 1990 abrite divers spectacles.
Suivez la D 26 en direction de Saint-Bertrand-de-Comminges.

★★ Grottes de Gargas-Nestploria

✆ 05 62 98 81 50 - www.numerigrottes-pyrenees.fr - visite guidée sur demande préalable (50mn) juil.-août : 10h-18h ; reste de l'année : tlj sf lun. 10h30-17h30 - 7 € (-16 ans 4 €).

Les grottes – À l'origine, il existait deux grottes disposées sur deux niveaux différents. Elles furent reliées au 19e s. par un tunnel creusé dans la roche. La visite commence par la grotte du niveau supérieur, décorée, à l'époque magdalénienne (15 000 ans av. J.-C.), de signes et de gravures préhistoriques représentant divers animaux : chevaux, bouquetins… La grotte du niveau inférieur est également ornée de gravures de cette même époque, difficiles à lire puisqu'elles se chevauchent (découvertes en 1906 par Félix Régnault), mais aussi et surtout de dizaines d'empreintes de mains ! Un fragment d'os a permis de dater ces peintures de l'époque du Gravettien, soit 29 000-22 000 ans avant notre ère. Ces dessins ont été réalisés en appliquant la main sur le mur et en crachant tout autour de la peinture (principe du pochoir) : 128 mains se détachent sur fond noir, 75 sur fond rouge, 4 sur fond blanc et 5 sur fond jaune. La majorité d'entre elles ont des phalanges incomplètes ou le pouce replié, sans qu'on en connaisse la signification. La **Grande Paroi des Mains** en regroupe à elle seule 137 ! Ces peintures énigmatiques ont fait l'objet de nombreuses recherches, mais leur explication demeure hypothétique : rituel de magie ou d'initiation, signes balistiques…

Nestploria – Ce centre numérique sur la préhistoire est un complément indispensable à la visite de la grotte. À l'aide d'écrans tactiles et d'une présentation ludique, vous découvrirez l'art de la préhistoire, et en particulier les mains de Gargas mais aussi du monde entier. À vous de suivre le tracé des gravures d'animaux, de repérer les mains au sein des grottes. Sur un écran géant, un homme de la préhistoire peindra devant vous, tandis que le paysage, sa faune et sa flore se dévoileront à vous sur un second écran. Dessinez vos propres empreintes sur une table numérique géante, derrière l'écran. Une vidéo réalisée par des préhistoriens vous expliquera simplement et clairement l'art pariétal.

LE PORTET-D'ASPET

Pour visualiser ce circuit de 88 km, reportez-vous à la carte p. 303 – comptez environ 2h.

R. Armand-Latour - 31160 Aspet - ✆ 05 61 94 86 51 - www.tourisme-aspet.com - juil.-août : 9h-12h30, 14h30-18h30, dim. 9h-12h ; avr.-juin : tlj sf dim.-lun., j. fériés 9h-12h30, 14h30-17h30, sam. 9h-12h30, 14h-17h ; reste de l'année : tlj sf dim., lun. et j. fériés 9h-12h30, 14h30-17h30, sam. 9h-12h30.

Quittez St-Bertrand au sud-est par la D 26 et gagner la N 125 que l'on prend à droite sur une douzaine de kilomètres. Traversez la Garonne par le pont de Chaum, tournez à droite puis, après le virage, à gauche dans la D 618.
À droite apparaissent les ruines de la **tour de Fronsac**, vestiges d'une forteresse des comtes de Comminges.

Bastion des Frontignes

Du lacet après le village d'Antichan, **vue** sur le massif de Luchon et ses petits glaciers. Table d'orientation.
Continuez sur la D 618. La montée se poursuit, régulière, à travers le joli pays des Frontignes, jusqu'au col des Ares (797 m).
Après Juzet-d'Izaut et le col de Buret, prenez la D 5 à gauche pour rejoindre le village de Sengouagnet.

Jardins de Sortilège

✆ 05 61 79 42 83 - http://jardinsdesortilege.fr - juil.-août : tlj sf lun.-merc. 10h-12h, 15h-18h ; juin et sept. : w.-end 10h-12h, 15h-18h - 6 € (-16 ans 5 €) - possibilité de visite guidée (1h30).
Ici, pas de buis taillés ni de parc à l'anglaise : sept intéressants jardins à thème, à admirer, à sentir, et à déguster, dévoilent les secrets de plantes courantes trop souvent ignorées : initiez-vous à l'ethnobotanique, et redécouvrez les multiples vertus de l'ortie, du sureau, et des « mauvaises » herbes…
En bas de la rue, le fondateur du jardin publie des ouvrages d'ethnobotanique, (éditions de Terran), vendus dans la boutique *(www.terran.fr).*
Faites demi-tour pour rejoindre la D 618 à gauche.
Passé Henne-Morte, la montée s'accentue dans la vallée du Ger, à travers une belle gorge boisée, vers le col de Portet-d'Aspet.

Col de Portet-d'Aspet

Alt. 1 069 m. Panorama depuis les pentes en face du chalet-hôtel : le mont Valier (alt. 2 838 m), au dernier plan, forme une pyramide sombre légèrement inclinée. À l'est du col, on pénètre dans le Couserans.
Faites demi-tour. Avant Henne-Morte, tournez à gauche dans la D 85, puis engagez-vous à droite sur la D 44 dans la côte de la Mole.
Le vallon resserré du Haut-Ger est semé de granges et de hameaux perchés, dont les églises possèdent des clochers-murs portant trois aiguilles à boules (Couret, Ger-de-Boutx). La route gravit le versant est du **col de Menté** (alt. 1 349 m). C'est dans la descente de ce col, en 1971, que, sous un orage diluvien, le champion espagnol Luis Ocaña, alors maillot jaune, chuta et dut abandonner la victoire finale à Eddy Merckx. Plus tragique encore fut la chute, en 1995, dans le col de Portet-d'Aspet, du coureur italien Fabio Casartelli, qui devait y trouver la mort. Une plaque commémore ce funeste accident.
Au niveau du col de Menté, prenez à gauche vers Le Mourtis.

Le Mourtis

Fréquentée surtout à la saison du ski, cette station de sports d'hiver conviviale dissémine ses chalets et ses résidences sous une forêt de vieux sapins, qui s'étendent sur les vallées de la Garonne et du Ger.
Faites demi-tour et revenez sur la D 44.
La route redescend en décrivant quelques lacets, puis plonge rapidement au-dessus des toits d'ardoise tout comprimés de Boutx et de Lez.
Le village de Boutx accompagne et fête la transhumance des troupeaux en juin. Suivez les bergers vers les hauts pâturages sur une randonnée de 7-8 km (*environ 4h*) suivie d'un buffet (*rens. à la mairie de Boutx, ✆ 05 61 79 40 81*).

Saint-Béat

Ville natale du maréchal Gallieni et ancienne place forte, la « clé de la France » (comme le rappellent ses armes) commandait le débouché du val d'Aran vers la Gascogne. Les maisons grises baignées par le torrent se courbent en arc au fond de la gorge. Les marbres blancs ou gris ont fait la renommée de Saint-Béat dès l'époque romaine et au Grand Siècle, puisqu'ils furent utilisés pour les bassins et les statues du parc de Versailles. La carrière romaine est visible à la sortie du village, sur la D 44. L'église romane du village date du 11e s. Son portail présente un intéressant tympan sculpté figurant le Christ en majesté. La sacristie abrite un trésor remarquable, en particulier les statues en bois polychrome *Notre-Dame-de-l'Espérance*, *Saint Roch en pèlerin* ou *La Trinité*.

Entre Saint-Béat et Marignac, un sentier (5 km AR) serpente entre les genévriers thurifères sur la Montagne de Rié, d'où l'on aperçoit les carrières de marbre. La promenade offre un superbe panorama.

Revenez à St-Bertrand par les N 125, D 33 et D 26.

VALLÉE DE L'OURSE

Pour visualiser ce circuit de 12 km, reportez-vous à la carte (p. 303) – comptez 30mn. Quittez St-Bertrand au sud par la D 26 en direction d'Izaourt. Après 2 km, tournez à droite en direction de Mauléon-Barousse.

Encore sauvage, la vallée de l'Ourse (ou de la Barousse) frappe par la multitude de villages lilliputiens semés sur ses pentes.

Bramevaque

Château des comtes de Comminges – *30mn AR, en montée depuis le petit parking de Bramevaque.* De ce château du 11e s. ne subsistent que des ruines. Au 15e s., Matthieu de Foix y enferma pendant vingt-deux ans son épouse, la comtesse Marguerite de Comminges, dans l'attente d'hériter par elle du comté. Libérée par le roi de France, elle mourut au bout de quelques mois ; quant au Comminges, il échut à Matthieu de Foix jusqu'à sa mort, avant de revenir à la couronne de France, à la demande des Commingeois.

Du sommet du donjon restauré *(escalier étroit et sombre)*, vous profitez d'une belle vue sur la vallée. Le sentier de randonnée se poursuit jusqu'à la Maison des sources (env. 45mn de marche).

Poursuivez le circuit par la D 925.

Mauléon-Barousse

Maison des sources – *05 62 39 23 85 - mars-sept. : 9h-18h ; reste de l'année : 9h-17h - fermé de fin déc. à déb. janv - 4 € (-13 ans 2 €).* Située dans un parc de 11 ha (arboretum, jeux pour enfants, pêche à la truite, tables de pique-nique), la Maison présente les traditions et les activités de ce pays de montagnes et de vallées : le bois, le marbre, l'élevage, le fromage, mais surtout l'eau. Des maquettes explicitent son cycle, depuis sa captation jusqu'à son retour à la rivière, en passant par les différentes formes de son utilisation et de son traitement. Dans une reconstitution de la grotte « abri du moulin », située près de Troubat, une vidéo évoque les modes de vie entre – 16 000 et – 8 000 ans av. J.-C. à partir d'objets tels qu'outils, armes et vertèbres de saumon…

Dirigez-vous vers l'ouest (D 925), le long de l'Ourse de Ferrère.

Gouffre de Saoule

11 km de St-Bertrand au sud par la D 26A vers Luchon, puis la D 925 vers Sarp. Franchir le pont à Mauléon pour longer l'Ourse de Ferrère et laisser la voiture près du sentier.

Pont naturel sur le torrent, dans un site ombragé (belvédère).

NOS ADRESSES À SAINT-BERTRAND-DE-C.

HÉBERGEMENT

PREMIER PRIX

Hôtel L'Oppidum – *R. de la Poste - ✆ 05 61 88 33 50 - www.hoteloppidum.com - ♿ - 16 ch. 40/55 € - ☕ 8 € - rest. 18/23 €.* Cet établissement jouit d'un bel emplacement, au pied de la cathédrale Sainte-Marie. Les chambres, dont une accessible aux personnes à mobilité réduite, sont peu spacieuses, mais bien équipées ; l'une d'entre elles est dotée d'une terrasse.

BUDGET MOYEN

Chambre d'hôte Domaine de Jean-Pierre – *20 rte de Villeneuve - 65300 Pinas - ✆ 05 62 98 15 08 - www.domainedejeanpierre.com - P - 🚭 - 3 ch. 60 € ☕.* Cette belle demeure, tapissée de vigne vierge, se niche à 600 m d'altitude, sur le plateau de Lannemezan, face aux Pyrénées. Ses chambres, vastes, calmes et meublées d'antiquités, ouvrent sur le parc. L'été, les petits-déjeuners sont servis sur la terrasse.

Chambre d'Hôte L'Oreiller d'Hadrien – *8 r. du lac - 31510 Ore - ✆ 05 62 00 13 03 - www.oreiller31.com - 4 ch. 65 € ☕ - repas 22 €.* Cette maison de maître du 19e s. est une invitation au voyage. Chacune des quatre chambres reprend le thème d'une région du monde parcourue par les propriétaires, grands randonneurs et amoureux des Pyréenées… Un exotique salon-bibliothèque et un agréable jardin appellent à la détente.

RESTAURATION

BUDGET MOYEN

La Vieille Auberge – *Ville basse - ✆ 05 61 88 36 60 - http://vieilleauberge.free.fr - 17/31 € -* Cuisine traditionnelle appréciée des habitués. Cadre rustique à l'intérieur, et terrasse ombragée.

Chez Simone – *R. du Musée - ✆ 05 61 94 91 05 - fermé le merc. hors sais. - P - 🚭 - 18/21 €.* Ce restaurant vous accueille dans un sympathique cadre campagnard (poutres apparentes, toiles cirées Vichy, cuivres accrochés aux murs) ou sur sa jolie terrasse dressée sous les tilleuls. La cuisine est simple et familiale, et la poule farcie vous attend tous les dimanches.

Le Citron Bleu – *8 r. du Barry - 31210 Montréjeau - ✆ 05 61 89 08 38 - www.lecitronbleu-montrejeau.com - fermé le soir en sem. et dim. - formule déj. 13/15 € - 20/25 €.* Tons jaunes dominants parsemés de touches bleues… pas de doute, vous êtes bien au Citron Bleu. On y prépare une savoureuse cuisine régionale… Le restaurant propose également des sandwichs à emporter.

POUR SE FAIRE PLAISIR

Relais du Castéra – *Pl. du Calvaire - 65150 Nestier - ✆ 05 62 39 77 37 - www.hotel-castera.com - fermé 1 sem. début juin, 1 sem. fin oct., 2-30 janv., mar. hors sais. et lun. - formule déj. 22 € - 30/55 € - 6 ch. 65/80 € - ☕ 10 €.* Auberge de style campagnard où le décor soigné rend l'atmosphère des plus agréables. La cuisine puise son inspiration dans le terroir. Chambres coquettes et calmes.

PETITE PAUSE

Pâtisserie « À la Renommée » – *29 r. du Barry - 31210 Montréjeau - ✆ 05 61 95 80 02.* La famille Superbielle a élaboré en 1871 la recette du millasson, devenu une institution régionale : il s'agit d'une sorte de flan cuit, parfumé à la fleur d'oranger. Les autres pâtisseries faites maison valent tout autant le détour…

ACHATS

Les Sabots d'Isa – ✆ *05 61 79 05 22 - www.sabotsdisa.com - atelier-boutique ouv. tte l'année, horaires variables.* Fabriqués à la main, les sabots mêlent tradition et modernisme, produits naturels et savoir-faire dans une large gamme de modèles attrayants.

ACTIVITÉS

Parcours cyclable de la Garonne – ✆ *05 61 99 44 00 - www.tourisme.haute-garonne.fr (dépliant téléchargeable).* Ce parcours de 100 km environ relie Carbonne à Cierp-Gaud. Il devrait, à terme, s'étendre de Toulouse à Luchon.

Piscine naturelle Les Ôcybelles – *Nestier - ✆ 05 62 39 66 75 - ouv. de mi-juin à sept. : lun-jeu 14h-19h, vend-dim 12h-19h - 3 € (-12 ans 2 €, -4 ans gratuit).* Les plantes du bassin filtrent les eaux de baignade.

Spéléologie – *Cocktail Aventure - ✆ 05 61 97 52 74 - www.cocktailaventure.jimdo.com - à partir de 20 € la 1/2 journée.* À proximité du Portet d'Aspet, le massif de Paloumère recèle le plus grand réseau spéléologique de France. Cocktail Aventure propose des initiations et des traversées plus techniques, ainsi que descentes de canyon, randonnées et raquettes à neige.

AGENDA

Festival du Comminges – *Juil.-sept. - ✆ 05 61 88 32 00 - www.festival-du-comminges.com.* Concerts classiques dans la cathédrale de St-Bertrand-de-Comminges, la basilique St-Just de Valcabrère et la collégiale de St-Gaudens.

Nocturnes de Saint-Bertrand – *Mi-juil.-fin août - gratuit.* Chaque jeudi soir à partir de 20h45, visites de la cathédrale Sainte-Marie et morceaux d'orgue.

Festival Folkolor – *Mi-août - ✆ 05 62 00 79 55 (office de tourisme) - www.festivalmontrejeau.fr - gratuit.* Montréjeau s'anime durant 4 jours et 4 nuits grâce à 500 participants venus des cinq continents : spectacles traditionnels costumés (chants, danses, musiques) et animations dans les rues.

Bagnères-de-Luchon

★

2 593 Luchonnais – Haute-Garonne (31)

NOS ADRESSES PAGE 314

S'INFORMER

Office de tourisme – *18 allée d'Étigny - 31110 Bagnères-de-Luchon - 05 61 79 21 21 - www.luchon.com - juil.-août: 9h-19h; déc.-mars: 8h30-19h, dim. et j. fériés 8h30-12h30, 14h30-18h; reste de l'année: 9h-12h30, 13h30-19h, dim. et j. fériés 9h-12h30, 14h-18h.*

Pass du musée du Pays de Luchon – *Rens. office de tourisme.*

SE REPÉRER

Carte de microrégion A3 (p. 280-281) – *carte Michelin Départements 343 B8.*

À l'extrême sud du département de la Haute-Garonne, Bagnères-de-Luchon, dans la vallée de la Pique, attire une foule de curistes et de skieurs.

SE GARER

Attention, mieux vaut circuler à Luchon à pied, en laissant la voiture au parking qui borde la D 618 (route d'Arreau), à l'entrée de la ville, ou, mieux, près des télécabines montant à Superbagnères. Un autre parking gratuit est ouvert place du Marché, près des halles *(sf merc. et sam.)*.

À NE PAS MANQUER

Le lac d'Oô; la vallée de la Pique; la fête des fleurs.

ORGANISER SON TEMPS

Si vous partez en randonnée, emportez un pique-nique. Les bords du lac d'Oô s'y prêtent! Profitez des thermes et du Vaporarium en fin de journée.

AVEC LES ENFANTS

Les œufs de la télécabine de Superbagnères; le rafting et le canoë-kayak.

4

C'est la ville de cure la plus animée de la région. Elle se trouve dans un site épanoui, à mi-parcours de la route des Pyrénées, et surplombe des vallées où se cachent d'anciennes carrières de marbre. Les visiteurs y découvriront une large gamme de distractions, mais aussi un vaste choix de promenades et d'excursions. En hiver, les pistes de Superbagnères, de Peyragude ou du Mourtis ne sont pas loin…

Se promener

Le nom officiel est Bagnères-de-Luchon… Mais on dit Luchon tout court. Pour ce qui est de « Bagnères », évidemment, c'est une allusion aux bains. Et « Luchon » ? C'est l'ancienne *Ilixone*, la ville d'Ilixo, dieu tutélaire des Bains. Les **allées d'Étigny**, avenue d'accès aux thermes, constituent le grand axe d'animation. Au n° 18, l'hôtel du 18e s. où fut reçu le duc de Richelieu fut construit en 1773 par le baron Bertrand de Lassus-Nestier, également à l'origine du château de Valmirande à Montréjeau *(voir p. 303)*. Il abrite l'office de tourisme et le musée du Pays de Luchon. En face, à côté de la mairie (1840), le Castel ou Hôtel Boy date de la fin du 18e s. Plus loin, au n° 56, vous pourrez apercevoir l'imposant chalet Spont *(ne se visite pas)*, construit entre 1848 et 1855 dans le style suisse.

Installations thermales

Thermes Chambert – *✆ 05 61 79 21 21 - www.thermes-luchon.fr - ♿ - visite guidée sur demande préalable (1h15) merc. 13h30-15h - fermé j. fériés - 2,50 € (-12 ans gratuit).* Construits en 1848 par l'architecte Edmond Chambert sur l'emplacement des anciens bains romains, les thermes s'ouvrent sur un hall décoré de vitraux et de fresques. Près de 80 sources sont captées dans la montagne de Superbagnères. Leurs eaux hyperthermales sulfurées-sodiques jaillissent à 74 °C et permettent de conjuguer les effets du soufre et de la radioactivité pour le traitement des affections des voies respiratoires. Aussi, pendant longtemps, d'illustres curistes ont été recrutés parmi les chanteurs, les comédiens et les avocats. D'un essor plus récent, le traitement des affections rhumatologiques et la rééducation fonctionnelle associent les applications de boues maturées avec de la barégine (colonies d'algues et de bactéries vivant dans les eaux hyperthermales) aux émanations sulfurées, au cœur d'une grotte spécialement aménagée, le **Vaporarium**. Il y règne une température de 38 à 42 °C… La dernière-née des cures propose une aide au sevrage tabagique.

Villas et quartier thermal

Parmi les plus remarquables villas du 19e s., signalons, boulevard Edmond-Rostand, la **villa Édouard** *(n° 2)*, avec ses échauguettes, construite par Chambert, l'architecte des thermes. Non loin, la **villa Julia**, coiffée d'une tourelle hexagonale, fut la résidence secondaire d'Edmond Rostand. Allée des Bains, la **villa Pyrène** *(n° 13)* surprend par ses vérandas métalliques. Dans le boulevard Henry-de-Gorsse, la villa Bertin et les chalets russes et persans se distinguent à peine derrière la végétation. Édifié en 1880 dans un style classique, le **casino** fut agrandi en 1929 avec une touche Art déco. Le parc voisine avec le **pavillon normand**, construit pour l'Exposition universelle de 1900.

Vieux Luchon

Le quartier du Courtat s'étend entre l'imposante **église** (19e s.) surmontée d'une tour carrée et crénelée, et la **halle** colorée (1897) de la place du marché.

Musée du Pays de Luchon

✆ 05 61 79 29 87 - pour les h se rens - 2,50 € (enf. 1,25 €).

Il propose un panorama de la région à travers différents thèmes. L'espace consacré aux montagnes évoque les hôtes illustres, les grands pyrénéistes et les sports d'hiver sur les massifs de la Maladetta, du Lys, d'Oô et d'Aran. Le « plan Lézat » (1854) présente les montagnes de Luchon en relief au 1/10 000. Des vestiges de l'âge du fer, des statues et autels votifs gallo-romains attestent l'ancienneté du site. La salle du vieux Luchon expose des gravures et photographies sur l'histoire de la ville, le thermalisme, le casino. Les arts et traditions populaires des vallées de Larboust, Oueil, Louron, Aran et Luchon sont illustrés par une riche collection d'objets : métiers à tisser, ustensiles du berger, objets religieux, outils aratoires. Des animaux naturalisés illustrent la faune locale : aigle des Pyrénées, chocard, chouette, coq de bruyère, etc.

Musée aéronautique Léon-Élissalde

✆ 05 61 79 29 87 - mar., jeu., sam. 14h-18h - 2,50 € (enf. 1,25 €).

Les expéditions menées par Léon Élissalde (fondateur de l'Aéroclub luchonnais), entre 1983 et 1988, ont permis de retrouver des épaves d'avions tombés pendant la Seconde Guerre mondiale. À côté de moteurs de toutes sortes (BMW 801 M, Bristol Hercule 100) sont également exposés un uniforme de la Royal Air Force, des turbomoteurs, des turbopropulseurs, etc.

LA « REINE DES PYRÉNÉES »

À l'époque gallo-romaine, la vallée de l'One est déjà célèbre pour ses bains, si magnifiques qu'ils sont considérés comme « les premiers après ceux de Naples » si l'on en croit une inscription en latin sur l'établissement thermal. Une voie romaine relie les thermes à l'importante cité de *Lugdunum Convenarum* (Saint-Bertrand-de-Comminges). Des fouilles ont permis de retrouver la trace de trois vastes piscines, revêtues de marbre, avec circulation d'air chaud et de vapeur.

En 1759, l'intendant de la généralité de Gascogne, Béarn et Navarre, **Antoine Mégret, baron d'Étigny**, qui réside à Auch, découvre Luchon et redonne à la ville thermale son lustre d'antan. Dès 1762, une route carrossable relie la ville à Montréjeau : la belle avenue qui porte aujourd'hui son nom est ouverte et plantée de tilleuls. Le baron remplace la piscine commune rudimentaire par neuf auges de bois à deux places, recouvertes d'un couvercle mobile comportant un trou pour la tête, mais le déshabillage se fait encore en plein air à l'abri d'une planche. Il a, le premier, l'idée d'attacher un médecin à la station. Cela fait, il s'agit alors de la lancer. D'Étigny persuade le gouverneur de la province, le maréchal de Richelieu, de faire une cure. Le duc se montre enchanté, les fouilles romaines le ravissent. Il vante les charmes de Bagnères à Versailles et revient pour une seconde cure. La fortune de Luchon est faite !

On ne compte plus les curistes célèbres, attirés par les eaux sulfureuses ou par la vie mondaine : Lamartine, Flaubert, Daudet, Bismarck ou encore Mata Hari et Edmond Rostand… Ce dernier y trouva-t-il l'inspiration pour son fameux *Aiglon* ? Toujours est-il que son illustre modèle avait, lui aussi, fréquenté les thermes quelques décennies auparavant !

Randonnées Carte de Bagnères-de-Luchon p. 313

Les Pyrénées luchonnaises se dressent en barrière, suivant une ligne de crête jalonnée d'ouest en est par les sommets granitiques, tous d'altitude supérieure à 3 000 m, fermant la vallée d'Oô (Spijoles, Gourgs Blancs, Perdiguère) et la vallée du Lys (Crabioules, Maupas). L'échancrure la plus marquée, le port de Vénasque, s'élève encore à 2 448 m.

4

★★ LAC D'OÔ

Pour visualiser cette randonnée de 2h30 AR par le sentier balisé GR 10, reportez-vous à la carte p. 313. Sortez de Luchon par la D 618, route du col de Peyresourde. À Castillon, prenez à gauche la D 76, route de la vallée d'Oô, qui longe la base de la vaste moraine sur laquelle sont juchés les villages de Cazeaux et Garin.

Alt. 1 504 m. Le lac d'Oô est situé dans un cadre magnifique : au fond, le torrent issu du lac d'Espingo forme une cascade haute de 275 m. Le lac (38 ha pour 67 m de profondeur maximum) alimente la centrale hydroélectrique d'Oô. Les prélèvements peuvent provoquer une baisse sensible du plan d'eau.

★★ VALLÉE DE LA PIQUE

Pour visualiser cette randonnée de 4 à 6h AR, reportez-vous à la carte p. 313. Sortez de Luchon au sud par la D 125. Laissez à droite la route de la vallée du Lys et poursuivez la montée à travers de beaux bois de hêtres. Après la maison forestière de Jouéou, laissez la voiture et continuez à pied.

En atteignant l'Hospice de France (alt. 1 385 m), vous découvrez la majesté du site pastoral, la forêt, les cascades voisines sont autant d'invitations à la promenade. Les marcheurs entraînés monteront au **port de Vénasque** (alt. 2 448 m) par le chemin muletier, en quittant l'Hospice de France de très bonne heure. Des premières pentes du versant espagnol *(4h30 à pied AR)* ou mieux encore du **pic de Sauvegarde** (alt. 2 738 m – *6h à pied AR*), vue superbe sur tout le massif de la Maladetta.

Circuits conseillés Carte de Bagnères-de-Luchon ci-contre

★ VALLÉE DU LYS

Circuit de 32 km de Luchon à Superbagnères, tracé sur la carte ci-contre – comptez environ 2h30. Quittez Luchon au sud par la D 125, puis prenez sur la droite la D 46. Laissez la voiture 2 km après le 2e pont de Ravi.

Gouffre Richard

À partir du pied d'un pylône de transport de force, à gauche, vue superbe sur la puissante chute du Lys qui se jette dans une cuve rocheuse.

Au-delà de la bifurcation de Superbagnères, la route s'infléchit vers le sud. Un beau **panorama★** se dégage sur les plus hauts sommets du cirque supérieur de la vallée.

Laissez la voiture au parking gratuit du restaurant Les Délices du Lys.

Centrale du Portillon

Ses deux groupes travaillent sous une hauteur de chute maximale de 1 419 m, dénivellation qui fit sensation à l'époque (1941).

Cascade d'Enfer

C'est le dernier bond du ruisseau d'Enfer.

Faites demi-tour et prenez la route de Superbagnères tracée sous les hêtres.

Superbagnères

Depuis Bagnères-de-Luchon, vous pourrez rejoindre par les œufs de la télécabine le centre de ski de Superbagnères (alt. 1 804 m), situé au-dessus de la limite de la forêt.

Domaine skiable de Luchon-Superbagnères – *05 61 79 97 00 - www.luchon-superbagneres.com - tarifs : se rens.* Alt. 1 440-2 260 m, 15 remontées mécaniques. Les 30 pistes de ski alpin couvrent un vaste domaine très ensoleillé dont l'enneigement est assuré par des canons à neige. Au pied de la station, le secteur de Coumes présente des pistes faciles. Dans le secteur du lac, agréables pistes en forêt de niveau intermédiaire. Pour trouver des pistes noires très techniques, rendez-vous dans le secteur d'Arbesquens. Le secteur du Céciré, à l'extrême ouest du domaine, allie des pistes de niveau moyen à confirmé.

Le **Grand Hôtel**, bâtiment monumental construit en 1922, récemment relancé par les Villages clubs du soleil, constitue le centre de la station. Le **musée** retrace l'histoire du Grand Hôtel et le train à crémaillère qui fut à l'origine de la station de ski. *05 61 79 90 00 - www.villagesclubsdusoleil.com - de déb. juin à mi-sept. : merc. et w.-end 14h-17h ; fin déc.-fin mars : lun. et merc. 9h-12h, vend. 14h-17h - 2,50 € (6-15 ans 1,50 €, -6 ans gratuit).*

De la table d'orientation du TCF, érigée au sud de l'hôtel, **panorama★★** sur les Pyrénées luchonnaises et les glaciers de la Maladetta, en arrière-plan.

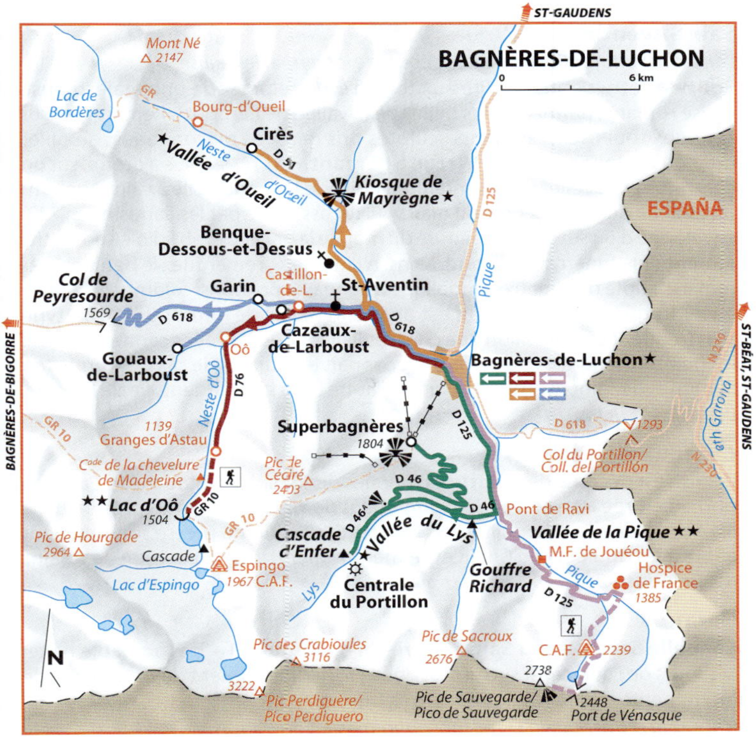

★ VALLÉE D'OUEIL

Pour visualiser ce circuit de 15 km au nord-ouest, de Luchon à Cirès, reportez-vous à la carte ci-dessus – comptez environ 1/2h. Sortez de Luchon par la D 618.

Vous quittez cette route après la chapelle commémorative du martyre de saint Aventin pour prendre la D 51 sur la droite. À 2 km de cette bifurcation se détache, à gauche, la route menant à l'église supérieure de **Benque-Dessous-et-Dessus** qui renferme des peintures murales du 15e s.

La **basse vallée d'Oueil**★ ravit par son charme pastoral et ses villages groupés.

Cirès

Village pittoresque, avec ses maisons tassées en amphithéâtre, au pied de l'église isolée sur son promontoire. Les maisons présentent, comme dans toute la vallée, des pignons en lattis fermant de hauts greniers à foin.

En direction de Mauléon-Barousse, par la D 51, arrêtez-vous au Port (col) de Balès (avr.-oct.) d'où vous jouirez d'une **vue panoramique**.

★ VERS LE COL DE PEYRESOURDE

Pour visualiser ce circuit de 20 km, reportez-vous à la carte ci-dessus – comptez environ 3/4h. Quittez Luchon à l'ouest par la D 618.

Saint-Aventin

Laissez la voiture 100 m avant le départ de la rampe de l'église.

Église – Cette petite localité aux toits d'ardoise possède une majestueuse église romane, parmi les plus belles de la vallée de Larboust. Remarquez, sur ses deux tours, les fragments sculptés pris dans les maçonneries : au pilier droit du portail, imposante **Vierge à l'Enfant★** du 12e s. ; plus à droite, sur un contrefort, bas-relief représentant un épisode légendaire lié à saint Aventin : un taureau dégage le corps du martyr (il fut assassiné par les Sarrasins en 732) enveloppé d'un suaire ; à la jointure du mur de la nef et de l'absidiole sud, petits monuments funéraires gallo-romains. À l'intérieur, remarquez le bénitier préroman sculpté d'animaux symboliques : agneaux, poissons, colombes. La grille en fer forgé fermant le chœur est un grand travail de ferronnerie, d'un type plus fréquent en Roussillon que dans les vallées des Pyrénées centrales. Parmi les peintures murales du 12e s., on reconnaît les effigies de saint Saturnin (ou Sernin) et de saint Aventin, de part et d'autre de la fenêtre centrale de l'abside.
Poursuivez sur la D 618.

Cazeaux-de-Larboust

L'église est décorée de **peintures** murales du 15e s., très retouchées. Face à la porte d'entrée trône un curieux Jugement dernier, thème omniprésent dans les églises de la vallée du Louron *(voir p. 269)*. La Vierge presse son sein pour adoucir les douleurs du Christ et calmer sa colère : le glaive tombe des mains du divin Justicier.

Garin

Chapelle Saint-Pé (ou Saint-Pierre-de-la-Moraine) – Très agréable halte. Les murs de l'édifice, et surtout les contreforts, incorporent des fragments de monuments funéraires antiques, très frustes.
Quittez la D 618 pour la D 768, qui apparaît sur votre gauche.

Gouaux-de-Larboust

Accessible par une route de corniche, vous apprécierez ce village pour ses **vues★★** sur la vallée d'Oô et les toits d'ardoise du village d'Oô. La fraîcheur de cette vallée, où foisonnent les frênes et les noyers, s'allie avec bonheur au paysage de haute montagne caractéristique du massif luchonnais : roches sombres (Spijoles, Gourgs Blancs, pic du Portillon d'Oô) enrobées de petits glaciers.
Revenez à l'embranchement avec la D 618 et prenez à gauche.

Col de Peyresourde

À 1 569 m, il offre une vue dégagée sur la chaîne des Pyrénées. Porte d'accès à la station de Peyragudes distribuée sur les deux versants de la montagne, le col marque la frontière entre la Haute-Garonne et les Hautes-Pyrénées. Sur l'autre versant court la vallée du Louron *(voir p. 269)*.

NOS ADRESSES À BAGNÈRES-DE-LUCHON

HÉBERGEMENT

PREMIER PRIX

Hôtel La Petite Auberge – *15 r. Lamartine - ✆ 05 61 79 02 88 - fermé en sem. en hiver sf vac. scol. et fin oct. - fin déc. -* P *- 29 ch. 43 € - ☕ 6,50 € - rest. 16 €.* Cette ancienne maison de maître propose des chambres simples, parfois un peu vieillottes, mais avec des prix tout doux. Jolie terrasse.

Hôtel des Deux Nations – *5 r. Victor-Hugo - ✆ 05 61 79 01 71 -*

www.hotel-des2nations.com - P - 27 ch. 43/55 € - 7 € - formule déj. 12 € - 14/29 €. Deux bâtiments composent cet hôtel où la même famille reçoit les clients depuis 1917 ! Belle terrasse de restaurant.

BUDGET MOYEN

La Rencluse – *4 av. Gascogne - 31110 St-Mamet - 05 61 79 02 81 - www.hotel-restaurant-la-rencluse.fr - ouv. 1er Mai - mi-oct., vac. scol. de Noël et fév. - P - 23 ch. 57 € - rest. 13/20 €.* Étape sympathique sur la route d'Espagne : chambres rénovées, ambiance « maison de campagne familiale ». Murs lambrissés, mobilier rustique et nappes à carreaux décorent la salle à manger ; cuisine traditionnelle simple.

Chambre d'hôte Le Poujastou – *R. du Sabotier - 31110 Juzet-de-Luchon - 05 61 94 32 88 - www.lepoujastou.com - fermé nov. - P - - 5 ch. 59 € - repas 20 €.* Cette bâtisse, exposée plein sud, face aux sommets du Luchonnais, abritait au 18e s. le café du village. Elle propose aujourd'hui des chambres flambant neuves, aux murs colorés d'ocre. Goûteuse cuisine du pays servie dans une salle à manger de style pyrénéen.

Chambre d'hôte « Papilio » – *Rte de Subercarrere - 31110 Montauban-de-Luchon - 05 61 89 29 82 - www.papilio-luchon.com - P - - 4 ch. dont 1 duplex 60 € - repas 22 €.* On se sent forcément à l'aise dans cette maison de village aux volets bleus. Quatre chambres à l'étage, joliment décorées et équipées d'une salle de bain-wc, dont une plus spacieuse, parfaite pour une famille. Prix doux.

Chambre d'hôte La Tour de Castel Vielh – *av. de Vénasque - 31110 Luchon - 05 62 00 12 90 - www.castelvielh.com - 5 ch. 70/75 € - repas 20 €.* Cette belle maison montagnarde surplombe Luchon et offre une vue imprenable sur le sommet du Vénasque. Très belle décoration actuelle dans les chambres (bois, pierre, ardoise). Accueil autour d'un verre de bienvenue.

RESTAURATION

PREMIER PRIX

Les Hauts Pâturages – *Au bourg - 31110 Artigue - 05 61 79 10 47 - fermé oct.-mars, mar. sf juil.-août et lun. - 16/31 € - réserv. conseillée.* Sur les hauteurs de Luchon, cette affaire familiale, réputée pour son site et sa cuisine, réalisée au four à bois, propose de savoureuses spécialités régionales.

BUDGET MOYEN

D'Étigny – *3 av. Paul Bonnemaison - 05 61 79 01 42 - www.hotel-etigny.com - fermé fin oct. - avr. - formule déj. 14,50 € - 20/49 € - 61 ch. 55/155 €.* Restaurant sobrement bourgeois et terrasse ombragée pour une carte proposant des recettes ancrées dans la tradition.

ACTIVITÉS

Base rafting canoë-kayak – *Chemin de Poy - 31110 Antignac - 05 61 79 19 20 - www.antignac-rafting.com - canoë-kayak 20 €, rafting 20/35 €.* Cette base de loisirs propose différentes activités sportives liées à l'eau (moniteurs diplômés) : canoë, kayak, rafting, air-boat, hot-dog, hydrospeed. Plusieurs parcours et ambiances au choix : découverte, sportive, balade.

AGENDA

Fête des fleurs – *2e quinz. d'août - 05 61 79 21 21 - www.luchon.com.* Défilé de chars décorés de fleurs naturelles.

+ d'adresses

L'Ariège 5

Carte Michelin Départements 343 – Ariège (09)

Paysage du Couserans.

B. Merle / Photononstop

L'ARIÈGE

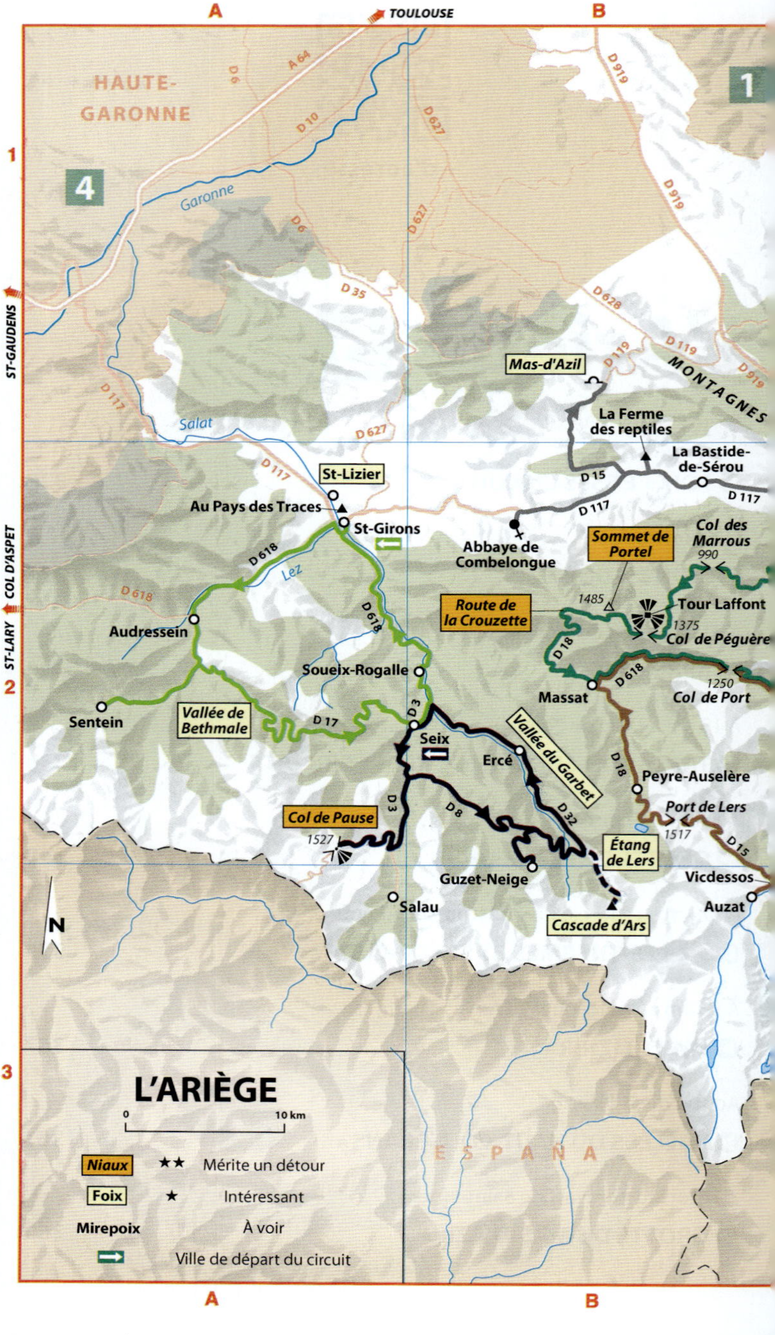

A
B
TOULOUSE
HAUTE-GARONNE
4
1
Garonne
A 64
D 6
D 10
D 627
D 919
D 35
D 628
D 119
MONTAGNES
ST-GAUDENS
D 117
Salat
Mas-d'Azil
La Ferme des reptiles
La Bastide-de-Sérou
D 15
D 117
St-Lizier
Au Pays des Traces
St-Girons
Abbaye de Combelongue
Col des Marrous
990
Sommet de Portel
ST-LARY
COL D'ASPET
D 618
Lez
Audressein
1485
Route de la Crouzette
Tour Laffont
1375
Col de Péguère
D 18
Soueix-Rogalle
Massat
1250
Col de Port
Sentein
Vallée de Bethmale
D 17
D 3
Seix
Ercé
Vallée du Garbet
D 8
D 32
Peyre-Auselère
Port de Lers
1517
Col de Pause
1527
Étang de Lers
Guzet-Neige
Vicdessos
Salau
Auzat
Cascade d'Ars
N
2
3
L'ARIÈGE
0
10 km
Niaux
★★ Mérite un détour
Foix
★ Intéressant
Mirepoix
À voir
Ville de départ du circuit
ESPAÑA

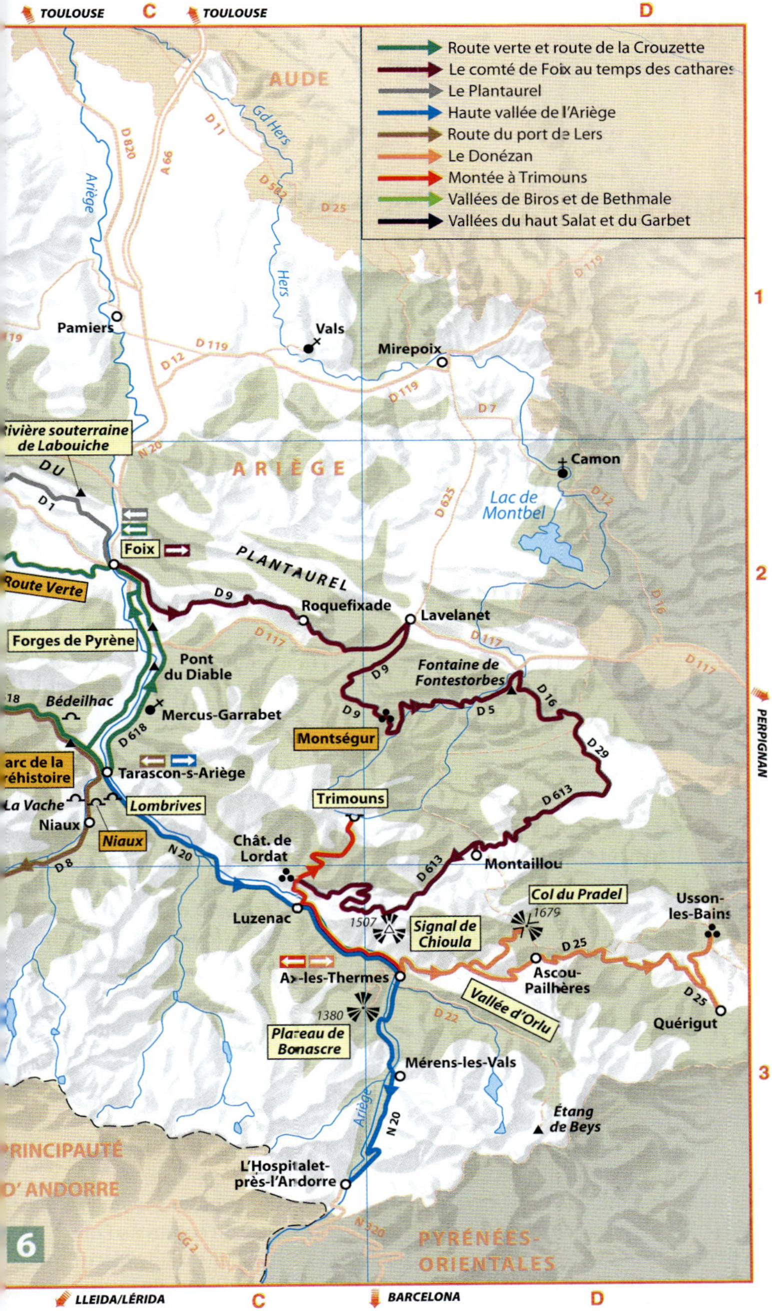

TOULOUSE
C
TOULOUSE
D
Route verte et route de la Crouzette
Le comté de Foix au temps des cathares
Le Plantaurel
Haute vallée de l'Ariège
Route du port de Lers
Le Donézan
Montée à Trimouns
Vallées de Biros et de Bethmale
Vallées du haut Salat et du Garbet
AUDE
ARIÈGE
Pamiers
Vals
Mirepoix
Camon
Lac de Montbel
Rivière souterraine de Labouiche
Foix
Route Verte
PLANTAUREL
Roquefixade
Lavelanet
Fontaine de Fontestorbes
Forges de Pyrène
Pont du Diable
Bédeilhac
Mercus-Garrabet
Montségur
Tarascon-s-Ariège
La Vache
Lombrives
Niaux
Trimouns
Chât. de Lordat
Montaillou
Luzenac
Signal de Chioula
Col du Pradel
Usson-les-Bains
Ax-les-Thermes
Ascou-Pailhères
Quérigut
Vallée d'Orlu
Plateau de Bonascre
Mérens-les-Vals
Étang de Beys
L'Hospitalet-près-l'Andorre
PRINCIPAUTÉ D'ANDORRE
PYRÉNÉES-ORIENTALES
PERPIGNAN
1
2
3
6
LLEIDA/LÉRIDA
C
BARCELONA
D

Foix

★

9 885 Fuxéens – Ariège (09)

NOS ADRESSES PAGE 329

S'INFORMER

Office du tourisme du pays de Foix-Varilhes – *29 r. Delcassé - 09000 Foix - ✆ 05 61 65 12 12 - www.tourisme-foix-varilhes.fr - juil.-août : 10h-19h, dim. 10h-12h30, 14h-18h ; janv.-juin : 9h-12h, 14h-18h, dim. (de mi à fin juin) 10h-12h30, 14h-18h ; reste de l'année : se rens.*

SE REPÉRER

Carte de microrégion C2 (p. 318-319) – *carte Michelin Départements 343 H7.*
La ville ancienne, aux rues étroites, a pour centre, à l'angle des rues de Labistour et des Marchands, le carrefour où coule la petite fontaine de l'Oie, en bronze. Elle contraste avec le quartier administratif, bâti au 19e s. autour de vastes esplanades, les allées de la Villote et le Champ-de-Mars.

À NE PAS MANQUER

Aux alentours, la route Verte et la route de la Crouzette.

ORGANISER SON TEMPS

La ville de Foix, peu étendue, se parcourt rapidement. Pour bien profiter des Forges de Pyrène, prévoyez d'y passer une demi-journée, voire plus.

AVEC LES ENFANTS

Les Forges de Pyrène ; la rivière souterraine de Labouiche ; la Ferme des reptiles ; le château de Foix.

Préfecture la moins peuplée de France, la petite ville de Foix est accueillante et tranquille. Son attrait réside dans son passé légendaire. Au débouché de l'ancienne vallée glaciaire de l'Ariège, Foix apparaît soudain dans un site tourmenté hérissé de sommets aigus. Les trois tours de son château semblent surveiller, de leur roc austère, le dernier défilé de la rivière à travers les plis du Plantaurel.

Se promener

★ Château

✆ 05 34 09 83 83 - www.grands-sites-ariege.fr - juil.-août : 10h-18h30 ; reste de l'année : se rens. - 5,50 € (-18 ans 3,70 €) - possibilité de visite guidée (1h).

C'est du **pont de Vernajoul**, qui enjambe l'Arget au bout de la rue de la Préfecture, que l'on aura la vue la plus saisissante sur le château.

En 1002, le comte de Carcassonne, Roger le Vieux, lègue des terres et le château de Foix à son fils Roger-Bernard qui prend le titre de comte de Foix.

Le château, dont les premières bases datent du 10e s., est une solide place forte que Simon de Montfort assiégea en vain en 1211 et 1212, lors de la croisade contre les Albigeois. Mais en 1272, le comte de Foix refusant de reconnaître la souveraineté du roi de France, Philippe le Hardi prend en personne la direc-

Le château et la ville de Foix.
J.-M. Barrere / hemis.fr

tion d'une expédition contre la ville. À bout de vivres et devant l'attaque du rocher à pic, le comte capitule. Après la réunion du Béarn et du comté de Foix en 1290, la ville est pratiquement abandonnée par les comtes. Gaston Fébus (14e s.) est le dernier à avoir vécu au château qui devint siège du gouverneur du pays de Foix, puis siège de garnison jusqu'à la Révolution, et enfin prison, jusqu'en 1862. Aujourd'hui, il abrite le **musée départemental**.

L'intérêt du château tient à son site, en aplomb au-dessus de la ville. Des trois tours qui subsistent (le quart des bâtiments d'origine), deux sont ouvertes à la visite : la tour carrée, centrale, dite la « tour d'Arget », et la tour ronde, qui ont conservé des salles voûtées des 14e et 15e s. et le lit restauré d'Henri IV. Certaines salles abritent des expositions temporaires. Le château était entouré de deux enceintes qui rendaient sa position fort redoutable. De la terrasse entre les tours, ou mieux, du sommet de la tour ronde, **panorama★** sur le site de Foix, la vallée de l'Ariège et le Pain de Sucre de Montgaillard.

Musée départemental de l'Ariège – *05 34 09 83 83 - Mêmes conditions de visite que le château.* Dans la grande salle basse, des collections d'armes de guerre et de chasse rappel ent la destination première de la forteresse. Des éléments de préhistoire témoignent de l'activité humaine dans les grottes de l'Ariège (on en a répertorié 300 et fouillé 60), du Paléolithique à l'âge du bronze. Importants débris de faune (ours des cavernes), moulages d'empreintes de pas humains. On voit aussi des chapiteaux du 12e s. provenant du cloître Saint-Volusien, aujourd'hui disparu, et des maquettes du château.

5

Église Saint-Volusien

Évêque de Tours vivant au 5e s., saint Volusien endura les persécutions des Wisigoths qui entreprirent de l'exiler vers l'Espagne. Il mourut sur le chemin, dans la vallée de l'Ariège, aux portes de Foix qui accueillit ses reliques.

L'église qui lui est consacrée revêt aujourd'hui l'aspect d'un bel édifice gothique très simple. La nef date du 14e s., et le chœur, surélevé, du début du 15e s. Remarquez les stalles (17e s.) qui proviennent de l'église Saint-Sernin de

À la cour des comtes de Foix

IL ÉTAIT UNE FOIS…

À l'époque carolingienne, la cité s'appelait *Fuxum*. Ce qui donna *Foish* en occitan. Le pays de Foix, devenu le département de l'Ariège, a pour axe la vallée pyrénéenne de ce grand affluent montagnard de la Garonne. Partie du duché d'Aquitaine, puis du comté de Carcassonne, il fut érigé en comté au 11e s. Lors du traité de Paris (1229) qui met un terme politique à la guerre contre les Albigeois, particulièrement cruelle ici, le comte de Foix se reconnaît vassal du roi de France. En 1290, la famille de Foix hérite, par alliance, du Béarn et se fixe dans cet État, préférant être maîtresse chez elle plutôt que de subir la domination royale. Sous la houlette de Gaston Fébus, elle réunit un territoire, indépendant à des degrés divers, allant de Foix à la Soule. Il faudra le « destin national » de celui qui, par suite d'alliances, hérita du comté, le futur Henri IV, pour que le comté soit, en 1607, rattaché à la Couronne.

Le plus célèbre des comtes de Foix est **Gaston III** (1331-1391), surnommé **Fébus** (le brillant, le chasseur). Ce politique avisé, personnage cultivé, lettré et poète, qui aimait s'entourer d'écrivains et de troubadours, n'était cependant pas un tendre! Après avoir fait assassiner son frère, il tua son fils unique. Passionné de chasse, auteur d'un traité sur l'art de la vénerie, il entretenait 600 chiens et, à l'âge de 60 ans, en décousait encore avec l'ours… C'est au retour d'une de ces rudes expéditions qu'il tomba foudroyé par une hémorragie cérébrale… Mais Gaston Fébus ne fut pas le seul représentant de l'illustre lignée des comtes de Foix. Neveu de Louis XII, Gaston de Foix avait, à 22 ans, le commandement de l'armée royale en Italie. Surnommé « le foudre d'Italie », il gagna la bataille de Ravenne en 1512, mais, percé de quinze coups de lance, il succomba à ses blessures. Son cousin Odet, blessé à Ravenne, contribua puissamment à la conquête du Milanais (1515).

UNE RIVIÈRE QUI ROULE SUR L'OR

L'Ariège roule de l'or dans ses eaux et, du Moyen Âge à la fin du 19e s., les orpailleurs étaient nombreux à laver les sables à la recherche des précieuses paillettes. C'est en aval de Foix que la rivière devient aurifère; les plus grosses paillettes (dont certaines pesaient jusqu'à 15 g) ont été trouvées entre Varilhes et Pamiers.

MINEURS ET FORGERONS

Les minerais de fer des Pyrénées, fort appréciés pour leur richesse, furent très tôt activement exploités. La mine du Rancié, fermée définitivement en 1931, était encore exploitée au 19e s. suivant une formule coopérative archaïque: les habitants de la vallée, inscrits à l'Office des mineurs, étaient des associés plus que des salariés. Ils n'avaient le droit d'abattre par jour qu'une quantité déterminée de minerai. Souvent, le mineur travaillait solitairement à l'abattage. Une fois sa hotte remplie, il remontait le minerai sur son dos jusqu'à l'entrée des galeries et le vendait comptant aux muletiers qui assuraient le transport jusqu'à Vicdessos, où s'approvisionnaient les maîtres de forges.

En 1833, 74 forges « à la catalane » s'alimentaient à cette mine. Ces forges traitaient directement le minerai par simple réaction avec du charbon de bois… au grand dommage des forêts qui s'en trouvèrent dévastées.

Toulouse, les grandes fenêtres, très étroites, et l'autel Renaissance (scènes de la Visitation et de la Cène).
En face de l'église, au nº 1 de la rue de la Préfecture, admirez la façade, curieuse et harmonieuse, d'une noble maison à cariatides.

Circuits conseillés Carte des environs de Foix p. 324-325

★★ ROUTE VERTE ET ROUTE DE LA CROUZETTE

Circuit de 93 km, tracé en vert sur la carte (p. 324-325) – comptez environ 5h. Quittez Foix à l'ouest par la D 17.

Attention ! La route est fermée de début novembre à fin avril entre les cols des Marrous et de la Crouzette, ainsi qu'au col des Caougnous.

★★ Route Verte

La route, en rampe légère, remonte la **vallée de l'Arget** ou Barguillère, région autrefois connue pour sa métallurgie (clouterie), et serpente au milieu des bois. Après la Mouline, la montée s'accentue et, à Burret, la route s'écarte de l'Arget qui prend sa source dans une conque boisée. Le paysage devient pastoral.

Col des Marrous

Alt. 990 m. Larges vues au sud, sur la vallée de l'Arget et la forêt de l'Arize.
La montée se poursuit à travers une forêt où dominent les hêtres. Au départ de la route forestière *(à droite)*, dans le premier lacet, belles échappées sur la montagne du Plantaurel et La Bastide-de-Sérou. Après le col de Jouels, la route, tracée en corniche sur les pentes supérieures du cirque boisé de Caplong, où naît l'Arize, prend un caractère panoramique. Au second plan surgit la pyramide tronquée du mont Valier (alt. 2 838 m).
Au **col de Péguère** (alt. 1 375 m), le panorama se dégage complètement.

Tour Laffont

15mn à pied AR par le chemin à droite, derrière le refuge.

Magnifique **panorama★** sur les Pyrénées centrales et ariégeoises, depuis le pic de Fontfrède (1 617 m) jusqu'au pic de Cagire (1 912 m), au-delà du col de Portet-d'Aspet.

★★ Route de la Crouzette

Parcours de crête sur les croupes du massif de l'Arize couvertes de fougères. La route domine les cirques forestiers des ruisseaux tributaires de l'Arize, au nord, et la fraîche vallée de Massat, doucement évidée, au sud.

★★ Sommet de Portel

15mn à pied AR. À 3,5 km du col de Péguère, laissez la voiture au passage d'un col où la route décrit une large boucle.

Alt. 1 485 m. Montez, au nord-ouest, sur cette bosse herbeuse, jusqu'aux fondations d'un ancien signal. Panorama sur les sommets du Haut-Couserans, jusqu'à la chaîne frontière.
Du sommet de Portel, le vieux chemin prenant à l'intérieur de la boucle, sur la route, descend en quelques minutes à la fontaine du Coulat, joli coin agréablement situé pour une halte ou un pique-nique.
Après le col de la Crouzette, dans la forte descente vers Massat, par Biert et la D 618 à gauche, vue sur le Haut-Couserans et tout le massif supérieur en bas du col de Pause, Aulus et la vallée du Garbet.

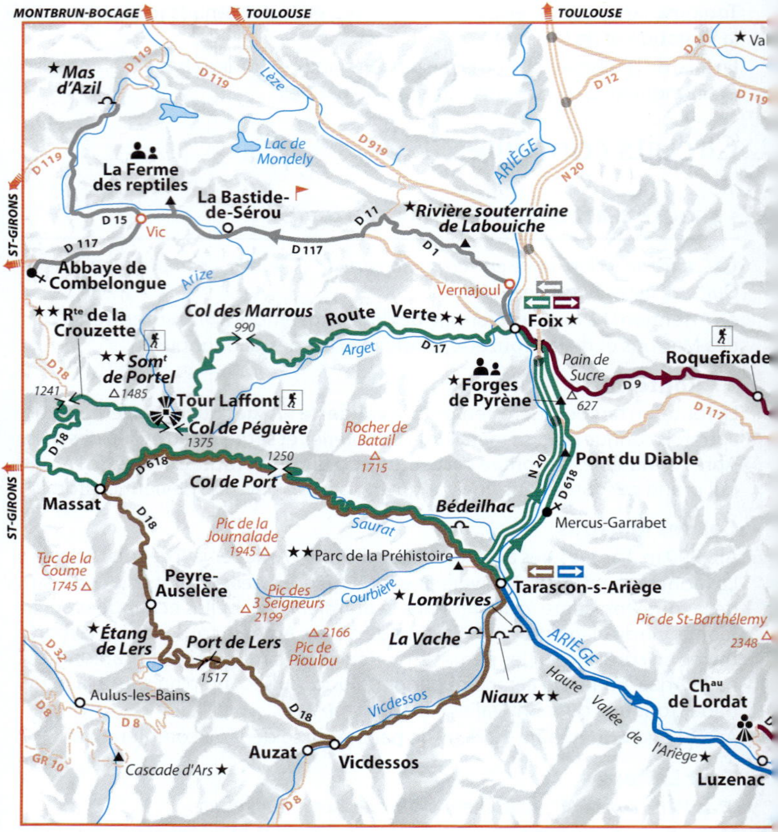

Massat

Rte du Col de Port - 09320 Massat - 05 61 96 92 76 - www.montagnes-du-couserans.fr - de mi-juil. à mi-août : lun. 10h-13h, mar.-dim. 10h-12h30, 15h-18h, j. fériés 10h-12h30 ; reste de l'année : tlj sf lun., j. fériés 10h-12h30, 15h-17h30.

Cette petite cité montagnarde possède une **église** dont la façade, au pignon en accolade, est flanquée d'un élégant clocher haut de 58 m. Au dernier étage, des gueules de canons décoratives pointent à travers des baies en losange.

Poursuivez par la D 618.

À l'est de Massat, le bassin supérieur de l'Arac s'épanouit et la route, très sinueuse, s'élève vers le col des Caougnous : jolies vues (en arrière) sur le verdoyant pays de Massat, puis sur le majestueux massif du mont Valier. En avant s'échancre le col de Port. À droite, derrière un premier plan mamelonné, apparaît la cime déchiquetée du pic des Trois-Seigneurs.

Des hameaux se succèdent et la vue sur le mont Valier devient superbe. On atteint bientôt les dernières habitations, puis la limite supérieure des prairies et des forêts pour pénétrer dans le domaine des landes de fougères et de genêts. À droite, belle forêt de sapins.

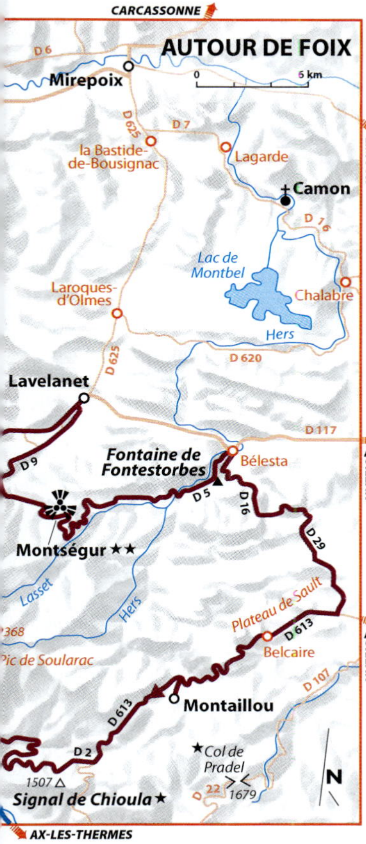

Col de Port

Alt. 1 250 m. Ici semble passer la frontière naturelle entre les « Pyrénées vertes », soumises à l'influence atlantique, et les « Pyrénées du soleil », méditerranéennes, aux paysages plus contrastés.

La descente s'effectue par la vallée de Saurat, ensoleillée et fertile. À la sortie de Saurat se dresse la tour Montorgueil, dans l'axe de la route. On passe ensuite entre les deux énormes rochers de Soudour et de Calamès, ce dernier couronné de ruines.

Grotte de Bédeilhac

(voir p. 340)

À 800 m du bourg de Bédeilhac.

Tarascon-sur-Ariège

(voir p. 338)

Sortez de Tarascon par la route de Mercus-Garrabet, sur la rive droite de l'Ariège.

Après le pic de Soudour (alt. 1 070 m) sur la gauche, dans un paysage accidenté et parsemé de pitons, apparaissent l'église romane de **Mercus-Garrabet** et son cimetière.

Pont du Diable

Accès par la route longeant la rive droite de l'Ariège. Laissez la voiture peu après le passage à niveau.

Ce pont pittoresque, jeté sur l'Ariège, possède encore des traces de fortifications (côté rive gauche : porte et chambre inférieure). Selon la légende, on a dû recommencer les travaux une dizaine de fois ; à chaque fois, les travaux effectués le jour s'effondraient à la nuit venue. D'où une réputation sulfureuse dans les alentours ! Résultat, on ne l'empruntait que contraint et forcé et seulement après s'être signé. Mais le diable a fini par se lasser et le pont est toujours là !

Après l'embranchement de Lavelanet apparaît le **Pain de Sucre**, un piton dominant le village de Montgaillard.

Entrez dans Montgaillard et suivez la signalisation « Les Forges de Pyrène ».

★ Les Forges de Pyrène

✆ 05 34 09 30 60 - www.grands-sites-ariege.fr - juil.-août : 10h-19h ; juin et sept. : 10h-18h, dim. 10h-18h30 ; reste de l'année : se rens.

Le passé rendu vivant. Telle pourrait être la devise des Forges de Pyrène. Sur 5 ha, vous pourrez découvrir un musée regroupant 125 métiers d'autrefois : de la laitière avec son attelage de chiens au cirier, en passant par le fabricant des premières boules de pétanque, le colporteur, l'arracheur de dents, le bouchonnier, l'ardoisier et la perleuse brodeuse… Les granges abritent des ateliers où des artisans (forgeron, boulanger, sculpteur) font des démonstrations, ainsi que le musée du Fer. Ne ratez pas la démonstration de la forge à martinet, outil classé Monument historique. Un parcours scénographique « Les âges de la vie » relate les grands événements d'une vie au 20e s. de la naissance à la mort. Une aire de pique-nique est aménagée au bord d'un plan d'eau ainsi qu'un espace de jeux.

LE COMTÉ DE FOIX AU TEMPS DES CATHARES

Circuit de 55 km, tracé en violet sur la carte (p. 324-325) – comptez une demi-journée. Quittez Foix au sud par la D 117 en direction de Montgaillard, puis obliquez à gauche sur la D 9 direction Soula et Roquefixade. Route sinueuse.

Si les Cathares se sont surtout concentrés dans les Corbières, ils furent également nombreux dans les pays entourant Foix: le pays d'Olmes, le pays de Sault et le Plantaurel. Leur situation, perdue dans les montagnes pyrénéennes loin de toute voie de communication, fit de ces châteaux cités des lieux privilégiés où les Cathares trouvaient asile lors des chevauchées sanguinaires des croisés. Parmi eux, Montségur est devenu le symbole de la résistance cathare, tandis que Montaillou, connu grâce à l'ouvrage d'Emmanuel Le Roy Ladurie, témoigne de la dureté de l'Inquisition qui suivit la croisade.

Roquefixade

À l'entrée du village, faisant halte devant une croix, on découvrira une très belle **vue★**, au-delà de la vallée, coupée de rideaux de frênes et semée de villages aux toits roses, sur le massif du Saint-Barthélemy et, à droite au dernier plan, sur le massif des Trois-Seigneurs. Vers l'amont, au sud-est, on reconnaît le rocher de Montségur, avec lequel le château local pouvait communiquer par des feux.

Le calme village de Roquefixade, bastide de la fin du 13e s., s'ordonne autour d'une place rectangulaire dotée d'une fontaine-abreuvoir.

De là, un chemin monte vers le piton rocheux où se détachent les ruines du **château** *(45mn à pied AR)*. Édifié au 11e s., celui-ci servit de refuge aux populations cathares durant la croisade contre les Albigeois. Il devint forteresse royale en 1272 pour être finalement détruit en 1632 sur ordre de Louis XIII, son rôle défensif n'étant plus justifié. Les remparts épousent la forme de l'éperon rocheux. Après les avoir contournés, on pénètre dans la 1re, puis dans la 2e enceinte: celle-ci abrite ce qui reste de l'habitat seigneurial.

Poursuivez la D 9 jusqu'à la D 117, que l'on prend à gauche vers Lavelanet.

Lavelanet

R. Jean Canal - 09300 Lavelanet - 05 61 01 22 20 - www.ariege-pyrenees-capahares.fr - 9h-12h, 14h-18h - fermé dim. et j. fériés.

Musée du Textile et du Peigne en corne – *05 61 03 89 19 - www.museedu-textile.canalblog.com - - juil.-août: 14h-19h; reste de l'année: 14h-18h - fermé lun. et 1er Mai - 5 € (-12 ans 3 €) - possibilité de visite guidée (1h30).* Installé dans une ancienne manufacture de draps, le musée rassemble une belle collection de machines (17e-19e s.) : navette volante, premiers métiers à tisser mécaniques puis automatiques…

La visite, agrémentée de démonstrations, suit le processus de fabrication de la laine, matière autrefois la plus utilisée à Lavelanet. Autre matériau mis à l'honneur: la corne servant à fabriquer des peignes depuis les 12e-13e s.

Revenez à l'entrée ouest de Lavelanet et bifurquez à gauche dans la D 109. Celle-ci rejoint la D 9 qui mène à Montségur.

★★ **Montségur** *(voir p. 331)*
Poursuivez sur la D 9 en direction de Bélesta. Passez Fougax-et-Barrineuf.

Fontaine intermittente de Fontestorbes

Débouchant d'une voûte rocheuse dans la vallée de l'Hers, Fontestorbes est une résurgence des eaux infiltrées dans les terrains calcaires du plateau de Sault. À l'époque des basses eaux, de mi-juillet à fin novembre, le phénomène d'intermittence durant lequel le débit oscille entre 100 et 1 800 litres par seconde peut être observé.
À Bélesta, empruntez sur la droite la D 16, signalée avec une remarquable discrétion, pour traverser la sombre et belle forêt de Bélesta. La D 16 se prolonge par la D 29. Sinueuse, la route s'élève sur le plateau de Sault (voir Le Guide Vert Roussillon-Pays cathare*) jusqu'au croisement avec la D 613 que l'on prend sur la droite en direction d'Ax-les-Thermes. Au village de Camurac, la D 20, sur la droite, mène au GR 107 longeant les gorges de la Frau (voir* Le Guide Vert Roussillon-Pays cathare*). Poursuivez sur la D 613.*

Montaillou

Ce village a acquis une soudaine célébrité lors de la publication d'un livre qui fit grand bruit, *Montaillou, village occitan de 1294 à 1324*, d'Emmanuel Le Roy Ladurie, établi à partir du registre d'Inquisition de Jacques Fournier, évêque de Pamiers. Il s'agit là d'un inestimable témoignage, tant sur la vie quotidienne dans un village ariégeois au 14e s. que sur la dureté de la répression qui s'abattit sur les habitants de la région après la fin de la croisade contre les Albigeois, lorsqu'il s'agissait d'éradiquer l'hérésie.
Continuez en direction d'Ax.

★ **Signal de Chioula** *(voir p. 351)*
Prenez à droite la petite D 2, fort tourmentée, en direction de Lordat.

Château de Lordat

✆ 05 61 01 34 22 - juil.-août : 10h30-12h30, 14h30-18h (spectacles 11h30, 15h, 16h30) ; avr.-juin, sept.-vac. de la Toussaint : tlj sf mar., vend. 14h30-16h30 (spectacle 15h) - 5,50 € (-12 ans 4 €).
Les ruines de ce château, qui servit de refuge à quelques Cathares après le siège de Montségur, surplombent la vallée de l'Ariège. Il ne reste aujourd'hui de cette forteresse démantelée par Richelieu (jadis la plus grande du comté de Foix) que les vestiges des trois enceintes, des pans de mur du donjon et la herse de la porte d'entrée. Sa position, bien détachée sur un piton calcaire, en fait un **belvédère★** sur le Sabarthès, le sillon de l'Ariège vers Ax et la chaîne frontière, du côté de l'Andorre.
Rejoignez la N 20 à Luzenac et prenez à droite vers Tarascon-sur-Ariège et Foix.
Pour compléter votre découverte des châteaux cathares, consultez *Le Guide Vert Roussillon-Pays cathare.*

★ LE PLANTAUREL

Circuit de 58 km, tracé en gris sur la carte (p. 324-325) – comptez une demi-journée. Quittez Foix au nord en suivant la rive gauche de l'Ariège jusqu'à Vernajoul où vous prenez à gauche la D 1.
Plantaurel, tel est le nom de ces crêtes qui s'allongent d'est en ouest sur la bordure septentrionale des Pyrénées. Ces avant-monts pyrénéens, culminant à 830 m, sont traversés de rivières (Touyre, Douctouyre, Ariège, Arize) qui ont

formé des cluses, parties les plus animées du massif avec celles situées sur les contreforts des chaînons.

★ Rivière souterraine de Labouiche

05 61 65 04 11 - visite guidée (75mn) juil.-août: 9h30-16h30; avr.-juin et sept.-mi-nov.: 10h-11h, 14h-16h30 - 9,80 € (-12 ans 7,80 €).

Ce réseau de galeries souterraines, exploré en 1908 par le Dr Dunac, puis par Norbert Casteret, est dû au creusement de la roche calcaire par les ruisseaux de Labouiche et du Fajal. De petits barrages, aménagés afin de surélever le niveau de l'eau, permettent la navigation sur cette rivière souterraine la plus longue d'Europe qui ne pourra qu'enchanter les visiteurs. Grâce à un parcours de 4 km en barque, à 60 m sous terre, dans des galeries hautes ou surbaissées, éclairées ou laissées à dessein dans l'obscurité, vous pourrez admirer les stalactites et les stalagmites, mises en valeur par la couleur noirâtre du calcaire sur lequel elles se détachent. Au gré de l'imagination, elles se transforment en bêtes chimériques, en fleurs étranges ou en décor fantasmagorique… Bref, c'est grandiose!

Poursuivez sur la D 1 jusqu'au croisement avec la D 11 que l'on prend sur la gauche avant de rejoindre la D 117.

La Bastide-de-Sérou

09240 La Bastide de Sérou - 05 61 64 53 53 - www.seronais.com - 9h30-12h30, 14h-18h - fermé w.-end et j. fériés.

Dans le noyau ancien du bourg, l'église abrite un pathétique Christ rhénan en bois du 15e s. *(à gauche en entrant)* et une pietà de la fin du 15e s. *(dans une chapelle à gauche du chœur).*

Sur la place de la Halle (mesures à grain, en pierre) et dans les petites rues du quartier au sud de l'église subsistent plusieurs maisons aux portails datés du 18e s.

La Bastide-de-Sérou abrite le Centre national du **cheval de Mérens**. Ce cheval de petite taille, noir et d'une hauteur de 1,50 m au garrot, est issu d'une très ancienne race locale puisqu'il fut dessiné sur les parois de la grotte de Niaux, voilà plus de dix mille ans! Doux et endurant, il était naguère utilisé pour les travaux des champs… avant de réussir sa reconversion dans le domaine du tourisme, son caractère docile en faisant un compagnon idéal de randonnée, activité largement répandue dans la région. On le voit, de mai à octobre, paître en liberté sur les prairies de la haute vallée de l'Ariège.

Poursuivez sur la D 117 puis prenez à droite la D 49 dir. Allières. La Ferme des reptiles se trouve vers Brouzenac.

La Ferme des reptiles

Brouzenac - 09240 La Bastide-de-Sérou - 05 61 65 82 13 - www.lafermedesreptiles.fr - de mi-juin à mi-sept.: 10h-12h, 14h-19h; reste de l'année: w.-end, j. fériés et vac. scol. 14h-18h - 8 € (-11 ans 5,50 €).

Grâce à une visite commentée, venez découvrir et toucher iguanes, tortues et autres serpents: du grand python à la couleuvre locale!

Reprenez à droite la D 117 jusqu'à Rimont, puis la D 518.

Abbaye de Combelongue (1138)

D 117 - 09420 Rimont - 05 61 96 37 33 - www.abbayedecombelongue.fr - ♿ - visite guidée (3/4h) juil.-sept.: 15h-18h; juin: 15h-18h, w.-end 10h-12h, 14h-18h - fermé sept.-mai (visite libre pour les jardins).

Sa particularité tient à son style roman d'influence mudéjare.

Revenez sur la D 117, puis prenez à gauche la D 15, au niveau de Ségalas.

Sur la D 15, au-delà de Durban, on quitte la dépression du Sérou pour suivre, après un angle droit, le défilé agréablement ombragé de l'Arize. En remontant la vallée en direction du Mas-d'Azil, on remarque les chapelles du **chemin de croix de Raynaude** qui sont accrochées à la pente, comme des nids dans la broussaille…

★ **Grotte du Mas-d'Azil** *(voir p. 369)*

Poursuivez le long de l'Arize, qui coule dans un étroit défilé, jusqu'à Sabarat où l'on emprunte à gauche la D 628 vers Daumazan-sur-Arize. Dans le village, prenez à gauche la D 19.

Montbrun-Bocage *(voir p. 284)*

NOS ADRESSES À FOIX

HÉBERGEMENT

BUDGET MOYEN

Hôtel Eychenne – *11 r. Peyrevidal - ✆ 05 61 65 00 04 - www.hotel-eychenne.com - 16 ch. 53/59 € - ☕ 6 €.* Facilement repérable grâce à sa tour d'angle en bois et son bar façon pub anglais, cet hôtel simple et rajeuni se révèle pratique et idéalement situé pour une visite de Foix.

Chambre d'hôte Château de Bénac – *09000 Bénac - ✆ 05 61 02 65 20 - www.chambres-hotes-gite-ariege.com - fermé de déb. nov. à mi-fév. - P - 7 ch. 68 € ☕ - rest. 23 € bc.* Entourée d'une propriété de 11 ha de forêt et de prairies, cette belle demeure du 17e s. compte 3 chambres et 2 suites, à l'étage, baptisées suivant leur thème de décoration. Les 2 salons (piano-billard) donnent sur le parc fleuri. Table d'hôte végétarienne, mais accompagnée parfois de volaille ou de poisson. Glaces maison au dessert.

Hôtel du Lac – *Rte Nationale 20 - ✆ 05 61 65 17 17 - www.hoteldulac-foix.fr - P - 25 ch. et 10 chalets, 75/85 € - ☕ 10 € - rest. (fermé dim. hors sais.) 29/34 €.* Établissement agréablement situé au bord du lac et jouissant d'un environnement calme ; les chambres sont confortables. Possibilité de louer un bungalow climatisé.

RESTAURATION

PREMIER PRIX

Au Grilladou – *7 r. Lafaurie - ✆ 05 61 64 00 74 - www.au-grilladou-vieux-foix.com - fermé sam. midi et dim. de déb. sept. à fin juin - ♿ - formule déj. 9,50 € - 12/22 €.* Ce petit restaurant, situé au pied du château, propose pizzas, grillades (viandes et poissons), salades et pâtes fraîches maison, à prix tout doux. Nouveau décor aux tons aubergine et gris, service efficace et accueil souriant. Terrasse l'été dans la rue piétonne.

BUDGET MOYEN

Les Sapins – *Conte - 09300 Nalzen - ✆ 05 61 03 03 85 - www.restaurant-lessapins.com - fermé dim. soir, lun. et mar. sf j. fériés - P - formule déj. 15 € -*

5

24/46 €. Maison aux allures de chalet posée au pied d'une forêt de sapins. Dans un sobre intérieur rustique, vous apprécierez la simplicité d'une bonne cuisine traditionnelle.

POUR SE FAIRE PLAISIR

Le Phœbus – *3 cours Irénée-Cros - ✆ 05 61 65 10 42 - www.ariege.com/le-phoebus - fermé de mi-juil. à mi-août, sam. midi, dim. soir et lun. - formule déj. 19 € - 29/87 €*. Pour déguster une cuisine traditionnelle dans une salle dominant l'Ariège et le château de G. Fébus. L'accueil est soigné et pensé pour les non-voyants (carte en braille).

ACHATS

Azema Bigou – *Campredon - 09300 Lesparrou - ✆ 05 61 01 11 09 - www.peigne-corne-azema-bigou.com - 9h-12h, 14h-16h30 - fermé w.-end, j. fériés et 2 sem. en août.* Cette fabrique de peignes en corne, fondée en 1820 et toujours tenue par la même famille, perpétue le savoir-faire traditionnel. Elle est aujourd'hui la seule entreprise de ce type en Europe. Sa boutique propose un large éventail de la production.

ACTIVITÉS

Club de voile des Rives de Léran – *Rte du Lac - 09600 Léran - ✆ 05 61 01 93 68 - http://cvrl.fr.* Pour la pratique des sports de voile sur le lac de Montbel.

Sentier cathare – Foix, Roquefixade, Montségur… Autant de sites empruntés par ce sentier qui relie en 12 étapes Foix à la Méditerranée, la montagne à la mer, à travers une foule de paysages (forêts de l'Escale et de Picaussel, Quillan et le canyon d'Agly, Port-la-Nouvelle).

Le chemin des Bonshommes – C'est le GR 107, une variante du sentier cathare. Leur parcours est commun jusqu'au village de Comus. Puis le GR 107 descend sur Berga, en Espagne, en passant par le refuge de Chioula, la Forge, Merens-les-Vals, L'Hospitalet-près-l'Andorre, le col de Puymorens et le Parc naturel de Cadi Moixero. Au total, 107 km qui relient Foix à la Catalogne. À l'origine, ce chemin était utilisé par les Cathares qui fuyaient les persécutions. C'était aussi un axe économique en temps de paix.

Voie verte – Ce chemin de randonnée, ouvert en partie sur une ancienne voie de chemin de fer, relie Foix à St-Girons.

AGENDA

Résistances – *2e sem. de juil. - ✆ 05 61 65 44 23 - www.festival-resistances.fr.* C'est le thème du festival de cinéma qui accueille depuis 1997, pendant dix jours, un nombre grandissant de spectateurs dans quatre salles, dont une en plein air. Cinéma européen avec des films de réalisateurs prestigieux (Angelopoulos, Tarkovski, Godard) ; débats, rencontres et ateliers.

Château cathare de Montségur.
B. Rieger / hemis.fr

Montségur

★★

Ariège (09)

NOS ADRESSES PAGE 333

S'INFORMER

Château de Montségur – *05 61 01 10 27 - www.montsegur.fr - pour les tarifs et horaires se rens.*

SE REPÉRER

Carte de microrégion D2 (p. 318-319) – *carte Michelin Départements 343 H7.*
Le petit village de Montségur est situé à 33 km de Foix, par la D 9. Depuis le village, la route monte en lacets jusqu'au parking, d'où part le sentier de randonnée vers le château.

ORGANISER SON TEMPS

Prévoyez de vraies chaussures de marche : il faut compter une bonne heure à pied aller-retour par un sentier escarpé pour accéder au château.

Dominant le pays d'Olmes, le site de Montségur servait de longue date de refuge aux habitants de la région, avant de devenir un haut lieu du catharisme. Il offre un panorama remarquable sur les rides du Plantaurel, la coupure de la vallée de l'Aude et le massif du Saint-Barthélemy.

Perché sur son « pog » à 1 216 m d'altitude, le château occupe un **site★★** dominant des à-pics de plusieurs centaines de mètres. Son nom dérive du latin

MONTSÉGUR, LIEU DE MÉMOIRE ET D'ÉMOTION

Reconstruit en 1204 à l'emplacement d'une forteresse antérieure, le château de Montségur abrite une centaine d'hommes sous le commandement de Pierre Roger de Mirepoix. À l'extérieur, mais toujours sur le pog, vit une communauté de réfugiés cathares avec son évêque, ses diacres, ses parfaits et ses parfaites. Le prestige du lieu, les pèlerinages qu'il génère, sa fière indépendance, bien que la croisade contre les Albigeois soit en voie de s'achever, portent ombrage à l'Église et à la royauté. Le massacre des membres du tribunal de l'Inquisition à Avignonet, par une troupe venue de Montségur le 28 mai 1242, met le feu aux poudres et la décision est prise de réduire ce foyer de résistance. Le siège, dirigé par le sénéchal de Carcassonne, Hugues des Arcis, à la tête d'une armée de 10000 hommes, commence en juillet 1243. Entrecoupé de combats, il dure dix mois et s'achève une nuit de janvier 1244 lorsqu'une escouade de montagnards basques, escaladant à la faveur de la nuit la falaise abrupte, prend pied sur le plateau supérieur. Elle y installe un trébuchet monté par pièces détachées avec lequel les murailles sont criblées de boulets.

Les secours promis par le comte de Toulouse n'arrivant toujours pas, Pierre Roger de Mirepoix offre de rendre la place et obtient la vie sauve pour la garnison. Une trêve de 15 jours est conclue, du 1er au 15 mars 1244. Refusant d'abjurer, les religieux cathares, qui étaient plus de 200, descendent de la montagne le matin du 16 mars et montent sur le gigantesque bûcher du « Camp dels Cremats », sous la conduite de leur évêque, Bertrand Marty. Parmi eux, Esclarmonde de Péreilhe, fille du seigneur de Montségur et épouse de Pierre Roger de Mirepoix, et sa mère, qui choisirent de recevoir la mort avec les autres albigeois réfugiés sur le site. Depuis lors, érudits, tenants de la tradition occitane, chercheurs d'un prétendu trésor cathare et adeptes de théories ésotériques fréquentent le pog où s'élève un nouveau château édifié après 1245 par le nouveau seigneur de Mirepoix, Guy de Lévis II, sur les ruines de celui qui connut le drame.

Pour plus d'informations sur le catharisme, reportez-vous au chapitre « Histoire » p. 50 et à la bibliographie p. 26.

securus, *segur* exprimant l'impression de sécurité et désigne souvent des lieux fortifiés.

Avant de parvenir au **château★**, voyez, au bord du sentier, la stèle portant la croix de Toulouse érigée en 1960 à la mémoire des Cathares. On accède à la forteresse, dont le plan pentagonal épouse le contour de la plate-forme du sommet, par une porte au sud. Autour de la cour intérieure, divers bâtiments (logis, annexes) étaient adossés au rempart.

Autrefois, une porte au 1er étage du donjon permettait d'y accéder à partir du rempart. Un escalier intérieur menait à la salle basse, réservée à la défense et à l'entrepôt de vivres. Aujourd'hui, on pénètre dans la salle basse après avoir contourné l'enceinte par la porte nord, à travers une brèche qui donne sur l'ancienne citerne. Deux meurtrières de la salle basse reçoivent le soleil du solstice d'été de telle sorte que la lumière ressort par les deux meurtrières qui leur font face. Cette curiosité, sans doute fortuite, n'a pas manqué de débrider l'imagination des ésotéristes qui y ont vu on ne sait quel culte cathare au soleil… oubliant seulement que le château actuel n'est plus celui de 1244 !

Au pied du donjon, côté nord-ouest, s'étagent les vestiges du **village** cathare qui font encore aujourd'hui l'objet de fouilles. Le village s'étend au pied du rocher, dans la vallée du Lasset.

Musée archéologique du château de Montségur

✆ 05 61 01 10 27 - www.montsegur.fr - Pour les tarifs et les horaires se rens. - possibilité de visite guidée (1h). Installé dans le bâtiment de la mairie, il abrite des objets révélés par les fouilles effectuées sur les lieux: important mobilier du 13e s., outillage permettant de faire remonter au Néolithique l'occupation du pog et documentation sur le catharisme.

Randonnées

Le village de Montségur est le point de départ de deux beaux (et faciles) sentiers de randonnée: le circuit des ruines de Campis (*1h30*) et le sentier de La Caunha (*4h30*).

NOS ADRESSES À MONTSÉGUR

RESTAURATION

BUDGET MOYEN

Auberge de Montségur – *09300 Montségur - ✆ 05 61 01 10 24 - www.aubergemontsegur.com - 15/30 € - 13 ch. 52/115 € - ☕ 8,50 €.* Une auberge sympathique où dominent la pierre et le bois. Cuisine régionale mitonnée avec les produits des fermes de la région; civets, confits, magrets selon les saisons.

Mirepoix

3 137 Mirapiciens – Ariège (09)

NOS ADRESSES PAGE 337

S'INFORMER

Office de tourisme – *31 pl. Mar.-Leclerc - 09500 Mirepoix - 05 61 68 83 76 - www.tourisme-mirepoix.com - juil.-août: 9h15-12h30, 14h-18h30; reste de l'année: 9h15-12h15, 14h-18h.*

SE REPÉRER

Carte de microrégion D1 (p. 318-319) – *carte Michelin Départements 343 J6.* À 22 km à l'est de Pamiers, Mirepoix se situe à quelques pas du département de l'Aude. La bastide se trouve sur le sentier GR 78 de Saint-Jacques-de-Compostelle.

À NE PAS MANQUER

Vous l'aurez compris, la place à couverts, et tout particulièrement la maison des Consuls.

AVEC LES ENFANTS

La fête médiévale en juillet et le Festival international de la marionnette en août.

Au cœur du pays cathare, à deux pas de Montségur, cette bastide médiévale abrite l'une des plus belles places à couverts. Il y règne une atmosphère étrange qui nous entraîne dans le glorieux passé toulousain. On ne s'étonnerait guère de voir arriver quelque jongleur juché sur un destrier, la vielle en bandoulière, venu interpréter pour le plaisir de tous quelques poèmes satiriques, les sirventès.

Se promener

★★ Place principale (place du Maréchal-Leclerc)

Cette place est entourée de maisons (fin 13e-15e s.) dont le 1er étage s'avance sur des couverts en charpente; remarquez en particulier la **maison des Consuls** avec ses têtes sculptées.

Aux angles nord-ouest et nord-est de la place, observez la disposition caractéristique des cornières: les couverts se rejoignent et ne laissent aux voies de desserte qu'un interstice. Tout semble résumer l'Occitanie: ombre où il fait bon se réfugier pour regarder les vitrines des boutiques, grands cafés dont les calendriers vantent les exploits des rugbymen locaux et où retentit la voix rocailleuse des Mirapiciens avec leurs expressions imagées et leur langage où oc et oïl se mêlent savoureusement… En somme, un lieu où, le soir, on pourrait fort bien s'imaginer que les barons du Nord n'ont jamais fondu sur le Midi!

Cathédrale Saint-Maurice

Qui se douterait, en découvrant cet édifice couronné par une élégante flèche gothique, qu'il fallut cinq siècles (de 1343 à 1865) pour l'achever?

Entrez par le portail nord. La nef (début du 16e s.), flanquée de chapelles engagées entre les contreforts intérieurs suivant la tradition du gothique du Midi,

La cité médiévale de Mirepoix.
P. Michel / age fotostock

est la plus large (21,60 m) que l'on sait jamais construite pour une église gothique française.

À proximité Carte de microrégion p. 318-319

Camon D2

8 km au sud-est par la D 625, puis la D 7.

10 r. Georges d'Armagnac - 05 61 68 83 76 - visite guidée (45mn) mai-sept. - 5 € (enf. 2 €).

Ramassé autour de sa puissante **abbaye**, Camon apparaît dans un site dominé par les collines ariégeoises. Après avoir fait le tour des fortifications, on pénètre dans le village par la porte de l'Horloge (belle maison d'angle à colombages) et on accède aux bâtiments conventuels remis en état au 16e s. : vestiges de l'ancien cloître, bel escalier à vis aménagé dans la tour ronde, oratoire décoré de peintures murales du 14e s. L'église, ancienne abbatiale, abrite un retable de l'école espagnole du 17e s. et une croix du 14e s.

Vals C1

12 km à l'ouest de Mirepoix par la D 119 en direction de Pamiers, puis prenez, aux Pujols, la petite D 40 sur la droite.

L'oppidum de Vals fut occupé de l'âge du bronze au Moyen Âge, comme en témoignent ossements, céramiques et verrerie trouvés sur les lieux. Le roc de l'Éperon semble taillé selon une technique archaïque, tandis que la case-encoche du roc Taillat présente des cannelures probablement travaillées au moyen d'outils de métal. L'ensemble de la plate-forme a pu être la base d'un ancien temple.

C'est cependant l'**église rupestre★** de Vals, dominant la plaine, qui attire tout d'abord l'attention. On y accède par un escalier creusé dans un boyau rocheux. L'abside, du 11e s., abrite des peintures murales du 12e s., d'une remarquable

LA CITÉ ENGLOUTIE

Mirapixo a donné en occitan *Mirapeis* : de *mirar*, « regarder », et de *peis*, « poisson ». Les armoiries de la ville représentent un poisson surmonté de trois étoiles. Au 13e s., de nombreux Cathares étaient établis à Mirepoix, parmi lesquels le seigneur des lieux, **Pierre Roger de Mirepoix**. La ville, prise en 1209 par Simon de Montfort, fut confiée à son principal lieutenant, Guy de Lévis. En 1279, le paisible étang de Puivert rompit ses digues et se vida, engloutissant en quelques minutes la petite cité de Mirepoix. C'est le duc Jean, fils de Guy de Lévis, qui fit reconstruire la cité dans un lieu plus sûr, au confluent de l'Hers et du Countirou, donnant naissance à la bastide que l'on connaît aujourd'hui. Descendant direct de ces « barons du Nord » qui avaient mis la région à feu et à sang, le duc de Lévis-Mirepoix (1884-1981), auteur de nombreux ouvrages historiques et d'un roman sur le drame de Montségur, fut élu à l'Académie française en 1953. Cet étonnant aficionado ne dédaignait pas d'affronter des vachettes, cape en main, jusqu'à un âge avancé…

unité, qui montre, selon un plan logique assez rare, trois aspects de la vie du Christ : sa naissance, sa vie publique et sa glorification. Sur ces tableaux stylisés, dessin au trait plutôt que peinture, les personnages aux grands yeux en amande, figés dans des attitudes hiératiques selon la tradition byzantine, s'apparentent à ceux que l'on peut découvrir sur les fresques catalanes romanes. Dressée sur le socle rocheux, la tour massive abrite une chapelle romane (terminée au 14e s.) dédiée à l'archange saint Michel.

Pamiers C1

21 km à l'ouest de Mirepoix par la D 119.

Bd Delcassé - 09100 Pamiers - 05 61 67 52 52 - http://ot-pamiers.fr - 9h-12h, 14h-18h, sam. 14h-18h (en juil.-août), 14h-17h (mai-juin et sept.), 9h-12h (reste de l'année).

La ville la plus importante de l'Ariège, avec ses quelque 15 000 âmes, est entourée de canaux. Son nom provient d'Apamée (Asie Mineure), en souvenir de la participation à la première croisade de Roger II, comte de Foix. Le grand compositeur **Gabriel Fauré** (1845-1924), « le musicien le plus musical, avec Mozart », selon Arthur Honegger, est né à Pamiers. Son buste a été érigé **promenade du Castella**. Cette promenade est dessinée sur l'emplacement de l'ancien château, qui portait le même nom et dont on voit encore les soubassements en sortant par la porte de Nerviau et en se dirigeant vers le pont Neuf. À la **cathédrale Saint-Antonin**, seul le portail témoigne de l'église d'origine édifiée au 12e s. Le beau clocher, de style toulousain, repose sur une assise fortifiée. L'**église N.-D.-du-Camp** présente une façade monumentale crénelée, en brique, que surmontent deux tours. La nef unique date du 17e s.

D'autres tours dominent la ville, parmi lesquelles le **clocher des Cordeliers** *(dans la rue du même nom)*, copie de celui des Cordeliers de Toulouse, la **tour de la Monnaie** *(près du CES Rimbaud)*, la **tour carrée du Carmel** *(pl. Eugène-Soula)*, ancien donjon édifié en 1285 par Roger Bernard III de Foix, la tour de l'ancien couvent des Augustins *(près de l'hôpital)* et la porte de Nerviau *(près de la mairie)*, en pierre et brique.

NOS ADRESSES À MIREPOIX

HÉBERGEMENT

BUDGET MOYEN

Hôtel les Minotiers – *Av. Mar.-Foch - ✆ 05 61 69 37 36 - www.lesminotiers.com - ♿ - P - 40 ch. 53/66 € - ☕ 7,50 € - rest. formule midi 12 € - 17/38 €.* Cette ancienne minoterie convertie en hôtel-restaurant a su préserver quelques traces de son passé comme ses murs en pierres apparentes et son auvent en fer. Les chambres, fonctionnelles et bien équipées, sont souvent très spacieuses. Agréable terrasse couverte pour les repas d'été. Accueil charmant et bon rapport qualité-prix.

Hôtel de la Paix – *4 pl. A.-Tournier - 09100 Pamiers - ✆ 05 61 67 12 71 - www.hoteldelapaix-pamiers.com - fermé 24 déc. - 3 janv. (rest. fermé sam. midi, dim., et sam. soir de nov. à mars) - 14 ch. 59/72 € - ☕ 8 € - formule déj. 13 € - 17/34 € -* Cet ancien relais de poste dispose de chambres colorées, équipées de meubles rustiques ou fonctionnels. Chaleureuse atmosphère d'antan dans la salle à manger ornée de remarquables plafonds moulurés d'origine.

Hôtel de France – *5 cours Joseph-Rambaud - 09100 Pamiers - ✆ 05 61 60 20 88 - www.hotel-de-france-pamiers.com - ♿ - P - 31 ch. 65/80 € - ☕ 8 € - rest. 15/18 €.* Cure de jouvence bénéfique pour cet hôtel proche du centre-ville, proposant des chambres relookées, dotées de meubles aux lignes contemporaines.

Chambre d'hôte Domaine de Marlas – *09500 Rieucros - ✆ 05 61 69 29 88 ou 06 73 57 18 24 - www.domainedemarlas.com - P - 5 ch. 74 € ☕ - repas 25 €.* Si l'apparence de cette ancienne maison de maître n'a rien d'exceptionnel, on découvre avec surprise son intérieur plein de charme, tour à tour tendance ou campagnard, mais toujours magnifiquement réalisé. Aux étages, 5 chambres, décorées de façon particulièrement réussie. Table d'hôte aux saveurs du Sud.

RESTAURATION

PREMIER PRIX

Le Comptoir Gourmand – *Cours Mar.-de-Mirepoix - ✆ 05 61 68 19 19 - www.lecomptoirgourmand.com - fermé mar. de sept. à juin - 10/30 €.* L'alléchante cuisine, traditionnelle et soignée, met en avant les produits et les vins des petits exploitants régionaux. Espace boutique à l'entrée du restaurant.

ACHATS

La Boutique de l'Écureuil – *Porteteny - 09700 Montaut - ✆ 05 61 68 32 98 - www.boutique-ecureuil.com - juin-sept. : lun.-sam. 15h-18h ; reste de l'année : sur RV.* Produits cosmétiques naturels originaux à base de noisettes. Boutique, et visites guidées de la savonnerie.

AGENDA

Marché des potiers – *1re ou 2e sem. d'août (mar. et merc.) - ✆ 05 61 67 21 41 - www.tourisme-mirepoix.com.* Une quarantaine de potiers présentent leur production sur la place Leclerc.

Fête médiévale – *3e w.-end de juil.*

Festival international de la marionnette MIMA – *1er w.-end d'août - ✆ 05 61 68 20 72.*

Fête des roses – *Fin mai - ✆ 05 61 68 88 26.* Camon, le village aux 100 rosiers, célèbre chaque année la fête des roses.

Tarascon-sur-Ariège

3 468 Tarasconnais – Ariège (09)

NOS ADRESSES PAGE 346

S'INFORMER

Office du tourisme des vallées de Tarascon et d'Auzat-Vicdessos: *www.montagnesdetarasconetduvicdessos.com.*

Bureau de Tarascon – *Av. Paul Joucla - 09400 Tarascon-sur-Ariège - 05 61 05 99 94 - www.tarascon-vicdesos.com - 9h-13h, 14h-18h.*

Bureau d'Auzat – *05 61 64 87 53 - www.tarascon-vicdessos.com - juil.-août: 9h-13h, 14h-18h, dim. 9h-13h, 14h-19h; reste de l'année: 9h-13h, 14h-18h.*

SE REPÉRER

Carte de microrégion C2 (p. 318-319) – *carte Michelin Départements 343 H7.*
Le bassin de Tarascon occupe un site privilégié au centre du val d'Ariège. Les falaises calcaires creusées par la rivière lui ont réservé un décor attrayant, agrémenté par le cours d'eau du Vicdessos, affluent de l'Ariège.

ORGANISER SON TEMPS

Pour la visite du Parc de la préhistoire, comptez une bonne demi-journée.

AVEC LES ENFANTS

Le parc de la Préhistoire et ses ateliers; les grottes de Niaux et de Lombrives.

Tarascon est « le » rendez-vous pyrénéen de la spéléologie scientifique (étude du Néolithique surtout), touristique et mythique! Il faut reconnaître que la légende et le mystère n'ont pas cessé de fleurir dans ce confluent de vallées connu sous le nom de Sabarthès, aux parois percées d'une cinquantaine de grottes préhistoriques. Autour, les magnifiques forêts seront autant d'occasions de promenade inoubliables.

Se promener

Vieille ville de Tarascon

Le nom de Tarascon vient d'une racine d'origine ligure, *tar*, signifiant « rivière », « ruisseau » ou « cours d'eau ». Voilà un nom bien mérité! Au départ du pont enjambant l'Ariège, la **rue du Barri**, légèrement montante, aux maisons colorées, constituait au Moyen Âge le quartier des paysans en dehors des murs de l'enceinte primitive. À l'intersection marquée par une fontaine, la **porte de Leule** donne accès à la rue Naugé, dont la plupart des maisons possèdent des ouvertures en forme d'arc. La rue de la Tour, aux larges escaliers, conduit à la **tour du Castella**, bâtie en 1775 sur l'emplacement d'un ancien donjon et surmontée d'une cloche. On redescend la rue du Castella sur la droite. Blotti entre trois maisons, se dresse le **château Lamotte**, ancienne forteresse du 13e s. *(ne se visite pas)*, que l'on distingue mieux depuis le square en bas de la rue. À peine plus bas, la **porte d'Espagne**, à créneaux, commandait autrefois l'entrée sud de la cité. Dépourvue de son pont-levis et de sa herse, elle conduit à la place Garrigou, bordée d'arcades et où s'élève l'**église de la Daurade**, qui tire son nom de la Vierge dorée qui orne la chapelle de gauche. Édifiée au 16e s., sa porte d'entrée du 13e s. provient d'une ancienne église romane.

À ses côtés se dresse encore la **tour Saint-Michel** (14e s.) tandis que l'avenue Laguerre mène aux halles aux pommes de terre, érigées en 1905, toutes de briques et de bois. Plus en bas encore sur la gauche, la **porte Lacaussade** (16e s.), signifiant la « chaussée en bois », permet de regagner la rue du Barri.

Découvrir Carte de microrégion p. 318-319

LA PRÉHISTOIRE EN ARIÈGE

Douze grottes préhistoriques ornées font de la région de Tarascon une véritable capitale de la préhistoire, incontournable pour les passionnés qui s'intéressent à la vie de nos lointains ancêtres… D'autant qu'un superbe parc de la Préhistoire permet aux profanes de s'initier aux mystères des premiers balbutiements de l'humanité *(voir p. 46)*.

★★ Parc de la préhistoire C2

1 km au nord de Tarascon. Prenez la N 20 en direction de Foix, puis suivez le fléchage. 05 61 05 10 10 - www.grands-sites-ariege.fr - pour les h se rens.

Aménagé dans un beau cadre de montagne, le parc se consacre à l'art pariétal et à la vie des Magdaléniens. Un bâtiment contemporain abrite, outre la cafétéria et la boutique, le Grand Atelier dont la visite est passionnante. Il propose un parcours dans la pénombre au long duquel le visiteur, muni d'un audioguide, découvre l'univers des grottes ornées à partir de belles reconstitutions, de photographies, de vidéos… Particulièrement émouvante en début de visite, la **dune des Pas** (Niaux) laisse apparaître les pas de trois enfants vieux de plus de 5 000 ans. Dans une série de nouvelles salles sont évoqués le rythme, la couleur et la matière dans l'art pariétal. Au cœur de cet ensemble, le squelette d'un mammouth (retrouvé dans la région lors de l'installation d'une ligne de chemin de fer) et celui d'un ours des cavernes dominent de leur taille impressionnante le visiteur. À ne pas manquer, une magnifique reconstitution du grand panneau peint de la **grotte de Marsoulas** dont les décors ont subi les atteintes du temps. Vous découvrirez avec plaisir l'enchevêtrement des figures colorées que des analyses scientifiques ont permis de reconstituer.

Puis de très intéressantes maquettes dévoilent le réseau Clastres de la grotte de Niaux, actuellement fermé à la visite. Une vidéo illustre l'art pariétal à travers le monde.

Plusieurs espaces vidéo permettent de mieux comprendre les méthodes de fouilles et de datation, les techniques utilisées par les artistes du Magdalénien. Plus loin, de magnifiques objets sculptés – propulseur aux bouquetins, têtes de chevaux… – sont exposés à côté des empreintes de décors au sol de la grotte de Niaux. La visite s'achève par le **fac-similé du Salon noir** de Niaux, réalisé par Renaud Sanson, auteur de Lascaux 2 à Montignac. Les représentations sont ici plus complètes qu'on ne peut les voir en réalité : en effet, utilisant une couverture photographique sous luminescence ultraviolette, il restitue les dessins dans leur état d'origine, avant que la calcite n'en ait altéré le tracé.

Dans le vaste parc de plein air, plusieurs ateliers permettent de découvrir et, dans certains cas, de pratiquer différentes techniques magdaléniennes : la chasse, armé d'une sagaie et d'un propulseur, la peinture sur parois, la reconnaissance des traces et des sons, la taille de la pierre, l'allumage du feu, le campement. Un atelier permet de suivre le travail de l'archéologue. Différents habitats reconstitués feront le bonheur des plus petits.

L'exposition temporaire « Géants de l'Âge de Glace » qui se tiendra jusqu'en 2016 présente, à l'aide de reconstructions grandeur nature, de squelettes, de panneaux explicatifs et d'un espace ludique, quatre animaux de la préhistoire : le cerf Mégaceros, le bison des steppes, le mammouth laineux, et le lion des cavernes.

★★ Grotte de Niaux C2 *(voir p. 348)*

Grotte de la Vache C2

8 km au sud de Tarascon par la D 8, puis par une petite route qu'on prend à droite à hauteur de Niaux en direction d'Alliat. ✆ 05 61 05 13 15 - www.grotte-de-la-vache.org - visite guidée (1h30) juil.-août : 10h-17h ; vac. scol. : 14h30 et 16h ; reste de l'année : w.-end et j. fériés 15h - 9 € (-12 ans 5 €).

Un sentier pédestre mène à la grotte que des chasseurs nomades occupèrent à la fin du Magdalénien. Ce site comprend deux salles dont celle dite « Monique » explorée jusqu'en 1967. Des milliers d'os d'animaux, des armes (harpons et sagaies), des outils (aiguilles à coudre, lampes à graisse) et des œuvres sculptées ou gravées (sur de l'os ou du bois de cervidés) furent trouvés lors des fouilles ; ils prouvent le passage de divers groupes d'hommes de Cro-Magnon qui utilisèrent durant 500 ans la grotte comme lieu de campement et permettent ainsi aux chercheurs de reconstituer la vie de nos ancêtres d'il y a 13 000 ans…

Grotte de Bédeilhac C2

6 km au nord-ouest de Tarascon. ✆ 05 61 05 13 15 - www.grotte-de-bedeilhac.org - visite guidée (1h30) juil.-août : 10h-17h30 ; vac. scol. : 14h30 et 16h ; reste de l'année : w.-end, j. fériés 15h - 9,50 € (-13 ans 5 €).

La grotte de Bédeilhac dont les premières peintures ont été découvertes par l'abbé Breuil, s'ouvre par un immense porche, tellement vaste que, pour les besoins d'un film, on a pu y faire atterrir et décoller un avion. Après avoir contourné une énorme concrétion stalagmitique de 120 m de circonférence, vous atteignez, à 800 m de l'entrée, la salle terminale. L'étanchéité absolue de la voûte depuis 15 000 ans y a favorisé la conservation de gravures (certaines sur le sol même de la grotte) et de peintures d'animaux, rendues plus expressives par l'utilisation du modelé naturel de la roche (grand bison, très beau renne, chevaux). On trouve également, à même le sol, des modelages d'argile en bas-relief représentant des animaux (bison) ; sur une colonne, deux mains positives. Ces œuvres datent de l'époque magdalénienne.

LE 13e TRAVAIL D'HERCULE

En ce temps-là, Bébryx, le roi des Bekrydes, avait installé son palais dans la grotte de Lombrives. Il avait une fille belle comme le jour, Pyrène, qui se refusait à tous les jeunes hommes du pays. Mais voilà qu'arrive un *belastruc*, un *estranger*, un dénommé Hercule. À peine Pyrène le voit-elle qu'elle en tombe amoureuse. *Alavetz*, ce qui devait arriver arriva, et les tourtereaux étaient bienheureux. Hélas, tout a une fin ! On rappelle Hercule pour achever ses travaux dans son pays. Et Pyrène, en larmes, est chassée par son père. Dans la montagne, un ours attaque la jeune fille en la serrant avec ses pattes. Elle crie et Hercule qui l'entend accourt pour tuer l'ours. Mais c'est trop tard. *À defuntat*. Hercule, fou de douleur, prend Pyrène dans ses bras et l'enterre dans la grotte de Lombrives. Il dit alors : « *Macarèl*, puisque c'est comme ça, les montagnes, elles porteront ton nom ! » Et c'est ainsi que ces montagnes s'appellent les Pyrénées…

La grotte de Lombrives.
Grotte de LOMBRIVES

★ **Grotte de Lombrives** C2

3 km au sud de Tarascon par la N 20. ✆ 05 61 05 98 40 - www.grotte-lombrives.fr - juil.-août : visite guidée ; reste de l'année : horaires variables, se rens. Tarifs différents selon les circuits, ceux de 3h et plus ne se font que sur réservation.

Des visites-conférences permettent d'aborder la préhistoire, l'histoire et la géologie. En saison, de nombreux dîners, spectacles et concerts sont donnés avec des artistes reconnus. Prévoyez de bonnes chaussures et un pull, même en été car il fait 13 °C dans la grotte.

Un petit train permet d accéder à la grotte *(route panoramique)*. Sinon, il faut monter à pied un chemin caillouteux *(1 km)*. De la table d'orientation, à 200 m du porche d'entrée, belle vue sur la haute vallée de l'Ariège.

L'*ombriva* : c'est ainsi qu'on désigne un lieu ombragé, voire franchement sombre. Depuis des millénaires, la grotte a servi d'abri aux humains, comme l'attestent les nombreuses inscriptions tracées sur les parois. Si les premiers Ariégeois cherchaient à s'y protéger des intempéries et des bêtes sauvages, plus tard s'y réfugièrent brigands et hors-la-loi, cathares pourchassés par l'Inquisition (on a beaucoup glosé sur le trésor qu'ils y auraient dissimulé après la chute de Montségur), catholiques et protestants – alternativement – pendant les guerres de Religion, prêtres réfractaires, proscrits politiques, francs-maçons… La signature d'Henri IV, longtemps jugée inauthentique, laisse aujourd'hui penser à une visite du roi lui-même, d'autres sources étant venues étayer cette hypothèse. À l'époque romantique, ce sont des écrivains qui vinrent ici chercher l'inspiration (200 écrits antérieurs à 1900 évoquent ou décrivent Lombrives), comme ceux dont les circuits portent les noms.

Circuit Première Découverte (George-Sand) – *✆ 05 61 05 98 40 - www.grotte-lombrives.fr - ♿ - visite guidée (3h) juil.-août : 10h-19h ; reste de l'année : se rens - tarifs variables selon circuit.* Ce circuit permet de découvrir des salles très variées dont le Vestibule, et la Carène qui surprend par son plafond en forme de carène de bateau renversée. Au passage, remarquez de nombreuses inscriptions, la plus ancienne datant du 16e s. On accède à la « cathédrale », cavité d'une centaine de mètres de hauteur, aussi vaste paraît-il que N.-D. de Paris, où ont lieu les concerts.

Circuit Découverte Médiane (Henri-IV) – Parcours précédent avec les **salles aux « 1 000 stalactites »★★ et aux « 1 000 colonnes »**. La formation géologique et la préhistoire du site sont présentées.

Circuit Grande Découverte (Alphonse-de-Lamartine) – Au circuit précédent s'ajoute le niveau 4, avec de spectaculaires concrétions, tels le **« mammouth blanc »**★, la « sorcière » ou le « tombeau de Pyrène ». En plus de la géologie et des différentes périodes d'occupation du site, la faune est abordée dans cette visite.

Circuit Super Découverte (Maurice-Magre) – Parcours précédent avec de nouvelles salles et le retour par la Galerie Blanche.

Circuit Découverte exceptionnelle (Pierre-Benoît) – parcours très complet et passionnant, axé sur la géologie, comprenant les Cinq Porches.

Circuit Randonnée Édouard-Alfred-Martel – Il s'adresse davantage aux adultes et aux adolescents qu'aux enfants. Il allie découverte de la grotte et géologie. Vous pénétrez dans la grotte jusqu'au **lac Porte-Bonheur**★★. Ensuite, le cheminement à travers les galeries, aux parois tapissées de marbre rouge, bleu ou noir, fait découvrir l'immense salle du Grand Chaos et diverses concrétions qui stimulent l'imagination comme le « solitaire », les « cascades » (des coulées de stalagmites), le « tombeau d'Hercule » et la « Vierge ». On admire aussi des formations plus fines : des excentriques, des cristaux d'aragonite et de gypse ainsi que des perles des cavernes. Remarquez l'appareil de descente utilisé par Martel en 1937 et l'audacieuse passerelle en acier, jetée au-dessus du vide au cœur d'un immense chaos par l'ingénieur Perpère en 1927.

À ces circuits peuvent s'ajouter les visites (avec déplacement en voiture) de la **grotte des Églises**, gouffre géant vu du bas, et de l'**habitat troglodytique fortifié de Bouan**.

Circuits conseillés Carte de microrégion p. 318-319

★ HAUTE VALLÉE DE L'ARIÈGE

Circuit de 54 km de Tarascon-sur-Ariège vers le col de Puymorens, tracé sur la carte de microrégion (p. 318-319) – comptez environ une 1/2 journée. Quittez Tarascon par la N 20 en direction d'Ax-les-Thermes.

UNE RECHERCHE SCIENTIFIQUE VIVANTE

De récentes études ont montré que la grotte de Lombrives, avec ses 19 km de galeries, ne constitue qu'une partie d'un réseau bien plus vaste (39 km) qui, en raison d'une explosion survenue il y a environ 1 million d'années, laissa la place à l'actuelle vallée de l'Ariège. 200 entrées de cavités, de part et d'autre de la rivière, s'ouvrent sur un réseau unique constitué de galeries pour la plupart parallèles à l'Ariège. La grotte de Niaux fait partie du même système de drain.

Les scientifiques sont également parvenus à expliquer l'absence d'inscriptions pariétales sur les murs de la grotte de Lombrives : durant la glaciation de Würm (40 000-8 500 ans av. J.-C.), un glacier obstruait totalement les porches permettant l'accès au niveau 5 de la grotte, tandis que, pour les entrées exposées à l'ouest, plus ensoleillées, le glacier était nettement plus bas, livrant un passage aux hommes préhistoriques.

L'Ariège prend naissance aux confins de l'Andorre dans le cirque de Font-Nègre et rejoint la Garonne peu avant Toulouse, après un parcours de 170 km. Dans son cours supérieur, elle suit un sillon glaciaire qui s'élargit et change de direction à hauteur d'Ax-les-Thermes. Les traces de l'ancien glacier sont particulièrement remarquables de part et d'autre de Tarascon. Par le défilé de Labarre, l'Ariège tranche les chaînes calcaires du Plantaurel et, gagnant la plaine de Pamiers que ses alluvions ont constituée, s'évade du domaine pyrénéen. La diversité des affleurements géologiques et des filons minéraux fait de l'Ariège une véritable encyclopédie des ressources minières. On y a exploité (avec plus ou moins de régularité) le fer, la bauxite, le zinc, le manganèse et, dernièrement, le tungstène (à Salau). Aujourd'hui, seul le talc de Luzenac constitue une ressource minérale d'importance (10 % de la production mondiale).

★ Grotte de Lombrives *(voir p. 341)* C2

Vous traversez le Sabarthès jusqu'au bassin des Cabannes (au débouché de la vallée de l'Aston) : les escarpements criblés de grottes constituent le val d'Ariège, ancienne auge glaciaire, profonde et régulière à cet endroit.
Aux Cabannes, l'étroite D 522, sur la droite, permet d'atteindre le **plateau de Beille** (alt. 1 800-2 000 m), l'un des plus beaux sites de ski de fond des Pyrénées *(voir p. 353)*, offrant un panorama sur la chaîne des Pyrénées et les pics andorrans. Son altitude lui garantit un enneigement de décembre à mai, sur 60 km de pistes tracées. Une piste pour chiens de traîneau et un itinéraire à raquettes complètent les activités du domaine.
Poursuivez sur la N 20.
Le contraste entre le versant ensoleillé, où s'étalent cultures et habitations, et le versant d'ombre, couvert de forêts, devient frappant. Sur les plus proches promontoires se détachent les ruines de l'ermitage Saint-Pierre et du château de Lordat *(voir p. 327)*, tandis qu'à gauche se dégage le pic de Saint-Barthélemy (alt. 2 438 m).

Luzenac *(voir p. 355)* C3

Vous longez alors, jusqu'à Ax-les-Thermes, la rive gauche de l'Ariège. Remarquez au passage le beau clocher roman de l'église d'Unac sur l'autre rive.

Ax-les-Thermes *(voir p. 350)* D3

Poursuivez sur la N 20 en direction de Puymorens et d'Andorre.
La route longe les ouvrages d'art de la ligne transpyrénéenne, l'une des plus élevées d'Europe.

Mérens-les-Vals D3

Le village s'est reconstitué le long de la route après l'incendie de Mérens-d'en-Haut, allumé par les Miquelets – mercenaires espagnols craints depuis le 16e s. – en 1811, au cours de la guerre napoléonienne d'Espagne.
Après Mérens et les gorges du même nom, on remonte la haute vallée de l'Ariège, encadrée de belles forêts. Sur la gauche, on aperçoit la dent d'Orlu.

Centrale de Mérens

Alt. 1 100 m. Cette usine automatique constitue le palier intermédiaire de l'aménagement du même nom, rendu possible par la surélévation de l'étang de Lanoux. Ce captage, dérivant dans le bassin de la Garonne des eaux tributaires du Sègre (bassin de l'Èbre), a donné lieu à un accord avec l'Espagne, afin de compenser la perte d'eau subie par le pays voisin. Une table d'orientation permet d'identifier les sommets du fond de la vallée.

L'Hospitalet-près-l'Andorre C3

Premier village de la vallée de l'Ariège, à 1 436 m d'altitude. On l'atteint après avoir traversé un paysage qui, à mesure que l'on s'élève, devient de plus en plus sévère, tandis que l'on aperçoit des troupeaux de chevaux en liberté.

Au-delà de L'Hospitalet, vous pourrez choisir d'emprunter la N 22 vers le Pas de la Casa et la principauté d'Andorre *(voir p. 374)* ou de monter vers le **col de Puymorens** et de pénétrer en Cerdagne, puis en Catalogne espagnole.

Depuis 1994, un tunnel permet d'éviter le col de Puymorens, toujours très difficile en hiver. Le tunnel de Puymorens, long de 4 820 m, concrétise l'ouverture économique et culturelle de l'Ariège à la Catalogne, et doit favoriser l'essor des échanges franco-espagnols. Une liaison autoroutière entre Toulouse et Barcelone est toujours en projet : l'E 9.

ROUTE DU PORT DE LERS

Pour visualiser ce circuit de 87 km, reportez-vous à la carte de microrégion (p. 318-319) – comptez environ 3h. Quittez Tarascon en direction d'Ax-les-Thermes et prenez immédiatement à droite la D 8 en direction d'Alliat.

Cette route révèle un contraste sensible entre des paysages bocagers « atlantiques » et la nature méditerranéenne, plus âpre.

★★ Grotte de Niaux *(voir p. 348)* C2

Niaux C2

Musée pyrénéen de Niaux – *05 61 05 88 36 - www.musee-pyreneen-de-niaux.com - juil.-août : 10h-19h ; reste de l'année : 14h-18h - 8 € (-18 ans 5 €).* Situé à l'entrée du village, le musée est dédié aux métiers et traditions populaires des vallées ariégeoises, des origines à aujourd'hui : outils de forges catalanes, maquettes d'orris, objets liés aux activités pastorales (moules à fromages, sonnailles), à la fabrication des peignes en corne, au tissage de la laine et du chanvre, etc.

Les ruines claires du château perché de Miglos (14e s.) se dressent sur un promontoire rocheux. Poursuivez la route vers Junac, où le monument aux morts de 1914-1918 est une œuvre de Bourdelle.

À Laramade s'ouvre, à gauche, la vallée de Siguer. Le port de Siguer (alt. 2 396 m) était un passage très fréquenté pour les échanges entre la France, l'Andorre et l'Espagne. Il fut emprunté, sous l'Occupation, par de nombreux Français, juifs et résistants, à la recherche d'un refuge en territoire neutre.

La route suit la profonde et rude **vallée du Vicdessos** où les vastes étendues pastorales accueillent de nombreux troupeaux, laissant peu de place aux habitations. À droite se succèdent les villages balcons d'Illier et d'Orus.

Vicdessos B3

Village montagnard qui occupe un site de verrou glaciaire, en contrebas de la vallée suspendue de Suc.

Prenez à gauche la D 8 qui mène à Auzat.

Auzat B3

Maison des patrimoines – *05 61 02 75 98 - www.lebarri.com - mi-juil.-fin août 15h-19h ; reste de l'année : merc.-dim. et j. fériés 14h-18h30 - 4 € (enf. 2,50 €).* Le site comprend un centre d'interprétation, des salles pour des expositions temporaires, une bibliothèque et une boutique. Le centre d'interprétation propose une exposition permanente sur le thème de la vie quotidienne des

À LA DÉCOUVERTE DES ORRIS
Les orris sont des cabanes de bergers en pierres sèches, coiffées d'une voûte en encorbellement recouverte de mottes de gispet (une herbe assurant l'étanchéité), fréquentes dans le pays d'Auzat et du Vicdessos. Les bergers se servaient de ces abris, dont le nom viendrait du latin *horreum* (« grenier »), pendant l'estivage. En occitan, le verbe *orriar* a pris le sens d'« aller sur la montagne ». Deux **chemins aménagés** permettent de découvrir les orris, dont certains dateraient du 13e s. Le premier part de Pradières et son tracé recoupe en grande partie celui du GR 10 : orris de la Caudière et de Journosque, étang d'Izourt et vallée d'Arties. Le second circuit, au départ des orris de Carla, fraîchement restaurés, passe par de nombreux orris et par les étangs de Roumazet et de Soucarrane.

habitants de la haute vallée de Vicdessos. La scénographie moderne s'articule autour d'objets divers, de maquettes, de photographies, de diaporamas.
Revenez à Vicdessos et empruntez la D 18 qui monte vers le port de Lers.

Port de Lers B2
Alt. 1 517 m. Au cours de la montée au col, belle vue (en arrière) sur la vallée du Goulier. La route, égayée de cascades, domine un profond torrent. C'est au cours de cette ascension qu'apparaissent le plus clairement les différences entre les végétations atlantique et méditerranéenne.

★ **Étang de Lers** B2
Superbe site solitaire au pied du pic de Montbéas, il est embelli au début de l'automne par la floraison des ajoncs, au cœur d'un beau paysage de moyenne montagne aux reliefs chahutés par les glaciers. **Domaine skiable de l'Étang de Lers-Trois Seigneurs** *(voir « Nos adresses », p. 347).*
On traverse le cirque de Lers où l'on rencontre chevaux et moutons tandis que, tout près, les sonnailles harmonieuses des bovins accompagnent le voyageur.

Peyre-Auselère B2
Faites halte dans ce premier hameau de la vallée du Courtignou aux granges éparses, et quittez la voiture pour un instant de détente près des gracieuses chutes du torrent. Un pont permet de passer sur la rive gauche.
Au fil de la descente, le paysage devient plus souriant, en particulier après Mouréou. La route s'engage ensuite dans des vallons étroits ouverts en pays schisteux.

Massat *(voir p. 324)* B2

Col de Port *(voir p. 325)* B2
Revenez à Tarascon par la D 618.

NOS ADRESSES À TARASCON-SUR-ARIÈGE

HÉBERGEMENT

BUDGET MOYEN

Chambre d'hôte Le Jardin du Barri – *11 av. François Laguerre - ☎ 05 61 05 14 53 - http://lejardindubarri.pagesperso-orange.fr - ⊭ - 4 ch. 60/70 € ☕ - fermé oct.-mars.* On entre dans cette agréable maison de ville par son jardin ombragé. Le salon ainsi que les quatre vastes et confortables chambres sont meublés avec goût. Copieux petit-déjeuner.

À proximité

Chambre d'Hôte Les Forges d'Enfalits – *Chemin d'Enfalits - 09400 Rabat-les-Trois-Seigneurs - ☎ 05 61 03 83 45 - www.forgesdenfalits.com - P - ⊭ - 4 ch. 62 € ☕.* Sur le site des anciennes forges, cette maison de plain-pied abrite une magnifique pièce à vivre de 110 m², ainsi que 4 chambres dont le style dépouillé ne fait que mieux ressortir le charme. Cuisine à disposition. Tout autour, un parc de 7 ha, avec ses étangs et ses chutes d'eau. Vaste salle d'activités, avec en hiver un espace détente (sauna et spa) et en été la piscine.

RESTAURATION

PREMIER PRIX

Hôtel-restaurant Le Vieux Carré – *Pl. Sainte-Quitterie - ☎ 05 61 05 08 30 - www.levieuxcarre.fr - fermé mi-déc.-1er jan., dim. et j. fériés - 12,50/25 € - 17 ch. - 45/50 €.* Excellent rapport qualité-prix pour ce restaurant convivial, à la situation centrale. Carte diversifiée : la morue est ici particulièrement réputée…

BUDGET MOYEN

La Table de la Ramade – *R. des Écoles - 09400 Rabat-les-Trois-Seigneurs - ☎ 05 61 64 94 32 - www.latabledelaramade.com - fermé mar. hors sais. et merc. - 19/36 €.* Ex-forge du village, tout en hauteur, coincée dans une ruelle étroite. Petite salle d'esprit contemporain au 1er étage et terrasse sur le toit. Alléchante cuisine actuelle.

Le Manoir d'Agnès – *2 r. Saint Roch - ☎ 05 61 64 76 93 ou 05 61 02 32 81 (hôtel) - www.manoiragnes.com - fermé dim. soir et lun. - P - formule déj. 14/18 € - 27/50 € - 15 ch. 105/120 € - ☕ 10 €.* L'ancien château Piquemal abrite aujourd'hui 15 chambres spacieuses, à la décoration contemporaine. Le restaurant « Saveurs du Manoir » sert une bonne cuisine régionale revisitée.

ACHATS

Hypocras – *1 r. Croix-de-Quié - ☎ 05 61 05 60 38 - www.hypocras.com - 15h-19h - fermé dim., lun. et j. fériés.* L'hypocras est un apéritif d'origine médiévale à base d'épices. Sa recette précise, récemment retrouvée, est jalousement préservée. On raconte que Gaston Fébus appréciait particulièrement cette boisson. Goûtez-le. Et tentez aussi la gelée d'hypocras ou les pépites d'Ariège.

Les Trésors de Pyrène – *6 av. de la République - ☎ 05 61 65 69 02 - www.lestresorsdepyrene.com - mar.-sam. 9h45-12h45, 15h-19h30.* Boutique regorgeant de délices sucrés et salés, et d'objets issus de l'artisanat local.

ACTIVITÉS

Montcalm Aventure – *09220 Vicdessos - ☎ 05 61 05 19 37 ou 06 81 01 16 49 - www.montcalm-*

aventure.com. Pour découvrir les sports de montagne dans le cadre magnifique des Pyrénées ariégeoises, Montcalm Aventure propose toutes sortes d'activités accompagnées par des moniteurs diplômés : parcours aventure (dès 3 ans, 7 parcours), via ferrata (sur 1 300 m), canyoning (à partir de 12 ans), aquarando (à partir de 7 ans), spéléo (à partir de 12 ans), escalade (à partir de 12 ans), randonnées et raquettes. À réserver à l'avance.

Sources chaudes de Mérens – Les sources d'eau chaude (40 °C) coulent à proximité du GR 10. Ces baignoires naturelles sont en libre accès.

Akrobranch d'Orlu – *Les Forges - 09110 Orlu - www.acrobranche-ariege.com - juil.-août : 10h-19h ; vac. de Pâques, juin et sept., vac. de Toussaint : 13h-18h (dim. 10h-18h) - forfait 1/2 j. ou journée 20/25 € (-6 ans 11-13 €, 6-10 ans 16-19 €, 11-13 ans 18-21 €)*. Plusieurs parcours d'accrobranche (à partir de 2 ans), via ferrata, paintball « façon Indiana Jones », canyoning et activités ludiques dans la Clairière des Pitchouns (2-12 ans). Snack et tables de pique-nique.

La ferme des Lamas – *Saleix - 09220 Auzat - ✆ 05 61 03 19 80 - www.lamasdespyrenees.fr - juil.-août : lun.-sam. 14h (sur réserv.) ; reste de l'année : sur RV à partir de 5 pers. - 1/2 j. 15 € (5-14 ans 10 €)*. Dans la vallée de Vicdessos, la ferme des lamas propose des balades, ainsi que des activités pédagogiques.

Domaine skiable de l'Étang de Lers-Trois Seigneurs – *✆ 05 61 04 91 13 - Altitude 1 275-1 600 m*. 3x5 km de pistes de ski de fond sont tracés autour de l'étang, au pied du pic de Montbéas.

AGENDA

Journées nationales de la race du cheval de Mérens – *Mi-août - ✆ 05 61 01 98 58 - www.chevaldemerens.com*. À Bouan, sur la prairie Vidal Saint-André (route N 20).

Grotte de Niaux

★★

Ariège (09)

NOS ADRESSES PAGE 349

S'INFORMER

Grotte de Niaux – *05 61 05 10 10 - www.grands-sites-ariege.fr - visite guidée (1h15) - pour les horaires se rens.*

SE REPÉRER

Carte de microrégion C2 (p. 318-319) – *carte Michelin Départements 343 H7.*
Les grottes se trouvent à 5 km au sud de Tarascon par la N 20 vers Ax, puis la D 8 que l'on prend à droite.

ORGANISER SON TEMPS

Le nombre de visiteurs admis dans la grotte étant limité (20 par visite), il est indispensable de réserver (1 à 2 sem. av. en été).

Héritage exceptionnel de nos ancêtres, la grotte de Niaux constitue un site majeur du magdalénien. Sous les hautes voûtes de la grotte, les superbes lignes des panneaux du Salon noir dansent au gré des maigres reflets lumineux qui nous permettent de les discerner, donnant vie aux animaux représentés sur les parois, tandis que les formes géométriques conservent leurs mystères…

Découvrir Carte de microrégion p. 318-319

★★ Grotte de Niaux C2

Parcours long et accidenté, munissez-vous de vêtements chauds et de bonnes chaussures.

On désigne aujourd'hui la grotte du nom de la commune sur le territoire de laquelle elle est située. Mais les autochtones l'appellent depuis toujours la grotte de la Calbière (nom du lieu-dit). Ses décors étant très fragiles, la visite, qui se fait à la seule lumière de torches électriques, se limite au Salon noir.

Le **porche** abrite une gigantesque structure métallique créée par un architecte italien, Fuksas (1994). C'est de là, à 678 m d'altitude, que l'on peut comprendre parfaitement le travail de l'érosion glaciaire qui se produisit dans ce massif du cap de la Lesse.

Au cours des millénaires, des glaciers successifs ont parfois comblé la vallée et complètement couvert le massif. D'énormes masses d'eau s'engouffrèrent alors dans les anfractuosités. Taraudant la roche, elles creusèrent peu à peu l'immense réseau dont le porche et la grotte sont les éléments les plus apparents. Avec le temps, le niveau de fond de vallée s'est abaissé ; la rivière coule maintenant le long de la D 8, une centaine de mètres en contrebas. Ainsi apparaît le profil caractéristique des vallées glaciaires, à fond plat et à terrasses et versants abrupts.

Deux aurochs, reproductions de ceux de la grotte de Niaux, au parc de la Préhistoire.
Parc de la Préhistoire, Tarascon-sur-Ariège

La **grotte★★** se compose de salles très vastes et très hautes et de longs couloirs qui, à 775 m de l'entrée, conduisent à une sorte de rotonde naturelle, le **Salon noir**, dont les parois sont décorées de dessins de bisons, de chevaux, de bouquetins et d'un cerf vus de profil. Les dessins exécutés avec des oxydes de manganèse traduisent la vision du monde des peuples chasseurs d'Europe occidentale à la fin du Paléolithique. Leur facture, leur finesse et leur réalisme témoignent d'une maîtrise exceptionnelle. Ces peintures rupestres, particulièrement émouvantes, sont datées de l'époque magdalénienne (fin du Paléolithique supérieur, vers 12 000 ans av. J.-C.).

Les dessins du Salon noir, ainsi que les découvertes du réseau Clastres, inaccessible à la visite, sont reproduits au parc de la Préhistoire *(voir p. 339)*.

NOS ADRESSES AUTOUR DE LA GROTTE

RESTAURATION

BUDGET MOYEN

La Petite Auberge de Niaux – *Au village - 09400 Niaux - ☎ 05 61 05 79 79 - www.aubergedeniaux.com - fermé dim. soir, lun., et de mi-nov. à fin fév.* - P - *formule déj. 19 € - 23/48 €.* Vous allez aimer ce restaurant sis dans une maison en pierre du pays. Sa salle à manger est coquette avec ses poutres, sa cheminée, ses chaises en bois et ses nappes colorées. Le charmant accueil et la cuisine soignée – valorisant les produits ariégeois – attirent les connaisseurs. Terrasse et véranda.

ACHATS

Filature Jean-Jacques Laffont – *5 r. de la Filature - 09400 Niaux - ☎ 05 61 01 43 43 - www.niaux.net/filature.htm - mar.-sam. 9h-15h - fermé lun. sf juil.août, dim. et vac. de fév. - visite des ateliers de tissage de laine : mar., mer. et ven. à 15h.*

Ax-les-Thermes

1 363 Axéens – Ariège (09)

NOS ADRESSES PAGE 356

S'INFORMER

Office du tourisme des vallées d'Ax – *6 av. Théophile Delcassé - 09110 Ax-les-Thermes - ✆ 05 61 64 60 60 - www.vallees-ax.com - juil.-août: 9h-13h, 14h-19h, dim. et j. fériés 9h-13h, 14h-18h ; reste de l'année : 9h-12h, 14h-18h - fermé dim. en nov., 1er Mai, 1er et 11 Nov. et 25 déc.*

Office du tourisme du Donézan – *Pl. du 15-Août - 09460 Le Pla - ✆ 04 68 20 41 37 - www.donezan.com - juil.-août : 8h30-12h30, 14h-18h, sam. 8h30-12h30, 14h-17h, dim. 15h-18h, j. fériés 10h-12h, 15h-19h ; reste de l'année : 8h30-12h30, 13h30-17h30, vend. 8h30-12h30, 13h30-16h30.*

SE REPÉRER

Carte de microrégion D3 (p. 318-319) – *carte Michelin Départements 343 J8.* La ville se trouve dans la vallée de l'Ariège, au débouché de l'Oriège et de la Lauze, au carrefour de trois vallées verdoyantes.

SE GARER

Il est conseillé de laisser sa voiture sur les parkings de la route du Chioula.

À NE PAS MANQUER

Le bassin d'eau chaude des Ladres ; la vue depuis le plateau de Bonascre ; le panorama depuis la carrière de Trimouns.

ORGANISER SON TEMPS

Prévoyez au moins une journée pour visiter la station et ses alentours

AVEC LES ENFANTS

La Maison des loups ; le circuit à travers la vieille ville, jalonné de panneaux placés à hauteur des enfants, sous les panneaux destinés aux « grands ».

Cité de villégiature estivale, Ax-les-Thermes est également une station thermale et de sports d'hiver gaie et pimpante. Vous apprécierez vous promener dans ses rues piétonnes et découvrir ses riches vallées alentour, avec ses forêts denses, ses cours d'eau…

Se promener

La station thermale

Ses 80 sources, aux températures variant de 18 à 78 °C, alimentent trois établissements : le Couloubret, le Modèle et le Teich. On y soigne surtout les rhumatismes, les affections des muqueuses respiratoires et certaines dermatoses. Le centre de la station est traversé par la promenade du Couloubret.

La vieille ville

C'est grâce à Gaston Fébus *(voir p. 322)* que la cité d'Ax, au 14e s., devint ville franche et se dota d'une enceinte (aujourd'hui détruite) défendue par huit tours. En partant du casino, bâti en 1903, gagnez l'église Saint-Vincent, au style composite étendu (12e-19e s.). Sur la place du Breilh, qui marque l'entrée dans la cité historique, un dégagement de vapeur signale le **bassin des Ladres** (1250), empli d'eau chaude. C'est Saint Louis qui, dit-on, le fit établir pour les soldats lépreux qui revenaient des croisades. Il connut ensuite différents usages, servant tantôt à laver la laine ou à ébouillanter le cochon. Fondé en 1260, l'hôpital Saint-Louis fut agrandi en 1846 : son **clocheton** est un honorable témoin du style « thermal » en vogue au 19e s. Contigus, les thermes du Breilh (1813), sont aujourd'hui fermés. Dans le dédale des petites rues du Coustou, Constant- Alibert, des Escaliers, du Moulinas et de la Boucarie se succèdent fontaines, maisons à colombages du Moyen Âge et ancienne chapelle Saint-Jérôme.

Randonnées Carte de microrégion p. 318-319

Abondante autour d'Ax, la gentiane, plante médicinale, est un ingrédient de base de bien des apéritifs traditionnels.

★ Vallée d'Orlu D3

Pour rejoindre le sentier de départ, à 8,5 km, sortez d'Ax par la route d'Andorre ; quittez-la aussitôt avant le pont sur l'Oriège direction Orlu ; restez sur la rive droite du torrent.

Classée réserve nationale, la vallée est desservie par la route D 22 : cette dernière longe la retenue du barrage d'Orgeix où se reflète le manoir d'Orgeix. Les anciennes forges d'Orlu sont entourées d'escarpements rocheux où ruissellent des eaux vives. Elles abritent aujourd'hui la Maison des loups *(voir ci-dessous)*. Avant les forges, continuez sur la route à gauche. Laissez la voiture au parking du pont de Caralp et suivez à pied la piste interdite à la circulation motorisée. *Randonnée de 3h à pied AR*. Le sentier remonte la rive gauche de l'Oriège jusqu'à l'abri d'en Gaudu, réservé aux bergers et situé en aval de la « jasse » (espace clos où l'on garde le bétail) d'en Gaudu. À cet endroit, vous pourrez observer marmottes et isards, de préférence tôt le matin ou en fin de journée. Si vous avez de la chance, vous verrez peut-être le couple d'aigles royaux et celui de gypaètes (grands rapaces charognards de plus de 2,50 m d'envergure), qui occupent la vallée.

Pour les plus courageux *(2h de plus AR)*, le sentier s'élève sous les hêtres, puis traverse un ruisseau. Au pas de Balussière, le sentier passe sur la rive droite de l'Oriège. Plus haut, vous découvrez l'**étang de Beys** vers lequel vous vous dirigez en passant par le refuge de Beys.

★ Signal de Chioula D3

Sortez d'Ax au nord par la D 613 tracée en lacets au-dessus du val d'Ariège.

Au col de Chioula, une large piste conduit au signal *(45mn à pied AR)*, perché à 1 507 m. Belvédère sur les sommets de la Haute-Ariège.

À proximité Carte d'Ax-les-Thermes p. 353

Maison des loups

8,5 km à l'est. Sortez d'Ax par la route d'Andorre ; quittez-la aussitôt avant le pont sur l'Oriège direction Orlu. Allez jusqu'au bout de la vallée, au lieu-dit les Forges. 05 61 64 02 66 - www.maisondesloups.com - juil.-août : 10h-19h ; reste de l'année : se rens - fermé de mi-nov. à fin mars - 8,60 € (-3 ans gratuit).

Des plates-formes d'observation disséminées dans un **site★** magnifique de sous-bois et de torrents vous permettent d'observer différentes espèces de loups (Europe et Amérique du Nord) vivant dans de vastes enclos. Ne ratez pas le nourrissage commenté qui vous fait découvrir la vie et le comportement de cet animal mythique. Un sentier botanique permet par ailleurs de se familiariser avec les espèces pyrénéennes. Les enfants apprécieront aussi les territoires des ânes, des chèvres, des agneaux et des petits cochons, ainsi que le sentier de découverte des traces d'animaux pyrénéens.

★ Plateau de Bonascre

8 km au sud-ouest. Sortez d'Ax par la N 20 en direction de Tarascon; quittez la aussitôt pour la D 820.

La route s'élève rapidement en lacets, en vue des trois vallées convergeant vers Ax: val d'Ariège (vers Tarascon), vallée d'Orlu dominée par la dent d'Orlu, vallée de la Haute-Ariège. Vous atteignez le plateau de Bonascre, site de la station de ski d'Ax-Bonascre-Le Saquet.

Poursuivez en voiture au-delà de la maison de vacances de « Sup-Aéro »; prenez sur la gauche la route forestière des Campels, tracée à flanc de montagne; suivez-la sur 1 500 m.

Superbe **vue★★** en enfilade sur le sillon de la Haute-Ariège jusqu'aux montagnes frontière de l'Andorre. Remarquez les tracés enchevêtrés de la route et de la voie ferrée.

LES DOMAINES SKIABLES

Ax-Bonascre-Le Saquet (Ax 3 Domaines)

8 km au sud-ouest d'Ax-les-Thermes par la D 820. ✆ 05 61 64 20 06 - www.ax-ski.com - ♿ - juil.-août: 8h30-20h; de nov. à mi-avr.: 8h30-20h, w.-end 8h30-19h - 7 € (-6 ans gratuit).

Alt. 1 400-2 400 m, 17 remontées mécaniques. Étendu et varié, le domaine skiable propose 75 km de pistes de ski alpin de tous niveaux (5 pistes vertes, 6 bleues, 10 rouges et 2 noires). Elles ondulent à travers des paysages de haute montagne, de grandes combes et de paisibles forêts, sur des pentes parfois très raides. Et en été? Pas de problème… on skie sur l'herbe! La **télécabine** conduisant au plateau du Saquet (secteur pour débutants à 2 040 m d'altitude) en constitue l'équipement de base.

Ascou-Pailhères

12 km à l'est par la D 25.

Alt. 1 500-2 030 m, 7 remontées mécaniques. Cette station familiale propose 15 pistes de ski alpin de tous niveaux: pentes douces pour les tout-petits, pentes variées pour les débutants ou les skieurs confirmés. Bref, idéal pour skier en famille!

Mijanès-Donezan

28 km à l'est par la D 25.

09310 Les Cabannes - ✆ 05 61 64 60 60 - www.vallees-ax.com - juil.-août: 9h-13h30, 15h30-19h; reste de l'année: 9h-12h30, 15h-18h30.

Alt. 1 530-2 000 m. Appelé le « Québec ariégeois », le plateau du Donezan propose 10 pistes de ski alpin et 25 km de pistes de ski de fond avec deux départs. Station à vocation familiale, Mijanès-Donezan possède par ailleurs de nombreux équipements réservés aux enfants (garderie, espace d'initiation, luge).

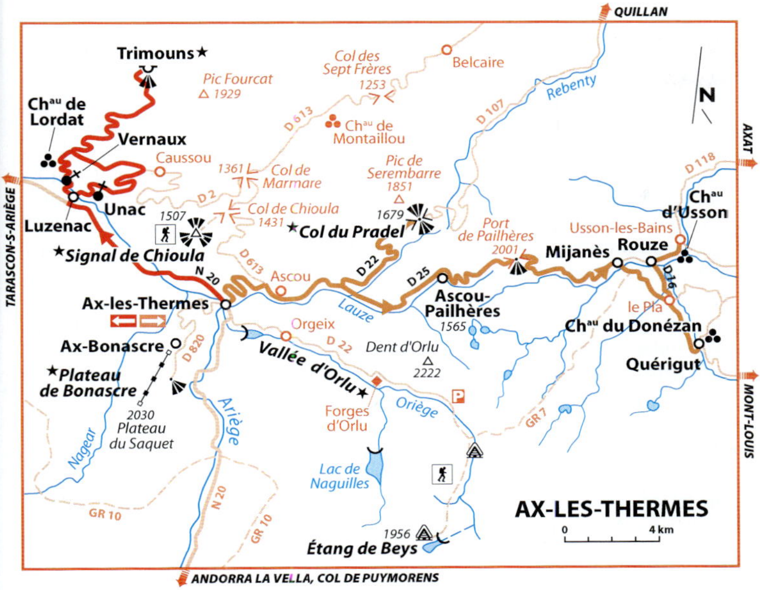

Le Chioula

10 km au nord par la D 613.

Alt. 1 240-1 650 m. Ses 65 km de pistes de ski de fond sillonnent un espace en pleine nature. 6 km de pistes *(circuit gratuit)* permettent aux néophytes de s'initier. Hébergement au pied des pistes.

Plateau de Beille

16 km à l'ouest par la N 20. Roulez jusqu'aux Cabannes, et prenez la D 522.

Alt. 1 800-2 000 m. Premier site de ski de fond des Pyrénées, le plateau de Beille offre aux vacanciers 12 pistes sur 70 km ainsi que des sentiers de découverte et deux pistes piétonnes *(15 km)*.

Circuits conseillés Carte d'Ax-les-Thermes ci-dessus

LE DONÉZAN

Circuit de 42 km, tracé en orange sur la carte ci-dessus – comptez environ 3h.

Attention, les routes empruntées ne sont ouvertes que de mai à novembre, l'accès aux cols de Pailhères et du Pradel sont bloqués le reste de l'année.

Aux confins de l'Aude et des Pyrénées-Orientales, dans l'extrémité est des Pyrénées ariégeoises, cette « terre souveraine » (selon Henri, roi de Navarre), au patrimoine historique chargé, fut jadis rattachée au comté de Foix. Le Donézan, ou canton de Quérigut, offre un paysage de moyenne montagne (alt. autour de 1 200 m) encore sauvage, composé de forêts, de lacs, de hameaux et de petits villages tournés vers l'activité agropastorale. C'est aussi un lieu idéal de séjour, été comme hiver, des chemins de randonnée à la station de ski.

Quittez Ax-les-Thermes à l'est par la D 613 en direction de Chioula et Quérigut. La route est sinueuse et grimpante. Empruntez la D 25 à droite, en direction d'Ascou et de Quérigut. Au hameau de Lavail, prenez à gauche la D 22.

VOUS AVEZ DIT ISARD ?

Il y a une quarantaine d'années, l'isard a bien failli disparaître sous le fusil des chasseurs. Aujourd'hui, c'est une espèce protégée, et la vallée d'Orlu en abrite plus d'un millier, ce qui lui a valu d'être classée Réserve nationale en 1981. L'isard vit habituellement entre 1 600 et 2 500 m d'altitude, mais il n'est pas rare qu'il s'aventure en dessous de 900 m : il conquiert peu à peu les terres abandonnées par l'homme. La robe de cette variété pyrénéenne du chamois change de teinte suivant les saisons : du blond roux en été, elle passe au brun foncé tacheté de blanc l'hiver et sa fourrure s'épaissit pour affronter le froid. Les isards se laissent facilement observer, en particulier au printemps et en automne, car la chaleur estivale et la neige hivernale les obligent à se retrancher dans les sous-bois. Parfaitement adapté à son milieu, l'isard escalade ou descend les parois des montagnes, parfois abruptes, avec une agilité impressionnante.

★ Col du Pradel

Alt. 1 679 m. La route d'accès, dessinant maints lacets serrés à travers les prés, permet de voir la **dent d'Orlu** (alt. 2 222 m), sommet pointu caractéristique de la Haute-Ariège, qui se dessine au sud-est. Vous atteignez le col : belle vue sur les montagnes qui encadrent le bassin supérieur de l'Ariège.

Revenir sur la D 25, que l'on prend à gauche. On dépasse la station de ski d'Ascou-Pailhères sur la droite et le col de Pailhères (alt. 2 001 m).

Mijanès et l'étang du Laurenti

En traversant le village de Mijanès, on aperçoit les maisons adossées les unes contre les autres.

Juste après le village, en prenant la route forestière de la Bruyante sur 5,5 km on arrive au refuge du Laurenti. De là, randonnée facile au beau lac de montagne du Laurenti *(3h30 à pied AR).*

Revenez sur la D 25 puis suivez la D 16, avant de gagner Quérigut.

Château de Quérigut

En haut du village, il ne subsiste du château de Quérigut dit le « château du Donézan », édifié au Moyen Âge, que les ruines de la tour Carle.

Revenez à Le Pla. Prenez à droite la D 16 en direction de Rouze.

Rouze

Au cœur du Donézan, le petit village de Rouze peut s'enorgueillir de posséder encore deux **ponts** édifiés sous Louis XIV par Vauban après la signature du traité des Pyrénées, en 1659, mettant fin aux guerres avec l'Espagne. On accède au petit puis au grand pont, distants de quelques dizaines de mètres, par un sentier indiqué dans le village depuis la place de la Mairie, sur la gauche (*30mn*).

Quittez Rouze par la D 16, en direction d'Usson-les-Bains et du château d'Usson.

Château d'Usson

04 68 20 43 92 - www.donezan.com - de juil. à mi-sept. : 10h-13h, 15h-19h ; vac. scol. hiver, printemps (zone A) : 14h-18h - visites guidées : vend. 15h ; visites nocturnes contes et légendes : merc. 20h45 - 4 € (-12 ans 2,10 €).

15mn du parking situé au bas du château. L'époustouflante verticalité architecturale de cette forteresse cathare, édifiée entre le 11e et le 12e s. pour mieux contrôler la vallée de l'Aude, est au diapason du paysage montagnard. Les anciennes écuries abritent la **Maison du patrimoine du Donézan**. Le rez-de-chaussée est consacré à la forêt, ainsi qu'à l'architecture religieuse et industrielle. Au 1er étage, à côté d'une maquette en relief du pays du Donézan, a été recréée une pièce d'habitation montagnarde traditionnelle. Au 2e étage, diaporama sur la région et pièces archéologiques (vers 2300 av. J.-C.) découvertes dans la grotte d'Usson. Au 3e étage demeurent les vestiges d'un four à pain (18e s.) et des boulets de catapulte. Parmi d'autres pièces exposées, la plus belle est sans doute la Dame d'Usson, élégante sculpture taillée dans un os. Accès direct au château, doté d'une vue imprenable sur toute la vallée. De l'édifice originel restent les oubliettes, les réserves avec leur plafond voûté, des dalles de marbre, quelques créneaux, un chemin dérobé et les vestiges de la cuisine et d'une chapelle.

★★ MONTÉE À TRIMOUNS

Circuit de 39 km, tracé en rouge sur la carte (p. 353) – comptez environ 3h. Quittez Ax au nord-ouest par la N 20 en direction de Tarascon.

Luzenac

L'office de tourisme du village (*6 r. de la Mairie*) propose une documentation abondante sur la région et ses principaux points d'intérêt.

Depuis la fin du 19e s., Luzenac doit son renom à son gisement de talc. Celui-ci, extrait à l'état brut de la carrière de Trimouns, qui s'ouvre en pleine montagne dans le massif du Saint-Barthélemy entre 1 700 et 1 850 m d'altitude, est descendu par bennes jusqu'à l'imposante usine de la vallée où l'on procède au séchage, au broyage et au conditionnement.

Quittez Luzenac par le pont sur l'Ariège et la D 2, route de Caussou.

Unac

Ce village possède une très jolie église romane fièrement campée au-dessus de la vallée. À l'intérieur, les deux gros chapiteaux flanquant l'entrée du chœur sont d'un travail particulièrement soigné.

Continuez sur la D 2, route des Corniches (vues plongeantes sur la vallée de l'Ariège), puis tournez à gauche vers Lordat.

Château de Lordat *(voir p. 327)*

Revenez au carrefour de la **route des Corniches** et prenez, tout droit, la route de Trimouns, traversée au gré des lacets par les bennes descendant la production à l'usine.

★ Carrière de Trimouns

05 61 64 60 60 - www.vallees-ax.com - visite guidée (1h) déb. juil-mi-sept. : tlj sf w.-end 10h-12h, 14h-17h30, 11h, 14h, 15h et 16h ; mai-juin et de mi-sept. à mi-oct. : 16h-17h30 - fermé j. fériés - 7,80 € (-20 ans 5 €).

Ce gisement de talc, vaste cirque surplombant la vallée de l'Ariège (1 800 m), est l'un des plus importants exploités dans le monde. On y découvre des **vues★** étonnantes sur le large filon blanc. Les hommes sont, pour la plupart, affectés au tri manuel des diverses qualités de talc.

Le **panorama★★** sur les montagnes de la Haute-Ariège est saisissant.

Redescendez à Lordat, d'où vous regagnez directement Luzenac par Vernaux.

Vernaux

En contrebas du village, la route contourne l'église isolée, édifice roman menu, mais très soigneusement construit en tuf.

Revenez à Ax par la N 20.

NOS ADRESSES À AX-LES-THERMES

HÉBERGEMENT

PREMIER PRIX

Camping Résidences et Chalets Isatis – *À Ignaux - 5 km au nord-est par D 613, rte de Quillan et à gauche - ✆ 05 34 09 20 05 - www.grandbleu.fr - ♿ - 22 chalets et 27 appart. 224/700 € par sem. pour 4 à 6 pers.* Confort et équipements complets caractérisent les appartements (pour 3 à 4 pers.) et les chalets de cette résidence, idéalement située face au magnifique panorama sur les Pyrénées ariégeoises. Belle terrasse pour profiter du grand air et lézarder au soleil.

BUDGET MOYEN

Hôtel Le Saquet – *1 km au sud par RN 20 - ✆ 05 61 64 31 30 - www.auberge-lorry.com - fermé vac. de printemps, nov., dim. soir et merc. - P - 15 ch. 49/59 €, 4 suites 79/99 € - ☕ 7,50 € - rest. 27 €.* Bâtisses aux allures de chalet situées sur la route de l'Andorre.

RESTAURATION

À la montanha ! la Maison Lacube – *3 pl. des Platanes - 09310 Les Cabannes - ✆ 05 34 09 09 09 - www.lamaisonlacube.com - P - fermé mar. (sf vac. scol.) et 3 sem. en nov. - 20/32 €.* Les produits de la ferme sont servis dans le restaurant « écomaison » de l'éleveur. Pour la boutique, voir ci-dessous.

ACHATS

La Boutique de la Ferme – *3 pl. des Platanes - 09310 Les Cabannes - ✆ 05 61 64 91 36 - www.lafermeduquie.com - 9h30-12h, 15h30-19h - fermé dim. (sf le matin en été) et lun.* Comme l'indique l'enseigne, les produits de cette avenante boutique rustique proviennent exclusivement de la ferme : viandes, foie gras, confits, charcuterie du pays, miels de l'Ariège, fromages, vins, liqueurs et quelques cadeaux typiques du monde montagnard. Des balades et transhumances sont proposées l'été ainsi que des visites de la ferme l'hiver.

ACTIVITÉS

Les Bains du Couloubret – *Promenade Paul-Salette - ✆ 05 61 02 64 41 - www.bains-couloubret.com - haute sais. : lun.-jeu. 10h-19h30, vend.-sam. 10h-20h30, dim. 10h-19h30 - basse sais. : lun.-vend. 14h-19h30, sam. 10h-20h30, dim. 10h-19h30 - de 16 € (2h, enf. 13 €) à 28 € (la journée, enf. 22 €).* Établis à l'emplacement d'un ancien centre thermal, les bains offrent sur deux étages les plaisirs des anciens thermes romains (bains froids, bains chauds, vapeur), un espace nordique (sauna), un espace carthaginois (hammam) ainsi que des soins de détente et de bien-être. À l'extérieur, deux bassins pourvus de jeux d'eau.

AGENDA

Festival des saveurs – *13-15 sept. - www.festivalsaveurs.com - rens. auprès de l'office de tourisme.* Pendant trois jours, les produits du terroir et la gastronomie ariégeoise sont mis à l'honneur.

Saint-Lizier

★

1 450 Licérois – Ariège (09)

NOS ADRESSES PAGE 360

S'INFORMER
Office du tourisme de Saint-Lizier – *Pl. de l'Église - 09190 St-Lizier - 05 61 96 77 77 - www.tourisme-stgirons-stlizier.fr - 10h-12h, 14h-18h, dim. et j. fériés (sf de mi-oct. à déb. mai) 14h30-18h.*

SE REPÉRER
Carte de microrégion A2 (p. 318-319) – *carte Michelin Départements 343 E6-E7.* St-Lizier se trouve à 45 km à l'ouest de Foix et à 2 km au nord de Saint-Girons.

À NE PAS MANQUER
Les cathédrales N.-D.-de-la-Sède et de St-Lizier.

ORGANISER SON TEMPS
Prenez une demi-journée pour la visite de la ville.

Le village de Saint-Lizier, classé parmi les plus beaux villages de France, abrite une église et une cathédrale aux remarquables fresques. Vous pourrez flâner dans le cloître roman, vous émerveiller devant la pharmacie du 18e s., vous plonger dans l'histoire régionale présentée au musée de l'évêché ou simplement profiter du charme des ruelles. Pour rayonner dans le Couserans, et découvrir les vallées verdoyantes alentour et admirer leurs magnifiques paysages de montagne, Saint-Lizier ou son voisin Saint-Girons sont des bases d'excursions tout à fait indiquées.

Se promener

LA VILLE HAUTE

5

Le nom de Saint-Lizier vient d'un évêque local du 6e s., Lycerius, qui fonda sur le site deux cathédrales : celle de Saint-Lizier dans la ville basse et Notre-Dame-de-la-Sède au palais épiscopal. Par la prière, il protégea la cité de l'attaque des Wisigoths et guérit miraculeusement des fidèles qui, pour le remercier, donnèrent à leur ville, *Civitas Conseranorum*, le nom de *Sanct Leze*, bientôt francisé en Saint-Lizier. Soixante-dix-neuf évêques se succédèrent dans la ville jusqu'à la dissolution de son évêché en 1801. Le palais épiscopal se transforma alors en prison, puis en asile pour les mendiants et les personnes malades.
L'ancienne capitale du Couserans occupe un site agréable, perché sur une colline dominant le Salat, face aux Pyrénées. La **ville haute** est enserrée par ses remparts romains du 5e s., bien conservés.

Musée départemental de l'Ariège
Palais des Évêques - 05 61 04 81 86- www.grands-sites-ariege.fr - juil.-août : tlj 10h-18h30 ; avr.-juin, de déb. sept. à mi-oct. et vac. de Noël : 14h-18h ;

reste de l'année se rens. pour les h - possibilité de visite guidée - 4,80 € (5-12 ans 2,80 €, 13-18 ans 3,80 €).

Le musée occupe depuis 2011 une partie rénovée de l'ancien palais épiscopal (17e s.). Les collections, réparties dans quatre salles, présentent la cité et le Couserans de l'Antiquité à nos jours. La muséographie, entièrement revue, sobre et didactique, met en valeur les objets exposés. Des films diffusés sur écran commentent, entre autres, la restauration et la signification des peintures de l'église N.-D-de-la-Sède. Dans une pièce obscure, les visiteurs peuvent identifier au toucher des copies d'objets exposés. On aborde ensuite la vie quotidienne dans la vallée de Bethmale. Dans le jardin où se trouvait jadis le cloître se déroule une longue frise chronologique. Du haut du belvédère, très belle **vue** sur la ville et les Pyrénées. Un petit bâtiment de l'hôpital psychiatrique est devenu un lieu d'exposition temporaire : seule une cellule d'isolement a été conservée.

★★ Notre-Dame-de-la-Sède

À voir absolument ! L'église (ancienne cathédrale) ouvre sur le jardin. C'est en démontant les boiseries des 17e-19e s. du chœur, sculptées de scènes de la vie de la Vierge, que furent découvertes, cachées sous différents badigeons, des **peintures murales★★** du 15e s. Entièrement restaurées, les scènes magnifiques se déroulent sur fond blanc dans des tonalités naturelles d'ocre et de noir. Sur les voûtes posent douze sibylles, jeunes femmes de l'Antiquité qui faisaient des prophéties et qui sont, ici, habillées selon la mode locale. Elles sont accompagnées des patriarches des douze tribus d'Israël. Remarquez à droite l'arbre de Jessé qui donne la généalogie du Christ et, à gauche, des épisodes de la vie de saint Jacques le Majeur. Si vous suivez la visite guidée, vous aurez la surprise de voir « bouger » les boiseries du chœur qui vous dévoileront une ancienne colonne de l'église primitive et un reste de peinture du 12e s.

LA VILLE BASSE

En passant la tour de l'Horloge, vous découvrez au hasard des ruelles quelques vieilles maisons du 15e s. à colombages et encorbellement, en particulier rue Notre-Dame, place de l'Église et place des Étendes. Rue des Nobles, une maison du 18e s. est ornée de boiseries, de gypseries et d'un bel escalier à rampe de bois sculpté.

★ Cathédrale Saint-Lizier

✆ 05 61 96 77 77 - 9h-12h, 14h-18h - possibilité de visite guidée (1h20).

Sa construction s'est échelonnée du 10e au 15e s. Son clocher octogonal de style gothique toulousain date du 14e s. Des fragments de pilastres cannelés prélevés sur des monuments romains ont servi dans la construction des murs. Le plan de l'édifice, très irrégulier, possède un chœur roman désaxé orné de superbes **fresques romanes★★** (11e s.). Au registre supérieur se tiennent les apôtres, parmi lesquels on reconnaît saint Pierre et saint Paul. Le registre inférieur illustre l'Annonciation, la Visitation, la Nativité et l'Adoration des Mages. Un Christ en majesté, très imposant, trône au-dessus du chœur. Les thèmes, la stylisation des yeux, du nez et de la bouche et l'absence de décor et de paysage autour des personnages rappellent les fresques des églises catalanes contemporaines et les peintures byzantines. L'anonyme Maître de Saint-Lizier qui peignit ces fresques serait également l'auteur de peintures murales d'églises de Catalogne désormais exposées à Barcelone au Museu Nacional d'Art de Catalunya (MNAC). Remarquez dans

Peintures de la fin du 15ᵉ s. dans la cathédrale Notre-Dame-de-la-Sède
F. Guiziou / hemis.fr

l'absidiole nord d'autres peintures romane, plus abîmées, qui évoquent la Jérusalem céleste. Tableaux et mobiliers datent des 16ᵉ-18ᵉ s.

★ **Cloître** – *Mêmes conditions de visite que la cathédrale.* Commencé au 11ᵉ s., il possède des chapiteaux sculptés de style roman réalisés par un atelier toulousain. Ils s'ornent de motifs gallo-romains (éléments floraux), mozarabes (vannerie), syriens *(chapiteau central de la galerie ouest)* et chaldéens *(1ᵉʳ chapiteau de la galerie est, en partant de la droite).* La galerie supérieure du 14ᵉ s. conserve quelques traces de fresques. Le **trésor** contient le buste-reliquaire en argent de saint Lizier (16ᵉ s.), une crosse en ivoire (12ᵉ s.) ainsi que des statues en bois polychrome du 16ᵉ s.

Pharmacie de l'hôtel-Dieu

✆ 05 61 96 77 77 - visite guidée (20mn) 11h, 15h. en sais. se rens - 2,50 €.

Attenant à la cathédrale de St-Lizier, l'ancien hôtel-Dieu a conservé en l'état son apothicairerie de 1764. C'est en ces lieux, aux murs plaqués de vitrines en bois roux et de multiples tiroirs, que les sœurs préparaient les remèdes : « vinaigre des quatre voleurs », « élixir de longue vie », « ratafia pour les pauvres »… Tout est resté en place : la magnifique collection de pots en faïence bleue ou polychrome, les flacons en verre bleu, les mortiers, la table et les outils du chirurgien.

Au Pays des Traces Carte de microrégion p. 318-319 A2

Ferme du Miguet - ✆ 05 61 66 47 98 - www.paysdestraces.fr - de mi-juin à déb. sept. : 10h-19h, dim. 13h30-19h ; vac. scol. (sf Noël) : 13h30-18h30 - 10,50 € (-13 ans 8,50 €) - forfait adulte 15 €, -13 ans 13 € ; chaussures de sport conseillées.

Ce parc original installé en bordure du Salat, autour de la grotte du Loup, initie à l'ichnologie (la science des traces). Enquête nature, fouilles, moulages en plâtre ou en argile, parcours ludiques (ornithologique, cavernicole, en montagne, archéologique) permettent aux enfants d'observer et d'interpréter des traces tout en s'amusant. Deux espaces muséographiques (expositions temporaires) et un bestiaire de buis complètent la visite.

NOS ADRESSES AUTOUR DE SAINT-LIZIER

HÉBERGEMENT

PREMIER PRIX

Camping Audinac – *Parc d'Audinac-les-Bains - 4,5 km au NE d'Audinac-les-Bains, par D 117, rte de Foix, et D 627, rte de Ste-Croix-Volvestre - ✆ 04 68 31 87 99 - www.audinac.com - de déb. mai à mi-sept. - ♿ - ⌀ - réserv. conseillée - 100 empl. 18/20 €.* Les 15 ha d'un ancien parc thermal assurent espace et calme à ce camping, niché au milieu d'arbres tricentenaires. Vous ne serez pas insensible à la beauté des bâtiments d'époque chargés d'histoire. Côté divertissement: piscine, mini-club enfants, animations ados, tournois sportifs, soirées familiales… Location de chalets et de bungalows.

POUR SE FAIRE PLAISIR

Chambre d'hôte Villa Belisama – *R. Notre Dame - ✆ 05 61 02 83 24 - 🏊 - 3 ch. 95 € ☕ - repas 25 €.* Cette belle maison à colombages de la ville haute abrite deux chambres et un duplex. Superbe vue sur la vallée du Salat depuis la terrasse.

RESTAURATION

BUDGET MOYEN

L'Auberge d'Audressein – *Le Bourg - 09800 Audressein - ✆ 05 61 96 11 80 - formule déj. 14,50 € - 21/40 €.* À l'entrée d'Audressein, charmant village de la vallée de la Bellongue, ce restaurant installé dans une ancienne forge propose des plats copieux… à apprécier si possible dans la salle surplombant le torrent!

La Tour – *R. du Pont - 09190 St-Lizier - ✆ 05 61 66 38 02 - www.hoteldelatour09.fr - fermé 23 nov.-3 déc. - formule déj. 15 € - 22/32 € - 9 ch. 53/63 € - ☕ 8 €.* Cette bâtisse avec sa tour de guet carrée du 12e s. domine la rivière. La cuisine, d'inspiration régionale, est servie dans une salle climatisée bordée de baies vitrées. Neuf chambres simples et bien tenues.

Le Carré de l'Ange – *Palais des Évêques - 09190 St-Lizier - ✆ 05 61 65 65 65 - www.lecarredelange.com - fermé dim. soir et lun. - formule déj. 19 € - 25/89 €.* Installé dans les anciennes écuries du palais épiscopal, le Carré de l'Ange propose une cuisine savoureuse à quatre mains. Les différents espaces sont finement décorés par des artistes de la région. De la terrasse, on jouit d'une vue sur la cathédrale et le Couserans.

PETITE PAUSE

11 place de l'Église – *Pl. de l'Église - ✆ 05 61 64 27 36 - 10h-19h - fermé merc. hors sais. et jeu.* Restaurant (excellentes tartines pour déjeuner sur le pouce), salon de thé et épicerie fine de produits ariégeois, à déguster sur l'agréable terrasse, en face de la cathédrale.

Vallées du Haut-Couserans

★

Ariège (09)

NOS ADRESSES PAGE 367

S'INFORMER
Office du tourisme du Haut-Couserans – *www.haut-couserans.com - Pl. de l'Allée - 09140 Seix - 05 61 96 00 01 - pour les h se rens.*

SE REPÉRER
Carte de microrégion A2 (p. 318-319) – *carte Michelin Départements 343 E6-E7.*
Le Haut-Couserans part de la vallée de la Lez, au sud de Saint-Girons, et grimpe à travers les d x-huit vallées du Couserans jusqu'à la frontière espagnole.

À NE PAS MANQUER
Le col de Pause; la cascade d'Ars; une visite du dernier atelier de sabots bethmalais.

ORGANISER SON TEMPS
Comptez une journée pour sillonner les vallées du Haut-Couserans.

Au cœur du Parc naturel régional des Pyrénées ariégeoises, le Couserans est un petit pays propice à de belles balades, des vallées étroites du Castillonnais jalonnées de jolis villages de pierre, aux versants raides mais ensoleillés du Haut-Salat et du Garbet.

Circuits conseillés Carte du Couserans p. 362

★ VALLÉES DE BIROS ET DE BETHMALE

Circuit de 78 km, tracé en vert sur la carte p. 362 – comptez 4h environ. Quittez St-Girons au sud-ouest par la D 618 en direction de Luchon.

5

Saint-Girons

La ville de Saint-Girons, accolée à celle de Saint-Lizier, est intéressante comme point de départ d'excursions pour découvrir le Couserans et ses vallées. Elle comporte de nombreuses adresses de restauration, d'hébergement et de boutiques originales *(voir « Nos adresses », p. 367).*
La route, fort jolie, suit le cours du Lez dans une large vallée ensoleillée. D'agréables villages ponctuent le parcours.

Audressein

Site agréable au confluent de la Bouigane et du Lez.
Église N.-D.-de-Tramesaygues – Juste après le pont de la Bouigane, cette église de pèlerinage (du 14e s. pour l'essentiel), classée Monument historique, est désormais inscrite au Patrimoine mondial de l'Unesco, au titre des chemins

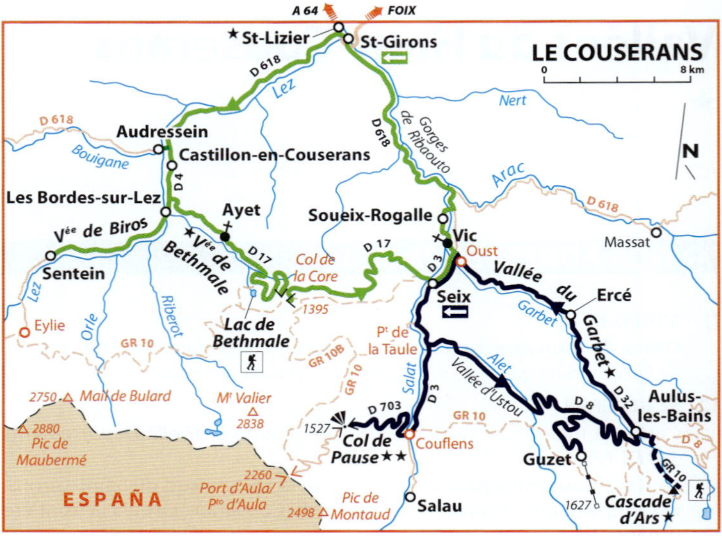

de St-Jacques de Compostelle. Elle est rehaussée d'un campanile ajouré et son porche central est décoré de peintures murales du 15e s.

Prenez la D 4 au sud. La route remonte la vallée du Lez.

Si vous avez un peu de temps, faites un détour depuis Audressein par la route du col du Portet-d'Aspet (D 618), elle traverse de beaux villages typiques du Castillonnais (*comptez 30 mn env.*).

Castillon-en-Couserans

09800 Castillon-en-Couserans - 05 61 96 72 64 - www.ot-castillon-en-couserans.fr - pour les h se rens.

Petit village situé sur une terrasse de la rive droite du Lez, au pied d'une butte boisée. Dans le parc du Calvaire, en aplomb sur la vallée, la **chapelle Saint-Pierre** jouit d'une situation magnifique. Construite au 12e s., elle fut fortifiée au 16e s.

L'office de tourisme de Castillon vous remet sur demande des « sacs-à-dos qui parlent » : partez en randonnée sur l'un des cinq « chemins qui parlent » dans les vallées du Castillonais. Un système de capteurs vous permettra d'obtenir des informations et commentaires, diffusés depuis le sac.

Les Bordes-sur-Lez

À l'entrée du village, à hauteur d'une croix, jolie vue sur le plus vieux pont du Couserans et sur l'église romane d'Ourjout.

Engagez-vous sur la gauche dans la vallée de Biros.

Vallée de Biros

La route pittoresque qui remonte la vallée du Lez ouvre par les vallées affluentes des perspectives sur les cimes de la chaîne frontière : mont Valier dans l'enfilade du Riberot et Mail de Bulard au fond de la vallée d'Orle.

Sentein

Av. Alphonse Sentein - 09800 Sentein - 05 61 96 10 90 - www.tourisme-biros.com - juil.-août : tlj sf dim. 10h30-12h, 15h30-18h30 ; reste de l'année : mar. et vend. 9h-12h, 14h-17h30, sam. 9h-12h - fermé j. fériés.

Les richesses du Couserans

LE PAYS AUX 18 VALLÉES

Étroitement associé au Comminges à l'époque féodale, tout en ayant son propre évêque à Saint-Lizier, le Couserans « aux 18 vallées » fut la terre des Consoranni lorsqu'elle faisait partie de la Novempopulanie – neuf peuples aquitains conquis par les Romains. Le Couserans correspond géographiquement au bassin du Haut-Salat, avec Saint-Girons pour chef-lieu. Lacérés par les nombreux affluents du torrent, les terrains sédimentaires relativement tendres de la zone axiale (zone d'élévation des Pyrénées) forment des monts très ramifiés séparés par d'amples vallées. Un ciel calme et lumineux, une végétation touffue constituent les attraits de ce pays où les conditions de vie, sinon précaires, du moins fort rudes, engendrèrent un dépeuplement que l'absence de foyers industriels ne fit qu'aggraver. La chaîne frontière, connue surtout pour la silhouette du mont Valier (alt. 2 838 m), sommet dont la sombre pyramide entre dans le champ de vision des Toulousains, reste le domaine des randonneurs confirmés ne redoutant pas des marches d'une dizaine d'heures !

CURIEUSE ET INTÉRESSANTE VALLÉE : BETHMALE

La population de la vallée n'est guère pléthorique : on y trouve deux communes, Arrien-en-Bethmale et Bethmale. Cette dernière ne comptait pas plus de 96 habitants en 1990, ce qui ne l'a pas empêchée d'attirer l'attention des ethnologues et des spécialistes du folklore. Ceux-ci se sont en effet longtemps intéressés au costume bethmalais masculin dont la veste de laine écrue, garnie de parements multicolores, rappelait certaines tenues paysannes d'apparat dans les Balkans… Les visiteurs ne manqueront pas l'occasion de se procurer des sabots (avec un cœur gravé sur la pointe s'ils souhaitent les offrir à la dame de leurs pensées). Quant aux gourmets, ils dégusteront le délicieux fromage local, le bien nommé… bethmale.

LE PARC NATUREL RÉGIONAL DES PYRÉNÉES ARIÉGEOISES

Il a vu le jour en 2011. Son territoire, 2 500 km^2, représente la moitié ouest du département de l'Ariège. Il s'étend à l'ouest de Foix et de Tarascon-sur-Ariège et jusqu'après Saint-Girons. Au nord, il remonte au-dessus du Mas-d'Azil et de Sainte-Croix-Volvestre, au sud, il descend jusqu'à la frontière espagnole. Il regroupe 142 communes, 13 cantons, et près de 43 500 habitants. Il est recouvert à 50 % de magnifiques forêts. Vallées, plaines et montagnes sont les refuges de nombreuses espèces tant florales qu'animales : grand tétras, gypaète barbu, desman des Pyrénées, lys, etc. Dans le parc se dressent le mont Valier, le pic des trois Seigneurs, la Pique d'Estats, la Pique rouge, le mont Rouch, le Crabère et le massif de Montcalm. Son patrimoine naturel et culturel est exceptionnel car il est particulièrement bien préservé. Artisanat et agriculture s'y développent en accord avec l'environnement. Le parc est également un haut lieu du pastoralisme. De nombreuses animations sont proposées au sein de ce territoire préservé : randonnées, découvertes des vallées, de la faune et de la flore, de la production artisanale, etc.

Syndicat mixte du PNR des Pyrénées ariégeoises - 09240 La Bastide-de-Serou - 05 61 02 71 69 - www.parc-pyrenees-ariegeoises.fr.

Base d'excursions en montagne, ce village possède une **église fortifiée** du 12e s. flanquée de deux tours quadrangulaires, vestiges de l'enceinte dont le pourtour mesurait 200 m. Belles fresques du 16e s., clocher à trois étages.

Les amateurs de randonnées et ceux que le paysage a charmés pourront poursuivre jusqu'au fond de la vallée où la route s'achève à Eylie.

Faites demi-tour et, aux Bordes, prenez à droite la D 17.

★ Vallée de Bethmale

Vous apprécierez cette vallée largement ouverte, aux paysages harmonieux, aux versants bosselés semés de granges et de villages aux maisons étroitement imbriquées.

Ayet

Ce très joli village possède une **église** dans laquelle vous pourrez admirer des boiseries naïves du 18e s., en particulier le décor rocaille de la chapelle du baptistère.

Laissez la voiture dans un lacet à gauche, à l'entrée de la forêt domaniale de Bethmale.

Lac de Bethmale

1/4h à pied AR. Cet étang est situé dans un beau décor de hêtres, qui lui confèrent un charme on ne peut plus romantique.

En gagnant de l'altitude dans un cirque de pâturages, la route atteint le col de la Core (alt. 1 395 m), qui offre une dernière vue sur la vallée de Bethmale. Sur le versant est du col, le vallon d'Esbints présente un paysage boisé plus solitaire. Au sud-ouest, légèrement en arrière, se déroule le chaînon du mont Valier. En fin de descente, les arbres fruitiers et les granges se multiplient à nouveau, tandis que le bassin de confluence d'Oust, centre géographique du Haut-Salat, se rapproche.

Seix

Pl. de l'Allée - 029140 Seix - 05 61 96 00 01 - www.haut-couserans.com - juil.-août : 9h-12h, 15h-19h, dim. 9h-12h ; reste de l'année : 9h-12h, 14h-18h, dim. 9h-12h.

Jadis ville franche jouissant de la protection royale, Seix est aujourd'hui un petit village dominé par un château du 16e s.

Le « Pass'Patrimoine » (*5 €*) comprend l'entrée du château de Seix, de la boutique des Colporteurs, à Soueix, et de l'exposition des Montreurs d'ours, à Ercé.

Vic

Le village possède une **église** typiquement ariégeoise, avec son clocher-mur et sa triple abside romane. La nef et les bas-côtés sont couverts d'un plafond du 16e s. à petits caissons peints, qui trouvent leur réplique dans les peintures murales de la voûte du chœur. Sur la placette, du côté du portail, une croix en fer forgé, témoin de l'habileté des ferronniers de l'Ariège, fut érigée comme monument aux morts des guerres mondiales.

DES FROMAGES DE CARACTÈRE

Bamalous, moulis ou bethmale… le Couserans peut s'enorgueillir de posséder des fromages de caractère. À base de lait de vache ou de brebis, ils sont affinés en cave et se caractérisent par un arôme doux et fruité. Vous les trouverez sur le marché de Saint-Girons *(le samedi matin)* ou au cœur du pays couserans (Bethmale, Engomer).

Voir « Nos adresses », p. 368.

Col de Pause.
F. Guiziou / hemis.fr

Soueix-Rogalle

Boutique des Colporteurs – *www.patrimoine-du-couserans.com - juil.-août 14h30-19h - 2 € (enfant 1 €).* Au centre du village de Soueix, la Maison Souquet abrite une ancienne boutique. Ouverte en 1824, celle-ci faisait office d'épicerie, quincaillerie, mercerie et bijouterie, mais surtout de grossiste pour les colporteurs ariégeois. Dans la salle attenante à la boutique, des panneaux retracent l'histoire de ces paysans qui complétaient leurs revenus en vendant les denrées dans les régions reculées des Pyrénées…voire bien plus loin ! À l'arrière de la boutique, vous trouverez un salon de thé et une épicerie fine de produits régionaux.

Rentrez à St-Girons en prenant à gauche la D 3, par les gorges de Ribaouto.

★ VALLÉES DU HAUT-SALAT ET DU GARBET

Circuit de 170 km au départ de Seix, tracé en bleu sur la carte (p. 362) – comptez une journée. Prenez sur la droite, après Seix, la D 3 vers la vallée du Haut-Salat. Après 10 km d'un parcours très encaissé au bord du torrent, bifurquez, à l'entrée de Couflens, à droite vers le col de Pause (route du port d'Aula).

5

Étroite et tracée sur des versants raides, la petite route s'élève au-dessus de l'impressionnante vallée forestière d'Angouls. Par l'encoche du Salat apparaissent les sommets du cirque terminal de la vallée, au-dessus de **Salau** (mont Rouch, alt. 2 858 m). Au-delà du village-balcon de Faup, superbement exposé, poussez jusqu'au col de Pause.

La chaussée, mauvaise et ravinée, est souvent obstruée par la neige d'octobre à mai.

★★ Col de Pause

Alt. 1 527 m. Prenez de la hauteur sur la pente à droite, en direction du pic de Fonta, pour découvrir le mont Valier au-delà de la coupure de la vallée d'Estours. Vue sur les abîmes de la face est de ce sommet et sur les arêtes de son chaînon nord.

Revenez au pont de la Taule et prenez la D 8 à droite.
La route traverse la vallée d'Ustou, monte sur quelques kilomètres avant de redescendre en lacet jusqu'à Aulus-les-Bains. Belles vues dans la descente.

Guzet

Occupant un site exceptionnel à l'amont de la vallée de l'Ustou, cette paisible station de sports d'hiver s'illustre par ses chalets blottis sous les sapins : elle doit son développement au « ski-club » saint-gironnais qui a développé la fabrication des skis et leurs usages à des fins sportives au début du 20e s.
Domaine skiable de Guzet-Neige – *www.guzevasion.fr - de mi-déc. à fin mars.* Altitude 1 100-2 100 m, 14 remontées mécaniques. 28 pistes de ski alpin diversifiées et 4 km de piste de ski de fond, au milieu des sapins. Une aire de ski avec 2 remontées mécaniques adaptées est réservée aux enfants. L'été, Guz'évasion propose des pistes de VTT, un rocher d'escalade, ainsi qu'un espace détente.

Aulus-les-Bains

Les eaux sulfatées, calciques et magnésiennes qui sourdent à Aulus sont exploitées depuis le 19e s. Cette activité remonte probablement à l'époque romaine, comme l'attestent les pièces retrouvées lors de la découverte des différentes sources.
La situation d'Aulus-les-Bains permet des excursions en montagne, dans la fourche des trois vallées supérieures du Garbet (Fouillet, Ars et Haut-Garbet), embellies de cascades et de lacs.
Montez la vallée du Garbet, vers l'est. À 1 km, laissez la voiture et prenez à droite le GR 10 afin de rejoindre la cascade d'Ars.

★ Cascade d'Ars

5 km à pied, environ 3h aller-retour. Traversez le torrent et suivez le GR 10 vers l'ouest puis vers le sud pour parvenir au pied de la cascade bondissant de 110 m de hauteur, en trois chutes.
Revenez à Aulus et prenez la D 32 au nord pour descendre la vallée du Garbet.

★ Vallée du Garbet

C'est l'une des vallées les plus régulièrement évidées et l'une des mieux orientées du Haut-Couserans. Ensoleillée, parsemée de nombreux hameaux gardant parfois des chaumières à pignons et à redents, elle était appelée autrefois « Terra Santa » en raison du grand nombre de chapelles et d'oratoires que l'on y recensait, témoins de l'accroissement de la population de la région au milieu du 19e s., finalement enrayé par les guerres et l'industrialisation.

Ercé

Les montreurs d'ours – *Ancienne école de La Rivière - ✆ 06 82 58 82 36 - www.patrimoine-du-couserans.com - mi-juil.-mi-août : 14h-18h30 - hors sais. : sur réserv. - 2 € (enfant 1 €).* L'exposition présente des documents et des objets retraçant l'histoire des Orsailhers, ces villageois des vallées du Garbet et de l'Alet partis gagner leur vie jusqu'en Amérique, où ils montraient les ours qu'ils avaient dressés.
La route traverse les villages d'Oust et de Vic avant de rejoindre Seix.

NOS ADRESSES DANS LE HAUT-COUSERANS

HÉBERGEMENT

PREMIER PRIX

Camping La Vie en Vert – *09800 Augirein - à l'est du bourg, bord de la Bouigane - ✆ 05 61 96 82 66 - www.lavieenvert.com - ouvert de mi-mai à mi-sept. - ♿ - ▭ - réserv. conseillée - 15 empl. 19 € - 1 ch. et 2 tipis 50 €* ☕. Ce camping sympathique et joliment fleuri est bercé par le bruit d'un petit torrent. Grâce aux efforts de décoration et de plantation, ce lieu, certes simple, a beaucoup de charme. Une chambre d'hôte dans une ancienne grange en pierre de pays et 2 tipis.

Camping Les Quatre Saisons – *Rte d'Aulus-les-Bains - 09140 Oust - sortie SE par D 32, rte d'Aulus-les-Bains, près du Garbet - ✆ 05 61 96 55 55 - www.camping4saisons.com - de mi-mars à mi-oct. - ♿ - ▭ - réserv. conseillée - 108 empl. 17,50 €.* Ce petit complexe comprend un hôtel avec des chambres simples mais fonctionnelles, un restaurant avec une agréable salle à manger, 3 gîtes en rez-de-jardin, et un camping situé près du ruisseau et de la piscine : beaux emplacements bien délimités, mobile homes et chalets de bon confort.

BUDGET MOYEN

Chambre d'hôte La Maison du Rabada – *09800 Sentein - ✆ 05 61 96 07 76 - 3 ch. 60/80 € (2 nuitées min.).* Située au cœur du village de Sentein, cette chaleureuse maison d'hôte constitue une base idéale pour parcourir les sentiers de randonnée des alentours.

POUR SE FAIRE PLAISIR

Eychenne – *8 av. P. Laffont - 09200 St-Girons - ✆ 05 61 04 04 50 - www.ariege.com/hotel-eychenne - fermé déc.-fév., dim. soir et lun. sf j. fériés de déb. nov. à fin mars - 42 ch. 84/205 € - ☕ 12 € - rest. 28/57 €.* Ex-relais de poste où règne une plaisante atmosphère bourgeoise. Souci du détail et meubles anciens dans les chambres ; certaines ont vue sur les Pyrénées. Accueil personnalisé. Cuisine traditionnelle et belle terrasse ouvrant sur un ravissant jardin.

Hôtel Château de Beauregard - L'Auberge d'Antan – *Av. de la Résistance - 09200 St-Girons - ✆ 05 61 66 66 64 - www.chateaubeauregard.net - fermé 1er-22 mars et 6 nov.-1er déc. - P - 10 ch. 100/220 € - ☕ 13 € - rest. 28/38 €.* Petit château et son pavillon de chasse (19e s.), au calme d'un parc avec roseraie. Chambres au charme rétro et cossu (mobilier chiné), suites de caractère et spa original. À L'Auberge d'Antan, décor rustique et plats de grand-mère préparés au feu de bois.

RESTAURATION

BUDGET MOYEN

Le Bouchon – *4 pl. des Poilus - 09200 St-Girons - ✆ 05 61 96 00 18 - fermé oct. - ♿ - P - formule déj. 15 € - 18/40 €.* Une mise en place simple et sans prétention pour ce restaurant qui bénéficie d'une terrasse plaisante dans le quartier dit historique de la ville. Sa carte, traditionnelle, se compose surtout de produits frais et compte quelques spécialités qui font le bonheur d'une clientèle de connaisseurs. Pâtisseries maison.

Auberge du Haut-Salat – *Pl. de l'Allée - 09140 Seix - ✆ 05 61 66 88 03 - www.aubergeduhautsalat.com - fermé mar. soir et dim. soir hors sais. (sf vac. scol.) et merc. - 20/26 € - 9 ch. 42/57 € - ☕ 7 €.* Sur la place du village, au bord du Salat, cette sympathique auberge servant des mets copieux (dont un grand choix de salades composées) est idéalement située pour arpenter les sentiers et les curiosités de la vallée du Garbet.

PETITE PAUSE

Croustades Martine Crespo – *38 r. Pierre-Mazaud - 09200 St-Girons - ✆ 05 34 14 30 20 - www.croustade.com - lun. 9h-12h30, 14h-18h, mar.-vend. 9h-12h30, 14h-19h, sam. 8h-19h, dim. 8h-13h - fermé 1er janv. et 25 déc.* La spécialité de cette boutique décorée à l'ancienne, c'est la croustade du Couserans, dessert offert traditionnellement lors des repas de fêtes gascons. Plusieurs parfums existent : pomme, poire, etc. Également : quiches, tartes, croustades au fromage de montagne et au foie gras frais.

Peppino – *8 r. Gambetta - 09200 St-Girons - ✆ 05 61 04 88 60 - mar.-vend. 11h-18h, sam. 11h-19h - formule midi 9,80 €.* Restaurant et salon de thé proposant des crêpes, des gaufres et des glaces du maître artisan Philippe Faur : kiwi, violette, lait d'amande… vous aurez l'embarras du choix !

Chocolaterie J.-P. Balard – *4 r. Gambetta - 09200 St-Girons - ✆ 05 61 66 35 11 - http://jpbalard.wix.com/chocolateriejpbalard - mer.-sam. 8h30-12h30, 15h30-19h ; dim. 8h-12h.* Ce maître artisan propose des créations chocolatières aussi originales que raffinées.

ACHATS

Marché de St-Girons – Tous les samedis matin, le Champ-de-Mars accueille un marché très coloré où vous découvrirez des produits locaux auprès des producteurs.

Pascal Jusot – *Aret - 09800 Bethmale - ✆ 05 61 96 74 39 - www.artisan-bois-sabots.fr - en sais. : visites le mar. à 15h (2 €) ; hors sais. : sur RV.* Cet artisan sabotier, dont l'atelier bénéficie du label national « Entreprise du patrimoine vivant », fabrique les sabots à longues pointes typiques de la région ainsi que divers objets décoratifs. Il fera fonctionner devant vous d'anciennes machines à bois et vous montrera les différents bois utilisés.

Asinus - *40 bd F. Arnaud - 09200 Saint-Girons - ✆ 05 61 04 65 91 ou 06 82 93 44 80 (location d'ânes) - www.asinus.fr.* Une boutique originale de produits cosmétiques à base de lait d'ânesse. L'entreprise Asinus propose également des randonnées, avec location d'ânes, et des visites de l'asinerie, au Feillet.

Fromagerie Le Moulis - *Luzenac - 09200 Moulis - ✆ 05 61 66 09 64 - fermé lun. hors sais. et dim.* Chaque année depuis 1943, 400 tonnes de fromage sortent de ses caves : fromages au lait de vache, de brebis, et de chèvre.

ACTIVITÉS

Pyren'Aventure – *09200 Moulis - ✆ 06 84 08 01 34 - www.pyreneesaventure.com.* École de parapente.

AGENDA

Rencontres internationales Tradition et Ethnie – *Déb. août - www.bethmalais.org.* À l'initiative des Bethmalais, un des premiers groupes folkloriques français, invitation de groupes folkloriques du monde entier.

Transhumance en Bethmale – *Mai-juin - www.transhumance-en-bethmale.fr.* La transhumance des chevaux de Mérens s'accompagne de festivités. Possibilité de suivre la transhumance à cheval.

La grotte du Mas-d'Azil, l'entrée du centre d'interprétation.
Sites Touristiques Ariège/SESTA - Demoulin

Grotte du Mas-d'Azil

★

1 215 Aziliens (village) – Ariège (09)

NOS ADRESSES PAGE 371

S'INFORMER

Office du tourisme des vallées de l'Arize et de la Lèze – *11 pl. du Champ-de-Mars - 09290 Le Mas-d'Azil - ✆ 05 61 69 99 90 - www.tourisme-arize-leze.com - de mi-avr. à fin sept. : 9h-12h, 14h-18h, w.-end et j. fériés 9h30-12h30, 14h-18h ; reste de l'année : tlj sf w.-end et j. fériés 9h-12h, 14h-18h.*

SE REPÉRER

Carte de microrégion B1 (p. 318-319) – *carte Michelin Départements 343 G6.* Situé à 23 km au nord-est de Saint-Lizier et à 34 km au nord-ouest de Foix, le Mas-d'Azil est également un village.

AVEC LES ENFANTS

La grotte du Mas-d'Azil.

Site préhistorique célèbre dans le monde scientifique (au point d'avoir donné son nom à la civilisation « azilienne »), la grotte du Mas-d'Azil est aussi l'une des curiosités naturelles les plus spectaculaires de l'Ariège. Raison de plus pour marcher sur les traces de nos lointains ancêtres !

Visiter

L'archéologue Édouard Piette découvrit en 1887 une couche originale d'habitat humain, entre le Magdalénien finissant (11 000 ans av. J.-C.) et le début du Néolithique : l'**Azilien** (9 500 ans av. J.-C.). Après lui, l'abbé Breuil et le conservateur Joseph Mandement continuèrent les recherches, mais aussi les préhistoriens Boule et Cartailhac…

★ Grotte du Mas-d'Azil

✆ 05 61 69 97 71 - www.grotte-masdazil.com - visite guidée (60mn) juil.-sept. : 10h-12h30, 13h30-18h45 ; de fin sept. à mi-nov. : 10h30-12h30, 13h30-17h15 ; de mi-à fin déc. : 10h30-12h30, 13h30-17h15 - reste de l'année : se rens. - fermé lun. hors vac. scol - 7,80 € (-18 ans 4,90 €).

Creusée par l'Arize sous le Plantaurel, la grotte est un tunnel long de 420 m, d'une largeur moyenne de 50 m. En amont, l'arche d'entrée est magnifique (65 m de haut). En aval, l'ouverture, surbaissée (7 à 8 m), est forée dans un rocher à pic d'une hauteur de 140 m. La route utilise ce passage, côtoyant le torrent dont les eaux sapent les parois calcaires et s'enfoncent sous une voûte majestueuse, étayée au centre par un énorme pilier rocheux.

Les quatre étages de galeries fouillées se développent sur 2 km, dans un calcaire dont l'homogénéité empêche les infiltrations et la propagation de l'humidité ; seules certaines salles sont accessibles à la visite.

Une passerelle surplombant la rivière mène à la grotte, joliment mise en lumière. On chemine à l'intérieur des galeries, pourvues d'installations numériques complétant de façon ludique les explications fournies par le guide, sur la vie à l'époque magdalénienne, la géologie, et les fouilles du site.

Dans la salle Mandement apparaissent, parmi les déblais, des vestiges de faune (mammouth, rhinocéros laineux et ours) amoncelés en ossuaire sans doute par des crues souterraines (les eaux de l'Arize, dix fois plus considérables qu'aujourd'hui, pouvaient atteindre le niveau de la voûte).

Les objets trouvés lors des différentes campagnes de fouilles sont exposés dans la grotte et au bourg du Mas-d'Azil, au musée de la Préhistoire.

★ Musée de la Préhistoire

✆ 05 61 05 10 10 - www.grands-sites-ariege.fr - ♿ - de déb. juil. à fin août : 10h-20h ; de fin mars à déb. juil. et de fin août à fin sept. : 10h-18h ; w.-end et j. fériés : 10h-19h ; reste de l'année : se rens - 9,90 € (-18 ans 7 €) - fermeture de la billetterie 17h30.

À 800 m de la grotte, le musée est situé au centre du village, à l'emplacement de l'ancienne mairie. Collection de pièces d'époque magdalénienne (grattoirs, burins, aiguilles, moulage de la célèbre tête de cheval hennissant, propulseurs dont le « faon aux oiseaux ») et azilienne (harpons en bois de cerf, pointes, galets peints, outillage miniaturisé).

Affabuloscope

✆ 05 61 69 72 10 - www.affabuloscope.fr - ♿ - 14h-19h - fermé mar. sf juil.-août - 5 € (-6 ans gratuit). Le site, actuellement en vente, reste cependant ouvert au public jusqu'à nouvel ordre.

La salle principale, située au rez-de-chaussée, expose une multiplicité d'affabulations jouant avec leur propre titre : machine à verser dans le tragique, retardateur d'échéance, redresseur de torts, semoir à tout vent… Autant d'œuvres en bois sculpté, polies, vernies, parfois encastrées dans un jeu de poulies, de ressorts, de cordes, de roues montées sur un socle ou sur un pied. Une large place est laissée au politiquement incorrect, du monument aux

vivantes à la sélection des grandes œuvres de la littérature à ingérer sous forme médicamenteuse.
Au 1er étage, de drôles sculptures sont exposées, constituées de matériaux de récupération (entonnoir, cylindre, radio, hélice, selle de tracteur) dans un bric-à-brac hétéroclite qui poursuit le voyage imaginaire.

NOS ADRESSES AU MAS-D'AZIL

HÉBERGEMENT

BUDGET MOYEN

Chambre d'hôte Domaine de Terrac – *09420 Rimont - 4 km à l'est par D 117 et rte secondaire - ✆ 05 61 96 39 60 - www.chambresdhotesariege.com - fermé nov.-fév. - P - ⊄ - 5 ch. 65/85 € ☕ - repas 24 € bc (sur réserv.).* Cette ferme merveilleusement restaurée n'aura aucun mal à vous séduire. Ses chambres concilient charme et tranquillité ; deux d'entre elles ont une terrasse dominant la vallée. Côté restauration, la propriétaire propose des plats régionaux, végétariens et indiens.

RESTAURATION

BUDGET MOYEN

La Table de Magda – *Pl. du Champ-de-Mars - 09290 Le Mas-d'Azil - ✆ 05 61 69 90 05 - www.tabledemagda.fr - fermé dim. soir, lun. soir et jeu. hors juil.-août et de Toussaint à Pâques - formule déj. 12 € - 18/25 €* Cette auberge sur le chemin des pèlerins de St-Jacques-de-Compostelle attire les connaisseurs pour y savourer assiette ariégeoise, plats du terroir ou menu végétarien, dans un décor rustique.

Le Kiwi – *5 pl. du Bout de la Ville - ✆ 05 61 69 55 82 - www.restaurant-lekiwi.com - fermé lun.-mer. et dim. soir - formule déj. 12,50 € - 18/25 €.* Ce restaurant moderne sert une cuisine créative aux notes exotiques, avec un grand choix de plats végétariens. Il fait également salon de thé, proposant un « brunch » le dimanche, et des plats à emporter à toute heure.

AGENDA

Fête de la figue – *1er w.-end d'oct. - ✆ 05 61 65 30 55.* Le Mas-d'Azil fête sa spécialité : la figue. Animations de rue, concours de confitures, marché artisanal et gourmand.

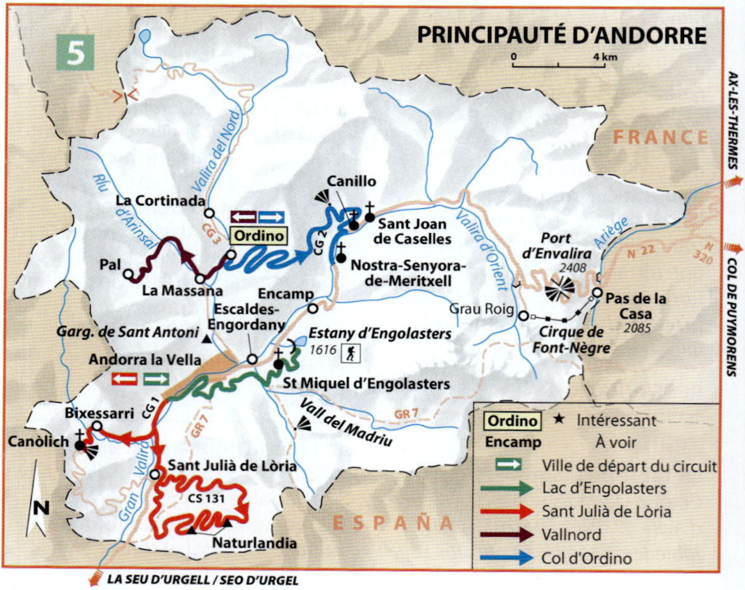
5
PRINCIPAUTÉ D'ANDORRE
0 4 km
FRANCE
ESPAÑA
AX-LES-THERMES
COL DE PUYMORENS
LA SEU D'URGELL / SEO D'URGEL
Valira del Nord
Riu d'Arinsal
La Cortinada
CG 3
Ordino
Pal
La Massana
Canillo
CG 2
Sant Joan de Caselles
Nostra-Senyora-de-Meritxell
Valira d'Orient
Port d'Envalira
2408
Ariège
N 22
N 320
Pas de la Casa
2085
Grau Roig
Cirque de Font-Nègre
Encamp
Escaldes-Engordany
Garg. de Sant Antoni
Estany d'Engolasters
1616
Andorra la Vella
St Miquel d'Engolasters
CG 1
GR 7
Vall del Madriu
Bixessarri
Canòlich
Gran Valira
Sant Julià de Lòria
CS 131
Naturlandia
N
Ordino ★ Intéressant
Encamp À voir
Ville de départ du circuit
Lac d'Engolasters
Sant Julià de Lòria
Vallnord
Col d'Ordino

+ d'adresses

La principauté d'Andorre 6

Carte Michelin Zoom 146 – Pyrénées-Orientales (66), Andorre
Carte Michelin Départements 344 – Aude (11), Pyrénées-Orientales (66)

Principauté d'Andorre

Principat d'Andorra

★

86 000 Andorrans

NOS INFORMATIONS PRATIQUES PAGE 376

S'INFORMER

Office national du tourisme d'Andorre – *C/Dr. Vilanova, 13 - Andorre-la-Vieille - ✆ (00-376) 820 214 - http://visitandorra.com.*

Le pays se compose de sept paroisses (Parròquies) : Andorre-la-Vieille, Canillo, Escaldes-Engordany, Encamp, Ordino, La Massana, Sant Julià de Lòria, chacune possédant son office de tourisme.

Centrale de réservation – *✆ (00-376) 839 760 - reserves.museus@andorra.ad.* Plusieurs sites andorrans ne sont accessibles qu'en visite guidée (en français ou espagnol). Il est recommandé de téléphoner pour réserver.

PassMuseu – *19 € (-10 ans : gratuit).* Disponible dans les offices de tourisme et les musées, il donne accès pendant 1 an à 18 musées privés.

SE REPÉRER

Carte de microrégion (p. 372) – *carte Michelin Départements 344 A6.* Depuis la France, il n'y a qu'une route, la N 22, qui passe par le poste-frontière du Pas de la Case. La principauté s'étend sur 468 km², soit l'équivalent de la surface de Paris et la petite couronne (départements 75, 92, 93 et 94).

SE GARER

Une seule route principale et beaucoup de circulation en haute saison : en centre-ville, orientez-vous vers les parkings souterrains. Il est recommandé de réserver un hébergement avec parking *(comptez 20 € par jour).*

Destination « nature » par excellence, hiver comme été, la principauté d'Andorre est un havre de paix, un petit pays millénaire au cœur des Pyrénées, qui charme par ses églises romanes et ses bâtiments de granit. Dans ce lieu historique d'échanges commerciaux, le colportage et la contrebande, activités de subsistance montagnardes, ont laissé place à une profusion de commerces aussi variés qu'attractifs, constituant avec le tourisme sportif le poumon économique du pays.

LES ARMES DE LA VALLÉE

Apposées sur la Casa de la Vall d'Andorre (*voir p. 378*), elles illustrent le régime de coprincipauté : à gauche, la mitre et la crosse d'Urgel et les quatre « pals » (bandes) de gueules de la Catalogne ; à droite, les trois « pals » du comté de Foix et les deux « vaches passantes » du Béarn. Les armes ornent aujourd'hui les plaques d'immatriculation.

Un pays pyrénéen

LE VERBE CATALAN

Langue officielle de la principauté, le catalan appartient à la branche ibéro-romane des langues indo-européennes, comme le castillan et l'occitan. Il est parlé en Andorre, mais aussi en Espagne, dans les Baléares, en Catalogne et à Valence, ainsi que dans quelques régions sud-américaines. Il existe une vingtaine de dialectes du catalan… Petit lexique du catalan p. 377.

UN GOÛT PRONONCÉ DE LA LIBERTÉ

« Le grand Charlemagne, mon père, des Arabes me délivra. » C'est par ces mots que débute l'hymne andorran qui, fièrement, poursuit : « Seule, je reste l'unique fille de l'empereur Charlemagne. Croyante et libre, onze siècles, croyante et libre je veux être entre mes deux vaillants tuteurs et mes deux princes protecteurs. »

La **coprincipauté** d'Andorre a vécu jusqu'en 1993 sous le régime du paréage hérité du monde féodal. Dans un tel contrat, deux seigneurs voisins délimitaient leurs pouvoirs et leurs droits sur un territoire qu'ils tenaient en fief en commun. L'acte de paréage, signé en 1278 par l'évêque d'Urgel et Roger-Bernard III, comte de Foix, instituait ceux-ci comme coprinces. Les évêques d'Urgel restent toujours coprinces, mais la suzeraineté des comtes de Foix, par l'intermédiaire d'Henri IV, a été transmise au chef de l'État français.

En 1993, les Andorrans se sont dotés, par référendum, d'une nouvelle Constitution conférant à la principauté sa pleine souveraineté. La langue officielle est le catalan, mais le français et l'espagnol sont également utilisés. La principauté est devenue pays membre de l'ONU. Les Andorrans sont avant tout « avides, fiers, jaloux » de leur liberté et de leur indépendance. Le Conseil général tient ses sessions à la Casa de la Vall. Il assure la représentation mixte et paritaire de la population nationale et des sept paroisses. Les Andorrans ne sont soumis ni aux impôts directs ni au service militaire ; ils bénéficient de la franchise postale en régime intérieur.

La vie, toute patriarcale, était naguère consacrée en grande partie à l'élevage et à la culture. Entre les hauts pâturages d'été et les hameaux, on trouve encore les *cortals* formés de granges ou bordes. Sur les soulanes subsistent des cultures en terrasses. Les plantations de tabac constituent la culture dominante dans la vallée de Sant Julià de Lòria, à 1 600 m d'altitude. Les premières voies carrossables ouvrant Andorre au monde extérieur ne furent créées qu'en 1913 côté espagnol et en 1931 côté français.

LE NECTUM ET LE CHAMPIGNON ROIS

La cuisine andorrane est catalane et montagnarde, enrichie des spécialités de ses voisins la France et l'Espagne. L'abondante végétation, le nombre de forêts et le climat méditerranéen d'Andorre expliquent la variété de champignons sauvages que le pays cuisine : chanterelles, lactaires, morilles, cèpes, roussillous, grisets, ramaria botrytis, murgues, cariolettes et faux mousserons agrémentent les mets andorrans.

Le condiment qui singularise la cuisine andorrane est le **nectum**, un sirop à base de résine de cônes de sapins, qui possède des vertus thérapeutiques. Cuisiné, le nectum sert à assaisonner les salades, laquer les viandes, adoucir les thés, accompagner les crèmes glacées… Pour les plats, *voir aussi p. 377.*

INFORMATIONS PRATIQUES

ADRESSES

Attention, le nom de la localité figurant après un code postal est celui de la paroisse de rattachement, et non de la ville, qui figure en général avant.

AGENDA

Fête des rois mages – La nuit du 5 au 6 janvier, les rois mages défilent dans les grandes villes de la principauté.
Jour de la Constitution – Le 14 mars.

ARGENT

La principauté d'Andorre a adopté l'euro en 2002 comme ses voisins français et espagnols. Il n'y a pas de banque française en Andorre : prévoyez de régler vos dépenses par carte bancaire ou en liquide ; les chèques ne sont pas acceptés. Possibilité de retirer de l'argent si vous avez un compte à la Banque Postale, au guichet de la poste française d'Andorre-la-Vieille.

ASSURANCE

Il est conseillé de se munir de la carte européenne d'assurance maladie (CEAM).

COURRIER

Bureaux ouverts de 8h30 à 13h30 en semaine, et de 9h à 12h le samedi.
La poste française et la poste espagnole coexistent. Pour la poste française, il existe un bureau de plein exercice à Andorre-la-Vieille et 6 agences postales. Pour les relations postales avec la France, utilisez les boîtes aux lettres jaunes de type français. Attention, les timbres français ne sont pas valables : utilisez les timbres-poste andorrans.

DOUANE

Rens. : www.douane.gouv.fr.
La douane contrôle la quantité et la valeur des produits achetés en Andorre non soumis aux droits et taxes : par exemple, par personne, 1,5 l d'alcool titrant plus de 22° ou 3 l d'alcool titrant moins de 22°, 300 cigarettes, 75 g de parfum, 375 ml d'eau de toilette, etc.

HÉBERGEMENT

La principauté regorge d'hôtels de toutes catégories. Il n'est donc pas nécessaire de réserver en basse saison. En revanche, en haute saison, c'est-à-dire en hiver et en été, il vaut mieux réserver. Les offices de tourisme délivrent des brochures détaillées pour les hôtels.

HORAIRES

Ils sont assez différents de ceux pratiqués en France. Nombre de commerces ont des horaires élargis *(lun.-dim. 9h-21h).*

INTERNET

Le Wi-Fi est disponible gratuitement dans les offices de tourisme ; la plupart des hôtels et restaurants disposent d'un accès Wi-Fi.

JOURS FÉRIÉS

1er janv., 14 mars (jour de la Constitution andorrane), 24 juin (pour la paroisse d'Andorre-la-Vieille), 8 Sept. (fête nationale), 25-26 déc.

LANGUE

La langue officielle d'Andorre est le catalan. Néanmoins, l'espagnol, le français, l'anglais ainsi que le portugais sont très répandus.

Bonjour	Bon dia
Bonsoir	Bona tarda
Merci	Gràcies
Comment ça va ?	Com està?
Au revoir	Adéu
S'il vous plaît	Si us plau
Excusez-moi	Perdoni
Oui / Non	Sí/No
Ouvert/Fermé	Obert/Tancat
Matin/Après-midi	Matí/Tarda
Rue	Carrer
Route	Carretera
Avenue	Avinguda

PAPIERS D'IDENTITÉ

Andorre n'appartient pas à l'Union européenne : il faut donc avoir sur soi sa carte d'identité ou un permis de résidence valable dans les pays limitrophes, la France et l'Espagne.

RESTAURATION/SPÉCIALITÉS

Les habitudes horaires des Andorrans diffèrent des Français, le déjeuner se prend vers 13h30-15h30, et le dîner vers 21h-23h.
En entrée, le **pa amb tomàquet** est une tranche de pain à l'ail et à la tomate arrosée d'huile d'olive.
Le plat de résistance typique est le **trinxat**, une purée de pommes de terre, avec du chou et du lard.
La deuxième institution culinaire est l'**escudella,** un pot-au-feu de légumes et de viande de porc.
Au rayon des charcuteries, on trouve la **botifarra** (saucisse), la **llonganiza** (saucisse sèche), le **bull** (boudin), la **bisbe** (andouille).
Pour manger plus léger, pourquoi ne pas tester la salade de **xicoies** (feuilles de pissenlit) ?
Côté fromage, goûtez le **tupi**, à base de chèvre ou de brebis fermenté, à l'ail et à l'eau-de-vie.
En dessert, la fameuse **coca masegada** est une fougasse garnie de sucre, de fruits, de crème pâtissière…
Pour accompagner votre repas, testez les vins blancs **Cim del Cel** et **Escol**, issus de cépages alsaciens, cultivés en Andorre sur des vignobles à plus de 1 000 m d'altitude, ou la bière **Alpha**.

SHOPPING

Le centre économique et commercial de la principauté se trouve à Andorre-la-Vieille et Escaldes-Engordany, sur les avenues Meritxell et Carlemany. Le deuxième grand pôle commercial étant le Pas de la Case, à la frontière française. Beaucoup de magasins de matériel high-tech n'affichent pas leurs prix : n'hésitez pas à marchander un peu…

TÉLEPHONIE

SOM/Andorra Telecom – *Av. Meritxell 112 - Andorre-la-Vieille - lun.-vend. 8h30-20h.* L'opérateur de téléphonie mobile local SOM propose des cartes SIM locales. L'indicatif téléphonique d'Andorre est le 00 376 (ou +376).

TRANSPORTS

www.transportpublic.ad.
Andorre ne dispose pas de voie ferrée ni d'aéroport. Deux lignes de bus régulières relient les communes entre elles, de 7h à 21h ; les billets peuvent être achetés à bord du bus.
Le temps hivernal peut bloquer la circulation routière : consultez www.mobilitat.ad.

VISITES

Rens. auprès des offices de tourisme.
Andorre propose différents circuits à thèmes comme la Route du fer, l'itinéraire de l'Habitat rural, les itinéraires de chacune des sept paroisses.

Andorre-la-Vieille

Andorra la Vella

63 570 Andorrans

NOS ADRESSES PAGE 382

S'INFORMER

Office du tourisme de la paroisse d'Andorre – *Pl. de la Rotonda - AD 500 Andorra la Vella - ✆ (00-376) 82 71 17 - www.andorralavella.ad - de mi-déc. à mi-janv. et en août: 9h-21h; reste de l'année: 9h-13h, 15h-19h.*

SE REPÉRER

Carte de microrégion (p. 372) – *carte Michelin Départements 344 A6.* Andorre-la-Vieille se trouve au sud-ouest de la principauté, sur la CG 1.

À NE PAS MANQUER

La Casa del Vall, les maquettes du centre d'art d'Escaldes-Engordany, les sentiers de randonnée dans la vallée du Madriu. Détente assurée au centre Caldea-Inúu *(voir « Nos adresses », p. 384).*

ORGANISER SON TEMPS

En haute saison, gare aux embouteillages!

AVEC LES ENFANTS

Naturlandia, le Centre d'interprétation de l'eau et du Madriu, le musée de l'Électricité et les thermes de Caldea et Inúu.

Dominée par le pic de Can Carroi, la capitale politique et économique des vallées d'Andorre mêle le charme des ruelles du noyau médiéval de sa vieille ville au bouillonnement commerçant d'« Andorre-la-Moderne » et son urbanisme détonnant.

Visiter

★ Casa de la Vall (Maison de la Vallée)

Carrer de la Vall - ✆ (00-376) 829 129 - visite guidée obligatoire (30mn) sur réservation plusieurs semaines à l'avance, fermée durant les séances du conseil général, mar.-sam. 10h-14h, 15h-18h, dim. (sf nov.-avr.) et j. fériés 10h-14h - gratuit.

Siège du parlement d'Andorre où se discutent les intérêts du pays, la Maison de la Vallée est l'une des plus anciennes de la principauté. C'est à la fois le Parlement et le palais de justice des vallées. Construite en 1580, elle devint dès 1702 la propriété du conseil général qui y tient ses séances. Cette construction massive doit son allure d'ensemble à des aménagements du 16e s. Restauré en 1963, son appareil défensif a été complété par une deuxième échauguette d'angle, au sud. Son plan quadrangulaire avec trois galeries et son portail qui s'ouvre sous de longs et lourds claveaux sont typiques des constructions nobles aragonaises. L'intérieur doit sa noblesse à ses plafonds et à ses lambris. Au 1er étage, la salle de réception, jadis réfectoire, est ornée de peintures murales du 16e s. La salle du conseil conserve la fameuse « armoire aux sept clés », munie de sept serrures différentes (chacune des paroisses détient une clé), qui abrite les précieuses archives.

La vallée de Madriu.
A. Canela / age fotostock

À proximité Carte de microrégion p. 372

Escaldes-Engordany

Pl. Santa Anna - ✆ (00-376) 890 881 - www.e-e.ad - lun.-sam. 9h30-13h, 15h30-19h30, dim. 9h30-13h.

Centre d'art d'Escaldes-Engordany (CAEE) – *Av. Carlemany 30 - ✆ (00-376) 802 255 - www.e-e.ad - ♿ - tlj sf dim. 9h30-13h30, 15h-19h, sam. 9h30-13h30 - fermé 1er janv., 8 Sept., 25-26 déc. - gratuit.* Installé dans un bâtiment typique en granit des années 1930, le CAEE présente au 1er étage des œuvres du sculpteur espagnol Josep Viladomat. Au 2e étage, expositions temporaires. Au 3e étage, une grande salle abrite des maquettes, réalisées par Josep Colomé, typiques de l'architecture romane en Andorre : pont de la Tosca et place Sainte-Anne à Escaldes, Casa de la Vall à Andorre-la-Vieille, église Sant' Andrea del Prat à La Massana, Casa d'Areny-Plandolit à Ordino.

Centre d'interprétation de l'eau et du Madriu (CIAM) (Centre d'Interpretació de l'Agua i del Madriu) – *Av. Carlemany 8 - ✆ (00-376) 890 879 - www.e-e.ad - ♿ - lun.-sam. 9h30-13h30, 15h-19h, dim. 9h30-13h30 - fermé 1er janv., 8 Sept., 25-26 déc. - gratuit.* Surplombant le cours de la Valira, le CIAM présente l'eau et la vallée du Madriu de manière ludique, au moyen de divers supports interactifs. Ceux-ci racontent l'histoire de la vallée, depuis la période glaciaire, qui l'a façonnée, et évoquent le rôle de l'eau, à l'échelle terrestre, mais aussi à l'échelle locale avec les sources thermales d'Escaldes-Engordany.

6

Gorges de Sant Antoni (Gargantas de Sant Antoni)

Quittez la ville par la CG 3. Avant La Massana, tournez à gauche vers Sispony. Depuis le pont sur le Valira del Nord, vous apercevez à droite le vieux pont en dos d'âne de Sant Antoni, utilisé par l'ancien chemin muletier qui rejoignait La Massana. D'époque médiévale, il fut restauré au 19e s.

Encamp

Pl. del Consell, 1 - (00-376) 731 000 - www.encamp.ad - été : 9h-13h, 15h-19h. Ce village possède deux intéressantes églises : **Santa Eulalia**, construite au 11ᵉ s. et remaniée par la suite, possède le clocher roman le plus haut d'Andorre (23 m), un porche du 14ᵉ s. et des retables baroques ; **Sant Roma** abrite des reproductions de peintures romanes et gothiques.

★ **Casa Cristo** – *Carrer dels Cavaliers 2 - (00-376) 833 551 - visite guidée juil.-août : lun.-sam. 9h30-13h30, 15h-19h30, dim. 10h-14h ; reste de l'année : mar.-sam. 9h30-13h30, 15h-18h30 - 5 € (-12 ans gratuit).* Cette demeure, qui a conservé son mobilier d'origine, a été transformée en musée. Ses deux étages habitables, son rez-de-chaussée réservé aux bêtes et aux outils, son garde-manger et son grenier témoignent de façon touchante de ce que fut la vie d'une modeste famille andorrane au 19ᵉ s. et au début du 20ᵉ s. : des conditions de vie difficile pour cette famille dont le père journalier complétait ses maigres revenus grâce à l'agriculture et à l'élevage.

Musée de l'Électricité (MW) (Museu de l'Electricitat) – *Av. de la Bartha (sortie d'Escaldes en direction d'Encamp) - (00-376) 739 111 - www.museumw.ad - ♿ - tlj sf lun. 9h30-13h30, 15h-18h30, dim. et j. fériés 10h-14h - 3 € - réserv. recommandée.* Panneaux, photos et ateliers ludiques présentent à la fois l'électricité et l'histoire de l'urbanisme en Andorre, lorsque le pays a entrepris la construction des routes et des installations électriques. Le musée est installé au rez-de-chaussée de la centrale hydroélectrique de la société FEDA (Forces électriques d'Andorra).

Le **verrou des Bons**, accessible par un raidillon (*15mn à pied*) en sortant d'Encamp (en direction de Canillo), occupe le **site**★ d'un hameau groupé sous les ruines du château, qui défendait le passage (tour des Maures) et l'église Sant Roma, à l'abside superbement décorée (peintures à fresque du 12ᵉ s. représentant le Christ en majesté).

Notre-Dame-de-Meritxell – *(voir p. 388).*

Circuits conseillés Carte de microrégion p. 372

LAC D'ENGOLASTERS (ESTANY D'ENGOLASTERS)

Pour visualiser ce circuit de 9 km puis 30mn à pied AR, au départ d'Andorre-la-Vieille, reportez-vous à la carte (p. 372) – comptez 2h. Sortez d'Andorre-la-Vieille par la CS 101 (rejointe également par une route directe depuis Escaldes-Engordany). La CS 101 traverse La Comella, d'où partent les chemins de randonnée pour la vallée du Madriu-Perafita-Claror. Suivez Engolasters.

Sur la CS 200, à l'entrée du chemin de randonnée camí de les Fonts - (00-376) 890 875 - www.e-e.ad - juil.-août uniquement : 10h-18h.

Sur le plateau de pâturages d'Engolasters, annexe sportive d'Andorre-la-Vieille, se dresse la fine tour romane de l'**église Sant Miquel d'Engolasters**.

Au terminus de la route, franchissez la crête, sous les pins, et redescendez aussitôt *(à pied)* au barrage. L'ouvrage a élevé de 10 m le niveau du lac (alt. 1 616 m), où se reflète la forêt sombre. À l'extrémité opposée se dressent les antennes de Radio Andorre, dont les émissions ont cessé depuis 1981.

PAROISSE DE SANT JULIÀ DE LÒRIA

Circuit de 50 km, de Sant Julià de Lòria à Canòlich, au départ d'Andorre-la-Vieille (suivez la CG 1). Comptez une demi-journée à une journée.

La route dépasse l'**église Santa Coloma★**, d'époque préromane et au clocher circulaire, puis le pont roman de La Margineda (14e s.).

Sant Julià de Lòria

Pl. Laurèdia, AD 600 Sant Julià de Lòria - ✆ (00-376) 744 045 - www.santjulia.ad - juil.-aout : 9h-21h, sam.-dim. 9h-14h, 16h-20h ; 1er-15 sept. : 9h-21h, dim. 10h-14h, 16h-20h.

★ **Musée du Tabac** (Museo del Tabaco) – *Carrer Doctor Palau 17 - ✆ (00-376) 741 545 - ♿ - visite commentée (réserv. conseillée) - tlj sf lun. 10h-20h, dim. 10h-14h30 - 5 € (-8 ans gratuit).* Il occupe l'ancienne manufacture de tabac de la famille Reig. Sur quatre étages, vous découvrez les ateliers dans lesquels ouvriers et ouvrières travaillaient les feuilles de tabac. De la récolte de la plante à son séchage, de sa fermentation à son hachage, de la fabrication des cigares et des cigarettes au conditionnement, vous vivrez l'épopée du tabac, sa commercialisation, la contrebande qui en résulta et l'importance de cette activité pour les Andorrans aux siècles précédents. Des vidéos commentées par d'anciens ouvriers vous accompagnent tout au long de votre parcours, illustrant en particulier la fabrication traditionnelle des cigares et des cigarettes.

Prenez la route de la Rabassa, qui s'engage dans les hauteurs de la paroisse, puis suivez la CS 131, qui réserve de superbes panoramas tout au long du circuit.

Naturlandia

La Rabassa - deux accès à l'éco-parc, par le « camp de neu » (parc de randonnée et animalier) et, plus bas, par le « camp base » (parc de loisirs) - ✆ (00-376) 741 444 - www.naturlandia.ad - juil.-15 sept. : 10h-19h ; 16 sept.-nov. : 10h-18h ; déc.-avr. : lun.-vend. 9h-17h - 20 € en semaine (enf. -13 ans 15 €, -3 ans 5 €), 25 € le w.-end (-13 ans 18 €, -3 ans 8 €) ; parc animalier : 12 € (-13 ans 8 €, - 3 ans gratuit) ; autres prestations avec supplément : paintball, VTT, quad, excursion à cheval.

Situé à 2 000 m d'altitude, dans le bois de la Rabassa, ce parc est un espace ludique et éducatif permettant de découvrir l'environnement des montagnes andorranes. Le sentier de randonnée se parcourt à pied (à ski de fond ou raquettes l'hiver). Les visiteurs de tous âges y apprécieront la faune : zone des ours bruns, observatoire des loups, cerfs, daims, ferme pédagogique. Parmi les équipements ludiques (tir-à-l'arc, tyrolienne, mini-golf, etc.), le parc possède le « tobotronc », un toboggan de 5,3 km, le plus long du monde. Attention toutefois à respecter les consignes de sécurité lors de la descente.

Redescendez vers Sant Julià de Lòria en suivant la Ctra. de la Rabassa, puis prenez l'av. Rocafort vers la capitale. Tournez à gauche au rond-point, à Aixovall.

La route suit le Riu d'Os. Elle croise le riu d'Aixàs au niveau du coquet village de Bixessarri, dont le nom évoque le lointain passé basque de la région, avant que les Romains ne s'y aventurent…

Poursuivez jusqu'à Canòlich.

Sanctuaire de Canòlich

Lun.-sam. 11h-17h.

Pour ceux qui souhaitent entreprendre le même chemin que les pèlerins, depuis le village, un sentier (escarpé) monte jusqu'à Notre-Dame-de-Canòlich. Cette église ne date que du 20e s., mais elle fut sans doute construite sur un bâtiment roman voué à Santa Maria de Canòlich. Table d'orientation à proximité.

Poursuivez éventuellement jusqu'au col de Canòlich.

Le col de Canòlich (1 924 m) offre un beau panorama sur les monts andorrans… et espagnols !

TRADITIONS PASTORALES, MINIÈRES ET THERMALES

La vallée du Madriu conserve la trace de ses habitants, aux métiers les plus divers : colporteurs, bergers, forgerons, mineurs… Aujourd'hui, 1 % de la vallée appartient toujours à des propriétaires privés, les **cortalans**. Des champs en terrasse, des canaux d'irrigation, des huttes pour stocker le grain et la paille, des **bordes** et des **orris** (installations d'estive pour la traite des brebis ou des chèvres, et la fabrication du fromage), visibles à Entremesaigües et Ràmio : autant de marques du pastoralisme pratiqué par les habitants qui ont peuplé la vallée. Une fonderie, ainsi qu'une forge en ruines, témoignent également de l'exploitation du minerai de fer local. Enfin, les eaux du Madriu sont filtrées et alimentent le centre thermal Caldea-Inúu, à Escaldes-Engordany, tandis que l'exploitation des ressources hydroélectriques du début du 20e s. a laissé deux barrages ; un conduit souterrain relie Ràmio au lac d'Engolasters.

LA VALLÉE DU MADRIU

Classées au Patrimoine mondial de l'Unesco, les vallées du Madriu, de Perafita et de Claror, issues de deux vallées glaciaires, forment sur 4 247 ha un spectaculaire ensemble de paysages de bois, de prairies et de lacs, peuplés par une faune très variée : isards, chevreuils, mouflons, sangliers, renards, marmottes, martres, écureuils… La partie haute de la vallée du Madriu est une carte postale de falaises escarpées et de lacs, culminant au **pic de la Portelleta** à 2 905 m. Plus bas, la vallée se rétrécit, et le riu Madriu, rejoint par son affluent, le Perafita, s'engouffre dans une gorge, à travers les bois.

Lac de Bova – *Fiche de randonnée disponible dans les offices de tourisme ainsi que sur le site internet http://visitandorra.com.* Alt. 2 415 m. Comptez 7h de marche AR depuis la route de la Comella jusqu'au lac de Bova. Le sentier démarre au-dessus d'Escaldes-Engordany, 30 m après le croisement de la route de la Comella/la Plana avec la route d'Engolasters (*attention, il peut être difficile de se garer*). Le début du sentier consiste en un chemin de pierres menant aux bordes d'Entremesaigües. Deux options s'offrent à vous : laisser **Entremesaigües** sur votre gauche et poursuivre vers la vallée de Perafita (à 1h40) ; ou bien remonter (tout droit) le cours du riu del Madriu. Le sentier grimpe jusqu'au lac de Bova, ainsi baptisé pour sa colonie de quenouilles (*bova* en catalan), plantes typiques des milieux aquatiques.

NOS ADRESSES À ANDORRE-LA-VIEILLE

HÉBERGEMENT

PREMIER PRIX

Hôtel Acta Florida Andorra – *Carrer la Llacuna 15 - Andorre-la-Vieille - ✆ (00-376) 820 105 - www.hotel-floridaandorra.com - 27 ch. 45 €*. Fonctionnement familial dans cet hôtel à la façade actuelle. Parties communes un peu réduites, chambres fonctionnelles et parquetées, petit gymnase et sauna.

Hôtel Guillem – *Els Arinsols 10 - Encamp - ✆ (00-376) 733 900 - www.hotelguillem.net - 42 ch. 49 € - rest. 14 €.*
Cet hôtel calme et bien situé dans un cadre agréable offre tout le confort possible : piscine, salle de gymnastique, tennis, etc.

Espel – *Pl. Creu Blanca 1 - Escaldes-Engordany - ✆ (00-376) 820 855 -*

www.hotelespel.com - fermé mai - ♿ - 84 ch. 49/106 € ☕ - rest. 16 €. L'hôtel offre des installations confortables. Chambres avec parquet et mobilier fonctionnel. Restaurant simple à menu unique.

BUDGET MOYEN

Hôtel Coma Bella – *Ctra. de la Rabassa km. 6 - Sant Julià de Lòria - ✆ (00-376) 742 030 - www.hotelcomabella.com - fermé 19-29 avr. et 1er-25 nov. - P - 30 ch. 54/104 € ☕ - rest. 19/33 €.* Belle situation dans la forêt de la Rabassa pour cet hôtel très reposant, situé à 1 300 m d'altitude. Chambres fonctionnelles et vastes parties communes. Du restaurant, jolie vue sur les sommets environnants.

Hôtel Univers – *R. René-Baulard - Encamp - ✆ (00-376) 731 105 - www.hoteluniversandorra.com - rest. fermé nov. - ♿ - P - 31 ch. 68/84 € ☕ - rest. 14 €.* Sympathique établissement aux chambres de bon confort, situé sur les berges du Valira d'Orient et tout près du futuriste hôtel de ville. Dans la petite salle à manger, correctement dressée, vous dégusterez une cuisine traditionnelle bien mitonnée.

Hôtel Coray – *Caballers 38 - Encamp - ✆ (00-376) 831 513 - www.hotelcoray.com - fermé nov. - 85 ch. 56 € ☕ - rest. 10,50 €.* Hôtel bien situé sur les hauteurs de la localité. Parties communes actuelles et chambres fonctionnelles donnant, pour la plupart, sur les champs environnants. Vaste et lumineuse salle à manger où l'on propose principalement les repas sous forme de buffet.

POUR SE FAIRE PLAISIR

Hôtel Fenix – *Av. Prat Gran 3-5 - Escaldes-Engordany - ✆ (00-376) 731 105 - www.hotelfenixandorra.com - P 22 € - 120 ch. 80/100 € - ☕ 12 €.* Un grand hôtel central et bien équipé, aux chambres spacieuses. Grande salle de restauration, équipements sportifs et sauna.

RESTAURATION

☺ Les ruelles anciennes de la capitale regorgent de petits restaurants aussi calmes que bon marché. Le long de l'avenue Meritxell (Andorre-la-Vieille) - Carlemany (Escaldes-Engordany), vous pouvez vous restaurer à toute heure et pour tous budgets.

PREMIER PRIX

Family Arms – *Pl. Rebés 6 - ✆ (00-376) 819 681 - 5/14 €.* Au cœur d'Andorre-la-Vieille, ce café-restaurant rapide propose de bons petits plats : salades copieuses, pâtes et sandwichs frais, pour déjeuner sur le pouce.

La Casa del Bistec – *Av. Carlemany 105 - Escaldes-Engordany - ✆ (00-376) 826 921 - www.casadelbistec.com - 11,50/22 €.* Un bar-restaurant-tapas coloré, servant des spécialités catalanes, françaises et… argentines.

Hôtel Parador de Canòlich – *Crta. de Canòlich - Canòlich - Sant Julià de Lòria - ✆ (00-376) 842 382 - www.hotelparadordecanolich.com - 15/35 € - 3 ch. 80/100 € ☕.* Face au sanctuaire de Canòlich, ce *parador* possède une vue imprenable sur les Pyrénées andorranes. Salle rustique et agréable terrasse, où déguster une cuisine montagnarde : grand choix de viandes grillées au feu de bois. Au 1er étage, deux chambres et une suite, avec lits en fer forgé et grandes salles de bain.

BUDGET MOYEN

La Borda Pairal 1630 – *R. Dr-Vilanova 7 - Andorre-la-Vieille - ✆ (00-376) 869 999 - www.labordapairal1630.com - fermé dim.*

soir et lun. - 16/50 €. Vieille ferme andorrane en pierre de pays, ayant conservé son décor rustique. Bar d'accueil et restaurant avec cave à vins ouverte. Salle de banquets au 1er étage.

Can Benet – *Antic Carrer Major 9 - Andorre-la-Vieille - ✆ (00-376) 828 922 - www.restaurant-canbenet.com - fermé 15 juin-30 juin et lun. sf j. fériés- ♿ - 20/54 €.* Petit espace doté d'un bar d'accueil au rez-de-chaussée. À l'étage, la salle principale, de style andorran avec ses murs en pierre et son plafond en bois.

POUR SE FAIRE PLAISIR

Taberna Angel Belmonte – *R. Ciutat-de-Consuegra 3 - Andorre-la-Vieille - ✆ (00-376) 822 460 - www.tabernaangelbelmonte.com - 40/56 €.* Un lieu agréable que ce restaurant aux airs de taverne. Beau décor où domine le bois et mise en place impeccable. À la carte, produits du terroir, poissons et fruits de mer.

Borda Estevet – *Rte de La Comella 2 - Andorre-la-Vieille - ✆ (00-376) 864 026 - www.bordaestevet.com - P - 40 €.* Dans les beaux murs de pierre d'une ancienne grange, plusieurs salles à manger au décor rustique, avec mobilier andorran et cheminée. Cuisine du marché catalane.

PETITE PAUSE

Pâtisserie et salon de thé Vives Molins – *Pl. Coprinceps - Escaldes-Engordany - ✆ (00-376) 808 030.* Un agréable salon de thé, qui regorge de pâtisseries fines. Grand choix de gâteaux chocolatés.

ACTIVITÉS

Ski

Naturlandia – Le parc comprend un domaine de ski de fond, dans la forêt de la Rabassa, avec 15 km de pistes.

Vallnord/Grandvalira – *Voir p. 384 et 392.* Les deux domaines accueillent les skieurs alpins de tous niveaux.

Randonnée

Consultez le guide « Chemins d'Andorre » - descriptions des circuits également disponibles sur http://visitandorra.com.

Il existe de nombreux sentiers de randonnée (dont le 5 GR) avec refuges, murs d'escalade et via ferrata. Plusieurs itinéraires sont possibles dans la vallée glaciaire du Madriu.

Thermes

Caldea-Inúu– *Déc.-mars et août : 10h-0h ; reste de l'année : 10h-22h (sam. 0h) - fermé 15 j. en avr. - espace thermoludique : 35 € (3h), espace « wellness » : à partir de 65 €.* À 1 000 m d'altitude, puisant l'eau thermale d'Escaldes-Engordany à 68 °C, Caldea-Inúu est un grand centre aquatique conçu pour le bien-être et le plaisir. L'ensemble architectural, du Français Jean-Michel Ruols, se présente sous la forme d'une gigantesque cathédrale de verre à l'allure futuriste. L'éventail des possibilités est très large, des activités ludiques de Caldea (bains indo-romains, hammam, Jacuzzi, lits à bulles, marbres chauds, fontaines de brumisation, etc.), au récent spa Inúu, axé sur la détente. Restaurant gastronomique, galerie commerciale et bar panoramique à 80 m.

AGENDA

Festival Internacional Colors de Música – *En été.* À Escaldes-Engordany, durant la belle saison : jazz et musiques du monde.

L'église de Sant Joan de Caselles à Canillo.
McPHOTO / vario Images RM / age fotostock

Ordino

4 322 Ordinencs

NOS ADRESSES PAGE 390

S'INFORMER

Office du tourisme de la paroisse d'Ordino – *Travessia d'Ordino 11 - ☏ (00-376) 878 173 - www.ordino.ad - juil.-août : tlj 8h30-18h ; reste de l'année 8h30-13h30, 15h-18h, sam. 9h-14h.*

Domaine Vallnord – *☏ (00-376) 737 017 - www.vallnord.com.* Les offices du tourisme d'Ordino et de La Massana proposent une brochure « Valls del Nord » très complète, incluant des listes de restaurants, d'hébergements et d'activités sportives et culturelles à faire dans le domaine.

SE REPÉRER

Carte de microrégion (p. 372) – *carte Michelin Départements 344 A6.* Le domaine Vallnord comprend les paroisses d'Ordino et de La Massana. Le domaine Grandvalira comprend les paroisses d'Encamp et de Canillo. Nos circuits prennent pour point de départ la ville d'Ordino.

À NE PAS MANQUER

Le village d'Ordino ; le centre d'interprétation Andorra Románica à Pal ; la vue sur Canillo depuis le col de Montaup (CS 240).

ORGANISER SON TEMPS

Les horaires de restauration sont méridionaux : hors des grandes villes, il vous faudra certainement décaler vos horaires de repas d'une heure ou deux l'été !

AVEC LES ENFANTS
Le musée de la Miniature ; les activités sportives d'hiver et été dans les stations de Vallnord et Grandvalira.

Paroisse d'agriculture et d'élevage qui connut l'essor de l'industrie sidérurgique, Ordino est environnée de vallées riantes, aux monts époustouflants. Vous apprécierez en particulier la faune et la flore qui s'épanouissent dans le vaste parc naturel de Sorteny. Au-delà de 2 500 m d'altitude, les cimes andorranes raviront les amateurs de sports émergents et extrêmes : vous y tutoierez les oiseaux de haute montagne.

Visiter

Bourg pittoresque dont vous parcourez les ruelles en contrebas de l'église : cette dernière a gardé de belles grilles en fer forgé, que l'on découvre encore dans plusieurs sanctuaires proches des anciennes « forges catalanes », et un étonnant retable. Capitale culturel de la principauté, la ville compte plusieurs musées racontant son histoire.

★ **Casa Areny-Plandolit** – *Carrer Major - ✆ (00-376) 839 760 - www.museus.ad - mai-oct. : tlj sf lun. 10h-14h, 15h-18h, dim. 10h-14h ; reste de l'année : tlj sf lun. et dim. 10h-14h, 15h-18h - 3 € (-10 ans gratuit).* Typiquement catalane (1676) avec son balcon en fer forgé long de 18 m, elle fut la demeure de la famille Areny i Plandolit dont faisait partie le baron Guillem, riche maître de forges catalanes. Au rez-de-chaussée, on trouve les celliers, au 1er étage, la salle principale (« salle d'armes »), la cuisine (beaux carreaux de céramique bleue et jaune au-dessus de l'évier), la chambre à coucher en alcôve, attenante à une petite chapelle privée, la bibliothèque et la salle à manger au décor de style Art nouveau.

Musée postal d'Andorre (Museu Postal d'Andorra) – *Carrer Major, Borda del Raser - ✆ (00-376) 839 760 - www.museus.ad - mai-oct. : tlj sf lun. 10h-14h, 15h-18h, dim. 10h-14h ; reste de l'année : tlj sf lun. et dim. 10h-14h, 15h-18h - 3 € (-10 ans gratuit).* Un diaporama retrace de façon chronologique l'histoire postale en Andorre : l'acheminement du courrier à dos de mulet, à cheval, à pied, le déploiement des chemins carrossables et le développement des transports. Au même étage, l'exposition de lettres, de cartes, de sacoches de facteurs et de sacs postaux s'articule autour d'un guichet reconstitué. Au sous-sol, collection de 50 000 timbres émis à Andorre, et outils divers pour la fabrication de timbres.

Musée de la Miniature (Museu de la Miniatura) – *Edifici Maragda - ✆ (00-376) 838 338 - ♿ - 9h30-19h, dim. et j. fériés 9h30-13h30 - 4 € (6-12 ans 3,50 €) billet combiné avec le Musée iconographique et du Christianisme.* Dans un petit espace, au diapason de son sujet, le musée abrite des miniatures de Nikolai Siadristy (artiste originaire d'Ukraine), à contempler au microscope : la caravane (dans le chas d'une aiguille), la paix dans l'univers (composition en or, dans un pépin de raisin), la fleur... Une vidéo présente la démarche de l'artiste, inscrit contre les grands travaux architecturaux.

Musée iconographique et du Christianisme (Museu Iconogràfic i del Christianisme) – *Même adresse et mêmes conditions de visite que le musée de la Miniature - possibilité de visite guidée (1h).* Il renferme quelque 80 icônes religieuses orthodoxes (17e -19e s.) provenant essentiellement de Russie, d'Ukraine, de Bulgarie et de Grèce : Vierge à l'Enfant, scènes évangéliques, saint Georges terrassant le dragon, sainte Élisabeth, saint Nicolas. Sculptures de Christ en bois polychromé (14e-19e s.).

À proximité Carte de microrégion p. 372

La Cortinada

La localité s'inscrit dans un site agréable : remarquez une ancienne maison de notable à galeries extérieures et à pigeonnier, en contrebas de l'église et du cimetière à ossuaires.

Centre de Nature de La Cortinada (Centre de Natura de la Cortinada) – *Casa Masover - ✆ (00-376) 849 849 - ♿ - tlj sf dim. et lun. 10h-13h, 15h-17h, sam. 10h-13h, 15h-18h - été : mar.-sam. 10h-13h, 15h-19h- gratuit.* À travers de nombreuses photographies, des textes détaillés et diverses animations, ce centre vous explique la faune et la flore d'Andorre, ses paysages et son évolution.

Meule et scierie de Cal Pal (Mola i Serradora de Cal Pal) – *✆ (00-376) 878 173 - ♿ - visite sur réservation - 3 € (6-12 ans 2 €).* La visite guidée de cet ensemble qui date de la fin du 16e s., étayée de démonstrations et complétée par une vidéo, vous fera découvrir le principe de la scie hydraulique et de la meule.

L'office du tourisme d'Ordino propose un circuit culturel baptisé « la route du fer » (*rens. : (00-376) 827 117*).

Suivez la CG-3 puis la CS-370 qui mène en direction de la station de ski d'Arcalis.

Parc naturel de la vallée de Sorteny

✆ (00-376) 737 080 - www.sorteny.ad.

Un jardin botanique y présente la flore pyrénéenne, que l'on peut admirer sur trois circuits. En hiver, le site se métamorphose en station de ski de fond, où vous pourrez vous adonner également aux raquettes.

Circuits conseillés Carte de microrégion p. 372

MONTS ET VALLÉES DU VALLNORD

Pour visualiser ce circuit de 9 km, d'Ordino à La Cortinada, reportez-vous à la carte (p. 372) – comptez 20mn.

La Massana

Pl. de les Fontetes - ✆ (00-376) 835 693 - www.lamassana.ad - 9h-13h, 15h-19h.

★ **Casa Rull de Sispony** – *Carrer Major à Sispony, La Massana - ✆ (00-376) 839 760 - www.museus.ad - mai-oct. : tlj sf lun. 10h-14h, 15h-18h, dim. 10h-14h ; reste de l'année : tlj sf lun. et dim. 10h-14h, 15h-18h - 3 € (-10 ans gratuit).* Distribuée sur quatre étages et seize pièces sobrement aménagées dont sept chambres, la Casa Rull figurait parmi les maisons les plus riches de la paroisse de La Massana. Bâtie au 17e s., elle subit quelques modifications en fonction des besoins de la famille. Dans le cellier ou la cuisine, le salon ou le grenier, on découvre avec plaisir outils des champs, garde-manger, tonneau à vin, bât, pétrin et lessiveuse. Deux films-diaporamas qui évoquent la vie difficile des habitants d'Andorre, des éleveurs et des agriculteurs, complètent la visite.

Forge Rossell (Farga Rossell) – *À la sortie de La Massana en direction d'Ordino - ✆ (00-376) 839 760 - www.museus.ad - mai-oct. : tlj sf lun. 10h-14h, 15h-18h, dim. 10h-14h ; reste de l'année : tlj sf lun. et dim. 10h-14h, 15h-18h - 3 € (-10 ans gratuit)* Après un spectacle son et lumière dans la charbonnière, retraçant l'histoire du fer et l'évolution des techniques, la visite se poursuit au cœur de la forge. Construite sur les bords du Valira del Nord, la forge a utilisé sa force motrice à partir de 1846 et fut l'une des dernières à fermer ses portes en 1876. Sa visite, très instructive, explique le fonctionnement de la forge mue par la force de

l'eau. Ne ratez pas pour finir la démonstration du martinet, marteau employé pour les finitions particulières.
Suivez la CG 4 vers Pal.

Pal

★ **Centre d'interprétation Andorra Romànica** – *C/ de Sant Climent, Era i Ereta Torres, Pal - La Massana - ☏ (00-376) 839 760 - www.museus.ad - mai-oct. : tlj sf lun. 10h-14h, 15h-18h, dim. 10h-14h ; nov.-avr. : tlj sf lun. et dim. 10h-14h, 15h-18h - 3 € (-10 ans gratuit).* Le centre d'interprétation de l'Andorre romane présente l'expansion de l'art roman dans les vallées andorranes : un montage audiovisuel, ainsi que des maquettes et objets religieux exposés à l'étage complètent la visite (guidée) de Sant Climent de Pal, située à quelques mètres.

Église Sant Climent – Son clocher lombard, fait unique à Andorre, conserve des fenêtres géminées. Remarquez sa cuve baptismale en granit, sa sculpture romane de Notre-Dame-du-Bon-Remède, ses deux croix processionnelles et son retable du 18e s.

Par la vallée d'Arinsal, à 5 km au nord-ouest de La Massana, vous accédez au parc naturel communal des vallées du Comapedrosa.

LA ROUTE DU COL D'ORDINO

Ce parcours de 20 km, d'Ordino à Canillo, figure sur la carte p. 372. Comptez 30mn.

D'époustouflants panoramas se succèdent sur cette route des cols (CS 240, Ctra del Coll d'Ordino). Vous trouverez des tables d'orientation et des aires de pique-nique le long de la route.

Canillo

Av. Sant Joan de Caselles - ☏ (00-376) 753 600 - http://ca.vdc.ad - juil.-août : lun.-vend. 9h-21h, sam.-dim. 9h-14h, 16h-20h ; 1er-15 sept. : lun.-sam. 9h-21, dim. 10h-14h, 16h-20h.

Église Santa Eulalia – Collée au rocher, cette église est surmontée du plus haut clocher d'Andorre (23 m). À côté se détache, en blanc, l'ossuaire (dont les cellules abritent les caveaux funéraires), construction fréquente dans les pays de civilisation ibérique.

Sant Joan de Caselles – Cette église romane domine de sa haute tour les environs. Isolée, elle est l'un des types les plus accomplis du style roman en Andorre, avec son clocher à trois étages de baies. À l'intérieur, derrière la pittoresque grille de fer forgé et découpé du chœur, apparaît un retable peint, œuvre du Maître de Canillo (1525), *Vie et visions apocalyptiques de saint Jean*. Lors de la dernière restauration (1963), on a pu rétablir une **Crucifixion★** romane : les morceaux épars d'un Christ en stuc ont été recollés sur le mur, à leur emplacement d'origine, après dégagement de la fresque complétant la scène du Calvaire.

À 3 km au sud de Canillo se trouve le village de Meritxell.

Sanctuaire Notre-Dame-de-Meritxell (Santuari Nostra Senyora de Meritxell) – *Meritxell - Encamp - ☏ (00-376) 839 760 - ♿ - 15 juil.-15 sept. 10h-19h ; reste de l'année : sur demande - visite guidée en été - gratuit.* Centre spirituel de l'Andorre, l'ancien sanctuaire, dévasté par un incendie en 1972, conserve de l'édifice roman d'origine la chapelle : cette dernière abrite une exposition permanente qui raconte la dévotion du peuple d'Andorre à Notre-Dame-de-Meritxell, la patronne d'Andorre. Dessiné par l'architecte catalan Ricardo Bofill, le nouveau sanctuaire (1976), avec son cloître ouvert et sa salle des miroirs emblématiques, fait office désormais de sanctuaire national.

L'art roman en Andorre

DÉCOUVRIR L'ART ROMAN

Andorre conserve de belles églises romanes, dont certaines possèdent encore une partie de leurs fresques. Elles ne sont ouvertes qu'en été (*rens. ☏ (00-376) 844 141 - www.patrimonicultural.ad*). Une visite en bus permet de découvrir quelques églises à différentes périodes de l'année. L'idéal est de commencer par le **Centre d'interprétation Andorra Romànica** à Pal (*voir ci-contre*), qui présente l'expansion de l'art roman dans les vallées andorranes, à travers des objets liturgiques, des maquettes, des photographies et des vidéos.

UN ART LOMBARD DES PYRÉNÉES

De nombreuses églises du 11e et du 12e s., ainsi que des constructions d'architecture civile, tels des ponts médiévaux et des vestiges de fortifications, ornent les vallées andorranes. Les paroisses, subordonnées au comté et à l'**évêché d'Urgell** au 9e s., développèrent l'art roman, qui rayonna en Andorre au 12e s., perdurant au 13e s., alors que les formes gothiques imprégnaient déjà les villes de Catalogne.

Les architectes romans provenaient de Lombardie, travaillant en itinérance dans les Pyrénées. D'où des **clochers lombards** à base carrée, ou, rarement, de plan circulaire :c'est le cas pour Santa Coloma et pour Sant Vicenç d'Enclar, situées entre Andorre-la-Vieille et Sant Julià de Lòria. Les **bandes lombardes**, les **arcatures aveugles**, et les **fenêtres géminées** des clochers – l'église Sant Climent à Pal possède un clocher à fenêtres doublement géminées– signent également l'influence lombarde. Construites avec des matériaux autochtones – granit, schiste, travertin (pierre ponce), granodiorite (roche plutonique), ardoise –, les églises romanes andorranes, de petite taille, sont pourvues d'**une seule nef** et d'une **abside** souvent **semi-circulaire**. Les objets liturgiques sont quant à eux fabriqués par des artisans locaux.

LES MAÎTRES DE LA COULEUR

Peintures et miniatures décorent les églises andorranes : suivant la tradition byzantine, les dessins, au trait très marqué, n'ont pas ou peu de profondeur, les formes sont géométrisées. Onze églises conservent des restes de peintures produites par des maîtres. **Santa Coloma** réalisa quatre ensembles : Santa Coloma, Sant Miquel d'Engolasters, Sant Romà de les Bons et Sant Cristòfol d'Anyos ; le **maître de la Cortinada** fut l'auteur des peintures de l'église de Sant Marti de la Cortinada. L'église San Joan de Caselles, à Canillo, est l'une des plus intéressantes avec les œuvres du **Maître de Canillo** (*p. 388*). Proche de Sant Julià de Lòria, Sant Cerni de Nagol possède encore de belles peintures romanes d'un style original, influencé par l'art des miniatures.

LES ÉGLISES ET LA COMMUNAUTÉ

L'art roman andorran évoque aussi la formation des communautés paroissiales de la principauté. Le rôle des nombreuses églises des vallées n'était pas uniquement religieux. Ainsi, les clochers pouvaient servir de tours de guet et les porches et parvis des églises faisaient office de lieu de réunion privilégié pour la communauté, y formant les prémices de son organisation politique.

NOS ADRESSES AUTOUR D'ORDINO

HÉBERGEMENT

BUDGET MOYEN

Hôtel Coma – *Ctra. Gral. d'Ordino - Ordino - ✆ (00-376) 736 100 - 48 ch. 75/120 € ☕ - rest. 20 €.* Bien placé, cet établissement accueillant propose des chambres confortables, avec petites terrasses privées ainsi que de nombreuses prestations.

POUR SE FAIRE PLAISIR

Obaga Blanca – *Ctra. del Forn - Canillo - ✆ (00-376) 751 200 - www.obagablanca.com - fermé 3 sem. en mai et 3 sem. en nov. - 28 suites 80/140 € (été 55/75 €).* Les vingt-huit spacieux appartements avec kitchenette et sol chauffé jouissent d'une vue sur la vallée de Canillo ou le Roc del Quer. Espace spa.

RESTAURATION

PREMIER PRIX

Bon Dia Cafè – *Pl. de les Fontetes - La Massana - ✆ (00-376) 840 030 - 12/20 €.* Agréable café-restaurant à la situation centrale (et éloigné de la circulation), parfait pour déjeuner sur le pouce.

Cal Lulu – *Ctra. General 2 - Canillo - ✆ (00-376) 851 427 - fermé juin et nov. - 15/35 €.* Restaurant français, proposant aussi des pizzas. Le cadre est rustique, et certains murs sont ornés de caricatures particulièrement réussies !

BUDGET MOYEN

Cal Tonet – *Av. de la Cortinada - La Cortinada - ✆ (00-376) 849 179 - fermé dim. soir et lun. - 17/45 €.* Bon restaurant traditionnel proposant de copieux plats faits maison de viandes et de poissons.

La Galeria – *Ctra de Prats - Canillo - ✆ (00-376) 825 820 - www.restaurantlagaleria.com - fermé merc. - 22/43 €.* La Galeria propose une cuisine catalane maison, dans un pétillant décor jaune et bleu.

PETITE PAUSE

OP Pastisseria - Pâtisserie française – *Av. de Sant Antoni 9 - La Massana - ✆ (00-376) 852 723.* Ce salon de thé propose de bonnes pâtisseries, françaises et andorranes, ainsi que des sandwichs, dans un sympathique décor « néo-sixties » !

Les Delícies del Jimmy – *Av. Sant Joan de Caselles - Canillo - ✆ (00-376) 852 145 - 7h30-13h30, 15h30-20h - fermé lun.* En face de Palau de Gel, un sympathique petit salon de thé, spécialisé dans les macarons.

ACHATS

Bière Alpha – *La Cortinada - ✆ (00-376) 849 320 - www.cervesaalpha.com - lun.-sam. 10h-13h, 18h-20h30.* La bière locale est fabriquée sur la route principale de La Cortinada. La Fàbrica de cervesa artisanal, première microbrasserie d'Andorre, dispose d'un espace de dégustation.

ACTIVITÉS

Ski alpin

Domaine skiable de Vallnord – *✆ (00-376) 737 017 - www.vallnord.com - alt. 1 550-2 625 m.* Constitué de cinq stations (La Massana, Ordino/Arcalis et Pal/Arinsal Mountain Park), le domaine, avec ses pistes de tous niveaux, serpente au milieu de paysages magnifiques. Arcalis a la réputation d'être la plus belle station d'Andorre.

VTT

Vallnord Bike Park – *✆ (00-376) 878 000 - www.vallnord.com -*

15 juin-15 sept. - forfait 1 jour 22 € (-18 ans 18 €, -12 ans 14 €), tarifs dégressifs. 40 km de descentes, accessibles depuis les trois télécabines de Vallnord.

Plongée

Diving Andorra – ✆ *(00-376) 350 052 - www.divingandorra.com - à partir de 85 €.* Pour plonger dans des lacs naturels en haute montagne, été comme hiver (sous la glace), et de jour comme de nuit!

Randonnée

Rens. auprès de l'office de tourisme et fiches de randonnées également disponibles sur http://ca.vdc.ad. Nombreux chemins de randonnée autour de Canillo.

Palau de Gel – *Ctra General - Canillo - ✆ (00-376) 800 840 - www.palaudegel.ad - réservation obligatoire pour toutes les activités - fermé 25 déc. et midi en juil. - horaires de la patinoire : haute sais. 12h-14h, 15h30-19h30 ; basse sais. 12h-14h, 16h30-18h30 - 15 € (-16 ans 12,50 €, -5 ans gratuit, réductions pour les familles).* Le centre Palau de Gel consiste en une patinoire animée (jardin de glace pour les enfants, piste de danse en soirée), ainsi que d'autres installations sportives, dont une piscine où pratiquer waterpolo et kayak-polo.

Family Park – *Canillo - ✆ (00-376) 890 680 - www.familyparkcanillo.com - juil.-début sept. : 10h30-18h - 3 à 15 € selon les activités ; forfait multi-activités 31 € (-12 ans 26 €, -6 ans 16 €) - accès par la télécabine de Canillo.* Espace multi-activités. Au menu : mini-golf, canoë, tubbing, acrojump, trampolines, karts…

AGENDA

Festival International Narcisco Yepes – *En oct. - ✆ (00-376) 878 173 - www.festivalnarcisoyepes.ad (en catalan).* L'Auditorium national d'Andorre à Ordino programme des concerts de musique classique.

Pas de la Case

Pas de la Casa

2 996 Encampans (du Pas de la Case)

NOS ADRESSES PAGE 393

S'INFORMER

Office du tourisme du Pas de la Case – *Av. Consell General - Encamp - ✆ (00-376) 755 100 / 856 547 - www.encamp.ad - 9h-13h, 15h-19h.*
Domaine Grandvalira – *✆ (00-376) 891 800 - www.grandvalira.com.*

SE REPÉRER

Carte de microrégion (p. 372) – *carte Michelin Départements 344 A6.*
Le Pas de la Casa s'étend le long de la frontière avec la France, sur la rive gauche de l'Ariège. La ville est séparée du reste de la principauté par le col du Port d'Envalira. Le domaine Grandvalira s'étend de part et d'autre du col, et au-delà, jusqu'à Encamp.

À NE PAS MANQUER

La vue du col de Port d'Envalira ; le ski dans le vaste domaine de Grandvalira ; l'incontournable shopping dans rues commerçantes du Pas de la Case.

ORGANISER SON TEMPS

Si vous venez au Pas de la Case uniquement pour faire des achats, prévoyez au moins un détour jusqu'au Port d'Envalira, situé à 5 km (*comptez une dizaine de minutes en voiture*). Si vous souhaitez vous rendre plus rapidement dans le reste de la principauté, prenez le tunnel d'Envalira (*péage*).

Porte d'entrée principale du plus vaste domaine skiable des Pyrénées, la ville la plus élevé d'Europe, qui dépend de la paroisse d'Encamp, forme une agglomération moderne, composée de complexes hôteliers et de boutiques hors taxes : il y règne tout au long de l'année une intense animation. Attention aux embouteillages…

Visiter

Pas de la Case

Alt. 2 085 m. Situé sur la rive gauche de l'Ariège – qui n'est encore qu'un torrent de haute montagne –, le « Passage de la Maison » (Pas de la Casa en catalan), simple poste-frontière encore au début du 20e s., a connu un développement fulgurant au cours du siècle dernier. La petite cité, la plus élevée d'Europe si l'on excepte quelques hameaux des Alpes, compte 3 000 habitants tout au long de l'année et forme le second pôle commercial andorran après Andorre-la-Vieille.

Domaine skiable Grandvalira

✆ (00-376) 891 800 - www.grandvalira.com.
Alt. 1 710-2 640 m, 46 remontées mécaniques. Avec ses 118 pistes et ses 200 km de descentes, Grandvalira forme le plus grand domaine skiable des Pyrénées. Le domaine est constitué de six stations (Encamp, Canillo, Pas de la Casa/Grau

Pas de la Case depuis le port d'Envalira.
J. Sierpinski / hemis.fr

Roig et Soldeu/El Tarter). La station de Canillo est indiquée pour les débutants ; El Tarter, au contraire, est la station des aventureux, et Grau Roig se distingue par la beauté de ses paysages.

À proximité Carte de microrégion p. 372

★ Port d'Envalira

Le port d'Envalira peut être obstrué par la neige, mais sa réouverture est assurée dans les 24h. Un tunnel à péage permet d'éviter ce col (2 860 m de longueur).

Alt. 2 408 m. Le port d'Envalira marque la ligne de partage des eaux entre la Méditerranée (Valira) et l'Océan (Ariège). Onduleuse et sinueuse, la route d'accès depuis le Pas de la Case serpente à travers les montagnes et offre de très belles vues sur l'étang et le **cirque de Font-Nègre**. Au col proprement dit, vous jouirez d'un **panorama**★★ sur les montagnes de l'Andorre, qui culminent à 2 942 m, dans le lointain à l'ouest, au Comapedrosa.

Au cours de la descente vers Encamp, vous pourrez admirer le cirque des Pessons, qui s'épanouit au sud.

NOS ADRESSES AUTOUR DU PAS DE LA CASE

ACTIVITÉS

Golf de Soldeu – *✆ (00-376) 753 188 - www.golfsoldeu.com - juil.-sept. 10h-19h - 25 € - accès par la télécabine de Soldeu. Il s'agit du terrain de golf le plus haut d'Europe, à 2 250 m d'altitude.*

VTT - Bike Park Soldeu – *✆ (00-376) 662 375 - www.bikeparksoldeu.com - juil.-sept. 10h-18h - 23 € (enf. -12 ans 13 €, -6 ans gratuit) - accès depuis les télécabines de Soldeu et La Solana - location de vélo 10 € de l'heure, 25 € par jour.*

VOUS CONNAISSEZ LE GUIDE VERT,
DÉCOUVREZ LE GROUPE MICHELIN
MICHELIN
1
2
3

L'Aventure Michelin

Tout commence avec des balles en caoutchouc ! C'est ce que produit, vers 1880, la petite entreprise clermontoise dont héritent André et Édouard Michelin. Les deux frères saisissent vite le potentiel des nouveaux moyens de transport. L'invention du pneumatique démontable pour la bicyclette est leur première réussite. Mais c'est avec l'automobile qu'ils donnent la pleine mesure de leur créativité. Tout au long du 20e s., Michelin n'a cessé d'innover pour créer des pneumatiques plus fiables et plus performants, du poids lourd aux voitures de course, en passant par le métro et l'avion.

Très tôt, Michelin propose à ses clients des outils et des services destinés à faciliter leurs déplacements, à les rendre plus agréables... et plus fréquents. Dès 1900, le guide MICHELIN fournit aux chauffeurs tous les renseignements utiles pour entretenir leur automobile, trouver où se loger et se restaurer. Il deviendra la référence en matière de gastronomie. Parallèlement, le Bureau des itinéraires offre aux voyageurs conseils et itinéraires personnalisés.

En 1910, la première carte routière MICHELIN remporte un succès immédiat ! En 1926, un premier guide régional touristique invite à découvrir les plus beaux sites de Bretagne. Bientôt, chaque région de France a son Guide Vert. La collection s'ouvre ensuite à des destinations plus lointaines de New York en 1968 .. à l'Islande en 2012.

Au 21e s., avec l'essor du numérique, le défi se poursuit pour les cartes, les guides et les services numériques MICHELIN qui continuent d'accompagner le pneumatique. Aujourd'hui comme hier, la mission de Michelin reste l'aide à la mobilité, au service des voyageurs.

MICHELIN AUJOURD'HUI

- 69 sites de production dans 18 pays
- 113 400 employés de toutes cultures, sur tous les continents
- 6 000 personnes dans le centre de Technologie Michelin
- Une présence commerciale dans plus de 170 pays

Avancer
monde où la

Mieux avancer, c'est d'abord innover pour mettre au point des pneus qui freinent plus court et offrent une meilleure adhérence, quel que soit l'état de la route.

LA JUSTE PRESSION

BONNE PRESSION

- Sécurité
- Longévité
- Consommation de carburant optimale

-0,5 bar

- Durée de vie des pneus réduite de 20% (- 8 000 km)

-1 bar

- Risque d'éclatement
- Hausse de la consommation de carburant
- Distance de freinage augmentée sur sol mouillé

ensemble vers un mobilité est plus sûre

C'est aussi aider les automobilistes à prendre soin de leur sécurité et de leurs pneus. Pour cela, Michelin organise partout dans le monde des opérations **"Faites le plein d'air"** pour rappeler à tous que la juste pression est vitale.

L'USURE

COMMENT DETECTER L'USURE ?

Vos pneus MICHELIN sont muris d'indicateurs d'usure : ce sont de petits pains de gomme moulés au fond des sculptures et d'une hauteur de 1,6mm.
Lorsque la profondeur des sculptures est au même niveau que les indicateurs, les pneus sont usés et doivent être remplacés.

Les pneus constituent le seul point de contact entre le véhicule et la route, un pneu usé peut être dangereux sur chaussée mouillée.

PNEU NEUF

PNEU USÉ
(1,6 mm de sculpture)

Ci-contre, la zone de contact réelle photographiée sur chaussée mouillée.

Mieux avancer, c'est développer une mobilité durable.

INNOVATION ET ENVIRONNEMENT

Chaque jour, Michelin innove pour réduire la quantité de matières premières utilisée dans la fabrication des pneumatiques, et 99,8% des pneus produits dans le Groupe le sont dans des usines certifiées ISO 14001. La conception des pneus MICHELIN permet déjà d'économiser des milliards de litres de carburant, et donc des millions de tonnes de CO_2.

De même, Michelin choisit d'imprimer ses cartes et guides sur des «papiers issus de forêts gérées durablement». L'obtention de la certification ISO 14001 atteste de son plein engagement dans une éco-conception au quotidien.

Un engagement que Michelin confirme en diversifiant ses supports de publication et en proposant des solutions numériques pour trouver plus facilement son chemin, dépenser moins de carburant.... et profiter de ses voyages !

Chattez avec Bibendum

Rendez-vous sur : www.michelin.com

Découvrez l'actualité des produits et services et l'histoire de MICHELIN.

QUIZZ

Michelin développe des pneumatiques pour tous les types de véhicules. Amusez-vous à identifier le bon pneu...

Résultat : A-6 / B-4 / C-2 / D-1 / E-3 / F-7 / G-5

Notes

Notes

Notes

Notes

Notes

INDEX GÉNÉRAL

Toulouse : villes, curiosités et régions touristiques.
Nougaro, Claude : noms historiques ou termes faisant l'objet d'une explication.
Les sites isolés (châteaux, abbayes, grottes...) sont répertoriés à leur propre nom.
Nous indiquons par son numéro, entre parenthèses, le département auquel appartient chaque ville ou site. Pour rappel :
09 : Ariège
31 : Haute-Garonne
32 : Gers
65 : Hautes-Pyrénées
81 : Tarn
82 : Tarn-et-Garonne

A

B

INDEX GÉNÉRAL

N

O

P

Q/R

S

T

U

V

CARTES ET PLANS

CARTE GÉNÉRALE

CARTES DES MICRORÉGIONS

PLANS DE VILLES

PLANS DE MONUMENTS

CARTES THÉMATIQUES

CARTES DES CIRCUITS

LÉGENDE DES CARTES ET PLANS

Curiosités et repères

- Itinéraire décrit, départ de la visite
- Église
- Mosquée
- Synagogue
- Monastère - Phare
- Fontaine
- Point de vue
- Château - Ruine ou site archéologique
- Barrage - Grotte
- Monument mégalithique
- Tour génoise - Moulin
- Temple - Vestiges gréco-romains
- Temple : bouddhique - hindou
- Autre lieu d'intérêt, sommet
- Distillerie
- Palais, villa, habitation
- Cimetière : chrétien - musulman - israélite
- Oliveraie - Orangeraie
- Mangrove
- Auberge de jeunesse
- Gravure rupestre
- Pierre runique
- Église en bois
- Église en bois debout
- Parc ou réserve national
- Bastide

Sports et loisirs

- Piscine : de plein air - couverte
- Plage - Stade
- Port de plaisance - Voile
- Plongée - Surf
- Refuge - Promenade à pied
- Randonnée équestre
- Golf - Base de loisirs
- Parc d'attractions
- Parc animalier, zoo
- Parc floral, arboretum
- Parc ornithologique, réserve d'oiseaux
- Planche à voile, kitesurf
- Pêche en mer ou sportive
- Canyoning, rafting
- Aire de camping - Auberge
- Arènes
- Base de loisirs, base nautique ou canoë-kayak
- Canoë-kayak
- Promenade en bateau

Informations pratiques

- Information touristique
- P P PR — Parking - Parking - relais
- Gare : ferroviaire - routière
- Voie ferrée
- 1 — Ligne de tramway
- Départ de fiacre
- Métro - RER
- Station de métro (Calgary, ...) (Montréal)
- Téléphérique, télécabine
- Funiculaire, voie à crémaillère
- Chemin de fer touristique
- Transport de voitures et passagers
- Transport de passagers
- File d'attente
- Observatoire
- Station-service - Magasin
- Poste - Téléphone
- @ — Internet
- H H B — Hôtel de ville - Banque, bureau de change
- J J ⊗ × POL — Palais de justice - Police
- GNR — Gendarmerie
- T T U U M — Théâtre - Université - Musée
- Musée de plein air
- Hôpital
- Marché couvert
- Aéroport
- Parador, Pousada (Établissement hôtelier géré par l'État)
- A — Chambre d'agriculture
- D — Conseil provincial
- G — Gouvernement du district, Délégation du Gouvernement Police cantonale
- L — Gouvernement provincial (Landhaus)
- P — Chef-lieu de province
- Station thermale
- Source thermale

Axes routiers, voirie

- Autoroute ou assimilée
- Échangeur : complet - partiel
- Route
- Rue piétonne
- Escalier - Sentier, piste

Topographie, limites

- Volcan actif - Récif corallien
- Marais - Désert
- Frontière - Parc naturel

Comprendre les symboles utilisés dans le guide

LES ÉTOILES

★★★ **Vaut le voyage** ★★ **Mérite un détour** ★ **Intéressant**

HÔTELS ET RESTAURANTS

9 ch.	Nombre de chambres
☕ 7,5 €	Prix du petit-déjeuner en sus
50 € ☕	Prix de la chambre double, petit-déjeuner compris
bc	Menu boisson comprise
▤	Air conditionné dans les chambres
✕	Restaurant dans l'hôtel
🍷	Établissement servant de l'alcool (à l'étranger)
≈	Piscine
CC	Paiement par cartes de crédit
⊄	Carte de crédit non acceptée
P	Parking réservé à la clientèle
Tram	Station de tramway la plus proche
M	Station de métro la plus proche

SYMBOLES DANS LE TEXTE

👪	À faire en famille
↻	Pour aller au-delà
👣	Promenade à pied
🚲	Randonnée à vélo
♿	Facilité d'accès pour les handicapés
A2 B	Repère sur le plan

Note au lecteur

Michelin a apporté le plus grand soin à la rédaction de ce guide et à sa vérification. Toutefois, les informations pratiques (formalités administratives, prix, adresses, numéros de téléphone, adresses Internet...) doivent être considérées comme des indications du fait de l'évolution constante de ces données.

Il n'est pas totalement exclu que certaines d'entre elles ne soient plus, à la date de parution du guide, tout à fait exactes ou exhaustives. N'hésitez pas à nous signaler toute omission ou inexactitude que vous pourriez constater, ainsi qu'à nous faire part de vos avis et suggestions sur les adresses contenues dans ce guide.

Avant d'entamer toute démarche, formalités administratives ou douanières notamment, vous êtes invité à vous renseigner auprès des organismes officiels. Ces informations ne sauraient, de ce fait, engager notre responsabilité.

Collection Le Guide Vert sous la responsabilité de Philippe Orain

Édition
Irène Lainey, Serge Guillot, Archipel studio

Rédaction
Luc Decoudin, Anne Duquénoy, Sophie Fréret, Serge Guillot, Alice Lay, Florent Leclercq, Emmanuelle Maisonneuve, Laurence Michel

Cartographie
Stéphane Anton, Michèle Cana

Relecture
Emmanuelle Desguée

Remerciements
Didier Broussard, Marie Simonet
Mélissa Butelli (office du tourisme de Toulouse), Mado Goncalves (Agence de développement touristique d'Ariège Pyrénées), Nathalie Lacomme (CDT de Haute-Garonne), Sandra Lemaréchal (Bureau national interprofessionnel de l'Armagnac)

Conception graphique
Christelle Le Déan

Régie publicitaire et partenariats
business-solutions@tp.michelin.com
Le contenu des pages de publicité insérées dans ce guide n'engage que la responsabilité des annonceurs.

QR Codes
QR Code est une marque déposée de Denso Wave Incorporated.

Contacts
Michelin
Guides Touristiques
27, cours de l'Île-Seguin, 92100 Boulogne-Billancourt
Service consommateurs : tourisme@tp.michelin.com
Boutique en ligne : www.michelin-boutique.com

Écrivez-nous

Parution 2014

Michelin Travel Partner
Société par actions simplifiées au capital de 11 288 880 EUR
27 cours de l'Île Seguin - 92100 Boulogne-Billancourt (France)

R.C.S. Nanterre 433 677 721

Dépôt légal : 01-2014 – ISSN 0293-94[illegible]
Imprimeur : Book Partner China, Chine
Imprimé en Chine: 12-2013